让我们 书同文 一起追寻

This is a simplified Chinese translation of the following title published by Cambridge University Press:

The Making of Song Dynasty History: Sources and Narratives, 960–1279 CE

by Charles Hartman

ISBN 978-1-108-83483-4 Hardback

© Cambridge University Press 2021

This simplified Chinese translation for the People's Republic of China (excluding Hong Kong, Macau and Taiwan) is published by arrangement with the Press Syndicate of the University of Cambridge, Cambridge, United Kingdom.

© Social Sciences Academic Press (China) 2024

This simplified Chinese translation is authorized for sale in the People's Republic of China (excluding Hong Kong, Macau and Taiwan) only.

Unauthorized export of this simplified Chinese translation is a violation of the Copyright Act. No part of this publication may be reproduced or distributed by any means, or stored in a database or retrieval system, without the prior written permission of Cambridge University Press and Social Sciences Academic Press (China).

本书根据剑桥大学出版社 2021 年精装版译出，

封底有甲骨文防伪标签者为正版授权。

Copies of this book sold without a Cambridge University Press sticker on the cover are unauthorized and illegal.

本书封面贴有 Cambridge University Press 防伪标签，无标签者不得销售。

此版本仅限在中华人民共和国境内（不包括香港、澳门特别行政区及台湾省）销售。

The Making of
Song Dynasty History

（Charles Hartman）

塑造宋代历史

［美］蔡涵墨 著

刘云军 译

Sources and Narratives,
960 - 1279 CE

社会科学文献出版社
SOCIAL SCIENCES ACADEMIC PRESS (CHINA)

於宋
後焉

## 中文版序

我写作《塑造宋代历史：史料与叙事》一书，是为了那些研究宋朝方方面面并想对自己使用的史料有更多了解的学者。感谢社会科学文献出版社引进并推出了本书的中文版，河北大学宋史研究中心的刘云军副教授不辞辛劳翻译本书，并出色地完成了译稿。通过中文版，中国的绝大多数宋史学者现在可以很容易地接触到本书。

中国学者可能很想知道我为何写作本书，他们应该如何阅读本书。我的早期学术生涯始于研究唐宋诗歌。20世纪90年代初，我写过几篇讨论"乌台诗案"的文章，并开始对史料的一般可靠性问题产生兴趣，那些史料在某种程度上源于宋朝官方的历史编纂学操作。[1]1998年，我在《哈佛亚洲研究》上发表了《一个邪恶形象的塑造：秦桧与道学》一文，这是我研究宋代历史编纂学的早期成果。2003年，该文被译成中文收录在一部论文集中出版。[2]在这篇文章的开篇，我写道："我并不试图从这些材料中引出一个它们不再能讲出的故事——对'真实'的秦桧的叙述，而是选择让材料讲述一个它们能够讲述的故事，即，它们自身被加工的历史。在这篇文章中，我所追求的不是为一个'真实的'历史提供材料上的佐证——我相信它们中的大部分都已无可挽回地遗失了，而是试图为人们对'事实'所做的加工提供证据。"

我写作那篇文章的目的并不是为秦桧平反。作为一个美国人，我在学校里从未学过关于秦桧的任何知识，因此，在决定对他做历史评判时，我没有带入任何的文化或情感色彩。相反，作为一名历史研究者，我很想知道他的负面历史形象是如何形成的，而我所有的中国同事很可能在小学阶段便第一次了解到这方面的内容。当然，秦桧的历史形象只是宋朝传统历史的一小部分。因此，本书在试图将我在1998年那篇文章中使用的方法应用于整个宋代历史时，显得有点不自量力。

在英语中，"historiography"一词有两种含义。其一，它指个别历史作品的编纂和传播的历史；其二，它指一个历史学家、一群历史学家对过去的一般研究方法，或者是某一特定时期的历史观点。本书论述了宋朝史学的两个方面。第一部分研究作为宋朝官方历史运作的留存而保存至今的四部大部头作品的编纂和传播。这四部书是《宋会要》、《续资治通鉴长编》、《建炎以来系年要录》和《宋史》。第二部分研究这些作品中包含的叙事。所谓"叙事"（narratives），我指的不是简单的"故事"（stories），而是将结构和意义强加给这些作品的范围更大且更全面的隐喻系统。本书的这一部分在某种程度上依据近期西方关于历史编纂学的观点。我称这种叙事为"宏寓"（grand allegory），本书第七章"作为宏寓的宋代历史叙事"详细解释了这个概念。

第一种意义上的历史编纂学的一项关键任务是，在原作的构成与今天之间建立一条传递链。换句话说，我们今天阅读的真是宋人写的东西吗？这并不总是一个容易回答的问题。本书所研究的四部重要作品中，只有《宋史》以相对完整的面貌流传至今。其他三部作品的传播过程则充满了艰辛曲折,《宋会要》尤为支离破碎,甚至文本都错乱不堪。对许多中国学者来说,在《宋会要》中,似乎不可能找到任何"宏寓",也许连看都是浪费时间。但我相信,重建今本《宋会要辑稿》的时间覆盖模式,可以帮助我们更好地理解政治对宋代原本会要编修的影响,以及这种影响如何仍然反映在《宋会要辑稿》的文本中。简而言之,鉴于宋代官方历史编纂操作中的所有主要文献几乎全部亡佚,我相信《宋会要》代表了我们对那些文献最初是什么样子的最佳看法(必须承认,这是一种模糊的看法)。因此,理解其他三部作品如何适应和背离原始文献的原初基础至关重要。

本书的大部分研究是基于我之前所写的关于宋代历史编纂学中特定书籍和问题的文章。这些文章中的大部分已被译成中文,收录于《历史的严妆:解读道学阴影下的南宋史学》一书中。本书的注释中包含了对《历史的严妆》的引用,对更多细节感兴趣的读者,可以考虑阅读该书收录的这些文章。解读《塑造宋代历史》这个书名,并不意味着我信奉更激进的解构主义。总是有必要根据解读后产生的新见解,产生新的历史观点。《塑造宋代历史》一书,是我研究宋朝的两卷本著作中的第一卷。第二卷《宋代的治国结构》作为历史著作,从本书的历史编纂学提供给我们的论点继续前进。

当我第一次开始研究宋代历史编纂学时,本书中讨论的大多数作品只有刻本或抄本,仅有《宋史》和部分《续资治通鉴长编》有现代标点整理本。至少《中兴两朝编年纲目》,人们一般认为该书已经全部亡佚。截至本书撰写时,经过中国学者和编辑的不懈努力，本书讨论的所有作品都已经有了现代标点整理本。如果没有上一代中国学者的开创性研究，本书和《历史的严妆》便不可能问世。他们的研究解开了许多复杂的谜团，使这些作品的新整理本得以面世，而且成为所有宋代历史研究的基础。因此，我们今天对宋代历史的看法与三十年前的看法大不相同。在写作过程中，我主要参考了王德毅、梁太济和裴汝诚三位学者的研究成果。

最后，我要感谢那些为本书中文版付出心血之人。任何译者，即使英语很娴熟，如果不具备丰富的宋史知识，也无法翻译好本书。我很幸运地遇到了刘云军副教授，他是一位理想的译者。他不仅准确流畅地把我的英文翻译成中文，而且他对宋史的深刻了解使我能够纠正英文版中存在的一些错误。他还通过"译者注"添加了许多我写作时依据的宋代史料的原文。我还要感谢香港理工大学助理教授张维玲、亚利桑那州立大学博士候选人黎江南，他们帮助我校阅了译稿。

蔡涵墨（Charles Hartman）
2023 年 2 月 1 日

### 注　释

1. Hartman, "Poetry and Politics in 1079: The Crow Terrace Poetry Case of Su Shih," *Chinese Literature. Essays, Articles, Reviews* 12 (December 1990), pp. 15-44;

"The Inquisition against Su Shih: His Sentence as an Example of Sung Legal Practice," *Journal of the American Oriental Society* 113.2 (1993), pp. 228-243. 蔡涵墨：《1079年的诗歌与政治：苏轼乌台诗案新论》《乌台诗案的审讯：宋代法律施行之个案》，收入卞东波编译《中国古典文学研究的新视镜：晚近北美汉学论文选译》，合肥：安徽教育出版社，2016，第156—186页、第187—212页。

2. Hartman, "The Making of a Villain: Ch'in Kuei and *Tao-hsüeh*." 蔡涵墨：《一个邪恶形象的塑造：秦桧与道学》，收入《历史的严妆：解读道学阴影下的南宋史学》，第2—97页（新版第3—101页）。

谨以此书纪念

毕少夫教授（Professor Friedrich A. Bischoff，1928—2009年，1964—1982年任职于印第安纳大学东亚语言文化系）

# 目 录

图　片 / i

表　格 / ii

序　言 / iii

正文说明 / vi

导论：走向动态的宋朝史学 / 001

## 第一部分　史料

第一章　《宋会要》/ 031

第二章　李焘与《长编》/ 070

第三章　李心传与《要录》/ 155

第四章　道学史家 / 216

第五章　《宋史》/ 259

## 第二部分　叙事

第六章　政治"故事"与历史叙事的起源 / 333

第七章　作为宏寓的宋代历史叙事 / 361

第八章　仁政之国 / 397

第九章　从士兵到圣君：神化太祖 / 437

第十章　奸邪谱系："仁"遭到破坏 / 493

第十一章　宋代历史的节奏 / 518

参考文献 / 526

索　引 / 581

译后记 / 621

# 图 片

图 0.1　宋代官修史籍的编纂过程 / *006*

图 0.2　主要历史著作的时间线 / *010*

图 1.1　《长编》引用《国朝会要》的频率 / *042*

图 1.2　《宋会要辑稿》中每年"独一而可系年之条目" / *056*

图 1.3　《宋会要辑稿》的演变 / *060*

图 2.1　每年的涵盖率:《长编》vs.《宋会要辑稿》/ *118*

图 3.1　每年的涵盖率:《要录》vs.《宋会要辑稿》/ *174*

图 4.1　朱熹《资治通鉴纲目》,1219 年第一版 / *226*

图 4.2　陈均《皇朝编年纲目备要》,1229 年第一版 / *228*

图 4.3　每年的涵盖率:陈均《纲目》vs.《长编》/ *230*

图 4.4　吕中《治体论》中的理论和历史领域 / *239*

图 4.5　《宋会要辑稿》、《长编》、陈均《纲目》和吕中《皇朝大事记讲义》中北宋时期历朝内容的相对涵盖率 / *248*

图 4.6　每年的涵盖率:《宋史全文》vs.《宋会要辑稿》/ *250*

图 9.1　钱选《蹴鞠图》/ *460*

# 表 格

表 1.1　会要的"类" / 035

表 1.2　主要的会要编修 / 046

表 2.1　《长编》1070—1085 年（卷 210—363）主要史料的使用情况：引用次数 / 125

表 3.1　李心传《要录》自注中引用的史料 / 178

表 3.2　李心传《朝野杂记》中的 13 个"门" / 193

表 5.1　《东都事略》与《宋史》列传部分的比较 / 286

# 序　言

本书是关于宋朝（960—1279年）的两卷本研究著作的第一卷。《塑造宋代历史：史料与叙事》考察了保存至今的宋朝官方史学遗留下来的原始史料，构建起见于这些史料中的主流叙事，并分析了作为宋朝政治话语产物的这些叙事。后续的第二卷[①]是关于宋朝的统治结构，研究了宋朝政治话语背后的政治与社会现实。

我写作本书耗时良久，其间得到很多人的热情帮助。二十多年来，知识渊博的史乐民（Paul Smith）在学术上一直与我互相砥砺，携手进步，是我的良师益友。韩森（Valerie Hansen）定期邀请我前往耶鲁大学，给她授课的班级做关于宋代文献的演说，我从韩森和她的学生那里获益良多。优秀学者兼杰出编辑李瑞（Ari Daniel Levine）仔细阅读了本书的手稿，并非常细致地指出了书稿中存在的大大小小的问题，他的出色工作，极大地提高了本书最终定稿的质量。欧美宋史圈的朋友们——毕嘉珍（Maggie Bickford）、柏文莉（Beverly Bossler）、贾志扬（John Chaffee）、柯胡（Hugh Clark）、伊沛霞（Pat Ebrey）、韩明士（Bob Hymes）、田安（Anna Shields）、田浩（Hoyt Tillman）和魏希德（Hilde De Weerdt）等人，帮我解决

---

[①] 即 *Structures of Governance in Song Dynasty China, 960-1279 CE*, Cambridge University Press, 2023。（本书所有脚注均为译者注，后文不再特别说明。）

了研究上的各种问题，使本书得以顺利完成。

21世纪初，关于本书的模糊想法开始成形，我邀请了三名哈佛大学的研究生来到奥尔巴尼。在四年多的时间里，我与宋家复、李卓颖和刘光临一起阅读了构成本书主干的宋代历史许多重要史料的文本。他们会识别出书中每一页里所包含的我们之间的对话交流。他们的学问、学识和友谊是我研究宋史的永恒记忆。

感谢台北的"中央图书馆"中国研究中心的曾淑贤博士和全体工作人员，他们在2012年秋季为我的研究工作提供了支持和帮助。本书的写作始于2013年我待在普林斯顿高等研究院的一个学期，非常感谢狄宇宙（Nicola di Cosmo）和高研院的工作人员，他们提供了绝佳的学术工作环境。在蓝克利（Christian Lamouroux）的盛情邀请下，我于2016年春天在法国巴黎社会科学高等研究院举办了四场讲座，阐述了本书的基本论点。

我也要感谢北京大学的邓小南和中国人民大学的包伟民，感谢他们一直以来关注并支持我在中国宋史学界开展研究工作。非常感谢中国台湾"中研院"的黄宽重、台湾大学的方震华和台湾清华大学的李卓颖，他们邀请我介绍本书的研究成果。我在康奈尔大学、哈佛大学、普林斯顿大学、宾夕法尼亚大学、密歇根大学、罗格斯大学和耶鲁大学举办过关于宋史问题的讲座，这些机构的学者和学生给我提供了有益的建议。

特别感谢罗祎楠和张维玲，他们多年来就宋史问题与我进行了持续而富有成效的对话。同样的，我与何冠环以及香港年轻一代学者——徐力恒、朱铭坚和张晓宇的接触，为本书的论点提供了更强有力的证据。我还要感谢陈韵如、叶翰（Hans van Ess）、李宗瀚、梅维恒（Victor Mair）、姜斐德（Freda Murck）、孟久丽（Julia Murray）、韩德林（Joanna Handlin Smith）和徐永明，他们多年来为我出谋划策，并给予了大力支持。

愿我为本书写作付出的心血，能让我在汉学领域的老友、威斯康星大学的倪豪士（Bill Nienhauser）回忆起我们在印第安纳大学读研究生的那段时光（虽然已经过去很久了，但仍然令人难以忘怀），这将激励我继续前进。

我在奥尔巴尼大学的同事何瞻（James Hargett）、邓百安（Anthony DeBlasi）、傅苏（Susanna Fessler）、陈李凡平和卞相弼（Andrew Byon），他们默默承担起当地大学生活中超出自己分内的杂务，以便让我有更多时间来完成"蔡涵墨的书"。没有他们的支持，以及东亚研究的目录学专家陈玉惠（Chen Yu-hui）和奥尔巴尼图书馆馆际互借处的支持，我不可能在奥尔巴尼写出本书。我的同事约翰·珀森（John Person）帮我解决了日文转为罗马字的问题。

最后，感谢我的妻子徐黎云和女儿凯蒂（Katy）。她们像我一样，与本书的写作相伴始终。没有她们，我不可能完成本书。我对她们的感激之情，就像她们的耐心和爱一样多。

## 正文说明

人物生卒年依据昌彼得、王德毅编《宋人传记资料索引》（台北，1976）和李裕民《宋人生卒行年考》（北京，2010）。中西历之间的转换遵循黄伯禄《中西历合璧》（上海，1910）。参考文献部分的开头包含注释中经常引用的原始史料的缩写。

## 导论：走向动态的宋朝史学

> 有清一代经学号称极盛，而史学则远不逮宋人。
>
> ——陈寅恪（1890—1969 年）

在过去二十年里，中国学者在研究"活的"宋代政治制度史方面取得了显著进展。2001 年，在杭州举行的会议①上，邓小南回顾了过去一个世纪的宋史研究，并展望了未来学术前进的道路。在会上，邓小南批评了当前的部分宋史研究，这些研究认为宋代制度独立运行，是贴着组织机构图的条条框框，无论何时何地都静止不动。她提议研究动态的、活的制度，而不断变化的历史"过程"塑造了这种活的制度，并通过复杂的"关系"网络，使制度彼此之间，以及与更广阔的社会联系起来。[1] 近二十年后，这类新的学术研究成果不断涌现，改变了我们对宋朝及其在中国历史上地位的认识。本书试图在"活的制度史"这一研究的基础上，将类似的概念应用到宋朝史料的研究中。这种"活的史学"的尝试，将历史著作视为一种不断变化的、动态的创作，不断受到社会和政治进程，以及编纂者、抄写者、印刷出版者和读者之间交互关系的影响。在本

---

① 这次会议是 2001 年在杭州召开的"近百年宋史研究的回顾与展望"研讨会。

书中，我希望展现陈寅恪的深刻见解，即宋代是中国史学发展的高峰，或者就像我在其他文章中所写的那样，宋朝史学是一种"成熟"史学，但其成就尚未得到学术界的充分认可。[2]

20世纪90年代末，我开始撰文介绍宋代历史的每一种基础史料，《塑造宋代历史：史料与叙事》一书便脱胎于这一系列个案研究。不过，我仅完成了两篇文章，就开始怀疑这种一篇文章研究一部宋人作品的写作形式，是否能让我系统解决更大的问题，而我已经意识到，这些更大的问题会影响到我打算研究的所有宋人作品。[3] 例如，我所研究的宋人作品的原本均已不存。"道学"这一思想和政治运动与商业印刷蓬勃发展等相关力量的结合，极大地改变了《皇宋通鉴长编纪事本末》和《道命录》这两部宋人作品，而现代读者则从未读到过这些作品的所谓宋代作者最初书写的内容。关于书名、作者、时间和版本的静态史学，不足以描述这些所谓的原始史料，更遑论让现代学者能够信心满满地理解这些作品的内容了。

对宋史学者来说，重要任务是看穿并处理这些力量——特别是道学运动——对原始史料集的渲染。本书将详细描述这些渲染，并试图解读渲染者及其动机。虽然道学影响力见于12世纪后期，并在13世纪中期臻至顶峰，但这一历史渲染的过程，与另一个更古老的现象——宋代历史（发生了的事情）与史学（记录已发生的事情）之间密不可分的性质——息息相关。宋朝政治史的创造者和史学记录的塑造者之间有着特别密切的关系。例如，欧阳修（1007—1072年）、司马光（1019—1086年）和赵汝愚（1140—1196年），他们都是资深的政治家和优秀的史学家。杰出的史学家李焘（1115—1184

年)、李心传(1167—1244年)和吕中(1247年进士)虽然被人们冠以私人史家之名,但他们也以官员身份参与过朝廷正式的史学编修工作,并将他们自己的私家史学与国家的官方史学结合在一起。本书试图揭示宋代政治、历史,以及私家史学与官方史学彼此交织的这个复杂过程,还有它们的相互关系。

因为宋代历史和史学在这些方面的联系是如此紧密,所以我们必须把它们放在一起研究才能将二者区分开来。要了解宋代历史,我们必须先了解现存宋代历史文本的性质和来源;而要理解这些文本,则必须先了解宋朝的政治思想史。对于这个鸡生蛋还是蛋生鸡的难题,我的解决办法是将重点放在历史文本的修辞上,将其作为这些文本成长所处的政治进程的证据。在我看来,宋代历史产生于修史的过程中。在这个过程中,历朝的政治家/史学家经常从当时的政治目的出发,从已经存在且不断增加的政治和历史记录的语料库中,使用修辞来重新组织他们所挑选的事实。因此,我阅读历史文献并不是为了确定可靠的事实,而是为了发现最初的修辞结构及其所呈现的故事的后续重构痕迹。通常,这种语言操作的可见痕迹,使我们能够注意到故事与历史所宣称的"事实"截然不同,而且通常更真实。[4]

当然,将历史观念作为一种修辞结构,是西方后现代史学理论的基础。该理论有两个基本观点。第一,大多数后现代学者接受历史"事实"实际上是后来创造出来的早期事件的图像或投射。第二,因为这些事后图像是用语言创造出来并加以传播的,所以它们是文学产物,而且这些产物可以随着时间的推移而发生改变。尽管我的早期研究是独立于这些理论考虑进行的,但本书是第一本参考当代解构主义理论来分析宋朝史学主要修辞特征的重要研究成果。不过,读者很快就会意识到,本书并没有系统地将这些后现代观点强加于史料之上;相反,当史料被作为文学作品来阅读时,我们很容易证实史料自身被修辞操纵的历史。我阅读宋代史料的方法主要来源于传统汉学,而不是后现代理论。

## 史　料

我在本书中将要研究的四部宋史著作都是宋朝官方史学的产物。正是出于这个原因,我们可以从概述宋朝官方史学的运作来开始本书的叙述。与现代西方史学家一样,宋朝史学家认为历史是一系列"事"的结果。西方史学家的任务是,首先从没有任何差异的时间流动中界定并圈出他认为的主要事件。不过,宋朝史学家发现,官僚程序已经预先确定了他所认定的主要事件,而在这一官僚程序中,他自己并不是发起者。[5] 宋朝政府部门之间的沟通,要求撰写文件的官员在文件开头定义他所对应的"事",这类似于现代办公室间备忘录的大字标题。如果"事"不是由他发起的,他将重述该"事",因为他发现之前关于该问题的文档中已经定义了该"事"。[6] 宋朝官方的史学过程,始于这些"事"的记录被送到史馆。当983年八月朝廷启用这一系统的时候,中书门下和枢密院每月向史馆提交的文件,仅被简单称作"送史馆者"。[7] 因此,宋朝政府的官僚程序定义了历史的构成要素。这是白乐日(Étienne Balazs)的著名论断——在中国,"官员为彼此书写历史"——的又一转折。[8]

官方史学运作的制度和程序完善于唐朝,为宋朝开国者所继承,并且10世纪时仍在运行。宋初,这一制度和程序缓慢恢复,并在11世纪中期发展成为宋朝政府政治上成熟的重要机制。[9]众所周知,史学运作的基本操作过程,是通过多个漫长的操作和精炼阶段来处理日常行政文件。现代学者根据南宋类书编者章如愚(1196年进士)的一段话,描述了行政文件抄写、传播和转变的三个阶段。[10]图0.1从左到右按时间顺序排列,描绘了官方史学的整个制作过程,从最初的文献收集(最左边一列)到1345年正史《宋史》的编修(最右边一列)。

这一过程的核心是皇帝本人及其作为"朝廷"首脑的职能,以及皇帝与其公卿大臣之间定期举行的朝会和各种会议。最初的"记载"始于起居注,记录了皇帝的一言一行,无论朝会还是其他所在,两名记注官都会随侍在皇帝身边,负责随时记录;时政记由宰相编修,记录下他们与皇帝讨论的内容,每月进呈。此外,一些政府机构也要按照要求,将它们的运行内容抄录下来提交给史馆。最后,一定级别以上官员的家属提交其已故亲属的传记,以被纳入官方史书记录。当史馆将整理好的文件处理成"日历",即逐日记录,按月完成的编年史"编集"随之展开。[11]皇帝驾崩,结束了一朝的统治,"纂修"开始,史官们重新修改"日历"并将其编成一朝的编年体实录。皇帝会定期下令,将现存的关于过去几朝的实录合并成"国史"。这一过程包括将逐日记载的编年体实录,纂修为编年-志-传的"三位一体"格式——国史和最终的正史都会采用这种格式。

**图 0.1 宋代官修史籍的编纂过程**

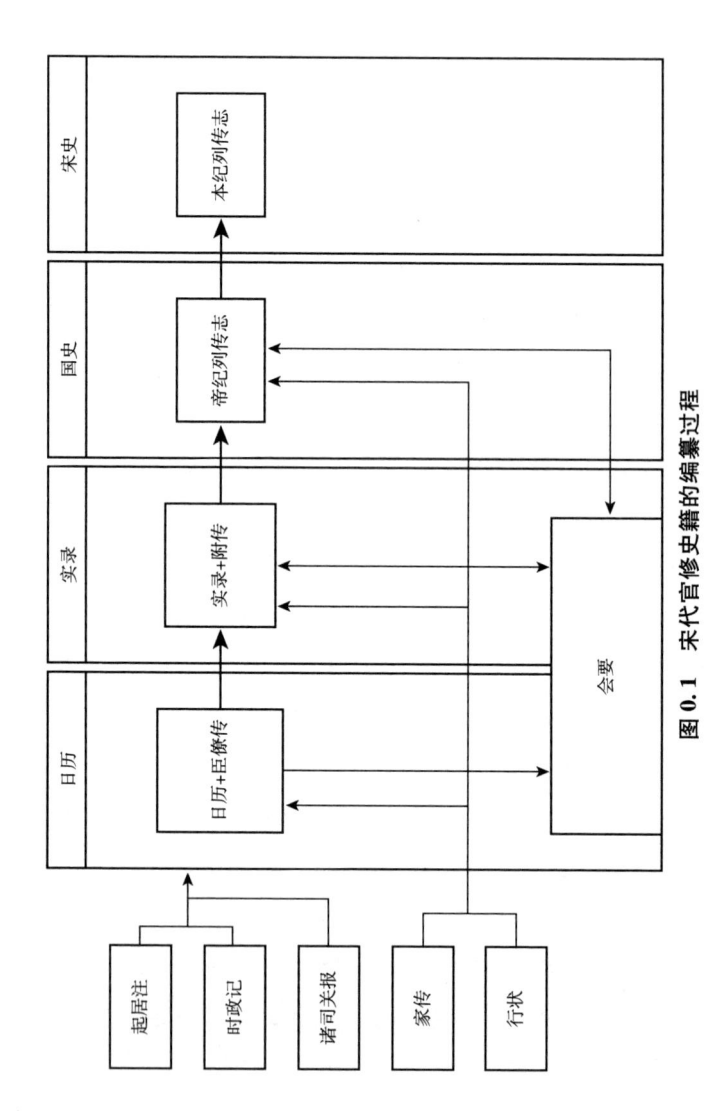

**资料来源** 平田茂树:「宋代の日記史料から見た政治构造」第 30 页；蔡崇榜:《宋代修史制度研究》，第 1—8 页；Hartman and DeBlasi, "The Growth of Historical Method in Tang China," p. 24。

图 0.1 和前文的段落是对宋代官方的朝廷史学的一种理论上的描述，高度理想化。现存的宋代作品中经常出现宋人对史学运作各个阶段出现的问题的抱怨：不遵守既定的修史协议、政治干预、个人好恶，以及史官玩忽职守、消极怠工和思想堕落等。12 世纪 30 年代，徐度（1106—1166 年）曾在史馆工作，他的评论颇具代表性。徐度哀叹原始文献中的许多主要史料存在缺陷。例如，左右史由于在远处侍立，"榻前之语，既远不可闻"，无法听到君臣关于奏事的讨论，只能依赖"臣僚所申"；为了"省事"，官员通常称"别无所得圣语"。除了宰相按月进呈的时政记，"诸司关报"往往是政务的唯一记录，而"诸司"常常忽视了按要求提交其政务记录的抄本。臣僚家提交的墓志行状通常不过是"虚辞溢美，不足取信"。最后，徐度评论道："日历非二者所有，不敢有所附益。"[12]

正如徐度所言，日历构成了随后所有精炼阶段的基础。但日历及时编修只是例外而非常态。宋初直到 988 年才恢复编修日历，1007 年至 1043 年日历停编，1054 年至 1067 年日历再度停编。此后，朝廷很少同步编修日历，往往是多年以后才完成日历，日历编修多与实录编修步调一致。例如，涵盖 1067 年至 1085 年的定本《神宗日历》，直到 1116 年才完成，那时《神宗实录》已经经过了三次修订。[13]因此，负责编修实录的官员经常在事件已经发生几十年后被迫重新编修日历。编修实录的诏令，尤其是南宋诏令，常常哀叹所需信息缺失，因此要求公众提交相关文件。[14]一个事件从发生到它最后呈现在国史中，其间有着漫长的延宕，这为政治和个人扰乱这一过程提供了许多机会。实录是史书编修的关键阶段，本质上这是史书最终被编修成国史之前控制历史记录的最后机会。受正在发生的政治变动的影响，《太祖实录》《太宗实录》《神宗实录》《哲宗实录》均经过了多次重修。[15]我们将在本书中详细探讨"活的史学"的这些特征如何影响现存的宋代历史记录。

导致了这些协调合作问题的是朝廷史学的管理有些随意，尤其是在北宋时期。北宋继承了开封史馆（宋太宗重建）的实体建筑，但这个地方被用作图书馆和档案室，而不是作为朝廷史官的工作空间。史馆通常的运行步骤是皇帝任命由学者和经常从其他任务中借调来的官员组成的特设编委会，来负责具体的图书编修项目。该项目随后被安置到皇城某处的临时场所，并有相应的财政预算和配套工作人员。为了保密和安全，这个场所通常设于作为皇家私人住宅的内廷，由内侍提供安全保障及各种服务，并予以监督。因此，在1082年元丰改制之前，史馆的大部分历史编修工作是由临时工作人员完成的。1082年以后，历史编修工作集中在新成立的秘书省，直到宋朝灭亡，情况都是如此。尽管南宋秘书省位于远离皇城的地方，但仍由内侍提供各种支持，内侍会在图书编修完成后按例获得奖赏。[16]

这种疏失反映了宋朝开国者只有在其控制史书内容和作品的条件下，才允许恢复朝廷史学。994年，太宗（976—997年在位）执行了史官每月提交的起居注先进呈皇帝审阅的制度。在被称为"进御"的程序中，起居注首先进呈给皇帝审阅，在皇帝御览后再将其提交给史馆。史书先经皇帝御览再进呈史馆的这种要求，最终适用于时政记、实录和国史。欧阳修等人反对"进御"这种做法，因为它有悖于防止皇帝监视历史记录的旧唐先例，但他们在防止皇帝监控史书编修方面几乎毫无作为。[17]我们在接下来的章节中会看到，君主与儒士之间关于历史在治国中扮演适当角色的紧张关系，深刻塑造了现存历史记录的轮廓。本质上，对君主而言，历史是行使其合法性和加强政治控制的工具。对于士人来说，历史则是政治对话中使用的修辞先例的来源，而这些政治对话大多是反对皇权绝对权威的表达。

这种张力的结果如图0.2所示，在整个宋朝，史学作品的时间线与主要的政治发展相对应。尽管存在上述种种困难，北宋还是勉强维持着官方史学运作。完成于1030年的最初的《三朝国史》，涵盖了960年至1022年的内容。11世纪80年代初，第二部《国朝会要》完成于1081年，接着是1082年的《两朝国史》，涵盖了1022年至1067年的内容。由于神宗还健在，国史一直随时编修。不过，1085年神宗驾崩后，围绕新法的党争加剧，延缓了国史编修的进程。对立的派系分别在1091年和1096年编修了不同版本的《神宗实录》；1101年，编修折中版《神宗实录》的尝试失败了；1136年，朝廷再次大规模重修《神宗实录》；1138年，朝廷又一次尝试修订《神宗实录》。[18]图0.2的时间线只显示1091年、1096年和1136年三个完整版本的《神宗实录》。

1127年女真人进犯，宋朝廷播迁到南方，这进一步打乱了史学工作的步伐。南宋丢失了开封的历史档案，没能编修涵盖1100年至1127年的《徽宗日历》和《钦宗日历》。虽然1136年修订《神宗实录》在一定程度上确立了朝廷关于新法的历史立场，但1138年秦桧

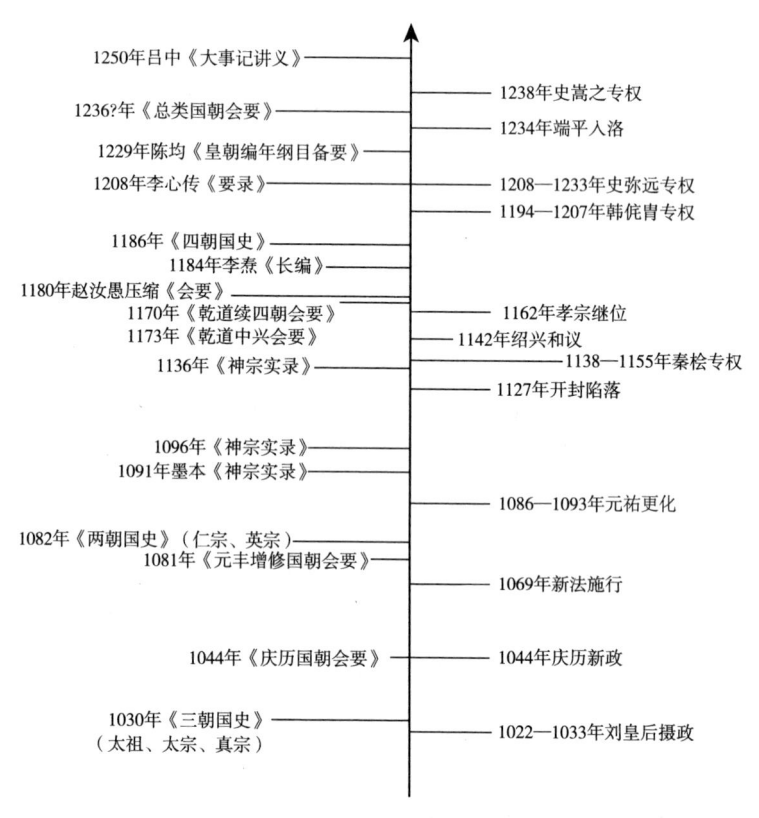

```
1250年吕中《大事记讲义》────┐
                              │──── 1238年史嵩之专权
1236?年《总类国朝会要》──────┤
                              │──── 1234年端平入洛
1229年陈均《皇朝编年纲目备要》┤
1208年李心传《要录》──────────┤──── 1208—1233年史弥远专权
                              │──── 1194—1207年韩侂胄专权
1186年《四朝国史》────────────┤
1184年李焘《长编》────────────┤
1180年赵汝愚压缩《会要》──────┤
1170年《乾道续四朝会要》──────┤──── 1162年孝宗继位
1173年《乾道中兴会要》────────┤──── 1142年绍兴和议
                              │──── 1138—1155年秦桧专权
1136年《神宗实录》────────────┤
                              │──── 1127年开封陷落

1096年《神宗实录》────────────┤
1091年墨本《神宗实录》────────┤
                              │──── 1086—1093年元祐更化
1082年《两朝国史》(仁宗、英宗)┤
1081年《元丰增修国朝会要》────┤
                              │──── 1069年新法施行

1044年《庆历国朝会要》────────┤──── 1044年庆历新政

1030年《三朝国史》
(太祖、太宗、真宗)──────────┤──── 1022—1033年刘皇后摄政
```

**图 0.2　主要历史著作的时间线**

（1090—1155 年）作为独相的出现，使惯行的朝廷史学的恢复再次受挫。为了掩饰与女真人达成和议的政策遭到的反对，秦桧于 1142 年让儿子秦熺（卒于 1166 年）掌管秘书省；直到 1155 年秦桧去世，秦熺一直在秘书省任职。秦熺利用史馆编修的带有高度朋党倾向的 1127 年至 1142 年的《高宗日历》，为秦桧的和议政策提供历史依据，并采

取同情和议的叙述方式；1142年以后，秦熺中止编修《高宗日历》，同时暂停填补1100年至1127年北宋历史记录的空白。[19]①

随着女真人再度进犯，高宗（1127—1162年在位）退位、孝宗（1162—1189年在位）登基，其间的政治变化改变了1162年朝廷史学的政治气候。秦桧的政治支持主要来自江南地区，而孝宗对秦桧的评价不高。因此在1165年再度与女真人达成和议后，孝宗转而寻求四川和福建士人联手组成新的政府。于是，凭借私修史学著作享有盛誉的四川人李焘被召至行都，出任秘书省官员，奉命重开史馆并恢复其修史工作。从1170年第三次《国朝会要》完成到1186年《四朝国史》完成之间的时间线上突然出现的一系列编修活动，反映了李焘的影响及其得到的士人联盟在政治上的支持。本书第二章会解释李焘在其不朽作品《续资治通鉴长编》（简称《长编》）中嵌入关于北宋历史的观点，是为了支持士人联盟向孝宗鼓吹的政策。同样的政治力量也支持了赵汝愚从1180年开始努力将后来的《国朝会要》重新修订为单行的《总类国朝会要》，这将更好地服务于他的士人盟友对政治改革的研究和修辞需求。

事实上，从1167年李焘在秘书省任职开始，一直到1229年陈均（1174—1244年）刊印他的《皇朝编年纲目备要》，这半个多世纪是我将在本书第二部分中描述为"宏寓"（grand allegory）的宋代历史主要叙事之发展的开创性时期。虽然李焘本人不是道学实践

---

① 绍兴十三年（1143年），秦熺提举秘书省；秦熺编修的《高宗日历》名为《建炎以来日历》。

者，但士人联盟中他的许多友人是道学运动的积极支持者，或者与那些道学人士在社会上和政治上有着同盟关系。陈均的叔祖、来自福建的士人联盟领导人陈俊卿（1113—1186年）与朱熹关系密切。作为政治领袖，陈俊卿提倡并试图实行一种士人治国形式，这种治国形式将其自身定位为反对皇帝乾纲独断，反对皇帝指定的如秦桧等代理人专权，反对皇帝通过君主制内部的非士人如内侍、皇帝的宠臣（在本书中经常被称为"近习"）和外戚宗亲独揽大权。1190年至1210年发生的事件——外戚韩侂胄（1152—1207年）专权，他在1194年清洗赵汝愚及其联盟，在庆元年间的1196年禁止道学，造成了1206年开禧之战的灾难；1208年以后，史弥远（1164—1233年）掌权，逐渐回归专制统治——这一切共同构成了最终巩固宋代历史宏大叙事的政治和社会背景。这种叙事可以解释如道学追随者这样的士人如何努力保存宋朝开国者留下来的政治遗产，将其作为仁治的典范，使上古的儒家模式重新焕发生机。

本书第一部分深入研究了宋代四部篇幅最大的原始史料集，这些书最初是作为宋朝官方史学的作品出现的，并不太完美地保存至今。这些作品分别是《宋会要辑稿》、李焘的《续资治通鉴长编》、李心传的《建炎以来系年要录》（简称《要录》）和《宋史》。只要浏览一下本书的注释或者几乎任何有关宋史的专著，就会知道这些著作是当今宋史学者最广泛使用的史料。与现有研究不同的是，本书将这些作品的内容（如这些作品的组织原则、基本主题以及涵盖时间的变化等）与其编写者的政治信念、政治联系和仕宦生涯明确对应。这一"活的史学"将每部作品展现为政治力量的产物，这种政治力量塑造了每部作品的创作过程、之后为人所接受的过程，以及传递到现在的过程。

除了是当今宋史学者使用的重要史料外，这四部作品还包含着来自官方史学各个阶段的材料，从而为宋代历史叙事的形成提供了文本考古学的视角。人们可以设想这一过程有四层或四个阶段。"原始文本"的基础层，包括在相关事件发生的时期书写的自撰文件。《国朝会要》在宋朝史学工作中发挥着独特的作用——其他王朝没有类似的流程——持续不断地收集来自史学生产各个阶段的材料，这意味着，如图 0.1 所示，《宋会要辑稿》保存着最早的"抄录"阶段的材料。定期查阅《宋会要辑稿》的学者很快就能识别出这些文件，而这些文件很可能是国家机构生成的原始文件的抄本，然后被收录到日历中，并从日历直接写入《国朝会要》。不过，正如本书第一章"《宋会要》"所显示的那样，目前的《宋会要辑稿》是理论上完整的宋代《国朝会要》的一个专门子集。此外，这部作品饱经沧桑地流传到现在，需要对它的文件进行考古式考察，以确定这些文件来自编修过程的哪个阶段。简而言之，《宋会要辑稿》包含的许多文件，确实是《国朝会要》的原始抄本，但也有许多文件来自后期经过精简的《总类国朝会要》。

李焘的《长编》和李心传的《要录》是逐日记载的编年体史书，记载了从 960 年至 1162 年二百多年的宋朝历史。[20]本书的一个写作目标是，在中国历史书写的整体历史语境下展示宋代史书成就的重要性。就宋朝而言更重要的是，关于《宋会要》的这一章将展示李焘和李心传广泛参与了构成今本《宋会要辑稿》文本基础之内容的形成。简而言之，本书所述的四部作品中有三部出自家乡仅相距四十英里的两位四川史学家之手。由于《长编》和《要录》都建立在日历和实录的基础之上，所以最好将它们视作现存文献的亚级。《长编》和《要录》两书的写作方法和目标极为相似：提供私人史家对官方历史记载疏误和歪曲不实之处的更正补充。因此，这些作品的正文及其作者自注之间的关系至关重要。沿袭北宋欧阳修和司马光以来的传统，两位四川史学家都引入了私人史料来批判官方叙事。《长编》和《要录》中那些没有注文的段落，代表了两位四川史学家认为没有问题的日历和实录文本。带有注文的段落，采用了一种他们称之为"讨论"的过程。这个过程引用了外部史料来修正实录，以便生成历史学家认为更可信的正文。因此，这两部作品都直接挑战了皇权对王朝历史的控制。李焘多次请求孝宗钦定《长编》，但他得到的只是一份正式的赞赏诏令和为作品增色的御书。①

第三章"李心传与《要录》"讨论了李心传的完整生平和现存作品，以及四川对话史学（dialogue historiography）传统的成熟发展。第四章"道学史家"研究了一批福建史学家，他们挪用四川史学家的著作，并利用这些著作发展出一套富有特色的道学史学。我曾在其他文章中将这一发展描述为历史功能从纪实到教化的视角转变。[21]李心传当然熟悉道学的哲学和诠释学，也赞同道学运动的政治

---

① 《玉海》卷47："（乾道四年）五月壬戌朔，诏（李）焘纂述有劳，特转两官。六年三月二日，诏降下《长编》付秘省，令依《通鉴》字样大小缮写，仍将李焘衔位［列］于卷首，依司马光衔位修写。"

目标。但道学史家公然的道德说教式的声音与四川对话史学的传统背道而驰。因此，朱熹、陈均和吕中的作品与原始史料相比，还处于第三个层次：它们是李焘和李心传篇幅更长的纪实史的用于教学的节本。不幸的是，道学史学的流行及其在晚宋学术界的传播，再加上蒙古人攻入四川，毁坏了当地的图书馆和印刷设施，使得《长编》和《要录》的文本均遭到删减、羼入新的注文，并被人们普遍遗忘，对于这些问题，18世纪的清朝学者也只能部分地弥补缺陷。

最后，元朝的史官于1345年完成的宋朝正史《宋史》，是作为本书主题的史学过程的终点。最近出现了《宋史》是不是原始史料的问题，对此老一代学者倾向于肯定，并相应地使用《宋史》；年轻学者则持保留态度，在使用《宋史》时更加谨慎。事实上，这个问题没有唯一的答案。清代学者认为《宋史》是二十四部正史中修得最差的一部。他们指出，元朝史官只是拼贴宋朝的实录和国史，从而修成《宋史》。因此，《宋史》卷帙浩繁、"舛谬不能殚数"、研究不足、编修草率——所有的批评意见都很有道理。清朝学者也注意到，元朝史官都是狂热的道学拥护者，他们的政治生涯得益于这种对道学的依附。

第五章"《宋史》"揭示了宋朝道学史学对元朝史官的影响，以及他们如何运用道学史学原则和主题来创造《宋史》的整体结构和叙事。从这个意义上说，因为《宋史》是基于陈均、吕中等作家的视角，它代表了在道学史学运作之初摆脱了原始史料理论纯粹性的第四个阶段，也是最后的阶段。但这种道学结构实际上只是个外壳，其内部充斥着清朝学者所哀叹的文本混乱。正如当代最优秀的学者之一龚延明评论的那样，《宋史》中的许多段落，尤其是各"志"中的段落，错误比比皆是，除非与宋朝其他文本中的平行段落进行比对，否则无法理解其含义，因此它们不应该被视为原始史料。[22]简而言之，就像《宋会要辑稿》一样，《宋史》是个巨大的文本万花筒，它从宋朝的史学运作中衍生出许多观点。对《宋史》任何特定段落进行考古式研究，必须首先理解文本，然后才能自信地将其用于历史研究。[23]

## 叙　事

本书的第二部分描述了元朝史家强加到他们所掌握史料之上的支配性叙事，并解释了这些叙事是如何从宋朝内部的政治变动中成长起来的。[24]第六章描述了这种元叙事的第一个元素——我称之为"宋代历史的宏寓"——形成于始自11世纪中期的儒家政治话语，以及这种叙事形成的过程如何在整个宋朝持续发展。一种被称为"宝训"或"圣政"的独特的宋代历史书写体裁，推动了这一进程的开始，并支持了其发展。这种体裁从更大范围的官方史学中挑选故事，以突出宋朝开国者的某些言行并将其作为同时代行为的模范。这一体裁的首部作品《三朝宝训》完成于1032年。在主题分类下，《三朝宝训》中的条目按照时间顺序排列，这种格式使这类作品特别适合在经筵中使用。1039年，皇帝首次阅读《三朝宝训》，而该书一直是皇帝学习的主要内容，直到宋朝灭亡。[25]

"宝训"这一新体裁，本质上是一种模范史学，侧重于一小部分来自过去的令人振奋的主题和作为例证的行动，从而给那些更正统但也更冗长的史学类型（如日历和实录）中的迥异事件带来一种富有组织性的视野。简而言之，"宝训"将政治价值强加于其他随机的历史事件上。"宝训"也可能是大多数宋朝皇帝阅读的唯一宋代历史。例如，高宗连续二十二年研读《三朝宝训》。1162年，孝宗在继位后立即开始阅读《三朝宝训》，并且十八年如一日地阅读该书。[26]经筵官通常侧重于他们认为的与同时代问题特别相关的"宝训"中特定专题组中的条目。在《长编》中，李焘小心翼翼地避免了这一体裁的影响，但道学史家完全沉浸于"宝训"的效用，尽情裁剪其中的内容。"宝训"中的条目也构成了13世纪类书的主要内容。[27]

与"宝训"这种略通俗的史学新体裁兴起密切相关的是，宋人在政策讨论中越来越多地使用"故事"作为修辞技巧。"故事"是指在政策讨论的语境下引用相关历史事件，奏议中可以包含单独的"故事"，或者将其作为一种独特的劝谏体裁，大臣们经常在朝会或经筵上进呈"故事"（可以使用单个"故事"或同时使用多个"故事"）。"故事"援古（包括真实的和假定的）以讽今，创造出一种类比的思维模式。许多"故事"不是来自实录，而是来自《三朝宝训》。[28]随着时间的推移，这些在修辞上最成功的"故事"合并成一组被称为"祖宗之法"的儒家政治取向。[29]

在本书第七章中，我会证明，宋代历史的宏寓可以被解析为三个支配性主题或组织原则。元叙事的全部三个组成部分都是由活跃的、持续的政治话语发展而来,始于庆历年间(1041—1048年),止于嘉定年间(1208—1224年),第三个(也是最后一个)组成部分在嘉定年间呈现出确定的形式。第八章"仁政之国"研究了儒家"仁"的概念如何定义宋朝的特点。尽管"仁"见于11世纪中期的儒家复兴时期,但在随后的元祐年间(1086—1093年),随着反对恢复新法的官员谴责新法那些苛刻的经济内容扭曲了宋朝早期"仁治"的特点,这一联系得到进一步的发展。在提出这个论点时,这些官员强化了仁宗在位期间(1022—1063年)所谓"仁"的本质,然后将这一特性回溯到宋朝开国者本人身上。其结果是形成了一种历史叙事,该叙事从太祖历经庆历直到元祐,有一个积极的政治价值轴心。1125年以后,蔡京(1047—1126年)和其他新法追随者实行的政治清洗,为这种独特的元祐叙事创造了政治空间,使其成为新"中兴"史学的中心支柱。

第九章"从士兵到圣君"探讨了宋朝开国者、10世纪尚武精神的典型代表太祖(960—976年在位)如何最终获得儒家圣君尧的品质。太祖一直被尊为宋朝的开国之君,1131年,高宗在宣布他有意让皇位回归于太祖一系后人的时候,将太祖置于宋朝后来的其他君主之上,并将宋朝开国之勋归功于太祖,正式开启了这一过程;1162年,高宗采用尧禅舜位的"故事",将皇位传给孝宗,完成了这一过程。第九章还细致分析了太祖建宋的两大叙事——"陈桥兵变"和"杯酒释兵权"。我将阐明,尽管这些叙事的史料可以追溯到北宋中期,但它们最终的文本成文化发生在12世纪30年代,反映了这一时期需要重塑宋朝的开国史,以支持1127年以后宋朝的"中兴"。

第十章"奸邪谱系"解释了一系列"独相"产生和发展的前提，这些独相始于蔡京，经由秦桧、韩侂胄、史弥远、贾似道（1213—1275年）进一步壮大，他们长期把持宋朝朝政，并制定了有悖于"祖宗之法"的政策。这种历史观是随着道学在政治上的崛起而产生的，强化了君子和小人之间的儒家道德二分法，并将这种二分法应用到宋代历史中。这一进程始于12世纪60年代朱熹将秦桧塑造为"小人"的运动，并在13世纪20年代反对史弥远的政治抗议中达到了高潮。[30]

第八章至第十章集中论述了这三个主题群中的每一个在宋朝政治话语中的起源和历史使用情况。我将这些叙事元素称为"主题"（theme），或者有时称为"中心思想"（motif），它们最好被理解为修辞力场。每一个都代表着一种指导性的政治理想，然后将随机的历史事件纳入更大的主题集群。就像磁铁的磁力会将分散的铁屑牵拉成不同的形状一样，这些政治理想的力量也会将不同的事件牵拉成不同的意义模式，从而定义宋朝的历史领域。

这些"修辞磁体"在三个方面发挥作用。第一，它们过滤事件，以确定哪些事件最适合作为更大叙事结构的构建块。第二，它们将这些事件组织成有意义的模式。第三，它们赋予这些事件政治价值。这三种功能在任何特定事件中的时间安排，都勾勒了宋代政治和思想史发展的轨迹，甚至可能构成了宋代政治和思想史的发展。举一个著名的具体例子，1030年的《三朝国史》中有一个事件：968年，太祖下令打开重修过的对齐的宫殿大门，让人们可以一览无余地看到大殿内部。太祖将视线穿过宫殿大门一览无余比作自己敞开心扉，毫不设防。[31] 1038 年，石介（1005—1045 年）把这个故事收录于他编修的《三朝圣政录》，从而在已有的史学记录中筛选并突出了这一事件。[32]

到 11 世纪中期，宋人开始了赋予这段文字修辞意义的过程。1068 年，侍讲钱觊（1046 年进士）将太祖的思想等同于《大学》中的"正心"，从而强调了这一事件作为儒家政治话语的修辞成分的可能性。宫殿大门笔直对齐，成为一种对太祖道德上"正心"的隐喻，这本身就是儒家思想中从"正心"延伸出的仁治的先决条件，因此有人建议年轻的神宗要效法太祖的"正心"。[33]到北宋末年，这段文字已成为皇帝公开纳谏的修辞试金石，并被与其他太祖轶事放在一起，代表了儒家士人治国的各种原则。例如，1126 年，通过《尚书》中"辟四门"的隐喻，罗从彦（1072—1135 年）使用明确的儒学评论，将太祖与古代圣君尧舜联系在一起。[34] 12 世纪，借着太祖政治地位的提升和道学推动更多士人参与治国，这一轶事成为政治话语的主要内容。例如，1162 年，陈俊卿用这个故事告诫新即位的孝宗，他应该"不敢以一己之私废天下之公也"。[35]宋末，陈均和吕中引用太祖的这个故事作为证据，证明太祖是一位有尧舜之心的道学圣君。元朝史官将太祖的这个故事纳入一组十五个轶事，战略性地放在《宋史·太祖纪》的结尾处，将这位宋朝开国之君描绘成宋代儒家统治的源头和模范。[36]

自黑格尔以后的西方历史学家都承认，"叙事性"的存在离不开基本的道德秩序体系：如果每个故事是一种寓言，指向道德，或赋予事件……意义，这样这些事件并不只具有一个顺序。那么似乎可以得出结论，即每一个历史叙事都有其潜在或明显的目的，想要将其所处理的事件道德化。[37]

上述引文表明，构成宋代历史宏寓的叙事背后的道德秩序是儒士的。我在本书中使用"儒士"（Confucian）来指代独特的政府官员群体"士人"（literati），因为大多数士人获得了进士身份——这在11世纪三四十年代产生了一种治国理论和实践尝试，这种理论和实践自觉地建立在主要见于《论语》、《孟子》和《尚书》中的道德原则基础之上。儒士在英语中常被称为"新儒家"，在汉语中则被视为独特的"宋学"的发起者。毫无疑问，致力于这些原则的士人在宋代构成了强大的知识和政治力量。[38]司马光的不朽作品《资治通鉴》将这些原则系统地运用到宋朝之前的中国历史上，从这个意义上说，本书研究的每个历史学家都是儒士，他们使用同样的原则来创造自己王朝的历史。

尽管儒家道德原则贯穿于上述三种叙事体系，但我们不能断定宋朝史学中唯一的道德需求就是儒家思想。宋朝的官方史学和私家史学之间的动态变化一直晦暗不明，反映了关于"叙事性"到底应该建立何种道德秩序的张力。作为官方史学的推动者，君主并不一定与儒士有着相同的道德责任，而后者利用史学创作了我们今天读到的历史叙事。一场坚定的儒家改革运动在仁宗朝兴起，在包括史学在内的许多方面都挑战了君主制。[39]这场改革针对的是皇权的主要支柱——垄断财政资源、控制军队,以及给予大批非士人的政府角色权力。尽管宋朝君主口头上说这些改革在道德上和实际上都是必要的,但从来没有君主全盘接受儒士的谏言。12世纪道学的强烈反对,反映了1127年以后高宗和秦桧重建的君主制在所有这些领域都超出了北宋君臣的理解。从本质上说,宏寓是模范史学,精心制作了君主制过去的富有想象力的图像,以批判君主制目前和未决的行动。1068年钱觊进呈神宗奏议中的论辩修辞——效仿太祖,从而正己和治国——是宋儒规谏和由此产生的史学的核心。

我们将在第十一章中探讨,宏寓的核心现实是两种截然不同的治国视野的实践者之间持续不断的政治冲突。一方面,宋朝的君主制继承了五代军事政权的技术官僚治国组织。领导人通过专门将权力下放给军事管理、财政、会计和技术领域的各种技术专家,换取他们效忠于自己。如果表现良好,被任命者可以延长任职时间。因此,统治者很少关注各部门之间的水平整合,而最大限度地关注垂直控制。宋朝的君主渴望得到各方的支持,他们不分派系,不拘一格。于是,除了谄媚皇室之外,几乎没有其他力量推动实录中叙事的形成。

另一方面,庆历改革派试图改造现有的机构,并创建新的机构,将儒家的政治原则转变为儒家的制度主义。1071年,宰相文彦博(1006—1097年)向神宗说过一句话,概括了这种共治的新视野:"为与士大夫治天下。"[40]与继承的模式相反,这个视野优先考虑部门的有序等级结构,每个部门之间都有定义好的关系。因此,儒士主要关注的是这些部门之间的横向协调。儒家教育的道德修养,取代了技术专长而作为一种任职资格。官员们只是在象征性的皇权监管下,按照固定的顺序于有限的任期内轮流在这些部门任职。所以,更广泛的、忠于这些原则和制度的概念通常被描述为"国体",并得到"公论"的支持,同时取代了早期的个人忠于君主的概念。最后,与技术专家治国不同的是,文学能力只是另一种技能,当坚定的儒士升至更高的职位时,他们的学术和文学技能,通过考试文化的磨炼,成为有助于共治的重要工具。正是这种儒士治国的观点推动了叙事,将官方史学中松散的事件转变为我们今天读到的宏寓。

## 注 释

1. 邓小南:《走向"活"的制度史——以宋代官僚政治制度史研究为例的点滴思考》。

2. Hartman, "Chinese Historiography in the Age of Maturity" 所引陈寅恪的文字,见陈寅恪《元西域人华化考序》,收入《陈寅恪先生论文集》,上册,第683页,转引自 Chia-fu Sung, "Between Tortoise and Mirror: Historians and Historiography in Eleventh-Century China," p. 1。

3. Hartman, "Bibliographic Notes on Sung Historical Works: *Topical Narratives from the Long Draft Continuation of the Comprehensive Mirror that Aids Administration* by Yang Chung-liang" and "Bibliographic Notes on Sung Historical Works: The Original *Record of the Way and Its Destiny* by Li Hsin-ch'uan";蔡涵墨:《论〈续资治通鉴长编纪事本末〉与十三世纪前期的史学编纂与出版》《〈道命录〉复原

与李心传的道学观》,收入《历史的严妆:解读道学阴影下的南宋史学》,第270—292页、第344—448页(新版第277—300页、第353—462页)。

4. 对这些原则的更广泛讨论和应用,见:Hartman,"The Making of a Villain: Ch'in Kuei and *Tao-hsüeh*";以及蔡涵墨《一个邪恶形象的塑造:秦桧与道学》,收入《历史的严妆:解读道学阴影下的南宋史学》,第2—97页(新版第3—101页)。

5. Paul Veyne, *Writing History*, pp. 34-36视现实为无限可分的一系列子事件,历史学家从中挑选事件并将其整理成有意义的情节。亦见Hayden White,"Historical Text as Literary Artifact," in *Tropics of Discourse*, pp. 90-93。

6. 司马光:《书仪》卷1,第1页b—第2页b;谢深甫:《庆元条法事类》卷16,第234—235页。

7.《宋会要辑稿·职官六》,第30页a—b。

8. Balazs, "L'histoire comme guide de la pratique bureaucratique," p. 82.

9. 关于唐朝官方的史学运作,见Twitchett, *The Writing of Official History under the T'ang*。关于宋代官方史学的英文专著阙如。见:Kurz, "The Consolidation of Official Historiography during the Early Northern Song Dynasty"; Hartman, "Chinese Historiography in the Age of Maturity"; Sung Chia-fu, "The Official Historiographical Operation of the Song Dynasty"。中文领域有三部相关研究著作,内容最全面的是王盛恩的《宋代官方史学研究》,宋立民的《宋代史官制度研究》重点研究宋代官方史学机构的发展,蔡崇榜的《宋代修史制度研究》提供了关于主要史学作品之产生的权威叙述。

10. 宋立民:《宋代史官制度研究》,第5—6页;Sung, "Official Historiographical Operation," p. 191。

11. 日历中包含了1162年的条目表,见陈骙《南宋馆阁录》卷4《修纂下》,第39—40页,英译见Sung, "The Official Historiographical Operation,"

pp. 194-195。

12. 王明清：《挥麈后录》卷 1，第 68—69 页。《文献通考》卷 191《经籍考》在"史"一节的序中引用了这段话，第 5556—5557 页。

13. 蔡崇榜：《宋代修史制度研究》，第 40—42 页。

14. 相关例子，见 Hartman, "The Reluctant Historian," pp. 101-112，以及蔡涵墨《无奈的史家：孙觌、朱熹与北宋灭亡的历史》，收入《历史的严妆：解读道学阴影下的南宋史学》，第 218—228 页（新版第 224—234 页）。1166 年编修《钦宗实录》时困难重重。

15. 蔡崇榜：《宋代修史制度研究》，第 64—101 页；王德毅：《北宋九朝实录纂修考》。

16. 龚延明：《宋代官制辞典》，第 148 页、第 256—262 页；Sung, "Official Historiographical Operation," pp. 179-190。关于南宋秘书省，见 Winkelman, *The Imperial Library in Southern Song China*，其成果至今仍令人叹为观止，主要依据陈骙的《南宋馆阁录》。为了避免不必要的细节描述，我在本书中提到的"史馆"，泛指无论在哪个时期，均与朝廷史学有关的官员和编修项目。

17. 王盛恩：《宋代官方史学研究》，第 76—82 页；关于内侍监修，见该书第 87—89 页。

18. 蔡崇榜：《宋代修史制度研究》，第 82—98 页。

19. 见 Hartman, "The Making of a Villain", pp. 69-74。

20. 众所周知，现在重新整理的《长编》已经亡佚了原书共计 34 年的内容，即 1067 年四月至 1070 年三月，1093 年七月至 1097 年三月，以及 1100 年至 1127 年北宋灭亡。

21. Hartman, " Chen Jun's *Outline and Details*: Printing and Politics in Thirteenth-Century Pedagogical Histories."蔡涵墨：《陈均的〈纲目〉：十三世纪教学著作中的出版与政治》，收入《历史的严妆：解读道学阴影下的南宋史

学》，第 293—343 页（新版第 301—351 页）。

22.　龚延明：《宋代官制辞典》"宋代官制总论"，第 1—6 页。

23.　与《宋史》文本相关的文本考古学概念的更多内容，见 Hartman，"A Textual History of Cai Jing's Biography in the *Songshi*"。蔡涵墨：《〈宋史·蔡京传〉的文本史》，收入《历史的严妆：解读道学阴影下的南宋史学》，第 162—216 页（新版第 167—221 页）。

24.　更详细的讨论，见本书第七章。

25.　关于宝训体裁的研究，见：王德毅《宋代的圣政和宝训之研究》；邓小南《祖宗之法：北宋前期政治述略》，第 370—398 页；Sung，"Official Historiographical Operation," pp. 202-204，及其所引史料；蔡涵墨《陆游〈中兴圣政草〉考》。

26.　《宋会要辑稿·崇儒七》，第 3 页 a—b、第 7 页 a、第 9 页 a、第 12 页 a—b。

27.　许振兴：《〈古今源流至论〉中的宋代〈宝训〉佚文》。

28.　相关例子，见程俱《北山小集》卷 28《进故事》，第 9 页 b—第 13 页 a。

29.　相关概述，见 Lamouroux and Deng, "The Ancestors' Family Instructions: Authority and Sovereignty in Medieval China"。

30.　关于"宋代历史的宏寓"这三个主题的拓展讨论，见本书第七章。

31.　《长编》（卷 9，第 199—200 页）和《东都事略》（卷 2《本纪二》，第 3 页 a）的本纪中，均包含这一事件（不加评论），这强有力地说明了这个故事是《太祖实录》和 1030 年国史的一部分。（《长编》卷 9 开宝元年正月乙巳条："是日，大内营缮皆毕，赐诸门名。上坐寝殿，令洞开诸门，皆端直轩豁，无有拥蔽，因谓左右曰：'此如我心，少有邪曲，人皆见之矣。'"——译者注）

32.　这部作品没有保存下来，南宋初年的类书中引用过这段话，见曾慥《类要》卷 19《目录》，第 17 页 b。

33. 赵汝愚：《宋朝诸臣奏议》卷2《上神宗论要务十事》，第11页。（钱觊《上神宗论要务十事》："臣窃见国史言，艺祖大内既成，坐寝殿中，令洞开诸门，皆端直开豁，无有壅闭。因谓左右曰：'此如我心。小有邪曲，人皆见之矣。'臣愿陛下鉴此而审思之，则言动好恶无不合于道也。"——译者注）

34. 罗从彦：《遵尧录》卷1，第116—117页；Legge, *Shoo King*, p. 41。亦见司马光《涑水记闻》卷1，第14页。（《遵尧录》卷1："夫辟四门，明四目，达四聪，尧舜之道也。若太祖，可谓近之者也。"《尚书·虞书·舜典》："舜格于文祖，询于四岳，辟四门，明四目，达四聪。"——译者注）

35. 《朱熹集》卷96《少师观文殿大学士致仕魏国公赠大师谥正献陈公行状》，第4912页。

36. 《皇朝编年纲目备要》卷2《太祖皇帝》，第28页；《皇朝大事记讲义》卷3《太祖皇帝》，第67—68页；《宋史》卷3《太祖纪三》，第49页。（《太祖纪三》："遂使三代而降，考论声明文物之治，道德仁义之风，宋于汉、唐，盖无让焉。呜呼，创业垂统之君，规模若是，亦可谓远也已矣！"——译者注）

37. White, "The Value of Narrativity in the Representation of Reality," in *Content of the Form*, p. 14.

38. 英语学界的一般性讨论，见 Bol, "*This Culture of Ours*"。大量相关中文著作之一，见陈植锷《北宋文化史述论》。

39. Lamouroux, "Song Renzong's Court Landscape: Historical Writing and the Creation of a New Political Sphere (1022-1042)."

40. 《长编》卷221，第5370页。相关评论，见：余英时《朱熹的历史世界》上册，第287—312页；邓小南《祖宗之法：北宋前期政治述略》，第408—421页。

# 第一部分 史料

历史由文本构成。

——甫斯特尔·德·库朗日

（Fustel de Coulanges，1830—1889 年）

第一章

## 《宋会要》

### 引 言

《宋会要》为研究宋史的学者提供了独一无二且十分重要的史料。遗憾的是,其文本流传过程曲折复杂,使得《宋会要》在宋史研究的四种主要史料中问题最多,但也可能内容最丰富。作为官修的官方文件汇编,最早的会要完成于 1044 年,在整个宋朝,朝廷不断更新会要的内容。晚宋时,朝廷首次刊印了这些会要原本的节本,但宋本会要现已不存。明初的《永乐大典》抄录了大部分会要,直到 19 世纪,人们才开始从《永乐大典》中将会要辑佚出来,并重组这些宋代文献。本章稍后将回顾学者们长达两百年的努力,他们重构会要并解决了大量错综复杂的问题。尽管是现代宋史研究的里程碑,但 2014 年点校本《宋会要辑稿》仅反映了会要原本的零星片段。主要问题还是在于会要原本的编撰史,以及现存《宋会要辑稿》与这些早期会要之间的关系。要了解如何最大限度地利用《宋会要辑稿》的史料价值,我们必须首先解决这些问题。[1]

本章包含两个相互关联的部分。第一部分描述了会要在宋代史学和政治中所起的作用。现代学界关于宋代史学的大多数研究成果，通常将会要的原本看作在当时宰相监修下国史馆格式统一的官样作品。与此观点相反，我认为今本《宋会要辑稿》的文本反映了会要原本的部分内容。会要原本与《宋会要辑稿》的历史表明，虽然许多官员肯定编修过会要，但其知识塑造者并非千人一面的官员，而是宋朝最具影响力的历史学者——王洙（997—1057年）、李焘和李心传等人。在任何情况下，这些历史学者都与我们已知的、间或占主导地位的政治网络有关联。这些政治网络的领导者及其历史学者，把这些会要看作政治网络倡导的政策偏好的历史依据。

考虑到政治和历史之间的这些联系，本章第二部分分析了今本《宋会要辑稿》的文本，以确定其编修的政治历史及其编者的历史观是否有迹可循。利用台湾大学数位人文研究中心（RCDH）的《宋会要辑稿》的网络数字版，本章第二部分绘制出《宋会要辑稿》数据库中全部有日期可寻的条目的分布。初步的结论表明，条目的分布既揭示了会要编者的选择，也揭示出超越这些编者选择的宋代历史的总体模式。

**《宋会要》的起源与特色**

会要最初是供政府使用的有关王朝所做之事和"故事"的系列参考书。由于中国的其他朝代都没有编修过官方的会要，会要遂被认为是宋代独树一帜的史学作品，也被视作宋代政府和史学的鲜明特征。最早的会要出现在中唐,是一部私修的作品。最早的《宋会要》出现在1030—1044年,这正好与仁宗朝出现的独特的文人治国相吻合。因为能够便捷地接触到历史"故事",文官影响朝廷决策的能力提高,所以会要发展成为有用的资源,可以帮助这些文官与其他管理部门进行政治斗争。后文会证明,宋朝会要的编修及其维持与文人治国的历史命运息息相关。

对会要原本的描述,以及对《宋会要辑稿》的细读表明,会要体裁与当时的类书有着密切关系。1030年,宋朝会要初创。在此之前的1013年,朝廷已经完成了《册府元龟》的编修,这是一规模庞大的"历史类书",其目的是利用"历朝君臣事迹"来为皇帝提供镜鉴。[2]《册府元龟》结合了传统类书和正史的组织特征,涵盖的史料终于959年。《册府元龟》采用了两级分类体系,包括31个"部"和1104个"门",对宋朝之前的各式文本进行了分类和组合。如《艺文类聚》等初唐类书在每个"门"下按照大致的时间顺序单独列目。这种两级分类体系即源于这些传统类书,宋初的《太平御览》延续了这种体系结构。

在《册府元龟》简短的序言之后,每一"门"都使用了与正史编年部分相同的精确的纪年系统,按照严格的时间顺序排列单个条目。961年完成的《唐会要》和963年完成的《五代会要》都采用了相同的纪年方式,但没采用类书的两级分类体系。《册府元龟》因而构建起一种新的史学体裁,其目的是反映宋朝君主在道德上的合法性,宣示君主拥有唯一的权威来解释过去,并将过去的教训应用于当前的行动,以及作为未来的"故事"。与《唐会要》的书写格式不同,《宋会要》采用了《册府元龟》的纪年和分类体系。[3] 1013 年至 11 世纪 40 年代初政治环境的变化,使得最早的《宋会要》的编者们在会要体裁上留下了自己的印记,并将此作为文官获得"故事"的工具。如果说《册府元龟》是前朝"故事"的宝库,皇帝通过它来宣示自己的道德权威,那么会要很快便成为宋朝"故事"的宝库,文官可以借此寻求自己的权威。

例如在 1081 年,宰相王珪(1019—1085 年)监修完成了第二部会要,该书分为 21 个类,首先将各个条目分为几种类型,然后按照时间顺序将这些条目排列在 854 个"门"中。[4][①] 在奏请续修 1044 年会要的上书中,王珪指出,会要中记载的事件按照时间顺序排列分类,朝廷官员发现使用会要检索宋朝"故事"极为便捷。[5] 程俱(1078—1144 年)后来采纳了这一观点:

> 乃不知朝廷每有讨论,不下国史院而常下会要所者,盖以事各类从,每一事则自建隆元年以来至当时因革利害,源流皆在,不如国史之散漫简约,难见首尾也。[6]

后来的历史学家修订了 1081 年会要的内容,仍然保留了 21 个类的基本框架,这构成了今本《宋会要辑稿》的基本分类。表 1.1 列出了今本《宋会要辑稿》的 17 个类、"独一而可系年之条目"(unique datable entries,本章后文将解释这一概念)的数量及其在此类条目

---

① 《文献通考·经籍考》记为 858 门。

总数中所占的百分比——这些类与王珪编修的 1081 年会要中的类相同。[7]

表 1.1　会要的"类"

| 类 | 独一而可系年之条目 | 独一而可系年之条目占此类条目总数的百分比 |
|---|---|---|
| 帝系 | 1219 | 2 |
| 后妃 | 605 | 1 |
| 礼 | 7477 | 13 |
| 乐 | 410 | 1 |
| 舆服 | 373 | 1 |
| 仪制 | 1963 | 3 |
| 崇儒 | 1408 | 2 |
| 运历 | 183 | 1 |
| 瑞异 | 560 | 1 |
| 职官 | 17869 | 31 |
| 选举 | 4882 | 9 |
| 道释 | 213 | 1 |
| 食货 | 8851 | 15 |
| 刑法 | 2659 | 4 |
| 兵 | 4356 | 8 |
| 方域 | 2250 | 4 |
| 蕃夷 | 1805 | 3 |
| 总　计 | 57083 | 100 |

因此，编修会要的目的并不是将其作为历史记录，而是作为"故事"的参考文献集。由于今本会要直接来自这些会要，与我们能够使用的其他史料相比，今本会要虽然存在诸多问题，却往往呈

现出与曾经构成会要原本基础的原始文献有极为密切的直接联系。与此同时，如图0.1所示，虽然宋代学者大体上并没有将会要视为现代意义上的"历史档案"，但会要与宋朝官方史学的发展过程紧密交织在一起。例如，1030年七月，朝廷开始编修第一部会要，此时距离最早的国史《三朝国史》进呈仅过去了一个月。显然，编修《三朝国史》时，人们并未使用第一部会要。与其前身《唐会要》一样，最早的《宋会要》更像是将已经完成的国史，按照设定好的可供参考的类别重新整理。[8]

现存的《宋会要辑稿》大量引用北宋各朝国史，表明这种模式（将完成的国史分类并纳入会要）已经持续了一段时间。例如，第二部会要编修于1070—1081年，而涵盖了仁宗（1022—1063年在位）朝和英宗（1063—1067年在位）朝的《两朝国史》编修于1077—1082年，几乎与第二部会要的编修同时进行。不过，随着宋王朝的发展，党争极大减缓了朝廷完成国史的速度。这种缓速反过来影响了会要的及时编修，并最终改变了会要作为已完成国史之分类改编的最初特征。南宋孝宗时，会要的编修趋于正规化，会要的特征开始与日历的特征相混淆。正如本章第二部分所述，这些变化极为明显地见于《宋会要辑稿》的材料分布和特性上。

总的来说，在整个宋朝，国史馆编修了三种不同的会要。第一种是最初的会要，是涵盖了特定时间段的原始文件。第二种是从南宋开始，最初的会要变成大约每十年编修一次，皇帝驾崩后，朝廷将这些会要合并，形成记载这个皇帝一朝历史的合订本会要。第三种是对会要进行搜集分类或综合整理，编辑现存的多部会要并将其重新分类成为关于整个宋朝的单一史料。[9] 在任何情况下，会要始终没有失去其作为前朝"故事"索引和参考文献的最初特征。

## 第一部和第二部会要

最早的会要，"被诏以国朝故事，因革制度编次"。[10] 1030 年，编修《三朝国史》的学者们开始编修会要。1037 年，会要编修工作被转交给了更年轻的王洙。王洙是职业学者，他从 1032 年开始任史馆检讨、直龙图阁等职。除了身为历史学家，王洙还是目录学家、礼学家和文学编者，例如，1039 年，王洙首次编订了唐代诗人杜甫的诗集。富弼（1004—1083 年）和范仲淹（989—1052 年）是 11 世纪 30 年代末 40 年代初著名的庆历新政的倡导者，王洙是以富弼和范仲淹为核心的政治网络的成员之一。王洙既不是政治官僚，也不是谋臣，而是庆历新政成员中的历史学家和档案学家。除了编修宋朝第一部会要，王洙也是 1043—1044 年完成的《太平故事》的主要编者，该书是一部参考书，精选了宋朝早期的"故事"，作为 1043 年九月《答手诏条陈十事》这一改革者中心议程实施的理由和指导。[11] 1044 年四月，王洙进呈了第一部会要——150 卷的《国朝会要》；五个月后，即九月，王洙又进呈了 20 卷的《太平故事》。本书第六章将更详细地研究《太平故事》，该书是《国朝会要》的节本，是小部头著作。富弼下令将《太平故事》抄录给中书门下和枢密院的官员，以便他们在政策制定和执行过程中使用。[12]

这些事实表明，第一部会要与庆历变法的政治目标之间有密切联系。虽然最初的会要项目在 1030 年被设想为国史的一个简单"索引"，但到了 1044 年，为变法全面收集选定的宋朝"故事"的政治需要，成为该项目的强烈要求。在这方面，我们应该注意到，王洙与其上级决定扩大会要的涵盖范围，从 1022 年（这也是国史内容涵盖的最后一年）真宗驾崩，一直到 1043 年的"当时"，总共 21 年时间。通过这样做，最初在政治上反对刘太后政策和人事任命的改革派，不仅凸显了他们选择的 960—1022 年的史料，也开始筛选 1023—1033 年刘太后十年摄政期间的历史材料。由于仁宗统治的前 20 年间没有编修日历，王洙编修的会要实质上成为 1022—1043 年这一时间段最早的正式记录。[13]

庆历改革派需要"故事"来证明他们呼吁政治变革的合理性，所以 1069 年新法出台后不久，改革派就要求史馆继续他们的工作，于是《国朝会要》相应地被编修出来。1070 年九月，翰林学士王珪请求将会要的涵盖范围从 1044 年延伸至 1069 年。在注意到会要的实用性和文件亡佚之前保存文件的必要性后，他在奏议中不仅提出将会要的涵盖范围延伸到 1044 年之后，还提出了修改会要 960—1043 年材料的两个理由：第一，原编会要仓促完成，遗漏了许多条目；第二，许多文件仅仅是"吏文"，不应该传给后代。[14]根据这些指导方针，1081 年九月，续修《国朝会要》的工作完成，当时的宰相王珪进呈了完稿的 300 卷《国朝会要》，并恰当地将该书命名为《增修国朝会要》。在进呈会要的奏章中，王珪指出，新修的会要包含"其旧书因而略行增损"，这些文件被编辑得简明扼要，目的是保留尽可能多的"事"。显然，这项工作的目的不仅是续修，而且是要取代之前的 1044 年的《国朝会要》。因此，1081 年的《增修国朝会要》涵盖了 960—1077 年的内容，并将所有的新法列入"故事"。[15]

## 百年空白期

王珪的《增修国朝会要》在近 100 年的时间里，一直是标准会要，而且基本上是唯一的会要。没有证据表明，1086—1093 年反变法的元祐政府曾试图修订此书。1100 年徽宗登基，他下令续修会要。随后在 1106 年，徽宗下令修订会要 1067 年以后的所有材料。考虑到蔡京让儿子蔡攸（1077—1126 年）负责修订会要，这一命令暗示了蔡家试图改写新法的早期历史。这次会要修订完成了相当多的工作，但到 1118 年，只进呈了前三类（帝系、后妃、礼）共计 110 卷的修订稿。王应麟（1223—1296 年）将这些修订描述为主要是对现有材料的改动，仅稍微补充了 1077 年以后的事件条目。[16]根据洪迈（1123—1202 年）的说法，还有 400 卷也已经完成，因为在重大节日进呈图书会获得皇帝赏赐，修订会要的工作人员遂等待节日到来再进呈完稿。蔡家控制着编修会要所的职位，以及其他大多数宫廷学术和文学机构，并利用这些职位来增加其朋党的俸禄。[17]因此，王黼（1079—1126 年）在 1120 年掌权时，立即终止了包括会要在内的 58 个图书编撰项目，撤换蔡京任命之人，并将修书局吏人调到其他部门。会要的稿子于是被丢在空荡荡的修书局中无人过问,最终亡佚。[18]

宋室在1127年南迁后一直处于颠沛流离中,朝廷根本无暇顾及编修会要。1139年十二月,刘才邵(1086—1158年)奏称1077年以后的会要缺失,请求朝廷续修会要。高宗批准了此事,但既没有拨款,也没有置局续修。[19]1143年,刘才邵再次奏请此事,并指出会要对于保存高宗获得的政治"遗产"至关重要。[20]1161年正月,皇帝与宰相陈康伯(1097—1165年)之间也有类似的对话。高宗承认会要"乃祖宗故事之总辖",并补充说,前宰相汤思退(卒于1164年)对于编修会要"不曾行"。他再次下令续修会要,但1162年高宗禅位于孝宗以及1163—1164年汤思退再度任相,进一步推迟了续修会要的工作。[21]直到1168年十一月,在宰相陈俊卿的领导下,朝廷才正式置局续修会要。从这一记录中可以清楚地看出,秦桧和汤思退对续修会要兴致索然。

**孝宗时恢复编修会要**

相对于秦桧和汤思退,陈俊卿及其盟友倾向于一个更加开放和富有参与性的政府体系,就像会要最初在1044年所做的那样,在这个体系中,会要的参考作用可以被证明对政策的形成非常有用。于1168年十月十三日任相的陈俊卿,是第一个兼"提举编修《国朝会要》"的宰相。[22]1169年四月十二日,陈俊卿的重要助手秘书少监汪大猷(1120—1200年)进呈了拖延已久的续修会要计划。他提议"再加删定"蔡攸在1118年进呈的所有会要材料,理由是蔡攸编修时怀有"迎合时好"的政治动机。因此，他要求重新对照实录和其他作品，"务归至当"。为了不将神宗朝一分为二（现行的王珪《增修国朝会要》涵盖了1067—1077年的内容，而新会要将涵盖1078—1085年的事件），汪大猷请求将1067年以后神宗朝的全部材料"亦合重行编入"。[23]①不久后，汪大猷从秘书省离职，知名历史学家李焘接替了他的职务，继续负责编修会要，并为完成的会要作序。1170年五月，会要编修局仅仅成立一年半后，李焘便进呈了成书的会要。

李焘《续四朝会要》（简称《续会要》）的序言回顾了会要编修的百年空白期，并对北宋历史的基本概念做了重要阐述，李焘使用这些基本概念来组织续修会要。李焘认为，1067年新法的出台是宋朝历史上的一条基本分界线。在李焘看来，现行的会要极佳地体现了宋朝开国者的政策，这些政策一直延续到1067年。相比之下，因为1067—1127年这一时期见证了人们既反复背离这些原则，又试图恢复这些原则，所以"道与前异"。李焘断言，后一时期的许多"革"产生了大量的文献，而史馆"十仅得其六七"。因此，李焘对他的续修会要提出了三个重要的主张：（1）续修会要详细叙述了祖宗之法；（2）新法背离了这些祖宗之法；（3）关于这两种政治观点之间的政治交替时期的文献记载并不完整。[24]

除了阐明李焘对新法的立场，《续会要》的序还为了解他在

---

① 《玉海》卷51："乾道五年四月戊子，秘书少监汪大猷言蔡攸所修自元丰至政和，吉礼妄有删改，欲再删定，以《续会要》为名，从之。"

1170年编修的《续会要》与当时正在撰写的《长编》(本书第二章将探讨此书)之间的关系提供了证据。一方面,1168年四月,即他开始编修会要的前一年,李焘第二次向朝廷进呈《长编》书稿,涵盖了960—1067年的内容。另一方面,1177年,即在李焘完成了涵盖同一时间段的会要工作的七年后,他第四次向朝廷进呈《长编》书稿,涵盖了1067—1127年的内容。《续会要》与《长编》之间的这种差异,体现在《长编》现存文本中各种会要的约630条引文上。

图1.1显示了《长编》中每年引用会要的次数。虚线标志着1078年的结束,1081年王珪编修的《增修国朝会要》的记载也终于这一年。

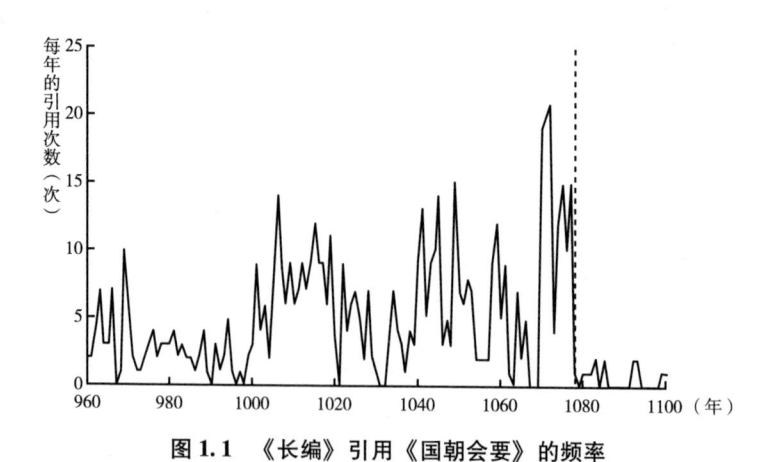

**图1.1 《长编》引用《国朝会要》的频率**

资料来源 《文渊阁四库全书》电子版。在《长编》四库全书本的注文中搜索"会要"一词。

这些引文绝大多数均匀分布在960—1077年的材料中，只有14条引文见于1078年以后的材料。我们可以认为，李焘在编撰960—1067年的《长编》时，参考并引用了之前1044年王洙编修的《国朝会要》、1081年王珪编修的《增修国朝会要》，但他并没有在1177年进呈的《长编》中引用自己1170年编修的《续会要》。从这一方式中我们可以推断出，李焘认为没有必要引用他自己在1170年编修的《续会要》，因为他可能已经在《长编》中收录了该书摘抄自实录的最重要的条目。我们在这里可以看到，李焘作为私人史家和官方史学家的活动之间有着密切的关系。更重要的一点是，由于李焘编修的《续会要》涵盖的时间段是1067—1127年，所以《续会要》的材料很可能符合他在《长编》中对这一时期历史的描述。

现存的关于1170年会要与之前的1081年《增修国朝会要》在篇幅和分类上的证据，也提供了李焘对待新法态度的线索。李焘虽然保留了王珪1081年《增修国朝会要》的21个类，却将854个"门"减少到666个，同时将整部书的篇幅从150卷扩充到300卷。众所周知，新法催生出大量的政府项目和管理这些项目的新机构，这种增长势头一直持续到北宋灭亡。现存的《宋会要辑稿》将这些机构放在"职官"和"食货"中，是整部书中篇幅排前两位的门类。李焘减少"门"的数量，可能反映了他试图抑制这种新项目和新机构剧增的历史形象，并将新法的历史限定在1067年以前政府的范围内。我们将在本书第二章关于李焘的讨论中看到，虽然《宋会要辑稿》提供了新法实施年份的大量内容，但《长编》对这一时期，尤其是 1086 年废罢新法的记载，相关卷数占全书的比重，大大超过了现存《宋会要辑稿》相关内容占全书的比重。

陈俊卿政府迅速采取行动，继续保持刚刚完成的会要项目的势头。1170 年五月，会要进呈。一个月后，朝廷又开始编修高宗朝会要。尽管李焘在一个月后离开了秘书省，但他的助手陈骙（1128—1203 年）仍在继续新会要的编修工作。因为高宗健在，朝廷还没有开始编修《高宗实录》，已有的《高宗日历》零零散散，并不完整。所以，秘书省广泛呼吁各部门提交高宗朝的文献，这些文献会被直接纳入会要。到 1173 年，高宗朝会要编修完成，陈骙进呈了 200 卷的《中兴会要》。《中兴会要》是高宗朝最早的官修史书之一。在李焘的再次领导下，史馆于 1177 年完成了《高宗日历》。我们将在后文的讨论中看到，这一编修历史在《宋会要辑稿》的条目分布中也很明显。

这一简短的考察显示，1067—1162 年的完整会要，涵盖了百余年的宋朝历史，包括新法兴废、北宋灭亡和高宗中兴，主要由李焘和陈骙在 1168—1173 年的五年间编修而成。我们将在后文探讨这一事实对正确解释和使用《宋会要辑稿》的影响。

**新范式**

孝宗初年的政治势力使会要编修得以复兴，同时，会要体裁的不断演变引发了两种不同的编修倾向。第一，朝廷希望避免过去会要编修（当时已编修到 1162 年）的中断，并尽可能地使会要与时俱进。第二，人们倾向于将现在的多部会要合并成一部综合性会要。这两种思潮在某种程度上都是对道学运动不断扩大的政治参与的回应。不过，这两种倾向往往起着相反的作用。这种张力仍然存在于《宋会要辑稿》的结构中，并为追溯其源头提供了重要线索。

考虑到第一种倾向，陈骙在1173年九月开始编修新的会要，该会要将涵盖孝宗朝的约前十年，即1162—1173年。约六年后，在1179年七月，秘书省进呈了《乾道会要》。陈骙的工作开创了定期编修会要且相对快速地接续编修系列会要的先例，这种做法一直持续到宋朝灭亡。1209年，真德秀（1178—1235年）进呈了会要编修的一个具体方案，朝廷最终采纳了这个方案。1214年朝廷颁布的诏令规定，秘书省每两年将收集到的合适文献分门别类，每十年进呈一部会要。[25]该诏令的结果是，涵盖了皇帝在位时期的一系列会要，在该皇帝驾崩后不久就能成书且面世。最终，孝宗朝编修了三部会要（1179年、1186年、1192年），宁宗朝编修了三部会要（1203年、1213年、1221年），理宗朝可能编修了多达五部会要。[26]

这个有规律的会要成书时间表，让会要得以与时俱进且尽可能减少文献的遗失。不过，独立会要数量的激增，使会要作为朝代"故事"的"一站式"参考变得不那么方便了，南宋绝佳地保存了会要原始设计的特点。例如，1081年的《增修国朝会要》，在90多年的时间里一直是唯一的史料和权威参考书。但是，11世纪六七十年代，在李焘和陈骙领导下的秘书省新编修的会要，尽管作为历史作品（至今仍）有益，但当时，忙碌的官员不得不查阅多部会要作品。因此，1200年，秘书丞邵文炳（1163年进士）为了阻止会要体裁的日益片段化，提出将总计368卷的孝宗时期的三部会要合订成一部《孝宗会要》。他强调，合订本将消弭重复内容，比单独的三部会要更容易查阅。由此产生的《孝宗会要》合订本，篇幅大大减少到200卷，"事详文省，纪纲制度，粲然有章"。[27]在类似的过程中，宁宗朝的三种会要，最终在1242年史嵩之（1189—1257年）主政时期由360卷压缩为150卷。[28]

表1.2 主要的会要编修

| 书名 | 编修时间 | 卷数 | 涵盖年份 | 主要编者 |
| --- | --- | --- | --- | --- |
| 《国朝会要》 | 1030—1044 | 150 | 960—1043 | 王洙 |
| 《增修国朝会要》 | 1070—1081 | 300 | 960—1077 | 王珪 |
| 《重修国朝会要》 | 1100—1118 | 110[+400] | 1067—1106(?) | 蔡攸 |
| 《续四朝会要》 | 1168—1170 | 300 | 1067—1127 | 李焘 |
| 《中兴会要》 | 1170—1173 | 200 | 1127—1162 | 陈骙 |
| 《淳熙会要》 | 1173—1179 | 158 | 1162—1173 | 陈骙 |
|  | 1179—1186 | 130 | 1174—1183 | 王淮 |
|  | 1186—1192 | 80[=368] | 1183—1189 |  |
| 《嘉泰孝宗会要》 | 1200—1201 | 200 | 1162—1189 |  |
| 《庆元光宗会要》 | 1196—1200 | 100 | 1189—1194 |  |
| 《光宗会要》 | 1202—1203 | 150 | 1194—1201 | [1194—1201年的内容于1221年修订] |
|  | 1213 | 110 | 1202—1211 |  |
|  | 1221 | 110[=360] | 1212—1220 |  |
| 《宁宗会要》 | 1242 | 150 | 1194—1224 | 史嵩之 |

资料来源 王云海：《宋代官修本朝〈会要〉》，收入《王云海文集》，第28—31页；蔡崇榜：《宋代修史制度研究》，第150—165页。

孝宗朝会要体裁的第二次创新，始于赵汝愚在 1180 年十月时推动编修综合性且完整的会要，其范围涵盖从宋朝立国直至当时。赵汝愚是 1166 年进士，在 1180 年六月周必大（1126—1204 年）升任参知政事后，赵汝愚接任秘书少监。周必大和赵汝愚两人在政治上与道学追随者们是坚定的盟友，私下关系莫逆。1187 年，周必大拜相。1194 年，赵汝愚拜相，后来赵汝愚与韩侂胄斗争失败，引发了庆元时期对道学的封杀。赵汝愚的墓志铭作者将汪应辰（1118—1176 年）和李焘列为赵汝愚最有影响力的师友之二。[29]① 我们将在第六章探讨赵汝愚的政务及其与完成于 1186 年的富有影响力的奏议选集《皇朝名臣奏议》之间的关系。赵汝愚在 1180 年奏议中提出的综合性会要，既继承了师友们的历史视野，也预示了他日后《皇朝名臣奏议》中的政治立场。

虽然赵汝愚在秘书省只待了几个月，但他留下了明确的指导性意见，即综合性会要由四部作品组合而成：（1）1081 年王珪的《增修国朝会要》，（2）1170 年李焘的《续四朝会要》，（3）1173 年陈骙的《中兴会要》，以及（4）刚刚完成的涵盖 1162—1173 年的孝宗朝第一部会要《乾道会要》。精简文本是为了创建统一的会要门类，将单个条目的详细程度标准化，"合二为一，俾辞简事备，势顺文贯"。[30] 赵汝愚的提议获得皇帝批准。朝廷于是开始了精简会要的一系列行动的第一步，而这些行动最终使现在的《宋会要辑稿》得以形成。

---

① 除汪应辰和李焘外，还有很多人被赵汝愚视作"师友"。《赵公墓志铭》："凡公著所闻于师友，如汪公应辰、李公焘、王公十朋、胡公铨、林公光朝……"

关于赵汝愚1180年的奏议与1210年秘书省进呈的《总类国朝会要》之间的联系，宋朝史料记载不详。[31]最可靠的史料认为《总类国朝会要》的作者是张从祖（卒于1208年），他从1204年到1208年去世一直在秘书省任职。[32]张从祖是成都人，与四川学者许奕（1170—1219年）、魏了翁（1178—1237年）关系密切，这两人都曾在此期间与张从祖同在秘书省供职，并称赞他作为史学家所做的工作。[33]1207年韩侂胄被刺杀后，史弥远掌权的新政府利用道学学者帮助其建立起政治和历史的合法性。在这一时期，秘书省推出了许多新举措，包括：（1）1208年，号召完成赵汝愚在1180年提议的综合性会要（当时已长期停滞）；（2）1209年，真德秀提议改写宁宗初年的全部历史；（3）1210年，许奕建议秘书省从四川抄录李心传的《要录》。

《总类国朝会要》有588卷，收录了960—1173年的条目。《宋会要辑稿》保留了579条简短的注释或史料来源标注，使学者可以重构《总类国朝会要》的史料来源。[34]对《总类国朝会要》的研究证实，1210年提交的会要与30年前（1180年）赵汝愚制定的编修综合性会要的指导方针密切相关。《总类国朝会要》只使用了赵汝愚明确要求的四种史料，内容涵盖时间截止于1173年。588卷《总类国朝会要》出自先前的四部会要，但压缩了40%的内容。《光宗会要》（1200年完成）和《孝宗会要》（1201年完成）中随处可见1173年以后的材料，但《总类国朝会要》并没有使用这些材料。现代学者因此得出结论，《总类国朝会要》大部分完成于12世纪80年代初，并搁置多年，直到韩侂胄死后张从祖在秘书省重新开始编修，才于 1208 年以后仓促完成。[35]

《总类国朝会要》（1210 年）不仅遵循了赵汝愚的指导方针，而且坚持了他对北宋历史的政治观点，这可以从史料来源标注里透露出来的 1067—1077 年新法关键年份的内容中得到证明。如前文所述，王珪的《增修国朝会要》（1081 年）与李焘的《续四朝会要》（1170 年）关于这一时期的记载内容有重叠。现代历史学家认为王珪《增修国朝会要》的史料显然更可取。但是，我们分析《宋会要辑稿》中 1067—1077 年的史料来源标注后发现，这些材料的很大一部分并非来自王珪的《增修国朝会要》，而是来自李焘的《续四朝会要》。[36]赵汝愚和张从祖选择遵循李焘对新法的记载，反映了他们对北宋历史的看法。他们认为，宋朝开国者太祖和太宗及庆历、元祐等时期具有积极的历史价值，并将这些时期与新法及其后果进行了对比。

1226 年，李心传来到行都临安担任朝廷史官，他在秘书省发现了张从祖的《总类国朝会要》稿本。李心传在秘书省的最初任务是对 1127—1224 年的国史查漏补缺并修订提高。虽然没有证据表明李心传在 13 世纪 20 年代直接参与编修《总类国朝会要》，但他肯定可以在秘书省接触到这部书稿。[37]史弥远政府日益专制的倾向，很可能再次阻碍了综合性会要的编修工作。李心传最终继承了赵汝愚、张从祖开创的事业，由此构成了《宋会要辑稿》的文本基础，但许多细节仍不清楚。

当时的目录学家陈振孙（1179—1262 年）著录了同样是 588 卷的《总类国朝会要》，并对该书给出了四项评述：（1）李心传所编，（2）"合三书为一"，（3）在四川刊刻，（4）该书刻板现在存放于国子监。[38] 现代学者质疑陈振孙的这些观点，尽管经过讨论，却并未达成共识。[39] 受朝廷政治影响，李心传不得不于1233年二月返回四川。但在1233年十一月史弥远去世后，新的端平政府再次高举道学旗帜，将魏了翁、真德秀等拥护道学的人召回朝廷，并提出仿效北宋元祐时期的政策进行行政改革。正如在1180年早些时候和1208年，新政府将编修反映这些历史价值的最新的综合性会要提上议程。因此，1234年三月，李心传受命"修《国朝会要》，令成都府给笔札之费"。[40] 李心传招募了两个四川人——高斯得（1201—1279年）和牟子才（1253年进士）——作为助手，根据《宋史·李心传传》的记载，这部会要于"端平三年（1236年）成书"。[41] 如果按照陈振孙的记载，那么我们必定得出结论：在四川修史的李心传，在两年多的时间里，使用了《孝宗会要》《光宗会要》以及《宁宗会要》的不同片段，以补充张从祖在1174年以前已经编排好的材料。随后，该书被刊刻出来，版片被运到杭州。

1235年蒙古人攻入四川，是这一假设遇到的主要难题。1235年九月，高斯得的父亲为蒙古军队所杀；① 1236年十月，蒙古军队破坏了成都。很难想象李心传能在这样艰难的情况下完成编修会要这么大的项目。不过，如果我们承认也许并非所有的会要书版都是在四川刊刻的，而是1238年李心传以秘书少监身份回到杭州后刊刻的，那么我们可以接受陈振孙的所有观点。早先张从祖编修的会

---

① 高斯得的父亲高稼当时知沔州；蒙古军队进攻沔州，端平二年（1235年）九月，高稼战殁于沔。见《宋史》卷409《高斯得传》。

要与后来李心传编修的会要都是588卷,这表明李心传在张从祖编修的会要的现有结构和格式中,于极短时间内添加了1174年以后的条目。[42]在《宋会要辑稿》中,至少有两个重要的门类保留着标识这些门类中的材料来自这两部会要的标注。其中一处标注写着《经进总类国朝会要》,第二处标注写着《经进续总类国朝会要》。[43]

这一情况支持了如下结论,即现在的《宋会要辑稿》重建了原始宋朝会要的一个专门子集:今天的《宋会要》是一个综合且凝练的会要压缩本,该书始于1180年的赵汝愚,1204—1210年由张从祖接续进行,并在13世纪30年代中期由李心传补充完成。在考虑了《宋会要辑稿》的历史和性质之后,我们可以更好地理解和说明后文图1.3所示的这个过程。

**《宋会要辑稿》**

如果陈振孙的记载可靠的话,南宋在13世纪中期刊刻了张从祖/李心传编修的《总类国朝会要》。不过,明初的《文渊阁书目》记录了一部可能并不完整的《宋会要》。[44]1403—1408年,一个由2000多名学者和抄写者组成的团队将该书内容以及其他许多著作抄入了古代中国编修的规模最大的参考资料集《永乐大典》。由于《永乐大典》不是按主题而是按韵分类的,该书编者将《宋会要》的内容分门别类地排布在《永乐大典》中近400处不同的地方,破坏了《宋会要》原来的结构和组织形式。原始的宋朝会要印版没能保存到明朝,而且只有80%—90%的《永乐大典》抄本保存到了清朝。最终，只有3%—4%的《永乐大典》残存至今。

18世纪时，乾隆皇帝翰林院的学者从《永乐大典》中复原了两部关于宋代历史的重要著作——李焘的《长编》和李心传的《要录》。由于明代的编者把这两部作品完整地抄入了《永乐大典》，所以复原的过程相对简单。但《宋会要》的问题要严重且复杂得多，乾隆时期的学者显然从未制订过重建《宋会要》的计划。不过早在19世纪初，年轻的学者徐松（1781—1848年）就意识到了《永乐大典》所引用的《宋会要》的价值。当时，清朝政府曾委派徐松从《永乐大典》中辑校《全唐文》。作为天生的历史学家，到1810年，徐松已经利用《全唐文》项目的资源，偷偷地从《永乐大典》中找到并抄录了五六百卷《宋会要》的材料。他和另外两名学者断断续续地整理这些材料，[①] 然而在1848年徐松去世后，他的藏书和《宋会要》稿本都流到了北京琉璃厂的书商手中。1860年，英法联军入侵北京，焚毁了《永乐大典》的唯一抄本，这使得徐松的《宋会要》稿本成为摘录自《永乐大典》的《宋会要》唯一的幸存抄本。

学者缪荃孙（1844—1919年）买下了《宋会要》稿本。1887年，他将其交给在广州新成立的广雅书局。在那里，缪荃孙和屠寄（1856—1921年）计划将这些材料重新改编成一部关于宋朝制度的

---

[①] 研究《宋会要》的学者如汤中、陈智超，均指出徐松在整理《宋会要》时苦于没有帮手，并未提到有知名之人曾协助他整理此书。此处作者提到徐松与"另外两名学者"一起整理《宋会要》，疑为当时的著名学者严可均、李兆洛，因为徐松曾与这二人有书信往来，并期望两人能帮助整理《宋会要》，不过事实上，徐松的想法最终未能实现。

新著作，而不是试图重建《永乐大典》编者们抄录的《宋会要》。带着这个目标，他们大刀阔斧地重构并修改了徐松的《宋会要》稿本。不过，这个项目一直没有完成。1915年，前广雅书局提调将徐松的《宋会要》稿本和未出版的广雅书局《宋会要》稿本卖给了藏书家和曾经的出版商刘承干（1881—1963年）。刘承干又委派了两名学者来完成缪荃孙的计划。① 他们继续在这两份《宋会要》稿本上工作，添加并整合了其他宋朝史料。然而，此事仍未完成。1931年，北平图书馆最终购买了经过裁剪的徐松《宋会要》原辑稿。宋史学者叶渭清（1886—1966年）在受托评估该书状况时，建议"吾人宁取原稿而舍清本"。1936年，在哈佛燕京学社2500美元的资助下，北平图书馆出版了徐松原辑稿的影印本（每套200册），该影印本已改为更合适的书名《宋会要辑稿》。[45]②

## 了解《宋会要辑稿》

《宋会要辑稿》体现了徐松重建已经残缺不全的《宋会要》（被抄录到条目支零破碎的《永乐大典》中）残存部分的不成功尝试。后来的学者和书商想用他的稿本制作成另一本书，这沉重打击了徐松的努力。《宋会要辑稿》的复杂历史，加上被抄入

---

① 这两位学者是刘富曾和费有容，刘富曾贡献尤大。
② 前广雅书局提调王秉恩分两次将《宋会要》稿本出售给嘉业堂，第一次是1915年，出售了大部分《宋会要》稿本，八九年后又出售了剩余的稿本。北平图书馆委托上海大东书局影印徐松原辑稿，当时的书名是《宋会要稿》。

《永乐大典》的《宋会要》本身就是单独会要的合订本，再加上其中两部（涵盖1067—1162年的内容）是在1168—1173年编修的这一事实，由此提出了如后问题：《宋会要辑稿》中的条目在多大程度上反映了宋朝统治的实际模式，以及《宋会要辑稿》的复杂历史如何影响了这种反映。[46]

台湾大学数位人文研究中心（RCDH）维护的《宋会要辑稿》网络版的多功能性，使回答这个问题成为可能。该数据库包含了1936年版《宋会要辑稿》中的8万多个独立条目。通过计算机文本分析，可以确定其中7万多个条目的时间。[47]不过，从同一事件派生出来或描述同一事件的重复多个条目在这些带有时间的条目中占据了很大比例。不幸的是，这些重复并没有可以预测的模式，但聚集在《宋会要辑稿》的某些门类中。有些重复是在明代抄录时羼入的，有些则是在清代抄录时羼入的；其中一些重复可能早已经出现在《总类国朝会要》里。[48]虽然这些重复有助于了解《宋会要辑稿》的起源，但为了更准确地了解《宋会要辑稿》对宋代历史的覆盖情况，必须将其剔除。一旦这些重复条目被剔除，则有超过5.7万个"独一而可系年之条目"。这个数据集构成了下面分析的基础。

图1.2中的实线表示《宋会要辑稿》收录的960—1224年"独一而可系年之条目"的逐年条目总数。虚线计算的是每十年的移动平均数。所有年份的年平均数是218条，中位数是192条。竖线划分了宋朝13位皇帝的在位时期。图1.2显示了每年条目数量的巨大变化。从数量最少的967年的33条，到数量最多的1133年的

688 条。不过，这两个时代的历史呈现出大致相似的情况：10 世纪 60 年代后期，太祖发动进攻北汉和南汉的战事，来扩大刚建国的宋朝的版图；12 世纪 30 年代中期，高宗与女真人和伪齐政权作战以巩固中兴。然而，即使考虑到高宗时期政府的规模更大且事情更加复杂，条目数量的这一巨大差异也表明，《宋会要辑稿》中不存在稳定的、按照时间顺序平衡涵盖的宋代历史，而且其史料的编者们可能永远无法呈现，也从未打算呈现这样的历史。

数据揭示了四个按照时间顺序排列的波峰：（1）第一个波峰在真宗朝中期（约 1008 年）；（2）几乎是整个神宗朝，1082 年臻至顶峰，在神宗驾崩后一年，即 1086 年，数值猛增；（3）高宗初年，其中 1133 年臻至最高点；（4）孝宗初年，1163 年和 1165 年形成双波峰，而 1171 年同样为波峰。另外，有四个明显的波谷。太祖和太宗这两个宋初统治时期的数据远远低于平均值。事实上，整个仁宗朝的数据也低于平均值。值得注意的是，秦桧掌权期间，即从 1144 年开始，一直持续到 1155 年秦桧去世，出现了特有的数值大幅降低。再有，除去 1189 年和 1194 年的数值猛增（分别由与孝宗驾崩和光宗继位相关的密集仪式活动引起），在 1173 年之后，每年的条目数平缓但显著地减少。

显然，没有单一的因素可以解释所有这些数值变化。事实上，我们可以发现至少有三种相互关联的动力影响了这种分散的时间模式。首先，也是最基本的，是原始记录、同时代记录的阙如。有两个时期很突出。我们在导论中已经看到，宋代朝廷史学成熟体系的基本特征直到 10 世纪 90 年代初才发挥作用。因此，对宋朝前两朝

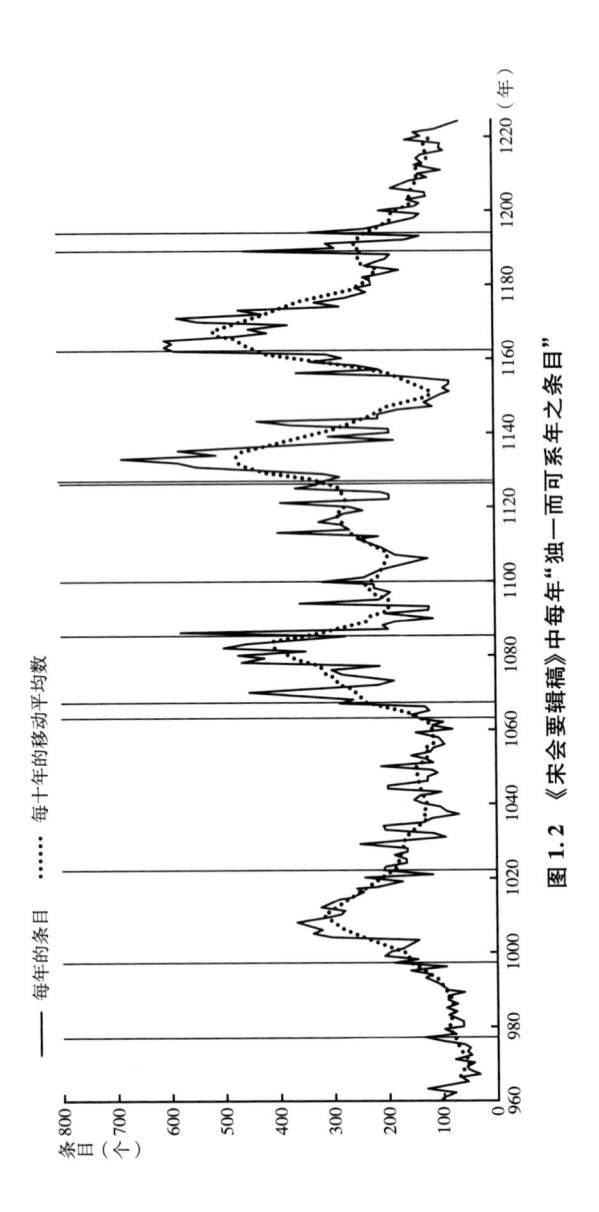

图 1.2 《宋会要辑稿》中每年"独一而可系年之条目"

的基本历史记载比后续各朝的基本历史记载要浅显得多。同样，秦桧在 1143 年以后削弱了史馆作为主要文献收集点的常规功能，后来的宋朝历史学家都无法填补这一空白——第三章将详细讨论这些问题。[49] 相应地，这两处明显低于平均值的数值下降代表了没有收集到原始文献的时期，所以，在 1044 年和 1173 年分别首次汇编关于这些时期的最初会要时，编者无法收集到这些时期的原始文献。

其次，有人可能会说，这四个波峰体现了政府活动增加的时期。这四个波峰中至少有两个波峰可以这样理解。在 1005 年缔结澶渊之盟后，真宗开始了一个国家建设时期，它一直持续到真宗朝中期。同样，神宗在其统治初期推行新法，开始了一个紧张的国家积极主义时期，这个时期持续了整个神宗朝。经过平滑处理的数据凸显了这两个趋势。然而，与真宗朝初期或神宗朝初期相比，很难说后来的两个波峰（高宗初年和孝宗初年）体现了国家活动的成比例增长。更有可能的是，这些峰值来自编者的选择，以突出这些时期与宋朝历史上其他时期的关系。

最后，除了在高宗初年和孝宗初年出现的波峰外，编者的选择可能也解释了在 1173 年之后和仁宗时期的条目减少。我们在前文中看到，张从祖的《总类国朝会要》结束于 1173 年，李心传在艰苦的环境下，极为仓促地增加了 1173 年之后的条目。仁宗时期的条目减少更难以解释，但也许反映了王珪进呈的《增修国朝会要》（1081 年）的轮廓。到南宋时，该书已成为关于仁宗时期的唯一会要。尽管从现代的角度来看，庆历改革和新法之间存在相似之处，可神宗朝的改革家们认为仁宗朝（尤其是仁宗朝后期）的财政及制度衰败，而新法正是被设计出来解决这些问题的。仁宗时期的人物，如欧阳修、韩琦（1008—1075年）、富弼和司马光都反对新法，而《增修国朝会要》则很可能淡化了来自之前庆历时期的"故事"和观点。虽然李焘的《长编》做出了勇敢的尝试，但南宋史学家无论有多同情庆历改革家，都无法绕过或强化王珪《增修国朝会要》强加给仁宗时期的基本文献立场。

如果说仁宗时期的条目减少是《增修国朝会要》对这一时期的消极历史立场造成的，那么相比之下高宗朝和孝宗朝的数据丰富，则是积极重视这两个时期的历史造成的，这种积极重视由李焘、陈骙编修的《续四朝会要》和《中兴会要》发轫，又由张从祖、李心传编修的《总类国朝会要》接续。如前文所述，编修于1170—1173年的高宗朝（1127—1162年）会要，是为了回填、扩充和修改不完整且政治上令他们不满意的《高宗日历》。[50]《中兴会要》（1173年）实际上完成于《高宗日历》（1177年）的四年前。陈骙因此得到了《中兴会要》的海量文献资料，他充分利用了这个机会。同样，陈骙在第一部孝宗时期的会要——《乾道会要》上的努力，也得益于为编修《孝宗日历》所搜集的同时代文献。自1162年孝宗登基以后，《孝宗日历》一直编修不辍。

南宋的两个数据峰值都来自两种原始会要，这两种会要都完成于12世纪70年代，其编者可以接触到海量的文献。当然，政治也发挥了很大作用。1180年，赵汝愚指定将这两部会要收录到第一部综合性会要中。我们将在第六章详细探讨这一时期的政治。在此之前，孝宗时期史学研究的焦点有两个突出的趋势。1162 年，高宗退位、孝宗登基，官方历史学家开始认可将高宗传位孝宗与尧禅位舜相提并论的官方宣传。完成于 1166 年的《高宗圣政》就反映了这种类比，并将高宗及其在 12 世纪 20 年代末 30 年代初的行为作为南宋中兴的起源和基础。[51] 在这个早期的基础上，在随后的 12 世纪六七十年代的政治斗争中，陈俊卿、周必大和赵汝愚等士大夫，对抗龙大渊（卒于 1168 年）、曾觌（1109—1180 年）、张说（卒于 1180 年）等佞幸及其盟友。李焘和陈骙与陈俊卿等人关系密切，因此他们采用了史学的视角，突出了高宗和孝宗如何约束佞幸的内容。此外，高宗、孝宗时期都有大规模的军事行动，这增加了国家活动的文献篇帙。

## 结　语

《宋会要辑稿》中的南宋条目与北宋条目以及其他条目不同。陈骙从 12 世纪 70 年代开始的编修工作，依赖史学过程中更基础层面的材料，这些材料是原始文献的抄本，或者是日历中的条目。如前文所述，1173 年的《中兴会要》是在对高宗朝的基本历史记录进行重建和修订的过程中编修的；而涵盖了 1162—1173 年的《乾道会要》，实际上使用了同时代的文献。因此，1127—1173 年的条目时间越接近 1179 年，陈骙能够获得的史料就越丰富和有深度。这一事实解释了孝宗初年出现数据波峰的原因，可能也解释了高宗初年出现波峰的原因，因为孝宗时期的政治家们试图统合高宗、孝宗

(1) 1044年：王洙进呈第一部《国朝会要》（涵盖960—1043年）
(2) 1081年：王珪进呈《增修国朝会要》（涵盖960—1077年）
(3) 1170年：李焘进呈《续四朝国朝会要》（涵盖1067—1127年）
(4) 1173年：陈骙进呈《中兴会要》（涵盖1127—1162年）
(5) 1179年：陈骙修《淳熙会要》（涵盖1162—1173年）
(6) 1180年：赵汝愚下令编的《总类国朝会要》（涵盖960—1173年）
(7) 1210年：秘书省进呈张从祖的《续总类国朝会要》（涵盖960—1173年）
(8) 1236年：李心传进呈《续总类国朝会要》（涵盖960—1224年）

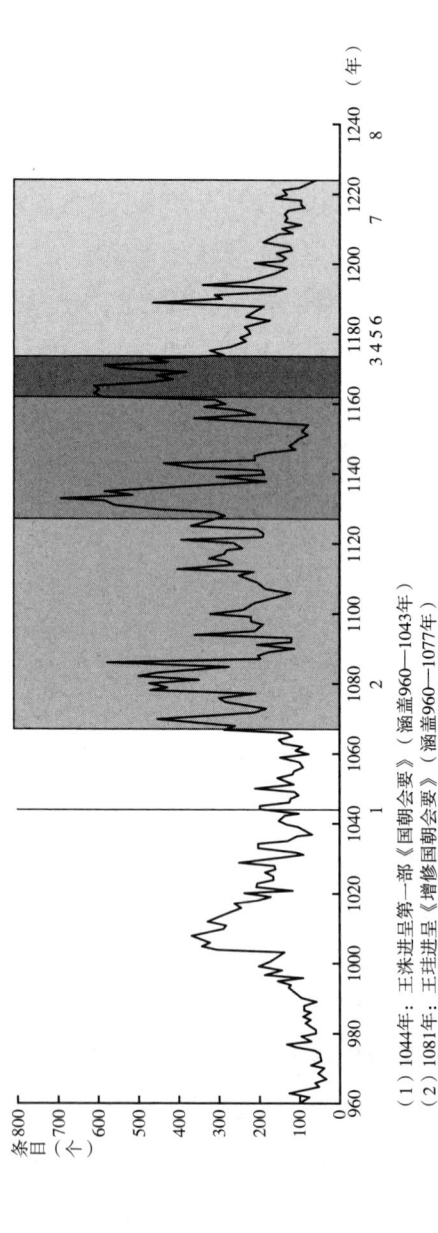

图 1.3 《宋会要辑稿》的演变

这两个时期的历史,为他们同时代的政策寻求高宗时期的"故事"。秦桧专权时期数据波谷的形成,既源于其专权时期压制文献收集,也源于孝宗时期的历史学家通过突出其主政前后的史料来淡化其历史作用的愿望。最后,1174年之后的条目部分恢复到早期模式。它们是由合订本《孝宗会要》、光宗的原始会要和宁宗的合订本原始会要衍生而来的。换句话说,虽然李心传编修了1174年之后的会要条目,但政治环境迫使他再次使用已经被编辑过的二手资料,来改变韩侂胄的历史痕迹。我们在第三章中可以看到,李心传本人并不反对这样做。因此,今本《宋会要辑稿》所反映的结构轮廓固定于12世纪70年代,反映了编者及其政治赞助者的需要和想法。1174年以后的材料本质上是"附录",但延续了张从祖对赵汝愚关于会要最初构想的实现。

今本《宋会要辑稿》因而呈现出复杂的、相互交织的影响,这种影响从最初的会要《总类国朝会要》,以及后来错综复杂的各种会要流传到现在。不过,一旦这些影响被识别和区分开来,数据的优劣就变得明显,现代宋史学者可以更好地利用这一独特的史料财富。显然,文本基础的不同深度为那些依赖历时性研究工作的人制造了陷阱。宋初和1174年以后年份的文献陷阱重重;然而,每种情况下的问题各不相同。宋初文献的匮乏,为庆历史学家追溯他们赞同的"故事"提供了空间,随后的几代人基本上毫无疑问地接受了这段早期的"历史"。因此,不加批判地接受宋初的会要史料,有接受后世目的论建构的风险。1174年之后条目的风险则正好相反:它们只呈现了那个时期曾经丰富的原始文献被压缩、概述和用来党同伐异的样本。

另外,《宋会要辑稿》倾向于对波峰时期的机构和问题进行同步研究。现代宋史研究被这些史料的深度所吸引,确实表现出了对新法、高宗早期的中兴和孝宗朝的极大兴趣。由于文献资料更为丰富,历时性研究也倾向于详述这些时期。其结果是,人们产生了一种错觉,认为这些时期的历史在总体上比其他时期的历史更重要——波峰时期比波谷时期发生的事情更多。这似乎确实是《总类国朝会要》编者的意图。但与此同时,波峰时期史料的丰富也为深入了解宋朝政治生活的深层结构提供了更详细的信息。本书后面几章将利用这些史料来深入探究 12 世纪 30 年代和 60 年代的史学政治——并非因为在这些时期发生的事情对在波谷时期发生的事情具有规范性,而是为了理解波峰本身是如何以及为何产生的。

## 注 释

1. "会要"一词源自《周礼》,《周礼·小宰》记载:"月终,则以官府之叙,受群吏之要。赞冢宰受岁会。岁终,则令群吏致事。"见孙诒让《周礼正义》卷 5,第 205 页、第 226—227 页;trans. Biot, Le Tcheou-li, 1:53, 56;参见《玉海》卷 185《食货》,第 4 页 a—b。关于《宋会要》,有大量的二手研究成果。非常重要的研究成果有王云海的《〈宋会要辑稿〉考校》,修订后收入《王云海文集》;以及陈智超的《解开〈宋会要〉之谜》。除了这些专门著作，大部分宋代史学研究著作包括关于会要的内容。特别有用的成果是蔡崇榜的《宋代修史制度研究》，第149—172页；以及宋立民的《宋代史官制度研究》，第197—213页。《宋会要辑稿》2014年点校本的刘琳的序言（第1—21页），提供了一系列影响会要编修问题的主流意见的总结。《宋会要辑稿》点校本的整理者接触过台湾"中研院"制作的标点本《宋会要》数字化版本（可通过在线数据库Scripta Sinica获取）。台湾大学数位人文研究中心的杜协昌，为Scripta Sinica设计了具有高度灵活性的全文检索界面，并对其进行维护。

2. Sung Chia-fu, "Between Tortoise and Mirror," pp. 24 - 36, 82 - 143；宋家复：《从〈册府元龟〉论北宋初期类书式历史书写操作的典范意义》。对《册府元龟》简明扼要的介绍，见Hartman, "Chinese Historiography in the Age of Maturity," pp. 42 - 44。

3. 山内正博：「册府元龜と宋會要：その記述形式と繼承の意義」。关于《唐会要》，见Twitchett, The Writing of Official History under the T'ang, pp. 109 - 118。

4. 《玉海》卷51，第35页b—第37页a。

5. 《华阳集》卷8《乞续修国朝会要札子》，第16页a—b；《全宋文》第53册，卷1151《乞续修国朝会要札子》，第143页。

6. 《麟台故事校证》卷2《职掌》，第95页。后来有关会要的文献经常重复这些原则，例如，1179年，施师点奏请编修孝宗朝前十年的会要，见佚名《南宋馆阁续录》卷4《修纂》，第197—198页。

7. 1081年会要的"礼"类下有5个"门"，因此21个类对应《宋会要辑稿》的17个类（"礼"类下未分"门"）。

8. Twitchett, The Writing of Official History under the T'ang, p. 116.

9. 陈智超：《解开〈宋会要〉之谜》，第89—92页。

10. 晁公武：《郡斋读书志校证》卷14"《国朝会要》一百五十卷"，第659页；《长编》卷109，第2541页。

11. 王洙编订的杜甫诗集，见Hartman, "The Tang Poet Du Fu and the Song Dynasty Literati," pp. 46-47. 富弼奏请编修《太平故事》，见《长编》卷143，第3455—3456页。

12. 《玉海》卷49《庆历三朝太平宝训》，第6页b—第7页a。(《玉海》卷49："庆历三年九月，枢密副使富弼请考祖宗故事可行者为书，言欲选官置局，将三朝典故及久来诸司所行可用文字分门类聚编成一书，置在二府，俾为模范，得以遵守，上嘉其奏。丙戌，命史馆检讨王洙，集贤校理余靖、欧阳修，秘阁校理孙甫等同编，命弼领之，名曰《太平故事》。四年九月上之，凡九十六门、二十卷，弼为序。凡三朝赏罚之权、威德之本、责任将帅之术、升黜官吏之法、息费强兵之制、御戎平寇之略、宽民恤灾之惠、睦亲立教之本、御臣防患之机、察纳谏诤之道，率编录焉。"——译者注)

13. 蔡崇榜：《宋代修史制度研究》，第41页。事实上，自1007年以后，日历编修就没能维持下去。1022年真宗刚驾崩，刘太后便下令编修整个真宗朝的日历，但没有下令在新的仁宗朝继续编修日历，见《宋会要辑稿·职官一八》，第79页a。

14. 王珪：《华阳集》卷8《乞续修国朝会要札子》，第16页a—b。(《乞续修国朝会要札子》："然上修至庆历四年，其后事迹恐岁久不修，浸成沦坠。又当时亟欲成书，及欲广其部帙，故其间尚有遗事，而所载颇多吏文，恐不足行远。欲乞选差官下史院，自庆历五年以后续修至熙宁三年，其旧书因而略行增损，庶成一代之典。"——译者注)

15. 《长编》卷316，第7642页。与其他主要会要不同的是，现存史料表明，在1081年会要编修的背后，并没有工作特别出彩的史官。宋敏求、曾巩也参与其中，但参与程度有限。因会要完成而获得赏赐的两位学者都是王珪的小跟班；见《宋会要辑稿·职官六七》，第 1 页 a。王珪在 1070 年首次提议编修会要，最有可能是王珪本人监修了该书。

16.《玉海》卷 51，第 36 页 b—第 37 页 a。(《玉海》卷 51："其书通章得象、王珪所编，稍益以熙宁后事。"——译者注)

17. 关于这一系统，见：王云海《王云海文集》，第 499—500 页；Lamouroux, *Fiscalité*, pp. 196-197。

18. 洪迈：《容斋随笔》卷 13《国朝会要》，第 173—174 页；陈振孙：《直斋书录解题》卷 5，第 162 页。(《容斋随笔》卷 13："国朝会要，自元丰三百卷之后，至崇宁、政和间，复置局修纂。宣和初，王黼秉政，罢修书五十八所。时会要已进一百十卷，余四百卷亦成，但局中欲节次觊赏，故未及上。既有是命，局官以谓若朝廷许立限了毕，不过三两月可以投进。而黼务悉矫蔡京所为，故一切罢之，官吏既散，文书皆为弃物矣。"——译者注)

19.《要录》卷 133，第 2490 页。

20. 黄淮：《历代名臣奏议》卷 277，第 1 页 b—第 2 页 a。

21.《要录》卷 188，第 3642 页。

22. 该头衔于 1168 年十一月二十八日加入他的职务；见：《宋会要辑稿·职官一八》，第 32 页 a；《宋史》卷 164《职官志四》，第 3878 页；龚延明《〈宋史·职官志〉补正》，第 233 页。秘书省编修会要的专属场所大概可以追溯到这个时候。南宋时期，编修会要所就坐落在秘书省后方的编修日历所的正对面。它们在秘书省内的地理位置很近，这无疑反映了 1168 年以后这两个编修所之间密切的工作关系。见 Winkelman, *The Imperial Library in Southern Song China*，第 16 页和该书最后的地图。Winkelman 的叙述很大程度上借鉴了陈骙的《南宋馆阁录》。陈骙于 12 世纪六七十年代在秘书省任职，其间为重振会要体裁发挥了核心作用。

23.《宋会要辑稿·职官一八》，第 33 页 a—b。

24. 《文献通考》卷201《经籍考二十八》，第5773页。(《经籍考二十八》："窃惟五朝大政，前书备载，类仍旧章，鲜所开创。逮神、哲、徽、钦之御世，因时适变，道与前异。大抵革于熙宁，复于元祐，旋革于绍圣，又复于元符，再革，遂臻崇、观、政、宣之丰豫，以及靖康。六十年间，业广事详，方策所记，视前倍蓰。今兹缀集于零落散亡之余，十仅得其六七，诚不足允符神旨。"——译者注)

25. 佚名：《南宋馆阁续录》卷4《修纂》，第204页。

26. 关于会要编修的细节，见蔡崇榜《宋代修史制度研究》，第159—167页。

27. 佚名：《南宋馆阁续录》卷4《修纂》，第204页；《玉海》卷51，第38页b—第39页a。

28. 蔡崇榜：《宋代修史制度研究》，第162—165页。

29. 见刘光祖为赵汝愚撰写的长篇墓志铭，《全宋文》第279册，卷6318《宋丞相忠定赵公墓志铭》，第81—100页；余英时《朱熹的历史世界》(下册，第198—204页)详细重构了赵汝愚的政治人生和知识生活。

30. 《玉海》卷51，第39页b—第40页a。

31. 更全面的研究，见王云海《宋朝〈总类国朝会要〉考》，收入《王云海文集》，第134—151页。

32. 佚名：《南宋馆阁续录》卷4，第203页；《玉海》卷51，第39页b—第40页a。

33. 佚名：《南宋馆阁续录》卷8《官联二》，第295页、第314页、第328页；卷9《官联三》，第370页。见魏了翁为许奕撰写的神道碑和为张从祖撰写的悼文，《全宋文》第311册，卷7110《显谟阁直学士提举西京嵩山崇福宫许公奕神道碑》，第61—62页，卷7131《哭将作张少监从祖文》，第399—400页，以及《宋会要辑稿·选举二二》，第22页a。张从祖和许奕是1205年同年进士。

34. 例如，"以上《中兴会要》"。见：王云海《宋朝〈总类国朝会要〉考》，第142—144页；陈智超《解开〈宋会要〉之谜》，第75—80页；刘琳《宋会要辑稿点校本序言》，第7—9页；青山定雄《宋会要研究备要：目录》包含这些注释的完整列表。在《宋会要辑稿》电子数据库中，通过搜索引擎也可以很容易地找到它们并制成表格。

35. 陈智超：《解开〈宋会要〉之谜》，第86页。

36. 陈智超：《解开〈宋会要〉之谜》，第75、第79页。

37. 关于李心传在秘书省的任职情况，见 Hartman,"Li Hsin-ch'uan and the Historical Image of Sung *Tao-hsüeh*," pp. 320-328 以及文中引用的史料。

38. 《直斋书录解题》卷5，第163页。

39. 陈智超对此表示高度怀疑，见氏著《解开〈宋会要〉之谜》，第82—85页。王云海《宋朝〈总类国朝会要〉考》第144—148页以及蔡崇榜《宋代修史制度研究》第167—168页对此持不那么怀疑的态度。刘琳《宋会要辑稿点校本序言》第5—12页主要遵循了王云海的观点。

40. 《宋史全文》卷32，第2685页。

41. 《宋史》卷438《李心传传》，第12984页。高斯得和牟子才的传记也记录了他们参与编修会要；《宋史》卷409《高斯得传》，第12322页，同书卷411《牟子才传》，第12355页。(《高斯得传》："李心传以著作佐郎领史事，即成都修国朝会要，辟为检阅文字。"《牟子才传》："诏李心传即成都修四朝会要，辟兼检阅文字。"——译者注)

42. 刘琳《宋会要辑稿点校本序言》第11页怀疑陈振孙提出的588卷、"合三书为一"的说法。不过，他接受了陈振孙的以下说法，即这部作品在四川刊印，版片收藏在国子监（1245—1246年，陈振孙曾任国子司业）。刘琳虽然忽略了蒙古人攻入四川的问题，但如果陈振孙书目中的条目仅指1210年进呈的张从祖编修的部分会要，那么他的设想似乎可能性更大。

43. 第一个门类，见：《宋会要辑稿·帝系五》，第1页a；《宋会要辑稿·帝系六》，第1页a；《宋会要辑稿·帝系七》，第1页a、第16页a。第二个门类是一系列关于商税的重要数据，从1174年以后的条目开始，标注为《经进续总类会要》（《宋会要辑稿·食货一八》，第8页a）。这一门类内的子标注表明，这些条目分别来自《孝宗会要》《光宗会要》《宁宗会要》（《宋会要辑稿·食货一八》，第18页b、第20页a、第31页a—b）。

44. 杨士奇：《文渊阁书目》卷2，第13页b；刘琳：《宋会要辑稿点校本序言》，第10页。

45. 关于《宋会要辑稿》历史的简要叙述，见：刘琳《宋会要辑稿点校本序言》，第2—5页；陈智超《解开〈宋会要〉之谜》，第5—7页。更多细节，见《王云海文集》，第38—61页。

46. 《永乐大典》的编者们不太可能在很大程度上影响这些模式。与后来清朝乾隆皇帝主持的《四库全书》项目不同，没有证据表明明朝廷对《永乐大典》的内容进行了任何意识形态上的过滤，更别说会影响这部作品对宋代历史的描述了。此外，如前文所述，明朝编者们将《宋会要》的内容分配到近400个韵类之下。考虑到这种方法，很难想象系统审查制度如何实施。

47. 梅原郁《宋会要辑稿编年索引》列出了超过6.3万条可确定时间的条目。梅原郁《索引》中的条目遍布每个宋朝皇帝的在位时期，与RCDH数据高度吻合。

48. 这个问题很复杂，且技术难度很高，见王云海《〈宋会要辑稿〉重出篇幅成因考》，收入《王云海文集》，第242—257页。王云海没有考虑到晚宋《国朝会要》中已经有重复条目的可能性。

49. 详细讨论，见Hartman, "The Making of a Villain," pp. 68-74。

50. 蔡崇榜：《宋代修史制度研究》，第45—47页。

51. 详细讨论，见蔡涵墨《陆游〈中兴圣政草〉考》。1189 年，南宋第三位皇帝光宗继位，通过将光宗与上古第三位传奇帝王禹相提并论，进一步拓展了这种类比。直到宋末，这种类比框架一直是官方史学和私家史学的中心，见吕中《皇朝中兴大事记讲义》卷 22《孝宗皇帝》第 771—772 页和卷 24《光宗皇帝》第 797—798 页的评论。

第二章

# 李焘与《长编》

## 引　言

　　李焘在塑造宋代历史现存原始史料方面发挥了关键作用，这使他成为研究自己所处王朝历史的宋史学家中最富影响力的一位。他的鸿篇巨制《长编》，连同我们在第一章中看到的会要（李焘深度参与编修），成为研究北宋历史的主要史料。《长编》对于现代宋史学者所发挥的核心作用体现在两个方面：第一个方面涉及该书的方法论，第二个方面关乎该书的内容。本章认为，这两个方面是密切相关的，不能孤立地理解其中一个方面。此外，李焘传记中充分的细节描述，让我们可以评价他的政治生涯与其《长编》工作之间的关系。因此，本章试图在李焘生活时代的政治语境下来理解他这部杰作的结构和信息。

　　从 12 世纪 40 年代初到 1183 年，李焘一直致力于编撰《长编》。他先是在四川地方行政部门任职多年，后来又在行都临安的秘书省担任史官。这四十年，从秦桧专权一直延续到孝宗朝，见证了 1127 年北方陷落后，关于像样的宋政府应该如何"中兴"的政治冲突和各种争论——这个问题反过来又驱使人们定义宋朝最初建立时所依据的原则。历史，特别是历史学家李焘，在这些争论中扮演了活跃的角色。有证据表明，李焘编撰《长编》，以作为朝廷政策制定的"史料指南"，同时代的读者也是这样理解该书的。北宋统治的基础到底是什么？南宋"中兴"的内容究竟是什么，应该如何中兴？《长编》完成于开封陷落五十年后，是迄今为止时间最早、内容全面且记述完整连贯的关于北宋历史的著作。李焘对他本人所处时代的基本问题的回答，仍然是今天我们理解这段历史的基石。

李焘《长编》原本与李焘文集的散佚，限制了我们对李焘作品及其与李焘仕途之间关系的研究。众所周知，徽宗和钦宗年份（1100—1127年）的内容是《长编》正文和注的主体，而这部分内容所在的卷已经亡佚。此外，在流传至今的《长编》文本中，既有后人对李焘原注的补充，也有经研究表明，李焘原注可能已从文本中消失不见的那些条目。1995年，《长编》的今人整理本问世，并于2004年重印，这是一个里程碑式的成就，代表了二百年来抢救和重构该书的学术努力的巅峰。[①] 但是，这种现代重构的《长编》与李焘亡佚的原作之间的确切关系，在某种程度上仍留给人们许多猜测。

---

[①] 北京大学历史学系苗润博副教授指出，湖南图书馆所藏《长编》是四库底本，大致保留了四库馆臣篡改前的《长编》原始面貌，为全面恢复七阁本《长编》提供了可能。见苗润博《〈续资治通鉴长编〉四库底本之发现及其文献价值》，《文史》2015年第2辑。2016年，中华书局将湖南图书馆所藏《长编》影印出版（精装50册）。目前学界已经开始利用这一版本重新整理《长编》。

同样，原本120卷的李焘文集，现在只剩下一些残章断语。傅增湘（1872—1949年）将李焘的这些残存文字收集起来，于1943年出版。虽然这些文字的涉及面并不广，但它们提供了关于李焘思想和政治倾向的重要线索。[1]除了文集中的这些文字片段，李焘曾经独立撰写的大量关于经学和历史的学术著作，只有两部幸存下来，一部是对《说文解字》的注疏，另一部是《六朝通鉴博议》。① 到目前为止，关于这两部书的研究很少，《六朝通鉴博议》提供了关于李焘政治思想的独特视角（尽管视角有些狭隘且问题颇多）。[2]

周必大于1201年撰写的李焘神道碑，是李焘传记的主要原始史料。周必大是前宰相、杰出学者，不仅是李焘的亲密同僚，还一直支持李焘及其家人。周必大撰写的李焘神道碑，就立在通往李焘坟墓道路的路口，供公众瞻仰，碑文文笔优美，详细描述了李焘的一生，是神道碑这种体裁绝佳的例子。李焘去世17年后，周必大应李焘家人之请撰写了这方神道碑。当时，周必大仍是庆元党禁（党禁一直持续到次年才结束）的迫害对象。周必大强烈回护李焘作为历史学家和谏言者的政治人生，很容易被解读为挑战韩侂胄政府的政策。在之前的孝宗朝，周必大和李焘曾在同样的政治战场上并肩作战，如今在年轻的宁宗统治下，周必大依然雄风未减并进行斗争，政治迫害产生于这些政治裂痕中，且迫害日趋严重。周必大撰写的李焘神道碑中的细节，大致上与现存李焘文集片段中的信息

---

① 前一部书是《说文解字五音韵谱》，与《六朝通鉴博议》均收入《四库全书》。2007年，南京出版社出版《六朝通鉴博议》简体横排点校本。

一致，也符合仔细阅读李焘六朝史著作后的感觉，并与重构的《长编》的政治取向相符。从这个意义上说，周必大撰写的李焘神道碑的高度修辞化，向我们凸显出李焘为官与其作为历史学家的工作相互交织的政治关系。[3]

李焘传记的另一个主要史料，是他的儿子李壁（1159—1222年）在1185年下葬李焘时所写的墓刻。与更常见和更完整的"墓志铭"相比，李壁撰写的文本不过是列出了他父亲生前所任的官职，然后简要评价了李焘的生平和性格。相比于周必大撰写的内容详尽的神道碑，李壁撰写的墓刻文本语气越发忧郁沉闷，语言则更趋平和。根据李壁的说法，李焘为收复北方失地和实现宋朝的再造一统，为孝宗兢兢业业奉献了一生。李焘渊博的学识为他赢得了皇帝的礼遇和同僚的尊敬。李焘凭借自己的学识献言进谏，这些建议考虑到了不断变化的战略环境，但忽略了这些问题中存在的朋党政治。这些直率的学者观点使李焘成为一个难以相处的盟友，因此他在政治上屡屡受挫。李壁暗指皇帝曾想任命自己的父亲为宰辅，然而在皇帝任用之前，李焘就不幸去世了。另外，李壁没有提到《长编》。[4]

## 来自四川的史学家

1115年，李焘出生于现在四川省会成都以南的眉州丹棱。他的父亲李中于1109年中进士第，是四川的一位中层官员，"通习本朝典故"。[5]1138年，23岁的李焘中进士第。为了在丹棱郊外的山上继续读书学习，李焘未出仕。他待在山上的目的是准备撰写50篇关于当代政策问题的策论，这些策论是参加"制科"（一种多级考试）的敲门砖。李焘及其策论未能得到四川帅臣①的认可，1142年，他任成都华阳县主簿，这是李焘担任的第一个官职。

除了两次为父母丁忧，在接下来的25年里，李焘一直在四川当地任职，最终晋升为潼川府路转运判官。李焘研究历史，很可能是从应举制科发展而来。到了12世纪50年代后期，李焘的作品引起了行都临安秘书省的注意。12世纪60年代初南宋与金朝再次因敌意而爆发军事冲突，1162年孝宗继位，这些都为李焘及其历史撰写计划创造了有利的新政治环境。1163年，李焘向朝廷进呈了《长编》的第一部分。② 有人因此建议召李焘至行都，但政治的瞬息万变以及李焘丁母忧推迟了这一任命。③

1167年，已经52岁的李焘人生第一次来到行都临安，他奉命在秘书省任职，④ 并在接下来的16年里三次出入秘书省。1170年，政治联盟的不断变动结束了李焘在秘书省的第一个任期。⑤ 在两次出任地方长官后，李焘以秘书监身份于1176年返回临安，但一桩

---

① 帅臣指张焘。
② 李焘进呈的这部分《长编》，始于宋太祖建隆元年，终于开宝九年，共17卷，涵盖太祖一朝史事。
③ 李焘进呈《长编》的当年，同知枢密院事洪遵推荐李焘。次年，洪遵遭弹劾免官，推荐未果。
④ 乾道三年（1167年）十二月，李焘除授礼部员外郎兼国史院编修官。
⑤ 乾道六年（1170年）六月，李焘除直显谟阁、湖北转运副使。

涉及他儿子和制举的丑闻迫使他在次年再次出任地方官。① 在 1167 年之后的十年间，无论是在秘书省还是在地方任职，李焘一直埋头撰写《长编》，并在 1168 年、1175 年和 1177 年陆续进呈其他各卷。1167—1177 年，李焘显然是秘书省的思想指导，在此期间，他监修了大量官方文献汇编。这十年间，在秘书省任职的历史学家基本上没有编修过关于北宋历史的书籍，至少在官方层面是如此。1183 年，李焘进呈了修订后的《长编》，并再次被任命为同修国史兼侍讲。1183 年冬天，李焘不幸患病，并于次年撒手人寰。[6]

李焘出生于四川，这对于理解他作为历史学家、地方行政官员和谏臣的职业生涯至关重要。眉州在宋代有着浓厚的地方学术氛围和入仕传统。根据当地方志的记载，在整个宋朝，眉州共有 898 人进士及第，相比之下，人口规模大得多的成都和临安分别有 659 人和 658 人进士及第。[7] 人们经常把李焘父子比作著名的苏氏父子——苏洵（1009—1066 年）及其儿子苏轼（1037—1101 年）和苏辙（1039—1112 年）。可以说，北宋眉州家族为 11 世纪的士人学术和仕宦传统做出了巨大贡献。除了学术研究，眉州还是早期印刷业的重要中心。1144 年在眉州刊刻的所谓"眉山七史"，是后来一系列官修国史的前身。[8] 四川大部分地区成功躲过了金人进犯造成的社会动荡，当地藏书也在一个半世纪的时间里安然无恙。1148 年，皇帝下令在四川全面彻底地寻访书籍，以补充行都临安新建的秘书省的

---

① 李焘的儿子李塾应制科被黜；李壁奉旨考校上舍生，在策问本朝制科典故时出错，遭御史弹劾。李壁降一官，奉祠归蜀；李焘受到牵连，以本官出知常德府。

藏书。[9]

四川的兴旺，不仅得益于其农业繁荣和矿产资源丰富，也受益于其人口众多。成都府路的人口密度高于宋朝其他地区，几乎是都城开封在北宋后期的人口密度的两倍。[10]历史上，成都的地域封闭性及其作为亚洲腹地贸易中心的战略位置，使该地区在经济上能够自给自足，在政治上远离位于华北平原的中华文明的核心。例如，经济上，四川巨大的铁储量使其在10世纪中期能够自铸铁钱。宋初，该地区的商人开发了世界上第一种纸币，这种纸币于1024年为成都地方官府所使用。[11]①四川被称为"天府"，掌控四川对宋朝的经济和军事生存至关重要。

在12世纪20年代中期宋朝丧失对北方的控制后，四川的这种重要性骤然上升。1142年，南宋与金朝达成和议后，在川北横跨利州东、西路驻扎着三支共计10万人的军队。这些军队占南宋总兵力的三分之一，守卫着戒备森严的边地，抵御金军通过蜀口进犯。[12]在李焘的一生中，从吴玠（1093—1139年）开始的吴氏家族三代人掌握着这些军队。作为典型的"军事创业者"（military entrepreneur），吴玠及其后人要求控制并支配供给其军队所需的各种资源，屡屡挑战南宋朝廷的权威。[13]②

---

① 宋初，四川使用铁钱，流通不方便，于是成都商人发行一种叫作"交子"的纸币，后来由16户富商联合经营交子铺。1023年，官府设置益州交子务，1024年，发行官交子。

② 关于吴玠家族兴衰及其与四川的关系，参见王智勇《南宋吴氏家族的兴亡：宋代武将家族个案研究》，成都：巴蜀书社，1995；杨倩描《吴家将：吴玠吴璘吴挺吴曦合传》，保定：河北大学出版社，1996；张承荣、蒲向明主编《南宋经略陇蜀与吴玠吴璘史事研究》，天津古籍出版社，2021。

这些资源相当可观。当时一位观察家估计，12 世纪 30 年代，吴玠军队每年的军费"至四千万"。[14]李心传估计，军费仅现钱就有 2200 万缗。[15]为了筹集军费，四川官府提高了专卖的抽成，还截留了之前上贡朝廷的钱物，而朝廷反过来又批准了出卖度牒与官员告身来换钱以及当地榷卖免税。此外，四川开始发行过多的"钱引"（12 世纪的四川纸币），[16]随之而来的通货膨胀导致四川陷入经济困境。这些措施的实施，使四川的税收从 1128 年的 1600 万缗增加到 1137 年的 3700 万缗，增加了一倍多。[17]作为对比，1134 年南宋"行都"每年的开支为 1600 万到 2000 万缗，这笔钱来自朝廷直接军事控制地区的专卖收入，用来支付皇帝的开销和所有朝廷官员的俸禄。[18]换句话说，在 12 世纪 30 年代中期，四川军费几乎是整个南宋中央朝廷运行费用的两倍。

1142 年宋金和议之后，南宋朝廷将华中地区的"家军"收归其控制之下，但四川"家军"继续存在。根据 1137 年四川都转运使李迨（卒于 1148 年）的报告，吴玠军队有 50749 名士兵和 17700 名"官员"，每 3 名士兵对应着 1 名以上军官。[19]除了人数过于庞大，这些军官还消耗着 90% 以上的费用。而当地军官的一部分俸禄以米和绢帛等商品计价，根据商品的当地市场价值以现钱支付，这导致费用开支更加复杂。将官们操纵着这些市场，以确保获得尽可能高的报酬。[20]

四川仍然有"家军"，也就是说，其军官团体把他们的职位变成了发家致富的工具。李焘的政治伙伴、四川人虞允文（1110—1174 年）在 1168 年的奏疏中，描述"诸大将子弟亲戚错处于军中，虞给于公上而经营其私计"。[21] 将官们役使士兵为自己经商谋利，"冒请"军职和军饷。简而言之，虞允文描述了一支领导腐败、士气低落、毫无战斗力的军队。因此，他努力发展独立于正规军的地方民兵力量，却没有成功。[22] 尽管朝廷试图重新控制四川，但在 1182 年，赵汝愚沮丧地写道："吴氏子孙亦自视关外诸军若其家旧物。"[23] 几年后，留正（1129—1206 年）提醒道："西边三将，惟吴氏世袭兵柄，号为'吴家军'，不知有朝廷。"[24]

12 世纪 50 年代晚期，成都附近双流县的知县李焘向朝廷进呈了一份《比较图》，对比了 1126 年和 1156 年四川的军费开支与成都府路的财政预算。他估计 1156 年的现钱支出为 2300 万缗，而成都府路当年的财政收入只有 980 万缗，该路亏损了 94.96 万缗，亏损率为 10%。相比之下，1127 年有 57.43 万缗的结余。李焘列举了这些鲜明的数字，意在向人们展示：相比于 11 世纪三四十年代北宋与党项作战的军费开支，1142 年宋金和议之后四川的军事开支并没有减少。北宋与党项之间的这些战争也要求提高地方官府的收入，但战争结束后，仁宗迅速采取行动，精简军队，取消专门税，并将军屯地归还农民。在这种情况下，仁宗遵循了宋朝开国者的政策，从而使该地区恢复了经济繁荣。李焘以委婉的辞令和夸张的语言总结道，虽然高宗也遵循"仁宗故事"，下令采取了类似的措施，但他的政策在四川尚未得到全面实施。一旦这些政策生效，"则天下复如仁宗之时只旬岁间耳"。[25]

作为一位来自四川的历史学家，1127 年北方沦陷后，四川的政治和经济环境是李焘历史观点形成的关键。正如他对四川财政状况的研究所证明的那样，李焘相信四川对宋朝的贡献要大于它获得的回报。尽管四川地处宋金边境的战略要地，当地人对南宋朝廷忠心耿耿，但一直饱受军事施政的折磨。1142 年宋金和议之后，南宋朝廷重新确立了军事上对四川的控制，这在一定程度上缓解了除四川之外其他路的压力。四川未能从南宋中兴中充分获益，这使得李焘从历史的角度强调，早期的北宋皇帝治蜀远胜于其南宋后人。

## 《长编》的编撰历史

正是在这种情况下，李焘开始构思写作《长编》，并最终完成了全书。1135 年，周必大写道，20 岁的李焘撰写了 14 篇关于"反正议"的策论。"反正"一词暗指《春秋》的结论，孔子指出，《春秋》的目的是"拨乱世，反之正"。这句话在南宋初很常见，被人们用来隐喻中兴。[26]李心传在记述孝宗早年生活的文章中提到了李焘的策论，并将这些策论的观点置于恢复太祖一脉（孝宗所出）尊严和权威的政策背景下。这些策论的主要建议是，朝廷应该将选定的宗室成员尊为"皇子"，让他们承担关注度高的攻守任务，以巩固王朝的形象，并消弭他人觊觎皇位的任何想法。[27]1130 年七月，金朝扶植了一个缓冲政权来管理华北，这就是傀儡皇帝刘豫（1073—1143 年）的伪齐。1134 年和 1135 年，南宋与伪齐之间发生了激烈的军事冲突。李焘的建议或许应该被置于这一背景下理解。

如果李焘的策论中确实含有这样的暗示，那他建议的时机简直糟糕透顶。1137年，金朝解散了伪齐政权；1138年七月，高宗任命秦桧为宰相，两人采取了将政权和兵权均集中于高宗之手的政策。1142年，宋金和议，确保了高宗皇位无虞，也确立了秦桧独相的地位。关于李焘的所有传记都强调他痛恨秦桧及其政策。这些传记称，起初秦桧听闻李焘的名声，便有意接触他，但李焘强烈不满于秦桧的和议政策，便拒绝了邀请，李壁于是写道，李焘"陆沉远方凡三十年"。[28]

1138年，秦桧再度拜相，这可能使李焘没有接受初级职位，而是继续潜心学问。1142年，李焘终于走出书斋，前往履任，他已经写下50篇策论，这50篇文章足以让他被推荐去参加制科，应"贤良方正直言极谏科"。由于应试制科的人太少，从社会学角度研究宋代科举制的现代学者在很大程度上忽视了制科。其实，制科被称为"大科"，是宋朝所有考试中声望最高、难度极大的考试。[29] 964—1205年，只有34人成功通过制科；南宋时期，只有李焘的儿子李垕（卒于1179年）于1171年中制举。

1130年，高宗为了重振朝廷，宣布重开自1094年就从未举行过的制举。1134年和1137年，高宗又颁布制举诏令，但无人中举。制科考试包括三个阶段，举子先就策问撰写50篇策论。如果举子及其策论获得了朝廷高官的认可，一小群朝廷高官会将这些举子分成三等。二等及以上的人进入秘书省（以秘书监为首），学士们出"六题"。关于每个题目，举子至少要写500字，题目是五六个字，可能引自诸书的正文，也可以是九经、十七史或其他先秦著作的注。照例，其中三个问题应拟定为"明题"，或多或少逐字引用自史料文本，从而容易辨认；但还有三个"暗题"，出题人可以在不同程度上改变引文的措辞，从而掩盖被引用的史料文本，增加识别难度。[30]那些答对四题的人进入最后阶段，在此期间，皇帝亲自考核由宰相起草的一道策问。这些程序细节，以及它们的操作，后来在李焘的职业生涯中发挥了关键作用。李焘本人虽从未直面过"六题"，但他的两个儿子李塾（卒于1180年）和李垕都参加过"六题"考试。一场关于1177年制举的争论牵涉到李焘的两个儿子，李焘不得不离开行都临安，当时他正在撰写《长编》，并且在朝廷的影响力臻至顶峰。

李焘的《制科题目编序》大概写于1138—1140年，阐述了他对制科的态度和准备。李焘承认制科的题目结构是规诫和答对"题"所必需的死记硬背的结合，这需要在历史语境下对策问有概念上的理解。李焘称自己"妄有意于古人直言极谏之益"，但他也承认自己很难一直保持对熟记文本的投入。因此，他从五十多本书中各选取了"数十百题"，把它们改作"暗题"。李焘及其朋友们来猜测这些引文，就像猜谜语一样——他认为这种消遣"贤于博弈云尔"。①

《制科题目编序》将轻松幽默与严肃的历史分析结合起来，分析了制科中存在的不足以及高级官员对制科的操纵。序中还包含了李焘现存著作中最早使用历史类比进行规谏的例子，这种规谏后来对《长编》有很大的启发。李焘回忆道，在1070年的制科中，孔平仲

---

① 史料引文见《全宋文》第210册，卷4663，第219—220页。

(1046？—1104年)的殿试策论得罪了王安石（1021—1086年），所以王安石图谋压低孔平仲的名次，不让他从中第中得到任何好处。三年后，王安石以另一个倒霉的举子没能认出"六题"中的任何一题为借口，将制科这一考试过程描述为毫无用处的记忆练习。于是在神宗朝，朝廷再也没有开过制科。[31]李焘注意到高宗三次开制科都无一人中举，暗示朝廷官员已经像王安石一样，增加了"题"的难度，以阻止举子在制科最终的殿试策论中公开"极谏"。[32]

1140年，高宗下诏复行制科，诏旨保存至今，这就是李焘所回应的诏旨。该诏旨称，如今形势艰难，应制科者必须博古通今、直言极谏，而且能够改善政府运作。[33]正如李焘所理解的，制科需要广博的知识和学术储备，也是一场高水平、高风险的政治表演。例如，1171年，李垕殿试贤良方正直言极谏科，策问要求他评论"阿私之习未革"、"理财未尽其术"、"军政尚多宿弊"、"仓廪尚虚"、"民多乏食"、"救荒之政何施而可使无流离失业之患"、"楮币之为弊者非一端"，以及地方官员"未闻抚民有方，尽如古循吏"等问题。[34]显然，"直言"这些策问中的任何一题都会触及高度政治化的问题，从而惹怒权臣。

叶适（1150—1223年）是《长编》的忠实读者，他写过一本包含50篇文章的集子（可能写于12世纪70年代）①，该书也是为了制科应试而创作的。这些文章有幸保存至今，提供了这类考试及其在政策形成中所发挥的政治作用的具体例子。[35]叶适的这些文章被

---

① 叶适的这部作品叫作《进卷》。

划分进内容广泛的行政范畴（行政结构、财政、军事等），并集中研究了当时的问题，如1171年制科中提问李垕的问题。对"解决方案"的研究和编制很大程度上依赖历史上的例子和类比——通常与时间更早的宋朝历史，特别是北宋史有关。虽然叶适的文章完成于他能看到完成版的《长编》之前，但他无疑看到了文章的劝谏功能与《长编》之间的关系。

然而，知成都府兼本路安抚使张焘（1092—1166年）拒绝将李焘及其策论推荐给朝廷，这很可能是因为1142年宋金和议达成后临安的政治气候。张焘认为李焘成功的可能性很小，风险却相当大，如果李焘获得了初步的制科资格，他最终的策论会触怒现已根深蒂固的秦桧政府，就像孔平仲当年得罪王安石一样。因此，李焘转而在地方行政部门任职，但他并没有放弃读书研究。在1183年向朝廷进呈《长编》时，李焘写道，他为写作此书耗费了40年光阴。我们由此可以得出非常具有说服力的推论，即李焘把他之前致力于制科的精力转移到了行政管理和历史研究上。

众所周知，《长编》的构思、进呈及其被接受，是司马光开启的研究宋代历史之工作的延续。司马光计划写作一部表，描述宋朝廷官职的制度变化，以及记录担任这些官职之官员的名单。1069年，司马光奉命撰写此表，以供将来与神宗在经筵上使用。在撰写《百官公卿表》的过程中，司马光遵循了自己早年撰写的《历年图》（该书为正在编撰的《资治通鉴》提供了框架结构）的模式。《百官公卿表》最终完成，并于1081年被进呈给朝廷。不过，该书原稿已经亡佚，李焘只能找到一份残缺不全的稿本。李焘尝试按照司马光在《百官公卿表》原序中制定的方针来完成这部作品并扩大其涵盖的内容。1159年,李焘最终向朝廷史馆进呈了一部142卷的《续百官公卿表》。[36]

李焘现存的《续百官公卿表序》,以及他关于御史和谏官年表的序,为理解这部作品与《长编》的密切关系提供了充分的信息。首先,李焘在序中保留了司马光对"公卿"的定义,公卿是包括文武官、内官在内的所有从六品及以上的官。因此,这些年表展现了整个朝廷的中高级官员,而不像现在的《宋史·宰辅表》那样,仅限于展现顶级文官。换句话说,这些年表展示了宋朝政治的所有参与者以及朝廷的政治复杂性。其次,表是按照时间顺序排列的——李焘称之为"年表"——他提供了每次任职的精确时间,并认为这一特点确保了记载的可靠性。《续百官公卿表》涵盖了960—1125年的时间段。官员的任职时间,取自记录1100年之前历史的官方史料——实录和国史。对于徽宗时期,李焘不得不依赖私人史料,并承认涵盖徽宗时期的记录存在缺陷和记载不确定之处。

最后,在《续百官公卿表》每一页的天头处都有"大事记",这一特色源自司马迁《史记》卷22。因此,《续百官公卿表》不仅简单记录了谁担任什么职位,还包含了对"大事"的评价。司马光撰写的宋朝"大事记"(截至1067年),收录在《稽古录》的最后四卷中。[37]虽然以《春秋》简明扼要的方式进行叙述,但这些汇集起来的事件已经为李焘构建《长编》的主题提供了理论框架。《续百官公卿表》的三部分——官名、任命时间和事件——相互作用,提供了人事任命、政策决定和政治变化之间关系的解释性概述。就像司马光的《资治通鉴》为更早的《历年图》提供了细节一样，《长编》也为《续百官公卿表》提供了细节。

李焘希望他编撰的年表不仅被人们理解为解释性的历史，而且最终会被理解为一种规谏。例如，谏官年表的序总结道，相关资料展现了关于如何任命谏官的两种理论：（1）由皇帝单独决定谏官人选，或（2）皇帝在与宰相协商后决定谏官人选。12世纪50年代的读者看到这些马上就能心领神会，即谏官不应该完全听凭宰相任命。[38]年表规谏的另一个方面是，强调记录司马光或李焘认同的最早出现的措施或机构。司马光的《百官公卿表》虽然文字简短，却尽力涵盖了这些事件。[39]李焘曾撰有《本朝事始》，这可能就是《长编》中收录的这类事件的年表。[40]

强有力的证据表明，这些年表不仅是规谏，还是《长编》的引论，《续百官公卿表序》的末句写道："其故事则当别见续纪。"周必大和李心传都认为，"《续资治通鉴长编》盖始于此"。[41]他们得出这一结论，很可能是基于李焘在1163年首次进呈前17卷"故事"时所附的年表总序和奏状中存在相同的语言。[42]在这两份文件中，李焘都强调了他作为历史学家关注"本朝故事"。李焘在《长编》序中写道："追继光作，将以昭明祖宗之盛德大业，使众说咸会于一。"换句话说，这些年表完成了司马光的目标，即提供了一个文本上安全、年代上准确的支架，因为"故事"占据了支架的关键位置，所以可以被展现出来。1163年的奏状通过从可追溯的事实转移到对其解释的讨论，推进了这个写作项目。李焘认为，由于"学士大夫"对宋朝重大事件看法各异，对发生的事情没能达成共识，对

"故事"应该是什么自然也没能取得共识。于是,"臣辄发愤讨论,使众说咸会于一"。下面我们将详细探讨李焘所说的"讨论"到底是什么意思。我认为,"一"的意思是,李焘希望《长编》可以提供认同的基础,使北宋的"故事"能够支持宋朝的中兴。

## 孝宗朝与《长编》政治

从 1138 年中进士第到 1167 年来到临安,李焘先后七次在四川各级官府任职。李焘担任的这些差遣大多是"亲民"官,这使他在任职期间可以近距离接触民众。至少在 1146 年,为了继续在地方官府任职,李焘拒绝了教授差遣。这段经历使他成为四川地方官府各种政策的实地执行者,并使李焘持续体验了这些政策对民众的影响。

周必大提到了几起事件,表明李焘既抗议这些政策,又努力改善政策的实施情况。1151 年,总领四川财赋符行中(卒于 1159 年)命令李焘增加简州的盐税配额。简州与李焘的家乡眉州相邻。李焘反对增加盐税配额,并"移书力拒之"。这一事件使得当时提举宫观的前宰相张浚评论李焘"有台谏风"。[43]李焘与符行中之争,是秦桧掌权期间总领四川财赋与当地官府官员之间的一次小冲突。1148—1155 年,尽管朝廷下令减免税收并免除各种拖欠,符行中作为秦桧在四川的代表,却倒行逆施,提高了税收额度。1155 年秦桧死后,符行中因抗命不行以及曾经贿赂秦桧而遭到他人弹劾。[44]

1164 年，任潼川府路转运判官的李焘设计了一套"科约"制度，使地方官员更难横征暴敛，以此来保护民众。就任潼川府路转运判官后，李焘就这一问题弹劾了本路四名不称职的守令。然后，李焘"选官置局，括一道财赋，列其名色，使有无相辅，酌三年中数而为帐，遍示官吏，许摘不当更定，名为科约，上之朝，颁行州县，历久不废"。[45]

最后在 1159 年，李焘首次被擢任为更高一级的四川安抚制置使干办公事，他支持上司改组四川军队，减少军费开支。这位上司就是 1158 年九月被任命为四川安抚制置使的王刚中（1103—1165 年）。1135 年，王刚中进士登科，很快便与秦桧关系不睦。1156 年，王刚中回到行都临安，复任秘书省校书郎，编修哲宗朝、徽宗朝"宝训"。[46]王刚中还被任命为皇储即未来的孝宗的老师。① 王刚中为孝宗准备了汉唐历史上的"故事"，主张对金朝采取强硬的军事立场，同时王刚中还主张实行军事改革，以文督武，减少军饷补贴，拣汰年迈士兵，并实行屯田。总之，无论是在思想上还是政治上，王刚中都是李焘理想的恩主。到达四川后，王刚中将经验丰富的当地行政官员和历史学家都纳入他的团队，他很可能还安排将李焘撰写的年表递交给秘书省。[47]

1161 年，金朝对四川发动攻势，四川是他们向东大规模进攻南宋之战事的战场之一。王刚中连夜策马，催促吴家将应战，随后吴璘（1102—1167 年）出击，取得了决定性的胜利。李焘指出，王

---

① 孝宗时为普安郡王，王刚中兼任王府教授。

刚中事后并不居功。这次军事胜利是因为王刚中采取了正确的措施，通过干预官员选拔、选拔优秀军官担任文职以及改革老兵制度，更好地将四川军队纳入文官管理。[48]孙觌在王刚中的墓志铭中写道，1165年，王刚中去世，在此之前，王刚中为他以前的学生、现在的皇帝孝宗总结了恢复军事力量和重振经济的四点计划。其中第一点是按照太宗在宋初创建的模式建立屯田："具载国史，可举而行。"[49]

　　1155年秦桧去世，为行都临安出现新的政治领袖创造了机会。[50]随着1161年金人南下，高宗召开了一次由十一名大臣参加的会议，讨论军事应对的后勤保障问题。[51]这十一人中，有八人因为反对残存的秦桧政府及其政策而成为知名人士。八人中的两人，来自四川的虞允文和来自福建的陈俊卿后来均任相。另一个人叫汪应辰（1118—1176年），他很快就会被派往四川，在那里，他会安排李焘前往临安。简而言之，李焘在国家政治中心舞台上亮相，还有他致力于编撰《长编》，很可能与他得到来自后秦桧政治联盟的支持，以及这个政治联盟对他正在撰写的宋朝当代政治史感兴趣直接相关。

　　这个政治团体代表了四川和福建学者之间的地理联盟，以对抗江南地区的官员，后者构成了支持秦桧的基础。像李焘一样，这个团体中的许多成员是态度严谨的学者，他们经常用学术方法来解决行政问题。例如，陈俊卿与朱熹关系莫逆，同时也是福建道学的倡导者。他们把对手描述成"专以趣办财赋为功"的"能吏"。[52]寺地遵引用了1155—1160年的一系列臣僚奏议，这些奏议奏请朝廷更严格地监督地方税收、财政改革和国家财务审计。[53]最后，新政治联盟的所有成员在某种程度上都是主战派，主张对金朝采取更强硬的军事立场。简而言之，这群人在国家层面上呼应了李焘作为四川地方官员所表达的许多关切。因此，在地理、学术和南宋内外政策方面，李焘在朝中正蓬勃发展的川-闽政治联盟里找到了天然的盟友。

1161年十一月，虞允文在采石战胜了南下的金军。随后，高宗退位，1162年六月，孝宗登基，这鼓励了新政治联盟奏请皇帝召张浚回朝。四川人张浚是秦桧政治上的宿敌，主张对金用武，他也曾称赞李焘"有台谏风"。1163年，也就是李焘将其《长编》的第一部分进呈给朝廷的那一年，在张浚的敦促下，南宋主动进攻金朝，结果宋军于1163年五月二十四日，在符离一败涂地。孝宗心有不甘地决定通过与金朝谈判来结束战争，并召回了江南官员的首领和秦桧的党羽汤思退，汤思退以宰相的身份主持这些事务。事态的发展使得新政治联盟暂时受挫。1164年，有人举荐李焘入京任职，但由于汤思退迫使此人离职，李焘入京任职一事最后不了了之。[54]①

事情很快峰回路转，新政治联盟的关键成员汪应辰于1164年五月以四川制置使、知成都府的身份来到四川。李焘当时正在丁母忧，服除，汪应辰便向宰执推荐了李焘，认为李焘应在朝廷任职。汪应辰在推荐信中提到了李焘作为历史学家和地方行政官员所取得的双重成就。汪应辰在信中写道，李焘这位历史学家"凡经传、历代史书，以至本朝典故，皆究极本末，参考异同，归于至当，随事

---

① 举荐李焘之人是时任同知枢密院事的洪遵。

论著，成书不一，皆可以传信垂后"，其用语呼应了李焘对自己作品的描述。他还指出，李焘"又通晓世务，明习法令，守郡将漕，绩效显著"。[55]

汪应辰向四位官员写信推荐了李焘，这四人分别是两位宰相叶颙（1100—1167年）和魏杞（1142年进士）以及两位执政蒋芾（1151年进士）和陈俊卿。这四位宰执有着共同的政治目标，并于1167年正月同时获得任命，这是孝宗第一次将这四个高级文官职位填满。虽然这个宰执联盟将在一年内分崩离析，但它是当时占主导地位的政治联盟，并将李焘召至朝廷。有充分的证据表明，这个宰执联盟的领导者认为，李焘作为历史学家的才能可能会襄助他们实现政治目标。

按照惯例，李焘在接受朝廷的新职位之前要去觐见皇帝。在1167年八月十四日的觐见中，李焘抓住几乎每一点时间来阐述自己的观点。他提出了三个问题。第一，为了制订收复北方失地的长远计划，孝宗应该遵循宋朝开国之君太祖的"故事"。第二，李焘建议增加谏官的人数，并"请许六察言事"。第三，李焘主张实行军事大改革，包括不再扩大军队规模①、裁减军官队伍、核实军籍，以及杜绝诸将向朝廷"私献"。[56]

在第一次觐见皇帝时，李焘便奏请改革文武基本制度，并提出了实施这些改革的历史依据。李焘被任命为国史院（位于秘书省一侧）编修官。在汪应辰（仍然身在四川）的推荐下，李焘奉命进

---

① 据李焘神道碑，停止招兵主要是针对蜀兵。

呈其《长编》太祖朝之后的文字，汪应辰指出，《长编》"自建隆迄元符，悉已成书"，秘书省将编辑《长编》并在"秘阁"（秘书省中一个被挑选出来的空间，供皇家使用）中保存一份校勘后的抄本。[57]接下来的一个月，执政联盟的重要成员、翰林学士刘珙（1122—1178年）向皇帝阐发了如何才能成为一名优秀的史官。结论是，优秀的史官应该具备学、识和才。这段对话表明，任命李焘可能是该联盟强化和控制国史院的努力之一。[58]

李焘在到达行都临安时，正碰上镇江都统制戚方被解职这一重大事件。戚方统帅4.7万人，其官阶和地位不亚于四川的吴璘。叶颙-魏杞-蒋芾-陈俊卿政府的主要目标是，重新控制在12世纪60年代早期战争中不断增加的军事成本。但军方腐败，以及诸将领与监管朝廷大多数会计程序的内侍互相勾结，对控制军事成本构成了严峻的挑战。蒋芾要求戚方部队裁减4000人，他又态度坚决地向皇上表明，仅裁员而不同时实行时政控制，就会毫无成效。为此，1166年十二月，皇帝同意设立国用司，由宰相领导，有权对包括内廷和外朝、文武官、中央朝廷和地方诸路在内的所有政府单位每月进行审计。[59]

朝廷对戚方发起了重大调查。御史将他比作盗贼，认定戚方刻剥士卒，挪用军队获得的补偿金的40%，来贿赂两名内侍以掩盖交给朝廷的财务账目中存在的问题。最终，戚方三分之二的财产遭到抄没，并被发放给相关士卒。戚方和两名犯事的内侍都受到了严惩，被编管于南方。[60]随着戚方事件的结束，皇帝和叶颙都认为类似戚方行径的做法在其他部队中也很常见，他们希望戚方的例子能够激起其他地方的部队进行改革。然而,叶颙指出,朝廷不能像惩罚戚方那样对所有将领都施展霹雳手段。对孝宗来说,一劳永逸的解决办法是仿效开国皇帝太祖的人事管理政策。历史表明,在"祖宗之法"的配合下,圣君使五代的粗犷士兵变成了仁宗时期的贤臣良将。孝宗也可以这样做,从而确保王朝国祚永续。[61]

简而言之,李焘在最初觐见孝宗时进呈的三点意见,都强化了现政府在几周前针对戚方所采取的行动。此外,李焘使用的修辞及其关于同时代问题的历史框架都反映了上司的政策,而正是他们将李焘带到了行都临安。

从朝廷下令要求李焘进呈其著作,到1168年四月二十五日李焘正式交稿,已经过去了八个月。一方面,李焘一直事务缠身,研究历法和礼仪占用了李焘撰写历史著作的时间。此外,在礼仪问题上,李焘还被卷入了一场显而易见的争端,他与洪迈两人因此闹得相当不快。① 另一方面,要求他进呈"自建隆迄元符"《长编》全文的命令,促使李焘重新考虑该书的形式。1167年的诏令称李焘的作品为《续资治通鉴》;但李焘在1168年的奏议中解释道,他把自己的材料改成了"长编",他进呈的内容只涵盖"自建隆元年至治平四年(1067年)",而不是至1100年。大多数学者认为,1067

---

① 李焘与洪迈因使用何种文书回复占城国而发生分歧,于是结怨。《建炎以来朝野杂记》甲集卷9《礼官学士争诏纸》:"乾道中,李仁父为礼部郎中,洪景卢直学士院。时占城入贡,诏学院答敕,景卢引故事,乞用金花白藤纸写诏。而仁父上言当从绍兴旧例,用白藤纸作敕书。景卢以为侵官,论奏其事。上曰:'礼官议礼,岂可谓侵官。近例可凭,止从绍兴可也。'景卢深不怿。其后仁父修《四朝列传》,垂就而卒。上命景卢续成之。景卢笔削旧史,乃无完篇,盖素不相乐也。"

年以后，日益庞杂的原始史料迫使李焘改变了该书的形式，而李焘在自己的奏议中也确实提到了这个问题。[62]

相比于时间与史料丰富程度之对应关系这个简单的问题，如何编写《长编》这个议题重要得多。我们在第一章中已经看到，李焘在1170年的《续四朝会要》序中认为，1067年标志着宋朝的性质发生了根本转变。他决定将1168年进呈的《长编》断限于1067年，这也反映了李焘认识上的分界线。1067年不仅标志着宋朝政治走向另一条道路，也标志着史学走向另一条道路，李焘可能直至到达秘书省后才完全了解这一史学维度。截至1167年，1067年以前的史学记录，即实录和国史，早已被书写完成。虽然李焘尝试注释并纠正这些记录中存在的错误，但基本史料已被确定并到位。与之相对应，1067年之后的史料呈现出一系列错综复杂的历史和政治问题。《神宗实录》至少有三个版本，《哲宗实录》有两个版本，而且这些实录不同版本的记载经常相互矛盾。在李焘看来，那些关于徽宗和钦宗统治时期的实录虽然尚存，但还不够完整。关于神宗和哲宗的国史草稿分别于1104年和1122年完成，可李焘认为这两部著作中充斥着北宋晚期政治困境造成的问题。

简而言之，在李焘运用"长编"方法注释原始史料之前，这些史料必须是完整且得到官方认可的版本。于是，李焘作为历史学家的工作从此就沿着两条密切相关的战线展开。第一，他以史官的身份在国史院工作，完成了截至1127年的实录和国史。第二，他用1067—1127年的相同材料，继续他的"长编"撰写。理论上，这两个项目之间泾渭分明。第一种是官方历史写作，第二种则完全是私人历史书写。但事实上,两者之间的分界线变动不常且模糊不清。李焘利用这种模糊性发展了他自己的准官方史学,并试图为同样基于那些正式的官方史料写就的《长编》获得皇帝对官修史书的类似认可。

因此,李焘试图协调1067—1127年的官方史料(实录、国史和会要)与他在《长编》中呈现出来的关于在这一阶段所发生事件的政治解释。如果说1168年李焘第一次进呈的《长编》,展现了他对太祖和开国者政策的看法,那么1067年以后的《长编》材料,将说明神宗时代的政治如何扭曲了这些政策,并导致了1125—1127年北宋的崩溃灭亡。政治上,这些议题在1168年仍然悬而未决,李焘所在的政治联盟认为,它们是宋朝早期错误政策的延续,于是他们的许多行动目标是针对这些早期的错误政策的。

李焘很有可能意识到,相比于已完成的《资治通鉴》模式,"长编"的正文和夹注可以提供更好的媒介,来阐明那些肩负继续"中兴"任务的人所面临的政治选择的历史背景。他将这些选择作为1127年之前宋朝皇帝和政治领袖面临的相同选择的当代版本,并委婉地提醒,错误的选择可能会导致类似的灾难。

"长编"体提供了一幅更灵活的画面以呈现论点,即国家应该"中兴"开国者的合适"故事",并消除神宗时代开启的政策偏差。简而言之,"长编"体提供了一种更细致入微的形式来呈现北宋的历史形象,而叶颙-魏杞-蒋芾-陈俊卿的政治联盟可以在同皇帝制定政策时以及与对手的政治斗争中使用这种北宋历史形象。我们在后文中会看到,1175年李焘在最终进呈1067—1100年的《长编》

材料时,请求孝宗召开正式的审议会议,以审查北宋存在的主要问题,并申请官方认可他对这一时期的历史看法。这种认可在当时的政治意义十分大,但孝宗明智地回避了这个请求。

与李焘双管齐下,在李焘进呈《长编》第一部分的前一天,宰相蒋芾进呈了《钦宗实录》和《钦宗本纪》。李焘不仅编修了《钦宗实录》,还参与了《钦宗本纪》的编修工作,他理应因此受赏获得晋升。不过,李焘婉拒了官职升迁,他巧妙地引用了只有在完成整部国史后史官才能获得升迁的"故事"。我们注意到,北宋时,四五年便能完成国史编修,而《四朝国史》(神宗至钦宗,1067—1127年)的编修工作已经进行了十余年,李焘请求加快编修速度,因此他也获得了对该书编修的控制权。[63]

然而,《徽宗实录》暴露出来的问题颇为棘手。1169年十二月,李焘进呈奏札,详细描述了他的解决方案,幸运的是,今本《宋会要辑稿》保存了这两篇奏札长文。这些奏札表明,《长编》与他所从事的官方史书编修之间存在广泛联系。1158年,宰相汤思退进呈了《徽宗实录》的草稿。汤思退是秦桧的党羽,他延续了徽宗时代的许多政策,而且正如我们在第一章中所见,他缺乏对健全的官方史学机制的兴趣。不出所料,李焘发现《徽宗实录》的质量甚至逊色于《神宗实录》和《哲宗实录》。

李焘在其奏札开篇,引用了许多"故事"来修订现存的实录。他认为,无论出于什么原因,在所有情况下,这些修订都是为了提供实录早先版本所缺乏的资料。修订实录过程中需要求助于非官方史料。李焘称,他为《长编》所做的研究,已恢复了《哲宗实录》

中10%—20%的缺失。但徽宗时代的记录都是唯一的，即使是基本的信息，如主要官员的任命日期，也经常存在明显的错误。李焘强调，国史不能在如此薄弱的基础上进行编修。

因此，李焘建议将现存的《徽宗实录》条目分为四类，并进行相应的修改："是则存之，非则去之，阙则补之，误则改之。"他请求允许以这种方式进行刊修，并将徽宗继位当年（1100年）从正月至十二月的文字作为样本进呈朝廷审批，从而建立起修订整部《徽宗实录》之工作的指导方针。李焘提出重新刊修《徽宗实录》的请求，是之前朝廷授权他完成《长编》然后进呈该书的一种延伸。李焘直接请求："乞特许臣专意讨论徽宗一朝事迹，纂述长编。长编既具，即可助成正史。"[64] 1170年二月二十四日，李焘进呈了《徽宗实录》元符三年正月乙卯至三月共21个"合增损事迹"的条目。不过，李焘在1170年夏天从秘书省离职，所有的《徽宗实录》修订工作都被搁置了。直到1176年，李焘返回秘书省任职，① 并邀请吕祖谦（1137—1181年）来帮忙完成这项工作。1177年三月初九日，《徽宗实录》的修订工作完成。[65] 因为，正如我们将在后文看到的，《长编》的徽宗部分完成于1177年七月初五日，所以很明显，这两部书不仅彼此呼应，而且可能编修于1170—1176年李焘不在行都临安期间。

李焘奏请修订《徽宗实录》，还必须在不断发展变化的朝廷政治（李焘参与其中）的背景下来理解。1167年十二月，孝宗罢免

---

① 1176年正月，李焘任秘书监、权同修国史兼权实录院同修撰。

了叶颙和魏杞两人的相位，但并没有安排人来接替他们，执政的叶-魏-蒋-陈联盟开始动摇。1168年九月十四日，李焘再次通过轮对觐见皇帝，他的第一道奏议就是讨论孝宗决定在没有宰相的情况下治理国家。李焘指出，前朝皇帝治国有两种选择："专倚辅弼""或谋卿士"。正如孝宗所做的那样，他拒绝了这两种模式，这使得皇帝不得不倚靠"近习"，且"事或中（内朝）出"。因此，孝宗在咨询谋议之臣时并未从中获益。周必大在李焘的神道碑中隐晦地评论道，李焘的奏议"盖有所指"。现代的中国学者把这里"指"的对象理解为曾觌，无疑是正确的。[66]

我们在导论中简单讨论过"近"或"习"在宋朝政治制度中（特别是在孝宗统治时期）所起的作用，后文会详细探讨这一问题。李焘将曾觌与宰执并列在一起，批评皇帝不愿填补宰执被罢免后留下的权力空白，而倾向于依赖曾觌这样一个内朝官僚中的技术官员首领。由于这种偏好，形成了一种一切"中"出的治国模式，李焘告诫道，全部行政责任都会落在皇帝个人身上，而不是分散在标准的、井然有序的管理机构中。在同一奏议中，李焘还反对相比于通过三年一度的科举考试录取的常规"进士"人数，"特奏名"人数比例过高。对他来说，特奏名只是另一种形式的皇恩浩荡，纵容大量年事已高、无法胜任工作且贪赃枉法的官员来治民。在1169年的科举考试中，皇帝批准录取进士391人，特奏名291人。1177年，李焘再次提出这个问题，但没有起任何作用。在1181年的科举考试中，录取比例发生了逆转：录取了470名特奏名，而进士只有380人。1184年，特奏名在录取人数中占比进一步提高：699 名特奏名，而进士仅为 394 人。换句话说，从李焘到达朝廷直到他去世，其间进士人数保持不变，但特奏名的人数增加了 140%。[67] 很明显，李焘是在反对特奏名占比越来越高的大趋势。

在 1168 年觐见孝宗时，李焘可能认为这两个问题交织在一起。二者都强调了文官尤其是进士在治国中发挥的适当作用。在官僚等级金字塔的顶端，皇帝回避宰相和依赖曾觌，削弱了文官的权威和宰相作为文官领袖的作用。在官僚等级制度的最底层，特奏名的人数不断增加，这些人的初始差遣经常是"亲民"官，而且他们一直在基层工作，这使得地方行政管理的最基层滋生出腐败现象。在这两个案例中，李焘暗示孝宗的做法是在削弱国家善治的基础。周必大写道，在奏对之后，皇帝下令"三省议省额、特恩二事"，但"近侍""沮之"。

李焘的奏议当然并不是孝宗所承受压力的唯一来源，1168 年八月晚些时候，孝宗确实任命陈俊卿和虞允文并相。双宰相体现了福建和四川两地之间的政治联盟，这一联盟持续了近两年，直到 1170 年六月。虞允文是四川人，也是李焘政治上的支持者。[68] 在这两年里，李焘获得升迁，并在宰相的支持下，加快推进一系列历史编修项目，包括如前文所述的《徽宗实录》的修订和会要的编修。1170 年三月，朝廷下令将 1168 年李焘进呈的《长编》，即从 960 年到 1067 年的五朝历史，依照司马光《资治通鉴》的"纸样及字样大小"缮写一部，"仍将李焘衔位于卷首，依司马光衔位书写"。[69] 这一诏令正式证实了李焘关于《长编》的远大抱负以及他作为司马光史学承继者的地位。这一诏令还承认现政府接受一部体现司马光政治理想的历史作品。

针对通过军事进攻以收复北方失地的可行性，陈俊卿和虞允文两位宰相之间开始产生分歧。1161年十一月，虞允文击退金军的进攻，在采石取得了决定性胜利，他被誉为"儒将"。之后，虞允文一直在枢密院任职，在1169年被任命为宰相之前，他已经在四川安抚使职位上任满两年。1167年，吴璘去世，虞允文曾试图恢复朝廷对四川军队的控制。根据记载，虞允文和孝宗已经制订了双管齐下北伐中原的计划，虞允文率军从四川进兵，皇帝则沿着淮河进军。[70]

这些计划使李焘置身于一些难题中。在1168年九月的奏事中，李焘称"经营北方未见可付之人"。皇帝回答道："朕当自将。"李焘提醒孝宗，1004年时宋军最高统帅真宗缔结了澶渊之盟。但孝宗反驳道，他希望收复北方失地，并引用了太祖和太宗时代的"故事"——这些皇帝都曾亲自指挥军事行动并取得了胜利。李焘建议宋朝"先自治以待时"。这意味着，在采取军事行动收复北方失地之前，宋朝首先要建立起以农业繁荣为基础的稳固经济基础。因为虞允文主张增加赋税，为即将到来的北伐提供资金支持，陈俊卿和李焘反对皇帝的北伐计划。[71]

就在这个时候，李焘编纂了《六朝通鉴博议》，这是他仅存于世的两部作品中的一部。现代学者将这部作品的创作时间限定于1168—1170年，并将其解读为南宋经营北方的当代计划的一个详细替代方案。[72]在这部作品中，李焘利用六朝历史上的问题和人物，为南宋最终收复北方失地提出了自己的全面计划。根据《四库全书》编者的解释，《六朝通鉴博议》主张通过回归宋朝的建国原则来实现统一，而不是通过考虑不周且草率的军事征讨战略来实现统一。[73]

在 1170 年六月二十七日离开行都临安之前的最后几周里，李焘还主张改变宋朝的主要国家礼仪。这是一个异常复杂的问题，此处无法详细展开。李焘的礼仪改革思想既符合他对北宋历史的解释，也与他当时的政治倾向一致，即赞成文官治国，反对"近习"治国。宋朝有两个主要的祭祀活动：每三年举行一次的郊祀和所谓的明堂礼，祭祀诸神祇和宋朝列祖列宗。对于郊祀和明堂礼二者之间的关系，朝臣的意见一直存在分歧。除了纯粹的礼仪问题，郊祀是皇帝施恩的主要工具——赏赐现钱、拔擢官员和"荫补"任命——这些构成了宋朝官场的命脉。简单地说，李焘倾向于将郊祀限定为祭"天"，而将祭祀不太重要的神祇、历朝祖宗转移到明堂礼上。这样的调整可以通过减少在郊祀时分配的皇帝恩典的数量来降低朝廷的总开支。[74]

李焘的主张是回归"祖宗故事"，这延续了司马光在这些问题上的立场。神宗从明堂中移走了神祇和历朝祖宗，只保留了祭祀自己父亲的礼仪。神宗的祭祀变化因此强调了"孝"的一面。传统礼俗观念认为皇帝应该祭祀诸神祇和祖宗，司马光亦提倡这一观念，但没有得到朝廷的认同。南宋初，高宗在祭祀时重新增加了一些神祇，然而在他于 1162 年退位后，神宗时代对礼仪的诠释又一次强调了"父"——在当时的情况下，就是指高宗。虽然孝宗大体上支持李焘的礼仪思想，可由于这些改革会降低高宗作为"父"的地位，高宗的近习们对此表示反对。作为"近习"的一个重要分支，他们在一次集议上开玩笑地说，李焘博览群书，却似乎不曾读过《孝经》。[75]尽管李焘关于这个问题进呈了三次奏议，但直到1188年，即高宗驾崩一年后，当时的宰相周必大才开始实施李焘提出的这些礼制改革措施。[76]李焘对明堂礼的立场，试图将孝宗、"祖宗之法"与士大夫联合起来，以反对高宗、神宗时代的新法及"近习"，尽管这样说可能有些过于简单化。

陈俊卿与虞允文的政策分歧不断扩大，加上陈俊卿于1170年五月被罢相，以及李焘对抗"近习"，使得李焘难以继续在秘书省立足。因此，李焘请求外任，于是被调到湖北地方官府任职。① 根据周必大的说法，李焘在1172年被召回秘书省任职，但当时身在四川的虞允文担心李焘在收复北方问题上会对孝宗产生影响，便让孝宗将李焘调回四川担任泸州知州。② 李焘继续编撰《长编》，并在1175年年初第三次进呈《长编》，这一部分涵盖了治平四年至元符三年（1067—1100年）的内容。[77]1176年正月，李焘返回行都临安，任秘书监，奉皇帝之命，全身心投入历史编纂中。孝宗再次在没有宰相辅佐的情况下治国。福建人龚茂良（卒于1178年）是陈俊卿的政治盟友，在李焘第二次于行都临安任职的大部分时间里，龚茂良任参知政事，而且一直是当时朝廷中职位最高

---

① 除李焘直显谟阁、湖北转运副使。
② 除李焘直宝文阁、帅潼川，兼知泸州。

的文官。

在李焘离开行都临安的五年半时间里，各种官方史学编修项目几乎停滞不前。但在李焘的指导下，在接下来的一年半内，秘书省进呈了《高宗日历》（1176年三月初三日），龚茂良于1177年三月初九日进呈了《徽宗实录》。[78] 几个月后，在1177年七月初五日，李焘进呈了《长编》的最后一部分，内容涵盖徽宗和钦宗统治时期。官修史学和私修史学两个项目几乎同时完成，凸显了它们密切交织在一起，以及李焘作为史官和私人史家的工作之间的模糊界限。根据史料记载，在看到完成的《长编》时，孝宗评论道："使朕览观乎家法，兴起乎治功。"[79]

尽管孝宗要求李焘专注于修史，李焘仍然针对广泛的文化和政治问题进言献策。周必大写道，在这一时期，李焘在集议上特别直言不讳。① 几乎一回到行都临安，李焘就再次呼吁改革郊祀。一场地震轻微损坏了太庙的柱子，② 李焘请求孝宗"当应以实"，并主张在太庙内提高太祖的祭祀地位。③ 1176年秋，李焘和周必大受命兼任侍讲，他们拥有直接向皇帝进谏的权利。李焘再次提出特奏名的问题，要求完全回归苏轼所倡导的元祐时进士试采用的经义、诗赋、论、策四场考试的制度。④ 最后，李焘请求取消王安石父子在孔庙中的陪祀地位，代之以范仲淹、司马光、欧阳修和苏轼。[80] 宋朝

---

① 李焘神道碑："公感上知，论事益切，每集议，众未发言，公条陈可否，无所避。"
② 据李焘神道碑记载，地震造成了太庙"柱坏鸱尾"。
③ 李焘"请正太祖东向"。
④ 据李焘神道碑记载，"（乞）用经义、诗赋、论、策四场如元祐时，仍采苏轼议量收恩科"。似乎苏轼只是提出"收恩科"。

有一套固定的对政治和知识成就的礼制认可，李焘要改变这套礼制认可，使朝廷认可《长编》在北宋历史中确立的价值观，这是极富争议的，甚至李焘的政治盟友在这一问题上也很难达成一致意见。孝宗只同意将王安石儿子①的像移出孔庙，王安石则一直在孔庙中陪祀到1241年。

1176年冬，李焘请吕祖谦协助他重修《徽宗实录》。重修工作完成后，可能根据惯例，吕祖谦获得"轮对"的机会。虽然吕祖谦本人并没有明说两者之间是否存在联系，但1177年他进呈的关于治国的两篇奏札明确表明，他和李焘无疑希望孝宗能够用他们对徽宗时期历史教训的诠释来服务于当代。[81]第一道奏札是关于孝宗如何依靠政府的正式组织而不是单方面乾纲独断来治国的长篇论述。吕祖谦认为，孝宗应该依靠正式任命的宰相及其下属来治国，而不是仰仗像"近习"这样的非正式人员。这种不正规的委派最终会削弱皇权和潜在的"治体"。

从本质上说，吕祖谦谴责孝宗侵夺了宰相的权力，使得整个政府的下级机构都能夺取下属单位的权力，从而导致正常行政秩序普遍崩溃。在这个权力真空中，孝宗引入了"近习"，让他们作为自己的代理人，来代替实际上被任命的官员。而正式的官员在履职和从政生涯中都会受到"壅蔽"。这种状况如果继续下去，将导致行政功能出现障碍，就像体内循环受阻会导致患病和死亡一样。第二道奏札敦促孝宗强化"宽大忠厚"的原则，吕祖谦认为这正是开国

---

① 王安石的儿子王雱。

者们所倡导的,并将其作为宋朝"治体"的基础。如果不能完全实现这一愿景,就会妨碍政府的有效运转,也就不可能收复北方失地。[82]

虽然《徽宗实录》和《长编》的徽宗部分均已亡佚,但阅读吕祖谦的奏札,我们不难看出李焘作品在徽宗时代残留形象上留下的印记。非正规的、特别的行政单位,通常由与皇帝私人关系密切的个人来掌管,这破坏了宋朝开国者们的"治体","壅蔽"了正规的官僚机构并使其萎靡不振,而且最终损害了国家抵御金人进攻的能力。吕祖谦向孝宗传达出十分明确的信息:重建祖宗之法,与徽宗失败的政治遗产划清界限,否则,等待皇帝的将是与徽宗相似的命运和下场。

虽然《长编》的徽宗部分或许(也可能没有)激起了孝宗的"治功",但它的信息同样关乎"近习"。1177年六月初九日,曾觌成功地使龚茂良被罢免参知政事一职。约一个月后,李焘进呈了《长编》的最后一部分。在接下来的一个月里,由曾觌、内侍及其士人盟友组成的联盟策划了一场丑闻,丑闻牵连到李焘,迫使他离开了行都临安。

1171年,李焘的次子李垕完成了父亲的夙愿,通过了制举的直言极谏科,成为南宋历史上唯一通过制举之人。1176—1177年,李垕除秘书省正字兼国史院编修官、实录院检讨官,他在国史院与父亲李焘一起工作。1177年,周必大推荐李焘的四子李塾应试相同的贤良方正直言极谏科,李塾和另外三个人一同参加了考试。曾觌制定了一项命令,要求所有六道题的"引用"都是"暗题";所有六道题都来自注疏，而不是经书正文；考生必须答对五道题才算合格。这大大提高了考试的难度。此外，他还安排与周必大敌对的政治盟友钱良臣（卒于1189年）与龚茂良和李焘一同监考。由于这些措施，四名应试者全部落第。出于愤怒，李垕在考校上舍生时，出题要求学生回顾本朝制科的典故。他指出，即使在制科标准较宽松的北宋，苏洵也遭到黜落，富弼和张方平（1007—1091年）则是勉强通过。在这种情况下，这个不合适的问题正中曾觌下怀。台官上书弹劾，李垕和李焘都被免职，李焘知常德府（位于今湖南省境内）。[83]这一事件只是曾觌最终成功击败龚茂良及其盟友的一个小插曲。[84]

在湖南，李焘取消了限制商人参与茶叶贸易的规定。这样的行动符合他的一般哲学思想，即反对完全受政府管制的专卖，支持利用商人作为政府和禁榷产品消费者之间的中间商。这种思想是赵开（1066—1141年）在12世纪30年代于四川实施的经济政策的延续。1180年，李焘回到四川，在赵开去世四十年后，李焘为他撰写了一篇重要的墓志铭。这篇墓志铭文本是现存唯一的李焘所撰墓志铭，并为我们提供了一个难得的窗口，让我们得以一窥李焘对南宋经济政策史的思考。

李垕和李塾都卒于1180年，可能死于意外事故或瘟疫。① 根据周必大的记载，皇帝"欲以吏事销焘忧"，任命李焘知遂宁府，这是四川的一个重要职位。李焘在任职期间采取的措施之一，是

---

① 李焘神道碑记载，李垕、李塾"相继以忧愤卒"。

重启他早先改革四川军队的努力。李焘亲自视察部队，开放训练设施，并召回那些混迹于市场的士兵。他还努力削减酒课，并提倡复用"买扑旧法"。李焘在湖南和遂宁任职期间所采取的各项经济措施，都表明他反对王安石的新法，主张恢复1067年以前政府的做法。

这些年，李焘听从了吕祖谦的建议，继续修改《长编》。在1182年的某一时间，大概在九月周必大罢相之前，李焘奉命向朝廷进呈《长编》的最终修订本。1183年三月初三日，李焘进呈了一份抄录工整的《长编》修订稿，增损4450个条目。皇帝坚持让李焘回到临安，1183年夏，李焘再次被任命为侍讲、同修国史。《四朝国史》是1067—1127年的朝廷官方历史的最终版本，该书大部分内容是基于《长编》中的材料。1180年，《四朝国史》的大部分内容被进呈，但整部书尚未修完。1183年七月十七日，李焘还向秘书省提出了十点要求，其中包括推荐尤袤（1127—1194年）和刘清之（卒于1190年），以便尽快完成这项工作。[85]

像往常一样，这位历史学家继续对政治和行政问题发表意见，且越发直言不讳。与他之前在朝廷任职的两个时期相比，李焘现在在政治上不依附于地位更高的官员，此时王淮（1126—1189年）在官僚上层的权势日益显赫。这种独立性，再加上他的资历以及与孝宗的深厚关系，使李焘有勇气直言极谏。李焘提倡一种真正的君臣协商决策过程，这一过程类似于唐太宗（626—649年在位）及其喜欢争论的谏言者魏徵（580—643年）之间的"争斗"，而不是像王珪这样的宋朝宰相对皇权曲意逢迎。这话可能是针对王淮，因为李焘也曾建议王淮应该遵循祖宗故事，参加经筵。[86]① 最后，在直接评论孝宗朝廷的核心时，李焘建议，皇帝自登基之初与其"近习"从户部转移到他个人内库的钱财，应该被交还给国家正式任命的财政官员。

1183年冬，李焘染病；1184年二月，他请求致仕。李焘的"遗表"既是他对孝宗毕生忠告的精粹，也是《长编》的缩影："愿陛下经远以艺祖为师，用人以昭陵为则。"李焘卒于临安，孝宗下令将他的遗体运回四川安葬。

按照惯例，周必大创作了一组十首挽词来哀悼李焘的过世并赞美他的成就。[87] 这些挽词大多循规蹈矩，并无新意。不过，最能说明问题的是，周必大选择了一些人物作为历史隐喻，来表达他认为李焘生活中最重要的价值观。周必大把李焘的直言不讳与汲黯（卒于公元前108？年）相比，将李焘的忠心耿耿与刘向（公元前79—公元8年）相比。汲黯是汉武帝手下的官员，他冒着生命危险，公开反对技术官僚张汤修改朝廷制度。[88] 司马光在反对王安石的新法时，就已经将汲黯与张汤之间的分歧作为原型，因为他更倾向于对王朝的现行制度进行适当改动，而不是像新法那样大刀阔斧地改变制度。正如司马光向神宗强调的那样，"然则祖宗旧法，何可废也？"当皇帝回答说人与法必须结合在一起时，司马光回答道："苟得其人，则无患法之不善；不得其人，虽有善法，失先后之施矣。"[89] 汲黯

---

① 《宋史》卷312《王珪传》："然自执政至宰相，凡十六年，无所建明，率道谀将顺。当时目为'三旨相公'，以其上殿进呈，云'取圣旨'；上可否讫，云'领圣旨'；退谕禀事者，云'已得圣旨'也。"

因此成为南宋反对新法的试金石隐喻,司马光对神宗的忠告后来反映在李焘对孝宗"以艺祖为师"、"以昭陵为则"的忠告中。

周必大将汲黯与东汉传奇学者、目录学家刘向搭配在一起,强调了李焘是通过自己的学识和学术来向孝宗和宋朝表达个人的忠心耿耿。刘向的许多学术研究,都试图以周朝的经典先例为基础来制定汉朝的政策。[90]这首诗①还解释说,李焘的独特之处在于,他能"博古复通今"。这一表述,连同李焘与汲黯的相似之处,都强调了李焘的历史研究与其生活和工作所处的孝宗朝当时的政治世界之间的联系。

### 《长编》中的方法和信息

《长编》标志着一种被称为"考异"的史学方法在古代中国臻至顶峰。一个世纪前由司马光开创的"长编",是一种编年史,其形式包括正文和注文。正文以一系列互不相连、按照时间顺序排列的事件为特点。编者使用他认为最可靠的那些史料引文的语言,构建起这些事件并予以呈现。注文既以更长的篇幅来引用这些史料,又记录了彼此矛盾的史料,而编者已经放弃了通过在正文中引用这些史料来将其整合在一起。司马光曾为撰写《资治通鉴》准备了"长编",但他认为其形式是资料收集与成书之间的一个中间阶段。

---

① 即《敷文阁学士李仁甫挽词十绝》其五:"鸣佩甘泉不乏人,谁能博古复通今。直如汲黯非游侠,忠似更生不铸金。"

司马光《资治通鉴》的最终形式呈现了经过压缩的正文，而将注文归入一个单独的附录。现代学界认为，李焘通过扩大注文的范围，并将注文与正文放在同一页上，大大发展了司马光的考异，开创了中国史学的新体裁。[91]

在李焘学识渊博、技巧娴熟的笔法下，考异成为一种强有力的工具，让他可以在有歧义的史料中斡旋政治紧张局势，并将从这些史料中发现的经验教训应用到自己所处时代的问题上。许多学者追随李焘的思路，认为《长编》是在试图利用私人史料，正如《长编》中夹注所记录的那样，以纠正官方记录的不足之处。但李焘的方法还不止这些。我们仔细阅读注文可以发现，许多条目的正文是同一事件多个版本的艰难调和。因此，注文中的另一种叙述，有时会与正文相悖。这种正文和注文之间微妙的相互作用，往往会让人产生一种模棱两可的感觉。这让一些读者（如叶适）感到愉悦，但也让另一些读者（如朱熹）感到恼火。他们对李焘的写作方法心怀不满，这是《长编》最终亡佚的部分原因。

李焘在1183年向朝廷进呈的《长编》手稿由四部分组成。夹杂着注文的正文涵盖了960—1127年的内容，有604册，共980卷。自1168年、1175年和1177年初次进呈《长编》不同部分，有对4450多个条目进行修订的《修换事目》10卷。李焘还编制了68卷《长编举要》和5卷《总目》。《长编》四部分总计1063卷，一共687册，存放在秘书省。[92]今本《长编》是18世纪学者从《永乐大典》中辑佚并复原出来的520卷本，因此与李焘最终进呈的《长编》文本差异颇大。在考虑使李焘的《长编》原书变成今本的历史力量的同时，本章接下来试图描述今本《长编》——现代学者唯一能得到的《长编》文本——方法论与信息之间的关系。

《长编》包括正文叙述和 12660 条行间注，[93]正文和注文之间的相互作用，是理解《长编》的撰写方法及其信息的关键。李焘的注文至少有四种独立但又相互关联的功能。首先，注文提供了补充信息：它确定正文的史料来源，提供传记和其他信息细节，并在其他相关段落中插入交叉引文。其次，在考异这一宽泛范畴内，它探讨了同一事件的不同说法，相当于一种史料批评。再次，注文将未解决的问题标记出来，供日后研究。最后，李焘有时直接用注文来表达自己的观点和进行评价。[94]

甚至李焘的盟友对《长编》也是褒贬不一。1188 年，当时的宰相周必大在《资治通鉴》的一段草稿上撰写题记，而李焘之前为《资治通鉴》撰写过跋。周必大的文字显示了司马光和范祖禹（1041—1098 年）是如何将《资治通鉴》中的唐朝部分从六七百卷压缩到最终的 80 卷的。在李焘的评论中，李焘很钦佩前辈学人，尽管拥有丰富的唐史史料，却能做到这种程度的压缩精简。周必大支持这一观点，并惋惜李焘没能完成《长编》的类似压缩精简工作。在周必大看来，《长编》是一部未完成的作品，篇幅太过冗长。[95]

时人叶适对流传于世的《长编》做了最全面的评价。叶适称《长编》是自《春秋》以后最伟大的历史著作，其成就甚至超过了司马迁和司马光的作品。叶适认为，考虑到司马光研究的时间段很古老，尽管司马光竭尽全力，但他还是无法摆脱资料残缺不全、杂乱无章的状态，将它们组织成一部整齐划一的信史。李焘则和孔子一样，研究的时代与自己所处的时代更接近，因此两人都能够建立起可靠的大事年表，以此作为他们的史料基础。叶适解释说，李焘首先解决了实录、国史和其他官方文件中存在矛盾记载的问题，让它们"就一律也"。然后，他在这个结构中加入私家历史，核查了官方和非官方的叙述，"邪正心迹，随卷较然"。叶适总结道，李焘"终不敢自成书，第使至约出于至详，至简成于至繁"。[96] 叶适因此将李焘的方法论解释为包含三个阶段的过程：（1）李焘利用官方史料的时间精度，建立起首尾一致、整齐划一的编年史；（2）李焘利用非官方史料来核实并调整官方史料的内容；（3）李焘以这样一种方式写作，即在史料中感知到的"至约"和"至简"，不言自明地从其"至繁"中显露出来。

叶适的观察为分析《长编》的方法论提供了坚实的基础。下面的讨论将集中于作为《长编》编年史基础的实录，其官方史料和私人史料的混杂，以及使用注文来"讨论"从其"至繁"中引出的统一信息。总的来说，实录是李焘《长编》的文本基础。除了李焘本人在1169年的声明中承认实录对《长编》的这一影响外，还有12世纪90年代周必大的证据。周必大解释道，他本人在编纂欧阳修文集时，并没有整理实录或《长编》中欧阳修的奏议，因为这两种文本收录的欧阳修奏议都经过了删节，彼此内容相同。周必大将这种删节归因于史官，他们为了将原始的奏议纳入实录，对其进行了删节。周必大总结道："《长编》则又本之实录。"[97]

现代学者将《长编》文本与现存的《太宗实录》以及晚宋类

书中其他实录的引文进行比较,证实了周必大的观点。[98]李焘决定将《长编》建立在实录的基础之上,这自然是由于实录的性质及其与其他官方史料的关系,因为这些史料都存在于12世纪中期。如前文图0.2所示,当李焘开始撰写《长编》时,完整的实录只涵盖了从960年宋朝开国到1100年这一时期的内容,而完成的两部国史只记载到1067年,前两部会要的内容仅截至1077年。日历在许多时期阙如,或者仅有零星记载,实录则数十年如一日提供了始终连续不断的记载。不过,只有真宗朝、仁宗朝和英宗朝(998—1067年)的实录版本单一且毫无争议。太祖朝和太宗朝(960—997年)以及神宗朝和哲宗朝(1067—1100年)的实录则存在多个版本,且不同版本内容互有矛盾;李焘到达临安时,徽宗朝和钦宗朝(1100—1127年)的实录仍在编修中。

这些相互矛盾的官方史料给作为历史学家的李焘带来了极其严峻的挑战,同时也给予他莫大的机遇。为了解决官方记录的差异,李焘求助于非官方史料。如导论所述,宋朝的官方史学是为了将官方文件处理成官方历史而组织起来的,因此,许多人认为将官方和非官方史料混用,即使不是完全违反这一既定程序,也是一种稀释。[99]李焘引用了司马光的例子,来解释这两种史料的混杂。在评论司马光日记的一个现存片段时,李焘指出,司马光编纂日记(该书后来被称为《涑水记闻》)的过程,是一个收集私人叙述的过程,而这些私人叙述往往与宋朝的官方历史记载相悖。司马光希望他的这部笔记有一天可以作为《资治通鉴》续编的素材。李焘在撰写《长编》时广泛利用了《涑水记闻》,他认为司马光的日记设想为自己的《长编》奠定了基础。[100]

正如李焘援引司马光的先例所暗示的那样，这种史学方法挑战了君主对官方历史的独家控制。与宋朝政治文化的其他许多方面一样，这一挑战始于庆历时期，当时欧阳修着手重写唐五代的官方历史。① 将官方史料和非官方史料杂糅在一起，只是庆历学者引入官方史学的一种修正。通过这种方式，他们试图将编修官方历史这一过程，从单纯的面向皇帝和朝廷的需求转变为满足新兴士人阶层的更大需求。[101]

在李焘所处的时代，关于新法历史描述的长期争论，使得官方史料与非官方史料的杂糅成为一种被勉强接受的做法。在1163年向朝廷奏事时，李焘称他的写作目的是"咸会于一"。[102] 一些学者认为，"咸会于一"这个模棱两可的短语仅仅意味着李焘的写作目的是将这些迥然不同的叙述整合成一本书。不过，其他人从中看出了李焘更大的意图，并将这个短语的意思理解为，李焘的目的是将有歧义的叙述梳理成整齐划一的历史叙述。[103]

1168年，李焘决定将他的著作从"资治通鉴"体——司马光已完成的《资治通鉴》的直接延续——转变为"长编"体，这对于我们理解《长编》的目标以及该书中方法论和信息之间的关系至关重要。正如我们在前文中所探讨的，1067年以后的史料极为丰富但质量参差不齐、内容互有矛盾，这肯定影响了他的决定。不过，同样重要的是，李焘在1167年抵达临安时意识到，"长编"的形式

---

① 此处应指欧阳修不满于薛居正的《旧五代史》，私修《新五代史》。

更有可能使此书的历史目标和政治目标保持一致。

转向"长编"的形式表明,李焘最终的意图是建立整齐划一的历史,而不是简单地收集关于那段历史有歧义的观点。我们已经看到,李焘把实现整齐划一的过程称为"讨论",同时代的人都认为李焘是这一形式的领军人物。[104]"讨论"本质上是对一个事件进行文本和历史分析的过程,通过这一过程来实现对事件的最佳"统一"解释。学者普遍认为,《长编》正文中不带注文的条目是李焘认为没有问题的实录条目。那些带有注文的正文,是李焘认为有必要在"讨论"之后进行一些修改的实录文本。[105]在这种情况下,《长编》正文由各种史料的片段组成,李焘将这些片段拼接在一起,得出他认为关于这一事件的最可信讲述。李焘的注文通常大篇幅引用这些史料片段,并解释选择这些内容的原因。通常,为了证明这些选择是正确的,《长编》注文会引用一些正文中最终没有引用的史料。因此,《长编》正文在很大程度上是由李焘剪切和粘贴的预先认真阐述过的文本组成的,以拼凑出他觉得可靠的历史说法。

《长编》中几乎任何有注释的"事"都可以说明这种方法。例如,1126年二月初一日,武官姚平仲(1099—1180年)从开封围城中率军突袭金营,意图解救围城的女真人挟持的几名宋朝高级人质。这次劫营失败了,而且破坏了正在进行的宋朝与女真人的谈判。由于日后的高宗是当时的人质之一,而后来的宰相李纲(1083—1140年)支持这次劫营,所以对这次行动的历史处理在政治上仍然很敏感。让历史学家的任务更加复杂的是,关于这次劫营的一种重要原始史料是李纲本人自我粉饰的回忆录①。在回忆录中，李纲很自然地为自己开脱了宋军劫营失败的责任。李焘《长编》中关于这次劫营的正文条目有 1026 个字。其中，最初的 45 个字构成了提要，描述了整个事件，这些文字可能来自存世的官方史料，或许是《钦宗实录》。为了解释提要，李焘从李纲的回忆录中摘录了三段文字，共计 245 个字。为了平衡叙述，他引用了其中一名人质不太为人所熟知的回忆录中的两段长文，共计 699 个字。最后，李焘自己写下了 37 个字，然后将这些引文拼接在一起，在他看来，这是对此次劫营及其后果的平衡的历史叙述。因此，尽管李焘个人在《长编》正文中只写了关于这一事件不到 4% 的内容，但注文引用了其他史料来捍卫他的文本选择，并解释了李焘选择接受和否定两部回忆录的哪些部分。[106]

因此，李焘使用的方法和写作形式使这位历史学家与他使用的史料进行了公开的对话。现代中国学者很肯定地认为，这种对话是中国史学的一种创新发展。虽然李焘承认司马光的考异是他的写作灵感来源，但事实上，李焘对考异技术的发展远远超出了它原来的范围。这一进步的核心是李焘决定在《长编》正文中夹注，从而使读者能够立即直接参与历史学家与其所使用史料的对话。《资治通鉴》的第一版中并没有包含考异的内容，正文与考异两种文本直到元代才合并在一起，成为今天我们阅读到的形式。从表面上看，《长编》注文类似于早期儒家经典行间注的形式，儒家经典的作者

---

① 指李纲撰写的《靖康传信录》。

注针对的正文很大程度上是固定的文本，与这一模式不同的是，李焘既是在构想他的正文，也是在注释自己的作品。

实际上，李焘经常同时写两个故事。《长编》正文展示了李焘本人对许多事件的最佳判断，他选择在更大的叙述中包含这些事件。同时，注文在两方面同时发挥作用。虽然李焘使用注文来支持他的正文，但被舍弃的段落也允许读者构建起自己的另一种叙述。就这样，《长编》跨越了公共史学和私人史学之间的界限。《长编》正文呈现了李焘对官方实录的一系列修订建议，但注文说明只有诉诸私人史料才能进行这些修订。注文既维护了《长编》正文的文本叙述，也对其提出了挑战。这样，李焘既与读者"讨论"，又延续了使用"笔记"体裁来挑战君主对正史之垄断的士人传统。

正是因为该书最初的目标"咸会于一"从未实现，《长编》与其说是一部史书，不如说是一部历史史料集。就像它的灵感来源《资治通鉴》一样，《长编》也有官方和私人两方面的受众。李焘将《长编》进呈给皇帝——官方历史的最终裁决者，作为一部史料集，《长编》可以使北宋历史上官员们的齐心合力以及政治上的团结一致成为宋朝中兴政策的指南。与此同时，在私下，作为史料，这部书也可以为李焘的政治盟友提供相关的政治先例，以帮助他们努力塑造中兴。

鉴于《长编》被描述为"历史史料集"，试图描绘其"信息"似乎与我们的直觉相悖。不过，毫无疑问，李焘相信，他从史料中领会到的整齐划一的政治信息，对于那些坚持通过他的"讨论"孜孜以求"信息"的人来说是不言而喻的。简单地说,这个信息与李焘"遗表"中给孝宗的建议是一致的,即"经远以艺祖为师,用人以昭陵为则"。我们已经在前文简要探讨了李焘撰写《长编》时的政治环境,以及孝宗统治时期复兴的士人政治力量是如何敦促"重启"太祖所提倡的宋初政策,并以此反对秦桧式统治延续的。

李焘强调太祖使用的修辞,引发了一系列的史学后果。本书第六章、第七章将会探讨庆历时期的士人学者,如何为了创造刘太后摄政政治之外的另一种选择,首度将太祖的形象塑造成士人治国的支持者。因此,李焘及其盟友拥护庆历的原因之一,就是庆历拥护太祖。在这两种情况下,士大夫援引太祖来支持他们自己的治国方式,反对刘太后、秦桧,以及退位的高宗和吴太后在孝宗年间相似的政治网络所实行的士人治国方式的替代模式。同样,当王安石把新法作为"祖宗旧制"的替代品时,他在不知不觉中站在了政治和修辞潮流的对立面,而这种政治和修辞潮流在南宋时逐渐将太祖提升到圣君的地位,其结果是形成了从太祖到庆历再到元祐乃至更晚的积极的士人政治价值轴心。1167年,李焘到达临安,他向孝宗呈献了"《太祖故事》,乞以为法",这正是他第一次觐见皇帝时传达的信息。[107]

李焘在《长编》中对北宋各朝所占卷数的安排,反映了他支持这一政治价值轴心。通过对《长编》和《宋会要辑稿》中逐年条目数量的比较,我们可看出李焘的政治关注点如何塑造了《长编》对北宋历史不同时期的记载。我们在第一章中看到,尽管编修历史十分复杂,《宋会要辑稿》仍然可以提供关于北宋历史原始文献的深度和分布的情况，而这些文献在李焘生前便存在于官方历史记录中。图2.1显示了李焘《长编》中的写作重点与《宋会要辑稿》中的内容比重的不同之处。[108]这两部作品在四个时期的相对涵盖范围上差异显著。正如我们所预料的那样，《长编》的内容更广泛，涵盖了庆历时期（1041—1048年）、熙宁时期（1068—1077年）和元祐时期（1086—1093年）。另外，《长编》极大地冷落了太宗后期（983—997年）、整个真宗年间（998—1022年）和刘太后摄政时期（1023—1033年）。对太祖朝和太宗朝早期的记录的调整，反映了这一时期史料的匮乏，这是任何一部著作都无法克服的不足。同样值得注意的是，这两部作品对仁宗后期和英宗时期（1046—1067年）之记录的涵盖率也非常接近。简而言之，对比表明，李焘没有充分利用983—1033年的材料，但他扩充了庆历、熙宁时期的官方记录，并极大地增加了元祐时期的官方记录。

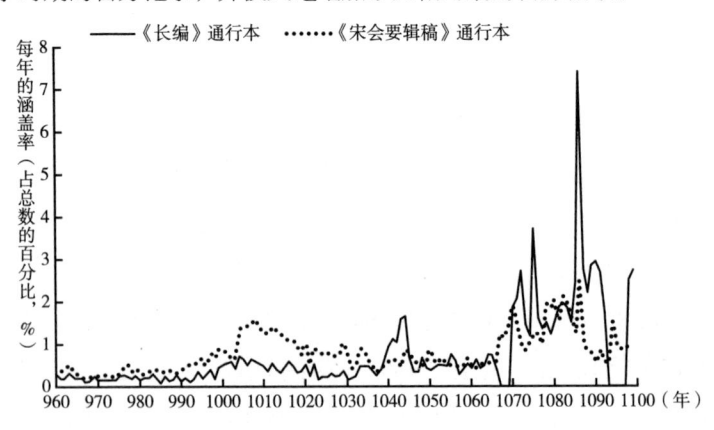

图2.1 每年的涵盖率：《长编》vs.《宋会要辑稿》

虽然《长编》中北宋前期、中期和后期史料的特点差异极大，但对这些阶段的史料的分析，都表现出李焘一直在通过塑造这些史料来表达他对太祖—庆历—元祐的积极政治价值轴心的偏好。换句话说，《长编》正文中的空间分配，表达了这一史学观点及相应的政治价值观。众所周知，《长编》的大部分内容是在朝廷决策制定过程中进呈的奏章。司马光《资治通鉴》中三分之二以上的篇幅被用来征引奏章，在这方面，李焘也追随司马光的做法。罗伯特·拉弗勒（Robert LaFleur）敏锐地观察到，司马光并没有打算将这些冗长的引文作为实际事件本身的记录，而是作为对这些事件的反思和意见的样本。总之，这两位历史学家并不关注这些事件，而是关注君主及其宰辅们如何应对这些事件。[109]这种强调产生了大量关于审议过程中的工作、官方人员和政府机构之间的互动、行政机制以及政治后果的细节——历史学家打算将所有这些都作为治国的说教式经验教训。因此，关于任何特定事件或问题的奏章数量的多少，并不一定反映其现代意义上实际的历史重要性，而是反映了历史学家在该事件产生的结果话语中所感知到的说教益处的重要性。这种强调解释了李焘为何要关注庆历、熙宁和元祐时期：这些时期无论从积极方面还是消极方面，都最有可能提供治国经验（李焘认为这对他的受众很重要）。除了受制于宋朝早期史料的匮乏，其他时期（983—1033 年、1046—1067 年）提供治国经验的可能性减弱，李焘相应地调整了《长编》的涵盖率。

有鉴于此，李焘对关于某一特定事件的奏章的看法，可能说明了士人治国的原则，正如这些原则反映在他偏爱太祖—庆历—

元祐一以贯之的政治价值上，决定了他在该书中收录哪些奏章。虽然还需要从这个角度对整部《长编》进行系统分析，但对选定部分的研究表明，李焘使用了始终如一的编写技术来塑造他的话语。关于宋朝第一代皇帝统治时期的记录相对匮乏，以及太宗和真宗为了他们自己的利益进行修订，以重塑太祖的统治，为宋朝开国史学带来了特有的问题。裴汝诚、许沛藻通过计数得出，《长编》卷1—42的太祖、太宗部分，引用官方史料达830处，其中以国史、实录、会要居多。另外，280处引文来自私人史料，李焘在该书其他地方也大致保持了三比一的官私史料引用比例。[110]在"官方"史料中，有"（太祖）旧录"，它是第一部太祖朝实录，完成于980年。因为999年的修订本取代了这一早期版本，"旧录"被禁，在李焘所处的时代，"旧录"已经成为稀见之书。李焘为了重新平衡对太祖的历史描写，在《长编》的前17卷中，共引用了42次"旧录"。

尽管遇到这些困难，李焘还是找到了机会，将宋朝早期的材料融入话语，把宋朝开国者描绘成士人治国的支持者，以此来解决南宋当下存在的问题。《长编》卷27—29涵盖了986年正月到988年十二月的内容，就是绝佳的例子。[111]986年四月，宋军兵败岐沟关，这是一个转折点，标志着太宗通过战争从契丹手中收复燕云十六州的失败。皇帝之前偏听偏信枢密院的建议，宰相利用这场军事惨败向皇帝施压，使他们能更多地参与军事决策。在这个场景下，李焘大费周章地在最基本的实录中插入一系列奏疏，它们分析了宋朝的军事选择，并主张扩大宰相的职权范围。宰相李昉（925—996年）

986年六月的奏疏拉开了这些奏疏的序幕。李昉指出，由于整个国家都要承担军费开支，他所在的官署应该参与军事决策。[112]年轻的罗处约（958—990年，983年进士）的奏疏，是这些奏疏的最终篇。罗处约在奏疏中主张废除独立的三司，并将其职能纳入一个由宰相领导的重新集权化的类似唐朝的行政结构。罗处约认为，这样的举措将使宰相能够协调国家各机构的财政收支职能。[113]

紧接着罗处约的奏疏，在《长编》卷29的结尾处，李焘补充了太宗与宰相赵普（922—992年）之间的对话，这场对话讨论了他们在国家建设方面的努力。太宗对宰相说，太祖恢复了皇权，结束了五代武人势力的过度膨胀。太宗申明，他打算与宰相们一起努力，将他兄长的愿景发展成"至公之道，无党无偏"的"纲纪"。将罗处约的奏疏与太宗和赵普的对话放在一起，完全是李焘的手法；这两份文件都没有被包含在原始的实录中。李焘在《长编》的注文中解释道，他从罗处约的国史传记中找到了未注明日期的奏疏，并将奏疏文本插入988年年末。[114]同样，他从1032年的《宝训》中找回了太宗的圣语。[115]

李焘加入这两份文件，作为他关于岐沟关对话的结论，这意味着宋朝开国者们最终将支持以文官为基础治国，即在一个平衡的政治体系内，宰相行使管理国家文武和财政事务的权力。历史学家李焘当然知道，宋初皇帝从来没有积极支持过这种情况；但是，作为政治家的李焘也知道，当代读者不会不把这种"话语"同他们在自己所处时代与相权扩张的斗争联系起来。虽然从1162年开始，宰相例行兼任枢密使，但枢密院与宰相之间的关系仍然令人担忧。文武官员之间针对皇帝姻亲张说1165—1171年在枢密任职①的斗争就证明了这一点。同样，1166年，即李焘到达临安的前一年，宰相蒋芾和陈俊卿说服孝宗，在宰相之下设立了国用司。这一举措引起了内朝利益集团的强烈反对。在这段短暂的时间里，宰相在纸面上控制了民事、军事和财政事务，直到1170年陈俊卿离开朝廷，国用司才宣告终结。

随着《长编》的内容进入仁宗统治时期，其史料为将过去的经验教训应用于当前的政治需要提供了更容易的机会。庆历改革的主要倡议者韩琦，于11世纪60年代监修了《仁宗实录》。[116]因此，李焘使用的关于仁宗朝的基本史料，很可能倾向于韩琦《仁宗实录》提供的信息。例如，《长编》卷140—152涵盖的时间段为1043年三月至1044年十月，这一时期见证了范仲淹、韩琦、富弼、欧阳修等人领导下的庆历改革运动的兴衰。鉴于材料丰富，李焘通过在正文中着力描述改革倡导者，并对反对者着墨较少，来表达自己的观点。《长编》的这13卷（卷140—152）引用了117篇奏疏，其中106篇来自支持改革的群体。引用这些奏疏，体现了李焘的三种基本撰写技巧。第一，李焘引用的那些奏疏没有带注文，这表明他同意他们的观点。这些奏疏构成了正文叙事的主干，并构成了李焘关于改革的"话语"。尽管巨大的政治反对注定了庆历改革的失败，但李焘没有引用任何反对改革之人的奏疏。第二，如果李焘整体上支持某一问题的一个观点，但认为其他相反的观点也可信，那么他

---

① 张说娶高宗寿圣皇后（吴皇后）之妹，1165—1171年任枢密都承旨。

就会为正文设计复合式的叙述,这种叙述主要依据他偏向的立场,却也包含了公认的反对观点。注文随后会解释李焘的理由。第三,如果他判断某一问题的对立双方提出的论点同样有效,但认为两种立场都不充分,李焘就会同等比例地引用这两种观点,并加入第三方史料,以提出一种折中的解决办法。[117]这样,李焘自己的政治观点和判断就构成了每个话语的框架。

详细研究李焘处理神宗时期(1067—1085年)的史料,也可证实类似的方法论,由于学界对《神宗实录》的版本存在争议,问题现在变得异常复杂。[118]新法的政治后果,是产生了三部不同版本且内容互有矛盾的《神宗实录》。初版的《神宗实录》是范祖禹编修的,于1091年三月在反改革政府当权期间完成。范祖禹曾与司马光合作编撰《资治通鉴》,这部初版的《神宗实录》强烈批评新法。1094年,改革倡导者在哲宗手下重掌政权,他们以诽谤神宗的罪名弹劾那些编修初版《神宗实录》的史官,还利用王安石的日记编修了另一个版本的《神宗实录》,从正面角度描述了王安石的新法。这一版《神宗实录》完成于1096年十一月,主要由蔡卞(1058—1117年)和蔡京负责编修。他们用墨笔抄录了1091年的《神宗实录》文本,作为工作底本,然后用朱笔在上面进行修改和补充,并用黄笔加以删减。他们用墨笔定稿,但把草稿藏于大内,并烧掉了1091年的初版《神宗实录》。然而二十年后,藏匿不见的草稿重见天日,并保存到南宋。该草稿随后被用作另一部"新"修订的《神宗实录》的史料,这部《神宗实录》由范祖禹的儿子范冲(1067—1141年)在1136年正月完成。这部新版《神宗实录》

再次倾向于反改革派，但范冲压缩或省略了许多在历史上有用的细节，而这些细节，正是改革派1096年版《神宗实录》所增加的内容。[119][①]

除了在《长编》卷210—363（1070—1085年）中一般性地提到201次"实录"，李焘的注文提到了640次"墨本"、"朱本"或"新本"，他所指的分别是1091年、1096年和1136年版的《神宗实录》。表2.1展示了李焘如何在《长编》中使用这三个版本的《神宗实录》以及王安石和司马光的"私人"叙述。

乍一看，李焘似乎更倾向于改革派而不是反改革派编修的《神宗实录》，因为他引用了370次朱本和224次王安石的日记。不过，他更倾向的版本是1091年的初版墨本，该版本是时间最早的反改革派叙述，对改革的批评也是最尖锐的。由于此版本的原始文本已遭焚毁，李焘使用朱本和新本重构了亡佚的墨本《神宗实录》，并以此重构本作为《长编》正文叙述的基础。但是，由于墨本经常遗漏或歪曲新法的细节，李焘使用改革派编修的朱本中的材料补充了墨本。这样的补充在《长编》正文中一共出现了125次，在注文的"讨论"中，李焘使用了245次朱本中的材料。这些补充的主要目的，是记录新法的施行程度和过分之处。从本质上讲，李焘使用了蔡卞和蔡京在1096年朱本中加入的改革必胜信念，提出了一个历史论点，即新法扭曲了祖宗之法。

---

① 近期关于宋代实录的全面研究，见谢贵安《宋实录研究》，上海古籍出版社，2013。

表 2.1 《长编》1070—1085 年（卷 210—363）主要史料的使用情况：引用次数

（单位：次）

| 作品 | 正文 | | 注文 | 总数 |
| --- | --- | --- | --- | --- |
| | 作为叙述基础 | 作为补充 | | |
| 《神宗实录》 | | | | |
| 　墨本 | 107 | — | 21 | 128 |
| 　朱本 | — | 125 | 245 | 370 |
| 　新本 | 75 | — | 67 | 142 |
| | | | | |
| 私人叙述 | | | | |
| 王安石《日录》 | 69 | 71 | 84 | 224 |
| 司马光《日记》 | 15 | 12 | 33 | 60 |
| 司马光《涑水记闻》 | 20 | 13 | 30 | 63 |

**资料来源** 本表组合并调整了下列研究成果中的单独表格：燕永成《〈续资治通鉴长编〉神宗朝取材考》，第 64 页；燕永成《南宋史学研究》，第 130 页。据李华瑞《王安石变法研究史》第 117 页，今本《长编》卷 210—277（1070 年四月至 1076 年七月）引用了三部《神宗实录》中约 170 处文字。

神宗统治时期无疑给作为历史学家的李焘带来了最大的挑战。虽然他研究了三个版本《神宗实录》中的不同偏见，提炼出对新法详细且事实准确的叙述，但他对新法及其后果根深蒂固的厌恶不满之情渗透进《长编》并影响了其叙述。李焘选择私人史料来评价并扩充实录，在很大程度上体现了这种色彩。李焘尽管大量引用王安石的日记，但引用的大部分私人史料是反对新法的。这些私人史料包括元祐时期的主政者及其后代的回忆录，如司马光、范镇

（1008—1088年）、魏泰、苏辙和邵伯温（1057—1134年）等人，其中被引次数居前两位的是陈瓘（1057—1122年）的《尊尧集》（引用40次）和林希（1035—1101年）的《野史》（引用45次）。[120]李焘几乎引用了陈瓘的整本《尊尧集》，陈瓘写作此书是为了反对在朱本《神宗实录》中使用王安石的日记，陈瓘因此在1111年遭到弹劾。[121]林希反对改革，他的这部作品创作于新法施行中期；元祐时期，由于对受到的待遇不满，林希站在章惇（1035—1105年）领导的改革派一边，放弃了他早期反改革派的回忆录。南宋初，政治潮流再次逆转，林希的孙子改写并传播了他的这部《野史》。[122]在注文中，李焘引用了《野史》，该书充满了对改革派恶毒的人身攻击，将王安石的下属描绘成唯利是图的"小人"。

　　李华瑞总结《长编》中关于新法的叙述有五个特点：（1）李焘还原并保存了墨本即元祐本《神宗实录》；（2）李焘对新法进行了实事求是的叙述，详细展示了王安石如何变乱祖宗法度；（3）李焘放过了神宗，并将这些变化的责任推给王安石；（4）李焘坚持认为王安石任用道德败坏、不择手段的"小人"来执行这些新法；（5）李焘煞费苦心地记录了新法是如何伤害民众的。[123]李华瑞总结的这五点，每一点都可以与李焘在其整个职业生涯中向孝宗提出的治国之道进一步挂钩。正如我们所看到的，李焘主张皇帝应该以元祐之政为基础，恢复和实施祖宗之法（《长编》提供了关于如何做到这一点的史料集），皇帝不应该像神宗一样被宰相误导，不能任用非士大夫担任要职，不应该推行损害民众利益的政策（如过度征税）。

　　任何将像《长编》这样复杂且精细入微的著作简化为一条信息

的尝试，都会过于简单化。如前文所述，李焘将他的努力指向了至少三类可区分的受众：就像司马光的《资治通鉴》一样，《长编》的主要受众只有一个人——孝宗，对孝宗而言，《长编》是他的治国手册；另一类受众是官方的国史院，李焘希望与皇帝一起，使用《长编》收集的史料，正式解决宋代历史上的重大问题；最后一类受众是更大范围的士大夫联盟，李焘在政治上与他们站在一起，并希望他们将自己的作品作为制定政策的资料指南。

李宗翰对《长编》中庆历年间叙事的分析，揭示了两个极为重要的问题。虽然这两个问题都主要是针对皇帝的，但它们也适用于更广泛的士人受众。第一，叙事注重官员高效管理（选任、安置和监管）所需的行政技能。例如，《长编》对官员差遣变动、黜陟的详细记录——尤其是与不断演变的历史事件相关的记录——为宋朝人事管理提供了大量的案例。[124] 第二，也与此相关的是，李焘强调，需要以强化王朝适当制度结构的方式来治国。和司马光一样，李焘也倡导一种士人政府的观念："纪纲"是一种由上下级相关部门组成的连锁结构，每个部门都有规定的职能并与其他部门有关联。当最高当局以践行并加强每个部门的等级定义和边界的方式进行管理时，政府的工作效率最高，系统中每个官员的工作效率也最高。从这个意义上说，《长编》为士人治国的优越性，提供了广泛的历史论证。[125]

## 杰作的命运

孝宗曾答应为《长编》写序，就像神宗为《资治通鉴》写序一样。但是，他从未履行过自己的承诺。类似的，李焘在1174年和1183年两次奏请皇帝召开《长编》研讨会，孝宗也同样置若罔闻。在这两次奏请中，李焘都将《长编》研讨会与著名的汉朝会议——公元前51年的石渠阁会议和公元79年的白虎观会议——相提并论。在批准对经书的统一解读之前，汉朝皇帝召开这些会议，以解决人们对经书的解读彼此抵牾的问题。[126]李焘在1183年的奏表中强调，考虑到关于新法的对立历史，《长编》中仍有许多抵牾和未解决的问题。因此，即使经过四十年的努力，他也不能保证书中不存在任何抵牾之处。只有借助皇帝的最高权力召开研讨会，才能解决剩余的有歧义之处，使《长编》真正定稿。如果没有皇帝的金口玉言，李焘担心对其选择不满的党派的批评可能会危及《长编》的生存。总而言之，李焘奏请皇帝为《长编》"锡名冠序"，以保护该书将来免遭损毁，就像神宗御赐的序言在11世纪90年代末让《资治通鉴》躲过被毁的命运一样。[127]

李焘的奏表透露了他希望如何完成《长编》。事实上，这些问题与其说是历史问题，不如说是政治问题，李焘向孝宗提出了很多请求。由于1067—1127年的国史在1183年尚未完成，官方史学对"新法"的立场尚未确定。所以，李焘奏请孝宗召开会议，不仅是为了解决历史上的小问题；他请求孝宗以《长编》为媒介，在官方史书完成之前，认可太祖—仁宗—元祐的治国模式。如果皇帝和会议接受了这一策略，无论李焘是否出席，国史院都会被要求使国史与新确立的历史和政治路线保持一致。这一要求延续了李焘利用《长编》来影响国史方向和内容的策略。此外，通过奏请皇帝作序，他还请求孝宗永远认可《长编》的史观。

这些都是带有政治色彩的问题，但政治形势已经对李焘不利。1182年九月，周必大罢相，王淮晋升为首相。王淮是浙江金华人，他领导的政治网络不同于支持李焘及其史学的川闽联盟。王淮缺乏鼓动了其对手的改革动力，而且对于这样一场将认可《长编》的史学定位，并使李焘能够围绕这部作品及其历史观和政策观点获得皇帝认同的会议，王淮无疑看不到什么政治利益。没有记录表明，孝宗或其统治后期的任何高官对《长编》感兴趣。李焘去世后，1185年六月，皇帝命洪迈完成涵盖1067—1127年内容的《四朝国史》。李焘多年来一直在协调国史和《长编》的编撰。李焘完成了四朝本纪和诸志，只有列传还没有完成。洪迈和李焘关系不睦，皇帝敦促洪迈早日完工，洪迈便胡乱将李焘已完成的国史草稿与王称《东都事略》中的粗疏传记拼凑在一起应付交差，1186年，王淮进呈了《四朝国史》的完成稿，但该书并非李焘设想的国史，并遭到后来历史学家的严厉批评。[128]

关于李焘在1163—1183年进呈《长编》各部分和修订《长编》的情况，宋代史料的记载并不明确。学者们普遍认为，朝廷机构拥有三部完整的《长编》：（1）李焘的《长编》初稿，自1163年至1177年分四次进呈；（2）秘书省根据这些稿本誊抄的一份净本，该本仿照司马光《资治通鉴》的格式抄录，现代学者通常称之为泸州本；（3）李焘在1183年进呈的最终版全本《长编》，称为遂宁本。[129]1191年五月，国子监主簿黄度建议光宗在经筵上阅读节本《长编》。数月后，皇帝询问国子监丞彭龟年（1142—1206年）

关于《长编》的情况。彭龟年回答道，国子监只有李焘从泸州进呈的抄本，秘书省拥有李焘知遂宁府时进呈的抄本，该本更完整。彭龟年建议皇帝按照李焘的意图，通过《长编举要》来阅读《长编》。根据黄度的行状作者袁燮（1144—1224年）的说法，国子监所藏的泸州本和秘书省所藏的遂宁本一并被搬到经筵，为删节《长编》做准备。[130]但是，根据黄度墓志铭作者叶适的说法，经筵很快就因《长编》卷帙浩繁而放弃了删节计划。[131]

之后，彭龟年于1194年进呈了一部名为《内治圣鉴》的作品，该书是一部用来规范内朝的国朝"故事"选集，他借鉴了《国朝会要》和《长编》（很可能是国子监所藏的李焘泸州本《长编》）中的史料。皇帝询问彭龟年，《内治圣鉴》是不是《长编》的节本，彭龟年告诉皇帝并非如此，即使是《长编》的节本，也要比他刚进呈的20卷《内治圣鉴》篇幅长得多。[132]这一君臣交流表明，正如李焘所设想的那样，《长编》在进呈后的10年里，被作为一部祖宗之法的选集，来说明士人治国的原则。

有证据表明，《长编》稿抄本，包括全本和残本，在士人联盟的高层领导之间流传。周必大拥有一部《长编》抄本，陈俊卿也有一部。1182年前后致仕的陈俊卿回到福建，他手中的这部《长编》后来甚至成为陈均《皇朝编年纲要备要》的主要史料。[133]周密（1232—1298年）在他的笔记《癸辛杂识》中讲述了一个有趣的故事，称韩彦古（卒于1192年）甚至在《长编》誊录本被进呈皇帝之前，就已经获得了1183年《长编》稿本的抄本。当时朝廷下令，命临安府派人抄写卷帙浩繁的《长编》。韩彦古（其三哥韩彦质当时知临安府）贿赂抄写者另外秘密抄录一份，在正式抄本完成之前将这份秘抄本交给他。韩彦古对《长编》有着异乎寻常的兴趣，因为韩氏兄弟是著名将领韩世忠（1090—1151 年）的儿子，而韩彦古又与孝宗的"佞幸"曾觌有姻亲关系。因此，他与强大的反士人势力结成了紧密的同盟，这些势力则对历史并不感兴趣。然而，1193 年，韩彦古的长兄韩彦直向朝廷进呈了 167 卷的宋史著作《水心镜》。韩氏兄弟积极呼吁为蒙受污名的将领岳飞（1103—1141 年）平反。虽然没有直接证据表明《水心镜》与《长编》这两部著作之间存在联系，但韩彦直的《水心镜》很可能参考了弟弟韩彦古手中的《长编》抄本，以提出一种更有利于军事和姻亲利益的宋史观。[134]李焘在发现《长编》被人偷偷抄录后对韩彦古大发雷霆。这个故事表明，除了预期的士人受众，其他政治观点可能也会在《长编》丰富的细节中找到有用的支持。[135]

关于《长编》的传播研究，将该书的书目分为三个相关但又各自独立的主题：（1）1183 年李焘进呈的原本，即完整的"九朝"本（涵盖 960—1127 年）；（2）经过删节的"七朝"本（涵盖 960—1066 年、1070—1092 年和 1098—1099 年），由四库馆臣从《永乐大典》中辑佚出来并重新编成 520 卷；（3）流传至今的 108 卷宋本（涵盖960—1067 年），这是"五朝"本的节本。[136]这三个版本之间的关系（第一个版本是假定的，因为没有抄本存世；第二个和第三个版本均存世）不详。关于全本《长编》是否曾经刊刻，证据不足且并不有力。在引用《长编》时，与李焘同时代的大多数人没有具体说明引用的《长编》是刻本还是抄本。如果有全本

《长编》刻本,那应该刊刻于福建或四川,因为这两个地方都是宋代印刷业的重要中心。存在《长编》闽刻本的最佳证据是周必大在1184年李焘去世后不久所写的一系列挽词中的一首。该首挽词写道:"千卷长编已刻闽,争传副墨价兼金。冠篇不得同迁叟,遗恨犹应记玉音。"[137]顾宏义非常正确地指出,这一定是指1177年完成的泸州本《长编》,而不是指李焘在去世一年前的1183年提交的定稿《长编》。事实上,早在1177年,周必大就已经称泸州本有"一千卷"。[138]不过,在缺乏其他佐证的情况下,周必大所写的挽词不能作为福建曾经刊刻《长编》全本的证据。毕竟,挽词是诗歌,而不是书目。整首诗的重要意义在于,周必大哀叹,尽管《长编》已经开始刊刻,孝宗却尚未兑现为《长编》写序的承诺。顾宏义认为,朱熹在他的《朱子语类》中经常引用《长编》徽宗和钦宗年间的条目作为闽刻本存在的依据。但是,正如我们将在本书第四章中看到的那样,朱熹的好友陈俊卿(他的儿子是朱熹的弟子)在1182年从行都临安返回福建时,随身携带了一部朱熹很容易接触到的泸州本《长编》的抄本。

然而,书坊很快就开始刊刻节本《长编》,有三部五朝本《长编》的节本保存至今。这些版本主要通过删节条目,省略了《长编》大约30%的内容(如《永乐大典》辑佚本《长编》所示)。[139]宋代史料中提到的《长编》各种早期版本如何与李焘的原作或现存的这些宋刻本产生关联,同样情况不详。

此外,13世纪中叶伟大的藏书家赵希弁(卒于1250年以后)的书目描述了一部946卷的蜀本《长编》,一些研究宋代印刷业的学者将其视作刻本,[140]这很可能就是朱熹所指的成都本。因此,如果全本《长编》曾经刊刻的话,那很可能是在李焘的家乡四川,全本《长编》的稿本在那里肯定得到传播,并成为13世纪早期诸多节本的基础。在这些节本中,杨仲良的《续资治通鉴长编纪事本末》和彭百川的《太平治迹统类》两书大体保存完好。杨仲良和彭百川都是眉山人,属于李焘的后辈,杨仲良很可能与李焘有姻亲关系。[141]当然,《长编》的直接衍生品,无论是稿抄本还是刻本,无疑在四川最丰富。然而,13世纪30年代,蒙古铁骑破坏了四川,毁掉了杨仲良作品的印版,如果蜀本《长编》印版存在的话,肯定也会一并遭到损毁。

同样是在13世纪30年代,1231年的临安大火几乎烧毁了整个秘书省,包括皇帝的秘阁,其中存放着李焘1183年最后一次进呈的《长编》。据我所知,没有任何关于《长编》的学术研究提到1231年的那场大火,以及大火可能焚毁了存放在史馆和秘阁的李焘《长编》原本,而根据官方记载,这两处都位于秘书省的建筑在此次大火中被焚毁殆尽。[142]这个问题不可能有答案,因为,正如我们所看到的,有一些证据表明,部分《长编》原本可能在12世纪90年代初已被转移到大内的经筵。如果这些原本确实在当时被转移走了,我们并不知道后来它们是留在皇宫大内,还是被送回秘书省原处。如果《长编》原本确实焚毁于这场大火,那么蒙古军队在1276年从南宋秘书省带走的大部分《长编》必定是秘书省在1232年重新开放后获得的抄本。因此,在史馆工作的晚宋历史学家似乎仍然有机会接触到全本《长编》抄本。李心传的弟子高斯得从13

世纪40年代中期到60年代中期，断断续续地在秘书省担任史官。《宋史·高斯得传》记载，高斯得著有一部《徽宗长编》，顾宏义认为这是李焘《长编》徽宗时代内容的修订本。[143]《徽宗长编》这部作品显然是高斯得史学项目的一部分，该项目将李焘的《长编》和李心传的《要录》合并为一部统一的"史料长编"，涵盖960—1162年的宋朝历史，但他从未完成这个项目。众所周知，李焘的徽宗朝和钦宗朝《长编》原本在宋末以及明初被抄入《永乐大典》期间遗失。[144]虽然没有证据，但人们很容易猜测，高斯得为了编撰自己的作品，可能取走了秘书省所藏的《长编》稿抄本中的这些卷，而且在蒙古人于1276年攻入南宋行都临安之前，《长编》的这些卷从未被归还给秘书省。

这一接受史表明，由于许多学者和历史学家认为《长编》是一部未完成的作品，他们将其文本视为改进和延续的基础，而不是一部需要完整保存的杰作。在13世纪的《长编》历史上，人们可以发现它在李焘身后至少有三种发展。首先，是四川历史学家的努力，他们是李焘直接的知识继承人，并继续他的工作。例如，朱熹的信中提到李壁一直在努力修订并扩充父亲的原稿，同时将其涵盖范围扩大到南宋。[145]李心传的整个职业生涯和幸存下来的全部作品，都可以被看作李焘《长编》的延续；高斯得将《长编》和《要录》整合起来的未竟计划，延续了一个可能是李焘本人提出的目标，并在三代历史学家的思想中延续。其次，是利用《长编》来编撰篇幅更短的作品，并采用如杨仲良和彭百川的"纪事本末"这种更通俗易懂的形式。虽然这些作品并非完全不受道学的影响，但在这方面，它们处在介于《长编》与陈均及其后继者们后来的"纲目"体之间的中间立场。正如我们将在第四章探讨的，这些篇幅短小的节本，虽然是基于《长编》和《要录》，但在"纲"和"目"的选择上，都体现了明显的道学议题。

这些体裁之间的界限并非一成不变。随着道学在13世纪的流行，甚至李心传的直系四川弟子高斯得也抵挡不住道学的影响。例如，《宋史·高斯得传》记载了《高宗系年要录纲目》，这显然是以道学"纲目"体改编他老师的《要录》。[146]这种将原本"长编"体的材料改编成人们更容易理解但重点放在教化上的"纲目"体的做法，降低了《长编》原书的吸引力和人们对原书的需求。现存的108卷五朝本《长编》的存在，应在此背景下加以理解。在备受争议的"新法"兴起之前，《长编》主要关注宋朝开国者和仁宗时代，提供了大量有用的"故事"，且几乎没有包含与道学对北宋历史之叙述相悖的内容。尽管李焘持有明显的反新法观点，但该书后半部分卷帙浩繁且内容复杂，对晚宋的政治家、印刷者和教育者而言都没有什么吸引力。

最后，我们可以发现不同地域在接受和修改《长编》方面的重要差异。值得注意的是，朱熹信中提到的所有《长编》版本都来自四川或福建。当然，此模式与这两个地区蓬勃发展的印刷业有关，更重要的是，它反映了孝宗朝初年原先的川闽政治联盟，而李焘在这一联盟主政期间创作了《长编》。简而言之，这些地区的士人继续认识到《长编》的价值，但他们对《长编》的不同使用，反映了他们对这一价值的不同感知方式。在四川，人们自然极为尊重

《长编》的完整性,并可能刊刻了全本《长编》,而像杨仲良、彭百川等人带有说教性质且不带感情色彩的节本,则保持了该书强烈的四川特色。在福建,强大的道学运动促使人们大幅度修改《长编》,但最终并未与《长编》所倡导的士人治国相抵触。相比之下,浙江的学者借助《长编》丰富的史料,并将其与其他史料不加区分地结合起来,以编撰类书和"经世"手册。可是,现存的史料中并没有任何出自浙江的《长编》版本或独立的改编本。[147]

## 结　语

1819年,清人首次刊印重编本《长编》,学者孙原湘(1760—1829年)根据李焘1163年第一次进呈的奏札写道,这部作品"讨论"了宋代历史上最具争议性和最敏感的问题——陈桥兵变、太祖及其直系继承人的去世、1005年的澶渊之盟和1044年的庆历和议、宋夏战争,以及围绕新法的斗争。在所有这些问题上,李焘都使用私人史料来填补官方记录的空白或修正官方记录的歪曲之处。当他的同时代人不能或不敢对这种敏感问题发言时,李焘以"宋臣言宋事",以仅见于上古传奇史家的正直将各种观点"咸归于一"。[148]

周必大和李壁为李焘撰写的传记,都强调了李焘对孝宗忠心耿耿。他们把这种忠理解为李焘对皇帝"中兴"北宋荣光的强烈执念和始终如一的倡导。政治上,中兴需要重建庆历/元祐士人治国的机构,作为军事收复北方失地的必要准备。李焘的立场不仅源于他曾担任学官,也源于他在老家四川为官,后来又在朝廷任职。

学者们早就认识到，李焘在《六朝通鉴博议》中为宋朝中兴勾勒出来的具体计划，与《长编》的叙事之间有着密切的联系。[149] 借鉴六朝历史，李焘断言，与四川蜀汉结盟的吴国开国皇帝孙权（182—252年）的领导，使吴蜀联军于208年在赤壁打败了曹操（155—220年）的北方军队。李焘认为，孙权善于管理人事，这使他在229年登基成为吴国皇帝。但在成为皇帝后，孙权放弃了收复北方的雄心，任由政府陷入内乱。[150] 在李焘的作品中，孙权明显与孝宗是同一类人。因此，李焘主张在"吴"（位于临安的南宋中心）和四川之间建立起更有效的联盟。[151] 他早期时担忧四川军队的军费开支过高，他支持王刚中1161年的行动，还有1180年他在遂宁改革四川军队的举措，都显示了李焘个人支持朝廷对四川军事力量的强力监管，以及反对将四川军队部署为"家军"的决心。李焘认为，四川军队的腐败既破坏了宋朝的合法性，也削弱了吴蜀同盟。没有这两点，也就不可能有可行的防御态势，收复北方更是无从谈起。

《长编》将士人治国的起源，与太祖推行文官凌驾于五代节度使之上的政策联系起来。李焘对太祖的历史立场，支持了他的全面中兴理念，即实现士人控制他们自己所处时代军事机构的努力。1167年戚方被撤职后，宰相叶颙向孝宗解释道，如果陛下能效仿太祖的管理风格，就能臻至仁宗时代的尽善尽美。也就是说，只有恢复宋朝的祖宗之法，才能收复北方失地。这些祖宗之法避开了新法的偏差，也避免了秦桧以及其他技术官僚治国的暗中延续。在地方官府任职期间，李焘竭尽所能地减轻历史上与新法相关之行动的影响。从年轻时拒绝与秦桧合作,到仕宦期间反对曾觌的"近习"网络,李焘始终站在倡导反对技术官僚治国的士人一边。《长编》中的大量文件证明了新法背弃祖宗之法,也提供了历史论据,反对李焘经历的由他所处的那个时代的技术官僚造成的恶果。

在劝谏具有强大功能的背景下,君臣之间适当的行政平衡是士人治国理念的核心。《长编》源于内容广泛的《百官公卿表》,而《百官公卿表》将官员的任职期与他们在这些职位上之行动的历史结果联系在一起。这重点强调了李焘的优治观点,即君臣通力合作,辨别出最优秀的官员,并将其安排在最合适的位置上。但是,无论是君主还是他的指定代理人,单方面行使人事管理这一主要职能,都破坏了政府"公"的性质,并将管理交给了"私",交给了"近习",而这正是李焘及其士人盟友所反对的。李焘对特奏名进士泛滥提出警示,以及吕祖谦在进呈《徽宗实录》时告诫皇帝乾纲独断的危害,都涉及士人治国的基本原则,而《长编》正是如此要言不烦地重现了士人治国的历史。

## 注　释

1. 傅增湘的《宋代蜀文辑存》卷52第1页a至卷54第8页b共收录了李焘的81篇文章。更新后的版本,见傅增湘原辑、吴洪泽补辑《宋代蜀文辑存校补》第4册,卷52—54,第1714—1788页,增加了李焘的34篇作品。李焘现存著述的其他选集,见王承略、杨锦先《李焘学行诗文辑考》,第76—188

页和《全宋文》第 210 册，卷 4661—4667，第 176—283 页。

2. 关于《六朝通鉴博议》的详细研究和版本介绍，见崔成熙《李焘（1115—1184）〈六朝通鉴博议〉研究》。有关李焘亡佚和现存作品的有用文献注解，见王承略、杨锦先《李焘学行诗文辑考》，第 55—75 页。

3. 碑文见：周必大《文忠集》卷 66《敷文阁学士李文简公焘神道碑》，第 7 页 b—第 23 页 b；《全宋文》第 232 册，卷 5183《敷文阁学士李文简公焘神道碑》，第 396—406 页；王承略、杨锦先《李焘学行诗文辑考》，第 40—50 页。除非另有说明，后文李焘传记中的叙述均是基于周必大撰写的李焘神道碑。

4. 关于李壁撰写的墓刻，见：《全宋文》第 294 册，卷 6687《巽岩先生墓刻》，第 2—3 页；王承略、杨锦先《李焘学行诗文辑考》，第 38—40 页。现存《永乐大典》卷 10421，第 1 页 a—第 12 页 a 收录了五份关于李焘的传记文本：（1）《宋史·李焘传》（《宋史》卷 388，第 11914—11920 页）；（2）《要录》中文字简短但内容生动的一个传记片段（卷 183，第 3520 页）；（3）李壁撰写的墓刻；（4）周必大撰写的神道碑；（5）朱熹对《长编》的批评（《朱子语类》卷 130，第 3132—3133 页）。最后一份文本表明，《永乐大典》编者们接受了道学不满于《长编》的态度。见蔡涵墨《无奈的史家：孙觌、朱熹与北宋灭亡的历史》，收入《历史的严妆：解读道学阴影下的南宋史学》，第 217—267 页（新版第 223—273 页）。（《巽岩先生墓刻》："独为天子所尊礼，至称之曰'有国之师表'也，洎将用公，而公亡矣。"——译者注）

5.《要录》卷 183，第 3520 页。

6. 现代关于李焘的传记研究，见徐规《李焘年表》，王德毅《李焘父子年谱》，以及王承略、杨锦先《李焘学行诗文辑考》，第 1—38 页。

7. Chaffee, *Thorny Gates of Learning in Sung China*, pp. 196-202.

8. 晁公武：《郡斋读书志》，第 184 页。

9.《要录》卷 157，第 2990 页。

10. 陈智超：《宋代人口的增长与人口分布的变化》，第 228—233 页。

11. Von Glahn, "The Origins of Paper Money in China," pp. 66-72.

12. 徐规：《南宋绍兴十年前后"内外大军"人数考》。

13. Smith, *Taxing Heaven's Storehouse*, p. 215. 对南宋四川独特的政治和经济状况的简要评价，见林天蔚《宋代史事质疑》，第 178—219 页。英文研究成果，见 Winston W. Lo, *Szechwan in Sung China: A Case Study of the Political Integration of the Chinese Empire*。

14. 庄绰：《鸡肋编》卷下，第 93 页。

15. 《朝野杂记》甲集卷 15《折估钱》，第 323—324 页；汪圣铎：《两宋财政史》，第 124 页。据《要录》卷 83，第 1583 页，四川总领所 1134 年收入 3342 万缗，支出 3393 万缗，赤字 51 万缗。现钱支付总计 1955 万缗，可能是供给吴玠的军队。

16. 何玉红：《南宋川陕战区军费的消耗与筹集》，第 33—36 页。

17. 郭正忠：《南宋中央财政货币岁收考辨》，第 175—176 页。

18. 郭正忠：《南宋中央财政货币岁收考辨》，第 176 页。

19. 《要录》卷 111，第 2076—2080 页；《全宋文》第 190 册，卷 4195《乞措置籴买奏》，第 294—297 页。尽管李迨给出了具体数字，但他认为士兵和军官的比例是六比一。

20. 《要录》卷 110，第 2068 页。

21. 《全宋文》第 207 册，卷 4586《论失军心有二疏》，第 56—57 页。

22. 《朝野杂记》甲集卷 18《利路义士》，第 408 页；Gong Wei Ai, "The Reign of Hsiao-tsung," pp. 732-733。

23. 《全宋文》第 273 册，卷 6187《论国家安危所系四事奏》，第 426 页。

24. 《宋史》卷 391《留正传》，第 11974 页。

25. 李焘为该图写的序流传至今，见《全宋文》第 210 册，卷 4663《比较图序》，第 217—219 页。序撰写于约 1160 年，见《文献通考》卷 24，第 710 页。

26. Li and Hartman, "A Newly Discovered Inscription by Qin Gui," pp. 416-417, 436；李卓颖、蔡涵墨：《新近面世之秦桧碑记及其在宋代道学史中的意义》，收入《历史的严妆：解读道学阴影下的南宋史学》，第 125 页（新版第 130 页）；另一个例子见 1129 年胡寅撰写的奏疏，《宋史》卷 435《胡寅传》，第 12919 页。

27.《朝野杂记》乙集卷 1《壬午内禅志》，第 500 页。（《壬午内禅志》："乞择宗室贤者，使摄储贰，或留守形胜，或别出征伐，使民无异望。"——译者注）

28.《全宋文》第 294 册，卷 6687《巽岩先生墓刻》，第 3 页。亦见《要录》卷 183，第 3520 页。

29. 蔡絛：《铁围山丛谈》卷 2，第 29 页。例如，李心传关于"取士"的条目以制科开头，细节大致采用《朝野杂记》甲集卷 13《制科》，第 254—255 页。因为整部《国朝会要》的科举部分保存至今（《宋会要辑稿·选举一〇》，第 1 页至《宋会要辑稿·选举一一》，第 41 页 a），学界有优秀的二手研究成果。相关研究成果，见聂崇岐《宋代制举考略》以及王德毅、聂崇岐《宋代贤良方正科及词科考》，第 1—55 页。

30. 聂崇岐：《宋代制举考略》，第 180—182 页。

31.《长编》卷 215，第 5245—5247 页；同书卷 246，第 6002 页。（《长编》卷 246："秘阁考试所言：'应制科陈彦古所试六论，不识题，及字数皆不足准式，不考。'盖自秘阁试制科以来，空疏未有如彦古者。自是，制科亦罢矣。"——译者注）

32. 关于文本，见：《文献通考》卷 33，第 978—979 页；《全宋文》第 210 册，卷 4663，第 219—220 页。亦见叶绍翁《四朝闻见录》丙集《贤良第三则》，第 120—121 页。

33. 《宋会要辑稿·选举一一》，第 24 页 b。(《宋会要辑稿·选举一一》："十年三月二十三日，诏曰：'朕遭世艰难，临朝愿治。思得一时俊杰，博古通今、质直忠谠之士，讲求治道，以成当世之务。乃远稽汉、唐之遗文，近循祖宗之旧制，屡下诏书，开贤良方正之科，将加详延，冀闻至言，以辅不逮。十年于兹，未有称荐以名来上者，岂访求之道有未至邪？何为久之而未有闻也。侍从之臣，其思为朕益广搜择，以副侧席之求。庶几得人，追配前古，以共济于斯时。宜体至怀，钦承毋忽。'"——译者注)

34. 《宋会要辑稿·选举一一》，第 30 页 a—b。

35. 相关分析，见 De Weerdt, *Competition over Content*, pp. 90-128。

36. 《宋会要辑稿·崇儒五》，第 35 页 b—第 36 页 a；《玉海》卷 47，第 39 页 a，卷 119，第 32 页 a—b；王承略、杨锦先：《李焘学行诗文辑考》，第 72 页。关于李焘的序，见：《文献通考》卷 202，第 5800—5803 页；《全宋文》第 210 册，卷 4663《百官公卿表序》，第 211—212 页。关于司马光的原序，见《司马光集》卷 65《百官表总序》，第 1361—1363 页。

37. 司马光：《稽古录》卷 17—20，第 659—760 页。

38. 《文献通考》卷 203，第 5814—5815 页；《全宋文》第 210 册，卷 4663《天禧以来谏官年表序》，第 215 页；王承略、杨锦先：《李焘学行诗文辑考》，第 72 页。

39. 《稽古录》卷 17，第 661 页、第 662 页、第 663 页、第 671 页、第 681 页等。

40. 王承略、杨锦先：《李焘学行诗文辑考》，第 65 页。

41. 《要录》卷 183，第 3520 页。

42. 《文献通考》卷 193，第 5611 页；《全宋文》第 210 册，卷 4661《进通鉴长编奏状》，第 181 页；王承略、杨锦先：《李焘学行诗文辑考》，第 158—

159 页。

43.《要录》卷 162，第 3076 页。

44.《宋会要辑稿·职官七〇》，第 45 页 b；《宋会要辑稿·职官七六》，第 72 页 a。《要录》卷 167，第 3166 页讲述了一个故事：秦桧生辰，符行中写信祝寿，随信附上两尊金狮子。

45. 见周必大为李焘撰写的神道碑，《全宋文》第 232 册，卷 5183《敷文阁学士李文简公焘神道碑》，第 398 页。

46.《玉海》卷 49，第 11 页 a—b。

47.《宋史》卷 386《王刚中传》，第 11862—11864 页；亦见孙觌撰写的王刚中墓志铭，收入《全宋文》第 161 册，卷 3493《宋故资政殿大学士王公墓志铭》，第 88—96 页。

48.《宋史》卷 386《王刚中传》，第 11863 页。

49.《全宋文》第 161 册，卷 3493《宋故资政殿大学士王公墓志铭》，第 93 页。

50. 本段及下一段文字的分析遵循寺地遵《南宋初期政治史研究》第 432—445 页的说法。

51.《要录》卷 190，第 3681 页。

52. 陈俊卿在 1167 年将他的政治对手描述为"能吏"，引文见朱熹撰写的陈俊卿行状，《朱熹集》卷 96《少师观文殿大学士致仕魏国公赠太师谥正献陈公行状》，第 4918 页。

53. 寺地遵：《南宋初期政治史研究》，第 443—444 页。关于奏议，见《要录》卷 170，第 3249 页，卷 171，第 3265—3267 页，卷 174，第 3325 页，卷 175，第 3355—3356 页，卷 187，第 3635 页。

54.《宋史》卷 373《洪遵传》，第 11568 页。

55. 汪应辰：《文定集》卷 13《荐李焘与宰执书》，第 18 页 a—b；《全宋文》第 215 册，卷 4768《荐李焘与宰执书》，第 35 页。

56. 这些奏议均已亡佚。这段文字概述了周必大撰写的李焘神道碑（《全宋文》第 232 册，卷 5183《敷文阁学士李文简公焘神道碑》，第 398 页）和《宋史》卷 388《李焘传》第 11914—11915 页的内容。

57.《宋会要辑稿·崇儒四》，第 14 页 b；《宋会要辑稿·崇儒五》，第 37 页 a—b。

58.《宋史全文》卷 24 下，第 2050 页。他们意见一致，重申了唐朝史学家刘知幾关于"史才三长"的观点，见欧阳修《新唐书》卷 132《刘子玄传》，第 4522 页。

59.《宋会要辑稿·职官六》，第 20 页 a—第 21 页 a；《全宋文》第 234 册，卷 5225《宰相带兼制国用使参政同知国用使诏》，第 285 页；《朝野杂记》甲集卷 17《国用司》，第 387—388 页；《宋史全文》卷 24 下，第 2042—2043 页。

60.《宋会要辑稿·职官七一》，第 18 页 b—第 19 页 b；《宋史全文》卷 24 下，第 2049—2050 页。

61. 见杨万里撰写的叶颙行状，《全宋文》第 240 册，卷 5360《宋故尚书左仆射赠少保叶公行状》，第 75—76 页。在朱熹撰写的陈俊卿行状中，陈俊卿主要讲述了此事。见《朱熹集》卷 96《少师观文殿大学士致仕魏国公赠太师谥正献陈公行状》，第 4921—4922 页。

62. 裴汝诚、许沛藻：《续资治通鉴长编考略》，第 21—23 页；周藤吉之：「南宋の李燾と續資治通鑒長編の成立」，第 485—486 页。李焘 1168 年进呈的奏议有好几个版本。精简版见《文献通考》卷 193 第 5611—5612 页和《玉海》卷 47 第 43 页 a—第 44 页 b。篇幅较长的版本，见《全宋文》第 210 册，卷 4661《进续资治通鉴长编表》第 178—179 页，出自 13 世纪《宋本续资治通鉴长编》刻本的卷首。关于这两种文本，见王承略、杨锦先《李焘学行诗文辑考》，第 159—160 页。

63. 《宋会要辑稿·职官一八》，第 69 页 a—b；《全宋文》第 210 册，卷 4661《辞修钦宗实录推恩札子》，第 182 页。

64. 《宋会要辑稿·职官一八》，第 58 页 a—b、第 69 页 b—第 70 页 a；《全宋文》第 201 册，卷 4661《请重行刊修徽宗实录札子》《请专意讨论徽宗事迹纂述长编疏》，第 185—188 页。

65. 《宋会要辑稿·职官一八》，第 70 页 a—b。

66. 徐规：《李焘年表》，第 60 页。

67. 关于特奏名，见 Chaffee, *Thorny Gates of Learning in Sung China*, pp. 24-28；关于特奏名人数统计，见傅璇琮主编《宋登科记考》，第 949 页、第 964 页、第 1043 页、第 1057 页、第 1063 页、第 1078 页。孝宗朝其他阻止特奏名人数增长的努力（未能成功），见《建炎以来朝野杂记》乙集卷 15《特奏名冗滥》，第 777—778 页。

68. 《宋史》卷 383《虞允文传》，第 11797 页。

69. 《宋会要辑稿·崇儒五》，第 37 页 b—第 38 页 a。

70. Gong Wei-ai, "The Reign of Hsiao-tsung," pp. 736-737；杨万里为虞允文撰写的神道碑，见《全宋文》第 240 册，卷 5361《宋故左丞相节度使雍国公赠太师谥忠肃虞公神道碑》，第 101 页、第 104—105 页。

71. 周必大撰写的李焘神道碑，见《全宋文》第 232 册，卷 5183《敷文阁学士李文简公焘神道碑》，第 399 页。

72. 裴汝诚、许沛藻：《续资治通鉴长编考略》，第 2 页；蔡崇禧：《李焘（1115—1184）〈六朝通鉴博议〉研究》，第 51—53 页；熊斌、黄博：《以史论政：宋代四川史家的前朝史研究——以范祖禹、李焘为主线的考察》，第 62 页。

73. 纪昀编《钦定四库全书总目》卷 88，第 1167 页。(《钦定四库全书总目》："盖其纳规进诲，惟拳拳以立国根本为先，而不侈陈恢复之计。"——译

者注）

74.《宋史》卷388《李焘传》，第11917页；关于李焘的奏议，见《全宋文》第210册，卷4662《论明堂之礼宜复举行札子》《乞行明堂礼并录连典故奏》，第191—194页；有用的概述，见 Liu, "The Sung Emperors and the *Ming-t'ang* or Hall of Enlightenment"。

75. 周必大：《玉堂杂记》（说郛本）卷79，第1页b。

76.《宋史全文》卷27下，第2351页。

77. 原始史料对李焘第三次进呈《长编》的时间有不同记载，徐规《李焘年表》第69页，以及裴汝诚、许沛藻《续资治通鉴长编考略》第23—25页接受了1174年末的说法。不过，汤江浩《李焘撰进〈续资治通鉴长编〉之时、次、卷、册献疑》第157—163页认为1175年二月二十二日可信。

78.《宋会要辑稿·职官一八》，第102页b；《玉海》卷48，第17页b—第18页a。

79. 周必大：《文忠集》卷107《玉堂类稿》，第20页b。（引文见《玉堂类稿》卷6。——译者注）

80. 李心传：《朝野杂记》乙集卷4《元丰至嘉定宣圣配飨议》，第569页；《道命录》卷8，第96页。周必大对这一争议保持沉默，可能是因为很多像陈俊卿和龚茂良这样的联盟成员反对这些改变，担心它们会引起太多的政治反弹。1168年，魏掞之呼吁二程配享。李焘偏爱司马光和苏轼，证实了他对激进的道学议程缺乏热情。关于这个问题的全面评价，见 Ellen G. Neskar, "The Cult of Worthies: A Study of Shrines Honoring Local Confucian Worthies in the Sung Dynasty（960-1279），" pp. 271-301。

81. 吕祖谦：《东莱集》卷3，第11页a—第16页b；《全宋文》第261册，卷5869《淳熙四年轮对札子一、二》，第37—40页。《宋史》卷434《吕祖谦传》12873—12874页引用了这些奏札，并明确地将《徽宗实录》的完成与这些奏札联系在一起。

82. 两年后，在 1179 年的科举争议以及随后宰相赵雄与曾觌之间的政治斗争中，史浩也把"宽大忠厚"的原则归于开国者们。见史浩《鄮峰真隐漫录》卷 10《回奏宣示御制策士圣训》，第 10 页 b。

83.《朝野杂记》甲集卷 13《乾道制科恩数》《制科六题》，第 255—259 页；《宋会要辑稿·选举一一》，第 33 页 a—第 34 页 b；《宋史》卷 156《选举志二》，第 3650—3651 页；傅璇琮主编《宋登科记考》，第 1017—1019 页。

84. 关于龚茂良与曾觌之间更大规模政治对抗的研究，见张维玲《从南宋中期反近习政争看道学型士大夫对"恢复"态度的转变（1163—1207）》，第 93—104 页。张维玲说，就像林光朝、楼钥、陈傅良和其他人一样，李焘及其儿子们是这次清洗的牺牲品。她认为李心传的叙述暗指曾觌、王抃、甘昪是策划李塾制科失利的同伙，见张维玲文第 102 页注释 107。

85.《宋会要辑稿·职官一八》，第 59 页；《宋史》卷 388《李焘传》，第 11918 页。

86.《宋史》卷 388《李焘传》，第 11919 页。

87.《文忠集》卷 7《敷文阁学士李仁甫挽词十绝》，第 14 页 b—第 15 页 b。

88. 关于汲黯和张汤，见 Loewe, *A Biographical Dictionary*, pp. 179-181 and 692-694。

89. 李裕民校注《司马光日记校注》，第 98—100 页。宋神宗把司马光比作汲黯。见 Xiao-bin Ji, *Politics and Conservatism in Northern Song China*, p. 150。

90. Loewe, *A Biographical Dictionary*, pp. 372-375.

91. 裴汝诚、许沛藻：《续资治通鉴长编考略》，第 76—78 页；燕永成：《南宋史学研究》，第 131 页。

92.《文献通考》卷 193，第 5612 页；《朝野杂记》甲集卷 4《续资治通鉴长编》，第 113 页。

93. 关于这一看法，见燕永成《南宋史学研究》，第 131 页。最长的注释，见《长编》卷 265，第 6498—6513 页，有 10655 个字。

94. 关于这种分类，见裴汝诚、许沛藻《续资治通鉴长编考略》，第 79—82 页。这四重分类仅指李焘真正的注文，不包括后来增加的伪注，见裴汝诚、许沛藻《续资治通鉴长编考略》，第 83—95 页。

95. 关于李焘的跋，见《文献通考》卷 193，第 5603—5604 页，以及《全宋文》第 210 册，卷 4664《资治通鉴跋》，第 236—237 页；关于周必大的题记，见《全宋文》第 230 册，卷 5127《题范太史家所藏帖一》，第 327 页。

96.《文献通考》卷 193，第 5613 页；《叶适集》卷 12《巽岩集序》，第 210 页；《全宋文》第 285 册，卷 6472《巽岩集序》，第 156—157 页。叶适对《长编》评价的补充解释，见氏著《习学纪言》卷 25，第 7 页 b。

97. 李焘的声明，见《宋会要辑稿·职官一八》，第 58 页 b。周必大指出，欧阳修文集收录了 168 篇奏议，《实录》和《长编》引用了其中 88 篇奏议；见《欧阳文忠公文集》卷 114《奏议集》末附周必大语，第 17 页 a。

98. 见：裴汝诚、许沛藻《续资治通鉴长编考略》，第 39—56 页；燕永成《〈续资治通鉴长编·神宗朝〉取材考》，第 61—63 页；钱若水《太宗实录》（燕永成点校本）前言，第 15—17 页。

99. 相关例子，见：裴汝诚、许沛藻《续资治通鉴长编考略》，第 66 页；Sung, "The Official Historiographical Operation of the Song Dynasty," pp. 195-196。

100.《文献通考》卷 197，第 5683 页；《全宋文》第 210 册，卷 4665《温公日记跋》，第 238—239 页。

101. 关于欧阳修的这一方面，见：Hartman, "Chinese Historiography in the Age of Maturity," pp. 44-46; Chia-fu Sung, "Between Tortoise and Mirror," pp. 144-214。

102.《文献通考》卷193，第5611页。

103. 更简单的解释，见周藤吉之『南宋の李燾と續資治通鑒長編の成立』，第483—484页。周藤吉之指出，确切地说，这个短语也出现在李焘1159年的《百官公卿表序》中，非隐喻的解释似乎更合适。裴汝诚、许沛藻《续资治通鉴长编考略》前言第5—8页与其他大多数中国学者一样，偏爱从宏观角度进行理解。

104. 关于李焘在自己的史学实践中使用这个术语，见：《文献通考》卷193，第4611页；《全宋文》第210册，卷4661《请专意讨论徽宗事迹纂述长编疏》，第187页。同时代人称赞李焘的"讨论"，见韩淲《涧泉日记》卷中，第11页b。

105. 裴汝诚、许沛藻：《续资治通鉴长编考略》，第89页。不过，这些结论很少考虑这一可能性，即李焘原注的部分内容可能无法在文本传递中保存下来。使用《长编》时，学者们应该记住，正文虽然确实代表了李焘认为的最可靠的叙事，但它不可能与相应的实录一字不差。

106. 这段注文，见黄以周辑《续资治通鉴长编拾补》卷53，第1645—1648页；更深入的分析，见蔡涵墨《无奈的史家：孙觌、朱熹与北宋灭亡的历史》，收入《历史的严妆：解读道学阴影下的南宋史学》，第233—248页（新版第239—254页）。

107. 见周必大撰写的李焘神道碑，《全宋文》第232册，卷5183《敷文阁学士李文简公焘神道碑》，第398。王德毅认为，这里的"法"指的是收复北方失地的战略，这种说法可能是正确的，见氏著《李焘父子年表》，第26页。

108. 正如图1.2所示，《宋会要辑稿》的数据通过将每年的条目总数除以960—1099年所有条目的总数，再乘以100，来计算每年标准化的条目数量。《长编》的数据是通过计数中华书局点校本中每年的页数得出的。《长编》

1067—1070 年和 1093—1097 年的文本已散佚。《长编》中的这些脱漏无疑歪曲了今本《长编》数据的整体轮廓。假如在原本《长编》（记载 960—1127 年的内容）上进行类似操作，一定程度上会减少今本《长编》经删节后文本所产生的极端峰值。不过，《宋会要辑稿》和《长编》数据之间明显的分歧模式表明，这种减少《长编》峰值的假设不会影响我对两部作品一般空间分布的结论。

109. 见 LaFleur, "Beyond Commentary: Memorials, Remonstrance, and the *Zizhi Tongjian*'s Moral World," Chapter 5 of "A Rhetoric of Remonstrance," especially pp. 165-174。

110. 裴汝诚、许沛藻:《续资治通鉴长编考略》，第 39—49 页。这些数字不包括《长编》宋初章节引用 280 次《资治通鉴》。

111. 这个例子转引自张元《唐宋史教学中的史料分析》第 145 页，十分感谢。

112.《长编》卷 27，第 617 页。

113.《长编》卷 29，第 660—662 页。

114. 这篇奏疏保存在《宋史·罗从彦传》中，见《宋史》卷 440《罗从彦传》，第 13033—13035 页。由于被收入《长编》，这篇文章便成为道学史学的代表作，见：陈均《皇朝编年纲目备要》卷 3，第 65 页；吕中《皇朝大事记讲义》卷 4《太宗皇帝》，第 89 页。

115. 今本《长编》在这一对话之后没有注文，但这段文字显然源自《三朝宝训》，见张纲（1083—1166 年）的引文，《华阳集》卷 22《进故事》，第 10 页 b。由于李焘经常引用《三朝宝训》（《长编》卷 18—42 宋太宗朝共引用 16 次），这一条目很可能反映了今本《长编》遗漏原注的一个事例。

116. 蔡崇榜:《宋代修史制度研究》，第 78—80 页。

117. 见 Tsong-han Lee, "Different Mirrors of the Past," pp. 29-73 中每种撰写技巧的例子。李宗翰（Tsong-han Lee）实际上认为有四种技巧，但他的前两种

技巧——逐字逐句引用李焘赞同的奏议，排除李焘反对的那些奏议——反映了同样的排他性原则，我将它们压缩为一种。

118. 接下来的叙述主要依据燕永成《〈续资治通鉴长编〉神宗朝取材考》，以及李华瑞《王安石变法研究史》第 114—165 页。李焘利用神宗时期史料，详细的英文研究成果见 Levine, "A Performance of Transparency"。

119. 对《神宗实录》的详细研究，见：王德毅《北宋九朝实录纂修考》，第 87—89 页；蔡崇榜《宋代修史制度研究》，第 82—98 页。

120. 详细讨论，见李华瑞《王安石变法研究史》，第 135—149 页。

121. 黄以周辑《续资治通鉴长编拾补》卷 30，第 1006—1007 页。

122. 陈振孙：《直斋书录解题》卷 5，第 151 页。

123. 李华瑞：《王安石变法研究史》，第 148 页。

124. 李焘直接表明这一意图的例子，见《长编》卷 151，第 3685 页。

125. Tsong-han Lee, "Different Mirrors of the Past," pp. 54-62.

126. Twitchett and Loewe, The Cambridge History of China, Volume 1, pp. 757, 763.

127. 《文献通考》卷 193，第 5612—5613 页；《全宋文》第 210 册，卷 4661《进通鉴长编表》，第 180—181 页。

128. 《朝野杂记》甲集卷 4《四朝正史》，第 110—111 页，甲集卷 9《礼官学士争诏纸》，第 187 页。见 Hartman, "Reluctant Historian," pp. 109-110；以及蔡涵墨《无奈的史家：孙觌、朱熹与北宋灭亡的历史》，收入《历史的严妆：解读道学阴影下的南宋史学》，第 225—226 页（新版第 231—232 页）。

129. 裴汝诚、许沛藻：《续资治通鉴长编考略》，第 1—2 页；燕永成：《今七朝本〈续资治通鉴长编〉探源》，第 8 页。1170 年，朝廷下令按照《资治通鉴》的格式抄录《长编》，当时李焘只进呈了最初的五朝本（涵盖 960—1067 年）；《宋会要辑稿·崇儒五》，第 37 页 b—第 38 页 a。但是，顾宏义《〈续资治通鉴长编〉南宋抄刊本考述》，《文史》2021年第3辑第184页认为，这一命令也适用于在随后的1174年和1177年进呈的《长编》，从而形成了完整的泸州本《长编》。他的说法可能是正确的。

130. 《全宋文》第281册，卷6380，第299—300页（袁燮：《洁斋集》卷13《龙图阁学士通奉大夫尚书黄公行状》）。

131. 《叶适集》卷20《故礼部尚书龙图阁学士黄公墓志铭》，第394页。

132. 《全宋文》第278册，卷6295《缴进宣取续资治通鉴长编奏》，第118页，卷6297《进内治圣鉴疏》，第145—147页。

133. Hartman, "Chen Jun's Outline and Details," p. 282. 蔡涵墨：《陈均的〈纲目〉：十三世纪教学著作中的出版与政治》，收入《历史的严妆：解读道学阴影下的南宋史学》，第302页（新版第310页）。

134. 周密：《癸辛杂识》前集《韩彦古》，第38—39页；关于韩彦质知临安府，见潜说友《咸淳临安志》卷48，第5页a—b；关于《水心镜》，见《宋史》卷364《韩彦直传》，第11371页。

135. 顾宏义《〈续资治通鉴长编〉南宋抄刊本考述》第186—187页称这一叙述中的许多细节令人生疑。但是，韩彦质知临安府的时间，1183年《长编》最终稿被进呈到朝廷，以及李焘此时现身行都临安，都表明这个故事的核心仍然是可信的。

136. 裴汝诚、许沛藻：《续资治通鉴长编考略》，第1—18页。

137. 《文忠集》卷7《敷文阁学士李仁甫挽词十绝》，第15页a。

138. 顾宏义：《〈续资治通鉴长编〉南宋抄刊本考述》，第177页、第188页。

139. 裴汝诚、许沛藻：《续资治通鉴长编考略》，第9—16页。辽宁省图书馆的藏本以《宋本续资治通鉴长编》为名于1995年再版，陈智超作序。中国国家图书馆的另一部藏本题为《续资治通鉴长编撮要》，于2004年再版，收入

《中华再造善本》。另一部《撮要》本藏于日本静嘉堂文库。据我所知，没有研究宋代印刷业的专家考察过这些《长编》藏本，它们的来源情况不详。全面的讨论，见顾宏义《〈续资治通鉴长编〉南宋抄刊本考述》，第190—192页。顾宏义指出，这些版本避孝宗讳，但没有避光宗讳，因此可以确定它们的刊行时间是在1189年之前的某个时候。

140. 晁公武：《郡斋读书志校证》，第1110—1111页；Ming-sun Poon, "Books and Printing in Sung China," p. 290。

141. 关于第一部节本，见：Hartman, "Bibliographic Notes on Sung Historical Works: *Topical Narratives from the Long Draft Continuation of the Comprehensive Mirror that Aids Administration*"；以及蔡涵墨《论〈续资治通鉴长编纪事本末〉与十三世纪前期的史学编纂与出版》，收入《历史的严妆：解读道学阴影下的南宋史学》，第270—292页（新版第277—300页）。关于第二部节本，见邓广铭《对有关〈太平治迹统类〉诸问题的新考索》。关于已佚的《长编》类似节本，见燕永成《南宋史学研究》第342—344页的列表。

142. 后园和三馆后面的著作庭是唯一幸存下来的建筑，见《南宋馆阁录》卷2《省舍》，第170页。

143. 顾宏义：《〈续资治通鉴长编〉南宋抄刊本考述》，第192—196页。

144. 张良：《南宋官藏本〈续资治通鉴长编〉传续考》，《文史》2021年第2辑，第162页。

145. 燕永成《今七朝本〈续资治通鉴长编〉探源》第10页称，李焘本人起草了这一续作，《宋会要》和章如愚《山堂先生群书考索》引用的"绍兴长编"就是来自他的原稿。顾宏义《〈续资治通鉴长编〉南宋抄刊本考述》第180—183页驳斥了这一观点。

146. 《宋史》卷409《高斯得传》，第12327页。

147. 至少有两部13世纪初的浙江作品使用了完整的九朝本《长编》：永嘉

人徐自明的《宋宰辅编年录》和金华人章如愚编著的《群书考索》。关于后者对《长编》的使用，见汤开建、陈文源《〈山堂考索〉中保留的〈长编〉佚文》。

148. 孙原湘：《天真阁集》卷43《李氏〈续通鉴长编〉跋》，第7页b—第8页b，这段文字亦见于裴汝诚、许沛藻《续资治通鉴长编考略》前言，第5—6页。孙原湘将李焘的"咸会于一"改作"咸归于一"，去除了其中的模棱两可之意。

149. 纪昀编《钦定四库全书总目》卷88，第1167页；裴汝诚、许沛藻《续资治通鉴长编考略》前言第2—3页引用了彭元瑞（1731—1803年）的类似观点。

150. 李焘对孙权的评价，见崔成熙《李焘（1115—1184）〈六朝通鉴博议〉研究》，第127—134页。

151. 崔成熙：《李焘（1115—1184）〈六朝通鉴博议〉研究》，第178—181页。

第三章

# 李心传与《要录》

## 引　言

　　研究宋朝的学者都担心被问这个问题：李焘和李心传究竟谁才是更伟大的历史学家。即使是清代的学者，也无法解决这个问题。1773年，他们在对李心传的代表作《建炎以来系年要录》的初步评价中指出，李心传虽然取法李焘，但"精审较胜"，这表明李心传已经超越了他的前辈。然而，十年后，在编完《四库全书》后，编者们似乎改变了之前的判断："大抵李焘学司马光，而或不及光；心传学李焘，而无不及焘。"这一后来的阐述表明，虽然这两位四川历史学家都不能与司马光相提并论，但他们各自取得的成就十分相似。[1] 李焘的崇拜者，清朝学者孙原湘最终宣布李心传是更优秀的历史学家。[2]

　　李焘和李心传确实都跟随司马光的史学脚步。但是，晚李焘一辈的李心传，有了前人的榜样，并从《长编》中了解到李焘是如何将司马光的方法论原则应用于宋朝史料的。此外，尽管李焘以私人史家身份待在四川多年，但在1167年，52岁的李焘以史官身份进入了位于行都的秘书省,此后他修订了整部《长编》。正如我们所看到的,尽管李焘在朝廷上获得了政治支持,但积极参与朝廷政治也使他作为历史学家的任务复杂化。李心传作为私人学者在四川偏远之地埋头著述,在1226年到达临安之前,他已经完成了奠定自己作为历史学家之声誉的作品。

作为历史学家,李焘和李心传有诸多相似之处。正如清代学者认识到的那样,两人都自觉遵循一种被认为是源于司马光的史学传统。两人都认为他们的工作是纠正官方历史中存在的缺陷与不足。他们既是私人学者,也是秘书省的史官,从而模糊了他们的私人史学和官方史学之间的界限。两人都得到了四川重要官员的支持,但他们的职业生涯差异极大。正如我们所见,李焘在来到临安之前,已在四川地方官府任职多年。他有李心传所缺乏的从政实践经验。这段经历,再加上李焘在进入朝廷时个人地位很高,使他在12世纪六七十年代成为活跃的朝廷政治人物;李心传在13世纪二三十年代也希望成为这样的人物,但他没能做到。此外,孝宗朝的蜀党势力远强于理宗朝的蜀党力量。简而言之,如果李焘是一位完美的士大夫,成功地将自己的学术生涯与仕宦生涯融为一体,那么李心传尽管身在临安,却仍然是一位更纯粹的学者,用一个评论者的话来说,李心传"去天万里,轻信记载"。[3]

和李焘一样,李心传也是兴趣广泛的学者,他的著作涉及经学注疏、史学和文学。包括他的100卷文集在内,这个更大规模的资料库现在大部分已经亡佚,[4]只有四部历史题材的作品幸存下来。《要录》是一部从1127年南宋始创到1162年高宗退位的逐日记载的历史。对现代历史学家来说，即便不是字字珠玑，《要录》仍然是了解高宗统治时期不可或缺的记述。[5] 在编撰《要录》时，李心传还编撰了《建炎以来朝野杂记》（简称《朝野杂记》），并于1202 年和 1216 年分别完成了甲集和乙集。目录学家通常将《朝野杂记》归入"笔记"一类，但实际上，《朝野杂记》是《要录》的主题索引和附录。[6]《要录》和《朝野杂记》都是李心传相对早期的作品，至少在李心传到达临安的十年前就已经完成了。1239 年，在李心传的仕宦生涯即将结束的时候，也就是他去世的五年前，他完成了《道命录》。该书记述了道学运动的历史，是李心传晚年唯一的史学著作。最后，李心传的次要著作《旧闻证误》的一些片段也保存至今，为我们提供了一个窗口，让我们得以一窥李心传作为历史学家的研究方法。[7] 本章将讨论他的这四部作品。

**李心传的生平事迹**

李心传是隆州井研人，隆州是位于四川成都以南约 60 英里处的一个重要产盐地。[8] 李心传的祖父是家族中第一个入仕为官的人，因学术成就，李家接下来的一代人在当地小有名气。李心传的父亲李舜臣早慧，据说他 3 岁时就识文断字。李舜臣胸怀大志，学识渊博，于 1166 年中进士第。李舜臣在应试策文中流露出强烈的收复故土情绪，这让那些在前一年刚刚与金人达成和议的朝廷高官心生隔阂，因此他在四川当地的文官和教育岗位上一待就是十余年。1179 年，可能是在他的四川同乡、宰相赵雄（1129—1193 年）的影响下，李舜臣被任命为宗正寺主簿，在临安负责重修《裕陵玉牒》。[9]李舜臣的三个儿子——李心传及两个弟弟李道传（1170—1217年）和李性传（1174—1254年）——都跟随父亲来到行都临安。李舜臣的学术声望，让他在1180年有机会任国子监试点检试卷。[10]李舜臣显然对诸子也抱有同样的期望。同年，10岁的李道传试胄监。[11] 1182年，李舜臣卒于临安，他的三个儿子扶灵返回了四川。[12]

李心传兄弟花了十五年的时间来准备进士试。1196年，李心传和李道传终于同场竞技。结果李道传顺利科举中第，开启了自己的仕途之旅，但29岁的李心传不幸落榜。[13]李心传没有再接再厉积极应举，而是放弃了科举，把全部时间都花在自己的学术兴趣上。有学者认为，李心传进士失利的原因是韩侂胄将他列入道学学者的黑名单，但李道传比兄长李心传对道学的理解更透彻，也更强烈地拥护道学，却在同年中进士第。[14]无论如何，李心传在四川又待了三十年，并在隆州的家中以私人学者身份埋头著述。李心传的传记作者，将1197年作为李心传历史学家身份的开始。在接下来的二十年里，李心传完成了《要录》和《朝野杂记》。1216年完成《朝野杂记》乙集后，可能是为了在成都书院教学使用（他显然在那里教书授课），李心传编撰了几部经书注疏①。[15]

在此期间，李心传还编写了大量四川当代史著作。一部13世纪的书目将90卷的《西陲泰定录》分为两部分，第一部分有37

---

① 这些著述包括《丙子学易编》《丁丑三礼辨》《诵诗训》《春秋考》等。

卷，时间涵盖 1201—1211 年，记录了吴曦（卒于 1207 年）叛乱的始末，第二部分将叙事延续到 1221 年。李心传使用了一种类似于司马迁在《史记》中所用的表的格式，这使他能够将在四川发生的地方事件与临安朝廷的政策声明结合在一起。该书可能从未被刊印过，因为甚至连只言片语都没有保存下来。写作该书的一个目的似乎是建立起一份历史记录，来记述吴曦叛乱期间四川当地官员的行为，以区分哪些人忠于宋朝，哪些人不忠于宋朝。无论如何，李心传的《西陲泰定录》显示了他对四川历史的关注，以及他的家乡在南宋时期扮演的重要角色。[16]

1225 年，崔与之（1158—1239 年）、曹彦约（1157—1228 年）、许奕、魏了翁等前后一共 23 名官员向朝廷推荐李心传为官，这是对 1224 年理宗继位后颁布的招募新人才诏令的部分回应。[17]这种强大的支持源自李心传享誉四川乃至南宋全域的作为历史学家的声望。[18]1226 年，60 岁的李心传来到临安，被任命为史馆校勘，在那里，他开始研究 1127 年以后的国史，这与他在《要录》和《朝野杂记》中所研究的时间段完全相同。接下来，李心传将在秘书省待七年。在接受任命的时候，李心传还是一介布衣；次年，他被授予官员身份。① 1229 年，李心传再次获得升迁。1231 年，作为庆贺皇太后 75 岁生日恩典的一部分，李心传被赐同进士出身。《南宋馆阁续录》的记载表明，李心传被赐同进士出身是由于皇帝赏识他在觐见时进呈的奏札"议论详明，尽言无隐"。[19]

---

① 诏李心传特补从政郎（从八品文散官）。

1231年年末，李心传与度正（1166—1235年）一并上疏，主张改变宗庙之制。[20] 1233年，言者弹劾李心传，后者返回了四川。[①] 弹劾的理由不详，但可能与李心传在政治上支持道学有关。早在1211年，他的弟弟李道传就曾提议让北宋道学大师从祀于学宫。[21] 1233年，李心传重提这个问题，要求将司马光、周敦颐、邵雍、张载、二程、朱熹加入从祀行列，但他的请求遭到了拒绝。[22][②] 1232年，李心传向皇帝推荐友人李燔（1164—1233年）为经筵官，称赞李燔是朱熹高足，"当今海内一人而已"。皇帝认可李心传的说法，但"终不召也"。[23] 李心传的推荐可能在暗中被破坏了。李燔在地方任职多年，于13世纪20年代开始闲居，以抗议1224年宰相史弥远操纵皇位继承。[③] 1233年时史弥远仍然大权在握，[④] 李心传的推荐可能被理解为是在攻击史弥远。李心传对史弥远的负面评价出现在1239年的《道命录》中，他与史弥远的侄子史嵩之之间的矛盾，使李心传在临安的晚年生活更趋复杂化。

1233年，朝廷显然很着急，觉得不应该浪费李心传作为历史学

---

① 《宋史》卷438《李心传传》："因言者罢，添差通判成都府。"

② 绍定六年（1233年），李心传上疏理宗，"乞以司马光、周敦颐、邵雍、张载、程颢、程颐、朱熹七人列于从祀，不报"。

③ 宁宗无子，遂选立宗室子赵竑为皇子。赵竑与权相史弥远不睦，史弥远担心日后赵竑继位会对自己不利，便图谋废立。他从越州求得宗室子赵与莒，赐名贵诚，立为沂王嗣子。1224年八月，宁宗驾崩，史弥远矫诏拥立贵诚为帝，是为宋理宗（后改名昀），封赵竑为济王，出居湖州。1225年正月，湖州人潘壬等叛乱，牵涉到赵竑，史弥远趁机派人逼赵竑自缢，诡称病死。此后史弥远又独相理宗朝九年。

④ 在诛杀韩侂胄后，史弥远逐渐控制了朝政，后来一直独相。1233年十月，史弥远病重，才将党羽郑清之升为右丞相，结束了他独相二十六年的历史。次日，史弥远以病危致仕，授两镇节度使，封会稽郡王；数日后，史弥远去世，追封卫王，谥忠献。

家的才能，于是命他兼任四川制置司参议官，全力编修《十三朝会要》。正如我们在本书第一章中所讨论的，李心传一直待在四川，直到 1237 年蒙古铁骑入蜀才迫使他永久迁移到东部地区。1238 年三月，李心传重返朝廷，任秘书少监，继续编修《中兴四朝国史》和实录。同年晚些时候，李心传被擢升为秘书监。[24]李心传在四川招募了两个年轻的学者——高斯得和牟子才，协助他编修《十三朝会要》，他将二人带到了临安。为了完成国史，李心传还额外招募了四名学者进入秘书省来参与这一项目，他们是钱时（1175—1244 年）、赵汝腾（卒于 1261 年）、刘汉弼（1216 年进士）和徐元杰（1194—1245 年）。所有这些人都是带有道学倾向并与史嵩之对立的青年学者。[25]

与李焘所处时代的情况一样，李心传和秘书省的其他史官也卷入了朝廷最高层的政治斗争。崔与之可能是让李心传重返史馆的助力，他是李心传的早期支持者之一，并在支持道学的端平政府于 1236 年解散后，成为名义上的宰相（事实上崔与之始终未履任）。①1238 年十月，为了防止史嵩之步其叔父的后尘，高斯得上疏皇帝，"乞择才并相"以分权。[26]这一努力除了遭到史嵩之的敌视外收效甚微，而史嵩之在 1239 年正月拜相。1239 年六月，崔与之致仕，并于当年年末去世。又过了一年，史嵩之成为独相，这种情况一直延

---

① 《宋史》卷 406《崔与之传》："帝［宋理宗］于是注想弥切，拜参知政事，拜右丞相，皆力辞……趣召愈力，控辞至十有三疏。"

续到1244年年末史嵩之闲退。①

李心传现存的唯一奏议出自1240年七月，保存在《宋史·李心传传》中。1240年夏，临安发生了饥荒，南宋与女真人和蒙古人在北方边地长达十年的战争加剧了饥荒造成的灾难，导致临安人口减少，并出现人食人的惨状。李心传的奏议将饥荒归咎于政府未能为这些军事行动的后果做好准备。政府"曰和籴增多而民怨，曰流散无所归而民怨，曰检税不尽实而民怨"，这些都导致民众的不满情绪上升到危险水平。腐败的地方官员没有采取任何措施来阻止牟取战争暴利和盗匪行为的蔓延。皇帝与诸位大臣未能制定一致的策略，未能减少朝廷的奢侈浪费，未能接受鲠切之言，这进一步加剧了民众的不满。李心传敦促皇帝重黜那些"献聚敛剽窃之论以求进者"，这样才能为遏制饥荒的忠言开道。[27] 就在李心传进呈这篇奏议后不久（当时国史编修尚未完成），言官再次弹劾李心传，李心传被允许奉祠居于湖州的新家。[28]

1240年十二月，史嵩之成为独相，他立即采取措施，以化解会强化其政治对手的历史和文化问题。一个月后，即1241年正月，朝廷下诏，确认道学自我宣称的继承自孟子，让周敦颐、张载、二程、朱熹在孔庙中陪祀，并将王安石从孔庙中移除。[29] 史嵩之也迅速完成了官定近代史，并在上面打上了自己的印记。李心传离开朝廷后，皇帝诏令高斯得的叔父高定子（1202年进士）进呈《四朝国

---

① 1244年，史嵩之的父亲去世，史嵩之应解官丁忧，但他希望皇帝能夺情起复，结果群情激奋，强烈反对，史嵩之不得不罢相丁忧，此后闲居十三年不再出仕。

史》的帝纪和《宁宗实录》，高定子立即照办。[30]史嵩之选择高定子是出于政治上的精明。1238年，李心传指派高定子的侄子、自己的得力助手高斯得，完成光宗和宁宗年间（1190—1224年）的实录，这是该项目时间最近、政治上最敏感的部分。

《宋史·高斯得传》写道，在高斯得的叔父进呈《四朝国史》帝纪的稿本后，史嵩之改写了宁宗纪的末卷，以掩盖他的叔父史弥远谋划废黜皇子并安排一个默默无闻的宗室成员成为未来的理宗。[31]高斯得、杜范（1182—1245年）等人"遂辨之"，但书已经正式进呈皇帝。《宋史·高斯得传》写道，李心传"藏斯得所草，题其末曰'前史官高某撰'"，以表明他反对史嵩之的修改。[32]尽管有这些冲突，高定子似乎与双方都保持着良好关系，他奏请李心传官复旧职，继续编修《四朝国史》的志传部分，但这一请求似乎没有得到朝廷的任何回应。与此相反，朝廷罢免了李心传的祠官之职。次年，李心传致仕。1244年，李心传卒于湖州，享年77岁。[33]

## 《旧闻证误》

在《建炎以来朝野杂记》1202年的序中，李心传回忆起二十年前他与父亲来到临安朝廷，在那里看到了玉牒，无意中听到了"名卿才大夫"讨论国家政策。回到四川后，他开始哀叹1127年以后的宋朝历史仍然支离破碎且尚未完成。李心传决心弥补这一缺陷，他开始收集原始史料，最终完成了《要录》和《朝野杂记》。[34]

《朝野杂记》乙集1216年的序,包含了李心传对作为历史学家的目标的最完整阐述。首先,他想整理关于南宋中兴的五花八门且分散的历史叙述。其次,他希望填补这一时期官方历史的空白。最后,他希望将其研究成果作为政策制定者的治国方略来源。[35]尽管措辞更为温和且官样化,李心传在《道命录》1239年的序中,以类似方式总结了他作为史官的任务:"愚不佞,盖尝网罗中天以来放失旧闻,编年著录,次第送官。"[36]

这三个目标中的每一个,都可以看作李心传整体史学运作的阶段或过程。第一个阶段是查证历史记载中的事实,纠正无意的错误和有意的歪曲。第二个阶段包括将已确定的事实组织成短小精悍但清晰的叙述。在最后一个阶段,这些叙述被组织成更有意义的模式。简而言之,李心传希望他的话语能够帮助到经世思想家和政治领袖。在这三重模式中,李心传的每一部现存作品都可被赋予相应的位置和功能。《旧闻证误》和《要录》中的许多原注属于第一个阶段。《要录》与《朝野杂记》的正文反映了叙事建构的第二个阶段。最后,《要录》和《朝野杂记》,还有尤其是《道命录》,展现了最后一个阶段,在这个阶段,李心传将叙事组织成一种更高层次的话语,投射出他自己的政治价值观。

正如贾志扬敏锐观察到的那样,李心传"总是关注细节"。[37]乍一看,《旧闻证误》似乎是李心传现存著作中最不起眼的一部书。其条目似乎没有显示出更高层次以及李心传其他作品中的第二个、第三个阶段的史学过程。不过,这部著作为我们提供了一个重要的窗口,让我们得以了解李心传史学运作最基本的工作——核定事实，消弭史料文本中存在的错误。王德毅将这部著作界定为清朝考据的先驱，而清朝的考据是现代中国以文本为基础的史料批评的直接起源。[38]《旧闻证误》原本15卷，于1210年前后在四川刊印。明初时已经没有完整的抄本存世，清朝学者从《永乐大典》中只辑佚出了140条。然后，他们将这些现存的条目整理成4卷的今四库全书本《旧闻证误》。[39]

《旧闻证误》中的大部分条目关乎北宋，但卷4中有一些条目是关于南宋初年历史的。每个条目的开头都引用了一段具名的史料，然后是李心传对其证误所做的辨析。下面的段落说明了条目的格式和风格。

> 开宝后，命中书、枢密皆书时政记以授史官。（出自叶梦得《石林燕语》）
>
> 按，实录，景德三年五月丙午，枢密院始置时政记，月终送中书，用王文穆、陈文忠之请也。大中祥符中，又命直送史馆，非始于开宝后，叶误矣。[40]

条目所引句子见于叶梦得（1077—1148年）对初唐至自己所处时代朝廷史学发展的长篇记述。[41]枢密院从什么时候开始每月向史馆报送时政记，这是问题所在。在叶梦得所处的时代，中书和枢密院分别向史馆报送各自的时政记，而李心传显然认为叶梦得将这种做法追溯到974年是错误的。[42]李心传的结论是，这种做法始于1006年，这有两个含义。第一，《长编》记录了989年十月中书进呈的一篇日期更早的奏议，该奏议提到，枢密院将其时政记交给中书，使之被纳入中书对其自身行动的描述，从而产生统一的记录，然后报送给史馆。李焘表示，这一要求井然有序，并评论道："枢密院时政记盖始此。"[43] 然而，李心传得出这一结论的理由是，尽管有989年的诏令，如果在1006年执掌枢密院的王钦若（962—1025年）和陈尧叟（961—1017年）要求允许进呈枢密院的时政记，那么枢密院的时政记在1006年之前很可能不会定期提交。简而言之，李心传区分了诏令何时颁布以及何时实际执行诏令。第二，王钦若和陈尧叟于1006年二月二十六日掌控枢密院（他们共同主管枢密院直至1017年），仅仅两个月后，他们提出独立进呈时政记的申请。[44] 因此，他们还负责第二个行动，即枢密院绕过中书，直接将其时政记报送史馆。显然，将枢密院建成与中书平起平坐之行政中心的这二人，抓住了一个控制关于他们在枢密院活动的历史叙事的机会。因此，1006年和大中祥符年间的行动都证明了枢密院和王钦若在宋初政治结构中的地位日益重要。

这个条目是《旧闻证误》诸多条目中的典型一例。李心传使用官方史学（在这里是实录）的精准系年，以纠正私人叙述的日期错误。这种对精细系年的关注并非毫无意义，而是四川史学学派专注于某个特定机构或行政运作历史"起源"的前奏，这个条目便是如此。这种关注，反过来也反映了"故事"在宋朝政治文化中的重要性，后文会详细讨论这个话题。简而言之，李心传很少为了日期本身来更正日期，而是为了突出更大的历史意义，即更正后的日期会让人们更加关注日期本身的历史意义。例如，《长编》1054年八月十三的一个条目，记录了前宰相梁适（1000—1069年）被授予观文殿大学士，而在上个月，梁适刚遭到御史弹劾而免相。在注文中，李焘引用了梅尧臣（1002—1060年）的笔记《碧云騢》中对梁适的谴责；梅尧臣认为，梁适与内侍关系密切，他是通过内降（绕过常规任命程序的捷径）获得这一任命的。李焘觉得这样的评价过于苛刻，所以在《长编》正文的叙述中将这个细节排除在外。不过，李心传在《旧闻证误》中指出，梁适被免相仅39天后便被授予殿学士的贴职。如此短的时间，有悖于遭台官弹劾免职的宰相不能保留贴职或不能很快恢复贴职的先例。他引用了仁宗时期的三个案例，都是关于前宰相平均等待了十年才被重新授予贴职，因此李心传得出结论，梅尧臣的谴责必然有一些实质性内容。[45] 在这个条目中，李心传引用了宋朝历史上的先例来论证，尽管李焘有所保留，但梁适获得的贴职任命肯定并非通过正规途径，由此可以证明他与内侍之间有勾结。

刘宰（1166—1239年）在13世纪20年代中期写给李心传的一封信中，回忆起自己第一次读到李道传十年前送给他的《旧闻证误》抄本时的反应。现代读者可能认为李心传的许多证误只是吹毛求疵。与现代读者不同的是，刘宰惊叹于李心传的博学，李心传不仅能在人们普遍接受的关于宋朝往事的老生常谈中发现破绽，而且还能揭示出那些深藏不露的秘密。[46] 例如，我们将在第五章对《宋史》的研究中看到，南宋时，宋真宗尚奢靡的主题已经成为一个不言自明的事实。司马光的《涑水记闻》记载了一个时间较早的例子。王旦（957—1017年）询问李沆（947—1004年）对朝廷刚刚与辽朝达成的澶渊之盟的看法,李沆回答道:"善则善矣,然边患既息,恐人主渐生侈心耳。"王旦不以为然,但在真宗朝后期,他说:"李公可谓有先知之明矣。"李心传用简短的话语对这段话进行证误:"按《国史》,景德元年十二月,契丹平,此时李文靖之薨久矣。"李沆卒于1004年七月,差不多是澶渊之盟达成的半年之前。[47]

除了《涑水记闻》中的这一条,现存的《旧闻证误》包含了16条对李焘《长编》注文的纠正或进一步发挥。其他大部分条目评论的是私人撰写的笔记,其中纠正王明清(1127—?年)《挥麈录》的条目数量最多,有16条,而该书也是《要录》的主要史料来源。简而言之,虽然只是出自李心传原本次要的《旧闻证误》的只言片语,今本《旧闻证误》的文本表明,李心传一向注重细节,他在努力恢复宋朝过去秩序的过程中,撒下了一张内容广泛且无偏无倚的大网。

## 《要录》

大约在1212年,即《要录》的第一部抄本到达行都后不久,楼钥(1137—1213年)就从秘书省获得了一部抄本,读完后他评论道:"然后知天之报施本无差忒。"[48]这个隐晦的措辞不仅是含蓄的恭维,也是对《要录》的批判性评价,他将《要录》置于史学主流之中,即优先考虑中国历史学家的核心功能——协助作为道德权威最终来源的天,对人的行为做出判断。"天命"一词来自司马迁

《史记》中的重要卷次。在该卷中，司马迁质疑"天道"的公正性：为什么善良的人受苦受难，而坏人却能享受荣华富贵且能主宰天下？司马迁没有质疑这种不公正的现实。但是，他确实为历史，也为他本人发声，宣称自己有能力通过准确描述这一现实，将经常让人感到困惑的上天的变幻莫测搞清楚。[49] 因此，作为《要录》最早且极富洞见的读者之一，楼钥既将李心传比作司马迁，又将他的作品视为中国史学最高理想的实现。

在审视《要录》为何能获得如此高的赞誉之前，考虑一下1212年之前十年间的政治是如何影响《要录》编撰的，可能对我们的讨论比较有用。在庆元禁"伪学"期间，李心传开始编撰《要录》。禁"伪学"始于1196年八月，持续到1202年二月。禁令甫一结束，韩侂胄就更严格地限制私史及其传播。实施这些限制是因为来自边地的关于宋朝历史的报告被走私到金朝。禁私史的争论焦点是过去二十年来完成的历史著作的私刻本：《长编》、王称的《东都事略》和熊克（1118—1190年）的历史著作。朝廷禁止刊印这些作品，并下令将流通中的这些作品的抄本提交史馆审查。1202年七月，任何被视为含有"事干国体"内容的作品均被下令销毁。[50] 在《朝野杂记》乙集1216年的序中，李心传称，鉴于1202年的禁令，他担心自己会受到韩侂胄政府的惩罚。因此，他停止了从1197年开始的《朝野杂记》撰写工作，重新开始撰写被认为解释性较弱的《要录》。[51]

学者们一致认为，李心传在1205年年末完成了《要录》的初稿。[52] 1207年十一月，韩侂胄遇袭身亡，李心传的弟弟李道传积极参与史弥远领导的新政府，为将该作品进呈朝廷创造了政治契机。当时的四川制置使杨辅（1166年进士）命令李心传准备奏进《要录》，1208年七月，杨辅本人也携带了一部《要录》净本前往临安。1209年，李道传前往临安时又带了一部《要录》净本。1210年九月，在许奕的建议下，十名史官联名要求李道传奏进他的《要录》净本，"以备参照编修正史"。[53]正如我们在第一章中所见，许奕是四川人，与魏了翁关系密切。几年前，许奕和魏了翁一起在国史院供职，当时他们的四川同事张从祖编修完成了《总类国朝会要》。

因此，《要录》和《朝野杂记》甲集都编撰于韩侂胄政府监督士人知识取向，尤其是历史书写的时期。李心传在《要录》中对秦桧的处理，可作为绝佳的例子来说明当时政治与作品编撰之间的互动关系。《高宗实录》第一部完成后仅一年，即1198年，王明清不禁慨叹高宗年间官方史书中亲秦桧的要旨。他指出，1155年秦桧死后，虽然高宗罢黜了秦桧的死党，但随之而来的政治调和精神，使秦桧主政时期的情况无法在这一时期的第一部官方历史，即1166年的《高宗圣政》中得到准确的描述。据王明清所说，三十年后，秦桧的党羽仍然控制着朝廷史馆，而正在编修的《高宗实录》继续掩盖他当权期间的奸邪之行。[54]

李心传面临的困境是：如果《要录》准确刻画秦桧，会让自己引火烧身，即读者可能会把他对秦桧的描写作为对韩侂胄的一种历史类型比附，从而把《要录》解读为对韩侂胄政府的攻击。因此，如果他通过加入秦桧结党营私的细节来纠正带有偏见的国史，有可能引来韩侂胄针对自己和《要录》的私人史书审查。不过，韩侂胄决定北伐，改变了这一局面。为了准备北伐，1206 年四月，韩侂胄废黜了秦桧的王爵，并将其谥号改为"谬丑"。[55]当然，这一举动是为了支持韩侂胄即将推翻秦桧与金朝签订的互不侵犯和约，但贬黜秦桧也为更细致入微地评估历史上秦桧主政期间的功过打开了大门。

1205 年，《要录》基本完成。从 1207 年十一月韩侂胄身亡到 1208 年七月，《要录》的第一部净本经过一番草草修订，离开了四川并被奏进临安。最近的学术研究表明，李心传之所以进行这些修订，是为了避免被指责书中有"事干国体"的内容，这与韩侂胄在 1202 年颁布的私史禁令中采用的标准相同。[56]仔细阅读《要录》的注文，我们可以发现，在修订《要录》期间，李心传修改了触及三个敏感领域的段落。前两个领域涉及冒犯皇威（斥责在宋朝历史上产生负面影响的帝王，以及令宋廷难堪的对外辞令）。

但第三个领域，以及最多的变化与秦桧有关。李心传做了细致的修订，并添加了新的材料来证明秦桧政府的邪恶性质。[57]我们将在后文详细研究其中一个段落。例如，李心传当时在《要录》中补充了关于秦桧对张浚和其他 53 名官员最后一次大规模审讯的叙事，这一故事成为秦桧后来传记的一大特色。[58]1207—1208 年，从韩侂胄专权过渡到史弥远当政的变革政府，为这些修订提供了政治背景，也使李心传能够重新塑造秦桧时代的历史意义。在 1207 年之前，完整记述秦桧时代会被人们解读为是在攻击韩侂胄政权。1208

年之后，同样的叙述仍然是对权相统治的强烈控诉，但也可以被解读为对新政府的警告，要求新政府坚持其宣称的政治改革计划。然而，正如我在其他文章中已经解释过的，李心传在《要录》中对秦桧的处理，与13世纪中期的道学史学相比，是对秦桧历史角色的平衡呈现。[59]

1207年，在韩侂胄被袭杀后，史弥远领导的新政府迅速转变，推动大幅度修订历史记录。这些修订不仅影响了1195—1207年的当前记录，而且为之前1127—1194年已有的和已经编修完成的历史带来了新的关注。1202年二月，就在禁私史的前几天，朝廷已下令编修高宗统治时期的"国史"。[60]考虑到其他优先事项，该项目当时几乎无人关注。但1208年，李心传匆忙修订《要录》草稿，以及新政府的史官们急于获得他的著作"以备参照编修正史"表明，这些史官将修订后的《要录》视作一部可以用来重新编修现有历史编纂成果《高宗日历》和《高宗实录》的潜在参考书，以使两书成为更适合于后韩侂胄时代的南宋立国时期历史的版本。在13世纪二三十年代，李心传待在临安的岁月里，他本人会继续这些努力，但当时的政治环境已经截然不同。[61]

现存的《要录》只记载了高宗一朝，而现存的《朝野杂记》则涵盖了高宗、孝宗和光宗三朝的材料，这让人怀疑李心传是否完成了直到1194年的编年史。宋版《朝野杂记》正文之前的出版商广告，转载了两份时间为1223年的来自国史院的文件，文件命令隆州官府抄写李心传《要录》中的孝宗和光宗部分，作为朝廷修订这两个时期实录之工作的部分内容。[62]目录学家陈振孙指出，李心传完成了《要录》的孝宗和光宗部分，但蒙古铁骑攻入四川，使该书不传。[63]考虑到1226年李心传到达临安后，朝廷命令他本人编修这几朝的历史，人们可能有理由认为，李心传至少完成了关于这些时期的《要录》草稿，但它们从未在四川或其他地方刊印过。[64]

图3.1呈现了《要录》与《宋会要辑稿》的相对涵盖率。[65]正如我们预期的那样，这两部作品每年涵盖率的曲线大体相似。不过，差异之处显示了李心传是如何既适应自己的目的，又绕过秦桧对原始史料的操控的。李心传用大量篇幅记述了四个阶段：（1）南宋中兴初期（1127—1130年）；（2）南宋成功巩固统治的时期（1133—1136年）；（3）秦桧死后的一个时期（1156—1157年）；（4）宋金战争爆发和皇位更迭时期（1161—1162年）。第二和第三阶段的涵盖内容追踪了南宋主要的统治基础，但李心传插入了对第一阶段和最后阶段的强调。对南宋初期的涵盖内容，深入阐述了中兴的基本原则，把中兴作为对北宋晚期腐败的摆脱。后期涵盖的内容不仅详细描述了1161年金朝军队南下所引起的南宋政治动荡，而且还描述了士人建立后秦桧政府的努力。另外，秦桧当权年份（1137—1155年）涵盖率的骤降，也反映了李心传支持赵鼎（1085—1147年）政府并反对秦桧的和议政策。1142年和议之后，涵盖率降低，表明李心传不愿详细记录秦桧当权期间的文化成就。

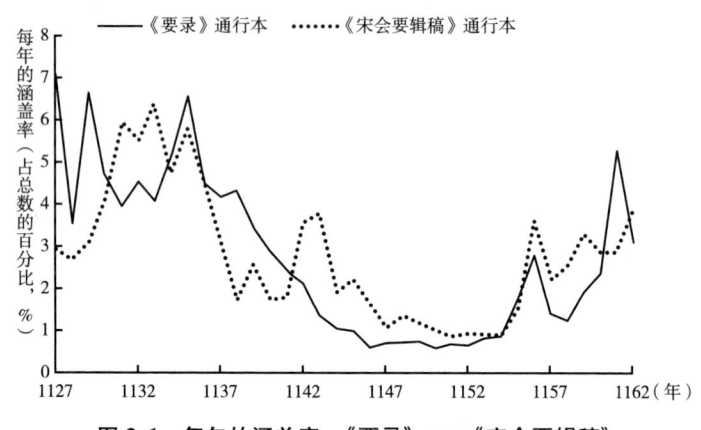

图 3.1 每年的涵盖率：《要录》 vs.《宋会要辑稿》

— 事实与史料 —

我们可以回想，《要录》是李心传现存作品中唯一同时体现了从发现事实，到叙事创造，最后到形成独特历史话语的全部三种史学功能的作品。下面对《要录》的处理，遵循这三方面的概念。我们首先考察《要录》的史料来源，以了解《要录》在建立早期历史叙述中所载事实和事件之可靠性方面的方法与《旧闻证误》的相似之处。许奕向朝廷描述《要录》时，称李心传

专以日历、会要为本，然后网罗天下放失旧闻，可信者取之，可削者辨之，可疑者阙之。集众说之长，酌繁简之中，久

而成编，名曰《建炎以来系年要录》。[66]

现代学者从这段文字中推断出以下原则：(1)《要录》中未加注的正文文本代表李心传认为没有问题的日历条目；(2) 注文解释并证明他对日历所做的任何更改；(3) 注文还记录了对某一问题的未解决的疑问，在这种情况下，李心传不会将该问题包括在《要录》的正文中；(4) 他对有争议事件的叙述，是通过比较全部各种史料得出的"最佳版本"。[67]

学者们一致认为，李心传使用的主要史料是完成于 1176 年的《高宗日历》。了解这一主要官方史料的来源和性质，是理解李心传的艰巨史学任务、解决方法和成就的关键。正如我们在导论中所见，维持日历编修是史馆的主要责任。编纂于 12 世纪 60 年代的一份图书清单，确认了日历作为朝廷日常活动编年史的特点，朝廷日常活动可理解为皇帝及高级官员的活动。日历的重点是两个一般类型的活动：与政策制定和执行有关，以及与中高级官员人事行动有关的那些活动。日历包括所有主要的礼仪行为；所有由集议产生的文件，无论是当面进呈还是书面进呈的奏章（连同皇帝的任何答复），正式的诏令和内降、大赦，以及所有机构提出的脱离既定规程的要求；特定官阶以上官员的差遣任命和人事行动；专门的赏功；在高级官员的死亡日期下记载其传记信息等。[68] 由于所有这些都是常规的、持续的朝廷功能，人们可能会期望《高宗日历》相对均衡地按照时间顺序涵盖这些内容。

然而，如图 1.1 所示，第一章对《宋会要辑稿》的讨论揭示了整个高宗统治时期（1127—1162年）历史记载的深度参差不齐。这种参差不齐是由《高宗日历》编修背后的政治因素造成的。[69]尽管高宗早年间一直在政治动荡和军事混战中颠沛流离，但他手下的宰辅们似乎一直维持着朝廷的修史工作。12世纪30年代末，徐度在史馆任职，他声称，高宗统治前十年的主要史料，特别是1130年四月朝廷泛海归来后的史料，已经完成。[70]不过徐度继续解释说，在1138年秦桧成为独相后，自己清理了这些档案并进行重写，以消除任何对他本人或其支持者不利的内容。1140年二月，秦桧将所有的史学工作都收归秘书省，并让他的儿子秦熺掌管。在秦熺的指导下，一部更新的590卷的《建炎以来日历》被编写出来并于1143年二月奏进。[71]此外，秦桧还中止了同时期日历的编修，这一中断一直持续到1155年秦桧去世。1156年三月，新任命的起居郎奏称，起居院自1143年以来就没有正官，从那以后没有再编修过日历。[72]

秦熺垄断朝廷史学，有两大要务：一是篡改秦桧及其政府的历史记录，二是为秦桧与金朝达成和议的重要政策动机辩护。例如，《建炎以来日历》就有一个附录，颂扬1142年的宋金和议使得被囚于金国的高宗母亲脱困而出。因此，1138年以后的历史记录并非空洞无物，用徐度的话来说，"莫非其党奸谀谗佞之词，不足以传信天下后世"。[73]于是，在秦桧死后，朝廷立即开始了三方面的努力：恢复现存的《建炎以来日历》中的一些政治平衡，填补1143—1155年的空白之处，以及在1155年之后恢复正常的朝廷史学运作。关于这些努力的完整记录过于复杂，此处无法一一呈现。[74]简而言之，考虑到秦桧党羽的影响依然存在，以及如何展现皇帝本人不断变化的政治立场这一棘手问题，结果是日历的记载支离破碎、模棱两可，且并不令人满意。1175年七月晚些时候，一名秘书省官员奏称，日历仍不完备，奏请追加经费，并再次要求各部门提交相关文件。[75] 一年后，就在李焘以秘书监身份回到临安仅两个月后，李焘进呈1000卷的《高宗日历》。这位伟大的历史学家在他的进书奏章中，以一种沮丧而不是谦逊的态度写道：

加之岁周三纪，史非一官，掇缉穿联，简策繁夥，其间脱略抵牾，违失本真，安敢自保？[76]

李焘的保留意见显然并非无的放矢，李心传面临的挑战很艰巨。1195年正月十一日的诏令要求完成《高宗实录》，并指出1142年以后的现存历史——大概是日历——令人满意，不应更改。[77]

李心传在《要录》中引用丰富史料来纠正日历的"违失本真"之处，令从最初到现代的读者都大为赞叹。至少有四位学者分别列出了《要录》注文中的引文，以确定这些史料的总数。

表3.1总结了这些结果，将史料分为八个一般类型，并列出每个类型中的引书数量，同时也列出了前三个类型中最常被引用的书。前六种类型几乎没有问题，因为这些书名大致相当于现代意义上的"书"。不过，"单篇诗文"和"单篇奏状"的分类，试图解释李心传作为单篇文本引用的许多单独的文学作品和烦琐文件，而没有被归于任何其他史料。这些文件中的许多作品可能已经包含在日历中。

表 3.1　李心传《要录》自注中引用的史料*

| 类型与书名 | 引书数量(种) | 引用次数(次) |
| --- | --- | --- |
| 官方史书 | 35 | |
| 　《高宗日历》 | | 959 |
| 　国史 | | 114 |
| 　会要 | | 85 |
| 　实录 | | 82 |
| 私史、杂史、笔记 | 170 | |
| 　《中兴小历》 | | 526 |
| 　《中兴遗史》 | | 312 |
| 　《秀水闲居录》 | | 109 |
| 　《挥麈录》 | | 100 |
| 　《三朝北盟会编》 | | 66 |
| 　《林泉野记》 | | 54 |
| 传记、行状、碑铭 | 150 | |
| 　《赵鼎事实》 | | 36 |
| 　《张浚行状》(朱熹) | | 36 |
| 　《韩世忠神道碑》(赵雄) | | 22 |
| 　《洪皓行述》(洪适) | | 14 |
| 　《李纲行状》 | | 10 |
| 　《岳侯传》 | | 10 |
| 地方志 | 16 | |
| 文集、别集 | 30 | |
| 题名 | 50 | |
| 单篇诗文 | 40 | |
| 单篇奏状 | 285 | |
| 总　计 | 776 | |

\* 表 3.1 结合了山内正博《〈建炎以来系年要录〉注据引篇目索引控》，聂乐和《〈建炎以来系年要录〉研究》第 39—53 页，孙建民《取舍之际见精神——略论〈建炎以来系年要录〉的取材》，及李心传《建炎以来系年要录》(上海古籍出版社，1992) 第 4 册第 509—614 页附录的引书索引。表 3.1 的分类和引书数量遵循孙建民 1992 年的索引。引用次数遵循 1992 年的索引或山内正博的说法。"单篇奏状"的数量遵循聂乐和的说法。正如表 3.1 的标题所示，这个表排除了伪注中的引用。

与其将《要录》看作对《高宗日历》的注释，不如将《高宗日历》看作《要录》的主要史料来源。一方面，梁太济估计，《要录》中90%未加注的正文是《高宗日历》中的条目。另一方面，带注的正文要么纠正《高宗日历》中的条目，要么插入《高宗日历》中没有包含的其他史料。[78]简单比较两书的篇幅——《高宗日历》1000卷，《要录》200卷，我们可以看出，李心传省略了《高宗日历》中80%以上的内容。虽然《高宗日历》为《要录》提供了基本结构，但李心传对他所使用的官方史料持高度批判态度。聂乐和分析了《要录》前45卷中对《高宗日历》的347次引用。在这些引用中，李心传只有71次支持《高宗日历》记述的事件，驳斥其他史料中的矛盾之处；有123次引用对《高宗日历》加以批评，这要么因为《高宗日历》完全遗漏事件，要么因为它的处理过于简单；有87次引用舍弃《高宗日历》的记载，因为李心传认为《高宗日历》的记载错误百出，不能纳入《要录》的正文；在剩下的66次引用中，李心传放弃给出明确的答案，在注文中保留了《高宗日历》的记载以及与其矛盾的史料。[79]

为了对抗《高宗日历》压倒性的以朝廷为中心的性质，李心传大量依赖提供各种不同视角的第一手史料。例如，山内正博统计了28部金朝和伪齐的史书，或为这些政权服务的官员的回忆录。三部最常被《要录》引用的私史《中兴遗史》、《北盟会编》和《林泉野记》包含了发生在各地的目击事件，一般对经常与朝廷发生冲突的军事人物表示同情。在《要录》引用次数最多的传记中，有半数（韩世忠、洪皓和岳飞的传记）同样详细描述了军事问题。

到目前为止，《要录》注文中引用最频繁的非官方史料是熊克的《中兴小历》。现代学者普遍认为《要录》是记录高宗时代的权威史书，而《小历》要稍逊一筹。但是，了解李心传对《小历》的使用，是理解他为《要录》设定的目标的关键。熊克是文学奇才，1157 年进士，最终成为王淮的追随者，而王淮在 12 世纪 80 年代大部分时间里一直任相。在 1176 年完成《高宗日历》后不久，熊克于 1180—1183 年一直在秘书省任职。[80] 1188 年，王淮即将结束任相，而此时熊克的《小历》完成，该书基本上是精简官方日历的第一次尝试。李心传批评《小历》"其书多避就，未为精博"，并补充说，该书"虽已成书，未尝进御"。[81] 正如我们所见，因为高宗活到 1187 年，日历和《小历》仍然反映了对秦桧和高宗对外政策的积极评价，这是王淮等非道学官员普遍认同的主流观点。虽然熊克是福建人，但他的史学代表了一种非蜀、非闽的史学，反映了因高宗政策而获得成功的秦桧、王淮等江南官员的观点。因此，李心传在《要录》注文中大量引用《小历》，不仅纠正了熊克对日历拙劣删减的细节，更重要的是为改变秦桧仍然流行的正面形象以及相应的中兴初期的特征，奠定了坚实的历史基础。[82]

英文 "commentary" 一词通常意指对一篇理论自洽且本质上合乎逻辑的文本的解释性附录。但正如第二章所述，李焘《长编》的方法论在他的正文叙事及其夹注之间创造了一种互动共生的对话。李心传在《要录》中精炼了这种共生关系，他的注文整合了该书的三种史学操作。不幸的是，在《要录》的流传过程中，出现了一系列并非出自李心传之手的后续注文。由于明代之后《要录》的抄本无存，清代学者就像他们对待《长编》那样，从明初的《永乐大典》（该书抄录了这些宋人著作）中辑佚出《要录》的引文，重构了《要录》现在的文本。清代学者注意到李心传的原注与后一层注文之间的差异，但他们的重构并没有试图区分两者。相反，他们自己还另外添加了一层注文。[83]

20世纪90年代末，有三位学者在《要录》重构的文本中，各自确定了《要录》注文的这种混合性质，并认识到要更好地理解李心传的方法论以及该书的意义，就必须区分不同层次的注文。[84]这些学者认为李心传《要录》中的注文有三个层次：（1）李心传自己的注文，我称之为自注；（2）在1212年《要录》进呈朝廷至1407年被抄入《永乐大典》的约二百年间，又增加了一层或几层注文，我称之为伪注；（3）清代学者自己的注文，对此处的讨论无关紧要。这些学者也承认伪注中有独特的13世纪中期的道学观点。当我们将《要录》作为李心传史学的一个例子来进行评价时，我们必须忽视这种伪注；但同样的材料将有助于我们理解《要录》后来被接受的知识环境的变化，以及知识环境的变化导致它作为一部独立著作的最终亡佚。因此，我们将把对伪注的讨论留到更适合讨论这个问题的第四章。

《要录》中李心传的自注，是对司马光、李焘确立的考异方法的拓展。正如他在《旧闻证误》中所做的那样，李心传运用了基本的考异来改进关于时间、地点、人物、书名和事件等细节的事实准确性。他在如下引文中解释了这一过程："臣参之以事而无疑，考之以时而可据。"[85]自注的另一个功能是提供没有写入正文的附加信息。例如，官员在书中首次出现时，李心传经常会提供此人的籍贯和家族背景等传记细节。这些注文往往指明了北宋权宦们不太知名的后代。这些信息并非没有必要，而是为读者营造了一种个人地域和家庭关系的感觉，而这两者都是宋朝政治的主要因素。自注还有一个功能，即提供正文中总结的细节的技术细目，如财政统计或更精确的地理史料。

— 建构叙事 —

梁太济统计了李心传自注的 16 种不同功能。[86] 其中半数功能以不同方式在不同时间发生的事件之间建立起联系，换句话说，就是构建叙事。和日历一样，《要录》是一部逐日记事的编年史，并且尽可能精确地记录每日事件。不过，许多条目的自注会引用在所记录的主要事件前后发生的其他相关事件。在一系列事件（李心传已经确定其中的主要事件具有历史相关性）中，一个特别值得关注的问题是确定"祖"，即最初的诱发事件。短语"事祖见……"指的是在时间上回溯到过去的事件。一个相反的功能是，自注将主要事件与未来的某件事联系起来，称为"张本"。在《要录》前几卷中，李心传在回顾 1126 年年末康王（后来的宋高宗）的活动轨迹时解释道：

> 编年之体，不当追录前书已载之事。今以金人和战、帅府建立，皆中兴已后事迹张本，故详著之，以备其始末。[87]

这种叙事构建技巧很少见于司马光和李焘的作品，是李心传的一大创新。相比之下，这些叙事构建技巧在熊克的《小历》中完全不存在。

自注的其他功能，通过提供要求的或建议的政务行动的结果和日期，通过表明两个事件以某种方式发生关联（不是作为源头或预期起源），以及通过表明行动已知的或疑似的原因或动力，来创建叙事联系。自注的还有一个功能是提醒人们注意未解决的问题。这些注文通常表明，需要额外的文件或未来的研究来解决这个问题。这些注文有时似乎是针对李心传本人的，就好像他在考虑未来的修订；有时是针对他的学术继承者的，希望未来的历史学家能够解决剩余的"抵牾失实之事"。

此时，考察一个典型的条目及其注文可能会有助于说明《要录》中正文和自注之间的互动。以下条目记录的主要事件为1129年二月初五日的邓绍密之死：

> 是日，御营平寇前将军范琼自东平引兵至寿春，其部兵执守臣、右文殿修撰邓绍密，杀之。初，琼次寿春，循城而南，守陴者见其认旗，笑曰："是将军者，岂解杀番人，惟有走耳。"琼闻而怒，乃檄府，索其造语之人。绍密索得一人，送之，琼命斩于麾下。已而琼之军士入城负粮，绍密所将兵怨斩其同类，乃持仗逐之。琼所部与格斗，因入城焚掠，绍密死于乱兵，知下蔡县赵许之亦死，城中悉为灰烬。久之，赠绍密大中大夫。[88]

李心传对这个条目的自注有四点内容。首先，他称其史料来自《中兴遗史》，从而表明日历并未包含这一事件。[89]其次，他修正了《小历》的记载，《小历》将范琼（卒于1129年）军队驻扎在淮西的时间不合情理地提前了两个月。再次，李心传纠正了龚颐正（1140—1201年）在《中兴忠义录》中记载的邓绍密在守卫寿春时被金兵所杀的说法，进而怀疑龚颐正沿袭了会要中的错误记载。最后，李心传引用了日历1132年四月二十二日邓绍密妻子基于邓绍密之死的性质提出的"状"。她称自己的丈夫前往寿春以南一百公里的地方去招安一伙匪贼，但匪贼反而俘虏并囚禁了他。邓绍密不肯叛宋，他痛骂匪贼，匪贼便杀死了他。李心传指出，邓绍密妻子的"状"与《中兴遗史》中对邓绍密之死的描述相悖，他在自注中加入了邓绍密妻子的证词，等待进一步的文献记录来解决这个问题。

邓绍密卒于1129年二月初五日是按照时间顺序排列的主要事件。《要录》正文中的"初"字标志着在主要事件之前发生的事件。"久之"，邓绍密在死后得到了朝廷的赠恤。这一信息引出了李心传对关于邓绍密之死的三则史料和三种不同描述的自注。正文中，《中兴遗史》被放在首位，这表示相比于其他两种史料，作为历史学家的李心传更偏向于这一叙述版本。李心传认为，其他两种史料都别有用心地掩盖了邓绍密之死的真相。邓绍密妻子的"状"（她将从这次赠恤中获益）可能会确保邓绍密获得赠恤，官方文件也确认了他作为宋朝烈士的身份。龚颐正在会要中发现了这份文件，并不加批判地予以摘录。不过，李心传承认，他首选的史料版本与邓绍密妻子的"状"之间可能存在共同点，由此表明了他的保留意见。虽然李心传在自注中并未提及这一点,但这个条目在 1129 年的更大叙事中发挥着重要作用。在下个月,范琼参与了苗刘兵变,随后在 1129 年七月遭到指控并被处决。[90]范琼在寿春的冲动之举和破坏行为的故事,是他自我毁灭的一个未明言的"预期起源",也是中兴初期军纪涣散如何给民众带来苦难的一个生动例子——这是日历几乎没有强调的主题。[91]

《要录》中自注与正文之间相互依存关系的另一个例子,是李心传从极为有限的证据中找到了长期被压制的叙事,这展现了李心传作为历史学家的技艺。《要录》的正文将主要事件系于 1153 年十月二十二日,记录了户部郎中钟世明前往建康上游长江沿岸以评估洪水造成的损失。下面的文字使用了正文中的时间标记,将正文分成五个部分。①

[1] 1153 年十月二十二日。户部郎中徐宗说上言:"宣州、太平州圩田为水所坏,乞委司农寺丞、兼权户部郎官钟世明前去措置。"获得朝廷批准。

[2] **此后**,钟世明奏称,太平州的芜湖、当涂两县十三处较大的圩田,以及宣州两处圩田,需要几百万工才能修复。他请求使用常平司钱来支持民众重修圩田,也获得朝廷批准。[92]

[3] **在此之前**,洪水淹没了宣州和太平州。当时,溧阳县丞龚鉴向秦桧献策修圩田,秦桧便派遣干办府丁禩为江东副总管,前往协调修圩田工作。

---

① 英文版正文中的斜体字,中译本采用粗体字代替。以下不另出注。

[4] **此时**，朝廷下令派出钟世明代替丁禩，还让龚鎏担任本路提举司属官，以监督工役。当涂知县张津称，遭遇水灾的农民流亡过半，没有足够的人力以自修。于是，人们听从张津的建议，在周围修筑了一条180里长的河堤来保护小块的圩田。这个工程很快就完成了，但龚鎏役使的一万民夫死亡甚众。

[5] **在此之前**，临安府守臣曹泳向秦桧推荐监激赏酒库龚釜，让他管理秦桧在平江府和秀州的庄产。这时，龚釜改官，受命权监六部门，并被委任为点检人使程顿，然后他去了两个受洪灾影响的郡。在视察过程中，一旦遇到贫瘠的圩田，他就派人追查出售圩田之人，勒令对方照原价赔偿，老百姓因此饱受骚扰、苦不堪言。[93]

我们可以从李心传的自注中看出，他使用了日历中的六份文件来重构这一叙事。两份文件是钟世明和丁禩的例行任命书。[94]第三份文件来自两个月前的1153年八月二十二日，朝廷将建康永丰圩田的收成赐给秦桧，该圩田由建康和江南东路漕司共同管理。[95]其他三份文件来自1156年和1158年以及秦桧死后，是大臣弹劾钟世明和龚氏兄弟的奏章。[96]李心传透露，没有其他史料提到钟世明和龚氏兄弟的不法行为；他补充说，台官所言多得之风闻，"未必尽实"。但在本案中，他可以通过交叉核对相关事件和任官时间来证实弹章中的指控内容。因此，李心传的结论是，弹章反映了"天下公论"，是可信的。回到主要事件，李心传评论道，派遣一个在行都工作的中层税务官员去监督各地事务是极不正常的做法。于是，他得出结论，徐宗说（卒于1162年）派遣钟世明的动机，是集中资源以恢复秦桧的永丰圩田的生产。

由此，这个条目是一个绝佳的例子，可说明李心传是如何将日历作为原始史料，而不是作为宋代历史指南的。《要录》正文叙事的前三段取材于官府任命书和钟世明关于洪水灾情的报告。但第四和第五段文字是根据随后对钟世明和龚氏兄弟弹章中的措辞写成的。简而言之，虽然信息出现在日历中，但李心传从这些事实中构建起下面的叙述：1153年的秋天，长江流域的洪水毁坏了建康以南江南东路的圩田，其中包括最近才被朝廷赐予秦桧的永丰圩。秦桧的私产管理者龚釜的弟弟龚鉴提出了一项维修计划，地方长官丁禩被派去监督这项工程。但户部侍郎徐宗说，可能是主动，也可能是应秦桧的要求，派遣了一个户部官员，与龚鉴一起加快圩田的维修工作。这些工作是在寒冬进行的，导致近万名民夫丧生。

如前文所述，这是李心传在1208年最终修订《要录》时的一个条目，目的是提供秦桧时代的更多细节。他在这处自注的最后一条注释中解释了他的修订理由：

桧擅政之日，凡涉私事者，于时政记及日历中一切削去，而桧又严禁私史，故其劳民为己如此等事，后人皆不得而知。今当因事书之，以见其实。[97]

— 创造政治话语 —

因此，《要录》并不是对日历的刻板改造，而是一种复杂且富有条理的分层叙事，结合起来以表达更大的主题，并最终像《长编》那样，推进某些政治观点。在此，我们将集中讨论《要录》中反复出现的几组主题，并在本章的结语处对这些观点（从李心传现存的全部作品中得出）进行总结。收复故土和财政稳定是主要且相互关联的两组主题。正如我们所见，李心传的父亲强烈主张收复故土，其子继承了他的信念，认为只有王朝收复北方的土地，中兴才算完成。这种收复故土主义在《要录》中表现为多种形式，包括歌颂与金人作战的军事统帅以及反抗金人统治的其他人。这一主题的典型例子，是李心传对1128年七月宗泽（1059—1128年）之死的描述。当时的东京开封留守宗泽召集当地武装和抗金战士，击退了金兵对都城开封的最后一次进攻。但是，高宗治下的南宋新朝廷打算南下，拒绝了宗泽的反攻计划和增援请求。宗泽临终时称，如果部下继续与金兵战斗，他将死而无憾。部下们都表示会遵循宗泽的愿望，宗泽临终时连喊三声"过河！"尽管当地人都支持宗泽的儿子担任其职务，南宋朝廷还是任命了无能的杜充（卒于1140年）来接替宗泽，杜充后来投奔金朝，使南宋收复北方失地的希望破灭。[98] 李心传从非官方史料角度叙述了宗泽之死，以突出他收复故土的要旨；相比之下，《小历》只记录了杜充的任命，完全没有提到宗泽的去世。[99]

李心传在《要录》中收录的数十篇关于战争的详细描述，也为这一主张收复失地的群体做出了贡献。李心传煞费苦心地通过这些作为事件目击者的人（通常提供了第一手材料）重构了这些叙述。这些战争叙述不仅歌颂了宋人的抵抗，还描述了宋朝军事上的弱点以及导致战败的罪人。例如,韩世忠可能是 12 世纪 30 年代宋朝军事能力最强的统帅,《要录》对他的评价总体上是正面的。不过,李心传从五种不同的史料(两篇韩世忠的传记、一份政府文件和两部私史)中拼凑出了韩世忠于 1134 年四月在长江沿岸的镇江附近的海战中失利的叙事。[100] 李心传关注军事史,人们最常引用的例子是他对 1161 年十一月采石之战的重构。6000 字的自注分析了十多种史料,李心传得出结论:宋军取得胜利的功劳属于虞允文。李心传详述了这些叙述的偏见性质,并总结道:"大率纪事之体,抑扬予夺,当尽其实,若稍涉用情,则后之人将有所不信矣。"[101]

对这一主张收复失地的群体的另一个贡献是,李心传不惜笔墨地记述了 1138 年(卷 118—124)——高宗委派秦桧与金朝进行和平谈判的关键一年——朝廷在政策讨论中反对和议的观点。和李焘在《长编》里的做法一样,李心传在表达自己观点时,大量引用了持有他认同的观点的奏议,而对持有他不认同的观点的奏议则比较吝啬笔墨。虽然 1176 年重修的日历中包含多少篇这种反和议文章的情况不详,但李心传肯定利用了外部史料来扩展日历中反和议的涵盖范围。[102]《要录》中反对和议的奏议占多数,这造成了一种普遍的看法,即那些反对宋金和议的人比支持和议的人要多。[103] 熊克《小历》中对 1138 年宋金和议的记载,虽然篇幅比《要录》的相关记载短得多,但对和战之争的记述更为均衡,可能体现了日历对这一问题之记载更具代表性的提炼概括。[104]

李心传对财政稳定的看法与他的和战立场密切相关。贯穿李心传作品(包括他现存的唯一奏议)的永恒主题是战争的代价,以及王朝如何管理财政政策以推动农村经济的繁荣,同时支撑起一支足以战胜金军并完成宋朝中兴的强大军队。本质上,李心传同意12世纪的道学共识,即强大的王朝经济必定是成功的军事行动的先决条件。反过来,地方农业社区的繁荣又构成了王朝经济和军事实力的基础。我们在第二章中引用了1137年李迨关于四川财政的报告,他的结论是,军事透支给民众施加了难以承受的税收负担。李心传的自注解释道,他之所以全文收录李迨的奏疏,是因为"迨此疏关全蜀大计"。[105]

李心传还完整引用了赵鼎的政治盟友、侍御史张致远(1090—1147年)1135年二月撰写的另一篇奏疏,该奏疏主张全面重组南宋的财政管理。在张致远看来,新法遗留下来的财政管理各自为政,培养了一批自诩为财政专家的官员;国家榷酒榷盐,垄断了现钱和粮食供应,他们趁机牟取暴利,腐蚀了国家机构。在朝廷中,户部已经退化为出卖度牒和官告的机构。张致远承认朝廷对军费的要求极为迫切,但他认为真正的问题是横征暴敛消耗了"民力"。适当的财政管理将恢复"邦本"。张致远建议由重组后的户部集中控制财政,增加最高官员的权力,定期审计以平衡收支,将常平、茶盐禁榷机构合并。他反对提高酒税额度,反对恢复新法的市易法,以及反对将榷盐扩大到禁榷福建盐。正如我们将在后文所见,赵鼎是李心传心目中的政治英雄之一,而这篇奏疏(提出的建议从未实现过)体现了包括李心传在内的12—13世纪政治改革家将会继续支持财政管理的制度主义观点。因此,自注认为,由于这篇奏疏"系国家大计",所以将其全文收录在《要录》中。[106]

## 《朝野杂记》

除了本书研究的四种主要编撰作品《宋会要辑稿》《长编》《要录》《宋史》，李心传的《建炎以来朝野杂记》可以说是研究宋朝统治最有用的一本书。贾志扬在他的开创性研究中，准确地将《朝野杂记》称为"政府手册"。[107] 该书呈现出对政治机构、政策、规约、知名人士、人事管理、财政和对外政策的系统考察。《朝野杂记》涵盖了从南宋立国到李心传所处当下的时间段，内容往往很全面。李心传在该书中使用的研究方法结合了历史分析和政治评论。与《要录》的编年体形式相比，《朝野杂记》随笔或"记"的体裁为李心传提供了更大的自由来构建他的历史叙事，并将它们整合成连贯的政治信息。在《朝野杂记》的近800个主题中，李心传通过直接和间接的方式表达了自己的观点。他的同时代人立即认识到该作品的综合性质和历史价值。目录学家陈振孙曾写道，《朝野杂记》"盖南渡以后野史之最详者"。[108]

如前文所述，李心传在编撰《要录》的同时，断断续续地写下甲乙两编20卷的《朝野杂记》，其序分别写于1202年和1216年。长期以来，学者一直推测《要录》与《朝野杂记》的关系。《四库全书》的编者们敏锐地注意到，《朝野杂记》几乎并不"杂"，而是与《要录》"互相经纬者也"，由此暗示了两部作品在写作观念上存在联系。[109] 他们进一步观察到，李心传将《朝野杂记》分为13个"门"，其组织机制与会要类似。由于《朝野杂记》甲集比《要录》早完成六年，同时期的目录学家赵希弁曾有这样的记述："《系年录》盖仿于此。"[110]一位书商在刊印于成都的《朝野杂记》第一个宋本的宣传广告中称，该书是为《要录》"张本"。虽然事实肯定更为复杂，但广告保证，由于"三朝要录"已进呈朝廷，"知是书之所载，皆已经进之事实，不复致疑焉"。[111]

《四库全书》的编者们引用了清初学者王士禛（1634—1711年）的观点，认为《朝野杂记》的实用性源于其独特的"大纲细目，粲然悉备"——李心传聚焦于宋朝尚未解决的重要问题，提供了大量富有启示性的细节。[112]在这一点上，《朝野杂记》与会要的相似之处只是表面上的。李心传《朝野杂记》的13个"门"结合了会要类型（帝系、礼、仪制、选举、职官、食货、兵）和文献中更常见的类型（朝事、制作、时事和故事）。此外，会要没有区分主次事件，与会要不同，《朝野杂记》中每个单独条目的细节，在与同其关系紧密的条目一并被阅读时，综合起来便构成了对宋朝政府在李心传《朝野杂记》13个"门"的每一"门"中表现的全面且具有批判性的分析。

表3.2列出了李心传《朝野杂记》中的13个"门"，甲集（1202年）和乙集（1216年）里每个"门"中的条目数量，甲乙两集中每个"门"合并后的条目数量，基于这些合并总数的每个"门"所占的百分比，以及对"门"的内容的简要描述。人们马上注意到，与《宋会要辑稿》一样，《朝野杂记》中两个篇幅最长的"门"是官制和财赋。换句话说，李心传在《朝野杂记》中对国家治理的刻画所依赖的文献基础在范围上与官方史学的类似。不过，

表 3.2　李心传《朝野杂记》中的 13 个"门"

| 主题类型 | 1202 年 | 1216 年 | 总计 | 百分比 | 内容 |
| --- | --- | --- | --- | --- | --- |
| 上德 | 52 | 28 | 80 | 10 | 帝、后、皇子、公主、宗室的传记 |
| 郊庙 | 37 | 0 | 37 | 5 | 皇家礼仪、礼制和宗教制度 |
| 典礼 | 19 | 15 | 34 | 4 | 朝仪、典礼功能 |
| 制作 | 23 | 4 | 27 | 3 | 制作印绶、朝廷史学 |
| 朝事 | 39 | 10 | 49 | 6 | 按时间顺序排列的主要政策措施 |
| 时事 | 2 | 28 | 30 | 4 | 有具体人物、时间的事件和问题的叙述 |
| 杂事 | 19 | 24 | 43 | 5 | 关于次要事项的说明 |
| 故事 | 52 | 22 | 74 | 9 | 先例事件和规约 |
| 官制 | 89 | 78 | 167 | 21 | 朝廷和州府机构、官员人事管理 |
| 取士 | 44 | 10 | 54 | 7 | 科举制、学校 |
| 财赋 | 90 | 19 | 109 | 14 | 税收、预算、国家禁榷、粮食管理、运输、全国农业、货币、国库 |
| 兵马 | 39 | 11 | 50 | 6 | 军队单位、军事管理、民兵、武器制造、马政 |
| 边防 | 16 | 15 | 31 | 4 | 国防政策、重大战役、暴动叛乱 |
| 总　计 | 521 | 264 | 785 | 98* | |

资料来源　作者自制。

＊作者计算百分比时省略了小数部分，总计百分比小于 100。

另外两个篇幅很长的"门"——上德和故事，则强调了对李心传个人很重要的领域以及对南宋治国更具批判性的观点。《朝野杂记》乙集始于高宗和孝宗的长篇传记，尽管文字关注的是 1162 年和 1189 年的皇权更迭，但也提供了对 1127—1189 年君主政治史的深入记载。[113]关于皇室的其他条目，则提供了皇帝、皇后、嫔妃、皇子和公主的传记，重点是他们的官衔和品级以及他们的俸禄。尽管李心传在《朝野杂记》中小心翼翼地避免包括"事干国体"的内容，但他总是极力批评君主制内的强势因素。对于这一点，人们必然经常从他条目的字里行间读出来。例如，一份看似平淡无奇的记载拥有节度使头衔之宗室的名单显示，宋室南迁后，获得节度使头衔的宗室人数剧增，南宋宗室中有22人获得节度使头衔。这份名单显示，大多数皇后的亲属只有一两人获得了节度使头衔，但吴皇后的亲属中有5人达到了武官最高阶。[114]

"故事"门包含两种类型的条目。第一种是在文本中被明确标注为"故事"的条目。例如，条目"转对"的开头引用了"故事"，即"百官五日一转对"。但是，条目大部分内容描述了南宋宰相是如何操纵"转对"机制以转移潜在的批评者，使之接触不到皇帝的。[115]关于第二种，这一"门"中的许多条目是与众不同（无论好坏）官员的名单。例如，一份名单列举了在30岁之前任知制诰，以及在40岁之前拜相的官员。[116]此外，还有令人印象深刻的莫子纯（1159—1215年），他是个平平无奇的官员，但在宋朝历史上，他的品级晋升速度远超其他官员。[117]从现代角度来看，很难确定这两类"故事"条目之间的关系，但正如王士祯的评论所言，李心传的意图无疑是创造一幅有质感的宋朝政治文化的多面图画。事实上，即使是最平淡无奇的名单，李心传也常常会说出他想要表达的意思。统计辅佐每个皇帝的参知政事的人数就会发现，高宗时期的参知政事人数最多（36年间共48人）。李心传将参知政事的频繁更迭归因于秦桧专权，秦桧不想让潜在的竞争对手久在其位以挑战他的权威。[118]

关于官制的 3 卷[①]构成了《朝野杂记》甲集的核心,其中前两卷分别讨论了中朝官和外路官。对官制的叙述并不全面,但突出了那些行使实权的官署和差遣、其历史上的重要时刻、其行政结构的变化及其与其他单位的关系。例如,关于中央朝廷差遣的 28 个条目,只强调了宰相和枢密院,内侍机构和阁门各占一个条目,而不包括如六部等二级官署。[119]构思奇特的第三卷收集了"封爵官职功勋吏额"的数据。其关注点在于官场的持续发展(无论是在总人数上还是在成本上),尤其是非士大夫,如宗室、外戚和吏。

例如,有一个条目详细列出了 1125 年节度使每年的俸禄,节度使包括 26 名亲王皇子、11 名宗室、2 名前宰执、4 名大将、10 名外戚和 7 名内侍,这些人每年共费钱 70 万缗。[120]相比之下,这 60 名官员仅占同期约 4 万名在职官员人数的 0.15%。由于国家每年的收入为 7000 万—8000 万缗,这 60 人的俸禄几乎耗费了国家财政总收入的 1%,他们中的大多数人只是象征性地履行职责(如果有差遣的话)。[121]这一卷还统计了宋初至 1201 年官员人数的变动情况,强调这一时期的官员人数增长了 4 倍。[122]

关于税收和财赋的条目同样是李心传政治要旨的基础。正如贾志扬所示,李心传"酷爱统计",甚至可以补充说,他最喜欢财政统计。[123]《朝野杂记》甲集中关于财赋的 4 卷[②],首先从统计的角

---

① 《朝野杂记》甲集卷 10《官制一》至卷 12《官制三》。
② 《朝野杂记》甲集卷 14《财赋一》至卷 17《财赋四》。

度考察了南宋初国库收入的持续增长，强调南宋初持续征收的附加税"宜民力之困矣"。[124]接下来的条目深入且系统地描述了国家如何攫取这些资源：盐、茶和酒的榷卖，应对军费开支的特别征税，身丁钱，土地税，市舶司本息和现钱税。第4卷①审视了负责筹集和管理这些收入的机构。这些条目并不是简单地翻抄官僚程序，而是经常用一些事件和统计数据来支持李心传的观点，即这些收入大部分被官员贪墨，以及被毫无必要的挥霍浪费掉了。

例如，李心传笔下的左藏封桩库简史，记载了12世纪末文官试图审计并阻止财富从这个所谓的公共的"朝廷"国库被转移到君主的内库，但没有成功。条目最后的注文列出了在1200年秋，为了修建和维护吴皇后陵墓，朝廷从左藏库拨出数额空前的250万缗钱。[125]这笔款项是全部在朝官每月现钱俸禄总额的两倍以上。[126]李心传在1202年之前写下这个条目，可能是他在四川得到关于这笔款项的消息后不久。韩侂胄是吴皇后的外甥，吴皇后的墓葬费用也是由国家出资的。考虑到《朝野杂记》内容的当代性和具有的批判性，我们可以很好地理解为什么李心传在韩侂胄政府禁止"事干国体"之私史的情况下，被迫停止写作，正如我们所看到的，这一规定特别包含了君主和外戚。

如果说关于财赋的卷次主要与征税有关，那么最后关于兵马和边防的卷次则描述了这些收入的支出状况。《朝野杂记》甲集详细描述了宋朝主要的军队，还有地方民兵、民兵人数及费用、马政和

---

① 指《朝野杂记》甲集卷17《财赋四》。

兵器。关于边防的卷次始于简要复述政策制定者的和战观点，然后描述了1127—1164年的主要战事，最后详细介绍了促成1164年宋金和平的谈判历史。[127]由于李心传在甲集中阐述了基本事实和他的观点，乙集中包含了许多关于兵马和边防更简短的条目。乙集的财赋卷次主要涉及四川，而边防卷次则描述了西南地区的地方反叛。出于李心传特别的兴趣，有三个条目考察了女真人、党项人和蒙古人的发展。① 这些长条目结合了官方史学对草原风俗的民族学研究，以及对近期蒙古人军事活动的逐日记录。关于成吉思汗进犯山东的记载提到的事件，就发生在1216年乙集序言之前的两年半。显然，可能是通过与成都官府的联系，李心传收到了关于蒙古人在华北拓展之影响的最新信息。[128]

《朝野杂记》乙集还记述了1206年韩侂胄北伐以及四川反叛的历史。[129]《朝野杂记》中这些最近甚至正在发生的事件，印证了李心传的观念——历史与政治评论息息相关。有证据表明，李心传在其一生中孜孜不倦地撰写《朝野杂记》各集。[130]例如，他同时编撰了《朝野杂记》乙集和《西陲泰定录》，后者是他关于当时四川的不朽历史。他在宋人与党项人和女真人交往的历史经验的背景下，刻画蒙古人的军事力量，颇有先见之明。李心传既着眼于过去，又怀着历史学家对于准确记录当前事件对未来之重要性的认识进行写作。历史与纪实的这种融合是李心传史学观的核心，也是他作为历史学家的独特声音的核心。

---

① 这三个条目分别是《朝野杂记》乙集卷19"女真南徙""西夏扣关""鞑靼款塞"。

## 《道命录》

　　《道命录》序的时间为 1239 年，比《要录》晚了 30 多年。与李心传早期的长篇论著相比，《道命录》最初可能只是个微不足道且容易被忽视的事后想法。然而，这部小型作品是了解李心传日后生涯、四川分析史学传统在 13 世纪的命运，以及将道学运动置于宋代历史更大框架内的关键。由于我已经深入研究过《道命录》，在此我会概述这些研究结果。[131]

　　我们目前接触到的 10 卷本《道命录》并不是李心传的原作，而是元代学者程荣秀（1263—1333 年）对《道命录》进行大幅扩充和修订后的 1333 年的刊印本。程荣秀是程颐的后裔，他重订了李心传的原文，以突出程颐-朱熹道学流派而不是道学运动其他流派的历史。在这一过程中，程荣秀不仅歪曲了李心传的道学观念，还严重破坏了李心传的史学方法。伟大的明朝类书，1407 年的《永乐大典》中现存的两卷包含了李心传《道命录》原文的前半部分。此外，从这一文本中得出的指导方针，使我们有信心重构《道命录》原文的后半部分。[132]

　　原本《道命录》有 56 个条目。一个典型的条目由三部分组成：（1）原始文献；（2）李心传引用其他相关文献重构原始文献的历史背景；（3）他自己对未来研究的不确定性、问题和质疑提出的批评意见。一方面，这种三段式结构类似于《要录》中正文与注文之间的关系，并最终源于李焘的《长编》。[133]另一方面，《道命录》的内容格式类似于《朝野杂记》，因为李心传可以自由选择文献，这使他有相当大的自由可以把史料塑造成他自己喜欢的历史叙述。1224—1239 年，李心传致力于写作《道命录》。因此，这一方法的连续性表明，《道命录》是他早期工作的延伸。如前文所述，李心传继续致力于撰写后高宗时代的《要录》，并在他日后的仕宦生涯中取得了不错的成果。我们已经看到，有证据表明，在《朝野杂记》乙集之后，他又接续编撰此书。李心传《道命录》的创作由此与他正在进行的关于南宋历史更大部头著作的撰写同时快速进行，而重构的《道命录》原文呈现的道学观点，必须结合李心传的其他著作来理解。

《道命录》原本的结构以及李心传的序，将宋代道学描述为一场分三个阶段发展的政治运动。《道命录》原本的卷 1，呈现了宋代道学发展的第一阶段，始于 1085 年司马光推荐程颐为经筵官，然后是 11 世纪 90 年代章惇迫害元祐主政者，12 世纪初蔡京领导的针对程学的拷问，12 世纪 30 年代赵鼎主政时程学复兴，终于 1136 年恢复对程学的禁令。第二阶段（卷 2）是从 1136 年到 1156 年对道学的解禁，与秦桧专权同时。卷 3、卷 4 始于 1183 年陈贾要求官方谴责道学，终于 1202 年台谏奏请结束从 1196 年开始的对道学追随者的禁令。卷 5 没有注文，包含 1208—1224 年朝廷建议授予不同道学人物封赠的文件。

李心传在《道命录》的序中把每个阶段描述为支持道学的领导人（司马光、赵鼎和赵汝愚等）与镇压道学运动的领导人（章惇、蔡京、秦桧和韩侂胄等）之间的政治和道德斗争。这种二分法与1208年以后作为宋代历史解释框架出现的"奸邪谱系"的主题紧密相合。《道命录》因此概括了关于宋代历史的一个主要叙事，即儒家"道"和"学"的支持者与反对者之间的政治和道德斗争，本书第七章会讨论这个主题。李心传的序解释说，"道"是《论语》和《孟子》所阐述的儒家原则的政治表现，"学"是理解和内化这些原则所必需的私人学问和道德修养。真正的道学弟子身在庙堂之高时践行前者，而身处江湖之远时则砥砺后者。[134]

不过，在序中，李心传对道学的未来前景，即"命"，态度明显悲观消极。这一悲观情绪与《朝野杂记》（尤其是乙集）对宋代政治制度的强烈批判相吻合。除了来自权相家族的公开政治打压，李心传还将来自内部的背叛视为对道学的同样强大的威胁。他描述了一些虚假的道学信徒，他们没有真正理解道学的"学"，只是出于政治上的权宜之计和机会主义，在表面上接受了道学的"道"。李心传在《道命录》的序中没有提到此类人的名字。不过，1208—1233年作为独相的史弥远任用了师从道学老师的官员，并在一次政治行动中公开表示他忠于道学原则，目的是在他自己当权的政府与韩侂胄当权的政府之间划清界限。

史弥远死后，这些官员组成了端平政府（1234—1236年），但其对"道"的肤浅接受并不能克服域内和域外的各种挑战。这一失败导致史弥远的侄子史嵩之恢复了专权统治。史弥远的侄子遵循其叔父的政策，表面上也信奉道学，并在1241年策划国家正式接受程颐-朱熹学说。[135]如前文所述，李心传晚年曾反对史嵩之的史学修改运动，并抗议其权相政治。具有讽刺意味的是，被李心传表述为蔡京、秦桧和韩侂胄权相历史延续的那个政治家，却亲自确认了李心传表述为专权统治之历史反面的政治的正确性。在李心传看来，尽管楼钥对史弥远赞不绝口，但他未能完成作为一名历史学家的使命，即令天道——神圣的正义——免受命运变幻莫测的影响。如果说司马迁在《史记》中对善人为何备尝艰辛而恶人却能宰割天下感到疑惑的话，李心传则在《道命录》中思考，道学为何未能实现其支持者所承诺的政治秩序。

**结语**

李心传一心关注宋代历史，加上其文集的亡佚，使我们无法全面重构他的思想发展，导致他至今仍不能被公认为中国最伟大的历史学家之一。他的同僚很快意识到，李心传将四川"对话"史学与同时代的纪实风格融合在一起，创造了一个强大的平台，可以重塑与他们正在进行的政治斗争相关的王朝历史。李心传认为《要录》和《朝野杂记》是互补的作品，总体上反映了他对当代历史的看法。《要录》对史料来源的分析批评，建立起李心传认为可信的基础叙述。反过来，《朝野杂记》可以作为《要录》的指南或索引。它们的主题安排使李心传能够将"事"组合成有意义的序列，否则这些序列的意义可能会被人们忽略。因此，《要录》和《朝野杂记》可以被理解为是李心传解决了《长编》冗长的问题，并提出需要一种新的历史书写体裁来分析压缩篇帙日益浩繁的宋代历史记录。

正如《道命录》所述，李心传将中兴历史视为两种治国方式之间的道德和政治斗争。李心传偏爱通过从司马光到赵鼎和赵汝愚的这种矢量，来推崇一种制度化的治国方式，强调具有进士背景的文官控制政府，根据固定的原则（如果不是实际的规约）来管理机构，李心传将其起源最终追溯到宋朝的开国者。相比之下，以蔡京、秦桧和韩侂胄为代表的相反矢量，通过富有影响力的以及临时的权力下放机构联合管理，这些机构主要由武官和其他非士人官员，再加上一直存在的士人背叛者的小圈子进行管理。只有在孝宗统治风格的形成时期，李心传才经历了第一种治国模式，而孝宗是以南宋诸帝中最成功皇帝的形象出现在《朝野杂记》中的。但是，在1194年韩侂胄上台之后，27岁的李心传经历了一系列在他看来几乎没有中断的权相政权，以及恢复士人治国模式的失败尝试。这种悲观主义也许在《道命录》中体现得更为明显，尽管如此，其实从一开始，这就是李心传史学的基本态度。

如果说道学未能为13世纪的统治危机提供政治解决方案，那么道学运动则主宰了这个世纪的史学。虽然李心传赞同道学的思想和政治主张，但他不能接受道学史学强调单一性和过分简单化。尽管李心传在当代纪实方面付出了很大的努力，但他的基本方法论是对李焘和四川对话史学传统的回顾。因此，即使李心传很有天赋，也很勤奋，他却是一个逆时代而行的人物——他是12世纪史学在其衰落的13世纪的完美实践者。接下来的第四章将阐述道学史学在宏寓的终结中发挥的重要作用及其对元代《宋史》编者的影响。

## 注 释

1. 1773年《提要》，见李心传《建炎以来系年要录》（四库全书本）目录，第27页b；后来的阐述，见纪昀编《钦定四库全书总目》卷47，第657—658页。

2. 《要录》附录，第3977页。（"[《要录》]详审精密，较之李巽岩《长编》，用心尤过之。"——译者注）

3. 周密指责李心传僻处四川和过分依赖文献，这使他对朝廷的许多事件一无所知；见《齐东野语》卷3《诛韩本末》，第59—60页。（《齐东野语》卷3："李心传蜀人，去天万里，轻信纪载，疏舛固宜。"——译者注）

4. 傅增湘《宋代蜀文辑存》卷77第1页a—第15页a随意收录了李心传的35篇现存文本。

5. 《要录》目前的通行版本是胡坤点校的《建炎以来系年要录》（2013）。（2018年，上海古籍出版社出版辛更儒点校的《建炎以来系年要录》，这是目前该书的第二个点校本。——译者注）

6. 《建炎以来朝野杂记》，徐规点校，2000。

7. 李心传：《旧闻证误》，崔文印点校，中华书局，1981。关于李心传现存著述及已佚著述的有用考察，见：王德毅《李心传著述考》；Chaffee, "Li Hsin-ch'üan," pp. 212-214。

8. 关于李心传的传记，见：王德毅《李秀岩先生年谱》，该年谱至今仍未被超越；Chaffee,"Li Hsin-ch'üan"。来可泓《李心传事迹著作编年》应搭配梁太济的书评文章（收入梁太济《唐宋历史文献研究丛稿》，第447—468页）一同阅读。

9.《宋史》卷404《李舜臣传》，第12223—12224页。

10.《宋会要辑稿·选举二一》，第2页 b。

11. 王德毅：《李秀岩先生年谱》，第6708页。

12. 1213年，应李道传之邀，楼钥撰写了《李氏思终亭记》一文，追忆了李舜臣昔日的临安岁月，褒奖了其学术成就，同时也对李舜臣三个儿子取得的成就表示敬意。楼钥：《攻愧集》卷60《李氏思终亭记》，第9页a—第11页b；《全宋文》第265册，卷5971《李氏思终亭记》，第59—60页。

13. 李性传于1211年中进士第。1226年，李心传最终获赐同进士出身。见傅璇琮主编《宋登科记考》，第1169页、第1290页、第1448页。

14. 来可泓：《李心传事迹著作编年》，第50—51页。

15. 王德毅：《李秀岩先生年谱》，第6732页；《李心传著述考》，第6771—6774页。

16. 陈振孙：《直斋书录解题》卷5，第158页；《朝野杂记》乙集卷9《董镇言杨侍郎未肯通情》，第653页；王德毅：《李心传著述考》，第6785页。

17. 魏了翁：《鹤山先生人全文集》卷77，第4页a；《宋史》卷410《曹彦约传》，第12344页，卷438《李心传传》，第12984页。

18. 当时李心传享誉全域，见李肖龙《崔清献公言行录》卷2，第12页。

19.《宋史》卷41《理宗纪一》，第794页；佚名：《南宋馆阁续录》卷6，第227页。(《理宗纪一》："（绍定）四年春正月戊子，皇太后年七十有五，上诣慈明殿行庆寿礼，大赦，史弥远以下进秩有差。赐李心传同进士出身。"——译者注）

20.《宋史》卷41《理宗纪一》，第795页。

21. 关于这一文本，见李心传《道命录》卷 8，第 94—96 页；相关概述，见 Chaffee, "The Historian as Critic," pp. 317-318。

22.《宋史》卷 429《朱熹传》，第 12769 页。

23.《宋史》卷 430《李燔传》，第 12784—12785 页。

24.《宋史》卷 42《理宗纪二》，第 816 页；佚名：《南宋馆阁续录》卷 7《官联一》，第 248 页、第 254 页，卷 9《官联三》，第 359 页。

25. 佚名：《南宋馆阁续录》卷 7《官联一》，第 286 页，卷 8《官联二》，第 303 页、第 320 页、第 332 页，卷 9《官联三》，第 350 页、第 355 页；《宋史》卷 407《钱时传》，第 12293 页，卷 409《高斯得传》，第 12322 页，卷 411《牟子才传》，第 12355 页，卷 424《徐元杰传》，第 12653 页、第 12660 页；王德毅：《李秀岩先生年谱》，第 6757—6760 页。

26.《宋史》卷 409《高斯得传》，第 12322—12323 页。关于史嵩之，见 Richard L. Davis, *Court and Family in Sung China*, pp. 142-157。

27.《宋史》卷 438《李心传传》，第 12984—12985 页。傅增湘《宋代蜀文辑存》卷 77 第 1 页 a—b 引用的这篇奏议出自黄淮、杨士奇编《历代名臣奏议》卷 310，第 6 页 a—第 7 页 a。明代的编者们根据《宋史·李心传传》中令人感到困惑的文本，将奏议的时间误置于 1236 年。来可泓《李心传事迹著作编年》第 210—211 页已经更正了这个错误。对于该奏议的详细分析，见 Chaffee, "The Historian as Critic," pp. 328-329。与关于这个议题的其他奏议相比，李心传的批评较为克制，但讨论的主题有诸多相似之处。见《宋史》卷 407《杜范传》中杜范的奏议（第 12283—12285 页），杜范奏议的英译见 Davis, *Court and Family in Sung China*, pp. 131-132。

28.《宋史》卷 438《李心传传》，第 12985 页。

29. 更全面的讨论，见：Li and Hartman, "A Newly Discovered Inscription," pp. 447-448；以及李卓颖、蔡涵墨《新近面世之秦桧碑记及其在宋代道学史中

的意义》,收入《历史的严妆:解读道学阴影下的南宋史学》,第 158—159 页(新版第 162—163 页)。

30. 《宋史全文》卷 33,第 2745 页;《玉海》卷 46,第 51 页 a。

31. Chaffee, *Branches of Heaven*, pp. 203-205.

32. 《宋史》卷 409《高斯得传》,第 12322—12323 页;蔡崇榜:《宋代修史制度研究》,第 138—139 页。

33. 关于李心传后来仕宦生涯更全面的叙述,见:Hartman, "Li Hsin-ch'uan and the Historical Image," pp. 320-328;以及蔡涵墨《〈道命录〉复原与李心传的道学观》,收入《历史的严妆:解读道学阴影下的南宋史学》,第 385—391 页(新版第 394—399 页)。

34. 《朝野杂记》甲集《建炎以来朝野杂记序》,第 3 页。

35. 《朝野杂记》乙集《建炎以来朝野杂记乙集序》,第 481 页;聂乐和:《〈建炎以来系年要录〉研究》,第 10 页。

36. 《道命录》序,第 1 页;Hartman, "Li Hsin-ch'uan and the Historical Image," p. 328;蔡涵墨:《〈道命录〉复原与李心传的道学观》,收入《历史的严妆:解读道学阴影下的南宋史学》,第 391 页(新版第 400 页)。

37. Chaffee, "The Historian as Critic," p. 317.

38. 王德毅:《李心传著述考》,第 6782—6785 页。

39. 见纪昀编《钦定四库全书总目》卷 88,第 1168 页。Balazs and Hervouet, *A Sung Bibliography*, pp. 107-108 误称此书不见于《四库全书》。

40. 李心传:《旧闻证误》卷 1,第 6 页。

41. 叶梦得:《石林燕语》卷 2,第 24—25 页。

42. 此时,史馆修撰扈蒙提议采取类似的程序,但未能成功。见:《宋会要辑稿·职官六》,第 30 页 a;Kurz, "The Consolidation of Official Historiography during the Early Northern Song Dynasty," pp. 14-17。

43.《长编》卷30,第691页;《宋会要辑稿·职官六》,第30页b。

44. 梁天锡:《宋枢密院制度》,第956—959页。

45. 李心传:《旧闻证误》卷2,第24页;《长编》卷176,第4272页;梅尧臣:《碧云騢》,第4页。

46. 刘宰:《漫塘集》卷10《回李校勘心传札子》,第19页a—第20页b;《全宋文》第299册,卷6827《回李校勘心传札子》,第270—271页。

47. 李心传:《旧闻证误》卷1,第12页。司马光:《涑水记闻》卷6,第120页。从1001年至1004年李沆过世,李沆与王旦一直在二府共事。这个故事的其他版本没有提及宋辽澶渊之盟,因此避免了时间上的不一致之处。见王辟之《渑水燕谈录》卷2,第13页。

48.《攻愧集》卷60《李氏思忠亭记》,第9页a;《全宋文》第265册,卷5971《李氏思终亭记》,第59页。

49. 司马迁:《史记》卷61《伯夷叔齐列传》,第2124—2126页;见Nienhauser, *The Grand Scribe's Records*, 7: 1-8,尤其是第7册的"译注"。关于作为"神判"的"天道",见钱锺书《管锥编》第1册,第306页。

50.《宋会要辑稿·刑法二》,第132页a—b、第132页b—第133页a。李心传比较了1202年的禁令与秦桧禁私史的禁令,见:《朝野杂记》甲集卷6《嘉泰禁私史》,第149-150页;Poon, "Books and Printing in Sung China," pp. 60-61。

51.《朝野杂记》乙集《建炎以来朝野杂记乙集序》,第481页。这篇序还比较了1202年禁私史与秦桧专权时期的调查审讯,并注意到因撰私史而受到惩处的李光及其家人的命运;见:Hartman, "The Making of a Villain," pp. 76-77, 99-102;以及蔡涵墨《一个邪恶形象的塑造:秦桧与道学》,收入《历史的严妆:解读道学阴影下的南宋史学》,第19—20页、第44—47页(新版第20—21页、第46—49页)。

52. 孔学：《〈建炎以来系年要录〉著述时间考》，第53—56页。

53.《要录》附录第3979页重印了这道奏议；《宋史》卷397《杨辅传》，第12096页，卷436《李道传传》，第12945页。这段文字是依据梁太济《〈系年要录〉〈朝野杂记〉的歧异记述及其成因》第200—205页做出的详细分析。

54. 王明清：《玉照新志》卷4，第65页。关于李心传对秦桧的修改主义解读的精彩细节，见燕永成《南宋史学研究》，第240—247页。

55.《宋史》卷473《秦桧传》，第13765页。

56. 自北宋以后，"国体"这个词在涉及外戚时带有贬义（《长编》卷169，第4069页）。韩侂胄本人是外戚，他的母亲是宋高宗吴皇后（卒于1197年）的妹妹。韩侂胄的舅父吴益还娶了秦桧的孙女。

57. 孔学：《〈建炎以来系年要录〉著述时间考》，第55—56页。

58. 梁太济：《〈系年要录〉〈朝野杂记〉的歧异记述及其成因》，第195—196页。与秦桧有关的其他段落，见《要录》卷124，第2334页，卷149，第2816—2817页，卷150，第2841页，卷154，第2907页，卷155，第2505页，卷164，第2933页，卷165，第3141—3142页。

59. Hartman, "The Making of a Villain," p. 86. 蔡涵墨：《一个邪恶形象的塑造：秦桧与道学》，收入《历史的严妆：解读道学阴影下的南宋史学》，第29—30页（新版第30—31页）。

60.《宋史》卷38《宁宗本纪二》，第731页。

61. Hartman, "Li Hsin-ch'uan and the Historical Image," pp. 320-328. 蔡涵墨：《〈道命录〉复原与李心传的道学观》，收入《历史的严妆：解读道学阴影下的南宋史学》，第385—391页（新版第394—399页）。

62.《要录》附录，第3982—3984页；蔡崇榜：《宋代修史制度研究》，第107—109页。这些文件是由九名史官联合签署的，他们的头衔与《南宋馆阁续录》中1223年的那些记录相符，见佚名《南宋馆阁续录》卷9《官联三》，第

374 页、第 380 页、第 386 页；魏了翁是这些史官之一。

63.《直斋书录解题》卷 4，第 120 页。

64. 李心传的学生高斯得可能完成了孝宗朝历史的草稿，见来可泓《李心传事迹著作编年》，第 159—160 页。李心传《要录》的原名是《高宗系年要录》还是《建炎以来系年要录》，在中国宋史学界引发了激烈的争论，并提出了李心传最初计划的这部作品的范围问题：李心传最初是打算只写高宗一朝历史，还是打算从 1127 年一直写到他自己所处的时代？对这一争论的近期总结，倾向于后一种假设；见《建炎以来系年要录》（中华书局胡坤点校本）点校说明，第 2—7 页。

65. 如前文第一章所述，今本《长编》的数据是基于每年的条目数。对于《要录》的数据，所使用的方法与前文第二章对《长编》数据的使用方法相同，并以 2013 年中华书局《要录》点校本中每年的页数为基础。《要录》前五卷包含着 1127 年以前的条目，为了与今本《长编》的时间顺序保持一致，图 3.1 中忽略了这些条目。另外，高宗的统治结束于 1162 年六月十一日。《永乐大典》在完成 1162 年的《要录》内容时，添加了来自《中兴圣政》的材料，《四库全书》编者保留了这些材料。图 3.1 也包括了这些材料，以保持 1162 年的《要录》与今本《长编》的时间一致性。

66.《要录》附录，第 3980 页；《全宋文》第 304 册，卷 6937《进呈高宗皇帝系年要录奏状》，第 27—28 页。

67. 孔学：《〈建炎以来系年要录〉著述时间考》，第 46—47 页。

68. 陈骙：《南宋馆阁录》卷 4《修纂》，第 39—41 页。(《修纂·修日历式》："排甲子，节假，祭祀，忌日，御殿，宰执进呈，臣僚面对，进对奏事，朝见、辞，引见公事，车驾出入，外国进奉，诏书，敕书，群臣上表有所请，唯录首表及第一批答；臣僚章疏并书，妃、主、相、将初拜及迁改录制书，两府出入升降黜录麻词，两制有功过升降录制词，文武官有功赏及特改官，官虽卑，因事赏罚者书。转官，差遣，诏书奖谕，诸司奏请改更条法关治体者书。臣僚薨卒行状事迹，没王事者不以官品高下悉书。"——译者注）

69. 更深入的讨论，见：Hartman, "The Making of a Villain," pp. 68-75；以及蔡涵墨《一个邪恶形象的塑造：秦桧与道学》，收入《历史的严妆：解读道学阴影下的南宋史学》，第11—18页（新版第12—19页）。

70. 王明清：《挥麈后录》卷1，第69页。关于一些相互矛盾的证据，见Hartman, "The Making of a Villain," p. 75 n. 27。

71.《要录》卷148，第2798页。李心传在进呈的《建炎以来日历》正文条目中，引用了徐度的叙述，因而表明他支持徐度的观点。

72.《要录》卷172，第3287页；《宋会要辑稿·职官二》，第18页b。

73. 王明清：《挥麈后录》卷1，第69页。

74. 精彩的概述，见蔡崇榜《宋代修史制度研究》，第45—47页。亦见：Hartman, "The Making of a Villain," pp. 70 n. 15, 73-74；蔡涵墨《一个邪恶形象的塑造：秦桧与道学》，收入《历史的严妆：解读道学阴影下的南宋史学》，第12页注释3、第16—18页（新版第13页注释3、第17—19页）；《玉海》卷47，第40页a—第41页b。

75.《宋会要辑稿·职官二》，第23页b。

76.《文献通考》卷194，第5640页；《全宋文》第210册，卷4663《高宗日历序》，第210页。

77.《宋会要辑稿·职官一八》，第73页a—b。《高宗实录》分两次进呈。1197年进呈的部分涵盖了1127—1136年，1202年进呈的部分涵盖了1137—1162年。李心传《要录》注文引用的实录仅至1135年四月，这强有力地表明他并未接触到第二次进呈的《高宗实录》。因此，由于秦桧在1138年才掌权，李心传关于秦桧当权岁月的"基础文本"仍然是日历，日历的亲秦桧立场体现在1142年以后的历史上，而1195年的诏令规定不得更改日历。

78.《〈建炎以来系年要录〉取材考》，第163—166页。

79.《〈建炎以来系年要录〉研究》，第65页；亦见孔学《〈建炎以来系年要录〉取材考》，第46页。

80. 佚名：《南宋馆阁续录》卷8，第291页、第325页，卷9，第366页；《宋史》卷445《熊克传》，第13143—13144页；J. Kurata in Franke, *Sung Biographies*, pp. 417-419。

81.《朝野杂记》甲集卷6《嘉泰禁私史》，第150页；《要录》卷177第3390页自注，指责熊克为了偏袒王淮的父亲而故意歪曲了日历的记载。

82.《要录》与《小历》的精彩比较，见：燕永成《南宋史学研究》，第240—247页；梁太济《〈建炎以来系年要录〉取材考》，第166—170页；Hartman, "The Making of a Villain," pp. 75-76；蔡涵墨《一个邪恶形象的塑造：秦桧与道学》，收入《历史的严妆：解读道学阴影下的南宋史学》，第18—19页（新版第19—20页）；以及 Balazs and Hervouet, *Sung Bibliography*, pp. 79-80。

83. 纪昀编《钦定四库全书总目》卷1，第657页；又见于《要录》附录，第3975—3976页。

84. 孔学：《〈建炎以来系年要录〉注文辨析》；Hartman, "The Making of a Villain," pp. 79-86；蔡涵墨：《一个邪恶形象的塑造：秦桧与道学》，收入《历史的严妆：解读道学阴影下的南宋史学》，第22—30页（新版第24—31页）；梁太济：《〈要录〉自注的内容范围及其所揭示的修纂体例》。

85.《要录》卷165，第3141页。

86. 梁太济：《〈要录〉自注的内容范围及其所揭示的修纂体例》，第207—227页。

87.《要录》卷1，第22页。

88.《要录》卷20，第458—459页。

89.《中兴遗史》并没有作为独立文本保存下来。不过，这部著作是徐梦莘《三朝北盟会编》的主要史料。今本《会编》中包含对寿春兵乱的佚名叙述，该文是李心传叙述这一事件的直接史料或并行史料，见《会编》卷121，第7页b—第8页a。李心传在《要录》中严格遵循了该文的细节，但改写了其作者更口语化的语言。

90.《要录》卷25，第591—592页、第594页。

91. 李心传关于范琼的更多叙述，见《朝野杂记》甲集卷7《张魏公诛范琼》，第153—154页，他认为范琼之死是高宗初次尝试遏制冥顽不灵的将帅的转折点。

92. 此处精简了一些细节；完整的记录，见《宋会要辑稿·食货七》，第49页a—第50页a。

93.《要录》卷165，第3141—3142页。

94. 钟世明的例行任命书同样完整保存于《宋会要辑稿·食货七》，第49页a。

95.《要录》卷165第3136页也记录了这一行动，另见《宋史》卷31《高宗纪八》，第578页。

96.《宋会要辑稿·职官七〇》第44页b保存了钟世明在1156年三月二十二日被免职的简单总结；以及《要录》卷171，第3283页。

97.《要录》卷165，第3142页。

98.《要录》卷16，第394—395页；Kaplan, "Yueh Fei," pp. 85–87。

99.《中兴小历》卷4，第40页；《会编》卷112，第6页b—第11页a。

100.《要录》卷32，第747—748页。

101.《要录》卷194，第3787—3799页。关于这段文字的讨论，见：孙建民《取舍之际见精神——略论〈建炎以来系年要录〉的取材》，第87页；聂乐和《〈建炎以来系年要录〉研究》，第81—83页。李心传耗费心血来证实虞允文取得了采石之战的胜利,可能确实有不可告人的动机。虞允文是 12 世纪六七十年代的四川重臣和宰相,是李舜臣的恩主,李心传与虞允文的后代保持着良好的关系。对采石之战的自注可以被视为支持李心传传记中关于他的作品偏爱四川同胞之说法的证据;见《宋史》卷 438《李心传传》,第 12985 页。

102. 例如,见《要录》卷 119,第 222 页以及卷 120,第 2244 页。

103. 相关例子,见 Tao Jing-shen, "The Move to the South and the Reign of Kao-tsung," pp. 677-679。

104.《中兴小历》卷 25,第 295—304 页。

105.《要录》卷 111,第 2076—2080 页。

106.《要录》卷 85,第 1611—1613 页。

107. Chaffee, "The Historian as Critic," p. 323.

108.《直斋书录解题》卷 5,第 158 页。

109. 纪昀编《钦定四库全书总目》卷 81,第 1079—1080 页。

110. 晁公武:《郡斋读书志校证》,第 1116 页。赵希弁十分了解李心传的著作,并编撰了一部《补注》;见《郡斋读书志校证》,第 1113 页。

111.《要录》附录,第 3984 页。梁太济《〈系年要录〉〈朝野杂记〉的歧异记述及其成因》第 194—200 页令人信服地论证这段文字是书商的广告。梁太济解释了《要录》和《朝野杂记》现有文本之间的事实差异,认为这两个文本在李心传 1208 年修订《要录》之前是一致的。他的结论是,这两部作品之所以存在差异,是因为李心传没有对《朝野杂记》进行后续修订,而且 1202 年的原版未经他的同意便在成都刊印。

112. 纪昀编《钦定四库全书总目》卷 81,第 1079 页。

113.《朝野杂记》乙集卷 1《上德一》,第 495 页至卷 2《上德二》,第 535 页。

114.《朝野杂记》甲集卷 12,第 239 页。

115.《朝野杂记》甲集卷 9《百官转对》,第 170 页;Hartman, "Sung

Government and Politics," pp. 117—118。

116.《朝野杂记》甲集卷9《本朝未三十知制诰未四十拜相者》,第177页。

117.《朝野杂记》乙集卷11《莫粹中转官最速》,第680页。

118.《朝野杂记》甲集卷9《高宗朝参政最多》,第174—175页。

119.《朝野杂记》甲集卷10《官制》,第196—211页。

120.《朝野杂记》甲集卷12《文臣节度使》,第239页。

121. 汪圣铎:《两宋财政史》,第692页。

122.《朝野杂记》甲集卷12《天圣至嘉泰四选人数》,第249—250页;Hartman, "Sung Government and Politics," p. 53。《朝野杂记》乙集还精确列举了1213年不同级别的官员及其入仕方法,这是了解宋朝文官之组成的独特数据集;见:《朝野杂记》乙集卷14《嘉定四选总数》,第757—758页;Chaffee, *Thorny Gates of Learning in Sung China*, pp. 24—27。

123. Chaffee, "The Historian as Critic," p. 324。同样的倾向也明显见于《要录》,其中大多数年份的条目以州府人口、税收和收入统计数据作结;见聂乐和《〈建炎以来系年要录〉研究》,第88—87页。

124.《朝野杂记》甲集卷14《财赋一》,第289页。

125.《朝野杂记》甲集卷17《左藏封桩库》,第383—384页。

126.《朝野杂记》甲集卷17第379页记载,1189年,这个数字是120万缗;亦见汪圣铎《两宋财政史》第133页,该书此处的讨论以《宋会要辑稿·食货五六》第65页a—第66页b中的数字为基础。

127.《朝野杂记》甲集卷19《边防一》,第448—471页。

128. 关于蒙古,见《朝野杂记》乙集卷19,第847—854页。

129.《朝野杂记》乙集卷18,第825—838页。

130. 张端义在写于1241年的书中记录了他与李心传的谈话,历史学家李心传在谈话中称,他编撰了六集《朝野杂记》;见《贵耳集》卷1,第1页。《四库全书》编者们推测,这些后来的分集从未刊印过,但王德毅认为,文本中暗示的《朝野杂记》丙集和丁集(可能编撰于1216—1226年)最有可能在四川刊印,见王德毅《李心传著述考》,第6781页。晚宋史料和《永乐大典》确实引用了《朝野杂记》中的一些不见于今本《朝野杂记》甲集和乙集的段落;见《朝野杂记》附录,第909—929页。

131. Hartman, "Bibliographic Notes on Sung Historical Works: The Original Record of the Way" and "Li Hsin-ch'uan and the Historical Image," 整合与修订后的文章,以《〈道命录〉复原与李心传的道学观》为题,收入蔡涵墨《历史的严妆:解读道学阴影下的南宋史学》,第344—448页(新版第353—462页)。

132. 详细论述,见: Hartman, "Bibliographic Notes," pp. 39-61;以及蔡涵墨《〈道命录〉复原与李心传的道学观》,收入《历史的严妆:解读道学阴影下的南宋史学》,第420—448页(新版第429—462页)。

133. Hartman, "Bibliographic Notes on Sung Historical Works: The Original Record of the Way," pp. 14-15. 蔡涵墨:《〈道命录〉复原与李心传的道学观》,收入《历史的严妆:解读道学阴影下的南宋史学》,第359—360页(新版第368—369页)。

134. 《道命录》序的英译及分析,见: Hartman, "Li Hsin-ch'uan and the Historical Image," pp. 328-336;以及蔡涵墨《〈道命录〉复原与李心传的道学观》,收入《历史的严妆:解读道学阴影下的南宋史学》,第391—398页(新版第400—407页)。

135. 关于这些发展,见: Li and Hartman, "A Newly Discovered Inscription," pp. 447-448;以及李卓颖、蔡涵墨《新近面世之秦桧碑记及其在宋代道学史中的意义》,收入《历史的严妆:解读道学阴影下的南宋史学》,第157—159页(新版第162—163页)。

第四章

## 道学史家

　　从1183年李焘完成《长编》，到1229年陈均完成《皇朝编年纲目备要》（简称《纲目》），这一时期是宋代史学发展中具有开创性的半个世纪。这一时期的关键因素是道学学说从一场地方性的知识分子运动演变为一股全国范围内的政治力量。如第二章所述，虽然李焘赞同道学所持的政治观点，但他不会让仍处于初期的道学运动史观影响《长编》。仅仅几十年后，对历史学家来说，李心传面对的是彻底改变的形势。1208年以后，道学在政治上的崛起需要新的重点叙述，这些叙述将道学运动的政治目标历史化、合法化。在朱熹开创的基础上，新的道学史学在福建迅速发展起来，而福建史学对蜀派史学那种具有历史缜密性和透明性的对话史学缺乏耐心。这些对立的趋势在李心传生前已经流行开来，毫无疑问，这是他对宋代史学（如果不是对宋朝本身的话）之未来持悲观态度的原因。

　　我们在第二章中已经看到，13世纪政治、知识和军事形势的变化如何强行删节、改写李焘的《长编》，并导致该书最终亡佚。同样的力量也影响到李心传文集的存佚。1225年，李心传从四川动身前往临安，在此之前，《要录》和《朝野杂记》均在四川刊印。

13 世纪 30 年代蒙古铁骑进攻四川，毁掉了这些书的印版，于是这两部书的蜀本均荡然无存。[1]

1253 年，贾似道以知扬州和淮南东西路安抚使的身份，重刊了《要录》。这个版本的《要录》今已不存。贾似道的跋称赞这部著作是唯一全面记述高宗统治时期的史书。他还指出了 1127—1129 年高宗驻跸扬州的重要性：面对重重困难，高宗在扬州重开经筵，任命程颐的弟子杨时（1053—1135 年）为侍讲，"通天下言路"，并"扶持道统"。贾似道称，这些行动是中兴得以成功的立国之本。[2] 因此，在李心传死后不足十年、1241 年朝廷承认道学后十二年，贾似道将《要录》作为一个了解宋朝道学历史的窗口加以推广。

众所周知，18 世纪的清朝学者从《永乐大典》中辑佚出了今本《长编》和《要录》。但是，这两部书的辑佚来源——《永乐大典》，其中的文本已经被羼入了大量 13 世纪道学人士的伪注，而它们原本并不是这两部书中的一部分。这些伪注的目的与贾似道《要录》跋的目的相同：将《长编》和《要录》中的事件与道学历史叙述叠加在一起，确立这场运动的政治重点，使这些重点成为宋朝的立国原则，并将这些原则延伸到北宋和南宋开国时期。[3] 绝大部分的伪注来自三种史料。第一个主要来源是今人熟悉的《增入名儒讲义皇宋中兴两朝圣政》，该书是一部商业改编本，对 1166 年《高宗圣政》和 1192 年《孝宗圣政》进行了整合并做了大幅度的改动。这些官方史学著作的编撰目的，是作为指导皇帝如何治国的教化指南，供下一任皇帝使用。《增入名儒讲义皇宋中兴两朝圣政》以现任宰相的名义评论了书中的重要条目。1192 年，留正是第一批道学宰相之一，以他的名义撰写的评论是道学运动政治观点的早期官方反映。官方的圣政形式与初露端倪的道学史学的这种趋同，是宋代史学发展史上的一个重要节点。随着13世纪道学学说在知识界的传播，商业出版者重新包装了这些著作，添加了其他人的评论，并宣传该书为"增入名儒大事记讲义"。[4] 本章稍后要研究的吕中的著述，是《要录》伪注的第二个主要来源；伪注的第三个主要来源是何俌不为人所熟知的作品《中兴龟鉴》。[5]

由于编者将《要录》抄入《永乐大典》时所使用的原始版本早已亡佚，学者们对于这种道学评论究竟何时被插入《要录》原书存在分歧。清朝学者认为此事出自明朝编者之手，但最近的学术研究则指向了更早时期。《要录》的今人整理者认为，这些伪注早在13世纪晚期的某个时候就已经见于私刻本，该版本的抄本随后成为明朝编者们将《要录》抄入《永乐大典》时所依据的文本。[6]

这一时机恰好与受道学影响的宋朝历史叙事的高潮完美地结合在一起。这种历史叙事始于12世纪60年代的朱熹，1208年之后随着福建历史学家陈均的作品而迅速发展，并在1250年前后另一位福建历史学家吕中的作品中达到巅峰。众所周知，13世纪见证了道学从一个由具有前卫思想和政治立场的地方学者组成的松散联盟，发展成为一场基础广泛的社会和政治运动，这场运动深入南宋政府的最高层。[7] 在这一时期，道学与政敌斗争，道学运动发展出了相应的史学，以支持其知识和政治目标。本章将考察这些史家的现存著述，并对他们作为史家的活动、他们践行的道学史学以及他们所创造的道学历史加以区分。

## 朱　熹

朱熹的史学思想可以追溯到程颐的史学思想，程颐坚信史学是追求和培养道德领悟的必要辅助手段。[8]这种领悟源于儒家经典，儒家经典是士人学习的主要对象，始终优先于次要学科（如历史）的学习。众所周知，程颐认为世界包含着"理"（或"义理"）；对这些"理"及其所包含的道德价值的感知和内化，构成了真正的知识；这种知识然后成为一种认识论，支撑起其他所有的探究模式。因此，圣贤作者们在文笔高超的史书以及两部儒家经典著作（也是史书）《尚书》和《春秋》中嵌入了探索这些"义理"的痕迹。当然，后来的史书作者，尤其是官方史书的作者，并不是圣贤；所以在他们撰写的史书中，更难辨别"义理"。根据朱熹的说法，程颐最喜欢的近代史作品是范祖禹的《唐鉴》，这部作品选取了唐代的332件事，并对其加以点评，形成了一种明确的"话语"，为同时代的政策提供了唐代过往的道德信息。

因此，道学史学的一个主要目标是改写已有的历史作品，书写新的历史作品，并以使过去人们行为的"义理"更加显而易见，从而更容易被学生接受为思想一部分的方式进行写作。或者，换句话说，历史的目的是从历史事实叙述中提取（或创造）既体现儒学经典价值又传授儒家经典经验教训的内容。作为道学史家，朱熹努力沿着三条平行线发展，每条线都聚焦于特定的历史时期。首先，作为历史学家，他留下了不朽的著作《资治通鉴纲目》，该书改编自司马光的《资治通鉴》，涵盖了从战国到959年的时期，我们将在后文详细讨论此书。

其次，次要的著作《五朝名臣言行录》，收集了97名北宋官员的传记资料，于1172年在福建建阳书坊首次刊印。朱熹使用私史、文集和笔记等其他材料，补充了这些官员的官方传记。现代学者认为这部作品不偏不倚地收集了尚未遭到篡改的原始史料，但正如我们接下来将看到的，朱熹的门人弟子认为，朱熹在这部作品中注入了他对北宋历史更深层次节奏的微妙洞察。[9] 最后，朱熹对南宋初期的历史观与他对同时代的政治观合二为一。《朱子语类》中的7卷长文记录了朱熹与其学生讨论宋朝史的内容，其中有2卷是关于南宋人物的。[10] 许多讨论围绕着他努力塑造秦桧作为压迫道学运动的邪恶大臣的历史形象展开。[11]

早在12世纪60年代，朱熹就有一个计划，打算将司马光的《资治通鉴》改写成一部更便于人们使用的历史道德教育参考书。他经常不满于《资治通鉴》和李焘的《长编》。在他看来，从这些卷帙浩繁的作品严格的编年体和巨细靡遗的细节中获得历史的道德教育实在太难了。因为司马光和李焘编撰的著作都是为了纠正国史中存在的各种问题，并为朝廷最高层次的政策制定提供历史"话语"，朱熹的批评在这个意义上并非无的放矢。[12] 因此，早在1167年，他就设计了一种新的形式，即"纲目"，使历史的道德教育能够被更广泛的学生和学者受众接受。朱熹的成果是《资治通鉴纲目》，该书由他的学生最终完成，并于1219年初次刊印。[13]

《资治通鉴纲目》这部作品的每个条目都分为两部分。"纲"

是简短的标题式文本，使用类似于《春秋》的隐晦语言，透露或"概述"特定历史事件的道德价值。这些"纲"用大号字体印刷，并按照时间顺序排列。在每一个"纲"的背后，作为其支撑的"目"从两个方面论述了"纲"中该事件的道德价值。一方面，在"目"中引用其他历史文献，将"纲"中的事件与该事件前后的其他事件联系起来进行讨论。由此产生的结构跨越了时间，将不同的事件联系在一起，并创造了一种叙述，引出"纲"所传达的道德价值观。另一方面，"目"中附加了道学学者著述的引文，以突出所讨论事件的道德意义，本质上是为了将历史上的教训与儒家经典的道德价值联系起来。

司马光及其四川后学的史学，与朱熹及其道学门人弟子的史学可以做如下比较。对于前者来说，历史是首要价值，从兼顾各方且一目了然的文本表述中，其经验教训不言自明。因此，司马光委托他人汇编原始文本，自己动手选择哪些文本编入他的原始叙述，哪些文本编入考异。对于后者来说，历史退居其次，是用来说明先天道德和伦理价值的实例库。历史学家的主要任务是选择哪些事件作为"纲"，以决定历史将如何说明这些价值。于是，朱熹在拟定"纲"和"目"的指导方针后，便把选择文本的任务交给了学生。[14]

这种史学转变可以被描述为，逐渐远离将历史作品视为官僚实践指南的档案或文献方法，向将历史作品视为道德行为指南的教育方法靠拢。[15]如前文所述，这种转变与宋朝统治的最后一个世纪的道学兴起密切相关。这种治史差异也表现出强烈的地域差别。从12世纪40年代开始，四川的李焘重新发扬了司马光的治史特点，李心传及其助手延续了这一治史传统。李焘和李心传均受益于四川独立的史学传统与发达的印刷业，他们的历史写作同时也得到了当地士人和行政人员的支持。这些史学传统无论发端还是后来的繁荣昌盛，都独立于道学运动之外，道学运动只影响了13世纪早期的四川学者。然而，从13世纪30年代开始，蒙古铁骑进攻四川，终结了该地区历史研究的传统，当地的档案和印刷设备均遭到损毁，学者们被迫向东流亡逃难。如前文所述，李焘和李心传作品的蜀本均未能保存下来。

相反，福建作为东南沿海地区的制造业和贸易中心，其经济增长在整个南宋时期并未受到影响。朱熹巧妙地利用了该地区的经济和政治资源，努力建立起自己作为道学学说集大成者和推动者的全国性声誉。朱熹的家庭与福建印刷业有着密切的联系，这使他能够快速刊印自己的作品，并通过他的学生以及福建乃至其他地方的私人道学书院网络将其广泛传播。因此，在四川史学传统衰落的同时，始于福建的朱熹的道学史学却在当地蓬勃发展并不断扩大影响力，直到南宋末年。[16]

## 陈 均

如果说朱熹的《资治通鉴纲目》删改司马光的代表作《资治通鉴》，从而开始了从文献史到说教史的转变，那么陈均的《皇朝编年纲目备要》以同样的方式改写李焘的《长编》和李心传的《要录》，则完成了这一转变。在这样做的过程中，陈均不仅将道学史学应用到宋朝自身历史上,而且编撰了第一部独著的、时间跨度从宋初到作者所处时代的完整宋朝史。陈均的两部作品,他的北宋史——《皇朝编年举要备要》,与其南宋史——《中兴编年举要备要》,是宋代历史宏寓发展过程中的重要里程碑,对于理解影响1345 年《宋史》编者的叙事至关重要。[17]

陈均是李心传的同代人,年纪略小于李心传,两人年轻时都怀揣着相同的抱负,那就是希望让南宋王朝始终摇摆不定的历史观变得井然有序。正如四川出身决定了李心传的史学目标和最终命运一样,陈均的福建出身也决定了其史学研究的进程、内容和性质。陈均出身于福建沿海兴化莆田的一个著名士人家族。他的叔祖陈俊卿于 1168—1170 年任相,是欣然接受李焘的士人联盟的领袖,也是朱熹在政治上的支持者,陈俊卿曾三度向朝廷推荐朱熹。1182 年,年迈的陈俊卿致仕并返回莆田,他将宋朝国史和李焘《长编》的抄本带回了福建。陈俊卿的四儿子陈宓(1171—1230 年)是朱熹的嫡系弟子,他继承了陈氏的藏书,成为陈家的知识领导者。虽然只比陈均大 3 岁,但陈宓是陈均的叔父,陈均曾搬去与陈宓住在一起。陈均既是叔父的学伴,又是他的抄写员。他们两人掌握的知识相仿,政治命运也联系在一起。[18]

陈宓是陈俊卿诸子中在政治上最活跃的人物。1214 年,陈宓在朝任职,陈均随同他一并迁居行都临安。1216 年,陈宓上书弹劾宰相史弥远,这一攻击延伸到始于孝宗时代陈、史两家第二代人之间的政治斗争,当时陈俊卿与史弥远的父亲史浩(1106—1194 年)因朝廷政策而产生嫌隙。有证据表明,陈均和陈宓曾共同删削《长编》，并创作了一部受道学启发的宋代历史，来验证士人治国的原则，以及陈俊卿的政务工作。陈宓上书后丢官，便离开了行都。陈均进入太学，在那里待了十年，继续编修史书。1226年，就在李心传到达临安的时候，52岁的陈均辞去太学的职务，回到了莆田。到1229年，陈均至少完成了《皇朝编年纲目备要》的北宋部分，并向三位富有影响力的福建官员——真德秀、郑性之（1172—1255年）和林岊（1187年进士）求序。当时，真德秀作为具有全国性影响力的道学倡导者刚刚崭露头角。郑性之是1208年的状元，1235—1237年在端平政府任参知政事。

与李焘、李心传作品的宋版蜀本的亡佚形成鲜明对比的是，陈均撰写的北宋史有两种早期印本存世，这证明了陈均的作品在当时很流行。[19]这两种印本之间的复杂关系，再加上书序以及从同时代书目中收集到的信息，使我们能够详细了解政治力量如何塑造陈均作品的内容，并影响对该书的接受。值得注意的是，四篇序揭示了作者及其支持者，围绕着这本书的性质、其适合的读者以及如何最好地传播展开了一场紧张激烈的对话。在尚未正式成书时，陈均便已写下自序，为他预计此书会受到的三种批评进行辩解，这三种批评是：该书剥夺了官方历史学家的权威，删减了完整的官方记录，无力解决记载中的诸多歧义之处。陈均为自己的书辩护，反驳这些指责，他将自己这部书定位为主要是为学生提供私人学习帮助。[20]

另外，真德秀和郑性之的序敦促陈均将其著作进呈朝廷，供皇帝经筵使用。真德秀的序分成三部分，是所有序中篇幅最长的。真德秀序的开篇部分的直接话语表明，陈均再次在自己的作品与官方历史和朱熹的《资治通鉴纲目》之间划清界限。虽然陈均承认朱熹的《资治通鉴纲目》是他的创作灵感来源，但他坚称，因为他写的是宋朝历史，而并非宋朝之前的历史，所以他不敢像朱熹那样，把对特定事件的道德判断注入"纲"。因此，陈均本来没有将他的作品命名为"纲目"，而只是简单地将其命名为"备要"。陈均向真德秀求序，毫无疑问，他希望这篇序可以作为真德秀这位资深学者对自己作品的认可，并成为抵御潜在批评的一种额外屏障。真德秀的序是宋代史学的一篇重要文献（我将在第七章详细论述），是宋代历史上最早包含宏寓所有主要元素的概述性文章。

真德秀的序将陈均的著作完全置于道学史学的传统之中。真德秀认同陈均没有像朱熹那样，遵循严格的《春秋》笔法，在"纲"的措辞中"寓褒贬"。不过，在这部作品中，真德秀看到了陈均对北宋历史的精心设计和始终如一的立场，他认为这应该成为当前政治改革的议程——改革将使史弥远政府从实行王安石的政策转向那些"祖宗"之法。他认为陈均书中传达的这一信息，不是在《春秋》式的微言大义中，而是在作品所论及的主题体现出来的"斟酌损益"中。真德秀断言，这样的判断需要道德权威，而陈均已经从他的家庭与前宰相陈俊卿的关系，以及他与"贤士大夫"的联系中获得了权威。总之，真德秀的序隐晦地宣称，原始史料（国史和李焘的《长编》）卷帙浩繁，在道德上态度不明且不含褒贬，而陈均的"删繁撮要"则提供了在道德上和政治上都引人注目的北宋历史叙事。

图 4.1　朱熹《资治通鉴纲目》，1219 年第一版。陈坚、马文大：《宋元版刻图释》4 册本，北京：学苑出版社，2000，第 1 册，第 131 页

郑性之的序（1229年秋）称，他和几个朋友都被陈均作品的用途广大所吸引，于是刊印了这本书。郑性之序的结尾提到，尽管陈均一开始反对刊印自己的作品，他们最后还是得到了陈均的刊印许可。陈均这部作品现存的两种时间较早的刊本中，一种刊本在书名中插入了"纲目"一词，因此书名成为《皇朝编年纲目备要》，即该书今天所使用的书名。《皇朝编年纲目备要》第一版的版式沿用朱熹《资治通鉴纲目》初版的版式。1219年，知泉州的真德秀赞助刊印朱熹的《资治通鉴纲目》初版，陈均的作品也采用了同样的版式。除了这一视觉上的确定，郑性之在序中还明确称，他认为陈均的作品是朱熹精神的延续。1234年，作为端平更化政府的重要成员，真德秀、郑性之都动身前往临安。1235年年初，郑性之奏请朝廷命陈均进呈他的这部作品，并特意称该书为"长编纲目"。虽然陈均进呈了稿本，但两种幸存至今的刊本中的第二种刊本表明，他努力使这两种刊本都与自己修改后的稿本保持一致。这些努力包括删除书名中的"纲目"一词，以及删除原文中在当时被认为"事干国体"的段落。[21]

这些努力表明，陈均对他的作品将作为朝廷认可的历史而受到越来越多的审查十分敏感。在该书的南宋部分中，陈均不惜笔墨详细描述了陈俊卿作为宰相的成就，而对史浩的成就却几乎视而不见；而且，正如我们所看到的，陈均自己仕途蹭蹬，这与其叔父陈宓以及陈宓反对史弥远密切相关。1229年，陈均完成该书时，史弥远仍然大权在握，而陈均作为一个隐居的、容易受到伤害的地方学者，似乎不愿意让自己及作品受到朝廷政治兴衰变动的影响，以及进呈后必然会经受的审查。即使在1235年，陈均仍然保持谨慎。

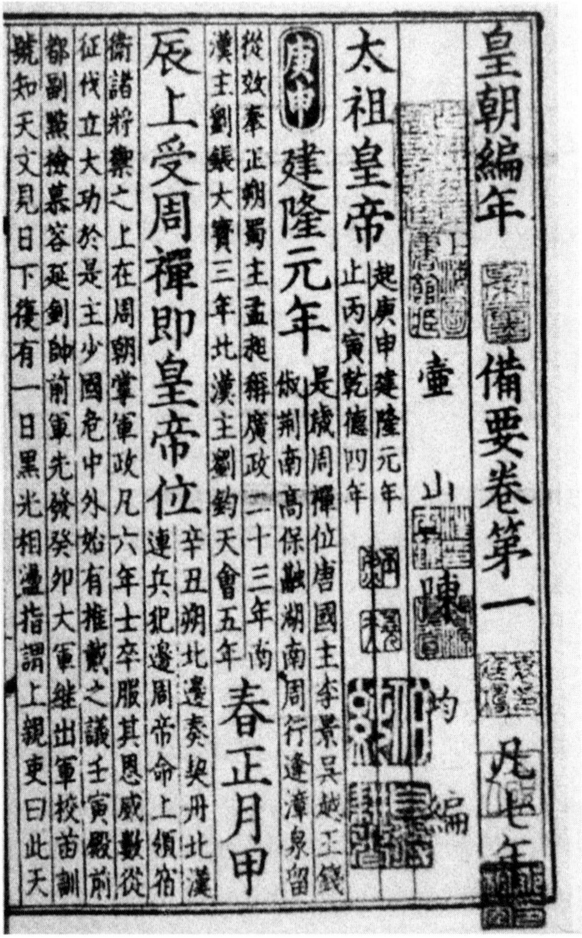

皇朝編年備要卷第一　凡七年
壷山　陳均　編
太祖皇帝　起庚申建隆元年止丙寅乾德四年
庚申建隆元年　是歲周禪位唐國主李景吳越王錢俶荊南高保勗湖南周行逢漳泉留從效奉正朔蜀主孟昶廣政二十三年南漢主劉鋹大寶三年北漢主劉鈞天會五年
春正月甲辰上受周禪即皇帝位　辛丑朔北邊奏契丹北漢連兵犯邊周帝命上領宿衛諸將禦之上在周朝掌軍政凡六年士卒服其恩威數從征伐立大功於是主少國危中外始有推戴之議壬寅殿前都副點檢慕容延釗帥前軍先發癸卯大軍繼出軍校苗訓號知天文見日下復有一日黑光相盪指謂上親吏曰此天

图 **4. 2**　陈均《皇朝编年纲目备要》，**1229** 年第一版。《中华再造善本 · 皇朝编年备要》，北京图书馆出版社，**2004**

他坚持亲自监督准备进呈朝廷的手稿，拒绝接受作为奖励的官方差遣，并坚持保留"太学生"的头衔直到他70岁去世。事实证明，陈均的谨慎确有先见之明。端平政府固有的软弱性，使其于1237年解散；1238年，史弥远的侄子史嵩之掌权。在这种情况下，尽管南宋在1241年承认了道学学说，陈均的作品却在朝廷上遭到官方无视。不过，在福建，该书在当地道学书院中大为流行。大约在1250年，这部作品的第二部分刊印，涵盖了1127—1189年的南宋历史；到1260年，该书第三部分被加入这部系列作品，涵盖时间延伸至1224年，这一部分可能出自真德秀的门人弟子之手。

总结《纲目》一书的演变，陈均（可能也有陈宓）构思并编撰了这部作品的核心，作为对史弥远政策的个人挑战。心怀天下的福建政治家郑性之、真德秀将其重塑为朱熹《资治通鉴纲目》的延续，并将这一修订本作为端平政府治下政治改革计划的历史依据。为了反抗史弥远的擅权，这些改革者将他们的政策视为对宋朝开国之君太祖所推崇原则的回归，因为这些原则被认为在北宋庆历和元祐时期得到发展和实施。李焘作品中已经出现了这种叙事，将王安石塑造成这些祖宗之法的反对者。陈均完成的道学三部曲将这种反叙事延伸到南宋，创造了王安石延续者的谱系——秦桧、韩侂胄和史弥远——他们都像王安石一样，试图阻止恢复祖宗之法。

尽管陈均并不认可，他的支持者与那些继续陈均工作的人将他的史学成就总结为两点：（1）陈均把朱熹的"纲目"体拓展到了宋代历史的题材上；（2）陈均删节了李焘的《长编》，作为他写作主题的主要史料来源。通过对比《长编》与《纲目》北宋部分的相关内容，

图 4.3 证实了这些说法,并揭示了陈均对《长编》的依赖。[22]《长编》与《纲目》这两部作品均以庆历、元祐时期为写作重点。虽然陈均增加了北宋开国时期的内容,减少了真宗朝的内容,但这两部作品 1067 年前的每年涵盖率相对一致。同时,为了配合《纲目》更小的部头和说教目的,陈均大幅删减了李焘对新法和元祐年间的描写,使关于这些年的描写与他对庆历时期的描写比例相称。1100 年前后的峰值和 1125—1127 年的峰值,在一定程度上具有欺骗性。这两个时期都见证了新法在政治上的逆转,陈均的"目"中含有大量谴责话语,尤其是在叙述蔡京及其同党时。同样,《纲目》1125—1127 年的大部分内容,在记录开封沦陷的同时,也把这次挫败描述为新法的失败,还摘录了新法拥护者及其盟友奏疏中的大段文字;同时大力赞扬日后中兴时期的道学英雄李纲,并充分引用了他的文字。[23]这些数据峰值因而强化了庆历和新法时期的早期峰值的内容。

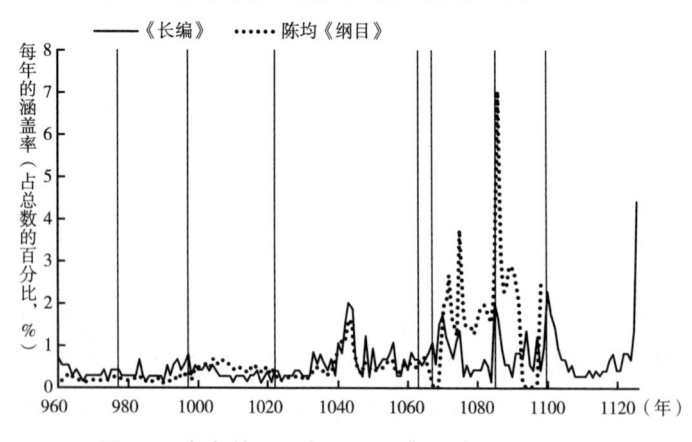

图 4.3 每年的涵盖率:陈均《纲目》vs.《长编》

## 吕中的《讲义》

如果说陈均编撰了第一部有机的宋朝史书,也是第一个用连贯的道学视角来阐述宋朝历史的人,那么吕中就是对这一视角进行了阐释并加以提炼,他的《皇朝大事记讲义》和《皇朝中兴大事记讲义》(后文合称《讲义》)很快成为人们观察宋朝历史的棱镜。尽管吕中在道学史学中扮演了关键角色,但直到近些年,人们才知道吕中及其作品。我在1998年首次指出了吕中的重要性,张其凡在1999年发表了一篇关于《皇朝大事记讲义》的初探文章。[24]虽然吕中关于北宋历史的《皇朝大事记讲义》被收入《四库全书》,但关于南宋历史的《皇朝中兴大事记讲义》被人们认为早已亡佚。不过,后者的明代稿本现存于中国台湾,最终,张其凡和白晓霞在2014年出版了这两部作品的现代整理本。[25]

具有讽刺意味的是,人们很晚才意识到吕中的重要性,原因之一正是他的作品在当时风行一时。吕中的《讲义》是为应进士举的学生所写的,在晚宋经常被重印和修订,书名和内容排序也是五花八门,以至于后来的学者很难意识到吕中所用文献的基本连贯性。甚至一些基础知识,如《讲义》的原书名以及作者是不是吕中,也在后来持续的书目混乱记载中难觅真相。[26]不过,现在可以把《讲义》看作宋朝灭亡之前对宋代历史最后且最复杂的道学阐释。

尽管吕中的作品很受欢迎,但现存晚宋文献的匮乏,使学者不得不在很大程度上依赖明清方志来重构吕中的生平。吕中出生于福建沿海城市泉州附近的晋江。1172 年，吕中的祖父中进士第；1199 年，吕中的父亲、叔父同年中举，但没有进一步的信息表明他们都在当地任职。尽管这个家族缺乏像陈均那样享誉全国的人，但吕中算得上出身于一个根深蒂固的福建士人家族。吕中在 1247 年中进士第，在 527 名进士中排名第六。[27]吕中最初被任命为肇庆府学教授（肇庆府位于今广州以西约 50 英里处）。根据记载，吕中在肇庆府学中增加了对周敦颐和包拯（999—1062 年）的祭祀。13 世纪 50 年代初，吕中开始在行都的为官生涯。他担任国史实录院检讨，随后任宗学教授。之后，吕中被擢升为国子监丞兼崇政殿说书。吕中后来回到福建参加兄长的葬礼，于 1258 年返回行都，任秘书郎。不过，吕中很可能遭到宰相丁大全（卒于 1263 年）的排挤，他被免职，并被外派知汀州（位于福建境内）。1260—1261 年，吕中任满后，官复原职，但不久之后他就去世了。[28]

方志传记中有几段文字来自吕中的奏疏，在奏疏中，吕中批评了当时政府的政策。方回（1227—1286 年）撰写的吕午（1179—1255 年）传记中，更加清晰地呈现出吕中的政治观点。方回称吕中与其同乡洪天锡（卒于 1272 年）在行都的时候关系莫逆。1254 年，在内侍董宋臣的暗中支持下，洪天锡被任命为监察御史，洪天锡询问吕中他身为监察御史适合上奏什么问题。吕中有感于自己地位低下、没有机会进谏，而且他不知道洪天锡与董宋臣之间的暗中联盟，于是他在回复洪天锡时毫不留情地对内侍及其在谢皇后亲属中的盟友冷嘲热讽。[29]在体现吕中政治倾向的另一个例子中，我们看到吕中可能支持太学生中的"六君子"抗议时任侍御史的丁大全在

1256 年弹劾宰相董槐（1213 年进士）。太学（吕中当时在太学任职）支持这些学生，丁大全则对太学严加制裁。[30]几年后，丁大全将吕中从秘书省免职，很可能就是源于之前的冲突。

刘实甫（1244 年进士）写于 1247 年的《皇朝大事记讲义》序保存至今，同年吕中中进士第，这意味着吕中很可能在是年之前已经开始撰写该书，也许撰写该书就是他应举的一部分。[31]《皇朝大事记讲义》中日期最新的参考资料是魏了翁 1234 年的奏议。由此，该书的创作时间大约是 1234—1247 年，更有可能是在这一时期的早期，而这一时期见证了端平政府的垮台和史嵩之的崛起。[32]刘实甫的序称，他第一次看到《皇朝大事记讲义》是在太学就读期间，因此该书成书于他 1244 年中进士第之前的某个时间。不过，他在序中既没有指明《皇朝大事记讲义》的作者，也没有提到书名。在明清抄本中，《皇朝大事记讲义》作者一栏经常标注为肇庆府学教授吕中讲义，福州府学教授、福建人缪烈（1238 年进士）编校。[33]这些事实表明，吕中可能在 13 世纪 30 年代末或 40 年代初于福建完成了《皇朝大事记讲义》，该书的抄本广泛流传于应举的学生中，甚至可能是匿名流传，而福建的一家书坊，可能是为了利用吕中本人 1247 年科举中第的机会，在之后不久至少将《皇朝大事记讲义》刊印出版。

其他证据有助于进一步确定作为历史学家的吕中所撰作品的年代及其政治地位。晚宋的一部书目提到，吕中是朱熹《资治通鉴纲目》选段评论集的作者之一，"以提要正变例而为之断云"。该书题为《纲目论断》，载有徐清叟（1214 年进士）的跋，"有以知端平初元《通鉴纲目》上尘乙览之因"。[34]如果这个条目记载无误,那么吕中关于宋代历史的《讲义》也许可以被看作朱熹为使人们更容易理解宋朝之前的中国历史而进行的早期工作的延续,并且进一步证明了他熟稔朱熹的道学史学。徐清叟是资深的福建文人,他反对史弥远,并与真德秀、魏了翁治下的端平政府建立起密切的关系。1252—1255年,徐清叟任参知政事,他与吕中在临安被人们称为"名士"。

《纲目论断》被描述为对选定的历史事件进行的解释性判断,这一描述对《讲义》来说同样十分切合。刘实甫在序中这样描述《皇朝大事记讲义》:"是书年以记大事,一朝之事类之,随朝通释,考求源委,显微阐幽,言近而指远也。"《讲义》的现代整理本中,北宋部分有339条,南宋部分有408条。每条都包含三部分内容:说明该条目主题的标题,按照时间顺序排列在主题条目下的一个或多个事件,以及吕中的评论或"讲义"。评论或"讲义"有时出现在单个事件之后,但通常是在条目的最后一个事件之后,并总结吕中对主题条目包含的所有历史事件的看法。

学者们注意到吕中的《讲义》结合了朱熹的"纲目"体和袁枢(1131—1205年)的"纪事本末"体。[35]尽管吕中明显在致敬前人,但实际上他创造了一种新的体裁。他的《讲义》最大限度地发挥了"纪事本末"体的力量,在大标题下对事件进行分类和分组;同时,通过弱化"纲"与"目"之间的严格区分,吕中因而既能保持编年体的时间连续性,又能在每个条目中插入他自己的评论。这种定义主题类别和选择在每个主题中包括哪些事件的权力,使吕

第四章　道学史家　235

中能够确定他的历史探究领域，并决定哪些事件将被包括在内，哪些事件将被排除在外；换句话说，吕中从他能接触到的现有的宋代历史编年史中创造出他自己的叙事。如后文所示，陈均的《纲目》是关于这些细节最直接的史料；因此，吕中的"事"对他来说在某种程度上是预先选定的。与此同时，六篇介绍性文章（在《皇朝大事记讲义》和《皇朝中兴大事记讲义》开篇分别有三篇）为这部作品提供了一个全面的解释性结构。吕中精心设计了主题标题的措辞和修辞，以强化这些介绍性文章的主题。因此，当人们阅读这部作品时，介绍性文章就预示着即将到来的主题；而人们一旦遇到主题条目，就会回溯并强化这些介绍性文章的信息。

在《皇朝大事记讲义》和《皇朝中兴大事记讲义》中，主题标题的语义内容和修辞结构不同，这种差异强化了吕中的一个主题：宋政权的特点随着新法的到来而永远改变了。《皇朝大事记讲义》的内容可以划分为常规且通常价值中立的主题——这些主题（"即帝位""传位""求直言"）出现在大多数北宋皇帝在位时期——而不是划分为只发生一次的事件（"平蜀""天书降"）。这类主题涉及治国的主要文官机构：宰相、台谏、翰苑、学士院、经筵。使用价值中立用语的一系列主题出现在太宗至英宗年间，但未见于神宗朝及之后。[36] 相比之下，以新法为主题的标题用语将新法描述为扰乱神宗之前的秩序、破坏宋初统一的一系列事件。因此，君子和小人的区分性修辞主导了哲宗和徽宗时期的许多主题。[37]《皇朝中兴大事记讲义》的主题更多关注具体政策、行动和人物，而不是制度，与《皇朝大事记讲义》的主题相比，它更仔细地按照时间排序。

一组具体主题的用语也传达出一种独特的道学视角。在这一组主题中有两个子类别。第一个子类别论述从周敦颐到朱熹的道学典范的生平事迹，以及对道学运动的各种质疑。[38]第二个子类别，也是数量更多的一种类别，将主观的道学修辞强加于其他中立的事件之上。这一类别中的第一个条目题为"正心修身"，包含了两则杜撰的轶事，这使得吕中在他的评论里引用了朱熹将太祖比作圣君尧舜的说法。[39]所有使用君子/小人之区分的标题，也有助于宋代历史的道学叙事，即将宋代历史作为一场正负道德力量之间的斗争。从总体上看，这些条目反映了吕中将南宋道学的理想和政治追溯到宋朝开国，而且使人们产生了一种错觉，即认为这些理念形成了一以贯之的线索并贯穿整个宋代历史。

吕中《讲义》的体裁，非常适合将本质上完全不同的事件分类并塑造成道学史学更大的有机模式。例如，"仁政"的主题将983—994年的五个事件组合在一起。在第一个事件中，太宗对赵普说，他已经取消了五代的苛捐杂税，并宣称打算完全废除地租。剩下的四个事件都涉及太宗减免税收和在受灾地区采取紧急措施。[40]换句话说，通过将这五个事件组合在一起，吕中将后四个事件中的税收减免作为太宗减少税收之总体愿望的例子，并将这五个事件列为他施行"仁政"的例子。事实上，减免受灾地区的税收是国家的常规政策，因为这些地区的税收无论如何都收不齐；此外，太宗也没有贯彻废除地租的意图。

一个典型的《讲义》条目的第二个组成部分是对一个特定的、

日期明确的历史事件或一系列事件的一个（或多个）文本的详细描述。吕中撰写的这一部分条目，很大程度上是基于陈均的《纲目》。比较这两部作品，同一事件的措辞用语往往是相同的，或者在表达方式上是相似的，这清楚地表明吕中在致敬陈均。[41]然而，吕中并没有盲目地模仿前人。陈均的写作格式仔细区分了纲和目，吕中却将两者的文字没有分别地抄录并组合在一起。《讲义》的典型条目以陈均的"纲"开始，接着从随后的"目"中选择并修改文本。由于这些段落现在成为吕中"讲义"的"主要"文本，由此产生的叙述将陈均次要的、支持性的或评价性的材料提升到《讲义》中更高的"原始史料"类别。这一过程使得吕中在严格遵循前人文本的同时，可以将随后的叙述转塑为体现他自己的目的。对于一些条目，我们可以看出吕中回到了《长编》，以检索更符合其目的的语言。[42]

吕中对他预先挑选和汇集的历史事件的评论或"讲义"，构成了主题条目的第三部分。这些讲义强化了《皇朝大事记讲义》和《皇朝中兴大事记讲义》中的各三篇介绍性文章已经概述过的主题。例如，《皇朝中兴大事记讲义》中的三篇文章被描述为"统论"。[43]①从整体上看，这些文章对宋代历史做出了宏观的、多方面且复杂的评价。它们还表现出独特而连贯的修辞结构。[44]这些文章是连续的，三篇文章中的第二篇和第三篇都是基于第一篇立论并进行循环论证。《皇朝中兴大事记讲义》中的三篇文章比《皇朝大事记讲义》中的三篇文章篇幅长得多，它们总结并拓展了《皇朝大事记

---

① 这三篇文章分别是《中兴规模论》《中兴制度论》《中兴国势论》。

讲义》中三篇文章的观点。非常清楚,它们是为后续的、概念独立的《皇朝中兴大事记讲义》而作的。[45]

《皇朝大事记讲义》卷1的第一篇文章《治体论》,概括了吕中关于宋朝治国理论原则的思想。一如既往,"体"这个字带有"国体"的含义,这篇文章论述了国家主体应该被组织起来以及关于它应该如何运作的基本原则。因此,这个标题的全部含义是"善治和国体"。第二篇文章《制度论》,描述了将这些原则转化为实践的监管机制。第三篇文章《国势论》,分析了宋政权相对于邻近政权以及前代王朝的军事和对外交往方面的地位。《皇朝中兴大事记讲义》卷1的第二、第三篇文章重复了这些标题(《中兴制度论》《中兴国势论》),但第一篇文章的题目是不同的。第一篇文章《中兴规模论》提出了治国的三种进化范式:创业、守成和中兴。只有在政体产生能够恢复创业之君"仁义"的"贤人君子"时,中兴才能成功。在吕中看来,无论是宋朝还是任何前代王朝,都没有实现真正的中兴。吕中谴责南宋士人道德一再沦丧,并详细描述了接连不断的错误选择、投机取巧的政客和权相,这些都破坏了宋朝的中兴。[46]

对所有六篇文章的分析和对分散在吕中个别讲义中主题的描述,需要进行专门研究。因此,我们集中研究《皇朝大事记讲义》中的第一篇文章《治体论》,这篇文章包含了吕中关于宋朝的治国理论及对宋朝历史命运的基本叙述。《治体论》这篇短文也是道学史学末期的一个典范。《皇朝大事记讲义》卷1中的三篇文章采用了相同的修辞结构:两组互补的两极,就像坐标系中的X轴和Y轴一样,定义了研究的理论和历史领域。[47]在《治体论》中,一个轴包含了"宽"和"严"的两极。"宽"和"严"是统治者可以酌情使用的两种治国模式。[48]另一个轴上是"仁意"和"纪纲"（见图4.4）。吕中断言，与更早的朝代相比，太祖及其后继者的基本思想有意于或倾向于仁政。关于"纪纲"，吕中指的是具体机构和实际的治国机制，它是将君意转变为政策和具体治理的工具。吕中认定，如果统治者能够宽严相济，那么"纪纲"会有效地将"仁意"转化为成功的治国实践。

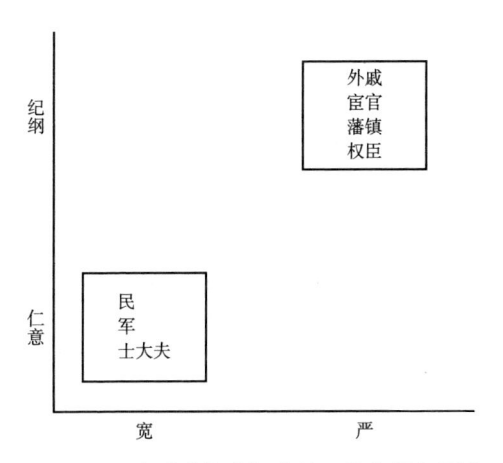

**图4.4　吕中《治体论》中的理论和历史领域**

然而，统治者的任务不仅仅是在"宽"和"严"之间做出选择，他们还需要在必要时调整这些模式，以规范"体"的各个组成部分。对于这种模式，吕中将宋朝政体中的人划分为两类。第一类人包括民、军和士大夫。他们团结一致，使皇帝得以掌控整个帝国。第二类人对统治起阻碍作用，包括外戚、宦官、藩镇（吕中指的是当时的高级军事将领）以及权臣。

朝廷对第一类人应给予适当的鼓励,对第二类人则应严加约束。两个轴必须协同工作来实现这个目标。"盖宽者,仁意浃洽之谓;严者,纪纲整肃之谓。仁意与纪纲,二者并行而不相离,则不待立宽严之的,而治体固已定矣。"因此,作为一种健康的政治制度,善治要求皇帝实施仁政,并在政体的所有要素之间保持政治平衡,这源自在适当的时间将适当的模式应用于适当的群体。吕中认为,这种治国模式源于古代,体现在孟子的两个思想原则中:(1）只有"不嗜杀人"的君王才能统一天下;但是,（2）如果缺乏有效的制度,单凭君王的美德不足以实现仁政。[49]吕中坚持认为宋朝开国者接受第一个原则,这表明了他们的"仁意",而他们创造的"纪纲"则体现了第二个原则。

在奠定这一理论基础后,吕中进行历史分析,提出了宋人例外论的主张。他举了四个例子来说明宋朝开国者是如何运用这些原则,从而超越了汉唐的。在他对宋朝政体中两类人的分析基础上,吕中给出了宋朝开国者如何限制第二类人的四种危险因素的例子。宋朝开国者给予外戚厚禄,但不允许他们干涉朝政或在地方任职,从而避免了东汉时的外戚专权害国。[50]开国者没有滥杀宦官,而是通过分配给他们严格规定的职责来限制其权力,从而避免了像东周的厨子易牙和宦官合谋操纵诸侯继承权那样的灾难。[51][①]开国者从藩镇

---

[①] 春秋五霸之一的齐桓公宠信易牙与宦官竖刁等人,齐桓公病危,易牙与竖刁合谋饿死齐桓公,改立齐桓公之子为君。

手中夺回了权力，从而避免了晚唐的地方割据主义。最后，太宗设立参知政事一职，并设立台谏机构来调查"奸臣"，从而防止了强人——或宋人所谓的"权臣"，如汉代的王莽（公元前33—公元23年）和曹操，或者晚唐的朱温（852—912年）——的出现，"是其纪纲固严于其所当严之地矣"。

政治制度也是宋朝开国者表达"仁意"的机制，从而实现了民、军和士大夫的统一。不过，"宽"和"严"之间的平衡也在制度如何管理这些群体中发挥了重要作用。根据统治者的意图，民没有被过度征税、服劳役或遭受滥罚，但严刑峻法阻止了盗窃和叛乱等过分行为的发生。士兵受到优待，但军规确保了秩序。虽然官员有很多晋升机会，但吏部的人事配额和严格的磨勘约束了他们的职业生涯。在每一种情况下，尽管"宽"定义了统治者的主要政策，相应的"严"则防止了政策滥用和失序。

因此，仁政的实现有赖于"宽"与"严"之间的这一平衡。例如，如果不镇压盗贼，那么就是对盗贼"仁"，民众会怨恨国家。如果不能严格执行榷卖，那么统治者的"仁"就会给奸商带来好处。由此，懦夫受赏，勇士丧气；当晋升规则被违反时，良吏就会遭殃。"无仁意，则纪纲固无所本而立。无纪纲，则仁意无所辅而行。"吕中认为，政治制度后来变得脆弱不堪，无法执行祖宗的初衷，所以很少有人从祖宗的"仁"中获益。王安石及其追随者认为，祖宗的"仁"不足，"以为政祖宗立国之意有弊"。

而后，吕中攻击新法的历史合理性。王安石没有体会到祖宗"宽"和"严"的这一平衡，认为太祖和太宗"严"，真宗和仁宗过"宽",且这种"宽"导致了11世纪60年代的政治和经济困境。因此,新法将通过重新发挥祖宗的"严"来纠正宋朝存在的弊病。吕中承认,在仁宗时代,政治结构确实已经恶化,但将其与墙壁开裂、屋顶漏水的老房子相比,这种问题不大的非结构性缺陷很容易得到修复,范仲淹已经勾勒出修复要做的工作,但王安石选择拆除整个结构,再建一座房子。"不惟坏祖宗之纪纲,而忠厚立国之意并失之矣。"

章惇和蔡京继续推行这些政策并变本加厉,通过增税来盘剥民众,通过政治镇压来打压士人,同时对高俅(卒于1126年)和内侍童贯(1054—1126年)等人过"宽"。所以"严"变成了"惨刻","宽"变成了"纵弛"。吕中以他致力研究的众多反事实之一来结束他的文章:假如范仲淹的庆历新政(处理了新法所面临的许多相同问题)取得了成功,新法可能永远不会出现;祖宗的"宽""严"平衡政策将会继续,他们创造的政治结构将会持续下去。[52]

这一开篇文章建立起一系列前提,而随后的文章和讲义发展并证实了这些前提。它们分别是:第一,宋朝开国者太祖和太宗受到儒家"仁"思想的激励;第二,这些思想促使他们制定国家在士人领导下推动民众繁荣发展的政策和政治结构;第三,这些政策包括限制政权中被认为与这些价值观对立的其他行为者(外戚、内侍、藩镇和权臣)的权力;第四,真宗和仁宗在适当的情况下采用了"宽"和"严",延续了祖宗的治国模式;第五,王安石和新法的出现,破坏了祖宗的意图及政治结构;第六,随后的宋代历史演变成一场斗争,在这场斗争中,一方拥护祖宗的初衷,另一方则接受新法及其后续变化。我们将在第七章详细探讨,这六个前提构成了一个发展完全的宋代历史的"宏寓",元朝史官曾用它来规划1345年的正史《宋史》,而且它至今仍影响着人们关于宋朝的现代学术研究。

我们在本章开头已经看到,吕中的《讲义》在李心传《要录》的伪注中占据显著位置。最近的研究表明,宋末元初的出版者利用吕中《讲义》的流行,向公众推销宋代历史读物,使公众越来越容易接受道学的学术思想。并非只有《要录》中的伪注以及《皇宋中兴两朝圣政》将《讲义》里的材料插入其中。商业出版者可能是出于对1315年重启的科举考试的回应,出版了"增入诸儒集议"的其他宋朝编年史。[53]带有这一名称的现存元刻本表明,吕中是这些学者中最常被引用的。刘时举的南宋简史《续宋编年资治通鉴》(15卷)引用了39次吕中的文字。篇幅更长的《宋史全文》引用了210次吕中的文字,其中北宋部分引用了153次,南宋部分引用了57次。这些引文绝大多数来自吕中《讲义》的第三部分,即"讲义"部分。而《宋史全文》则使用了三种不同的措辞来介绍吕中的观点:(1)"吕中曰",(2)"大事记",(3)"讲义"。汪圣铎从这些变化中得出结论:依靠吕中《讲义》的多种晚宋本,书商雇用的学者和编者们将"集议"插入他们的印本。[54]这一变化因此证明了吕中作品在晚宋的受欢迎程度,而将这些摘录插入元本也证实了吕中在元代的持续的影响力。

## 道学史学

在继续探究晚宋这些思潮于元代《宋史》中的自我表现之前，总结宋末道学史学的状况可能是有益的。我们可以从区分"道学史家""道学历史""道学史学"这三个密切相关的概念入手。"道学史家"是指具有鲜明道学史学特色的史学家，其著作体现了道学史观。如前文所述，当时在世的主要作者有朱熹、陈均和吕中。正如这里所使用的，"道学视角"并不完全符合现代对"道学"作为一种哲学运动的任何定义。众所周知，现代学界对宋代道学的定义，宋代道学作为一种宋代知识和政治运动的性质，以及宋代道学现象与后世儒学发展的关系，看法并不一致。[55]

由于缺乏共识，很难将道学史学与现代历史学家努力描绘的宋代新儒学的任何一种哲学流派准确地联系在一起。如汪圣铎所指出的，吕中的《讲义》中既有程朱儒学的元素，又有来自如陈傅良（1137—1203年）、叶适等浙东"经世"思想家的元素；他认为《宋史全文》在继续制造这种"矛盾"。[56] 从积极的角度来看，道学的历史事业既包含又超越了道学运动的多元哲学思潮。虽然三位历史学家以相似的道学模式著述，但他们的哲学观没有一致的轨迹联系或统一性。如我们所见，程朱认识论支撑起朱熹的《资治通鉴纲目》，而陈均在许多方面却拒绝追随道学大师朱熹，吕中则充分利用12世纪的道学资料，不考虑哲学上的区别。从另一个角度看，朱熹与吕中之间的百年，见证了道学史学在实践上的去中心化——

从道学运动的主要领袖（如朱熹本人）到具有举国影响力之家族的学者（陈均），再到声望不显的地方学者（吕中），最后是商业化的书商雇用的匿名编者。所有这些书写者都践行了各自独特的道学史学，并在宋末产生了一部权威的道学史。

回顾这三位史家的生平和著述，我们至少可以看出道学史学有六个特点。第一，所有人都同意，历史的目的主要是针对个体历史参与者做出道德评判，这样读者就可以认识并从思想上接受这些判断所产生的价值。这种倾向将他们与《春秋》传统直接联系在一起。在《春秋》中，孔子被认为将道德秩序强加于其他随机事件上。这些书写者自由地运用君子-小人的二分修辞法来表达他们的道德评判。第二，当时的语境和潜在的政治应用，构成了他们的史学。虽然每个时期的具体政治目标各异，但总的来说，书写者们把自己与其读者框定为政治上的弱势群体，来对抗根深蒂固的朝廷内部集团（主要是吕中图式中"仁意"的四个敌人）和新法的士人支持者。第三，前两个特点的结合推动了一种高度目的论的叙述，即在最近和过去发生的事件之间寻找相似之处，以当前的政治斗争来确定并描述过去的行动。由此产生的话语优先考虑了被认为是积极的制度的起源，并将这些制度追溯到宋朝开国者；反过来，对开国者意图的有害偏离通常始于王安石。

第四，与司马光、李焘和李心传等人的著作直接面向史官和官方决策者（包括皇帝）不同，道学史家的著作面向更大范围的科举应试者和感兴趣的士人。从这个意义上说，他们的作品主要是教学性的，广泛用于学校和书院中，特别是那些支持道学课程的学校和书院。第五，道学史家设计了新的写作形式，以更好地适应他们独特的史学需要。这种新形式使道学史家越发能够以突出其道德和制度关注并贬低对手的地位和权力的方式，来弥合现有的历史记录。第六，主要的道学史家来自福建。他们受益于该地区蓬勃发展的印刷业，并经常与临安的福建籍政治领导人交往，如朱熹和陈俊卿的交往，陈均和真德秀的交往，吕中和徐清叟的交往。

　　本书的第二部分描述了构成道学历史视野的主题和叙事，并探讨了这些修辞成分在宋朝政治历史自身变迁中的起源。我们将聚焦于三组主题——宋朝"仁"的特点，其开国之君太祖的神化，以及作为宋朝政治生活隐喻的君子和小人之间的道德冲突。但是，正如我们将要看到的，这些修辞并不是道学史家的创举。他们只是重新包装和调整了现有的历史文本——通常是来自官方史学运作本身或其边缘的材料。因此，道学历史文本材料的创造，远早于13世纪道学历史的定型。

　　最先出现这些修辞立场的早期作品，与李心传在《道命录》中将道学运动分为三个阶段有着密切的关系。简而言之，在李心传描述的第一个阶段，司马光的《涑水记闻》首次定义了宋朝的立国性质，然后将仁宗朝的庆历时期定为对这些价值观的最终表达。在李心传描述的第二个阶段，范冲进一步细化了这一重点，并将元祐时期定位为司马光视野的延伸。最后，在第三个阶段，赵汝愚的《皇朝诸臣奏议》和朱熹的《名臣言行录》非常详细地编纂人员情况和政策，在他们看来，这促进了太祖—庆历—元祐政治价值轴心的发展。同样在第三个阶段，正如我们在前文所见，李焘的《长编》已经尝试详细编纂这一历史视野的内容并将其确认为公认的官方历史，但未能成功。

像司马光、范冲、赵汝愚这样的书写者认同道学史学六个特点中的前三个，但不认同后三个。从这个意义上说，他们可以被看作原初的道学史家。他们主张士人治国，其作品塑造的修辞立场和叙事框架，对后来的道学史做出了重要贡献。作为第一个道学史家、宋代道学创立背后之知识力量的朱熹，是衔接起这些更早的史学家与陈均以及一个世纪后的吕中的关键人物。这一观念也有助于将四川史家与道学史学的兴起联系起来。显然，虽然李焘和李心传都不是道学史家，但他们的作品具有与那些原初道学书写者相似的政治价值观和支持历史叙事的观点，因此，他们的作品是13世纪正统道学史家的主要史源。就像朱熹使用了司马光作品中的材料，陈均和吕中都使用了李焘和李心传作品中的材料。

通过比较四部作品对北宋时期的涵盖内容，我们可以看出道学史家是如何使用他们的史料来强调太祖—庆历—元祐这一政治价值轴心的。关于涵盖率分配的决定，反映了书写者对于宋朝历史上一个时期相对于另一个时期之重要性的决定。图4.5比较了《宋会要辑稿》、李焘的《长编》、陈均的《皇朝编年纲目备要》和吕中的《皇朝大事记讲义》里对北宋历朝内容的记录占全部内容的百分比。[57]

图4.5显示了从《宋会要辑稿》到《皇朝大事记讲义》的总

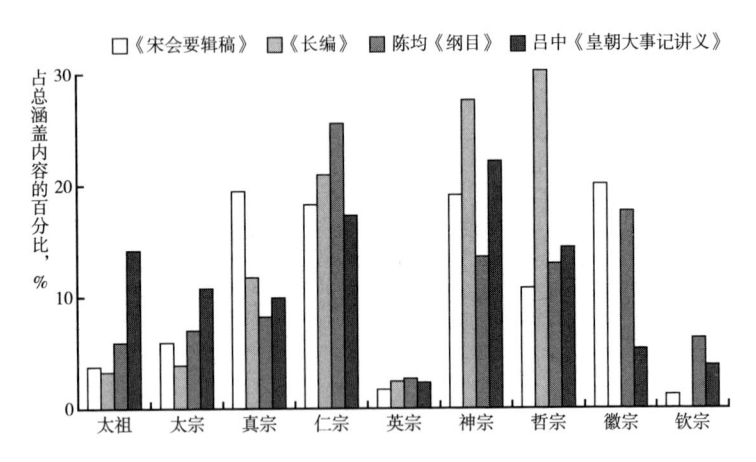

图 4.5 《宋会要辑稿》、《长编》、陈均《纲目》和吕中《皇朝大事记讲义》中北宋时期历朝内容的相对涵盖率

体趋势,即在太祖—庆历—元祐轴线上的那些统治时期增加了空间分配,而在其他统治时期则减少了涵盖率。如前文所述,尽管有着曲折的编纂和传播历史,《宋会要辑稿》为我们提供了 12—13 世纪历史学家可获得的原始资料之时间范围的最佳视角。而《长编》开始了沿着北宋历史的发展脉络,重新安排按照时间顺序发生的相对重要之事件的过程。虽然李焘没有对太祖、太宗时期的内容做任何调整,但他大幅减少了真宗时期的内容,而增加了庆历、新法和元祐时期的内容。随后,陈均开始增加太祖、太宗时期的分量,同时继续淡化真宗时期而强调庆历时期。他对徽宗和钦宗时期的记载内容相对广泛,主要集中于 1125 年和 1126 年废除新法的背景下对新法的负面评价。

图 4.5 还突出了吕中在这一过程的最后阶段采取的极端步骤，以突出太祖—庆历—元祐轴线。三个趋势显而易见。第一，吕中进一步增加了宋朝早期统治，特别是太祖统治时期的内容。这一变化与后期道学将太祖提升至圣君的地位以及历史叙事将太祖定位为仁政的源头是一致的。第二，吕中改变了陈均对仁宗—英宗与神宗—哲宗时期的涵盖率。这种改变的目的很难揣测。原因之一可能是吕中认定庆历的积极之风可以追溯到太祖和太宗，这样他就可以减少陈均对庆历的更全面记载。这种转变，反过来又让他增加了对反祖宗的新法时代的负面记载。第三，吕中大幅减少了徽宗—钦宗时期的内容。这种选择可能反映了 13 世纪 30 年代中期宋朝收复开封的灾难性尝试和蒙古铁骑攻入四川造成的影响，这些事件按照时间顺序将陈均和吕中的作品区分开。[58]

最后，按照时间顺序比较《宋会要辑稿》与《宋史全文》的每年涵盖率，可以发现这两种史学模式在从官方历史到道学历史的过渡过程中存在极大的分歧。[59]有两个趋势值得注意。第一，图 4.6 揭示了由李焘开始的强调北宋太祖—庆历—元祐轴线的全面扩展的过程。与前人所做的努力相比，《宋史全文》的编者大幅减少了对真宗、神宗和徽宗时期的记录。第二，高宗初年内容的大幅增加，突出了南宋记录的主要特征。如前文所述，对这一时期的过度强调可能起源于 1170 年李焘编修的第一部《中兴会要》，并延续到吕中的《皇朝中兴大事记讲义》。这反映了整个南宋日益增长的将高宗及其行为视作对开国者太祖之恢复的趋势。

250　塑造宋代历史：史料与叙事

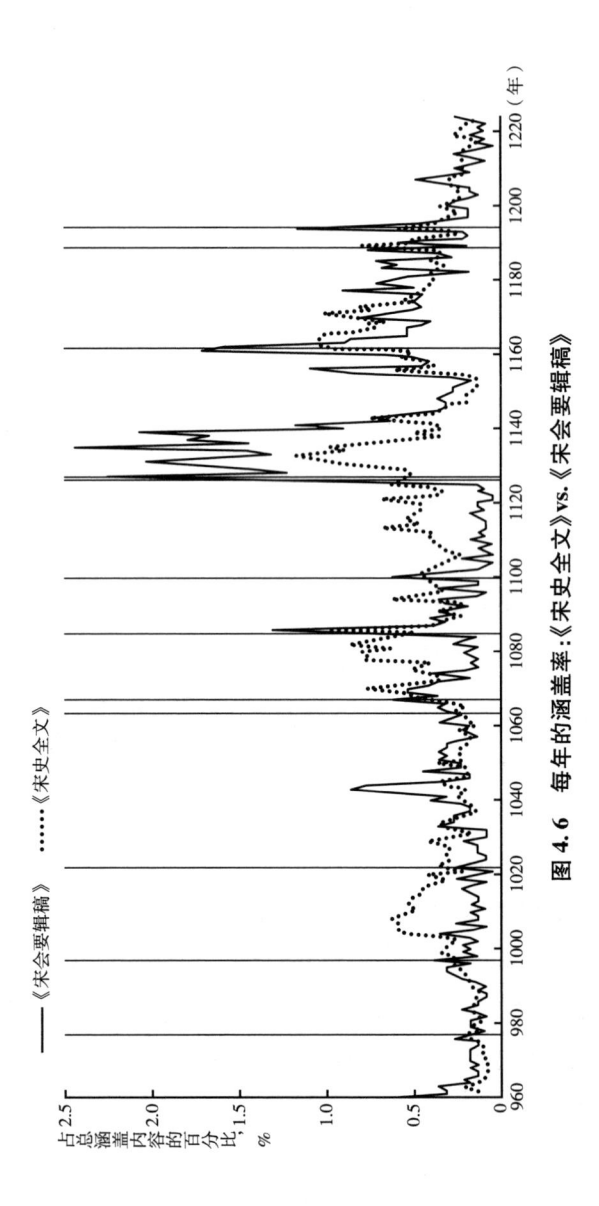

图 4.6　每年的涵盖率：《宋史全文》vs.《宋会要辑稿》

## 注 释

1.《朝野杂记》宋抄本得以保存,并成为今整理本的文本基础;见《朝野杂记》中徐规的版本评论,第5—6页。

2.《要录》附录《贾似道跋》,第3976—3977页。

3. 对《道命录》的讨论,见:Hartman, "The Making of a Villain," pp. 68-86;蔡涵墨《一个邪恶形象的塑造:秦桧与道学》,收入《历史的严妆:解读道学阴影下的南宋史学》,第11—30页(新版第12—31页);梁太济《〈要录〉自注的内容范围及其所揭示的修纂体例》;孔学《〈建炎以来系年要录〉注文辨析》。关于《长编》,见裴汝诚、许沛藻《续资治通鉴长编考略》,第83—95页。

4. 梁太济《〈圣政〉今本非原本之旧详辨》富有说服力地证明,今本《圣政》对原本《圣政》做了大幅修改和修订;亦见:Hartman, "The Making of a Villain," pp. 83-84;蔡涵墨《一个邪恶形象的塑造:秦桧与道学》,收入《历史的严妆:解读道学阴影下的南宋史学》,第27—28页(新版第29—30页);蔡涵墨《陆游〈中兴圣政草〉考》。

5. Hartman, "The Making of a Villain," pp. 85-86;蔡涵墨:《一个邪恶形象的塑造:秦桧与道学》,收入《历史的严妆:解读道学阴影下的南宋史学》,第28—29页(新版第30—31页)。亦见汪圣铎和陈朝阳对《中兴龟鉴》的细致研究《〈宋史全文〉插引史论文献研究》第475—478页,该文的作者们同样无法有把握地辨认出该作品。

6.《要录》中胡坤的版本评论,第15—16页、第22—23页。我同意胡坤的观点。

7. 近期研究成果，见 Tillman, "The Rise of the *Tao-Hsüeh* Confucian Fellowship in Southern Sung"。

8. 朱熹编纂的关于二程思想的选集《近思录》，将程颐对史学理论的论述集中在其评论《春秋》的序之后。见：朱熹、吕祖谦《近思录》卷3，第20页b—第26页a；trans. Wing-tsit Chan, *Reflections on Things at Hand*, pp. 114-119。关于朱熹的史学思想，见 Huang, "Chu Hsi as a Teacher of History"；更详细的内容，见钱穆《朱子新学案》第5册，第1—150页。

9. 该作品的许多宋本保存至今，包括《四部丛刊》中的重印本。对该书的现代评价，见王德毅《朱熹五朝及三朝名臣言行录的史料价值》。

10. 《朱子语类》卷127《本朝一》，第3042页至卷133《本朝七》，第3201页；关于南宋，见《朱子语类》卷131《本朝五》，第3138页至卷132《本朝六》，第3184页。

11. Hartman, "The Making of a Villain," pp. 117-143；蔡涵墨：《一个邪恶形象的塑造：秦桧与道学》，收入《历史的严妆：解读道学阴影下的南宋史学》，第66—95页（新版第68—98页）。

12. 见：《朱子语类》卷130《本朝四》，第3132—3133页，卷134《历代一》，第3204—3207页；Hartman, "The Reluctant Historian"；以及蔡涵墨《无奈的史家：孙觌、朱熹与北宋灭亡的历史》，收入《历史的严妆：解读道学阴影下的南宋史学》，第217—267页（新版第223—273页）。

13. Tsong-han Lee, "Making Moral Decisions."

14. Hartman, "The Making of a Villain," pp. 143-146；蔡涵墨：《一个邪恶形象的塑造：秦桧与道学》，收入《历史的严妆：解读道学阴影下的南宋史学》，第95—97页（新版第98—101页）。

15. Hartman, "Chen Jun's *Outline and Details*," pp. 275-281；蔡涵墨：《陈均

的〈纲目〉：十三世纪教学著作中的出版与政治》，收入《历史的严妆：解读道学阴影下的南宋史学》，第 295—300 页（新版第 303—309 页）；葛兆光：《从〈通鉴〉到〈纲目〉》。

16. 关于道学与福建印刷业之间的关系，见 Chia, *Printing for Profit*, pp. 79-99；关于福建的道学书院，见 Walton, *Academies and Society*, pp. 41-49。

17. 本节内容系根据 Hartman, "Chen Jun's *Outline and Details*" 改写。该文中文版见蔡涵墨《陈均的〈纲目〉：十三世纪教学著作中的出版与政治》，收入《历史的严妆：解读道学阴影下的南宋史学》，第 293—343 页（新版第 301—351 页）。

18. 关于陈均的传记资料，见：Hartman, "Chen Jun's *Outline and Details*," p. 281 n. 14；以及蔡涵墨《陈均的〈纲目〉：十三世纪教学著作中的出版与政治》，收入《历史的严妆：解读道学阴影下的南宋史学》，第 308—317 页（新版第 316—325 页）。

19. 关于这些印本，见：Hartman, "Chen Jun's *Outline and Details*," pp. 288-299；以及蔡涵墨《陈均的〈纲目〉：十三世纪教学著作中的出版与政治》，收入《历史的严妆：解读道学阴影下的南宋史学》，第 308—311 页。

20. 关于这些序，见《皇朝纲目》序，第 1—6 页。亦见：Hartman, "Chen Jun's *Outline and Details*," pp. 284-287；以及蔡涵墨《陈均的〈纲目〉：十三世纪教学著作中的出版与政治》，收入《历史的严妆：解读道学阴影下的南宋史学》，第 305—308 页（新版第 313—316 页）。

21. 对这些段落的分析，见：Hartman, "Chen Jun's *Outline and Details*," pp. 303-306；以及蔡涵墨《陈均的〈纲目〉：十三世纪教学著作中的出版与政治》，收入《历史的严妆：解读道学阴影下的南宋史学》，第 322—325 页（新版第 330—333 页）。

22. 图 4.3 反映的是中华书局版《长编》《纲目》每年涵盖的页数，标准化为占每部作品总页数的百分比。就像之前《宋会要辑稿》和《长编》之间的比较一样，《长编》1067—1069 年、1093—1097 年和 1100—1126 年内容的缺失，一定程度上歪曲了《长编》的数据。

23. 关于朱熹对李纲的褒扬，见：Hartman, " The Reluctant Historian," pp. 138-139；以及蔡涵墨《无奈的史家：孙觌、朱熹与北宋灭亡的历史》，收入《历史的严妆：解读道学阴影下的南宋史学》，第 255—257 页（新版第 261—263 页）。

24. Hartman, "The Making of a Villain," pp. 80-82；蔡涵墨：《一个邪恶形象的塑造：秦桧与道学》，收入《历史的严妆：解读道学阴影下的南宋史学》，第 23—25 页（新版第 25—27 页）；张其凡：《大事记讲义初探》。

25.《类编皇朝大事记讲义 类编皇朝中兴大事记讲义》转载了张其凡 1999 年的文章（第 874—884 页）、张其凡与白晓霞关于《皇朝中兴大事记讲义》明抄本的报告（第 885—897 页），以及黄慧娴深入研究吕中及其著作的文章（第 898—924 页）。关于吕中研究现状的综述，见汪圣铎、陈朝阳《〈宋史全文〉插引史论文献研究》，第 457—474 页。本节还受益于两篇未发表的关于吕中的论文，一篇由宋在伦（Jaeyoon Song）撰写，另一篇由李瑞撰写。非常感谢两位学者与我分享他们的研究成果。

26. 黄慧娴：《吕中与〈皇朝大事记讲义〉新探》，第 909—915 页。

27. 傅璇琮主编《宋登科记考》，第 1590 页。

28. 据黄慧娴《吕中与〈皇朝大事记讲义〉新探》第 898—904 页及其引证的史料。

29. 方回：《左史吕公家传》，第 12 页 b—第 13 页 a，附于吕午《左史谏草》。

30.《宋史》卷 418《陈宜中传》，第 12529 页；佚名：《宋季三朝政要笺证》卷 2，第 217—218 页；黄慧娴《吕中与〈皇朝大事记讲义〉新探》第

903—904 页也将吕中与此事联系在一起。

31. 刘实甫的序,见《皇朝大事记讲义》,第 31—32 页。

32. 黄慧娴:《吕中与〈皇朝大事记讲义〉新探》,第 907—909 页。

33. 汪圣铎、陈朝阳:《〈宋史全文〉插引史论文献研究》,第 465—466 页。

34. 晁公武:《郡斋读书志校证》,第 1114 页。

35. 王德毅:《宋代福建的史学》,第 171 页。

36. 关于太宗,见《皇朝大事记讲义》卷 4《太宗皇帝》,第 88—97 页;真宗,见同书卷 6 至卷 7《真宗皇帝》,第 132—149 页;仁宗,见同书卷 8 至卷 9《仁宗皇帝》,第 175—199 页;英宗,见同书卷 13《英宗皇帝》,第 256—260 页。这些部分也包括财计、法律和州府机构的条目,但吕中的重点显然是朝廷的文官机构和文官士人的控制。例如,他在论及仁宗时代的三司使时,选取了发生在 1034—1059 年的四个事件,强调了:(1)士人通过三司子司内部晋升的独特制度掌控三司;(2)理论上是理想的,三司监督所有预算职能,包括禁中财务。然后,他引用了王安石 1059 年《万言书》中的一段文字,认为 1082 年的新法和政府重组摧毁了这个前神宗时代的财务控制体系。见《皇朝大事记讲义》卷 9《仁宗皇帝》,第 197—199 页。

37. 例如,在哲宗时期的 47 个条目中,有 16 个条目采用了君子-小人二分法;在徽宗时期的 18 个条目中,有 10 个条目采用了这种措辞。见《皇朝大事记讲义》卷 20《哲宗皇帝》,第 347—357 页,卷 21《徽宗皇帝》,第 362—374 页。

38. 《皇朝大事记讲义》卷 14《神宗皇帝》,第 272—274 页,卷 18《哲宗皇帝》,第 334—335 页,卷 22《徽宗皇帝》,第 380 页;《皇朝中兴大事记讲义》卷 4《高宗皇帝》,第 491—492 页,卷 22《孝宗皇帝》,第 775 页,卷 23《孝宗皇帝》,第 784—785 页、第 788—789 页,卷 25《宁宗皇帝》,第 812—813 页、第 814—815 页、第 817—818 页,卷 27《宁宗皇帝》,第 843—844 页。

39. 《皇朝大事记讲义》卷3《太祖皇帝》，第67—68页。

40. 《皇朝大事记讲义》卷5《太宗皇帝》，第109—110页。全部五件事都来自陈均，见《皇朝编年纲目备要》卷3，第67—68页、第72页、第76页、第80页，卷5，第96页。

41. 我要感谢宋在伦对《讲义》北宋部分的这番评论。我自己的研究也证实了他的观点，并在吕中的《皇朝中兴大事记讲义》和陈均的《两朝中兴编年纲目》之间建立起同样的关系。吕中关于光宗和宁宗统治时期（1190—1224年）的材料来源仍不确定。吕中的文本与佚名的《续编两朝纲目备要》之间似乎没有关系，《续编两朝纲目备要》也涵盖了这一时期。《续编两朝纲目备要》源于李心传的四川史学；见：Hartman，"Chen Jun's *Outline and Details*," pp. 310-311；以及蔡涵墨《陈均的〈纲目〉：十三世纪教学著作中的出版与政治》，收入《历史的严妆：解读道学阴影下的南宋史学》，第328—329页（新版第336—337页）。

42. 见：《皇朝大事记讲义》卷3《太祖皇帝》，第61页；《皇朝编年纲目备要》卷1第19页的史料文本；以及《长编》卷3，第62页。

43. 《皇朝中兴大事记讲义》卷1《统论》，第429页。

44. 感谢李瑞的评论。

45. 见吕中本人的评论，《皇朝中兴大事记讲义》卷1《中兴制度论》，第436页。

46. 《皇明中兴大事记讲义》卷1《中兴规模论》，第429—436页。

47. 感谢李瑞的图表类比，我将这个类比具体化了。

48. 如果不是更早的话，"宽"与"严"的政治对比可以追溯到西汉。"严"描述了一种急迫、严肃的命令，因此不遵守命令的人会受到严厉的惩罚，没有任何回旋余地或"宽"的可能性。"严"也有"庄重、威严"的意思，经常被用来描述帝王的风度或举止。"宽"原本被用来形容大而宽敞的房间，因而有心胸宽广、宽宏大量的意思。见王凤阳《古辞辨》,第 647 页、第 861—862 页。

49. Legge, *Mencius*, pp. 136-137, 289.

50. Twitchett and Loewe, *Cambridge History. Volume I*, p. 174.

51.《左传》卷1,第 337 页。

52.《皇朝大事记讲义》卷1《治体论》,第 35—38 页。(《治体论》:"呜呼!使庆历之法尽行,则熙丰、元祐之法不变,使仲淹之言得用,则安石之口可塞。今仲淹之志不尽行于庆历,安石之学乃尽用于熙、丰,神宗锐然有志,不遇范仲淹而遇王安石,世道升降之会,治体得失之几,于是乎决矣。"——译者注)

53. "增入诸儒集议"见刘时举《续宋编年资治通鉴》目录后面的书坊广告,第4页。类似的语句——《宋史全文》中的"增入名儒讲义",见 Balazs and Hervouet, *Sung Bibliography*, p. 82。

54. 汪圣铎、陈朝阳:《〈宋史全文〉插引史论文献研究》,第 457—464 页。刘时举《续宋编年资治通鉴》中吕中引语的模式也表现出类似的变化,卷1引用了 16 次《皇朝中兴大事记讲义》,卷2至卷7没有引用,卷8至卷15引用了 23 次"吕中曰"或"吕中议曰"。如前文所述,《长编》和《要录》的《永乐大典》本中还插入了来自吕中《讲义》的引文。在《要录》注文中有 54 处这样的插入,全都被引作"吕中《大事记》"。

55. 对"道学"的宋代含义与"新儒学"的现代学术含义之关系的考察,见 De Weerdt, *Competition over Content*, pp. 25-42。

56. 汪圣铎、陈朝阳:《〈宋史全文〉插引史论文献研究》,第 457 页、第 464 页。

57.《宋会要辑稿》的数据测算每年有具体日期的条目,此处根据历朝皇帝统治时期进行汇总。其余作品的数据以中华书局版《长编》和陈均《皇朝编年纲目备要》的页数测算。吕中《讲义》的数据以张其凡 2014 年点校本的页数测算。为了便于比较，所有数据都经过了标准化处理。

58. 陈均《皇朝编年纲目备要》的现存版本已经显示，朝廷曾试图审查他对1125—1127年开封陷落的生动描述。这些内容可能被认为过于敏感，因为端平政府在1234年未能收复开封，这使人们怀疑其完成中兴的能力。见：Hartman,"Chen Jun's *Outline and Details*," pp. 303-306；以及蔡涵墨《陈均的〈纲目〉：十三世纪教学著作中的出版与政治》，收入《历史的严妆：解读道学阴影下的南宋史学》，第322—325页（新版第330—333页）。

59. 如前文所述，《宋会要辑稿》的数据测算了每年的条目数。《宋史全文》的数据测算了该书2016年中华书局版中每年的页数。

第五章

# 《宋史》

## 引言: 一部有缺陷的历史?

《宋史》496 卷,近 500 万字,是二十四史中篇幅最长的一部正史。该书名义上的作者是元朝丞相脱脱(1314—1355 年)。1343 年,脱脱置局(由学者组成)编修《宋史》,同时分别修辽、金两朝正史。甚至早在 1345 年十月修史局完成其规模庞大的修史任务之前,该项目就已引发争议。后来,明朝学者试图取缔《宋史》的正史地位,并重新审视这一时期的历史,但没有成功。18 世纪的清朝知名史学家批评《宋史》是所有正史中问题最大的一部,并剖析了其许多疏误和记载歧义之处。尽管存在这些问题,它至今仍是对宋朝历史最系统、最全面的记述。许多现代学者在哀叹《宋史》的失当之处并继续挖掘它的缺陷时,仍然认为它的框架叙事以及对宋代历史"宏寓"的呈现具有权威性。[1] 本章除了回顾这部作品的编修、结构和意义,还将尝试解释为什么学术能力尚佳的历史学家编修了这样一部问题颇多的作品。[2]

清代编修《四库全书》的学者们给予了《宋史》尖锐的评价:

"其书仅一代之史,而卷帙几盈五百。检校既已难周,又大旨以表章道学为宗,余事皆不甚措意,故舛谬不能殚数。"[3] 钱大昕（1728—1804年）进一步指出,元朝史官使用《宋史》来推广朱熹道学。[4] 清朝学者还注意到,元朝史官只是逐字逐句地抄录了宋朝国史。[5] 简而言之,他们指责元代《宋史》编者们任由自己鼓吹道学,而无视作为历史学家的职责。这一论断至今仍未受到人们质疑,尽管其全面含义尚未得到阐发。以葛兆光为例,他接受了清人对《宋史》的批评意见,但疑惑为什么同样的修史过程,同一批历史学家,能编修出令人满意的《辽史》和《金史》,却没有编修出一部不同的、质量更优的宋代历史。[6]

答案当然在于脱脱决定编修三部单独的史书,以及元朝史官能接触到的辽、金、宋史料的性质不同。[7] 以宋代历史为例,主要的史料是国史和实录。我们在导论和第一章中已经看到,这些官方史料记载的北宋历史比较全面,对南宋初期和中期的记载则比较粗疏,而甚少记录1224年以后的南宋历史。早在14世纪20年代,袁桷（1266—1327年）就已经很深入地评价过这个问题,他告诉元朝史馆,宋朝的官方史书中存在问题,要想编修出一部可靠的历史,就必须大量求助于非官方著作。[8] 苏天爵（1294—1352年）在1343年开始编修《宋史》时,再次重申并强化了这一观点。[9] 因此,脱脱和他的修史局都知道,编修出更可信的《宋史》是可能的,而且是必要的。他们从现存的宋朝历史中有意识地选择"剪切和粘贴",加快了修史工程的进程,同时也满足了脱脱及其编者们的迫切政治需要。

尽管他们匆忙修史，且完成的文本只是拼凑而成，元朝史官还是为《宋史》设计了一个连贯的、有组织的结构。他们在这样做的同时，也盯着宋代的道学传统，并展望了他们自己在元朝政治中的地位。相应地，他们把自己掌握的宋代史料整理进一个整体框架，来展示他们从其道学老师那里学到的宋代历史的经验教训。与此同时，他们还制作了一部官方的《宋史》，巩固了脱脱及其盟友在政治斗争中对抗蒙古本位势力的合法性。关于《宋史》的现代学术研究承认脱脱及其编者们的道学知识谱系，但忽略了脱脱当时的政治计划，以及这一政治计划如何塑造了编者们在 1345 年最终呈现的宋代历史中所强调的信息。

如在导论中所见，涵盖北宋时期的三部宋朝国史分别完成于 1030 年（涵盖 960—1022 年）、1082 年（涵盖 1023—1067 年）和 1186 年（涵盖 1068—1127 年），远早于 13 世纪初兴起的独特的道学观。尽管在南宋灭亡时已经有部分稿本，但南宋的国史从未完成。[10]因此，官方的宋朝国史并不包含 13 世纪中期在私史（如陈均和吕中的私史）里占主导地位的道学方向。尽管官方资料已经包含了宏寓的主要主题——如鼓吹太祖的"仁"、诋毁新法，以及宋朝君主制压制内侍和外戚政治网络——陈均和吕中会用更浓重的道学笔触来描绘这些主题。因此，元朝的编者们发现宋朝的官私史料，无论是在内容上还是意识形态上，都比辽金时期的材料更能为他们参与的元朝政治斗争提供历史依据。第一，《宋史》提供了大量的先例，脱脱可以将其组织起来以对抗他的政治对手；第二，该书可以巩固编者们作为朱熹学术继承人的身份。《宋史》对南宋的粗疏记载，为编者们提供了余地，来夸大朱熹道学一脉的历史重要性，贬低他的政治对手和知识对手，并开脱道学应该对南宋衰亡所负的责任。

简而言之，元朝的编者们将他们在晚宋道学史家作品中发现的宋代历史叙事作为"剪切和粘贴"的指导方针，从而塑造了官方的宋代史料，而这些史料大部分是在13世纪之前进入宋朝官方历史的。这一史学过程以及由此产生的信息，不是随机的，也没有用任何伎俩。在整部《宋史》中，总共有261篇评论，策略性地体现着编者的努力，阐明了他们的编修目的，并指导读者解读书中的文本。17篇"赞"（每位宋朝皇帝一篇），17篇志、表的"序"，以及22篇分类传记的序，为理解这部作品和编者们对宋代历史的看法提供了宏观指导。最后，散布在非分类传记中的205篇"论"，对主题做了进一步的细化和论述。《宋史》总裁官欧阳玄（1283—1357年）是卓有成效的编者，他撰写了所有这些评论，并为《宋史》编修提供了思想上的一致性。[11]

因此，《宋史》目前的文本，代表了从宋朝开始的两个过程的交集和顶点。这部作品的文本在很大程度上来源于北宋的官方历史，但其知识框架来源于南宋的道学思想家。从现代的角度来看，这两种元素经常出现相互矛盾的情况。由于《宋史》确实保存了部分略加编辑的原始宋代史料，学者们通常试图接受文本而抛弃其框架。有充分证据表明，在"剪切和粘贴"过程中，框架决定了哪些段落被粘贴到《宋史》中，而哪些段落则被裁剪掉。[12]因此，本章认为，这种框架经常以无形的方式塑造《宋史》的轮廓，并继续影响哪怕是无比谨慎的学者——他们会使用这部作品来了解宋朝。

## 《宋史》编修项目和修史局

两个因素解释了元朝廷未能及时编修前朝的历史。众所周知，关于"正统"的分歧，阻碍了元朝廷关于如何最佳地构建起宋、辽、金三个朝代之间的历史关系，以及元朝应该宣布继哪个朝代"统"之共识的达成。脱脱通过宣布辽、金、宋三朝的平行合法性来解决这个问题，这种汉人和非汉人王朝之间的平等地位，比其他任何因素都更能促使明朝学者反对脱脱的决定。这个问题已经得到了充分研究，此处不必赘述。[13]鲜为人知的是，在元朝开国者忽必烈（1215—1294年）于1294年驾崩后，元朝廷鲜明地分裂为两派。一方面，蒙古本位主义者认为元朝是规模更大的蒙古帝国的一部分，并乐于转移汉人的资源，以满足他们与泛蒙古政治体接触的需求。另一方面，更加汉化的蒙古人及其汉人同盟者认为，元朝是中国早期王朝的延续。他们断言元朝应该采用并强化皇权制度，自然反对资源的转移，他们担心此举会削弱元朝的统治能力。前一群人对修史即使不是怀有敌意，那也是漠不关心；后一群人则将这段历史作为巩固蒙古人之合法统治的另一种方式，并将其作为对抗蒙古本位主义对手的潜在有用的修辞武器。前一群人自然是反儒家的，后一群人则支持儒家，并在掌权时于1315年恢复了科举考试。[14]

董文炳（1216—1277年）是1276年负责守卫南宋行都临安的蒙古军队中的汉人将领，《元史·董文炳传》写道，董文炳从南宋史馆中"乃得宋史及诸注记五千余册，归之国史院"，并说："国可灭，史不可没。"[15]但是，蒙古人究竟从南宋史馆中取得了什么图书？袁桷随后列举了宋朝史料中存在的20个疑点，主要集中在国史和实录材料上。[16]后来，苏天爵的记载称，到1224年，存有3000卷宋朝实录，600卷国史，"《编年》又千余卷"，再加上"不知其几"的宗藩图谱、别集、"小说"。[17]由于缺乏这些图书的实物，"册"和"卷"之间精确的文献关联总是模棱两可。不过，苏天爵的千卷《编年》，当然是指李焘的原本《长编》，一册对应一卷。[18]最有可能的是，这是为秘书省抄录的官方历史著作净本的标准格式。一位现代学者将北宋三部国史和实录（至1224年）分别记录为620卷和2743卷。[19]这些数字与苏天爵的估计较为吻合。假设一册大约对应一卷，那么国史、实录和《长编》总共有4363册。董文炳护送到北方的大约5000册书剩余的637册书，可能是南宋国史和理宗时代实录的材料。

因此，董文炳选择了两种级别最高（且经过充分修订）的历史文献——国史和实录，而丢下了级别较低（更冗长）类型的时政记和日历。国史和实录都是王朝正统性的象征性配饰，它们的礼仪地位类似于皇权神器，如印绶、舆辇和礼器。所有这些物品，包括南宋最重要的礼器，都被迁往元朝都城，象征着宋向元的权力转移。[20]所以，董文炳决定只收取国史和实录，是出于政治和后勤运输方面的考虑，而不是史学方面的考虑。此外，由于官方史学的功能设想了一个清晰的进程，通过四个修订阶段，理论上，宋朝的国史应该足以让元朝史官修成最终的官方宋朝历史。

综上所述，袁桷和苏天爵的记录为元代学者在试图将临安的档案转化为宋朝官方历史时所面临的艰难选择,提供了质朴的评价。这些评价也是对宋代史学中一些根本性的、还未得到解决的问题进行的最早、最深刻的分析。在1321—1323年的短暂亲儒政府时期,平章政事拜住(卒于1323年)委派翰林学士袁桷考察宋、辽、金三史的编修前景和进展。袁桷是来自宁波的著名宋代士人家族的后裔,在元朝翰林国史院工作了20年。他祖上三代都是南宋的史官,其家中在元代仍保留着大量的文章和宋朝历史著作的抄本。[21]相反,苏天爵是北方学者,也是杰出的元朝文学家,他的职业生涯在朝廷学士与重要地方官之间来回交替。1324年,苏天爵首次被派往翰林国史院任职,随后负责编修皇帝海山(1308—1311年在位)和元文宗朝(1328—1332年)的实录。[22] 1343年,脱脱下令开始编修宋、辽、金三部史书,并没有邀请苏天爵加入修史局。随后,苏天爵将《三史质疑》直接寄给了三史总裁官欧阳玄。三史修成后,苏天爵为在20多年前去世的袁桷撰写了墓志铭。苏天爵为袁桷对宋代历史的取向进行了强有力的辩护,这一辩护也被解读为对脱脱和欧阳玄完成的《宋史》的谴责。[23]

袁桷将他的观察分为20条,既涉及宋代历史和史学的具体问题,也涉及一般性问题。他认为,官方史料(国史和实录)本身并不可靠,因为政治压力迫使宋朝历史学家掩盖敏感事件,逃避令人不快的现实。袁桷断言,只有求助于私人作品才能修正官方史料中存在的这些回避之处。因此,他对20个条目中的许多条目附加了相关私人作品的书单,总计约140部书,袁桷敦促朝廷应该参考这些私人作品。由于元朝翰林国史院中这些作品大多缺失,袁桷提议系统性地在前南宋地区访寻这些作品。[24]他认为，由于所涉及的问题不再具有政治敏感性，朝代更迭将有助于这一历史修正和完成的过程。袁桷间接指出，对他所批评的畏首畏尾的史料，宋人负有部分责任。他指出，过去著名的历史学家——司马迁、班固、刘知幾——将历史写作视为家族数代的事业：上一代人被迫忽略的内容，下一代人会予以填补。袁桷提出的建议因此合情合理，他坚持了修史工作的重要性，还维护了他家作为修史家族的正直声誉。

袁桷提出的 20 条内容，加上苏天爵《三史质疑》中关于宋代历史的八点内容，大致可分为三类问题：（1）一般程序问题；（2）认识到现存宋代历史中存在的弱点，需要重新安排、删除材料或补充新材料；（3）遗漏和回避的问题，需要进一步研究和补充。对于第一类问题，袁桷和苏天爵都将《宋史》编修项目以及其中存在的问题置于既定的官方史学编修方案的背景下，他们认为即便宋朝历史学家在这方面未能尽责，也不应删节宋史史料。苏天爵首先提出了以下的基本问题："今将尽加笔削乎？止据已成《国史》而为之乎？"苏天爵继续说，即使是采用后一种程序也会很困难，因为宋朝的历史学家从未完成理宗及后来君主的实录。"当先采掇其事补为之乎？"[25]苏天爵断言，修史局应该遵循他的建议，因为忽略实录直接编修正史将违反既定的修史方案。

关于第二类问题，袁桷和苏天爵都强调宋朝国史的志和列传部分的时间跨度不均衡。袁桷感叹，关于礼、乐和食货的志没有反映出宋朝在这些问题上的多元化观点。苏天爵进一步担心，元代学者没有能力修改天文志、律历志和地理志。在国史的传记部分，传记的选择和分配并没有恰当地反映出最近的历史判断。一些传记应该重新组合，而另一些传记则应完全舍弃。[26]其他的内容必须根据附于实录的草稿进行全新创作。为了反映这种关注的范围，袁桷在他提出的传记条目后插入了最长的一组他期望参考之作品（48部）的书单。[27]

对于第三类问题——遗漏和回避，袁桷和苏天爵都主张更多地关注宋代历史中失载的内容，特别是宋朝三位开国者太祖、太宗及赵普的行为和性格。随着这一宏寓在宋朝的发展，太祖成为被神化的开国之君，太祖和太宗成为兄友弟恭的伙伴，赵普成为忠心辅佐的宰相典范。事实上，太祖从他曾誓言效忠保护的后周小皇帝手中夺取了皇位；一些史料草蛇灰线地暗示，太宗谋杀了太祖以夺得皇位；太宗登基后，赵普为了讨好太宗，一手促成了太祖儿子的身死。袁桷和苏天爵都主张，新修的宋朝历史应摒弃宋朝的官方人物形象，寻找据说存在的私人史料，以呈现一段不加粉饰的宋朝开国史。苏天爵直言不讳地说："《宋史》言陈桥兵变者，欺后世也。"他断言，太祖之死的真实故事，从《长编》中"隐隐可见"。袁桷和苏天爵都提到了李焘"私作普别传"，他们没有见过该书，但都建议应找来阅读。[28]

两位学者都指出，1168—1186年史官编修《四朝国史》（涵盖北宋末年历史）时，高宗还健在，因此编者们不得不忽视徽宗于1120年决定破坏宋朝与契丹的和议，以及1123年童贯一行人占领燕京，这些事件导致女真人在1125年进攻宋朝。同样被忽略的还有随后的开封被围，徽宗和钦宗被俘并被押往北方。袁桷提出了20

部可以重建这些事件之历史的私人史料,第一部是保存至今的《三朝北盟会编》,该书确实是关于这些事件的主要鲜活史料。袁桷还指出,朝廷国史院中的《长编》抄本不完整,他列出了13部可以填补空白的待寻访作品。[29]

简而言之,袁桷和苏天爵都向元朝翰林国史院的同僚提供了一份预备研究的方案,该方案与许多现代宋史学者所采用的基本研究方法类似。这些现代学者接受官方史料(在这里指元人修成的《宋史》)作为基本的叙事,然后筛选一系列准官方和非官方史料,以证实叙事,并补充任何察觉到的不足之处。袁桷和苏天爵都没有明确的道学想法。尽管人们可能会在苏天爵的语气中察觉到一丝不满,但袁桷的主要动机似乎是希望产出一部信史的求知欲。

袁桷的家学传统,加上他与同人、博学的宁波学者王应麟(1223—1296年)一起研究制度史以及他在舒岳祥(1236—1298年)指导下进行诗歌研究,是他所受早期教育中的指导力量。这两种倾向使袁桷有别于朱熹道学一脉的追随者。苏天爵为袁桷撰写的墓志铭指出,袁桷服膺家乡的浙东学术,这一学术侧重于主题广泛而深刻的知识,表现在"措诸实用,不为空言",这是对道学学者的鲜明嘲讽。最后,苏天爵断言,袁桷想要产出一部基础扎实、研究充分的宋代历史,"非牵合剽袭漫焉以趋时好而已"。[30]苏天爵是在《宋史》修成后写下这句话的,这很可能是他对《宋史》成书的评价。正如我们所看到的,脱脱及其修史局确实在南方寻找了相关的资料,并采纳了袁桷和苏天爵的一些简单建议,如重新撰写《宋史》的列传。但总的来说,他们忽略了更困难的建议,即重新开启官方史学编修过程的早期阶段，并整合私人史料。

修史官的决定很大程度上源于脱脱在政治上崛起掌权及其与当时道学学术的复杂关系。自从 13 岁的元顺帝在 1333 年登基以后，他的第一个丞相伯颜（1280—1340 年）主宰了元朝的政治。伯颜是一位才华横溢的蒙古贵族，他极不信任汉人和儒家对元朝政治文化与日俱增的影响。1335 年，为了遏制汉蒙通婚不断增多的趋势，他重新启用了忽必烈的"至元"年号，并宣布恢复元朝开国者的"旧规"。伯颜暂停了科举考试，转而从怯薛中选拔官员。怯薛是蒙古开国者世袭禁卫的后裔，人数约为 1.3 万人，被认为是"官场的摇篮"和"元朝统治阶层的大本营"。[31]伯颜政权更倾向于由那些具有实践经验的世袭蒙古贵族（得到大量职业吏员的支持）而不是儒家学者来担任元朝政府的领导者。与此同时，伯颜大肆聚敛财富，并将自己凌驾于错综复杂的官署和皇室机构网络之上，而这些官署和机构则负责监督元朝皇室的世袭商业利益。在这些利益中，伯颜的主要盟友是拥立元顺帝的皇太后卜答失里（1307—1340 年）。他们的联盟一直持续到 1340 年，在这个联盟中，卜答失里控制了内廷，而伯颜则控制了文武行政。[32]

反对伯颜的力量最终有两股，一股是由于他的专政而被疏远的蒙古贵族家族，另一股是将自己的职业生涯寄托在科举制度上的年轻蒙古人和汉人。在皇帝的支持下，伯颜 26 岁的侄子脱脱于 1340 年春天发动了一场政变，迫使伯颜和卜答失里下台。他们的大权旁落，标志着蒙古本位主义者渴望回归早期忽必烈时代之精神的永久终结。脱脱恢复了科举考试，召回了翰林学士院里的儒家学者，重新设立了经筵、太学,并举行汉化的郊祀活动。[33]他宣布新一届政府为"更化"政府,"更化"这个词在宋朝政治中被用来表示在一段威权统治之后,回归士人治国的原则。[34]

脱脱年轻时,他的父亲从浙江金华为他聘请了一位名叫吴直方(1275—1356年)的导师,向他传授经学,并使他与其他儒家学者建立起联系。脱脱与吴直方关系莫逆。吴直方成为这个年轻蒙古人的幕后谋士,以及他与汉人儒家共同体的联络人。根据吴直方的传记作者宋濂(1310—1381年)的说法,吴直方推动了1340年的反伯颜政变,他用《左传》中的一句话向脱脱表明政变的合理性:"《传》有之:大义灭亲。"[35]事实上,正如窦德士(Dardess)总结的那样,儒家思想是唯一可以用来为这场政变提供合理理由的意识形态,并且它可以统一元朝的多民族官僚机构。[36]"儒家政治的胜利"很快使宋代道学语言成为元朝政治领域的通用语。《宋史》是第一部用这种语言写成的主要作品。

编修宋、辽、金三史的修史局人员的组成,既反映了"更化"的汉蒙混合政治,也反映了脱脱与道学共同体的联系。1343年三月的敕令,命修史局着手修宋、辽、金三史,并为《宋史》设计了四层管理结构。在脱脱总负责之下,有7位总裁官监督着25位史官和23名提调官。[37]总裁官中,在政治上最显赫的是铁木儿塔识(1302—1347年)和北方汉人贺惟一(1301—1363年),他们都是脱脱"更化"政府的关键成员,他们作为所有三部史书的行政协调者,同时监督着皇帝的经筵。[38]不过,修史项目的知识核心是以下两位总裁官——北方汉人张起岩(1285—1353年)和南方汉人欧阳玄，在进呈史书时，他们的地位和职位完全相同。

关于这三部史书的修史诏令，授权总裁官订正史官提交的草稿，"定是非"，从而决定最终的文本。[39]张起岩和欧阳玄的传记，记载了他们都根据自己所受的训练以及道学原则的知识来行使这一权威。[40]历史正确性的标准转而成为史家的"心术"，经过道学的修炼和道德的培养，"心术"才会变得"正"，才能做出正确的历史判断。[41]山东人张起岩，出身于一个臣服于蒙古人并入元为官的金朝官员家族。他的道学训练缘起史无记载，但在 1315 年元朝举行的第一次进士考试中，他位列汉人榜首位，榜中还有欧阳玄及其他三位《宋史》总裁官。[42]众所周知，1315 年进士考试是以朱熹的道学学问为基础的。1315 年的进士在修史局中占据绝对优势，这反映了此种儒家思想对脱脱"更化"的重要性，以及他致力于将道学历史观铭刻在宋朝史料中。中进士第之后，张起岩在包括国史院在内的朝廷学术机构中任职，他在国史院完成了元朝三位皇帝的实录。

欧阳玄也有类似的职业生涯。不过，他的情况有些不同，欧阳玄的思想起源可以追溯到南宋——实际上可以直接追溯到朱熹——这些都记录得清清楚楚。欧阳玄的三代直系祖先都是晚宋书院的讲师，他们在书院里教授以朱熹学说为基础的道学课程。其族人欧阳守道（1209—？年）是潭州（今湖南长沙）著名的岳麓书院的道学大师和山长。13 世纪 50 年代初，大约在欧阳玄的父亲欧阳龙生（1251—1307 年）出生的时候，欧阳守道邀请欧阳玄的曾祖父欧阳新到书院讲学。其家定居潭州，而欧阳玄的祖父则继续在岳麓书院任教。欧阳龙生在岳麓山长大成人，在宋朝灭亡时隐居不仕。1293 年，他再次现身，担任同样位于潭州的文靖书院的山长。在那里，年龄各异的学者蜂拥而至，聆听他讲授道学课程。[43]

除了家学这一传统，《宋元学案》还把欧阳玄列入所谓的"金华四先生"的知识谱系。金华位于宋代的婺州（今浙江中部），是脱脱导师吴直方的出生地。金华道学谱系直接传承自朱熹。朱熹的女婿、继承人黄榦（1152—1221 年）传给何基（1188—1268 年），何基将朱熹的学说带回家乡金华。然后金华人金履祥（1233—1303 年）传给金华人许谦（1270—1337 年），继而传到了欧阳玄和揭傒斯（1274—1344 年）。[44]虽然金华的道学大师们是朱熹道德哲学的忠实诠释者，但他们将朱熹的学说与浙东思想家的经世思想相融合。[45]特别是金履祥，他将朱熹的道学道德哲学提炼后应用于历史，并运用其提炼过的范式的洞见来阐释政府维护适当的道德和社会秩序的道德责任。[46]欧阳玄的个人经历，从晚宋书院的道学世界，经由元初书院的沉寂和复兴，再到 1315 年的科举考试，最终仕宦成功，反映了许多元代儒士的知识路径。[47]

因此，从政治上讲，脱脱的《宋史》修史局反映了汉蒙平衡且混杂的格局，这一格局带来了"更化"。不过，在知识上，修史局反映出编修人员的关注点狭隘得多，这源于修史局继承了元朝在 1315 年对朱熹儒学的尝试性接受。脱脱选择了经验丰富的历史学家和务实的政治家，但他们也是从元朝的亲儒家转向以及从脱脱本人拥抱这一转向中受益最大的学者。修史局与宋代道学大师们的直接关联，以及修史局人员科举考试的成功，给了他们"定是非"的道德和政治权威，在修史这项任务中，他们带来了其道学导师的历史观点。

**结构和含义**

尽管《宋史》篇幅较长，编修水平也参差不齐，但它呈现出结构的一以贯之和独特的断代史视角。在最基本的层面上，《宋史》分为本纪、志/表和列传，遵循了长期以来断代史正史的三重结构。虽然现代学术界很少能确定《宋史》中任何一段文字的哪一部分文本来自宋代史料，而不是元人对那些宋代史料的编辑，但欧阳玄——可能是在张起岩的同意下——肯定撰写了本纪中的"赞"，志、表中的"序"，以及列传中的"序"和"论"。[48]尽管其文本背后经常隐藏着不一致之处，但编者的这些评论为《宋史》提供了总体上的意义结构。

— 赞 —

在本纪中，"赞"是对每个皇帝统治时期之编年史的盖棺论定，它允许史官评论每一位皇帝的特点，并总结其统治的本质。按先后顺序阅读，17篇宋朝皇帝的"赞"也提供了关于宋朝历史的宏观视角。元朝编者们用"赞"给宋代历史分期，他们利用这种分期来介绍《宋史》的重大主题。在本纪之后，他们在内容更丰富的志和列传中，更频繁地使用"论"来强化这些主题，提供充分放大的例子,以及相关的支撑例子和细节。虽然这种分期的基本框架遥继自李焘,但元代编者们使用道学术语重构了故事,并根据自己的政治需要调整了其重点。也就是说,在这些自我设定的参数中,他们的"赞"通常被解读为善意的尝试,试图对宋朝皇帝的个性和每个皇帝统治时期的历史趋势做出平衡的评价。这些论断已经影响了相当多的关于宋代的学术研究,且至今仍发挥着影响。

《宋史》中对太祖、仁宗、孝宗的"赞"最为正面。选择这三个人物,投射了更大的叙事,在这个叙事中,太祖最初的"仁"完善于仁宗时期,然后再现于南宋孝宗时期(尽管不及仁宗时期)。与这些正面评价相反,对徽宗的"赞"最为负面,其次是对神宗、高宗和宁宗的"赞"。元朝史官运用基于道学政治理想的判断,创造了宋朝统治有效性的兴衰晴雨表。对王安石和新法高度否定的评价贯穿整部《宋史》,这种评价在《神宗纪》的"赞"中第一次出现,印证了这一分期,并强化了李焘先前认为宋代历史在1067年发生根本改变的判断。① 如本书第八章所述,太祖—仁宗的重点轴线出现在南宋初期。孝宗加入这一轴线发生在13世纪中叶,当时道学在政治上的胜利已经拔高了孝宗作为皇帝的形象:在他的领导

---

① 《宋史》卷16《神宗纪三》"赞曰":"帝天性孝友,其入事两宫,必侍立终日,虽寒暑不变。尝与岐、嘉二王读书东宫,侍讲王陶讲论经史,辄相率拜之,由是中外翕然称贤。其即位也,小心谦抑,敬畏辅相;求直言,察民隐,恤孤独,养耆老,振匮乏;不治宫室,不事游幸,励精图治,将大有为。未几,王安石入相。安石为人,悻悻自信,知祖宗志吞幽蓟、灵武,而数败兵,帝奋然将雪数世之耻,未有所当,遂以偏见曲学起而乘之。青苗、保甲、均输、市易、水利之法既立,而天下汹汹骚动,恸哭流涕者接踵而至。帝终不觉悟,方断然废逐元老,摈斥谏士,行之不疑。卒致祖宗之良法美意,变坏几尽。自是邪佞日进,人心日离,祸乱日起,惜哉!"

下，道学运动已经发展到早期成熟阶段。元代编者们继承了诸如陈均、吕中等晚宋道学史家对孝宗的大部分正面评价。

关于皇帝的"赞"最早起草于编修国史阶段。因此，元朝史官应该看到了北宋三朝国史中时间更早的"赞"。虽然这些国史均已亡佚不存，1186年的《东都事略》在每个皇帝在位时期结束后都保留了"臣称曰"，这即便不是北宋国史中的真实语言，也肯定反映了其态度。这些评论都极为正面，因为批评任何一个宋朝皇帝，特别是在像国史这样高度可见和仪式化的体裁中，在宋朝都是不可能的。"臣称曰"包含了12世纪中期即道学运动兴起之前关于宋代历史的观点，并提供了一个有用的比较点，以评估元朝史官从他们掌握的史料中获得的内容以及他们自己设计的内容。

《东都事略》对北宋前四位皇帝的评论，展现出1063年以前的宋代历史是对太祖"正"和"仁"思想的不断升级拓展。这一姿态起源于1030年的《三朝国史》，当时的政治要求鼓吹太宗和真宗的统治，后来又将仁宗加入最初的三朝，延续了这一姿态。[49]然而，《宋史》的"赞"却与这些时间更早的、平稳的正面评价大相径庭。元朝史官不仅把太祖的地位拔高到宋朝诸帝中一骑绝尘的层次，还在太宗和真宗的"赞"中加入了鲜明的不和谐因素。结果是太祖开基立业后王朝衰落的轨迹就已然显现，随后，宋朝在仁宗治下进行了更化。

《东都事略》对太祖的评论（第九章引用）局限于发展出一种比喻，即太祖的"正"与尧、舜的一样，因为他通过揖让得位，并把皇位传给了弟弟太宗而不是自己的儿子。历史上的这些相似之处，依次体现在陈桥兵变的建国叙事和太祖、太宗过渡时期的金匮之盟叙事上。[50]《宋史》中对太祖的"赞"保留并强化了太祖等同于尧舜的说法，明确指出与五代的其他皇帝相比，上天选择了太祖来治理天下：在这些不太重要的君主造成天下大乱之后，太祖恢复了人民的安宁。上天赐予的道德权威使太祖打败了其他割据势力，让他能够统一天下，"此非人力所易致也"。"赞"接着列出了太祖在一统天下后取得的成就：解除了藩镇的兵权，严肃惩处赃吏，亲自监督地方官员的任命，鼓励农业发展和兴学，规范惩罚措施，轻徭薄赋。太祖于在位十七年间确立的"典则"奠定了宋朝三百年江山的基础，使宋朝与汉、唐相比也不遑多让。[51]

换句话说，根据《宋史》的"赞"，宋代道学运动及其元代追随者所倡导的中央集权、以文官为统治基础、皇帝治国的士人理念起源于尧舜，然后上天授权太祖在 960 年重新建立这种统治。我们会在后面几章中探讨，这一范式的元素出现在北宋，13 世纪的道学运动完成了这一过程。元朝的《宋史》编者们发现这种叙事是支撑《宋史》的合适模型，并将其推荐给他们自己的君主。在这样做的过程中，他们驳斥了袁桷关于太祖篡夺后周皇位以及太宗捏造金匮之盟叙事的说法。

除了在"赞"中神化太祖，元朝的编者还在《宋史·太祖纪》的结尾与"赞"之间插入了十五个关于太祖的短篇故事的合集，我们在第六章会更细致地探究这些故事。这一编辑过程构成了《宋史》的一个特色，这个特色独属于《宋史·太祖纪》。[52]这些故事中的每一个都突出了太祖性格的一个方面——节俭、自然不造作、敞开心扉、公正无私、有远见、厌恶暴力、热爱学术，以及他支持太宗继承皇位。这些日期不详的故事大部分可能不是早期历史记录的一部分，而是在北宋时期作为真真假假的史料补充而出现的。到 11 世纪末时，它们被程式化地单独使用或组合使用，以说明太祖这些所谓的品质。这些故事被插入《宋史·太祖纪》的结尾与"赞"之间，为"赞"中对太祖的溢美之词做了铺垫。

例如，第一个故事讲述的是太祖称帝后不久经常微服出行，有人劝谏他此举会危及人身安全，但太祖不接受劝谏。他回答道，周世宗（954—959 年在位）诛杀了任何一个有天子之相的将领，但自己能安然无恙，这是因为上天注定他要活下来，成为宋朝的皇帝。这一开篇的小故事与其他许多短篇故事都来自石介 1038 年编撰的《三朝圣政》和司马光的《涑水记闻》。因此，它们并不属于时间最早的 1030 年之前的官方史学的一部分，而是见于仁宗统治时期，作为当时士人塑造宋朝开国者的形象，使其更符合他们对仁宗及其统治之期望的一部分努力。李焘承认《长编》收录了这样一些短篇故事，但他怀疑它们的可靠性，指出这些故事缺乏明确日期，且最早出现在石介和司马光的著作中。[53]①

道学运动继续影响着这些短篇故事，将太祖塑造成一位圣君，他的"正心"效仿了尧、舜之心。1188 年，朱熹觐见孝宗，在这

---

① 《宋史》卷 3《太祖纪三》："受禅之初，颇好微行，或谏其轻出。曰：'帝王之兴，自有天命，周世宗见诸将方面大耳者皆杀之，我终日侍侧，不能害也。'"

场著名的觐见中，朱熹严格按照司马光对故事的描述，引用了故事中太祖的话来提醒孝宗，太祖如何"正"宫门，以便让人们能洞察他的内心，从而了解他内心的"正"。在道学体系中，这种"正心"，尤其是统治者的"正心"，是社会和政治秩序的必要前提。[54]到了13世纪，道学史家们已经将对这些短篇故事的解释，转变为宋朝建国的标准主题。[55]很难确定《宋史》中这十五个短篇故事是什么时候组合在一起的：是元朝史官完整继承了前人的书写内容，还是他们自己收集而来？胡一桂（1247—1315年）评论了一个未注明出处的段落，这个段落收集了前四个短篇故事，在排列顺序和措辞用语上与《宋史》中插入的内容非常相似。[56]因此，从朱熹经陈均和吕中，再到胡一桂，最后到元朝史官，直接展现了太祖"正"宫门这一故事的道学传播。[57]

《宋史》对真宗、仁宗的"赞"与《东都事略》中的"臣称曰"呈现出鲜明的对比。由于元朝史官认可宋人对仁宗的正面评价，他们只需改写前面赞扬仁宗"恭俭仁恕"的话。不过，他们补充道，尽管存在一些弊病和问题，但这些并不妨碍仁宗在统治时期取得的伟大成就，特别是君臣之间的和谐关系为宋朝树立了"忠厚之政"的标准。他们强调，仁宗的统治标志着宋代历史上的一个高峰，并补充道："子孙一矫其所为，驯致于乱。"[58]

《东都事略》称赞宋真宗订立了澶渊之盟，缔造了和平，确保了宋朝的繁荣昌盛，保证了他随后举行的封禅仪式尽善尽美。因此，宋真宗领导的"太平"时代臻至千年未见之盛世。[59]宋朝官方吹捧真宗朝最早出现在11世纪30年代，并在很大程度上一直保持不变。[60]然而，由于"太平"的繁荣和制度发展是在道家礼仪的语境下发生的，儒家学者开始私下质疑官方历史的必胜信念。司马光的《涑水记闻》中有两则反映真宗负面形象的轶事。第一则轶事（已见于本书第三章，李心传质疑过）中，宋真宗早年的宰相李沆曾提醒同僚王旦，订立澶渊之盟可能会让皇帝放纵"侈心"。第二则轶事将真宗礼仪铺张过度的动机归于宰相王钦若的建议，即契丹人会畏惧于上天支持宋朝。[61] 1099 年，苏辙更详尽地描述了这个故事，李焘采纳了它，并将其作为《长编》的正文叙事。[62]道学的兴起给真宗这一正面形象施加了压力。以朱熹为例，他私下质疑东封西祀代价巨大。[63]不过，即使是在 13 世纪中期的历史里，对真宗的公开批评基本上也是委婉的。[64]

真宗朝因此给元朝史官提出了一个难题。他们对真宗模棱两可的"赞"（《宋史》中唯一一例），给一位现代学者留下了"他们勉为其难摇头的印象"。[65]他们撰写的真宗"赞"详细阐述了司马光笔下的两则轶事，将真宗刻画成一个"英晤"但贪图虚荣的人主，为了震慑契丹人，他轻信手下高官们的误导，从而在东封西祀上靡费巨大。为了掩饰对司马光的依赖，元朝史官解释道，他们对《辽史》的研究，揭示出契丹人高度迷信的习俗。他们认可真宗宰辅们的基本目标，即利用强大敌人的弱点，但他们认为这个计划有缺陷且执行过度。这一观点单一的"赞"很快便转到更具倾向性的正面论调上："仁宗以天书殉葬山陵，呜呼贤哉！"[66]

可以想见，《东都事略》和《宋史》对神宗的评价截然不同。

前者写道，神宗着手改革宋朝头一百年中逐渐累积起来的诸多不完善之处。他是一个励精图治的君主，以上古三代作为他的治国模式。《东都事略》以正面方式展现了神宗的所有举措，混合了重要的新法及其他行动，如对礼和宗室管理方面的改革，以及1082年重组政府和军队。神宗晚年因下属无法执行自己的意图而有"悔"。[67] 对元朝史官来说，他们承认神宗是一个具有献身精神的励志领袖，他的目标是统一北方的土地。但神宗依靠王安石，而后者利用皇帝的雄心壮志来实施新法，这中断了神宗早年的抱负。神宗从未意识到王安石给国家造成的混乱局面，他自信地驳斥"谏士"，以至于"祖宗之良法美意，变坏几尽。自是邪佞日进，人心日离，祸乱日起"。[68] 因此，尽管《东都事略》从未直接提及王安石，但元朝史官仍不愿直接批评神宗，而是将北宋的最终灭亡完全归咎于王安石和新法。

《东都事略》和《宋史》对哲宗统治时期的认识基本一致。两部史书都称颂高太后（1032—1093年）的摄政，追忆元祐长官们的统治"庶几仁宗"。但《宋史》明确称，元祐政府废除了新法，并从道德角度界定了1093年以后的政治逆转："旧奸"报复善良，导致"君子尽斥"。《东都事略》承认哲宗召回了以前的改革派官员，但只是简单地总结道："大臣不以忠厚而事其上也。"元朝史官没有评论哲宗的人格，拒绝重复早前对他"英毅开敏"的赞美之词。简而言之，《东都事略》将哲宗的统治展现为政治方向的简单逆转，而元朝史官则将哲宗本人从这一情况中剔除出去，并用道德绝对的道学语言塑造了这一逆转。[69]

两部史书在对徽宗的分析上分歧最大。因为徽宗的儿子高宗活到1187年，《东都事略》的评价反映了南宋时期关于徽宗对北宋灭亡所负责任的历史问题的高度敏感性。从现代角度来看，《东都事略》的"臣称曰"巧妙地加以回避，只关注徽宗统治的始末。"臣称曰"：徽宗最初想在1100年任命原元祐高官范纯仁（1027—1101年）为相，但范纯仁因病不能就职。接下来是泛泛地称，"忠臣进则朝廷尊，群阴用则祸乱作"。一系列来自《尚书》的引文将徽宗与古代圣君联系起来：圣君们认识到自己的错误，改弦更张，从而赢得了民众的支持。1125年，"克谨天戒"，徽宗退位，以这种方式使高宗的中兴成为可能。王称这位12世纪的历史学家非但没有在《东都事略》中批评徽宗，反而使徽宗成为向宋朝中兴传播元祐精神的积极渠道。[70]

与这些概括相反，元朝史官花费了相当大的篇幅（篇幅仅次于《宋史·高宗纪》的"赞"）引用徽宗统治时期的具体事件，来剖析他们所认为的徽宗统治时期政治与人格的有害交集。在对12世纪20年代早期的对外交往和军事活动进行长篇回顾之后，他们得出了这样的结论：如果徽宗不是皇帝，金朝尽管强大，也永远不会进攻宋朝。他们把徽宗描述为"私智小慧，用心一偏"。蔡京怂恿并利用了徽宗的这种人格，怂恿徽宗崇信奢侈放纵，而这种行为影响到宋朝，并削弱了宋朝国力。当内侍童贯奉命执掌宋朝最精锐的部队时，灾难就注定会发生。徽宗的被囚禁和失国不是命中注定的，而是由他本人的贪欲导致的。元朝史官也引用了《尚书》中的告诫之语："不作无益害有益，功乃成；不贵异物贱用物，民乃足。"[71]①北宋的灭亡，是新法的延续与徽宗个人追求奇异及无益之物相结合的结果。在那些"纵欲而败度"的人君中，他是最差的一个。[72]

元朝史官对徽宗的评价基于道学前提，即人君的心决定其统治期间政治秩序的品质。因此，北宋的灭亡是徽宗"用心一偏"的自然结果。《宋史》中对中兴君主的"赞"延续了这一脉络。元朝史官使用高宗、孝宗的"赞"，来展现他们对从北宋到南宋之过渡的性质和特征的看法。他们评价南宋中兴的成功，发现它的不足之处。在迅速回顾了历史上的五次中兴（夏朝、东周、东汉、东晋、唐朝）之后，他们发现金和宋的中兴尝试均存在缺陷，因为它们没有收复王朝以前的全部土地。[73]他们认为高宗"恭俭仁厚"，他利用这些品质延续了宋朝，但无法"拨乱反正"。这句名言出自《春秋公羊传》的最后一篇，描述了孔子希望他的书能恢复周朝的命运。1127年之后，"拨乱反正"成为修辞流行语，用来描述中兴的任务；1142年宋金和议之后，秦桧使用它来宣告这些中兴目标已经实现。[74]"拨乱反正"不仅意味着南宋回归政治稳定和军事安宁，也意味着道德的重新调整——这是就太祖对宫门所做之事的道德推论。元朝史官对这个短语的具体使用，一方面承认高宗延续了宋朝的国祚，另一方面否认他使宋朝回归北宋的正统。考虑到之前的"赞"，"正统"必定是指1067年之前的太祖和仁宗时期。

---

① 《宋史》卷22《徽宗纪四》的"赞曰"并未完整引用《尚书》中的这句话，写作"不作无益害有益，不贵异物贱用物"。

《宋史·高宗纪》的"赞"承认,高宗面临的军事和财政困难,远远超过了其他中兴君主面临的困难。但元朝史官告诫道,不要因为这些困难很大,就免除他对宋朝中兴最终失败所应负的责任。作为证据,他们援引了晚宋的道学观点:高宗在1127年有收复北方的条件,即"内相李纲,外任宗泽",但是,"其始惑于汪、黄,其终制于奸桧,恬堕猥懦,坐失事机"。更糟糕的是,"赵鼎、张浚相继窜斥,岳飞父子竟死于大功垂成之秋"。[75]那个时代的"有志之士为之扼腕切齿",因为高宗"方偷安忍耻,匿怨忘亲,卒不免于来世之诮"。[76]

这里的元朝史官,把源于北宋晚期的"奸相"接续不断出现的道学概念延伸到高宗统治时期,奸相压制了受道学启发的贤相——在这里指的是李纲、赵鼎和张浚等人。这一历史建构始于朱熹将儒家的君子-小人二分法应用于宋代历史上。[77]在《宋史》列传中,道学大师们与"奸臣"生活在同一时期,这个主题将作为主要的组织力量再次出现。高宗允许这种将"奸邪谱系"延伸到南宋的主题,再加上否认他使宋朝回归正统,这意味着高宗只是延长了始于神宗时期的对"正统"的非正统偏离。因此,高宗的中兴不仅在空间上,而且在道德上也是不完整的:他无法恢复开国之君太祖的成就。

如果说对高宗的"赞"只是暗示了这一失败,那么元朝史官一开始便毫不含糊地给予孝宗充分正面的评价:因为他是太祖的后裔,孝宗是南宋最好的皇帝。通过阐述这一生物学事实,元朝史官还断言,孝宗与北宋正统(体现在太祖和仁宗统治时期)

之间存在一种道德上的联系；在《宋史·孝宗纪》"赞"的末尾，元朝史官将孝宗与仁宗相提并论。元朝史官特别给孝宗贴上儒家"贤"的标签。他们称赞他在 12 世纪 60 年代初再次发动对金的敌对行动后，成功地与金朝谈判，达成了更有利于南宋的和议条款。他们声称孝宗支持的收复北方的军事计划，赢得了金朝廷的尊重并使之心生畏惧；接着，两个朝廷之间关系的和缓为民众提供了一个受欢迎的喘息之机。总之，他们详述了孝宗的孝道。考虑到他不是高宗的亲生儿子，他们断言他对高宗的孝顺是前所未有的。正如仁宗配得上"仁"的庙号一样，孝宗的庙号被尊为"孝"。[78]

元人对高宗、孝宗的"赞"，因此暗示着宋朝中兴在孝宗统治下达到了顶峰。对其他宋朝皇帝的"赞"也证实了这一论断。尽管元朝史官赞扬光宗和宁宗，因为两人早期致力于儒学且最初支持士人治国（光宗在 1190 年，宁宗在 1194 年），但他们也注意到，这两位皇帝都无法维持这一最初的承诺。光宗不能控制住内廷的后妃，宁宗受制于权相，先是韩侂胄，然后是史弥远，史弥远还将合法的皇位继承权转移给了理宗。《宋史·宁宗纪》的"赞"以南北宋的直接类比作结："宋东都至于仁宗，四传而享国百年……南渡至宁宗，亦四传而享国九十有八年。"然后，他们对比了从仁宗过渡到英宗的恰当性，与从宁宗过渡到理宗的不得体，以此来隐喻中兴未能达到其最初期望的程度。[79]

在《宋史·理宗纪》的"赞"中，元朝史官将理宗四十年的统治时期与仁宗的统治时期进行了比较，但理宗持续依靠权臣（史弥远、丁大全、贾似道）治国，使得任何进一步的比较都显得肤浅。元朝史官嘲笑理宗朝廷在处理蒙古人的问题上表里不一：1234年，南宋先与蒙古人结盟打败了金人，然后又为了攫取蒙古人的北方土地而背弃了这一联盟。"赞"对理宗进行了攻击，引证他"中年嗜欲既多，怠于政事，权移奸臣，经筵性命之讲，徒资虚谈"。不过，"赞"以称赞理宗即位之后，"首黜王安石孔庙从祀，升濂、洛九儒，表章朱熹四书，丕变士习，视前朝奸党之碑、伪学之禁，岂不大有径庭也哉！"作结。在提到蒙古朝廷转向儒家思想时，元朝史官总结道："后世有以理学复古帝王之治者……实自帝始焉。"他们认为理宗的庙号"理""其殆庶乎！"[80]

按照时间顺序阅读《宋史》本纪部分诸帝的"赞"，我们由此揭示出道德斗争的起伏轨迹，这是一种发生在思想上的斗争，并导致宋朝皇帝自身的政治倾向和政策发生变化。这一观点反映了南宋的道学信念（朱熹强有力地表达过），即皇帝的"正心"决定了政府的道德品质和有效性。《宋史》列传部分的序和"论"，增强并细化了这种道德张力的循环模式。我们将在第十一章"宋代历史的节奏"中探讨这些观念的宋朝渊源。

— *序和"论"* —

像所有的断代史一样，《宋史》列传部分的正文最长、"论"最多。这些列传分为两组，在正史传统体裁中，分为单独的、长篇幅未分类的（一般）合传和篇幅较短的相关主题的分类合传。《东都事略》采用了类似的安排，再次比较这部 12 世纪的作品与《宋史》，展现了元朝史官如何修改他们所掌握的宋代史料。表 5.1 呈现出这两部作品列传部分的结构。《东都事略》的分类很可能源自 1082 年的《两朝国史》。李心传写道，《东都事略》"特掇取《五朝史传》及《四朝实录附传》，而微以野史附益之"。[81] 李心传的表述准确地描述了北宋官方的历史汇编，12 世纪中期王称编撰《东都事略》时后面这些作品已经存在：1030 年和 1082 年的两部国史，以及最后四朝的实录。1030 年的国史是第一部内容有分类的国史，随后 1082 年的国史重复了这些分类。因此，《东都事略》的分类代表了 11 世纪中期一种相当古老且清晰的前道学敏感性。这些分类很大程度上是道德划分，虽然是传统意义上的，但与更早、更简单的宋朝国史的类型划分（显然没有分类）相比，体现了一种日益明显的差异。[82]

**表 5.1　《东都事略》与《宋史》列传部分的比较**

| \<东都事略\> 卷 | 类 | 序 | \<宋史\> 卷 | 类 | 序 |
|---|---|---|---|---|---|
| 13—14 | 世家 | 卷 13，第 1 页 a | 242—243 | 后妃 | 卷 242，第 8605—8606 页 |
| 15—17 | 世家 | 卷 15，第 1 页 a—b | 244—247 | 宗室 | 卷 244，第 8665—8666 页 |
|  |  |  | 248 | 公主 | 无 |
| 18—109 | 列传 | 无 | 249—425 | 列传 | 无 |
| 110—111 | 忠义 | 卷 110，第 1 页 a |  |  |  |

续表

| 《东都事略》 ||| 《宋史》 |||
|---|---|---|---|---|---|
| 卷 | 类 | 序 | 卷 | 类 | 序 |
| 112 | 循吏 | 卷112,第1页a | 426 | 循吏 | 卷426,第12691页 |
|  |  |  | 427—430 | 道学 | 卷427,第12709—12710页 |
| 113—114 | 儒学 | 卷113,第1页a—b | 431—438 | 儒林 | 无 |
| 115—116 | 文艺 | 卷115,第1页a—b | 439—445 | 文苑 | 卷439,第12997—12998页 |
| 117 | 卓行 | 卷117,第1页a |  |  |  |
|  |  |  | 446—455 | 忠义 | 卷446,第13149—3150页 |
|  |  |  | 456 | 孝义 | 卷456,第13386页 |
| 118 | 隐逸 | 卷118,第1页a | 457—459 | 隐逸 | 卷457,第13417页 |
|  |  |  | 460 | 烈女 | 卷461,第13477—13478页 |
|  |  |  | 461—462 | 方技 | 卷461,第13495—13496页 |
| 119 | 外戚 | 卷119,第1页 | 463—465 | 外戚 | 卷463,第13535页 |
| 120—121 | 宦者 | 卷120,第1页a—b | 466—469 | 宦者 | 卷466,第13599—13600页 |
|  |  |  | 470 | 佞幸 | 卷470,第13677页 |
|  |  |  | 471—474 | 奸臣 | 卷471,第13697页 |
| 122 | 僭伪 | 无 |  |  |  |
|  |  |  | 475—477 | 叛臣 | 卷475,第13789页 |
|  |  |  | 478—483 | 世家 | 卷478,第13853页 |
|  |  |  | 484 | 周三臣 | 卷484,第13967页 |
| 123—130 | 附录 | 卷123,第1页a—b | 485—492 | 外国 | 卷485,第13981—13982页 |
|  |  |  | 493—496 | 蛮夷 | 卷493,第14171页 |

这一比较展现出，目前《宋史》列传的结构是元朝史官有意为之的。这些意图可见于列传分类的选择、名称和顺序，将个人安排到特定列传，以及不同列传的序和个人评论。表 5.1 显示了史官对早先宋朝国史中分类的区分和重新安排。总体顺序是相似的，但更复杂的元代结构强调了分类中"正"的前半部分和"邪"的后半部分之间的隐含差异。[83]前半部分始于"循吏"（无私奉献但不出名的文官）列传。这些在历史上不为人所知但"正直"的官员的理想化肖像，是其余的"好"群体的前奏，这些"正"的群体按照政治重要性递减的顺序被组织起来，最后以"烈女"作结。"方技"标志着列传向"邪"的一半过渡，然后是"外戚"、"宦者"和"佞幸"——所有这些都是潜在的令人生厌的群体——元朝史官在"序"中声称宋朝廷成功地控制住了这些人。"奸臣"包含一系列破坏性不断增强的"奸邪"团体，而宋朝皇帝没能很好地控制住这些人。这些团体以"外国"和"蛮夷"群体作结。其结果是，《宋史》中的分类传记形成了一种等级结构，这种结构根据每个群体对宋朝政体理想化的道学观的相对正面或负面的作用，将不同群体联系起来。

细心的读者会注意到，元朝编者们将"忠义"（开启了《东都事略》的分类）降级，把"循吏"升级为《宋史》"正"的首要类别。比较解读这两组列传的序，可以解释元朝史官这一举措的理由。"忠义"指的是那些在宋朝军事行动中牺牲的人，类似于现代美国的"战争英雄"。《东都事略·忠义传》的序断言，这样的英雄只出现在动乱时代，因此，在宋代人数不多。只有在动荡的靖康时期（1125—1126 年），才出现了大量的"忠义"。《东都事略》包含了 25 名英雄的传记，其中半数之人死于发生了多次的宋夏战争，另一半人则死于靖康时期。[84]《东都事略》里没有任何死于庆历以前战争中人物的传记。宋朝开国者的"仁"推动了宋取代后周的政权和平更迭，这一宏寓叙事可能排除了那些死于太祖和太宗巩固统治之战争中的人。《宋史·忠义传》的序则采取了不同的做法，将"忠义"归于太祖个人恢复五代时已经衰落的"忠"的精神。元朝史官声称，太祖对誓死效忠之前后周君主的少数人殉国的尊重，为忠义的重生埋下了种子，并最终激发了宋人在庆历宋夏战争中表现出来的英雄主义。值得注意的是，他们进一步将这种"忠"的勃兴归功于仁宗时期，当时范仲淹和欧阳修等士人的奏议激励了宋朝军队奋勇杀敌和报效国家。在他们看来，太祖最初的"忠义"情感因此得到了强化，激发了靖康时期的英雄主义，最终也激发了因抵抗蒙古人而死的宋朝臣民的英雄主义。元朝史官再一次认定，太祖—仁宗时期的忠义风气如此盛行，以至于在宋朝灭亡之前都会对重大事件产生影响。[85]

关于"循吏"的两篇序，也展现了元朝史官如何大幅调整宋朝在道学出现之前的关注点。"循吏"（"奉职循理"）一词源于《史记》，司马迁使用不知名但正直的周朝中期官员的传记来讽刺武帝的苛政。[86]《东都事略·循吏传》包含了 11 位官职卑微、相对不知名的北宋官员的传记。这些记述生动地描述了他们作为地方行政官员的行为如何以合理、实际的方式（如改善农业、赈灾和抵御盗匪）造福民众。《东都事略·循吏传》的序断言，从太祖朝直到仁宗朝一以贯之的兴农政策，使这些官员取得了政绩。神宗有同样的意图，但因官员们追求"功利"，他的政策偏离了轨道。《东都事略》在两个官员的传记中，凸显了他们不顾新法的重重阻挠，坚持帮助民众。[87]相比之下，《宋史》则将"循吏"框定为太祖提高地方行政人员素质的三种政策的产物：（1）太祖亲自选拔"循吏"；（2）太祖密切监督他们；（3）严厉惩罚官员们的违纪行为。传记中没有提到农业或其他的宋朝皇帝。元人的这些调整，无论是在顺序上还是在内容上，都标志着对作为宋朝忠臣的意义做了重要的重新定义。《东都事略》继承了北宋编修的《新唐书》的思想，将"忠义"定义为为王朝殉国，仍然赋予"忠义"自豪感。但元朝史官将"循吏"拔高到首要地位，将"忠义"降至低于"儒林"和"文苑"的第三层次。他们这样做，标志着判断一个人对治国之贡献的首选标准，从英勇战死沙场到矢志不渝的文职服务的转变。

这一强调也出现在文学人物传记的序中。《东都事略》和《宋史》都认为，宋代文学的伟大始于欧阳修，欧阳修扫除了宋初西昆体颓废不振的文风。《东都事略》将这一成就框定在从唐回溯到汉的长周期文学兴衰的背景下，比较了欧阳修与唐代的韩愈，但并没有将欧阳修与古文具体联系在一起。在欧阳修之后，王安石、曾巩（1019—1083年）、苏轼拓展了宋代文学的成就，这些成就延续至今。然而，《宋史》将宋朝文学的复兴直接归因于太祖，他以文官取代武人，为"文士"的出现奠定了基础。《宋史·文苑传》的序直接将欧阳修与古文联系在一起，但又感叹南宋的"文气"不及北宋。《东都事略·文艺传》和《宋史·文苑传》的序因此重复了既定的模式:《东都事略》把宋朝的文学成就框定为宋朝君主政体总体上保持政策延续的结果;《宋史》则将同样的成就归因于太祖个人的具体行为,并且认为当后来的君主不遵循太祖的"故事"时,这些成就就会消退。[88]

如果说作为文官的士是《宋史》中的新英雄,那么这部作品对"儒士"前所未有的处理反过来表明,新的标准将以朱熹的道学学说为基础。元朝史官把宋朝的儒士分为两类:(1)"道学";(2)"儒林",这是对作为整体的儒家学术的一种传统说法。元代编者们突出了《道学传》,并省略了《儒林传》单独的序,这清楚地表明道学已经成为儒家思想的主流。4卷《道学传》中传主的选择,有两个主导因素:朱熹的观点和元朝史官的观点。《道学传》前两卷是朱熹在《伊洛渊源录》中记载的5位北宋道学大师及其弟子的传记。无论是收录他们的传记文本,还是对他们著作的大篇幅引用,都是追随朱熹的做法。后两卷包含朱熹、张栻(1133—1180年)的传记,以及以黄榦为首的6位朱熹门人弟子的传记。《道学传》的前两卷因此再现了朱熹对自己学术缘起的重构,后两卷再现了元朝史官自身学术缘起的画面,还有朱熹学说进入元朝并传承到他们那里的路径。[89]众所周知,元朝史官将12世纪的其他人物,如吕祖谦和陆九渊(1139—1192年)——现代学者经常将他们解释为形成了"道的群体"——归于常规的"儒林"。元朝史官是朱熹的追随者,但他们并不是狂热分子,而是博览宋代各式儒学的学者。最有可能的是,《道学传》专门关注朱熹,更多地反映了官方的政策支持朱熹解经(而不是史官们的个人观点或知识背景)作为元朝正统科举考试的标准。

《道学传》的序是《宋史》中最重要的纲领性文献之一。史官们首先解释，虽然"道学"一词在古代并不为人所知，但事实上，道学学说在古代社会和政府中无处不在，这些学说使社会上的每个人都从中受益。然后，他们总结了"道统"的标准叙述，即这些学说如何传给孔子，随着孟子去世而断绝，在后世遭到篡改，但在仁宗时代得到恢复，并由朱熹完善。综上所述，他们将"道统"延伸到自己所处的时代："道学盛于宋，宋弗究于用，甚至有厉禁焉。后之时君世主，欲复天德王道之治，必来此取法矣。"史官们因此向其元朝君主宣称，《宋史》为他提供了一个机会，让他从宋朝前人的错误中吸取教训，全面恢复上古之治。[90]朱熹一脉的崛起肯定了脱脱网络支持士人治国的宋代道学传统，也肯定了自1313年以后支持这一政治方向的汉蒙混合联盟。

虽然《东都事略》和《宋史》的大部分同类别序的内容差异极大，但两书的《外戚传》和《宦者传》的序则有着相似的语言和主题。换句话说，元朝史官认为没有必要改变宋朝官方历史对这些群体的立场。两书的《外戚传》和《宦者传》的序都重复着标准言辞：宋朝君主授予外戚虚衔，给予高俸禄，但不让其掌握实权，以此来控制他们。因此，不像之前汉朝的外戚，宋朝外戚在政治和军事上都毫不起眼。《宋史》补充道，除了其他优势，北宋政权还有三次平稳的后宫摄政，分别是刘太后、曹太后和高太后摄政。[91]《东都事略》和《宋史》两书对内侍采取了类似的手法。它们使用同样的例子来证明，宋朝的前三位皇帝与其宰相通力合作，以遏制内侍的权力。不过,在这一点上,两部作品存在分歧。《东都事略·宦者传》的序详细说明了徽宗统治下这种控制的崩溃。它承认,徽宗对童贯和梁师成(卒于1126年)"宽",破坏了士人治国的正常运转,政治氛围接近汉唐末年的颓废不振。只有处决内侍,才能将北宋从灾难的边缘挽救回来。《宋史》将这些思想简写为一句话:"童贯、梁师成之祸,亦岂细哉!"[92]

本书的第二卷将详细介绍北宋士人文化的兴起是在反对国家治理中一直存在的世袭结构的基础上发生的,在这种结构中,外戚和内侍扮演着核心角色。不仅在宋朝之前的士人就不信任这些群体,而且在整个宋朝,随着士人权力的增长,这种不信任日益加深。这种谴责在《东都事略》中已经根深蒂固,并一直持续到13世纪的道学史家和《宋史》之中。元朝史官采取了至少两个步骤来强化君主和士人统治这些群体的主题。第一,由于《东都事略》坦承童贯和梁师成削弱了宋朝成功控制内侍的前提,史官们已经删减了《宦者传》的序。第二,他们将最具影响力的外戚张说和韩侂胄的传记归入"佞幸"和"奸臣"两类。这一举措淡化了这些外戚在南宋确实拥有巨大政治权威的事实,只留下"好"的外戚来确认其从属的主题。

《宋史》中《外戚传》和《宦者传》的序都强调了北宋成功的太后摄政,这一论点也主导了《后妃传》的序。1033年刘皇后去世后,贤良恭淑之皇后的主题出现了,以掩饰她的个性独立和反对士人治国的程度,这个主题在整个宋朝变得越来越密集和重要。《东都事略》中后妃传记的序呈现出夏朝和周朝开国之君的母亲涂山氏和任姒,与太祖和太宗的母亲杜皇后之间的详细比较。序提及杜皇后在金匮之盟事件中所扮演的角色,称赞她是使宋朝历代皇帝"修身、正心、齐家"的"祖宗之法"的源头。元朝史官接受杜皇后是宋朝外戚美德的典范,但忽略了引用《大学》,因为其中的典故暗示,要想纠正皇帝的思想,可能首先需要女性引导的家和。相反,《后妃传》的序列出了曹皇后、高皇后——她们都提拔了元祐官员;而在南宋,则列举了孟皇后和吴皇后——《宋史》编者称,她们都延续了杜皇后效仿上古太后的做法。所以,宋朝没有经历像汉朝王莽或唐朝武则天那样的权力中断。元朝史官因此巧妙调整了宋朝贤后的主题,以符合他们太祖—仁宗—元祐—孝宗的政治价值轴心。这一年代划分,忽略了行为与古代不相符的许多皇后——最突出的是刘皇后、李皇后和杨皇后。[93]元朝史官再一次对负面例子略而不记,让正面例子来佐证主题。

元朝编者们除了直抒胸臆,还在列传中运用大量结构特征来表达他们的历史判断。这些结构特征是:第一,传记篇幅的总长度;第二,引文在传记中所处的位置;第三,展示单个事件或单篇引文的传记;第四,人物传记相对于其他历史人物所处的位置。一个重要政治人物的"平均标准"传记在中华书局版《宋史》中约占10页。例如,《赵普传》10页,《王旦传》10页,《韩琦传》11页,《富弼传》9页。任何篇幅超过这个长度的传记,要么表明元朝编者们特别重视这个人,要么表明他们是在利用此人的传记来强调传主日常生活之外的一些更宏大的观点。例如,李纲(34页)、岳飞(20页)和张浚(15页)等人的长篇传记,形成了中兴时期的道学史学，高宗没有听从他们的建议，注定了中兴的失败。这些长篇传记及其所附的"论"，强化了元朝史官对高宗负面的"赞"。[94]其他长篇传记还有司马光（13页）、苏轼（17页）、苏辙（15页）和朱熹（20页）等人的传记。一些负面人物的传记也很长，篇幅最长的是《秦桧传》，有21页。

元朝史官经常广泛引用传主的著作，以表达他们自己的判断和观点，此类引文大大增加了这些传记的篇幅。这种写作手法历史悠久，在司马光、李焘、李心传的"通鉴"传统中尤为突出。我们在前文已经看到，这些历史学家经常通过从奏议中精心挑选的引文来表达他们自己的观点。将宋朝实录现存的《附传》与《宋史》中的相应传记进行比较，可以证实在编修国史阶段，一般是在传记中插入传主的著述。那些实录中的传记，很少摘录长篇引文。[95]因此，对这些引文的选取，是元朝史官的一个主要工具。他们通过这些引文，既表明了历史价值，又调节了他们所选择的主题在卷帙浩繁的《宋史》中的流动和强度。总的来说，这些奏议重复着宏寓的主题，并表达了作者对士人治国原则的支持。

例如，17页的《苏轼传》中就有5页反对新法的内容。15页的《苏辙传》中，几乎有一半篇幅引用了各种奏议，包括那些反对新法以及反对与新法支持者达成政治和解的奏议。[96]同样，《朱熹传》中一半以上的篇幅引用他的奏议来抨击孝宗的政治实践以及孝宗依赖"佞幸"。[97]这种方法的一个生动例子是两卷的长篇《李纲传》，该文开启了非分类传记的南宋部分，并主导了其内容。李纲只于1125—1127年在国家政治中发挥了重要作用，他是南宋的第一任宰相，高宗罢免了李纲。但是，李纲始终反对与女真人和解，主张武力收复北方失地，并在180卷文集中详细记录并保存这些意见。朱熹认识到李纲作为宋朝中兴可能面貌的代言人的历史价值，李纲与秦桧形成了鲜明对比，后者塑造了宋朝中兴的实际面貌。因此，朱熹在谴责秦桧的同时，也在颂扬李纲。[98]元朝史官使用《李纲传》，特别是其中的引文，来表达朱熹的中兴史观。《李纲传上》对李纲在1127年提出的政治改革十点计划和后徽宗时代回归士人治国进行了长篇总结。《李纲传下》主要是一篇长达8页的引文，几乎是李纲对1135年三月诏令的全文回应，该诏令旨在征求大臣们对后勤运输与和战交往选择的意见。[99]

李邴（1085—1146年）也对1135年的诏令做出过回应，他曾在1129年担任参知政事，但因与吕颐浩（1071—1139年）存在意见分歧而辞职。《李邴传》中有近70%的内容是他对1135年诏令回应的引文。显然，元朝史官已经把他的"传"作为一种载体，将他的奏议插入《宋史》。[100]《李邴传》是众多观点单一的传记之一，这些传记的重点不在于传主的人生，而在于能推进史官们更大议程的一篇文章或一件事。很难确定观点单一的传记是来自宋朝的国史还是元朝史官的创作。就李邴而言，因为《宋史》的引文完全重复了李心传对相同奏议的删改，所以我们可以推测，《李邴传》源于南宋国史，李心传在完成《要录》后，就着手撰写南宋国史列传。[101]

《林勋传》是元朝史官危素（1303—1372年）撰写的观点单一的传记。危素被派往南方寻找资料，遇到了林勋（1115年进士）

的《本政书》。该书概述了古代井田制土地分配制度如何适应当时的现实,以及如何减轻现行"两税"制给农民造成的负担,于1129年被进呈给朝廷。高宗拒绝了林勋的想法,转而选择了新的经界法。然而,朱熹、陈亮(1143—1194年)等不同的思想家后来都赞同林勋的想法,陈亮为该书写序并将其付印。对于一向支持以"井田"先例为基础进行税制改革的元朝道学史官来说,该作品成为证明高宗错误选择的另一个例子。危素在松江发现了陈亮的印本,并抄录了一份净本,意图亲自刊印。他在1346年的序中解释道,他在《林勋传》中插入了林勋著作的概要。显然,危素的上司批准了《林勋传》的草稿;在《食货志》中关于农田的部分,也出现了同样的林勋著作的概要。[102]

《娄寅亮传》提供了史官们如何使用传记形式来突出观点单一的另一个例子。声名不显的官员娄寅亮(1112年进士)在1130年建议高宗指定太祖一脉的后人作为皇位继承人。皇帝邀请他亲自讨论这个问题,并接受了他的建议。正如第九章将讨论的,娄寅亮的建议是一项精心设计的活动的一部分,目的是在最黑暗的时刻,巩固宋朝中兴的形象,而娄寅亮奏议背后的理由,则成为中兴修辞的基石。《娄寅亮传》中85%的内容是关于他的这篇奏议的——讴歌太祖,谴责他的子嗣所遭受的不公。在这种情况下,传记中展示的引文确实具有历史意义,而娄寅亮的"传"提供了将这些奏议插入《宋史》的载体。虽然南宋国史的草稿可能包括了现在的传记,但它传达的信息也是元朝史官崇拜太祖的核心。《娄寅亮传》剩余的15%的内容也反映了元朝史官最喜欢的一个主题:因为嫉妒娄寅亮对高宗的潜在影响，秦桧指使台谏弹劾娄寅亮并下大理寺审讯，将他赶出了行都临安。[103]

事实上，所有这些特色引文——长篇文章的逐字摘录——都支持士人治国的原则，或南宋道学大师们所构建的史学视角。这样的摘录因此出现在这些人物的传记中，元朝史官笔下的历史人物在这场运动里被赋予了正面色彩。与他们对立的人物的传记——这些人被认为是破坏士人治国的负面人物——则依赖一种不同的创作技巧。最极端的负面人物被收录在"奸臣"传中，第十章会详细考察"奸臣"传的起源、形成和序。按照定义，由于这些人的行为不利于士人治国，史官们没有引用他们的著作。相反，史官们通过充实实录"附"传来构建这些传记，不是摘录传主本人的著作，而是引用其政敌和批评者的指责和攻击文字。[104]

在大量未分类的传记中，将传记组织成卷和编入更大的分组是很复杂的，乍一看可能有些不切实际。但是，"论"再一次提供了元朝史官的意图指南。一般来说，列传是按时间先后顺序排列，不过也并非严格如此。将相似的个人传记合并成更大规模的传记组群往往会打乱时间顺序。例如，生活在 1082—1126 年的武将的两卷列传（《宋史》卷 334—335），被插入神宗时代（1068—1085 年）的政治改革家和反改革家的传记。《王安石传》和《司马光传》领导了他们各自政治群体的人物传记（王安石及其追随者在《宋史》卷 327—329；司马光的群体在《宋史》卷 336—341）。在"论"中，史官们明确表示，他们认可一个群体（而不是另一个群体）的政治，并详细说明了每个人与这个群体的确切关系。这种结构模式重复见于宋代历史上的所有时期。《宋史》卷 282 中有早期宰相李沆、王旦的正面传记；接下来的卷 283 则收录了王钦若、丁谓（966—1037 年）、夏竦（985—1051 年）的负面传记。卷 358—361 颂扬了李纲、宗泽、赵鼎、张浚，而接下来的卷 362 则谴责了朱胜非（1082—1144 年）、吕颐浩、范宗尹（1098—1136 年）、范致虚（卒于 1129 年）、吕好问（1064—1131 年），因为他们反对前一群人的政策。最后，这种模式在南宋人物的传记中重复出现。卷 392—393 以对 1194 年赵汝愚及其庆元同盟成员的正面宣传开始，紧随其后的卷 394 则嘲讽他们的批评者和对手。

— 《宋史》中的循环结构与意义 —

这些"论"的总和及其所支撑的结构呈现出一幅宋代历史的画面：一系列交替的政治和社会周期，其中积极和消极的力量相互竞争，以求支配对方。按照传统儒家的说法，这些力量是"君子" vs. "小人"。因为这两个群体中的任何一个群体都不可能彻底打败另一个，所以《奸臣传》的序就把他们视为陷入永无休止斗争的不可改变的类别。[105] 4 卷《道学传》与 4 卷《奸臣传》在篇幅上大致相当，在分类传记类别中所处的正反两方面的地位也是类似的。[106] 正如我们在第四章中看到的，作为一种政治运动的道学谱系和所谓的"奸臣谱系"之间的张力关系，是 13 世纪中叶历史学家的一个中心前提；元代编者们接受了这种周期性的张力关系，并将其作为《宋史》的组织原则。

两种观点支撑起这种周期性的张力关系。第一，王安石和新法的出现，标志着宋朝历史上的重大转折——周期性运动的轨迹发生了重大变化。第二，君主的禀性决定了这一轨迹的走向。这两种观点从根源上确切地说都不是道学，但朱熹将这两种思想并置后所产生的协同作用，加速了道学史学的发展势头。[107]《宋史》充分暗示了1067年作为宋朝历史轨迹转折点的重要性，同时直接表述出来。例如，《食货志》的重要序言，将新法的出现框定为国家财政的下行转向，这种转向导致政治、财政和社会秩序的最终崩溃。[108]对王安石的"论"也许是《宋史》中最重要的部分，它是从朱熹的一段引文开始的。在这段引文中，这位理学大师在晚年总结了他对王安石的看法：王安石是一位伟大的作家，有着恢复上古治理的崇高志向。但是，王安石对财赋和军事改革的推动，使他任用肆无忌惮的代理人，而这些代理人对民众的压迫"流毒四海"，并带来了灾难。元朝编者们哀叹神宗忽视了韩琦不可任用王安石为相的建议，这对宋朝和王安石本人来说都是一场悲剧。[109]

对个别官员的"论"强化了这样一种观念：1067年以后，官员的总体素质和品质变得更差。[110]此外，元朝史官还将强调这一衰落具体方面的传记放在一起。例如，他们将叶祖洽（1070年进士）与其他4位在1070年以后的进士试中获得第一名的官员的传记汇聚在一卷中，该卷的"论"认为，新法改变了科举考试制度，采用王安石的学说作为考试的正统思想，使1067年以前的科举考试制度发生了严重的变形，"士风大坏"。只有那些对王安石正统思想人云亦云的人能通过科举考试，而那些效仿最彻底的人则获得了第一名。因此，史官们解释说，他们只收录了1067—1125年18位进士第一名中7个人的传记，这7个人中有5个"憸邪小人"。在提到孟子"必辩邪说、正人心"的愿望时，史官们总结道，这样的人反映了"害人心术……并邦家而覆之"。[111]

在政治等级制度的顶峰，君心既决定治体的精神面貌，又体现治体的精神面貌。《张浚传》的"论"，始于道学政治理论的核心前提：儒士的首要职责是促进"正直"的政治氛围，其首要目标是"正君心"。[112]虽然这个说法和相关概念属于老生常谈，在12世纪30年代初就已经被提出来作为皇帝的行动纲领，但朱熹强调"正心"作为《大学》中政治秩序的先决条件，突出了其作为道学历史价值标准的观念。[113]一些"论"断言，王安石在任相期间使神宗丧失了形成"正直"决策所必需的"正心"。同样，蔡京通过煽动徽宗贪图征讨域外获得的战利品，扭曲了徽宗的心。[114]这种君臣追逐财富的狂热始于神宗，如果他效法仁宗，那么王安石给宋朝造成的悲剧是可以避免的，因为"世道污隆，士习升降，系于人主一念虑之趣向"。[115]

要想试着概括《宋史》的意义，未免有些冒失。不过，人们可以很容易地总结出元朝史官自己希望读者能够理解的关于《宋史》内容的陈述。也就是说，宋朝的开国者太祖实行了仁治，提倡文官、士人价值高于武人统治，上天授予他天命，他的统治完美地接近上古三代。之后的皇帝，尽管偶尔遇到困难，还是在这一成功的基础上以"忠义"治国，并在仁宗（仁祖）的统治下臻至顶点。然而，神宗和王安石改弦更张，背离了太祖的政策，他们实行的新法最终导致北宋的灭亡。司马光在元祐时期较早地使宋朝廷逆转回建国者的政策，为高宗不完美的中兴提供了一个良好的模式。相比之下，高宗的"爱元祐"在孝宗时期臻至顶点。最后，理宗将皇权对王安石的支持转移给道学大师，道学大师的学说给元朝带来了再次复兴上古治国的最佳机会。

**政治与要旨**

我们在接下来的章节中会探讨，对《宋史》意义的概述展示了来自宋朝皇帝宣传、道学史学和元朝朋党政治的主题与旨意的拼贴。不过，我们在这里关注的是脱脱及其史官们设计这个概述的政治和文化背景，以及他们希望它能传达给其目标受众的要旨。我们已经看到，脱脱的儒家盟友们将他在 1340 年推翻伯颜的行为描述为一次政治上的"更化"。《宋史》对司马光的"论"，使用了类似的短语来描述他在 1086 年对新法的逆转。当我们再次阅读《东都事略》对司马光的评论时，《宋史·司马光传》中"论"的元代政治背景便显露出来。《东都事略》评价了司马光的整个职业生涯，很少提及王安石，而元朝编者们则只关注 1086 年。他们热情洋溢地阐释了司马光和士人治国，以作为王安石和新法的对照对象。在《宋史》中，很少有段落能如此直接和以这种分类形式将这两种政治倾向放在一起。"聚敛之臣"给民众带来了二十年的苦难。"奸邪"阻碍了异议，在政府中专权。但是，"世之贤人君子"与民众联合起来，一起请求司马光回到朝廷。某天早上，司马光便将国家带回了仁宗时代，国家迎接士人治国的回归，就像"旱极而雨"。虽然司马光年老且病，但元祐时期暂停新法实施，缓和了新法的恶劣影响，推迟了清算的日子，并在清算最终到来时降低了危机的严重程度。[116]

这种赞颂之词大多借用了道学的夸张手法，但《宋史》的起草者，以及他们的第一批目标读者，不可能不注意到1086年与1340年的相似之处。他们对司马光的"论"形成了鲜明的对比——一种贯穿全书的、在许多方面和诸多层面延伸的政治张力——通过分类，这种对比让人们对司马光和脱脱加以比较。两个"君子"之间的这种分类，随即又在两个"小人"（王安石与伯颜）之间产生了对应和相反的类型。这些相辅相成的分类，再加上1086年和1340年"更化"之间更大的相似性，表明不同的治国理论和实践之间存在更广泛的类比。宋朝的政治斗争是司马光领导下的元祐时期所体现的士人治国和王安石领导下的新法之间的斗争，与元朝脱脱主导下的汉蒙混合儒学和伯颜领导下的以蒙古人为中心的技术官僚之间的政治斗争相似。最后，这些分类和类比的组合力量，产生了政府的两种可选择模式之间更大的历史对立，我在导论中已经总结了这些模式的特点，并会在第十一章中再次讨论。这是一种儒士（或是制度主义者）治国和技术官僚治国之间的对立：（1）前者是由通过科举考试选任的官员组成政府，官员在现有行政单位之间轮岗，这些行政单位的权威及其与其他单位的关系都是众所周知的，并由法规和先例加以规范；（2）后者是由因其专业知识而被选任的人组成政府，这些人在彼此关系不明确和不稳定的特设行政单位中得到任用。元朝史官追随宋朝的道学前辈，显然更倾向于第一种选择，并在宋朝历史中沿着太祖—仁宗—孝宗的"忠臣"轴线构建起这一选择。他们认为第二种选择是从新法开始的，并且一直延伸到随后的蔡京—秦桧—韩侂胄的"奸臣"轴线。

这种分类实践使《宋史》修史局能够作为史官和脱脱政治网络中的成员同时发挥作用。作为元朝政治家，他们使用宋代历史来表达自己的抱负，并努力将元朝转变为一个以儒家思想为基础、以士人为主导的制度主义国家。作为史官，这些政治斗争为他们提供了一个呈现和解释宋代历史事件的结构。当然，我们在第六章中将要探讨，这种结构的大部分是在宋朝（尤其是在晚宋）政治本身的严酷考验中预先形成的。但在元朝，史官们极力强调这一结构，现代学者在阅读《宋史》时应牢记这一元朝实践。因此，《宋史》的每一页都以"赞"、序和"论"为指导，通过类比来劝诫"学宋之好"或者警告说，"不步前宋之后尘"。

元朝史官在《道学传》序的末尾曾上言元朝君主，如果他能纠正宋朝人君在政治上对道学学说不完善的应用，他对元朝的治理就能臻至上古的尽善尽美。1345年十月，他们在向皇帝进呈已完成的《宋史》时，重复了这一建议。欧阳玄以引经据典和精心设计的骈文风格撰写了《进宋史表》，这种写作风格适用于重要的国家公告，简洁地呈现出《宋史》的意义和要旨。他们将进呈《宋史》作为对忽必烈保存宋朝历史的最初命令的实现。在那之后，欧阳玄阐述了宋朝年号使用的华丽辞藻，向元顺帝妥懽贴睦尔呈现了供其思考的宏寓。

> 考夫建隆、淳化之经营，
> 景德、咸平之润色，
> 庆历、皇祐以忠厚美风化，
> 元丰、熙宁以聪明荟宪章，
> 驯致绍圣纷纭，崇宁荒乱，
> 治忽昭陈于方册，
> 操存实本于宫庭。
> 若乃建炎、绍兴之图回，
> 乾道、淳熙之保义，
> 正直用则人存政举，
> 邪佞进则臣辱主忧。[117]

然后，欧阳玄的奏表阐述了推动历史与说教相融合的创作原则。他宣称这些是道学大师的道德标准——"矧先儒性命之说"。在宋代历史中，《宋史》编者们将这些原则（"理"）表达为"崇道德而黜功利"。现代学者恰当地将这句关键的话当作欧阳玄对《宋史》要旨和意义的升华。[118]在宋代，"功利"一词经常被扩展为"权谋功利"——历史上指的是管仲、商鞅等人的法家思想，而不是孟子等人的儒家思想。因此，欧阳玄的批评很快就给王安石和新法贴上追逐"功利"的标签，苏轼在为司马光撰写的墓志中也写入了这一经典联系。[119]南宋士人书写者将新法技术上的延续描述为"功利"，但也泛泛地将这个词扩展到谴责非士人政府。例如，1180年，朱熹指责孝宗的"近习"用"功利之卑说"来欺骗他。[120]南宋初年出现了"道德"与"功利"并行,并随着"道学"的兴起而受到人们关注。[121]到1211年,徐范(1208年进士)用二分法来描述一长串对立的政治和道德价值观,这些价值观在当时的参考意义是明确无误的。[122]因此,在宋朝的政治语言中,"道德"和"功利"不仅指古代的政治理论,也指与制度主义和技术官僚治国模式相一致的同时代的政治取向。

元代的儒学政治家们很快就用"功利"这个术语来形容他们的对手。例如,忽必烈早期朝廷的回回财政官员阿合马,《元史·奸臣传·阿合马传》描述他"以功利成效自负"。[123]苏天爵写于1343年十月的《伊洛渊源录序》,在儒家主张的"德"与法家主张的"利"之间提出了基本的二分法,这种二分法从周朝经由宋代的道学大师,传到元朝。苏天爵断言,元朝君主在1313年实行基于道学文本的科举制时,将"道德"定为国是。与此同时,朝廷拒绝了"权谋功利之说",并断言宋代道学著作现在是制定国家政策的最佳指南。[124]

有充分证据表明,其他元朝士人也能理解与元朝政治有关的《进宋史表》中的二分法语言。例如,权衡的《庚申外史》就使用宋朝政治的语言,把丞相燕铁木儿称为"权臣",说他破坏了"祖宗(忽必烈)家法"。[125]明初作家叶子奇称,伯颜"变乱旧章"。叶子奇还引用了在伯颜死后流传的一首流行小调。它的首句是"欲逞聪明乱旧章"。[126]这句话与《进宋史表》总结王安石治国的措辞如出一辙:"元丰、熙宁以聪明紊宪章。"我们很难确定这两个文本之间的确切关系。不过,它们的相似之处表明,当元朝史官将伯颜和王安石联系起来时，他们借鉴了儒家文化共同体普遍认可的分类和刻板印象。这种相似性进一步表明，读者可能已经意识到史官们呈现的宋代历史宏寓中其他元素所蕴含的政治含义。

《宋史》如何处理与这一宏寓相关的至少三个主题，揭示了元代政治对《宋史》编者的影响。这些主题分别是尊崇太祖、赞美宋朝皇后，以及宋代朋党的特点。当然，先前的宋朝宏寓包含了这三个主题，元朝史官突出并强化了对这些主题的关注，并将其与宏寓的其他部分联系起来。如前文所述，袁桷和苏天爵都告诫过史官们，宋朝史料极力粉饰宋朝开国者的形象，以至于需要可信的历史来重塑宋朝的建国。为什么元朝史官不理会这个建议，选择不重审太祖和太宗的品德问题呢？

伯颜和脱脱之间的政治斗争也包含了一场修辞斗争，以定义元朝开国者忽必烈的历史特征。伯颜想要破坏的"祖宗之法"究竟是什么？伯颜在14世纪30年代中期任相时，停止了科举考试，颁布规定将朝廷与地方长官的职位都留给蒙古人，并禁止汉人学习蒙古语。作为推行这些措施的理由，他引用了忽必烈的先例——在其统治时期已经实行了类似的政策。为了证明他有意回归忽必烈时代，1335年（与中原的先例相反），伯颜恢复了忽必烈在1264—1294年使用的"至元"年号。[127]伯颜宣称继承忽必烈的历史遗产，迫使儒学群体对忽必烈的元朝开国者身份发展出另一种观点，把他塑造成元朝支持基于制度主义和道学思想的儒家统治的源头。

在儒家叙事中，元朝的伟大之处源于忽必烈支持儒士许衡（1209—1281年）。在爱育黎拔力八达（元仁宗，1312—1320年在位）统治时期，儒学复兴，科举考试恢复，儒家统治制度形成并正常运转；在这个版本的元朝历史中，这一切都始于元朝开国者忽必烈最初的支持。这一叙事的证据出现在14世纪30年代末伯颜政府的鼎盛时期。例如，陈旅（1287—1342年）在1338年为王结（1275—1336年）的文集写序。根据陈旅的说法，王结作为儒士的成功，源于忽必烈对儒学的支持以及元仁宗在位期间儒学的复兴。他注意到"数十年来"儒学普遍衰落，并哀叹王结的去世断绝了与早期遗产为数不多的现存联系之一。[128]《宋史》的总裁官之一张起岩在1338年时也使用了类似的叙事。句容县令曾请张起岩为1330年诏令撰写相应的记文，这些诏书提高了孔子及其主要弟子和二程在元朝的地位。庙学打算刻碑，刻印上这些诏书以及张起岩的记文。从本质上讲，县令是让张起岩评论一下1330年诏令的历史背景。他的记文则从忽必烈支持许衡，经由元仁宗1313年的诏令——许衡与九位宋代道学大师一起陪祀孔庙，写到1330年对孔子祭祀的升级。在伯颜排儒运动的高潮时期，张起岩的记文反驳了伯颜描述的元朝开国者的历史形象，并试图将忽必烈确立为元代儒家思想的源头。[129]

《元史·脱脱传》记载，他在1343年向元顺帝提出了类似的方案，以解释他的儒家计划和皇帝在其中所处的位置。批评者曾抱怨道，皇帝在经筵上花费了太多时间与儒家学者一起阅读经史。脱脱提醒他，忽必烈已经为自己的继承人真金（1243—1285年）安排了儒家教育，继承人的导师也为其准备了儒家政治理论和实践的启蒙课程。皇帝非常高兴，并从秘书监取书阅读。[130]

在这场关于忽必烈政治遗产之历史定义的斗争中,毫无疑问,元朝史官认为,宋代道学创造的完美的太祖形象是"尧舜之心"的体现,也是宋朝伟大的根源。这一形象的任何下降,都将削弱元朝儒士们创造出一种介于忽必烈与宋太祖之间类型的能力,从而削弱他们将忽必烈作为元代儒家思想源头的努力。对元顺帝而言,一旦确定了介于忽必烈与太祖之间的类型,随之而来的相似和类比便形成了令人信服的政治和道德要旨。正如开国者最初的尊儒种子在后来的"仁宗"(宋仁宗,1023—1063年在位;元仁宗,1312—1320年在位)统治时期枝繁叶茂,"权臣"(王安石/伯颜)也挑战了开国者留下的政治遗产,破坏了儒学复兴的成功。这种类比的政策含义显而易见:当时,元朝君主制与1086年宋朝君主制处于同样的关头——它会使脱脱/司马光恢复开国之君的合法形象,让王朝回归其正确的儒家根源,还是会继续衰落为技术官僚专制?

《宋史》对宋朝女主德行超乎寻常的关注,也源于竞争性的元朝制度与统治方式之间的紧张关系。众所周知,元代的蒙古贵族妇女在其游牧家园中有相当大的权力。因此,在元代历史上,皇后,尤其是皇太后扮演着举足轻重的角色。事实上,她们在帝制中国的任何王朝都是一股不容忽视的力量。作为女性,她们与蒙古技术官僚和世袭势力结盟,反对士人的汉蒙混合制度主义。察必皇后(1225—1281年)在一些重要的事情上影响了忽必烈,尽管其元朝开国者的地位制止了皇后干政走向极端化,但在其弱势继任者在位期间,皇后干政发展起来。这一切都始于元成宗铁穆耳,他的皇后卜鲁罕控制着元朝的财政和1300—1307年的皇位继承。女主的主导地位达到顶峰并呈现出其经典形式——皇太后答己（卒于1322年）与铁腕人物兼丞相铁木迭儿（卒于1322年）结成了政治联盟。她的统治基础在徽政院和宣徽院，与朝廷中书省的权力相抗衡，反映了元代国家权力概念的分歧。丞相铁木迭儿被批评者正式称为"奸臣"，在元仁宗朝及以后各朝，他和皇后答己一直与儒学群体斗争，直到他们在1322年去世。[131]

1332—1340年，皇太后卜答失里和伯颜之间的政治关系重复了二十年前答己和铁木迭儿之间的联盟，并延续了与儒学群体在政治理论、实践和权力方面的相同冲突。甚至有传言说，伯颜与卜答失里有染。1332年元文宗去世时，卜答失里还不到三十岁。[132]在这样的背景下，《宋史》对宋朝女主美德的坚持，很容易被解读为对元朝女主缺乏这些美德的批评，以及在1345年时对元顺帝的警醒，以防止这种关系的回归并抵制它所制造的反制度主义政治结构。如前文所述，《宋史·后妃传》的序，扩大了《东都事略》对杜皇后（太祖的母亲）的关注，并将其作为后妃的榜样。这种关注也支持高度重视太祖，并贯穿整部《宋史》。钱大昕，随后是范文澜，引证杜皇后下葬和受封赠头衔的内容出现了三次之事，作为编者疏忽和粗心重复的例子。[133]不过，有人可能会推测，这种重复，虽然可能已经出现在宋朝史料中，但被元朝编者们保留下来，因为这强化了介于杜皇后和察必皇后之间的正面类型，以及介于宋朝后来有德行的皇后与元朝的相反类型皇后之间的负面类型。类似的重复例子——1194年，光宗在写给宰相留正的便条上称他想退位——在《宋史》的五个地方出现过。[134]这一事件具有重要的历史意义，不仅因为它为宁宗的继位提供了正当理由，也为之后清洗光宗的李皇后及其党羽提供了正当理由，这些人的过分行为破坏了光宗的统治。这些重复引用也强调了吴太后的"德"，她与赵汝愚合作，以确保皇位有序传承。[135]

最后，元代政治党争激烈、暴力的本质，可能促使元朝史官放大了他们对《宋史》中党争的描述。如前文所述，《道学传》与《奸臣传》之间的结构性对比，预设了治体上道德的正面与负面力量之间永无休止的冲突。因此，统治者的职责就是识别和遏制"贼虐忠直，屏弃善良"的奸邪分子。[136]元朝儒家士人运用与《奸臣传》中那些内容相似的语言和主题，谴责他们自己所处王朝的压迫者。例如，许有壬（1287—1364年）的文集中保存了许有壬的一系列弹章，内容涉及许有壬任监察御史期间于1322年弹劾帖木迭儿及其儿子，以及请求为那些遭受帖木迭儿迫害之人恢复名誉。许有壬将帖木迭儿描述为"奸臣"，后者"盗弄威权，专务报复，陷害忠良，无所不至"。许有壬将这些行为与之前的技术官僚阿合马和桑哥联系起来，他们与"公论"相左。最后，许有壬将帖木迭儿比作汉朝铁腕人物梁冀。梁冀在141—159年掌控了东汉朝政，和帖木迭儿一样，他是皇帝的妻兄，与皇太后联合统治。[137]

其他证据也表明，元朝的政治冲突促使儒家士人将宋朝治国中的制度主义和技术官僚模式之间斗争的历史形象变得更加鲜明，并将这种斗争塑造成道学追随者与新法支持者之间的斗争。欧阳玄应赵篔翁（1315年进士，宋朝宰相赵鼎的六世孙）之邀写过两篇记文。1331年，欧阳玄为赵鼎故乡山西解州的赵鼎祠撰写记文。1342

年，欧阳玄为潮州（赵鼎因遭秦桧迫害，在 1147 年卒于此地）一所书院撰写记文。1331 年的记文写于燕铁木儿和伯颜专权的鼎盛时期，欧阳玄将宋朝历史描述成二程与王安石学说之间的冲突，他将赵鼎置于这样一种叙事中：二程的追随者多次遭受王安石追随者的迫害，但他们始终顽强地存活下来。在这一语境下，赵鼎对程学政治上的支持，确保他们在秦桧专权时期生存下来。因此，赵鼎的殉道不仅是为了宋朝，也是为了元朝，元朝现在已经将程学作为正统学说。[138]

正如在第三章所见，1333 年，当时的江浙儒学提举程荣秀（程颐的直系后代），扩充了李心传的原本《道命录》，提高了程颐和朱熹的地位，并强调宋代道学的历史是遭受蔡京、秦桧、韩侂胄等历代权臣一系列迫害的历史。在他的序中，程荣秀回应了那些可能反对公开这些针对程颐和朱熹的恶毒攻击的人。他说，压制宋朝的这段迫害历史只会让它在未来重演。

> 是小人者，既逃罪于前，又泯迹于后……盖必著之，而后小人之罪益暴，后世之警益严。[139]

很明显，程荣秀预见了李心传的宋代道学政治史当时和未来的语境，以及使这一历史与时俱进的实用性。1333 年二月，江浙省臣、儒家学者、蒙古人朵儿只（1304—1355 年）命程荣秀刊印此书，刊印时间应该是在 1332 年八月元文宗驾崩与 1333 年六月元顺帝即位之间，当时新皇帝统治下元朝的未来走向尚不明朗。后来，伯颜的出现使程荣秀对"小人"回归的预言成为现实，伯颜的排儒清洗最终在 1338 年波及朵儿只。[140]

因此，我们可以将《宋史》的整体政治要旨理解为元顺帝——进而延伸到整个元朝——应该继续尚"德"，以反对尚"利"者，汉蒙制度主义者反对泛蒙古技术官僚，脱脱反对伯颜，司马光反对王安石。然而，变幻莫测的元朝政治甚至在修史工作完成之前就打乱了这一要旨。只在 1344 年三月进呈的《辽史》上才有脱脱作为官方编者和进呈者的签名。1344 年五月，脱脱辞去了右相之职。1344 年十一月进呈的《金史》和 1345 年十月进呈的《宋史》上，只有他的继任者阿鲁图的签名。作为一个拥有最高贵族血统的蒙古人，阿鲁图只是暂时的挂名修史总裁官。在进呈《宋史》的仪式上，他对皇帝说，他没有读过汉人文书，也不知道这部书是干什么用的。[141]

元朝政治的下一个塑造者是蒙古儒士别儿怯不花，他曾谋划将脱脱赶下台。1344 年十二月，别儿怯不花被任命为左相，并最终于 1347 年取代阿鲁图成为右相。别儿怯不花在 1344—1349 年执掌元朝朝政，之后脱脱再次任相，直到 1354 年。因此，在这三部史书完成后的十年里，政治上的党争成为标志，这不是儒士与蒙古技术官僚之间的争斗，而是元朝儒家两个派系之间的争斗。事实上，脱脱与别儿怯不花之间冲突的根源在于蒙古内部的权力斗争，而不是儒家思想之争。窦德士的解释颇有见地：在 1340 年伯颜被撤职后，宋代儒家思想的修辞成为元朝政治斗争的主导语言。[142] 采用这种修辞，别儿怯不花把自己塑造成司马光式的"保守"儒家学者；因此，脱脱成为王安石式的"改革者"和追逐"功利"的人。在这种情况下，别儿怯不花和脱脱的具体政策和实际行动支持了两人的这种类型之分。和司马光一样，别儿怯不花主张地方凌驾于中央控制之上；和王安石一样，脱脱在国家层面推行自上而下的激进主义干预。[143]

因此，元朝政治冲突的变化，破坏了《宋史》作为具体政治先例来源的直接功用。作为脱脱对抗伯颜的修辞来源，该作品甚至在完成之前就已经成为别儿怯不花对抗脱脱的潜在武器。司马光/脱脱对应王安石/伯颜之分类的最初的清晰明了已经消失不见。不过，《宋史》已基本完成，无论是这部作品还是修史局都没有准备好适应司马光/别儿怯不花对应王安石/脱脱的新分类。蒙古儒士之间的派系分裂，以及《宋史》对朋党的极端负面的描述，使这部书对党争双方几乎都没有什么修辞上的效用。

## 注　释

1. 例如，见陈智超《宋史史料》，第358—359页。
2. 关于《宋史》，有大量二手学术研究成果。这些研究成果大多试图搞清楚《宋史》文本与其他史料之间的记载歧义之处，有时也试图解决这些问题。这类研究的现代例子包括顾吉辰《〈宋史〉比事质疑》《宋史考证》，高纪春《〈宋史〉本纪考证》，舒仁辉《〈东都事略〉与〈宋史〉比较研究》，以及刘云军《〈宋史〉宰辅列传补正》。罗炳良编著的《宋史研究》收录了多篇有关

《宋史》编修的文章，还包括一份搜罗丰富的参考书目，是一部关于《宋史》近期研究成果的有用论文集。

3. 纪昀编《钦定四库全书总目》卷46，第635—636页。

4. 钱大昕：《廿二史考异》卷80，第1106页。

5. 纪昀编《钦定四库全书总目》卷46，第635—636页；赵翼：《廿二史札记校证》卷23，第498—500页。

6. 葛兆光：《宋官修国史考》，第53—54页。

7. 详细讨论，见Hok-lam Chan, "Chinese Official Historiography in the Yuan Court," pp. 64-88 and *Historiography of the Chin Dynasty: Three Studies*, pp. 1-65。

8. 《清容居士集》卷41《修辽金宋史搜访遗书条列事状》，第31页—第41页a；《全元文》第23册，卷712《修辽金宋史搜访遗书条列事状》，第140—146页。

9. 《滋溪文稿》卷25《三史质疑》，第7页a—第15页b；《全元文》第40册，卷1270《三史质疑》，第451—456页。

10. 葛兆光：《宋官修国史考》，第47—53页；蔡崇榜：《宋代修史制度研究》，第117—148页。

11. 李华瑞：《〈宋史〉论赞评析》。李绍平的《宋辽金三史的实际主编欧阳玄》论证欧阳玄是《宋史》背后的指导思想力量。其他学者，如周生春，则强调修史局的"团队合作"，见周生春《关于辽、金、宋三史编撰的几个问题》，第184页。

12. 宋朝国史与《宋史》之间的文本关系，见：Hartman, "A Textual History of Cai Jing's Biography in the Songshi," pp. 517-519；以及蔡涵墨《〈宋史·蔡京传〉的文本史》，收入《历史的严妆：解读道学阴影下的南宋史学》，第162—164页（新版第167—169页）。刘凤翥和李锡厚的《元修宋、辽、金三史的再评价》也强调了《宋史》作为略加编辑的宋代原始文本资料库的价值。龚延明《宋史职官志补正》序第1—6页接受了这种描述，但也提醒人们，《宋史》中许多篇章（尤其是志）的文本错误百出，不能被认为是真正的第一手史料，在没有经过深入整理的情况下难以解读。

13. 关于这一问题的简单回顾，见 Hok-lam Chan, "Chinese Official Historiography in the Yuan Court," pp. 68–74。相关历史背景，见：Hok-lam Chan, *Legitimation in Imperial China*; Richard L. Davis, "Historiography as Politics"。关于明人努力重修《宋史》的深入研究，见吴晗《明代宋史学研究》。

14. 经典研究，见：John W. Dardess, *Conquerors and Confucians* and "Shun-ti and the end of Yüan rule in China"; Hsiao Ch'i-ch'ing, "Mid-Yüan Politics"。

15. 《元史》卷156《董文炳传》，第3672页。亦见：Chan, "Chinese Official Historiography," p. 66; C. F. Hung, "The Tung Brothers," p. 632。洪金富（C. F. Hung）把"及诸注记"从字面上理解为"[起居]注[时政]记"。正如后文所解释的那样，我认为对这个词最好采用一般性理解，指的是实录。

16. 《清容居士集》卷41《修辽金宋史搜访遗书条列事状》，第31页a—第41页a；《全元文》第23册，卷712《修辽金宋史搜访遗书条列事状》，第140—146页。

17. 《滋溪文稿》卷25《三史质疑》，第11页b；《全元文》第40册，卷1270《三史质疑》，第453页。

18. 周藤吉之：『南宋の李燾と續資治通鑒長編の成立』，第488—489页。

19. 蔡崇榜：《宋代修史制度研究》，第190页。

20. 《元史》卷9《世祖纪六》，第179页。谢慧贤（Jennifer W. Jay）指出，谢皇后与蒙古军队谈判，将皇权有序地移交给蒙古军队，以换取对临安百姓的赦宥；见 *A Change in Dynasties: Loyalism in Thirteenth-Century China*, pp. 36–37。

21. 《全元文》第23册，卷712《修辽金宋史搜访遗书条列事状》，第

140—141页。袁桷提到,他的祖先袁燮(1144—1224年)、袁韶(1188年进士)、袁甫(1214年进士)和袁商(1223年进士)都有史职。

22.《元史》卷183《苏天爵传》,第4224—4227页。详细研究,见:孙克宽《元代汉文化之活动》,第382—404页;刘永海《苏天爵研究》,第155—197页。

23.《全元文》第40册,卷1267《元故翰林侍讲学士知制诰同修国史赠江浙行中书省参知政事袁文清公墓志铭》,第387—390页。

24. 史馆显然拥有袁桷书单上某些作品的抄本,如《长编》。但袁桷指出,现存的《长编》抄本都是残缺不全的。史馆必须获得更可靠和完整的版本。

25.《全元文》第40册,卷1270《三史质疑》,第453—454页。

26.《全元文》第23册,卷712《修辽金宋史搜访遗书条列事状》,第141页。作为不恰当分组的一个例子,袁桷引用了1030年的《三朝国史》,其中寇准和丁谓的传记出现在同一卷。后来的史学对寇准做了正面评价,对丁谓做了负面评价。《宋史》确实把他们的传记分开了,把寇准放在《宋史》卷281,把丁谓放在卷283,与其他"反面"人物王钦若和夏竦放在一起。

27.《全元文》第23册,卷712《修辽金宋史搜访遗书条列事状》,第144页。

28.《全元文》第40册,卷1270《三史质疑》,第454页。

29.《全元文》第23册,卷712《修辽金宋史搜访遗书条列事状》,第142页;《全元文》第40册,卷1270《三史质疑》,第455页。

30.《全元文》第40册,卷1267《元故翰林侍讲学士知制诰同修国史赠江浙行中书省参知政事袁文清公墓志铭》,第388—390页。黄宗羲《宋元学案》卷85《深宁学案》第2876—2881页将袁桷与司马光《资治通鉴》注者胡三省(1230—1287年)一并置于王应麟的弟子之列。

31. Hsiao Ch'i-ch'ing, *The Military Establishment of the Yüan Dynasty*,

pp. 39-41.

32. Dardess, *Conquerors and Confucians*, pp. 53-74, "Shun-ti and the End of Yüan Rule in China," pp. 561-572.

33. 权衡：《庚申外史笺证》，第35—41页；Schulte-Uffelage, *Das Keng-shen wai-shih*, pp. 44-48。

34. Dardess, *Conquerors and Confucians*, p. 200 n. 2引用了当时的两篇文献，将脱脱掌权的时期称为更化时代。另见黄溍《文献集》卷10下，第54页a。关于脱脱的"更化"议程，见：《元史》卷138《康里脱脱传》，第3343页；Dardess, *Conquerors and Confucians*, pp. 73-81；邱树森《脱脱和辽、金、宋三史》，第98—103页。

35. 宋濂：《文宪集》卷25《故集贤大学士荣禄大夫致仕吴公行状》，第5页b；权衡：《庚申外史笺证》，第24页；Schulte-Uffelage, *Das Keng-shen wai-shih*, p. 35；Dardess, *Conquerors and Confucians*, p. 201 n. 13；孙克宽：《元代金华学术》，第77—78页。

36. Dardess, *Conquerors and Confucians*, p. 74.

37. 这些人数是基于进呈《宋史》之奏疏后附的人员名单；见《宋史》附录，第14256—14260页。亦见周生春《关于辽、金、宋三史编撰的几个问题》，第187—189页，周生春对这些人数做了一些微调。

38. Dardess, *Conquerors and Confucians*, pp. 84-86.

39.《辽史》附录，第1554页。

40. 关于张起岩，见《元史》卷182《张起岩传》，第4195页；欧阳玄，见《元史》卷182《欧阳玄传》，第4197—4198页，该文是根据危素撰写的欧阳玄行状所写的，见《全元文》第48册，卷1477《大元故翰林学士承旨光禄大夫知制诰监修国史圭斋先生欧阳公行状》，第400—407页。

41. 见欧阳玄为庐陵萧尚宾所写的《读书堂记》，《全元文》第34册，卷

1098《读书堂记》，第553页。揭傒斯与脱脱谈论对史家的合适要求，见：《元史》卷181《揭傒斯传》，第4186页；范文澜《正史考略》，第225页；李绍平《宋辽金三史的实际主编欧阳玄》，第76页。

42. 7位总裁官中，5位是1315年进士。除了张起岩和欧阳玄，还有李好文、王沂和杨宗瑞；见桂栖鹏《元代进士研究》，第19—24页。

43. 关于欧阳守道和欧阳新，见：《宋史》卷411《欧阳守道传》，第12364—12365页；Walton, *Academies and Society in Southern Sung China*, pp. 151-152。又见张起岩为欧阳龙生撰写的神道碑，《全元文》第36册，卷1141《欧阳龙生神道碑》，第127—128页。危素撰写的欧阳玄生平，见：《全元文》第48册，卷1477《大元故翰林学士承旨光禄大夫知制诰监修国史圭斋先生欧阳公行状》，第400—401页；李绍平《宋辽金三史的实际主编欧阳玄》，第72页。

44. 黄宗羲：《宋元学案》卷82《北山四先生学案》，第2771—2772页。欧阳玄的传记作者并没有提到他直接师从"金华四先生"中的任何一位，但人们普遍接受他们之间的这种关系。见：孙克宽《元代金华学术》，第44页；周生春《虞允文晚年事迹述论》，第122—124页。周生春还详细描述了《宋史》的其他四位蒙古编者和汉人历史学家的道学师徒谱系。在另一位编修《宋史》的道学史学家危素的文集中，有许多他对编修《宋史》具体贡献的细节，见孔繁敏《危素与〈宋史〉的纂修》。

45. 关于宋元时期金华的学术研究相当丰富，见：孙克宽《元代金华学术》；Peter Bol, "Neo-Confucianism and Local Society"; John D. Langlois, Jr., "Political Thought in Chin-hua under Mongol Rule"。

46. Lee Tsong-han, "Different Mirrors of the Past: Southern Song Historiography," pp. 253-315.

47. Walton, "Family Fortunes in the Song-Yuan Transition: Academies and

Chinese Elite Strategies for Success."

48. 称欧阳玄撰写了这些评论的说法源于危素撰写的欧阳玄行状,危素是欧阳玄编修《宋史》的下属,见《全元文》第 48 册,卷 1477《大元故翰林学士承旨光禄大夫知制诰兼修国史圭斋先生欧阳公行状》,第 404 页。(《行状》:"至于论、赞、表、奏,皆公属笔。"——译者注)

49. 例如,石介为他的《三朝圣政录》所写的序,见《徂徕石先生文集》卷 17《三朝圣政录序》,第 209—210 页。

50. 关于陈桥兵变的叙事,见本书第九章。金匮之盟指的是太祖与母亲杜皇后之间达成一项协议的故事,即太祖驾崩后皇位将传给弟弟太宗,而不是直接传给太祖的儿子。根据记载,杜皇后随后召宰相赵普记录下太祖的誓词,并将其存入金匮以供日后参考。长期以来,历史学家一直怀疑太宗和赵普伪造了誓词,并编造了金匮之盟的故事,以证明太宗可疑的皇位继承毫无问题。关于金匮之盟这个主题有相当多的文献。见:《长编》卷 2,第 46—47 页;司马光《涑水记闻》卷 1,第 9—10 页;Chaffee, *Branches of Heaven*, pp. 25-30; Curtis Chung Chang, "Inheritance Problems in the First Two Reigns of the Sung Dynasty";以及杰出学者的文章,Wayne Alan Ten Harmsel, "Oath of the Golden Casket: The Role of Chao P'u in the Imperial Succession of the Early Sung"。

51.《宋史》卷 3《太祖纪三》,第 50—51 页;《东都事略》卷 2《太祖纪》,第 7 页 b。

52.《宋史》卷 3《太祖纪三》,第 49—50 页。中华书局点校本的标点,模糊了十五个短篇故事的独立文本来源。

53.《长编》卷 1,第 30—31 页;司马光:《涑水记闻》卷 1,第 4—5 页。

54.《朱熹集》卷 11《戊申封事》,第 467 页;司马光:《涑水记闻》卷 1,第 14 页。

55. 陈均:《皇朝纲目备要》卷 2,第 28 页;吕中:《皇朝大事记讲义》卷

3 《太祖皇帝》，第 67—68 页。

56. 见夏良胜（1480—1538 年）《中庸衍义》卷 5，第 18 页 b—第 19 页 a。

57. 对这个故事的更早引用，见：司马光《涑水记闻》卷 1，第 14 页；罗从彦《遵尧录》卷 1，第 116—117 页。故事发生在 963 年四月，见《东都事略》卷 2《太祖纪》，第 31 页。李焘《长编》卷 9 第 199—200 页将这一事件（无注）置于 968 年正月。正如我们在导论中所见，1068 年，钱觊从国史中引用了这个故事并进呈给神宗，表明这个小故事可能确实是早期史录的一部分；见赵汝愚《宋朝诸臣奏议》卷 2《上神宗论要务十事》，第 11 页。

58. 《东都事略》卷 6《仁宗纪》，第 9 页 a—b；《宋史》卷 12《仁宗纪》，第 251 页。

59. 《东都事略》卷 4《真宗纪四》，第 8 页 a—b。(《真宗纪四》："宋兴承五季之余，天下得离兵革之苦。至真宗之世，太平之治洽如也。咸平以来，君明臣良，家给人足，刑措不用。契丹请和，示以休息。德明纳款，抚以恩信。于是朝帝陵、封岱宗、祀汾脽、谒亳社，绝代旷典，莫不具举。礼乐明备，颂声洋溢，崇本报功，以告神明，千载一时，岂不休哉！"——译者注)

60. 例如，富弼对真宗朝的评价，保存在佚名的《太平宝训政事纪年》第 84—85 页。富弼坚持认为，真宗的"深爱民"带来了"太平"时代的经济繁荣。

61. 《涑水记闻》卷 6，第 120—121 页。

62. 苏辙：《栾城别集》卷 1，第 72—73 页；《长编》卷 67，第 1506—1507 页。

63. 《朱子语类》卷 127《本朝一》，第 3044 页。(《朱子语类》："真宗东封西祀，糜费巨万计，不曾做得一事。"——译者注)

64. 陈均：《皇朝编年纲目备要》卷 7，第 146—148 页；吕中：《皇朝大事记讲义》卷 6《真宗皇帝》，第 128—130 页。

65. Cahill, "Taoism at the Sung Court: The Heavenly Text Affair of 1008," p. 37. 真宗"赞"的完整英译,见该书第 36 页。

66.《宋史》卷 8《真宗纪三》,第 172 页。司马光、李焘和《宋史》的赞,仍然主导着对真宗时期的解释策略;见 Lau Nap-yin and Huang K'uan-chung, "Founding and Consolidation of the Sung Dynasty," pp. 270-273。(《真宗纪三》:"契丹其主称天,其后称地,一岁祭天不知其几,猎而手接飞雁,鹄自投地,皆称为天赐,祭告而夸耀之。意者宋之诸臣,因知契丹之习,又见其君有厌兵之意,遂进神道设教之言,欲假是以动敌人之听闻,庶几足以潜消其窥觎之志欤?然不思修本以制敌,又效尤焉,计亦末矣。"——译者注)

67.《东都事略》卷 8《神宗纪》,第 9 页 a。(《神宗纪》:"承平日久,事多舒缓。神宗皇帝乃慨然图义立政造事,以新一代之治。于是广亲亲之道以睦九族,尊经术之士以作人材,弛力役以便民,通货财而阜国,时散薄敛以行补助之政,严修保伍以为先事之防,兴水土之利而厚农桑,分南北之祀而侑祖祢,酌六典以正百辟,制九军而攘四夷。凡所制作,欲以远迹治古,可谓厉精之主矣。虽然锐于始者其终必悔,神宗末年盖亦悔矣,而臣下不能将顺其意,此后日继述之论所由起也。"——译者注)

68.《宋史》卷 16《神宗纪三》,第 314 页。

69.《东都事略》卷 9《哲宗纪》,第 8 页 a;《宋史》卷 18《哲宗纪二》,第 354 页。

70.《东都事略》卷 11《徽宗纪》,第 9 页 b。关于《尚书》的引用,见 Legge, *The Shoo King*, pp. 163-164, 180。

71. Legge, *The Shoo King*, p. 349.

72.《宋史》卷 22《徽宗纪四》,第 417—418 页。引语也改写自《尚书》(Legge, *The Shoo King*, p. 207)。

73. 这一类比早在 1127 年便已臻至论述的高潮,当时陈东告诫高宗,如果他不收复北方失地,他将重蹈东晋在 317 年犯下的错误。见:Hartman and Li, "The Rehabilitation of Chen Dong," pp. 89–90;以及蔡涵墨、李卓颖《平反陈东》,《文史》总第 119 辑(2017 年第 2 辑),第 162 页。

74. 何休:《春秋公羊传注疏》卷 28,第 21 页 a。在南宋初的使用,见胡寅 1129 年的奏议,《宋史》卷 435《胡寅传》,第 12919 页。1142 年以后的使用,见:Li and Hartman, "A Newly Discovered Inscription," pp. 415–417;以及李卓颖、蔡涵墨《新近面世之秦桧碑记及其在宋代道学史中的意义》,收入《历史的严妆:解读道学阴影下的南宋史学》,第 124—126 页(新版第 129—131 页)。(《春秋公羊传注疏》卷 28:"君子曷为为春秋?拨乱世,反诸正,莫近诸《春秋》。"——译者注)

75. 对高宗的这种间接批评,最早出现在 1234 年南宋朝廷试图收复三京之后。见:Hartman and Li, "The Rehabilitation of Chen Dong," pp. 139–140;以及蔡涵墨、李卓颖《平反陈东》,《文史》总第 119 辑(2017 年第 2 辑),第 192—193 页。

76.《宋史》卷 32《高宗纪九》,第 612 页。

77. 见:Hartman, "Making of a Villain," pp. 122–134;以及蔡涵墨《一个邪恶形象的塑造:秦桧与道学》,收入《历史的严妆:解读道学阴影下的南宋史学》,第 73—86 页(新版第 75—88 页)。

78.《宋史》卷 35《孝宗纪三》,第 692 页。(《孝宗纪三》:"宋之庙号,若仁宗之为'仁',孝宗之为'孝',其无愧焉,其无愧焉!"——译者注)

79.《宋史》卷 36《光宗纪》,第 710 页,卷 40《宁宗纪四》,第 781—782 页。(《宁宗纪四》:"惜乎神器授受之际,宁、理之视仁、英,其迹虽同,其情相去远矣。"——译者注)

80.《宋史》卷 45《理宗纪五》,第 888—889 页。

81.《朝野杂记》甲集卷 4《续资治通鉴长编》,第 113—114 页;以及《玉海》卷46，第51页a。

82. 北宋国史中列传的安排，见蔡崇榜《宋代修史制度研究》，第119页（引用《玉海》卷46，第46页b）和第122页。

83. 类似的分析，见李华瑞《〈宋史〉论赞评析》，第503—504页。

84. 《东都事略》卷110《忠义传》，第1页a。

85. 《宋史》卷446《忠义传一》，第13149—13150页。对抵抗蒙古人的宋朝忠义者的历史描述，给元朝史官提出了一个棘手的问题。他们在《宋史·忠义传》的序中加了很长一段注，并在注中指出，宋、辽、金三史的"凡例"规定了对"忠义"的事迹"直书而无讳"。不过，根据死者的动机和环境，他们将英雄主义分为四等。在某种程度上，太祖的精神一直激励着宋朝的忠义者，这使得历史学家能够巧妙地处理这些人激烈抵抗蒙古人的问题。《宋史》的10卷《忠义传》包含277人的传记，其中卒于宋朝末年的人物共77人，占《忠义传》总人数的28%。见 Jay, *Change in Dynasties*, pp. 68-71, 98-102, 265。

86. Watson, *Records of the Grand Historian of China*, 2：413 n.1.

87. 《东都事略》卷112《循吏传》，第1页a。

88. 《东都事略》卷115《文苑传》，第1页a—b；《宋史》卷439《文苑传一》，第12997—12998页。(《东都事略》卷115《文苑传》："由汉迄今，振斯文于将坠者，唐有韩愈之功，宋得欧阳子之力。"《宋史》卷439《文苑传一》："艺祖革命，首用文吏而夺武臣之权，宋之尚文，端本乎此……庐陵欧阳修出，以古文倡，临川王安石、眉山苏轼、南丰曾巩起而和之，宋文日趋于古矣。"——译者注)

89. 详细的研究，见卢钟锋《元代理学与〈宋史〉道学列传的学术史特色》。

90. 《宋史》卷427《道学传一》，第12709—12710页。

91. 《东都事略》卷119《外戚传》，第1页a；《宋史》卷463《外戚传上》，第13535页。

92.《东都事略》卷 120《宦者传》,第 1 页 a—b;《宋史》卷 466《宦者传一》,第 13599—13600 页。

93.《东都事略》卷 13《世家一》,第 1 页 a;《宋史》卷 242《后妃传上》,第 8605—8606 页。

94.《宋史》卷 359《李纲传下》,第 11274 页,卷 361《张浚传》,第 11313—11314 页,卷 365《岳飞传》,第 11396—11397 页。

95. Hartman, "A Textual History of Cai Jing's Biography in the *Songshi*," pp. 531-536;蔡涵墨:《〈宋史·蔡京传〉的文本史》,收入《历史的严妆:解读道学阴影下的南宋史学》,第 179—183 页(新版第 184—188 页)。Levine, "A House in Darkness," pp. 204-308, 597-638.

96.《宋史》卷 338《苏轼传》,第 10801—10808 页,卷 339《苏辙传》,第 10822—10823 页、第 10829—10830 页。

97.《宋史》卷 429《道学三》,第 12751—12770 页。

98. Hartman, "The Reluctant Historian," pp. 138-139;蔡涵墨:《无奈的史家:孙觌、朱熹与北宋灭亡的历史》,收入《历史的严妆:解读道学阴影下的南宋史学》,第 255—257 页(新版第 261—263 页)。Hartman and Li, "The Rehabilitation of Chen Dong," pp. 117-118;蔡涵墨、李卓颖:《平反陈东》,《文史》总第 119 辑(2017 年第 2 辑),第 179 页。

99.《要录》卷 87 第 1674—1688 页收录了包括秦桧在内的 10 人的奏议摘录。有关李纲的奏议,见《李纲全集》卷 78《奉诏条具边防利害奏状》,第 793—805 页。《宋史》也引用了其他人的奏议摘录,但只引用了那些主张继续对金采取军事行动之人的奏议,见《宋史》卷 375《李邴传》,第 11607—11609 页,卷 375《张守传》,第 11614—11615 页,卷 379《韩肖胄传》,第 11691—11692 页。吕颐浩和秦桧的传记并没有提及他们对这个问题的看法。

100.《宋史》卷 375《李邴传》,第 11606—11609 页。

101.《要录》卷 87，第 1683—1688 页。

102.《宋史》卷 422《林勋传》，第 12605—12606 页。《宋史》卷 173《食货上一》第 4169—4170 页的详细注文，见和田清、中嶋敏《〈宋史·食货志〉译注》第 1 册，第 115—121 页。危素序，见《全元文》第 48 册，卷 1470《本政书序》，第 207 页。

103.《宋史》卷 399《娄寅亮传》，第 12132—12133 页。(《娄寅亮传》："改合入官，擢监察御史。时相秦桧以其直柔所荐，恶之，讽言者论寅亮匿父丧不举，下大理鞫问，无实，犹坐为族父冒占官户罢职，送吏部，由是坐废。"——译者注)

104. Hartman, "A Textual History of Cai Jing's Biography in the *Songshi*"；蔡涵墨《〈宋史·蔡京传〉的文本史》，收入《历史的严妆：解读道学阴影下的南宋史学》，第 162—216 页（新版第 167—221 页）对《宋史·蔡京传》的详细分析。亦见：Hartman, "The Making of a Villain," pp. 105-117；以及蔡涵墨《一个邪恶形象的塑造：秦桧与道学》，收入《历史的严妆：解读道学阴影下的南宋史学》，第 50—65 页（新版第 52—67 页）对《宋史·秦桧传》的类似讨论。

105.《宋史》卷 471《奸臣传一》，第 13697 页。

106.《道学传》排在前半部分"正"的传记类型的第二位，仅次于介绍性的《循吏传》；在后半部分"邪"的传记类型中，《奸臣传》的位置非常靠后。

107. 与这个观点稍有不同的表述，见李华瑞《〈宋史〉论赞述评》，第 492—495 页。

108.《宋史》卷 173《食货志一》，第 4156 页。

109.《宋史》卷 327《王安石传》，第 10553 页；原始文献，见朱熹《楚辞后语》卷 6，第 3 页 a—b。(朱熹语："以文章节行高一世，而尤以道德经济为己任。被遇神宗，致位宰相，世方仰其有为，庶几复见二帝三王之盛。而安石乃汲汲以财利兵革为先务，引用凶邪，排摈忠直，躁迫强戾，使天下之人，嚣然丧其乐生之心。卒之群奸嗣虐，流毒四海，至于崇宁、宣和之际，而祸乱极矣。"——译者注）

110. 10 次引用中，有 5 次肯定、5 次否定，见李华瑞《〈宋史〉论赞评析》，第 493—494 页。

111.《宋史》卷 354《蔡薿传》，第 11172 页。关于孟子的引文，见 Legge, *The Works of Mencius*, p. 284。同样的引述也出现在《东都事略》对王安石的评价中，见《东都事略》卷 79《王安石传》，第 7 页。讨论涉及 5 次科举考试，分别发生在 1070 年、1079 年、1103 年、1105 年和 1106 年；见傅璇琮主编《宋登科记考》，第 299 页、第 342 页、第 474 页、第 489 页、第 491 页。

112.《宋史》卷 361《张浚传》，第 11313 页。

113.《朱子语类》卷 108《朱子五》，第 2678 页。胡安国向宋高宗进言，称其应"正心"，见：Li and Hartman, "A Newly Discovered Inscription," pp. 436-437；以及李卓颖、蔡涵墨《新近面世之秦桧碑记及其在宋代道学史中的意义》，收入《历史的严妆：解读道学阴影下的南宋史学》，第 146—147 页（新版第 151—152 页）。

114.《宋史》卷 344《马默传》，第 10949 页，卷 348《赵通传》，第 11046 页。

115.《宋史》卷 355《郭知章传》，第 11197 页。

116.《宋史》卷 336《司马光传》，第 10771—10772 页；《东都事略》卷 87 下《司马光传下》，第 6 页 b。

117.《宋史》附录，第 14254 页；《全元文》第 34 册，卷 1089《进宋史表》，第 397 页。

118. 主要研究成果，见：裴汝诚《略评〈宋史〉"崇道德而黜功利"的修撰原则》；卢钟锋《元代理学与〈宋史道学列传〉的学术史特色》，第 28 页。

119. 《长编》卷300，第7305页；《苏轼文集》卷16《司马温公行状》，第489页，南宋士人经常转载该文，如吕祖谦《宋文鉴》卷137，第1934页。

120. 《宋史》卷429《朱熹传》，第12754页。

121. 早期例子，见陈与义《简斋集》卷2，第2页a。晚期例子，包括：张浚《孟子传》卷28，第12页a；度正《性善堂稿》卷9，第9页a；真德秀《大学衍义》卷14，第11页b。

122. 《宋史》卷423《李韶传》，第12628页。其他的对立概念还包括"刑"与"慈"，"杂霸"与"纯王"，"异端"与"儒教"，"曲"与"正"，"奢"与"俭"，"谀语"与"忠言"等。

123. 《元史》卷205《阿合马传》，第4559页。关于阿合马，见：Morris Rossabi, "The Reign of Khubilai Khan," pp. 473-474; Herbert Franke in Rachewiltz, *In the Service of the Khan*, pp. 539-557。窦德士称蒙古财政专家为"加密过的法家"，见 Dardess, *Conquerors and Confucians*, p. 32。

124. 《全元文》第40册，卷1252《伊洛渊源录序》，第62—63页。

125. 权衡：《庚申外史笺证》，第12页；Schulte-Uffelage, *Das Keng-shen wai-shih*, pp. 29-30。当然，将燕铁木儿和伯颜指为"权臣"，可能准确描述了他们的主政特点；Hsiao Ch'i-ch'ing, "Mid-Yuan Politics," pp. 547-549 认为他们染指君权，标志着对蒙古早期政治规范的背离。

126. 《草木子》卷3，第13页a以及卷4，第7页b。

127. Dardess, *Conquerors and Confucians*, pp. 60-61。

128. 《全元文》第37册，卷1170《王文忠公文集序》，第264—265页；王明荪《元代的士人与政治》第210—211页引用陈旅的序和苏天爵1343年的《伊洛渊源录序》，探讨了这一叙事的发展。关于许衡，见陈学霖（Hok-lam Chan）撰写的内容丰富的许衡传记条目，Rachewiltz, *In the Service of the Khan*, pp. 416-447。

129.《全元文》第 36 册,卷 1140《句容县恭刻制词记》,第 82—83 页。关于 1330 年诏令,见《元史》卷 34《文宗纪三》,第 763 页;李心传《道命录》卷 10 第 120—121 页引用了两篇要求提高二程地位的奏议,以及由此产生的诏令。这些奏议把孟子与二程之间的整个时期都描述为致力于"功利"。

130.《元史》卷 138《康里脱脱传》,第 3344 页。这部书很可能是王恽(1227—1304 年)的《承华事略》,该书仍然存世;见 Rachewiltz, *In the Service of the Khan*, pp. 374, 382-383。

131. Rossabi, "The Reign of Khubilai Khan," pp. 416-417, 426-427 and Hsiao, Mid-Yuan Politics," pp. 504-505, and 524-527.

132. 权衡:《庚申外史笺证》,第 21 页;Schulte-Uffelage, *Das Keng-shen wai-shih*, p. 33. 关于伯颜和卜答失里,见 Dardess, *Conquerors and Confucians*, pp. 58, 68, 75。

133. 钱大昕:《廿二史考异》卷 70,第 987 页;范文澜:《正史考略》,第 229 页。见本纪(《宋史》卷 1《太祖纪》,第 10 页)、杜皇后的传记(《宋史》卷 242,第 8607 页)和礼志(《宋史》卷 123《礼二十六》,第 2867 页)。

134. 钱大昕:《廿二史考异》卷 80,第 1118 页;范文澜:《正史考略》,第 229—230 页。这五个地方是《宁宗本纪》(《宋史》卷 37,第 714 页)、《叶适传》(《宋史》卷 434,第 12891 页)、《留正传》(《宋史》卷 391,第 11975 页)、《赵汝愚传》(《宋史》卷 392,第 11985 页)和《吴皇后传》(《宋史》卷 243,第 8648 页)。事实上,这一内容也见于《光宗本纪》(《宋史》卷 36,第 710 页)和《宦者·关礼传》(《宋史》卷 469,第 13674 页)。

135. 范文澜列举了五个重复引用的例子。其他三个例子也强化了元朝儒家政策与蒙古本位主义者的对抗:(1)《宋史·苏轼传》以及《宋史·选举志》引用的苏轼关于科举考试的文章,(2)《宋史·韩琦传》和《宋史·食货志》引用的韩琦反对青苗法的文章,以及(3)《宋史·职官志》提到的关于升至

"三师三公"的规章。

136. 《宋史》卷471《奸臣传一》，第13697页。

137. 《全元文》第38册，卷1183，第48—56页。关于梁冀，见 Twitchett and Loewe, *Cambridge History of China. Volume I*, pp. 285-286。

138. 《全元文》第34册，卷1096《赵忠简公得全书院记》，第503—504页；同卷《赵忠简公祠堂记》，第520—521页。

139. 《全元文》第31册，卷1009《道命录序》，第421页。

140. Hartman, "Bibliographic Notes on Sung Historical Works: The Original *Record of the Way and Its Destiny* by Li Hsin-ch'uan," pp. 6-9；蔡涵墨：《〈道命录〉复原与李心传的道学观》，收入《历史的严妆：解读道学阴影下的南宋史学》，第350—354页（新版第358—363页）。伯颜迫害朵儿只，见 Dardess, *Conquerors and Confucians*, pp. 69-70。

141. 《元史》卷139《阿鲁图传》，第3361—3362页。(《阿鲁图传》："臣素不读汉人文书，未解其义。"——译者注)

142. "1340年的事件确保以后所有的政治都只能以儒家的方式进行……脱脱与别儿怯不花之间的分裂是元代历史上儒家思想第一次主导了双方。到1347年，可以明确地说，儒家政治思想终于成为元政府中的一股控制力量。" Dardess, *Conquerors and Confucians*, p. 82.

143. Dardess, *Conquerors and Confucians*, pp. 2-3, 82-83, 93-94.

# 第二部分　叙事

历史强加语法于时间之上。

——南希·帕特纳（Nancy Partner）

第六章

# 政治"故事"与历史叙事的起源

> 正如话语本身是语言的政治,如果修辞是话语的政治,那么就不存在政治上清白的史学这回事。
>
> ——海登·怀特(Hayden White)[1]

## "故事"的力量

历史学家的中心任务是,于不间断且混乱的事件流中创造叙事。正如海登·怀特的论断所表明的那样,政治和修辞在这一史学过程中都发挥着重要作用。我们考察宋代历史的主要史料后发现,诸如司马光、李焘和赵汝愚等史学家不仅普遍参与了当时的政治,他们在政治话语(主要是儒家的)修辞方面同样有广泛的训练。我们在本书第二章、第三章中看到,人们经常读到宋朝历史学家将其角色定义为类似于"究寻一事首尾",换句话说就是,创造一种叙事。[2] 不过,对于宋代政治家来说,更紧迫的史学任务是辨识出可能对当前的政策制定有用的过往事件。这些事件被简单地称为"故事"。³"故事"这个术语意味着从提交给史馆的一系列常规事件中选择出来的事件，这个事件有作为先例的规范价值。引用某一事件作为"故事"，强调或"突出"该事件与其他在时间或地点上围绕它的事件的关系，被引用的"故事"由此成为拟采取政治行动的正当理由。与"故事"密切相关的术语是"典故"。在宋朝政策制定者的话语中，"进故事"是最常见的修辞手法之一。

例如，1190 年，光宗（刚登基不久）的独子嘉王住在宫外自己独立的府邸中。嘉王患病，宰相留正建议光宗应立即册立他为太子，并让嘉王搬进位于内廷的东宫居住。两个月后，留正仍未得到光宗的答复，他再次奏请此事。这一次，留正增加了一系列历史先例来支持他的论点，即新帝"豫建太子，所以重宗庙社稷"。除了汉代"故事"，留正也引用了真宗很早便确定未来的仁宗为太子的宋朝例子。此外，留正还补充了两份北宋的材料——分别出自吕诲（1014—1071 年，写于 1063 年）和张方平（写于 1076 年）之手。吕诲曾敦促刚刚登基但身体状况欠佳的英宗任命皇储来协助自己处理政务，防止将来皇位继承不稳定可能导致权力分散。张方平也曾向当时已在位九年的神宗提出类似的主张，但他并未提议皇帝指定皇位继承人。两位皇帝都没有听从大臣的这一建议，而且都只在自己驾崩前几天才正式册立皇位继任人。延迟立储阻碍了皇位继承人耳濡目染地熟悉他们未来的皇帝角色，造成了政治上的不稳定。⁴

留正将仁宗的正面"故事"与神宗带有警示意味的反面例子并置，是基于并提倡一种北宋史观，即提倡仁宗之治，质疑神宗的做法。虽然留正奏议仅存一些文本片段，他引用这些"故事"，巧妙地将光宗自身的情况与北宋历史进行了一系列类比。和英宗一样，光宗同样身体欠佳，他长期不理朝政，可能像英宗一样需要将日常政务移交给女主打理。这些历史上的对比给了光宗一个隐含的选择：现在确定皇储，为复制仁宗的长期太平之治奠定基础；或者，像英宗和神宗所做的那样，推迟立储，那样可能会遭遇君权旁落和在那些时代曾出现的政治纷争的风险。当然，光宗并没有听从留正的建议，正如留正的历史类比所暗示的那样，他承担了严重的后果。

支撑留正"故事"的历史叙事，赋予了太祖—庆历—元祐轴线正面的政治价值，这一轴线在 12 世纪缓慢演变。如前文所解释的那样，演变的一个重要里程碑是李焘在 1183 年进呈的《长编》。关于这一北宋历史范式的下一部重要作品是赵汝愚于 1186 年完成的《皇朝诸臣奏议》。我们将在后文详细考察这部作品及其政治议程。留正是赵汝愚亲密的政治盟友，他当然知晓这部作品，而且很可能以其作为构建自己 1190 年奏议的史料。《皇朝诸臣奏议·帝系门·皇太子》共有 32 篇奏议，始于 997 年田锡（940—1003 年）建议真宗早日立储，终于吕诲和张方平的两篇奏议（留正在进呈的"故事"中引用过）。[5]

"故事"也可以作为一种独立且独特的建议类型进呈给皇帝。见于文集中的例子，经常在进呈日期之前，被标作"进故事"。"进故事"包括两部分内容：直接引用"故事"文本，然后给出评论，将"故事"用于当时的问题上。[6] 在皇帝经筵上"进故事"的做法，始于范祖禹在 1087 年"进故事"，而这些早期例子主要限于汉唐"故事"。[7]南宋初年恢复了在经筵上"进故事"的做法,在整个12世纪,越来越多的"故事"来自北宋史料,特别是《三朝宝训》。到南宋灭亡,书写者们大多从宋朝史料中吸取"故事"。

这一类型的绝佳例子是韩元吉(1118—1187年)的《壬辰五月进故事》。1171年三月,孝宗任命外戚张说为枢密都承旨,士大夫纷纷上疏抗议,但孝宗不为所动,韩元吉也随之进呈了他的"故事"。韩元吉进呈的"故事"来自国史列传中的两段文字,这两段文字中有宋朝开国之君太祖和太宗的声明。在第一段文字中,太祖表达了对唐太宗的钦佩之情,因为这位伟大的唐朝皇帝勇于承认自己的错误。但太祖补充道,他自己的做法更明智:他事先接受他人的建议,所以很少犯错。在第二个"故事"中,太宗告诉手下的大臣吕蒙正(946—1011年),他偏爱"古"的治国方法,即君臣之间坦诚交流意见,这有助于改进政策决定。[8]

在对这两段文字的评论中,韩元吉赞扬太祖超越了富有传奇色彩的唐太宗的虚心纳谏,因为太祖极少犯错,他甚至几乎不需要大臣进谏。为了证明太祖的这一行政能力,韩元吉引用了《国史·本纪》中另一则关于太祖的实录。一天下朝后,内侍发现皇帝看起来闷闷不乐,就询问他原因。太祖回答道:"尔谓帝王可容易行事耶?早来前殿乘快处分一事有失,史臣必书,所以不乐也。"韩元吉接着为孝宗分析了这两条来自祖宗的"训"的明显经验教训:如果孝宗在采取行动之前更广泛地征求他人意见,他就可以改善与其手下官员之间的关系。在张说事件的语境中,通过劝服孝宗接受士人的意见,撤销对张说的任命,韩元吉的"故事"只是遏制"近习"

影响力的士人运动的一个小片段。[9]

韩元吉关于太祖闷闷不乐的故事,属于广义"事"的特殊范畴,这里的"事"不同于构成宋朝历史叙事主体的常规官僚细节。我们在本书第五章中已经看到,《宋史》中,在《太祖纪》的正文末尾到"赞"之间,有一段短小而独特的文字,汇集了十五则这样的轶事。[10]就像韩元吉所言,虽然其中几个故事,包括太祖闷闷不乐的轶事,可能被收入1030年的国史,但许多轶事似乎是首次见于仁宗初年编撰的"宝训"和"圣政"。大多数轶事也见于关于北宋的私人作品(如司马光的《涑水记闻》和罗从彦的《遵尧录》,我们会在第八章详细考察这两部书)。官方历史和非官方历史频繁引用这些故事,不仅强调了那些故事确实出现在早期国史中,而且还引入了新的"事",使政治家和历史学家能够调整太祖的形象,以满足11世纪发展的需要。

李焘对这种材料采取了一种恭敬而谨慎的态度。他把关于太祖闷闷不乐的叙述和三个相似的轶闻故事放在一起,并将它们置于960年十二月底。但他承认,这些事件发生的时间不详,他的安排也很武断。李焘指出,这四个故事都出现在石介的《三朝圣政录》和司马光的《涑水记闻》中。当他在早期的国史中发现太祖闷闷不乐的故事时,李焘对这个故事尤为怀疑。太祖实录的旧录以及11世纪石介和司马光笔下的说法,都怀疑故事中的内侍是指王继恩(卒于999年)。[11]然而李焘指出,王继恩在十年后才成为高级内侍。他因而重写这段文字,去掉了王继恩的名字,只写"左右"。李焘重写的故事中没有评论,他还删除了对史官的提及,可能是因为这个细节重复了这一组故事中的另一个故事。[12]

因此,《宋史》卷3（第49—50页）汇集的每一则轶事都以自己的方式通过北宋官方的"宝训"和石介、司马光、罗从彦等人的作品,进入南宋历史学家李焘、陈均、吕中手中以及《宋史全文》,并最终进入《宋史》。整个宋代——在南宋,这种情况越来越普遍——像韩元吉这样的士人继续引用这些故事作为"故事",并经常调整故事细节以适应他们自己当下的政治需要。

对《宋史·艺文志》中的"故事"部分与陈振孙私人目录学专著《直斋书录解题》中的"故事"部分所列举作品的比较,提供了关于宋代"故事"概念的一些见解。[13]这两种书目在收书范围和性质上差异极大。前者是一份官方书目,可能是基于宋朝秘书省的馆藏记录,后者是13世纪中叶藏书最丰富的私人图书馆之一实际藏有作品的记录。两种书目都认同"宝训"和"圣政"类的作品是"故事"合集。在"典故"类下,这两种书目还包括几部"会计录"以及地方财务记录。两者都提到了罗从彦的《遵尧录》和今天以历史著作为人所知的彭百川的《太平治迹统类》。但与《宋史》不同的是,陈振孙将这两部书都纳入会要类,并为宋代五部主要的会要提供了单独的条目。他直接驳斥《馆阁书目》将会要列入"类书",认为"会要专述典故,非类书也"。[14]

这两种书目都包含了许多现代历史学家认为是未经加工整理的原始史料集,而宋朝的读者则认为这些史料在某种意义上是预先选定的,因此成为更大篇幅材料的重要组成部分。例如,我们在第四章中已经看到,今天被称为《皇宋中兴两朝圣政》的著作,对今天的史学家来说仍然是关于孝宗时期最详细的编年史,但这两种书目都将该书归入"故事"类下面的"圣政"。[15]

在"故事"类别下,《宋史·艺文志》包含了更广泛的作品。其中最突出的是特定政府机构(如翰林院、秘书省、御史台)的"故事"集,也有来自个人的奏议集,以及更大篇幅的奏议汇编,如现存的《宋大诏令集》。此外,还包括日记、政治回忆录和具体事件的个人叙述,如富弼关于他在1043年出使契丹并进行政治谈判的报告。① 最后,《宋史》把司马光的《涑水记闻》和李心传的《建炎以来朝野杂记》都列入"故事",而陈振孙则把它们归为"杂史"。可见,"故事"是宋代一个流动的书目类别。[16]我将在后文证明,这种不确定性可能与12世纪关于"故事"的性质及其适当使用的争论有关。

包括会计录和对外交往报告在内的作品表明,"故事"类作品不仅是现有"故事"的集合,而且可能被视为未来寻找和论证"新故事"的可能材料。光宗与留正之间的另一段对话,揭示了"故事"作为一套固定的法规和作为制度变革的正当理由之间的这种张力。在光宗于1189年即位后不久,一些士人,就像二十年前的李焘一样,主张在六部各设御史,御史有权直接上奏皇帝。留正引用了北宋"故事"来支持这种对现有实践的改变。皇帝对此表示反对,称"祖宗前后典故甚明,宜且遵守,不可轻易更变"。针对这一点,留正回答道:"六察台格具在,条目详备,若能举职相事,

---

① 指富弼的《契丹议盟别录》5卷。

亦尽有可言者。诚如圣训，不必更变旧制。"[17]这种交流表现出的张力，不是关于"故事"的存在或意义，而是关于是否应该把过去的一套"故事"转变成当前的政治现实。

无论是作为标准奏议的修辞成分，还是作为一种独特类型进呈，"故事"都是士人参与治国的重要载体。因此，它们跨越了政策制定和历史之间的界限。显然，尽管"故事"的精确定义和用法在整个宋代有所变化，它们最终构成了历史书写的一个重要分支体例。"故事"被收入更大规模的合集，以提供一般性的参考，或者它们可能局限于特定的机构或问题。私人个体可以编撰"故事"；作为一种常规功能，宋朝官方史学也会编撰"故事"。

## 祖宗之法

"祖宗之法"的概念最早出现在仁宗朝前期，这一概念的持续发展以及与"进故事"官僚实践的相互作用，创造出一种强有力的史学手段，政治家可以用它来塑造关于宋朝过去的有用想象。这个过程一直持续到宋朝灭亡，深刻影响了国史的构成，并在今本《宋史》中臻至巅峰。正如《宋史》所阐述的那样，宋朝的开国者太祖和太宗制定了一系列的基本原则，这些原则是宋朝后来长治久安的基础。后来的宋朝皇帝坚持这些原则，政治稳定和国家繁荣昌盛随之而来；一旦偏离了这些原则，各种动荡不安层出不穷，最终导致了1127年的靖康之难。

"法"是一个内容宽泛但基本的中文术语，指的是"方法、法律、礼仪或一个有不同范围、深度和焦点的系统"。[18]因此,"祖宗之法"可以包括在宋初首次颁布的具体法规,以及在各种行动(例如,兵权收归中央、限制内侍等)中存在的普遍的治国原则。这些"法"的总和被认为形成了一个独特的政治"系统",来解释宋朝的历史独特性。

直到 21 世纪初,大多数历史学家接受了《宋史》的立场,即"祖宗之法"在字面上是真实的。也就是说,祖宗确实制定了这些"法",而随后各朝的历史可以被理解为后代如何维护这些"法"的故事。单纯坚持这一观点,推动了许多研究议程;学者们也梳理了宋初粗疏的历史记录,以寻找这些"法"的起源。这种研究焦点最终导致了一个问题,即"法"背后的主要知识力量究竟是太祖还是太宗。

2004 年,李立质疑了许多学者认为"法"可以作为理解宋朝政治制度发展解释模型的假设。他认为现存历史记录中的"祖宗之法"是相互矛盾的声明和不连贯的政策体系,而且很糟糕地混杂在一起。因此,他总结道,任何以这种混乱不清的"祖宗之法"为基础的宋朝历史本身也必然是混乱不清的。他指出,许多学者误以为南宋求助于所认定的"祖宗之法",并将其作为这样的政策确实存在于北宋的证明。他以彭龟年 1194 年十二月弹劾韩侂胄的奏札为例,彭龟年在弹章中声称,祖宗不任命外戚担任文武要职,并禁止他们出入后宫,以此来控制外戚。李立指出,许多学者经常引用这段话作为这种"法"的证据。[19]然而彭龟年本人的弹章继续承认,这些所谓的对外戚的早期限制早就被放弃了。[20]至于彭龟年所说的

"法"禁止外戚在政府任要职，根据这个"故事"，同样应该禁止韩侂胄任要职。李立通过计算得出，《宋史》里有传记的外戚中，几乎半数之人实际上担任过要职。[21]

邓小南 2006 年的著作在理解"法"的方面，摒弃了传统的目的论模式。通过严谨的史学分析，她展现了"祖宗之法"的流动性和适应性。虽然她并没有完全否定祖宗的一些行动可能会支撑这些"法"的观点，但她强调了士人在定义、解释和应用这些"法"的内容方面所扮演的重要角色。这些"法"并不是祖宗一成不变的政策，而是随着一代又一代士人用这些"法"来阐明和证明他们自己的政治议程，不断丰富和变化。不仅"法"的具体内容随着时间的推移而变化，而且对政策内容的争议往往反映出当时对立群体之间甚至同一群体内部的政治分歧。[22]"祖宗之法"及围绕其内容的争论，成为宋人不断制定和调整国家政策的重要工具和资源。[23]

邓小南举例说明了这些争论与我们对宋代历史理解之间的关系。例如，她指出，仁宗时期的官员，如范仲淹、富弼、石介、文彦博和司马光，并不认为君主是"祖宗之法"的支持者。从 1092 年开始，仁宗作为"仁政"倡导者的形象，与祖宗的榜样相一致。那一年，范祖禹提升了仁宗朝"仁政"的这一形象，以此来反对年轻的哲宗计划恢复王安石的新法。范祖禹通过准备并进呈《仁皇训典》作为年轻哲宗的经筵阅读材料，强化了他对仁宗统治的历史印象。[24]换句话说，围绕新法的争论，既产生了仁宗是祖宗"仁政"承继者和推动者的形象，也产生了新法是对这些政策之歪曲的形象。

第六章 政治"故事"与历史叙事的起源

我们在本书第八章会看到,仁宗时期作为祖宗仁政巅峰的这一形象,发展为在宋代历史上形成的主题之一。"祖宗之法"的概念最早出现在仁宗朝初年,并非作为对当时政策的肯定,而是为了纠正那个时代人们认识到的弊病。[25] 作为赵汝愚《皇朝诸臣奏议》"法祖宗"一节的开篇文章,庞籍(988—1063年)在1033年进呈的奏议将政治改革表达为恢复祖宗之法。庞籍主张,任命要职、淘汰冗官、削减冗费,以及减少郊祀开支,都应该有更严格的指导方针。他把所有这些弊病都认定为祖宗之法遭到破坏的结果,并将他的奏议冠以"上仁宗请改复祖宗旧制"之名。当然,所有这些议题后来都成为庆历改革议程中的重要内容。随着改革的政治势头在11世纪30年代末到40年代初不断增强,大臣们将改革视为回归祖宗旧法的做法也不断增加。[26]

祖宗之法和"故事"的第一个具体结合,出现在庆历改革者的开创性著作《太平故事》(也被称作"祖宗故事")中。如我们在本书第一章中所见,《太平故事》与宋朝的首部会要关系密切。在进呈庆历改革派的蓝图——著名的"十事"——后不到三周,富弼奉命编撰前三朝的详细"故事"集。他在上奏中提出,以适当的标准和"法制",作为成功"纪纲"的基础。富弼认为,宋朝前三位皇帝的言行举止,以一种稳定和累积的方式实现了"太平"时代。但他继续说道,这种结构及其定义标准现在已经遭到了破坏。由于中书和枢密院现在缺乏公认的明确"故事",它们会临时做出一些考虑不周但仍予以实施的决定,从而导致政策的自相矛盾。结果,贪官人数激增,民众疲惫不堪,王朝濒于危机。简而言之,富弼断言王朝正处于分崩离析的边缘。他要求选择三朝的"典故",并与"太平"时代的有效行动和政策相结合,形成一部"故事"分类汇编,以作为中书和枢密院的政务行为范本。皇帝于是下令编修《太平故事》。一年后,即1044年九月,由王洙率领的编撰小组,以富弼的名义进呈了这部作品。[27]

富弼的《太平故事》并未完整保存下来,但有大量引文散见于南宋类书和13世纪史书的注文。[28]《太平故事》这部书原有20卷,包含96门,广泛覆盖了文武人事管理、财政监管,以及台谏的重要性。在每一门中,都按照时间顺序排列"故事",并附有明确的评注。罗从彦和李焘都认为,所选"故事"及其解释的目的,是将庆历改革的议程与祖宗威望联系在一起。罗从彦甚至将仁宗统治时期的成功和国家昌盛归因于《太平故事》确定的这些政策。[29]但是,对于现代历史学家来说,更重要的是,我们将在下面看到,《太平故事》的选择和解释成为界定祖宗成就的史学基础。1126年,罗从彦将该书的许多条目纳入他自己的作品。1138年,吕源(卒于1143?年)找到了《太平故事》的一部旧印本,他将该书"刊正增广"后进呈朝廷。[30]

吕源进呈《太平故事》恰逢其时。12世纪30年代,在围绕与金朝的和战争论和政治斗争中,南宋努力重建其制度。1135年四月,一系列军事胜利使赵鼎政府倾向于对金朝采取攻势。赵鼎的属下范冲建议高宗抄写《尚书》中的一篇文字,并将其挂在经筵的墙上。《尚书》这一篇的标题是"无逸",敦促君主勤俭节约,儒家经典让皇帝相信,从这篇文字中他可以得到两个结果:民众的福祉,以及君主甄别和避开奸臣的能力。范冲向皇帝回忆起他的父亲范祖禹曾在 1086 年敦促哲宗采取类似的行为，为此他还援引了仁宗时代的"故事"。高宗很快抄录了《无逸》，参知政事沈与求（1086—1137 年）评论道，如果皇帝将《无逸》的内容作为"元龟"，那么南宋收复北方"可卜"。有人指出，在这次事件中，赵鼎政府提倡仁宗时代的"故事"，仁宗已经成为"祖宗"，《尚书》隐喻的奸臣在 1086 年明确指王安石，在 1135 年则暗指王安石和蔡京以及赵鼎的政治对手吕颐浩、朱胜非，也许还有秦桧。[31]

## 南宋时的"故事"

然而十年后，情况发生了变化，高宗任命秦桧为相与女真人进行和议，所以人们需要不同的"故事"。1139 年二月，高宗指出，目前的形势需要 1005 年北宋与契丹和议后的"故事"。高宗还补充道，他信心满满，目前"每于静中留意机务，颇觉有得"。秦桧鼓励皇帝追求"心虚静"，而且"每行一事，必以祖宗为法"。从提到 1005 年的宋辽和议以及这次君臣交流的道家气息来看，高宗和秦桧转向真宗时期寻求支持与女真人和平共处的"故事"。[32]至关重要的是，在 12 世纪 30 年代的和战争议中，双方都把祖宗之法作为他们行动正当性的理由。对于双方关心的问题——合适的祖宗之法是什么，每一方都有不同的看法；以及作为现在的"故事"来源，北宋历史上哪些时期应该受到重视和被忽略，每一方也都做出了相应的不同解释。

如在本书第四章所见，孝宗年间，道学作为一种知识和政治力量的兴起，使人们在评价北宋历史时，尤为重视太祖、庆历和元祐时期。围绕吕祖谦《皇朝文鉴》的争论，反映了这种观念的发展和对此观念的反对。《皇朝文鉴》一书初编于1177年，当时的翰林学士周必大告诉孝宗，临安书商即将刊印一部平庸的宋代文学选集《文海》。周必大认为朝廷可以编一部质量更高的文学选集，于是刚刚完成《徽宗实录》编修工作的吕祖谦受命完成这项任务。一年后，书稿完成，孝宗认为这部作品的奏议部分有益于治国，于是他命周必大为该书写序。但这部作品在1179年即将刊印时，有"近习"（极有可能是曾觌或他的伙伴）表示反对，称该书的诗选隐晦批评朝廷，奏议"有讥及祖宗故事者"。批评者还指责吕祖谦只是简单地修改了坊刻本，编成了一部完全不同的、高度党同伐异的作品，其中大肆收录庆历和元祐作者（尤其是二程）的作品。孝宗极为震惊，命令崔敦诗（1139—1182年）审查并修改该书。崔敦诗回奏称，他试图平衡书中的内容，并坦诚他删除了个别文本中的"难于传后之辞"。[33]

即使在道学圈，《皇朝文鉴》也引发了争议。张栻写信给朱熹，称吕祖谦编纂此书毫无政治价值，白白浪费时间。但朱熹为吕祖谦辩解，他在回信中写道，编选奏议提供了言简意赅的历史考察，来说明后世如何扭曲了祖宗的政治模式。他敦促赵汝愚在编《皇朝名臣奏议》时采用吕祖谦的基本大纲。在生命的最后一年，吕祖谦承认，人们对《皇朝文鉴》的批评让他倍感压力，他拒绝谈论这件事。吕祖谦抱怨道，甚至就连周必大的序也没能理解并认可他编选该书的理由。[34]叶适晚年对《皇朝文鉴》做了详细的笔记。他认为吕祖谦是基于内容而非风格来编选《皇朝文鉴》的，其基本目标是提炼北宋政治之"道"的精髓。[35]一个世纪后，王应麟将这部作品理解为吕祖谦尖锐批评孝宗使用近习来监视和阻挠士人治国的正常运行。[36]

关于《皇朝文鉴》的争论，反映了士人圈内部对北宋历史政治价值之判断的张力，"近习"对历史解释的敏感性（这种解释质疑他们在古今治国中所起的作用），以及道学学者之间在文学史的政治价值和道德价值上存在分歧。我们在第一章中已经看到，赵汝愚在1180年出于政治动机提议缩编会要，最终形成了今本《宋会要辑稿》的基础。他还主动着手扩充了吕祖谦在《皇朝文鉴》中收录的156篇奏议。由此产生的作品大约完成于1186年，其最初的书名是《皇朝名臣奏议》，1250年的宋本保存至今。赵汝愚的《皇朝名臣奏议》序及其请求进呈这部作品的奏札，让我们得以充分了解他编纂该书的动机和政治背景。

在奏札中，赵汝愚解释道，他把千余卷的北宋奏议压缩成寥寥数百卷。他把奏议按照主题分类成百余门，并在每个门中按照时间顺序排列。赵汝愚声称，按照时间顺序阅读每一门中的奏议，可以使人了解政府政策的得失，并填补国史的空白。赵汝愚认为，没有必要从遥远的上古或以前的朝代来寻找"故事"。他编选的北宋奏议已经阐明了制定当代政策所需的每一个理念。赵汝愚请求皇帝允许他挑选出"尤切于治道者"，编成10卷进呈，以供皇帝陛下御览。[37]

许多学者已经注意到，赵汝愚的奏议选集呈现出一种正式而详细的政治议程，极大地支持了庆历和元祐时期的政策。[38]在这方面，他的北宋史观与李焘和吕祖谦的观点基本一致。赵汝愚特别提到了他对李焘的感激之情，现代学者也证明，《诸臣奏议》中文本的确切系年来自李焘的《长编》。[39]该书的组织结构明显是基于会要体和宝训体的主题结构。尽管《诸臣奏议》这本书的主要读者是皇帝，但通过将该书构建为基于宋代历史独特历史观的政策纲要，赵汝愚也设想了一个更大范围的士人读者群体，在1189年离任之前，他在四川刊印了这本书。

赵汝愚坚持每个朝代通过自己的"故事"来治国，这针对的是王安石的新法以及那些试图绕过祖宗之法而诉诸上古的人。《诸臣奏议》中的作者、题材和文本的选择，都强烈突出了庆历时期发展起来并在随后被援引以反对"新法"的"祖宗之法"。赵汝愚对孝宗朝后期的政治斗争有着清晰的观察，他挑选奏议是为了在那些支持庆历改革的人与那些反对新法的人之间建立起一种直接的联系。

例如，《诸臣奏议》分别收录了范仲淹的19篇奏议和韩琦的32篇奏议。范仲淹的两个儿子范纯仁和范纯粹反对新法，《诸臣奏议》便总共收录了两人43篇奏议。而韩琦的儿子韩忠彦，因他与曾布（1036—1107年）勾结的丑闻，《诸臣奏议》只收录了他1篇奏议。相对的，庆历改革派的反对者吕夷简（979—1044年），《诸臣奏议》没有收录他的奏议；但吕夷简的儿子、元祐高官吕公著（1018—1089年），《诸臣奏议》则收录了他36篇奏议。四川士人家族华阳范氏（范镇、范祖禹和范百禄）既支持庆历改革，又反对新法,《诸臣奏议》共收录了范氏81篇奏议。其他被选录奏议较多的人还有欧阳修(53篇)、王岩叟(45篇)、富弼(40篇)、张方平(32篇)和吕晦(45篇)。《诸臣奏议》象征性地认可原初的道学人物:程颢(8篇)、程颐(7篇)、杨时(11篇)。目前,《诸臣奏议》收录奏议最多的高官是司马光,他的146篇奏议是该书中其他任何一位官员奏议数量的约3倍或更多。《诸臣奏议》收录了王安石6篇奏议,王珪3篇奏议,丁谓、寇准、夏竦、秦桧每人各1篇奏议。

1186年,即赵汝愚完成《诸臣奏议》的同一年,李大性(1144?—1220?年)向朝廷进呈了《典故辨疑》一书。在现存的书序中,李大性直面人们对声名狼藉的私史或"野"史的普遍担忧;他担心这些书中不可靠的说法可能会损害官方史料。不过,他继续说,这些担忧已经导致国家忽视非官方历史作为有用"故事"的来源。他因此梳理了这些作品中值得关注的官员的富有启发性的行为,并根据官方史料来确认这些私人叙述的细节。李大性的书中有200处这样的描述,以及它们的证明文献。[40]

李大性的祖父李积中(1079年进士)在1106年被列为元祐党人,李大性本人在政治上与杨万里(1127—1206年)、陈傅良、彭龟年有联系。和之前的李焘一样,李大性也曾奏请在六部设置察官,察官有权直接上奏皇帝。[41]尽管李大性小心翼翼地不把他的上奏称为"故事",但《典故辨疑》一书的标题,连同书序,都表明李大性试图提供文献,以扩大祖宗"故事"的范围。如果得到朝廷批准,他书中"卓卓可称"的轶事可以被用来证明其政治盟友及其道学同人赞成的政策建议的合理性。一年之内，这样的材料确实出现在科举考卷中，王淮政府采取了遏制这一趋势的行动，这与道学的兴起有关。

1183年，在宰相王淮的支持下，谏议大夫陈贾对道学发起了第一次政治攻击。[42] 1187年，陈贾连同洪迈、葛邲（1135—1200年）一起督导进士考试，并就他们读到的试卷中存在的普遍缺陷发布了一份报告。他们最关心的问题是考卷中不适当地提及祖宗。他们坚称，国史和法令构成了"祖宗事实"的唯一来源。许多举子程文以私人的和轶事式的作品作为"祖宗事实"的来源，"牵强引用，类多讹舛"。使用这些史料和手法，一些程文大胆地进入"虽非所当言"的领域。[43]

一些人显然将这份报告解读为试图禁止在科举考试中引用所有祖宗"故事"。当时的国子祭酒何澹（1146—？年）反对这种解读，认为这是一种过度反应。他坚持认为，祖宗"故事"是理解历朝历史的基础，而科举考试总是认可引用这些"故事"。不过，他同意，"其余或引证谬误者，不许收使"。主考者同意了这一妥协意见，并确认他们从未打算禁止引用祖宗"故事"，他们只反对"引证讹舛，或辄用野史杂说"。[44]

这种妥协反映了从1177年吕祖谦的《皇朝文鉴》开始一直持续到1186年赵汝愚的《诸臣奏议》的张力。这些作品与亡佚的《典故辨析》，都试图重新定义宋朝"故事"及其所依据的对北宋历史的相应解释，并使这种新的融合符合道学政治议程。大家还记得，李焘《长编》的定稿是在1183年进呈的，正是在这一时期。

毕竟，李焘也曾用"野史杂说"来修正政治上过时的历史记录，他曾呼吁孝宗召开一次审议会议来认可《长编》的历史判断，但没有成功。1187年主考者的报告证实，只有国家有权决定祖宗"故事"的内容和解释。

这一权限在1199年再次得到证明。1197年吴皇后去世之后，韩侂胄终于巩固了自己的权力，并使用"发明"祖宗"故事"的方式进行正式而全面的政策检讨。谏议大夫和学士这两位官员设计了"紧要政事"，分为类似于"宝训"的50门。侍从、两省和经筵讲读官每两周召开一次会议，讨论50门中的一个主题。每个官员都要提前进呈一则关于这个主题的"故事"：(1)回顾这个问题的历史，(2)引用相关的祖宗"故事"，(3)讨论这个问题与当代环境的联系，(4)以自己的观点做总结。这一过程会持续进行下去，并导致重新拟定和重申"朝廷之大政"。[45]一方面，该过程使用祖宗"故事"来更新当前政策；另一方面，它也证实了哪些"故事"及其解释已被正式认为与当前政策有关。这一正式过程与孝宗时期出现的道学诉诸"杂说"中"故事"的做法背道而驰。

南宋后期，对"杂说"中"故事"的接受，随着道学运动的政治命运而起伏不定。道学在韩侂胄政府初年遭禁，在1207年韩侂胄被杀后才逐渐获得政治上的认可。史弥远领导下的新政府开创了一个大规模史学修改运动的时代，这为巩固和重新解释旧"故事"以及创造新"故事"创造了机会。总之，在道学进入政治主流的同时，它的"杂说"也进入了史学主流。

洪咨夔（1176—1236年）是1234—1235年短命的、以道学为主导的"小元祐"端平政府的重要成员，他进呈的"故事"，正是翻新旧"故事"和创造新"故事"的例证。1234年六月，为收复北方土地而发动的军事攻势暴露了南宋军纪方面的严重问题。为了说服理宗解决这个问题，洪咨夔将太祖与李承进之间的对话作为"故事"进呈。李承进是资深内侍，他曾服侍后唐庄宗（923—925年在位）。太祖询问李承进，为什么庄宗的在位时间只有区区两年。李承进回答道，他的这位前主人过于纵容手下的军队。如果侍卫们抱怨天气太冷，不适合操练，庄宗就会让他们返回兵营休息。庄宗的治国政策前后矛盾，结果他的命令没人服从。太祖回应道，这样的皇权不过是"儿戏"。掌握兵权需要严格的军纪。在太祖三十年的治军生涯中，"固不吝惜爵赏，苟犯吾法，惟有剑耳！"洪咨夔为理宗描绘了严格的军纪与皇帝行使权力和确保国家安全的能力之间存在的明显联系。[46]

在这件事上，洪咨夔使用了一个可敬的北宋"故事"。[47]随着南宋进入13世纪，政策制定者们开始借鉴高宗和孝宗的行为作为"故事"。洪咨夔还试图劝理宗不要接受宋朝军官在收复山东期间掠夺的任何物品（他们将这些物品作为私人礼物献给皇帝）。他认为这样的行为很难使山东民众对南宋的收复大计产生好感。洪咨夔敦促理宗公开销毁这些礼物，以向民众表明朝廷关心的是他们的忠诚而不是他们的财产，同时向将领们表明，皇恩是用钱买不到的。在此期间，将领们还搜刮了大量铜钱送到南方，洪咨夔引用了山东忠义之人的话："土地归本朝，铜钱安往？"[48]

在提出这一论点时，洪咨夔还引用了高宗初年的一件事作为

"故事"。1127年十月，前北宋都城开封的内侍们将取自内府的两袋珍珠献给年轻的高宗。这位年轻的皇帝立即下令将这些东西投入汴河，称他希望以此效仿上古君主——根据《庄子》的记载，圣人公开销毁自己拥有的奇珍异宝，以减少民间的盗窃行为。[49]这个故事是"高宗故事"最早的史学层次的一部分，1162年高宗退位后，史馆开始将这个故事编入《高宗圣政》；1163年，陆游为"圣政"起草了20条文字，其中仍然保留着高宗和珍珠的故事。陆游写道，徽宗喜爱奢靡，招致女真人进犯；而高宗崇尚节俭，这源于他真诚地希望实现中兴。[50]通过借鉴高宗的"故事"，洪咨夔暗示高宗的行为现在可以与作为宋朝治国模式来源的北宋开国者的行为相提并论。

在后一事例中，洪咨夔以1166年完成的官修"圣政"作为"故事"。其他事例显示，洪咨夔的引证范围远不止于此。例如，他敦促理宗保存好笔记，以便记录君主日常理政的许多细节。洪咨夔举了孝宗的例子作为"故事"：孝宗在臣僚觐见时会在小纸片上做笔记，并收集成卷，以备将来参考。[51]在这个事例中，洪咨夔的"故事"来自周必大在一张纸条上的题记。1184年，孝宗将这张纸条展现给周必大，以此来提醒他们一年前采取的行动。[52]

随着在整个13世纪，南宋经济恶化、政治衰败，书写者们越来越多地把高宗和孝宗时代作为"故事"的来源。随着宋朝逐步走向灭亡，这些之前的时期，特别是孝宗统治时期——道学在这一时期已经作为一股政治力量出现——越来越被士人视为南宋的黄金时期，这一观点在诸多领域延续至今。例如，刘克庄（1187—1269

年）在1246—1262年进呈了15则"故事"。这些"故事"一共引用了16种史料（有一则"故事"引用了2种史料）：6种来自宋朝之前的历史，6种来自北宋，4种来自南宋。[53]虽然刘克庄使用的宋代史料都是官方的，但他引用的南宋史料是在道学兴起后编修而成的，这些史料将其君主视为"祖宗之法"的典范。作为这一趋势的生动例证，人们可以将12世纪30年代初綦崇礼（1083—1142年）的"进御故实"与一个世纪后吴泳（1181—1252年以后）进呈的类似"故事"系列进行比较。綦崇礼的17个"故事"中，14个"故事"来自宋代之前，只有3个"故事"引用了与北宋君主相关的事件。与此相反，吴泳的整个"故事"系列完全取材自关于高宗和孝宗的事件。[54]

## 注　释

1. "Rhetoric and History," p. 24. 前一页的引语，出自Nancy Partner, "Making Up Lost Time: Writing on the Writing of History," p. 97。

2. 见1186年赵汝愚请求进呈《皇朝诸臣奏议》的奏札，《宋朝诸臣奏议》附录《乞进呈皇朝名臣奏议札子》，第1724页。

3. 在复合词"故事"中，"故"通常被理解为"旧、前"，因此是"前事"。但作为一个单独的字，"故"的意思类似于"先例"，这种意思早在《左传》中就出现了，早期注者将"故"注为"旧典"，见杜预《春秋左传注疏》卷56，第4页b。

4. 《宋史》卷391《留正传》,第11974页。两篇奏议,见赵汝愚《宋朝诸臣奏议》卷31《上英宗乞早立淮阳郡王为皇太子》《上神宗乞早定国本》,第309—310页。

5. 赵汝愚:《宋朝诸臣奏议》卷31—32,第287—310页。

6. 邓小南:《祖宗之法:北宋前期政治述略》,第396—397页;Hartwell, "Historical Analogism, Public Policy, and Social Science in Eleventh- and Twelfth-Century China," pp. 698-699。

7. 《玉海》卷26,第11页a—第12页a;例如,范祖禹《范太史集》卷27《进故事》第1页a—第20页b中只有一个宋朝"故事",出自1062年。

8. 在《宋史》点校本中,这两段文字见《宋史》卷264《薛惟吉传》第9111页和《宋史》卷265《吕蒙正传》第9146页。第二段文字更完整的版本见《长编》卷24第558—559页。

9. 韩元吉:《南涧甲乙稿》卷11《壬辰五月进故事》,第1页a—第3页a;《全宋文》第216册,卷4794《壬辰五月进故事》,第128—130页。

10. 《宋史》卷3《太祖纪三》,第49—50页。

11. 曾慥《类说》卷19第17页a引用了石介的文本;司马光的文本,见《涑水记闻》卷1,第5—6页。李焘还指出,早期国史的"本纪"(可能是韩元吉抄录的同一文本)并没有提到内侍的名字。

12. 《长编》卷1,第30—31页。

13. 《宋史》卷203《艺文志二》,第5101—5108页;陈振孙:《直斋书录解题》卷5《典故》,第158—170页。

14. 陈振孙:《直斋书录解题》卷5,第161页。

15. 《宋史》卷203《艺文志二》,第5103页;陈振孙:《直斋书录解题》卷5,第168页。

16. 邓小南:《祖宗之法:北宋前期政治述略》,第371页。例如,12世纪后期尤袤的《遂初堂书目》，将"宝训""圣政"和正史一并置于"国史"类。该书的"本朝故事"类集中于财政和对外交往方面的叙述；见尤袤《遂初堂书目》，第 25 页 b—第 27 页 a。

17.《宋会要辑稿·仪制七》，第 32 页 b—第 33 页 a；《宋会要辑稿·职官五五》，第 26 页 a—b。

18. Lowell Skar in Kohn eds., *Daoism Handbook*, p. 456.

19. 除李立文章引用的研究，亦见诸葛忆兵《论宋代后妃与朝政》和苗书梅《宋代宗室外戚与宦官任用制度述论》。

20.《全宋文》第 278 册，卷 6299《论韩侂胄干预政事疏》，第 186—188 页。

21. 李立：《宋代政治制度史研究方法之反思》，第 27—33 页。

22. 邓小南：《祖宗之法：北宋前期政治述略》，第 495 页、第 514—518 页。

23. 邓小南：《祖宗之法：北宋前期政治述略》，第 389—398 页。

24. 邓小南：《祖宗之法：北宋前期政治述略》，第 495—498 页；陈振孙：《直斋书录解题》卷 5，第 164 页。关于范祖禹的两篇奏议，见赵汝愚《宋朝诸臣奏议》卷 12《上哲宗乞法仁宗五事》《上哲宗乞专法仁宗》，第 108—109 页。

25. 曹家齐《赵宋当朝盛世说之造就及其影响——宋朝"祖宗家法"与"嘉祐之治"新论》提供了许多例子，表明宋人通常在负面语境中引用"祖宗之法"来反对一项行动或提议，并认为祖宗在过去对类似政策提出过警告。

26. 赵汝愚：《宋朝诸臣奏议》卷 12《上仁宗请改复祖宗旧制》，第 104—105 页。庞籍是庆历改革的早期倡导者、司马光的早期支持者，以及司马光《涑水记闻》中宋初"故事"的主要提供者。

27.《长编》卷 143，第 3455—3456 页；赵汝愚：《宋朝诸臣奏议》卷 12《上仁宗乞编类三朝典故》，第 105 页；程俱：《麟台故事》，第 304—305 页；

《玉海》卷49，第6页b—第7页a。现代研究，见：陈乐素《〈宋史·艺文志〉考证》，第85—86页；孔学《宋代〈宝训〉纂修考》，第57—58页；邓小南《祖宗之法：北宋前期政治述略》，第377—379页。

28. 见汪圣铎、陈朝阳《〈宋史全文〉摭引史论文献研究》，第479—491页。佚名清抄本《太平宝训政事纪年》在某种程度上也与这部宋朝的作品有关。

29. 罗从彦：《遵尧录》卷4，第48页。

30. 陈振孙：《直斋书录解题》卷5，第163—164页。

31. 《宋会要辑稿·崇儒六》，第15页a—b；《要录》卷88，第1697页。

32. 《皇朝中兴纪事本末》卷47，第3页b—第4页a；《中兴小历》卷26，第307页。李心传的《要录》没有记录这次君臣交流。现存的记载将这场对话与1139年二月初一日进呈的"祖宗实录"联系起来。王应麟《玉海》卷48第16页a认为"祖宗实录"是指《神宗实录》的第五版。如果他的理解是正确的，那么高宗就明确拒绝了将神宗时期作为合适"故事"的来源。不过，如果"祖宗实录"泛指宋朝早期的实录，那么高宗似乎是要求对宋朝早期实录进行梳理，大概以真宗时期为重点，以寻找合适的"故事"。在1141年十月高宗与秦桧之间的另一场对话中，皇帝将他道教冥想的个人实践、他整体的治国哲学思想和非军事化的国家政策联系起来，见《要录》卷142，第2679页。

33. 《朝野杂记》乙集卷5《文鉴》第595—597页精心叙述了《皇朝文鉴》一书的起源，包括引用了《孝宗实录》中的一段文字，这段文字含有对吕祖谦的具体批评。李心传指出，《孝宗实录》是在韩侂胄政府禁道学期间编修成的，因而作者以这种方式"丑诋"吕祖谦。不过，这段文字保留了当时关于反道学情绪的罕见记录。崔敦诗进呈的奏札，有时被认为是出自他的兄弟崔敦礼（卒于1181年）之手，见《全宋文》第269册，卷6068《进重删定吕祖谦所编文鉴札子》，第31页。

34.《朱熹集》卷27《与赵帅书》，第1147—1148页。吕祖谦的侄子吕乔年记录下吕祖谦的评论，吕乔年于13世纪初撰写了《太史成公编皇朝文鉴始末》；见《全宋文》第304册，卷6940，第94—96页。

35.《习学记言》卷47《吕氏文鉴》，第1页b，卷50《吕氏文鉴》，第15页a。陈广胜《吕祖谦与〈宋文鉴〉》认为，鉴于叶适对《皇朝文鉴》一书政治目的的认识，他对"近习"的批评可能是有道理的。一则13世纪的史料称，内侍甘昺限制众人查阅吕祖谦进呈给孝宗的《皇朝文鉴》唯一抄本；见张端义《贵耳集》卷1，第8页。

36.《困学纪闻》卷15《考史》，第1699—1701页。

37. 关于这一奏札的文本，见：赵汝愚《宋朝诸臣奏议》附录，第1724页；《宋会要辑稿·崇儒五》，第40页a—b。

38. 纪昀编《钦定四库全书总目》卷55，第776—777页，以及Chaffee, "Chao Ju-yü, Spurious Leaning, and Southern Sung Political Culture," pp. 42-45。

39. 见1999年陈智超为《诸臣奏议》点校本写的序，《宋朝诸臣奏议》，第8—20页。

40. 马端临：《文献通考》卷200，第5755—5756页；《全宋文》第259册，卷5828《典故辨疑自序》，第170—171页。

41.《宋史》卷395《李大性传》，第12048页。

42. 李心传：《道命录》卷5，第43—45页；《永乐大典》卷8164，第18页b—第20页b；De Weerdt, *Competition over Content*, pp. 194-196。

43.《宋会要辑稿·选举五》，第10页a—第11页a；De Weerdt, *Competition over Content*, pp. 196-199。

44.《宋会要辑稿·选举五》，第11页b—第12页a；《全宋文》第282册，卷6397《乞士子答策许用祖宗故事奏》，第171页。

45.《朝野杂记》甲集卷6《庆元紧要政目五十事》，第144页；《续编两朝纲目备要》卷 5，第 94 页；邓小南：《祖宗之法：北宋前期政治述略》，第 391—392 页；寺地遵：『韓侂冑專權の成立』，第 40 页。

46. 洪咨夔：《平斋集》卷 8《进李承进答太祖问故事》，第 1 页 b—第 3 页 a；《全宋文》第 307 册，卷 7007《进李承进答太祖问故事》，第 152—153 页。

47. 在现存史料中，太祖与李承进之间交流的简单版本，最早见于曾巩《隆平集》卷 2，第 11 页 b—第 12 页 a。罗从彦的扩展版见《遵尧录》卷 1，第 112 页。在南宋，李焘《长编》卷 12 第 274 页大体上依循罗从彦的记载。大约在 1182 年，刘光祖在他的《两朝圣范》军事管理部分的开篇引入了这一 "故事"，见《全宋文》第 279 册，卷 6314，第 16 页。最后，在 13 世纪中叶，这个故事出现在陈均《皇朝编年纲目备要》卷 2 第 36—37 页和吕中《皇朝大事记讲义》卷 3 第 73—74 页中。

48. 洪咨夔：《平斋集》卷 7《进高宗投珠汴水故事》，第 1 页 a；《全宋文》第 307 册，卷 7006《进高宗投珠汴水故事》，第 140—141 页。

49. 《庄子·胠箧》："彼圣人者，天下之利器也，非所以明天下也。故绝圣弃知，大盗乃止；擿玉毁珠，小盗不起。"

50. 陆游的原文，见《永乐大典》卷 12929，第 1 页 b。这个故事成为南宋历史上的一个常见故事，见：《要录》卷 10，第 266 页；《中兴圣政》卷 2，第 17 页 b；《中兴小历》卷 2，第 22 页；王明清《挥麈前录》卷 1，第 6 页；《宋史全文》卷 16 上，第 1069—1070 页。李心传似乎认识到，高宗销毁珍珠是李纲使高宗免受其前任皇帝内侍影响的政策的一部分，见《要录》卷 6，第 190 页。

51. 洪咨夔：《平斋集》卷 8《进孝宗作掌记故事》，第 7 页 a—b；《全宋文》第 307 册，卷 7007《进孝宗作掌记故事》，第 157 页。

52. 周必大：《文忠集》卷 14《御笔掌记跋》，第 13 页 a—b；《全宋文》第 230 册，卷 5122《御笔掌记跋》，第 217—218 页；亦见《玉海》卷 34，第

31 页 b。

53.《全宋文》第 330 册,卷 7594—7495,第 147—173 页。

54. 綦崇礼:《北海集》卷 20《进御故实》,第 1 页 a—第 13 页 b,卷 21《进御故实》,第 1 页 a—第 12 页 a,卷 22《进御故实》,第 1 页 a—第 12 页 b;《全宋文》第 167 册,卷 3655,第 434—438 页;《全宋文》第 168 册,卷 3656,第 1—20 页;吴泳:《鹤林集》卷 15《进御故实》,第 1 页 a—第 30 页 b;《全宋文》第 316 册,卷 7253《进御故实》,第 314—333 页。

第七章

# 作为宏寓的宋代历史叙事

## 引 言

在接受了前现代中国文学研究的初步训练之后，我对宋代历史产生了兴趣。第一次阅读宋代历史文本时，我对历史编纂学理论完全陌生，于是我毫无心理负担地使用与解读唐宋诗歌相同的技巧来阅读时间上很近的宋代历史文本。我使用的阅读文学作品的这些方法，虽然并未超出老派的欧洲文献学，但让我能够甄别出构成《宋史·秦桧传》中不同层次的时序文本。[1] 1998年，我刊出了讨论秦桧的文章，更娴于理论议题的同事告诉我，该文章的方法与发现成果带有丰富的理论性。我才发现，自己在黑暗之中上下求索时，似乎已不知不觉接受了语言学的转向。

我自己都被吓了一跳，但也有些好奇。我的学术研究从未追随任何清晰可辨的潮流，我对后现代主义也一无所知。我发现，后现代主义的术语令人费解，其复杂的心理学立场也令人反感。适时拯救我的是阿伦·蒙斯洛（Alun Munslow）的《解构历史》(*Deconstructing History*)，该书使我理解了同事们所指何意。尽管

1998 年讨论秦桧的论文与我之后对宋代史学的研究，都难以称为后现代的研究，不过，这些探索确实与解构主义一样，关注历史与史学的关系、语言在历史书写中的作用，以及意识形态与历史事实之间的相互作用。[2]

在本章中，我提出宋代历史的通行版（如 1345 年的正史《宋史》所述），可以被理解为源于宋朝政治话语修辞的"宏寓"或宏大叙事。我从事这一研究，并不是为了回应解构主义或其他理论，也无意发展任何具体的理论观点。相反，本章是一个曾经天真的文献学者，二十五年来一直以曾经阅读文学作品的方式，来持续阅读历史文本的纯粹产品。

作为文学专业的学生，我寻觅的并非事实，而是主题。与其关注哪些事实是真实的，毋宁关注作为书写者的历史学家从他手边其他事实中挑选出哪个事实来加以强调或凸显；这个历史学家是否将这些被凸显的事实，组织成条理清晰、前后连贯的主题；以及他是否将这些主题安置在前后一致且更加庞大的意义结构之中。情况很快变得清晰明朗：诸多宋代历史作品，如《宋史》中的列传，便是以这种方式创作的。它们不是迥然不同的事实的集合，而是那些被凸显出来的事实的集合。这些事实被挑选出来以阐明特定主题，而这些主题之后被组织到更为庞大的结构化叙事之中。

当然，大多数宋史学者并不以这种方式阅读他们获得的文本。有些学者通过考察事实记载的歧义之处，来决定哪些事实相比于其他事实更可信。他们随后将这些挑选出来的事实，组合到宋代政治史、制度史或社会史等专门史之中。有些学者通常较为怀疑传世文本的可信度,他们利用历史文本中的故事,来重建文本并未讲述的故事。这些方法尽管成效斐然,但其史学成分经常只是包含作者、作品和(偶尔记下)撰写时间的例行公事的引用书目。这些历史著作很少追问根本性的史学问题:这些文本如何以及为何被创作?或者,这些文本如何存续至今?如果历史是被组织进更庞大结构的主题集合,那么历史编纂学则代表了历史创造过程中,最初也是最重要的阶段。

历史与历史编纂学的这种相互作用,是宋代历史作为"宏寓"的核心,而宏寓源于政治冲突与历史书写的互动。因此,我阅读历史文本不是去决定哪些事实可信,而是去探查原初的史学建构与其后的事实重建这二者的轨迹。通常,这种可见的语言操纵轨迹能让我们看到一个完全不同的故事,而且这个故事经常比历史声称包含的"事实"更为真实。一位西方中世纪史学者曾写道:"历史是以语言为方法,强加于时间之上的意义:历史强加语法于时间之上。"[3]

因此,历史产生于历史编纂学过程中。在这个过程之中,每一代书写者或历史学家都会运用修辞手段来重建他们往往出于当时的政治目的从现有历史记录中挑选出来的事实。本书的观点,因此与20世纪强调历史依赖语言的历史理论家的观点,有诸多相通之处。早在19世纪,库朗日就声称"历史伴随文本而生",意指历史在很大程度上源于历史学家对以前文本的操纵。[4] 一个世纪后,罗兰·巴特(Roland Barthes, 1915—1980 年)将此要点拓展为一句知识论格言:"事实从来只在语言层面存在。"[5]

本章聚焦于《宋史》。《宋史》作为一系列官方与私人历史编纂学干预的最终产物而存在，不过这些干预早在宋朝建国后不久便开始了。正如我在其他地方已经解释过的那样，宋代官方的历史编纂工作通过连续的分类与修订，将原始官方文件处理成一系列日历、实录与国史。出于各种原因，《宋史》在众多断代史中显得独一无二，它的文本往往可以让现代历史学家探查到这种始于王朝本身的早期处理痕迹。[6] 今天，三部主要的宋代作品可以被视为这些早期处理过程的残留物。

《宋会要》卷帙浩繁且内容庞杂，曾经是原始官僚文件的汇编，它为我们提供了观察宋代历史编纂过程开端的最佳视野。李焘在1183 年完成的《长编》，是一部主要基于官方实录编撰而成的北宋史。李心传完成于 1208 年的《要录》，则是一部延续《长编》之作，该书依靠日历和实录，将涵盖的时间范围扩展至 1162 年。这些作品中的每一部都衍生自宋代历史的不同时期，也都在某种程度上反映出编纂者的政治倾向，而且每一部作品都历经坎坷的流传过程才存续至今。这三部作品中的每一部都从宋代官方史学的文本库提取了大量文本，其中许多文本最终以各自的方式进入了《宋史》。

然而，这些宋代作品与《宋史》之间的关系，既非直接关系，也非线性关系。12 世纪中叶，作为一股政治与史学力量的道学运动，其兴起深刻影响了对这些早先作品的最终接收与理解。始于 12 世纪 60 年代的朱熹，政治人物和历史学家与道学的关系若即若离，这逐渐形成了关于宋代历史的一种元叙事，以证实他们自己的政治和思想信念。到 13 世纪中叶时，诸如陈均、吕中（活跃于 1250 年前后）等历史学家，已经完善了这一历史建构，即我在本章所言之宋代历史的宏寓。这一叙事之后成为指导性的历史视野，元朝史官们即凭借此视野组织《宋史》。建构过程的最终阶段一旦完成，原始的文本库便不再那么重要。宋朝国史亡佚了，前文提到的三部宋代作品也为人所遗忘，以至于清代学者只能部分重构其文本。

因此，我们必须小心区分道学史学与道学历史。前者指历史学家以直接或隐晦的道学思想或政治倾向来书写历史，这些历史学家包括朱熹、赵汝愚、真德秀、陈均以及《宋史》的元朝编者等。[7]就此而言，李焘与李心传并非道学史家。虽然李焘与道学官员以及诸如吕祖谦、周必大等道学同情者在政治上有密切的关系，但是，他现存的著作中并未表现出自己如何在思想上服膺于道学运动。同理，虽然李心传的兄弟们是朱熹思想遗产的积极提倡者和《朱子语类》的早期纂辑者，但李心传本人在道学运动中的立场更为微妙。[8]"宏寓"不是《长编》或《要录》的组织视野，也并非二者的终极目标，然而，这个非常重要的支配性视野推动了13世纪诸多删节本历史著作（如陈均的作品等）的出现。[9]因此，尽管《长编》与《要录》包含了最终构成这一"宏寓"之大部分的源文本、叙事与母题，而且两部作品绝大部分内容都呈现出丰富细节，但这些细节并未直接促成这一更宏大的视野。

以道学史学的最终产品之姿诞生的是"道学历史"这一元叙事或宏寓。就《宋史》认可此历史视野的程度而言，考虑到直到20世纪学者们才实际接触到解构这一视野所需的文本库，"道学历史"在数世纪里都是解释整个宋代历史的"宏寓"。我们可以将这种道学历史的观念,与赫伯特·巴特菲尔德(Herbert Butterfield,1900—1979年)对"辉格史学"的知名批评相比较。[10]巴特菲尔德指责道,辉格党的政治人物对于历史正当性的需求产出了一种历史,这种历史势不可挡地使他们自己在政治上偏好君主立宪制与不列颠自由主义。

辉格党人寻求古今之间的相似性而非相异性,他们创造出一种叙事。在这一叙事之中,政治目标历经宗教改革、新教、1688年的光荣革命、辉格党和议会而逐渐发展。反过来,他们贬低天主教、托利党、国王和绝对王权中的那些对抗力量,认为它们是倒退和反进步的。换句话说,被认为推动了辉格党目标的历史行动者,得到了正面评价并成为英雄,而那些反对或阻挠前者的历史行动者则成为恶棍。辉格史学家们采用激进的删节策略,来处理复杂且记载有歧义的原始历史记录,凸显有助于他们所偏好之叙事的事件,同时省略掉那些没有帮助的事件。其结果是,"巨大的视觉错觉"如此富有影响力,以致大多数历史学家的研究仅仅支持这一错觉,而不是挑战基本的故事。[11]

巴特菲尔德对辉格党的构想与道学历史书写,存在许多相似之处。前者阐明了辉格党政治人物如何创造出一部英国史,使他们在政治上必然战胜托利党;后者则体现了道学政治人物如何创造出一部宋代史,使他们在1241年无可阻挡地获得了政治上的胜利。这两类人都是赤裸裸的现实主义者:他们选择历史事件是因为事件中包含着正面或负面的价值,可以作为当前或未来行动的指导方针。他们都广泛仰仗删节来凸显这些例子,并删除大量无关的细节。他们都促使明确的英雄与恶棍产生，两者先前的斗争预示了当前的政治冲突。最后，他们都创造出一条道德正直的目的论轨道，以确保书写者自身的信念在思想与政治上取得最终的胜利。

**中国历史书写的修辞策略**

历史修辞在后现代主义中扮演着核心角色，西方对历史修辞的关注，在中国谚语"文史不分家"中找到了大致对应。无论这个语义含糊的谚语意味着什么，中国文字在历史创作与想象性文学创作之间，总是坚持一种较西方通常情况下更为紧密的关系。同时，《诗经》《尚书》等经书形成高等文人教育的一对孪生主题；最早的注疏家运用寓言将《诗经》的意义与《尚书》中的事件联系起来，以此统一两部经典的核心道德信息。在《尚书》之外，据传为孔子所作的编年史《春秋》及其注疏，共同建构起经典中的第二部历史作品。因此，五经中有两部经典是历史作品。后来，"三史"——司马迁（约公元前145—前86年）的《史记》、班固（32—92年）的《汉书》与范晔（398—445年）的《后汉书》——也成为研究修辞技巧的标准宝库，以及唐宋时期科举制的重要内容。[12]

在宋代，士人史学家里也有勇敢的艺术创新者，他们将自己作为文体家的能力运用到历史叙事的创作中。最知名的人物是欧阳修和司马光，两人是11世纪中叶儒学复兴中的主要思想人物。[13]至少有三种趋势共同促进了将修辞策略新注入宋代历史的书写，第一种趋势是宋代出现的新趋势，另两种趋势则是从先前的模式中重获新生的。

　　第一种趋势是宋人开始质疑汉唐以来的注疏传统，这种不信任逐渐解放了儒家经典文本，使其得到了新的诠释。11世纪中叶，《春秋》解经开始将周朝历史与这一时期的宋朝事件进行直接类比。古老的文本因而直接与当下对话，《春秋》注疏日益发展壮大，逐渐成为宋代政治话语的重要论坛。宋代出现了一大批《春秋》注疏，这在中国历史上前所未见，而且注疏作品持续涌现，直至宋朝灭亡。

　　这些注疏的一个显著特色是将文本区分为"事"与"义"两部分，或更精准地说是"事"与"义理"。[14]在这一诠释体系中，"义"产生于周朝与宋朝事件的贴切并置。更广泛言之，这种对历史道德意义的强调，随着后来道学运动的兴起而共同成长，并在12—13世纪使用"纲目"体来删节更大部头历史作品的大量著作中得到了最充分的体现。[15]

　　第二种趋势是北宋士人越来越多地使用"故事"作为政治争论中的修辞道具，他们出于政治目的援引宋代之前的"故事"。但是，在11世纪30年代，儒士们复兴了这种修辞策略，以便接触君主政体，并为他们改革宋朝政体的政治计划辩护。"故事"编录了据信为宋初几位皇帝采取的行动，士人们声称，这些行动应被立为先例，以约束继任的皇帝。虽然最初此类选集由私人编撰，其中最早的一部作品是石介编撰的《三朝圣政录》，但这些选集很快演变成官方历史书写的新类型，被称为"宝训"或"圣政"——汇集历朝皇帝的"故事"，成为其继承人的参照标准。[16]

第三种趋势是复兴中国历史书写中"引古喻今"的长期做法。使用这种比喻时,历史学家选择更早的"事"作为类比对象,以告知更近的情况。这种比喻的变体通常被总结为四个字。其中,第二个字与第四个字通常是"古"与"今",一如"引古喻今",第一个字则普遍为"以"或"引"。相较之下,第三个字关键地决定了比喻的旨向,最常见的是"非"、"方"与"喻"。这种比喻的最早公式化出现在《史记》中。公元前213年,秦始皇下令焚书的诏书威胁道:"有敢偶语《诗》《书》者,弃市;以古非今者,族。"[17]

"方"与"喻"的公式化,也出现在文学领域内定义相似修辞策略的语境中。[18]从这个意义上讲,"方"的原始含义是"舫","以古方今"因此暗示两个事件的搭配相对平等且中性,其中几乎没有诠释或批判的含义。然而,"喻"的公式化不仅意味着这两个相关联的事件具有类比关系,也意味着对这种关系的理解将"影响、启发或指导"读者。[19]"喻"因此最为普遍地被用来诠释"比喻"。

尽管上述三种发展分属于经典诠释学、政治政策形成与历史书写这三个不同流派,但它们有着相似的修辞过程:三者都在古今事件之间创造了时间性类比。第一种情况下,据传孔子将永恒的政治教训("义")注入《春秋》的文本("事")。然后,注疏家试图通过在那些过往的周朝事件与当前的类似情况("事")之间建立起联系,来揭示和阐述那些"义"。新诠释的"义"由此产生于古今的并置。当周朝的"事"与宋朝的"事"排成一线,孔子的"义"也与注疏家对"义"如何关联当下的诠释是一致的。此类比过程的方向或趋势是从古到今:周朝的"事"是预先选定的,文本也固着于经典之中，但注疏家选择了宋朝的"事"，并将其与时间更早的周朝的"事"搭配。从这个意义上来说，诠释学类比并不能创造历史，而是仅仅阐明了更早的历史之于宋代的道德相关性。

在关于政治"故事"的第二种情况下，类比是双向的，并导致断代史的创造。政策制定者选择了现代的"事"或议题及其之前的"故事"。"故事"选集因此跨越了历史与政策形成之间的模糊中间地带，富弼在1044年进呈的《太平故事》就是一例。政治政策的形成，推动着王朝历史的创造，因为大量的历史"故事"创造了宋初的"历史"，而这些"故事"是基于特定事实而非其他事实。随着时间的推移，王朝从几十年延伸至数百年，持续的政治发展产生了对新"故事"的需求；而且，随着"故事"数量的增加，"故事"与历史之间的区别更趋模糊化。

在关于引古喻今的第三种情况下，书写者结合了历史记录，从中选择了他认为与自己所处时代的"事"相互比拟的"事"。从今到古的类比方向或趋势与经典诠释学相反：书写者对于当前议题已有定见，但他可以自由地选择先前的"事"来匹配，从而阐明他的观点。其结果是历史注疏的一种类型，在该类型中，古今并置强加价值判断于两个时代的事件之上。书写者然后使用这些搭配之"事"的异同，对同时代的人和事表达意见——一般是批评意见。通常情况下，书写者对类比中同时代的部分保持沉默，但在言辞上留下线索，使细心的读者能注意到类比中未提及的目标。这种技巧跨越了细致与模糊之间的微妙界限，经常被用来逃避审查或政治迫害。[20]

## 西方的寓言解释

因为这三种策略在古今的"事"之间建立起类比,它们展现了西方类型学与寓言学共同的若干特点和关注点。虽然古希腊罗马文化中已经出现了寓言模式,但西方类型学的主要流派来自早期的《圣经》释道学。其实践者坚称,上帝在创造宇宙的过程中控制了历史,并指导了《圣经》的创造。上帝在《旧约》中插入后来会再现于《新约》中"事"的"类型"(types,来自希腊文 τύρος,一种由图章、模型制成的印记,因此是一种样式和图形),从而使其进入历史。所以,带领希伯来人逃离埃及的摩西是基督带领信众走向救赎的典型;而基督的行动符合较早的类型。再者,亚当的伊甸园是基督即将到来之天堂的一种类型。基督教类型学坚持认为,这一类型与其在时序上较晚的"原型",两者都是真实的历史事件——亚当、摩西与基督都并非神话。然而,类型与原型并不相同,前者只是对后者之实现的一种不完美且未成真的暗示。因此,例如,救赎并不是回归其类型。"类型学的本质……是展示过去的事件如何成为未来事件的影像。"[21] 历史时间的运动总是向前的,从创造走向救赎。基督教类型学绝不是两个"事"的机械联系,而是成为一种流动的、创造性的技术,以展现"《新约》所阐述原则的历史表现"。[22]

由此,基督教类型学主要是《圣经》释道学的一种模式,因为两个"事"实际上都出现在同一个文本中。基督教寓言是一个更宽泛的概念，与经文文本中的道德理解有关。中世纪注疏家们认为，《圣经》的注疏分为两个层次：揭示"文字"的字面意义和揭示"精神"的寓言意义。[23]第一个层次是历史，第二个层次是这段历史的道德意义。或者，正如一位学者贴切解释的那样，对基督徒而言，历史是"有目的的寓言"。[24]这一西方寓言意识的影响一直持续到文艺复兴时期，但宗教改革与之后的浪漫主义，将其视作西方诠释学的主导模式。1957年，诺斯罗普·弗莱（Northrop Frye，1912—1991年）大胆宣称，"所有的注疏都是寓言式的诠释，都是将观念附加到诗歌意象结构之上"，这预示着世俗化寓言作为后现代理论的一个重要组成部分的回归。[25]

想要理解我的宋代历史作为"宏寓"的概念，一本有用的参考书是汉斯·凯尔纳（Hans Kellner）的《语言和历史表征》(*Language and Historical Representation*)。[26]凯尔纳接受这样一个前提，即所有的历史书写终究是寓言式的。历史学家的比较、诠释和概括都将"价值观和结构"强加于史料之上。那些由此产生的寓言是"意识形态的自然反映"。[27]通过将证据与被认定隐藏在证据中的假设意义并置，历史学家创造出一种其史料的"反话语"（counter discourse）。这一话语除了取决于史料本身，也由历史学家从那些史料中提取出来的"价值观和结构"决定。因此，历史解释的所有形式，都使用了寓言策略，以媒合证据以及由此创造出来的历史。[28]凯尔纳将"文艺复兴的观念、阶级的概念、长时段或焦虑"列为历史学家赋予其"价值观和结构"的"寓言角色"的例子。[29]

## 周期性与宋代类型学

在试图确定这种理论姿态在多大程度上可能有助于理解宋代史学之前,回顾宋代类型学的一些具体例子可能是有用的。不过,作为不能被过分强调的前奏,本体论语境至少在两个基本方面有所不同。第一,与创造世界并亲自干预绘制历史的铁板一块的上帝不同,在中国,"天"没有创造世界,也没有直接干预人类事务。更确切地说,非人格化的天是秩序的最终来源和模式,这一秩序在历史上被早期的圣君首次复制,他们的统治方式体现在作为经典的编年史(尤其是《尚书》)中。第二,与基督教关于创世和救赎叙事所强加的线性历史观不同,天的秩序是周期性的,其最终模式是四季通过有规律的变化周期来运行。时间在强弱交替的韵律周期中推移。那些想要了解历史的人可以测量和预测这些周期,使他们能够将强盛周期最大化,衰弱周期最小化。从这个更大的意义上讲,五经之首的《周易》也是一本关于历史的书:在确定了观察者在给定周期中任何时刻所处的位置之后,历史提供了那些曾经站在周期中同一点上之人早期反应的例子(无论是成功还是失败)。[30]许多宋代史学,尤其是以道学为脉络书写的史学,其最终目标是让读者能够准确地使政治或个人行为与历史的节奏波动相一致,从而接近古代圣君的有序统治。

中国人对周期性的偏好为一种独特的世俗类型学奠定了基础,而这种类型学贯穿于宋代历史书写和解读的各个层面。1162年五月，汪澈（1109—1171 年）被任命为参知政事，当时周必大写给汪澈的正式贺"启"中的文字段落值得我们认真考虑：

> 盗灭甘陵，彦博入登于宰席；
> 使来西夏，仲淹归赞于枢庭。
> 不图仁祖之前闻，
> 乃至绍兴而复见。[31]

尽管将这段文字翻译成英语必然会歪曲一些原意，但原文的精确类比掩盖了宋代政治话语中常见的世俗定型过程。这样的类比也可以被视为"故事"的一种基本形式，并对宏寓的发展至关重要。清朝历史学家赵翼（1727—1814 年）收集的南宋作者的类似散文段落中包含了周必大的类比，这些南宋作者将南宋和北宋的"事"搭配，这是周必大使用的一种连接"本朝故事"的修辞手法。[32]这样的搭配不仅突出了北宋历史的历史价值，还赋予了北宋历史以历史价值，当然这一切都是为南宋书写者的政治利益服务的。汪澈获得参政任命是因为他在 1161 年南宋成功击退金人的军事行动中做出的贡献。周必大因此将这一事件与 1048 年朝廷任命文彦博为宰相、1043 年朝廷任命范仲淹为枢密副使这两件事情相提并论，这两次任命也都是由于被授官者成功地参与了军事行动。[33]

当然，这些搭配不同于西方类型学。毫无疑问，更高层次的力量无形中掌控着这两件事。北宋时的任命并没有为汪澈的任命埋下伏笔，汪澈的任命也没有准确地"应验"之前的事件。相反，在这个世俗的、循环的类型中，汪澈变成了文彦博。因此，周必大声称已经注意到了他自己所处的时代与北宋之间的循环反复。此外，周必大的修辞搭配在政治和历史上都发挥着作用。由于周必大和汪澈是政治盟友，周必大和汪澈的共荣关系以及如此杰出的前辈，周必大的这位政治同僚的身份地位得以提升。同时，这个类比重演并强化了文彦博和范仲淹的历史地位。更重要的是，周必大继续设定一个更宏大的，在仁宗（1010—1063 年）庆历年间与周必大当前所处的绍兴年间（1131—1162 年）之间的循环。这一说法既认可了庆历时代的政治价值观，又断言周必大和汪澈会支持让这些价值观回归到自己所处的时代。这一类型也适用于批评中间时期，在这一时期，隐晦地说，这种价值观并不盛行。这种类型是宋代政治话语的一个常规组成部分，特别是在南宋道学兴起并挑战当时主流政治结构的时期。

道学官员洪咨夔的作品中出现了许多充分发展的晚宋"故事"。例如，洪咨夔进呈了1127 年十月的一个"故事"：年轻的高宗下令将两袋珍珠倒入汴河，因为这些珍珠是前北宋都城开封的内侍从内府中抢夺而来并献给他的。在这样做时，高宗表达了自己想要效仿古代圣君的愿望，这位圣君通过公开销毁自己的贵重物品来减少盗窃发生。[34]1127 年发生的这一事件已经被收入高宗统治时期最早的官方历史文献《高宗圣政》（完成于 1166 年）。在这部书中，历史学家将高宗崇尚节俭与徽宗（1082—1135 年，1100—1126 年在位）喜好奢侈进行了对比，他们将前者归于高宗实现中兴的愿望，认为后者是导致女真人进犯的原因。[35]洪咨夔在 13 世纪 30 年代使用这一

"故事",强化了高宗媲美太祖(927—976年)作为开国者的主题,因此洪咨夔请求理宗遵循高宗的行为。

许多宋人作品引古以讽今,范祖禹撰写的《唐鉴》确立了一个早期的标准,该书在南宋颇具影响力,并有几个宋本存世。这部作品说明了该体裁容易从简单的类型转向更庞大的寓言结构的倾向。司马光编修《资治通鉴》时,范祖禹作为助手负责该书的唐代部分。在《唐鉴》中,范祖禹按照自己的心意选择了332件"事",将其按照时间顺序排列,并给出了自己的评论。1086年,范祖禹向朝廷进呈《唐鉴》一书。在进书奏札中,范祖禹称,他的这部作品"观古所以知今,彰往所以察来"。范祖禹的后半句话解释了孔子对《周易》中"夫易所以彰往而察来"之目的的定义。[36]范祖禹表示,以历史类比的形式进言献策是侍从之臣引导君主做出正确决策的最佳方式。他使用唐史来阐述儒家士人治国的标准原则:君主应该控制后宫滥用皇权,只将权力授予精心挑选的文官,虚心纳谏,限制外来的干扰,普遍实行仁政。《唐鉴》一书显然是针对新法的,它在1103年与元祐时期其他当权者的作品一起遭禁。虽然今天没有严肃的史学家会查阅《唐鉴》作为唐史研究的指南,但这部作品在宋代有着广泛的受众,并且是皇帝经筵之历史作品学习课程中的材料。[37]

这一类型的另一个例子是胡寅(1098—1156年)的《读史管见》,该书编撰于1150年至1156年胡寅去世之间。在这一时期的大部分时间里,胡寅因为反对秦桧的和议政策,被编管于新州。胡寅称司马光的《资治通鉴》"事备而义少",所以他耗费时日为从历史中挑选出来的事件添加自己撰写的"义"。后来的宋人读者立刻意识到，胡寅写作此书的主要目的是谴责宋朝权相政府的权力膨胀，他认为这种权力膨胀始于王安石当权时期，并在蔡京和秦桧当权时期加剧。因此，尽管胡寅在评论宋以前发生的事件，他还是利用这些事件来"寄意"关于自己所处时代的看法。[38]

例如，两部晚宋笔记引用了胡寅对五代后晋宰相桑维翰（898—947年）的评价。桑维翰使他自己所处的王朝与辽朝统治者耶律德光（902—947年）谈判结盟。胡寅评论这次结盟"虽因耶律德光而相，其意特欲兴晋而已，固无挟虏以自重，劫主以盗权之意，犹足为贤"。[39]读者们明白，胡寅这句话的意图是批评秦桧，胡寅实际上在桑维翰与秦桧之间创造了一种类型（尽管是负面类型）：两人都与北方政权进行过谈判，北方政权的统治者随后向南方政权的统治者施压，要求这两人继续担任宰相；但桑维翰与秦桧不同，他从未僭越。通过这种比较，胡寅对桑维翰的褒扬同时也隐含着对秦桧的负面批评。朱熹对胡寅的这本书很感兴趣，并将他的许多评论纳入《资治通鉴纲目》。[40]

## 宏寓与宏大叙事

许多学者已经注意到，随着王朝向前发展，宋代历史书写的道德分类日益明确且僵化。随着11世纪士人崛起，对道德绝对化的重新表述开始了，继而发展到12世纪的道学运动，对历史做出更清晰、更趋寓言化解读的运动也愈演愈烈。[41]尽管现代学者正确认识到司马光与后来的道学史家在方法论上存在巨大分歧，但司马光已经为后来的转型悄然埋下了种子。许多南宋学者将司马光定位为道学先驱，这并非没有道理。[42]《资治通鉴》在一个源自儒家经典，特别是《尚书》与《春秋》的"升华后的道德宇宙"中植入了一条纤细的"事实"时间序列。[43]司马光期待他的读者运用这个道德宇宙中的"价值观和结构"，在真实世界与理想世界（可能实现的样子）之间进行自己的寓言式调和。《资治通鉴》的主体部分是对奏议与早期历史中文字的大段摘引，形成了一部关于这个道德宇宙之话语的大部头资料集，以帮助读者来完成这个诠释任务。道学"纲目"体的演变一旦完成，历史学家便不再要求读者自己制作寓言了。相反，他们将必要的"事实"一起预先包装好。至此，向"教学型"历史的演变完成了。[44]

宋代历史的宏寓是这个过程的最终产品，1345年的《宋史》对其做了最充分的表达。乍看之下，《宋史》杂乱延伸的篇幅与编修的随心所欲，似乎掩盖了主导性叙事的存在。然而，更仔细地阅读后便会发现，元代编者撰写了《宋史》本纪的赞、志表类传的序和列传的论总共261篇解释性论赞，这些文字为这部作品提供了解释架构与总体观点。李华瑞将这些论赞归纳为三种功能。第一，志、表的序总括宋代典章制度沿革，类传的序叙述类传分立之缘由。第二，论赞评论了宋代国史稿的变动。第三，论赞分析、评价有宋一代的治乱兴亡，以作为元朝廷的借鉴。超过200篇论赞的内容是臧否人物，且经常运用道德措辞。其余的论赞则处理较大的议题，如制度、政治趋势与兴衰治乱的分期。[45]所有论赞都反映出元代编者接受了晚宋道学朱熹学派的训练，并服膺其思想学说。[46]

13世纪以前，这一宏寓还没有被明确地表述，也没有可靠的段落包含宏寓的所有元素。毋宁说，宏寓更是一个由主题、母题、"类型"以及较小寓言组成的集合。晚宋历史学家将这些内容结合起来，以表达他们各自在历史中感知到的"价值观和结构"。真德秀为陈均的《皇朝编年纲目备要》作序时，这个过程顺利进行。《皇朝编年纲目备要》是从宋朝开国一直写到书写者自己所处时代的宋朝通史的第一部尝试之作。真德秀的序建构起宋代历史的第一个纲要，包含了如后文所述的宏寓的所有三个主要母题。[47]

如前文所解释的那样，我偏好"grand allegory"这个术语，是因为英文的"allegory"概念似乎确实更贴切地描述了这些晚宋与元代历史学家是如何使用他们自己的道学信念，将结构与意义强加到宋代历史的不同资料之上的。此外，英文"allegory"往往是说教式的道德探索，旨在探究宏大的人类存在困境——想想但丁（Dante）、埃德蒙·斯宾塞（Edmund Spenser）与约翰·班扬（John Bunyan）——如果不是类似于宋代历史，也是类似于《宋史》中的君子与小人之间绝对的道德分野。

**解读宏寓**

尽管《宋史》包含了宏寓最完整的形式，但元代编者们并没有构想宏寓叙事本身或其组成要素；相反，他们继承了一系列主题、母题与准则，而这些内容是宋代历史学家在一个世纪以前便已经生成，用以将结构与价值强加到他们自己的历史之上的。换句话说，宋代历史的宏寓源于宋代政治史本身的塑造过程，并茁壮成长。与在所有政治文化中一样，宋代政治人物制作了修辞性的策略、立场与主题，以支持他们的政治目标。因此，我们所说的宏寓既非真实的历史，也不完全等同于现代历史学家为解释宋代历史所设计的宏大叙事。相反，若以我们现代人可能最好理解的方式来看，这一过程及其叙事内容在某种程度上类似于报纸中一篇有特定政治立场的谈话要点，或者更简洁地说，就是宋代的政治宣传。

这一宏寓可以进一步被分解成三个大的主题结构或主题群集。依照后文讨论的顺序，它们分别是"仁政之国"、"神化太祖"与"奸邪谱系"。在宋代政治话语中，每一个群集都有自己的存在，也都有无数的分支以及与之伴随的母题。简要分析这三个群集的历史起源，我们会发现，这三个群集以及随后的叙事，都是倡议并在一定程度上实践儒家士人治国的产物。在宋代政治史上，每一个群集都是在特定时刻，出于特定目的而产生的，然后一直维持它们各自的存在。直到晚宋，这三个群集才结合成统一的叙事。

这三个群集的起源都可以追溯到仁宗朝初年。当时，庆历改革需要重新定义宋初的历史，以支持新政的政治目的。例如，富弼的《太平故事》强调了儒家"仁"的美德是宋初治国的基本性质。[48] 1038 年，石介已将宋初三位开国者等同于至高无上的圣君尧、舜。[49] 11 世纪 40 年代，欧阳修将儒家的"君子-小人"道德二分法应用于同时期的宋代政治世界。[50]

在庆历改革失败后的五十年间，这三个母题仍然是政治话语中随机而互不相关的碎片。当新法的批评者提出变法已经破坏了仁宗统治时期"仁"的本质这样的修辞立场时，第一个母题开始抬头。

例如，1092年《唐鉴》的作者范祖禹进呈了两篇奏议，力劝哲宗（1077—1100年，1085—1100年在位）不要恢复新法，而要恢复仁宗时代的仁治。[51]到1100年，这种反对新法的修辞已经制造出一个历史分期，将庆历与元祐政府时期视为同性质的实行仁政时期。[52]此后，仁宗之治的形象伴随着元祐政权的历史遗产而一同起伏不定。

1125—1127年出现了一个关键的转折点。当时金人的进犯彻底破坏了新法倡导者剩余的政治生存空间，以至于钦宗（1100—1161年，1126—1127年在位）与高宗无可避免地接受了反新法的说法，因为这是唯一可行的政治修辞，可以为中兴打下基础。12世纪，李焘权威的《长编》的出现与道学的兴起，将仁宗朝作为士人治国黄金时期的观点提升为宋代历史的支配性主题。殆至宋朝灭亡，王安石破坏了仁宗朝士人治国仁政精神这一主题的发展，将构成宏寓的一个主要结构原则：仁宗精神的循环复兴，被认定发生在元祐时期、12世纪30年代赵鼎掌政时期，再次出现在孝宗统治时期，最终再度出现在1234—1236年的端平政府时期。基于这一政治美德时序表的必然推论是，介于其间的时期出于某些原因未能实行仁政。

至于宏寓的第二个大主题——宋朝开国者太祖的神化——的起源，"祖宗"的历史形象，最初是指太祖及其弟弟太宗的历史形象，随着宋朝的发展不断演变，今天仍然是宋史研究中颇有争论的子域。[53]不过，这一主题有着两条截然不同的发展路线。随着王朝发展，祖宗的定义已经超越了实际的宋朝开国者太祖与太宗。殆至北宋灭亡，祖宗已经包括真宗（968—1022年，997—1022年在位）

与仁宗，通常也包括英宗（1032—1067 年，1063—1067 年在位）——简而言之，即神宗之前的所有北宋皇帝。[54]

南宋也存在类似的过程。1162 年禅位以后，高宗被定位为南宋中兴的开创者，其成就与太祖不相上下。到了 13 世纪，孝宗也被视作南宋的开国者。"祖宗"身份的不断扩宽，为士人政策制定者提供了时代更相近且范围更大的"故事"，可以作为"祖宗之法"来对抗他们的政敌。例如，吕中写于 13 世纪 40 年代的《皇朝中兴大事记讲义》，将孝宗朝理想化，以将之设定为韩侂胄专权之前的黄金时代。通过这样做，吕中为南宋中兴建构出一条与北宋发展相似的政治轨迹，将韩侂胄和史弥远等同于王安石，认为他们反对仁政与祖宗之法。[55]

与此同时，太祖个人被逐渐拔高到独特的地位——他成为宋朝首要的开国者，也是宋代治国的源头。最初，掩饰太祖与太宗兄弟间冲突的意图，混淆了宋初的历史记录。除此之外，及至真宗的宋朝开国者们，都采用一种以道家为主的修辞来合法化他们的统治。宋朝的第一部正式国史，即完成于 1030 年的《三朝国史》，用了大量笔墨在道教圣徒传记上，而对太祖及其实际上所做的事含糊其词。直到 11 世纪 30 年代晚期，第一批儒士才试图为太祖安上"仁"的儒家背景。他们因此提出了一套说辞，强调无论在战场上或在处理一般政务上，太祖都更偏好文治而非武功。例如，司马光对陈桥兵变的叙述，强调了太祖勉为其难称帝：他只在手下士兵保证不劫掠城池和伤害后周皇室的情况下才同意称帝。[56]

这一"兵不血刃建国"的叙事构成了一种发展中"类型"的

基础，该类型将太祖与上古圣君尧联系在一起：在没有任何威胁恫吓的情况下，人们都竞相追随两人。而其他叙事，则是为了将仁宗朝士人治国不断演变的理念追溯到太祖身上：太祖不仅成功压制住武人，而且能驾驭名声不佳的外戚与内侍。范祖禹在其1093年的作品《仁皇训典》的序中，将天、尧、太祖与仁政联系在一起。范祖禹强调太祖传位给太宗，一如尧传位给舜，都是越过自己的子嗣，传位给圣人。[57]然而，朝廷对元祐党人的打压，限制了这些联系在北宋剩余岁月中的发展。

12世纪30年代初，人们再次见证了王朝历史叙事的明显重塑。众所周知，1129年以后，高宗可能因为自己不育，便在1131年，决定将皇位归还太祖一脉。此举不仅符合高宗之前对"庆历—元祐"修辞的信奉，而且也使他能够像太祖一样，将自己定位为尧：三者都传位给圣人而非自己的子嗣。借此，高宗提升了自己作为南宋中兴"祖宗"的地位。神化太祖的主要母题是：他凭借士兵拥戴赢得天下，在陈桥兵变中没有发生流血军事斗争；以及，广为人知的"杯酒释兵权"。至12世纪30年代中期，在高宗与范祖禹之子范冲手中，这些母题呈现出最终的文本形式。这样的叙事随后被用来为1142年宋金和议辩护。1143年高宗视察太学时，太学生宣称："陛下方偃武修文，与太祖初定天下之时同符。"[58]虽然从朱熹开始的道学史家暗中将高宗从这一等同中剔除，但无论如何，太祖与尧之间的联系得到了强化，太祖被赋予了道学圣君的所有品质。[59]

为了反映太祖这一至高无上的地位，《宋史》编者们在《太祖本纪》的文末与他们写的"赞"之间，插入了十五则关于太祖的轶事。这是《宋史》其他本纪不具备的特征。[60] 其中一则轶事描述了太祖如何下令使宫殿各门对齐，使寝殿视野"无有蔽塞"，并称："此如我心，少有邪曲，人皆见之。"对这些轶事的文本分析表明，虽然其中几则轶事可能出自 1030 年的第一部国史《三朝国史》，但大多数轶事首度出现在仁宗朝才编撰的"宝训"与"圣政"中。因此，它们反映了士人尝试为开国者披上儒家外衣的意图，司马光在《涑水记闻》中收录了许多这样的故事。[61] 在《长编》中，李焘十分谨慎地处理这些材料，他经常指出其中的不一致之处，表达对特定细节与事件的质疑。[62] 总之，这十五则轶事反映了 13 世纪太祖作为道学圣君的形象。例如，吕中引用上述整修大内的轶事，来证明太祖继承了尧、舜之心。他的评论引用了朱熹的话，重复了道学的格言，即一切治术都来自君主之心，只有当君主仿效古代圣君之心时，才会有善治。[63]

被称为"祖宗之法"的政治概念，也是宏寓第二个群集必不可少的重要组成部分。邓小南的详尽研究成果已经揭示了祖宗之法在儒士治国发展与实践中所起的核心作用。[64] 祖宗之法的早期提法（可以追溯至 11 世纪 30 年代，成熟于庆历年间），将一套普遍原则归功于宋朝开国者（太祖、太宗，有时也包含真宗）。这些原则通过开国者们的具体行动得以体现，而书写者将这些原则建构为治国的基本政策。引用这些政策的政治人物，往往强调这些政策源于开国者，所以继位的皇帝们必须遵循这些政策。书写者因此试图创造出一套"故事"，其有效性凌驾于任何同时代的权威之上，甚至超越了当朝皇帝的权威。于是，忠不再是忠于某位君主，而是变成忠于一套普遍有效、追求王朝善政的原则。

然而，推动"故事"形成的，与其说是对宋初几位皇帝实际所作所为的任何历史意识，毋宁说是当前的政治需要。例如，这些政策的初次更迭创造出一个有更高权威的来源，庆历改革派们可以诉诸这一权威，来尝试破坏在刘太后（969—1033年）摄政期间固化的现有政治权力结构。因此，"祖宗故事"的实际内容与诠释，随着每一场新的政治斗争而不断发生演变，不变的是开国者作为王朝模范的权威。王安石试图削弱祖宗的权威，此举被认为是他最令人发指的罪行之一。1127年南宋中兴以后，开国者，尤其是太祖的地位被拔高到这样的程度，以至于在任何政治变革的诉求中，如果要削弱太祖的权威，便等同于抹杀政治变革的合法性，甚至可能性。

宏寓的第三个群集来自与君子、小人之间政治动态相关的母题。它是三个群集中最为复杂的，不过可能也是历史上最强劲的。不幸的是，这个群集给现代历史学家带来了最大的问题，现代历史学家要么不加批判地接受其术语（往往是无意识的），要么完全忽视这些术语。然而，这种二分法普遍存在于庆历以后的宋代政治话语中，成为宋代政治文化的基本动力。后来，在道学史家手中，它成为宏寓的根本动力。在解读这种语言于宋代政治话语中发挥的作用时，一个复杂因素是：虽然君子总是意义单一且正向地指代书写者及其伙伴以及他们的政策，但小人可以指代书写者所反对的更大范围的政治行动者。在北宋朋党政治的背景下，小人指的是士人阶层中的政治对手。例如，随着有关新法之辩论的展开，双方都用这种语言来区分自己与对手。因此，司马光将君子定义为出于"公",将小人定义为出于"私",皇帝有责任辨明两者。[65]但是,在士人话语中经常出现的小人,泛指非士人行动者,如内侍、胥吏、外戚与女官等。这些非士人群体总是为了维护自己的"私"而行动,这一假设将士人与非士人对小人的参照框架联系在一起。

南宋时期,君子-小人二分法的一个变体,发展为宏寓第三个群集中的一个主要母题,我称这个母题为"奸邪谱系"。这一母题主张,在王安石之后(也因为王安石),一系列被称为"奸臣"的专权士人小人,成功地专权了很长一段时间。《宋史》将他们的传记合为4卷。《奸臣传》的序将宋代历史架构为君子与这些奸臣领导的小人联盟之间艰苦卓绝的斗争。《奸臣传》的第一卷收入王安石以后新法承继者的传记:蔡确(1037—1093年)、吕惠卿(1032—1111年)、章惇与曾布;第二卷是蔡京的传记,第三卷是秦桧的传记,第四卷是韩侂胄与贾似道的传记。[66]除了韩侂胄与贾似道,这些"奸臣"都有作为士大夫的良好资质,因此他们的传记将其描述为背叛者,他们背叛了一套基于儒家道德价值观的治国概念。根据这一观点,奸臣追求一己之"私",因而与非士人的小人组成了政治联盟。[67]

"奸邪谱系"是从宋代政治话语中演变而来的宏寓三个主要群集中的最后一个母题。这不仅需要对秦桧进行负面历史评价(早在12世纪60年代,朱熹便已开始进行这一负面评价),还有对韩侂胄进行负面历史评价。韩侂胄在1207年遭到暗杀,立即引发了将他与秦桧联系在一起的比较。但是,由于秦桧对女真人执行与韩侂胄相反的政策，韩侂胄与秦桧之间的联系是基于两人都追求"私"的治国方式。这一类比也凸显了秦桧及其政府的负面特质：尽管面临强烈的反对，秦桧与韩侂胄仍大力仰赖与非士人的合作，来形成他们的执政联盟。这种丑化韩侂胄的政治修辞，是为在史弥远领导下回归更好的治国模式而做的准备。当史弥远无法履行回归更佳的治国模式承诺时，其对手便将他视为新构想的奸相谱系的新成员。1224 年，在史弥远废黜合法的皇储而改立理宗后，这一奸相谱系的概念迅速演变成为令人生畏的政治和史学武器。政治上，晚宋道学追随者们运用这一母题，达成了令人极为震惊的政治效果：分别在 1245 年和 1259 年推翻了宰相史嵩之和宰相丁大全。[68]

## 结　论

据说海登·怀特"否认相对主义的指控，宣称过去事件的真实性与对那些事件的文学描绘并不矛盾"。[69]事实上，宋代历史宏寓的存在与对它的解读并没有否定宋代历史记录中个别事件的真实性，而只是将这些事件安排成主观叙事。如前文所述，宋代历史上的某些时期推动了这些叙事的产生，即北宋的庆历与元祐时期，以及南宋的绍兴初年（秦桧掌政以前）与嘉定时期。所有这些时代都经历过防御性或进攻性的战争，从而引发了政局动荡，这些政治冲突随后又使历史书写的修改运动得以发生。这一运动的成果是出现了一种具有积极政治价值（从太祖开始，到庆历与元祐时期）的叙事。

这种想象的北宋价值观与结构的叙事，在 12 世纪 30 年代中期元祐主政者的后人手中形成。然后在 1138—1155 年秦桧掌权期间，这一叙事受到抑制。不过，李焘的《长编》（从 12 世纪 40 年代到 1183 年，历经四十年的编撰）确立了宏寓的最终形式。我们所接受的北宋历史叙事，从本质上讲源于南宋中兴时期的政治斗争。后来的南宋历史学家将南宋中兴历史追溯到他们的前辈为北宋创造的早期模式，从而书写了自己的中兴历史。

在根植于周期性的世俗世界观中，影响宏寓之结构的最独特的宋代元素，是通过"故事"传达的儒家政治价值观。虽然"故事"中并没有包含什么独特的儒家思想，但庆历时期儒家思想的强势复兴，的确深刻塑造了后来的宋代史学。如我们所见，"故事"是双向的（书写者选择类型与原型）。因此，随着南宋政治人物越来越多地引用当朝而非前朝事件作为"故事"，北宋与南宋的叙事结构便逐渐趋于一致。而且，随着宋朝的发展以及道学的影响力与日俱增，宋代历史的宏寓越发体现了儒家的价值观——仁政、尧/太祖/高宗作为仁政创立者的至上地位，以及君子作为最高执政者在政治上的至高地位。

可能有人会问，这种北宋历史的宏寓结构如何适用于其他朝代。当然，即使对于宋代，这个模型也可以改进：可以发展其他群集，并确定其他的次母题。至于其他朝代，与开国者至高地位相关的群集可能是普遍存在的，正如对明朝开国皇帝太祖之形象的研究所表明的那样。[70] 然而，宏寓第一个群集与第三个群集中明显的儒家基调，反映出儒学思想的活力，也标志着 11 世纪为中国史学的转折点。如果说欧阳修重修五代史,表明他对早期历史的道德模糊性感到失望,那么其他宋代史学家在书写自己朝代的历史时,则并未忍受类似的挫折。

## 注 释

1. Charles Hartman, "The Making of a Villain: Ch'in Kuei and *Tao-hsüeh*," *Harvard Journal of Asiatic Studies* 58, no. 1 (1998), pp. 59-146;蔡涵墨:《一个邪恶形象的塑造:秦桧与道学》,收入《历史的严妆:解读道学阴影下的南宋史学》,第2—97页(新版第3—101页)。

2. 更详细的内容,见蔡涵墨《历史的严妆:解读道学阴影下的南宋史学》序。

3. Nancy Partner, "Making Up Lost Time: Writing on the Writing of History," *Speculum* 61, no. 1 (1986), p. 97.

4. Charles Morazé, "Lucien Febvre et l'histoire vivante," *Revue historique* 217 (1957), p. 5.

5. 转引自 Hayden White, *The Content of the Form: Narrative Discourse and Historical Representation* (Baltimore: Johns Hopkins University Press, 1987),这句话印在与该书扉页相对的页面上。

6. Charles Hartman, "A Textual History of Cai Jing's Biography in the Songshi," in *Emperor Huizong and Late Northern Song China, The Politics of Culture and the Culture of Politics*, edited by Patricia Buckley Ebrey and Maggie Bickford (Cambridge, MA: Harvard University Asia Center, 2006), pp. 517-519;蔡涵墨:

《〈宋史·蔡京传〉的文本史》，收入《历史的严妆：解读道学阴影下的南宋史学》，第162—164页（新版第167—169页）。

7. 由于吕中现存的传记信息并不完整，我们无法评估他服膺道学的程度。但是，吕中的历史意见对其前辈陈均的见解亦步亦趋。现有记录充分显示，陈均是朱熹道学的追随者。

8. 见：Charles Hartman, "Li Hsin-ch'uan and the Historical Image of Late Sung Tao-hsüeh," *Harvard Journal of Asiatic Studies* 61, no. 2 (December 2001), pp. 317-358；蔡涵墨《〈道命录〉复原与李心传的道学观》，收入《历史的严妆：解读道学阴影下的南宋史学》，第344—448页（新版第353—462页）。亦见李道传编，徐时仪、潘牧天整理的两卷本《朱子语类》（上海古籍出版社，2016）。

9. Charles Hartman, "Bibliographic Notes on Sung Historical Works: *Topical Narratives from the Long Draft Continuation of the Comprehensive Mirror that Aids Administration* (*Hsü tzu-chih t'ung-chien ch'ang-pien chi-shih pen-mo*) 续资治通鉴长编纪事本末 by Yang Chung-liang 杨仲良 and Related Texts," *Journal of Song-Yuan Studies* 28 (1998), pp. 177-200；蔡涵墨：《论〈续资治通鉴长编纪事本末〉与十三世纪前期的史学编纂与出版》，收入《历史的严妆：解读道学阴影下的南宋史学》，第270—292页（新版第277—300页）。

10. Herbert Butterfield, *The Whig Interpretation of History* (London: G. Bell and Sons, 1931; rpt. 1959). 感谢何冠环提醒我道学与辉格史学之间的普遍亲近性。

11. Butterfield, *The Whig Interpretation of History*, pp. 9-33.

12. Robert des Rotours, *Le traité des examens, traduit de la Nouvelle Histoire des T'ang* (Paris: Librairie Ernest Leroux, 1932), pp. 129-130, 150；《宋史》卷155《选举志一》，第3604页。

13. Charles Hartman, "Chinese Historiography in the Age of Maturity," in *The*

*Oxford History of Historical Writing: Volume 2: 400-1400*, edited by Sarah Foot and Chase F. Robinson (Oxford: Oxford University Press, 2012), pp. 44-49.

14. 详细研究,见李建军《宋代〈春秋〉学与宋型文化》,北京:中国社会科学出版社,2008,尤其是第 395—425 页。

15. 见: Charles Hartman, "Chen Jun's Outline and Details: Printing and Politics in Thirteenth-Century Pedagogical Histories," in *Knowledge and Text Production in an Age of Print: China, 900-1400*, ed. Lucille Chia and Hilde De Weerdt (Leiden: Brill, 2011), pp. 273-315; 以及蔡涵墨《陈均的〈纲目〉:十三世纪教学著作中的出版与政治》,收入《历史的严妆:解读道学阴影下的南宋史学》,第 293—343 页(新版第 301—351 页)。

16. 邓小南:《祖宗之法:北宋前期政治述略》,第 370—398 页。

17. 司马迁: 《史记》卷 6《秦始皇本纪》,第 225 页;见 William H. Nienhauser, Jr., ed., *The Grand Scribe's Records*, vol. 1, *The Basic Annals of Pre-Han China* (Bloomington: Indiana University Press, 1994), p. 147。

18. 蔡涵墨:《讽喻的意象:一篇书评》,收入夏含夷主编《远方的时习:〈古代中国〉精选集》,上海古籍出版社,2008,第 317—336 页。

19. 王凤阳:《古辞辨》,第 767 页、第 769 页。

20. 上述有些分析类似于郝若贝(Robert M. Hartwell)对宋代"历史类比"的构想,见 Robert Hartwell, "Historical Analogism, Public Policy, and Social Science in Eleventh- and Twelfth-Century China," *American Historical Review* 76.3 (1971), pp. 690-727。然而,郝若贝将宋代对历史的态度清晰地划分为"古典主义"(儒学字面主义)、"道德说教"(《春秋》注疏)与"历史类比",掩盖了三种取径的提倡者所共享的修辞策略。

21. Jean Danielou, *From Shadows to Reality: Studies in the Biblical Typology of the Fathers* (Westminster, MD: The Newman Press, 1973), p. 12. 因此,埃里希·

奥尔巴赫（Erich Auerbach）对此的定义是："比喻的诠释在两个事件或两个人之间建立起联系，其中第一个事件或第一个人不仅表示自己，也意指第二个事件或第二个人，而第二个事件或第二个人围绕或符合第一个事件或第一个人。这个比喻的两端在时间上是分离的，但两者都是真实的事件或人物，都在时间之中，也都在历史生命的潮流之中。"见 Auerbach, "Figura," in Auerbach, *Scenes from the Drama of European Literature* (Minneapolis: University of Minnesota Press, 1984), p. 53。

22. D. W. Robertson, Jr., *A Preface to Chaucer: Studies in Medieval Perspectives* (Princeton: Princeton University Press, 1962), pp. 189-190.

23. Henri de Lubac, *Medieval Exegesis: The Four Senses of Scripture*, 4 vols (Grand Rapids, MI: W. B. Eerdmans, 1998- ), 2: 25-27, 33-39. 德·吕巴克 (de Lubac) 坚持认为，《圣经》众所周知的四重意义（字面意义、寓言意义、比喻意义、神话意义）是这一基本二分法划分的后续扩展。

24. John MacQueen, *Allegory* (London and New York: Methuen, 1970), p. 37.

25. Northrup Frye, *Anatomy of Criticism: Four Essays* (Princeton: Princeton University Press, 2000, c1957), p. 89.

26. Hans Kellner, *Language and Historical Representation: Getting the Story Crooked* (Madison, WI: The University of Wisconsin Press, 1989), pp. 285-293.

27. Kellner, *Language and Historical Representation*, p. 286, 转引自 Angus Fletcher, *Allegory: The Theory of a Symbolic Mode* (Ithaca, NY: Cornell University Press, 1964), p. 368。

28. Kellner, *Language and Historical Representation*, p. 289.

29. Kellner, *Language and Historical Representation*, p. 292.

30. Charles Hartman and Anthony DeBlasi, "The Growth of Historical Method in Tang China," in *The Oxford History of Historical Writing*, 2: 19.

31.《全宋文》第 228 册，卷 5077《贺汪参政启》，第 333 页。周必大的这篇"启"被收入南宋"启"这一体裁的修辞模式集，见佚名《翰苑新书·续集》卷 2，第 10 页 a—第 11 页 a。

32. 赵翼：《廿二史札记校证》卷 26《宋四六多用本朝事》，第 576—579 页。

33.《宋史》卷 313《文彦博传》，第 10259 页；卷 384《范仲淹传》，第 11815 页。

34. 洪咨夔：《平斋集》卷 7，第 1 页 a—第 2 页 b；《全宋文》第 307 册，卷 7006《进高宗投珠汴水故事》，第 140—141 页。

35. 详细研究，见蔡涵墨《陆游〈中兴圣政草〉考》，《历史文献研究》2016 年总第 36 辑，第 137—152 页，尤其是第 145 页。

36.《全宋文》第 98 册，卷 2128《进唐鉴上太皇太后表》，第 44—45 页。关于《周易》引文，见韩康伯、孔颖达《周易注疏》卷 12，第 22 页 b。

37. 例如，1130 年，朝廷命范祖禹的儿子范冲进呈《唐鉴》供经筵阅读，见徐松辑《宋会要辑稿·崇儒五》，第 30 页 a。朱熹向他的学生推荐了《唐鉴》，吕祖谦为学生准备了一本注释版，该版保存至今。见范祖禹、吕祖谦《东莱先生音注唐鉴》，收入《中华再造善本》，北京：国家图书馆出版社，2006。

38. 关于这一观点现存的最早记载，似乎是李心传《要录》卷 175，第 3354 页；亦见陈振孙《直斋书录解题》卷 4，第 117 页。

39. 周密：《齐东野语》卷 6《胡明仲本末》，第 103—104 页。对相同文字的更早引用，见赵与旹（1175—1231 年）《宾退录》卷 2，第 18—19 页。在通行的《读史管见》文本中，针对秦桧的负面语言似乎不存在，见胡寅《读史管见》卷 29，第 1068 页。

40. 黎靖德（活跃于 1263—1270 年）编《朱子语类》卷 101《程子门人》，

第 2581 页;《朱熹集》卷 25《答郑自明书》,第 1084 页。

41. 葛兆光:《从〈通鉴〉到〈纲目〉——宋代通鉴学之一脉》,《扬州师院学报》1992 年第 3 期,第 154—158 页、第 171 页。

42. Charles Hartman, "Li Hsin-ch'uan and the Historical Image of Late Sung Tao-hsüeh," pp. 338-339;蔡涵墨:《〈道命录〉复原与李心传的道学观》,收入《历史的严妆:解读道学阴影下的南宋史学》,第 399—400 页(新版第 408—409 页)。

43. Robert André LaFleur, "A Rhetoric of Remonstrance: History, Commentary, and Historical Imagination in Sima Guang's *Zizhi tongjian*," (PhD diss., University of Chicago, 1996), pp. 91-94.

44. 蔡涵墨:《陈均的〈纲目〉:十三世纪教学著作中的出版与政治》,收入《历史的严妆:解读道学阴影下的南宋史学》,第 295—300 页(新版第 303—309 页)。

45. 李华瑞:《〈宋史〉论赞评析》,收入朱瑞熙、王曾瑜编《宋史研究论文集》,第 488—507 页。

46. 裴汝诚:《略评〈宋史〉"崇道德而黜功利"的修撰原则》,收入氏著《半粟集》,第 1—12 页。

47. 对于《皇朝编年纲目备要》及其对宋代历史重要性的详细研究,见蔡涵墨《陈均的〈纲目〉:十三世纪教学著作中的出版与政治》。

48. 转引自《宋史全文》卷 2,第 89 页。

49. 石介:《徂徕石先生文集》卷 18《三朝圣政录序》,第 209—210 页。

50. 简要的讨论,见 Charles Hartman, "Review of *Divided by a Common Language: Factional Conflict in Late Northern Song China*, by Ari Daniel Levine," *Journal of Song-Yuan Studies* 40 (2010), pp. 141-150,尤其是 pp. 148-149。

51. 范祖禹:《上哲宗乞法仁宗五事》《上哲宗乞专法仁宗》,收入赵汝愚

《宋朝诸臣奏议》卷12，第108—109页；亦见邓小南《祖宗之法：北宋前期政治述略》，第495—498页。

52. 陈师锡：《上徽宗论任贤去邪在于果断》，收入赵汝愚《宋朝诸臣奏议》卷17，第159—160页。对仁政母题及其与仁宗历史形象的关系，优秀的二手研究成果见：曹家齐《赵宋当朝盛世说之造就及其影响——宋朝"祖宗家法"与"嘉祐之治"新论》，《中国史研究》2007年第4期，第69—89页；余慧婷《宋仁宗的历史形象》，收入朱瑞熙等编《宋史研究论文集》，第657—672页。

53. 两部著作显示了这一领域的活力，见：顾宏义《宋初政治研究——以皇位授受为中心》；Peter Lorge, *The Reunification of China: Peace through War under the Song Dynasty* (Cambridge: Cambridge University Press, 2015)。

54. 关于"祖宗"定义的演变，见曹家齐《赵宋当朝盛世说之造就及其影响》，第77—78页。

55. 吕中：《皇朝中兴大事记讲义》卷1《高宗皇帝》，第440—443页。

56. 司马光：《涑水记闻》，第1—2页。

57. 关于这一文本，见范祖禹《仁皇训典序》，收入吕祖谦编《宋文鉴》卷91，第1286—1287页；长篇引文见陈均《皇朝编年纲目备要》卷23，第574—575页。

58. 李心传：《要录》卷149，第2822页；见蔡涵墨《一个邪恶形象的塑造：秦桧与道学》，收入《历史的严妆：解读道学阴影下的南宋史学》，第34—35页（新版第36—37页）。

59. 邓小南：《祖宗之法：北宋前期政治述略》，第498—514页。

60. 《宋史》卷3《太祖纪三》，第49—50页。

61. 司马光：《涑水记闻》卷1，第2页、第4页、第5—6页、第14页、第20页，卷2，第38—39页。

62. 李焘:《长编》卷1,第6页、第30页,卷3,第63页,卷7,第171页,卷9,第199—200页,卷12,第267页,卷13,第286页,卷16,第337页,卷17,第366—367页、第372—373页。

63. 见吕中《皇朝大事记讲义》卷3《正心修身》,第67—68页。

64. 邓小南:《祖宗之法:北宋前期政治述略》,第494—535页。

65. Levine, *Divided by a Common Language*, pp. 56-61.

66. 《宋史》卷471—474,第13697—13788页。

67. 蔡涵墨:《〈宋史·蔡京传〉的文本史》,收入《历史的严妆:解读道学阴影下的南宋史学》,第162—216页(新版第167—221页)。

68. 关于这些发展,见: Charles Hartman and Cho-ying Li, "The Rehabilitation of Chen Dong," *Harvard Journal of Asiatic Studies* 75.1 (June 2015), pp. 145-155;以及蔡涵墨、李卓颖《平反陈东》,《文史》总第119辑(2017年第2辑),第197—201页。

69. "Metahistory: The Historical Imagination in Nineteenth Century Europe," https://en.wikipedia.org/wiki/Metahistory:_The_Historical_Imagination_in_Nineteenth-century_Europe, accessed 28 September 2017.

70. 见 Sarah Schneewind, ed., *Long Live the Emperor! Uses of the Ming Founder Across Six Centuries of East Asian History* (Minneapolis: Society for Ming Studies, 2008)。

# 第八章

# 仁政之国

## 元祐缘起

李焘、赵汝愚、真德秀等人都认为,仁宗朝,尤其是庆历以及嘉祐(1056—1063年)时期,在"仁"的基础上,政治鼎盛、文化繁荣。"仁宗之治"(Renzong florescence)的概念最早出现于1092年,当时范祖禹向年轻的哲宗进谏,认为皇帝应该接受仁宗时代的政治价值观,而不是重拾司马光和元祐政府在1086年已经废止的新法。北宋晚期,围绕新法的争议甚嚣尘上,朋党政治日益白热化,随之而来的"仁"与"利"的政治价值之间的对立关系,发展成为一种更加微妙且具有政治吸引力的主题。

1100年,哲宗意外驾崩,新皇帝徽宗以及摄政的皇太后敦促两个对立的朋党组成联合政府。但是,这一重组政府要求罢免势力根深蒂固的亲新法宰相章惇及其盟友,这一清洗过程持续了9个月。在清洗期间,陈师锡(1053—1121年)通过追溯仁宗朝的历史,证明了这一清洗行动的合理性。陈师锡解释道,仁宗的行政风格是公开纳谏,秉公处理谏言,并结合积极的人事管理风格。

陈师锡宣称，仁宗使用从台谏章疏中获得的信息，迅速评估高级官员的表现，并对官员领导层进行全面且富有成效的改变。仁宗不偏不倚地接受臣僚的规谏，这使他能够区分"贤"与"邪"，从而进贤去邪。

陈师锡举了两个例子：仁宗一举撤换整个执政队伍，然后他"不次擢用杜衍、范仲淹、富弼、韩琦，以致庆历、嘉祐之治为本朝甚盛之时，远过汉、唐，几有三代之风"。为了强化仁宗与徽宗的相似之处，陈师锡谨慎地强调，仁宗在 1033 年亲政时就已经实行了这种治国方式。陈师锡传达给徽宗的信息很简单：彻底肃清章惇及其同党，将为出现另一个可与"仁宗之治"相媲美的时期创造条件。[1]

徽宗统治时期，朝廷继续推行新法，这自然减少了提及仁宗之治的母题。然而，1125 年冬女真人进犯，使北宋政治发生剧变，于是"仁宗之治"再次出现在积极的政治话语中。1125 年十二月，徽宗传位给钦宗。1126 年正月初七日，女真人围攻开封。由此导致的政治动荡引发了一连串狂风暴雨般的纠错行为。谴责之声纷纷落在蔡京身上，先是蔡京在 1125 年四月被免相，但他昔日的下属和盟友仍然占据着政府的高级职位。与此同时，长期遭受蔡京打压的政治对手抓住机会攻击他，蔡京本人的盟友们也在努力摆脱他留下的政治遗产。

因此，女真人进犯迫使宋朝在政治上发生巨大转折，需要骤然对宋代历史进行修订，集中火力谴责蔡京，但放过目前那些当权者。一些证据表明，女真人可能对宋朝廷施压，要求其进行政治改变,以作为1126年二月他们解除最初开封围城之谈判的部分内容。女真人无疑希望看到宋朝领导层不那么倾向于采取进攻性的军事姿态来对付他们。历史上,元祐政府的高官们反对扩张性军事冒险,对外倾向于采取防御性的姿态。1126年晚些时候,女真人返回开封时,他们派出一百名士兵保护司马光的坟墓,寻找包括《资治通鉴》在内的司马光著作的抄本,并焚毁了秘书省中的王安石作品。[2]根据当时史料的记载,他们还提出让司马光的侄孙司马朴(1091—1141?年)成为他们建立的取代宋朝的傀儡政权的皇帝。司马朴予以婉言谢绝,女真人便找到了张邦昌(1081—1127年)来做傀儡皇帝。女真人把司马朴掳到北方,但给予他优待,并让他继续在金朝为官。[3]

被削弱的宋朝政府通过与金朝的和议解除了围城之危,1126年二月初六日,钦宗恢复了范仲淹和司马光的名誉,并暂停对元祐党人的禁令。[4]钦宗颁布的诏令提及对主要行政机构的优先命令,"一尊祖宗之典"。1126年二月颁布的其他诏令中也有类似的话语,这表明祖宗之法与新法在当时形成了鲜明的历史对立。[5]随之而来的是,凸显与仁宗之治主题相呼应的历史叙事。真正的元祐党人支持新历史,因为它赋予了他们的出身以特权。与此同时,蔡京的党羽也发现新的叙事方式比其他选择更令人满意,因为它把责任完全归咎于蔡京一人,并通过他追溯到章惇和王安石,从而转移了人们的视线,使人们不再关注他们自己出身于蔡京政治阵营这一事实。

1126年二月十二日,金军解除开封围城两天后,钦宗再次重申他意图建立一个"遵用祖宗旧制"的政府。他承诺"裁抑内侍,不崇饰恩幸,不听任奸人,不轻爵禄,不滥赐予"。总的来说,钦宗下令"凡蠹国害民之事,一切寝罢"。"蠹国害民"曾经是新法的负面特征,当时也被用来定义蔡京。[6] 开封围城解除后,钦宗立即采取诸多行动,包括任命杨时为国子监祭酒,其任务是平息持续了一个月的一系列针对蔡京以及目前当权的蔡京门生的尖锐抗议活动。作为程颐的门人弟子和狂热的元祐党人,杨时曾敦促徽宗修改现行的宣和(1119—1125年)法度,使之符合古代圣王"中"的原则。杨时认为"中"这一原则潜藏在宋朝开国者的原初政策里,并体现在元祐时期的法规中,由于王安石破坏了祖宗之法,他的追随者在11世纪90年代又烧毁了元祐法,所以有必要重新修订法典。[7] 因为他之前的奏请未能取得任何成效,杨时将他这次在国子监任职作为一种授权,以废除一代新法教育实践,并将王安石的塑像从太学所在的孔庙中移出去。王安石的《三经新义》形成了宋代官学教育的基础,而若去掉这个基础,则会危及那些已经掌握王学之人的仕途,杨时对此心知肚明。

杨时的激进政策加剧了亲王安石与亲元祐党两派人之间的紧张关系,导致他于1126年五月初被迫辞职。[8] 正言冯澥(卒于1140年)提出了一个折中方案,即太学中同时教授王安石和元祐党的学问。冯澥的妥协将政治罪责限定在蔡京一人身上,质疑了许多祖宗"故事"的可行性,并将神宗朝视为一个和平繁荣的时期,不需要替代现有的历史叙事。[9] 反对派立即做出回应,右正言崔鶠(1057—1126年)和御史李光(1078—1159年)进呈了一系列奏议。崔鶠引用了仁宗之治的主题来反对妥协提议。崔鶠在仁宗和英宗时代的正直、诚实之人与司马光和高皇后领导下的元祐政府之间建立起直接的历史联系。因此，崔鸥使他政治和思想上的先辈与王安石、章惇、蔡京的谄媚下属形成了鲜明的对比。[10]从本质上说，崔鸥简短的奏议创造了一种历史叙事，支持他的盟友在政治斗争中对抗太学和政府其他部门里势力根深蒂固的新法倡导者。于是，崔鸥的奏议阐述了以范仲淹为代表的完美的庆历官员与相应的以司马光为代表的元祐人物之间，在新旧党联合善后中隐含的历史联系。[11]

从女真人撤围离开到翌年冬季返回开封这段时间，见证了钦宗朝廷重新审视祖宗之法以替代新法的具体尝试。为此，1126年四月十二日，钦宗朝领导层建议成立讲议司来评估"祖宗旧制"。正言陈公辅（1077—1142年）称赞这一目标，但强烈反对讲议司这一机制。陈公辅谴责成立讲议司的提议，称其是几乎毫不掩饰地试图重建一个特别机构，而蔡京早在1094年就曾提议创建讲议司这种机构，实际上，1104—1106年，朝廷已经在正式机构之外召开会议，讨论政策调整并实施新政策。陈公辅指出，1124年再次召开类似的会议，只会导致机构臃肿并让裙带关系泛滥。

虽然陈公辅强烈赞成朝廷重新考虑祖宗之法，但他坚持认为应该先由六部讨论，然后交由政事堂审议，最后再进呈君主。他进一步认为，由于1067年以前的法规政策仍然存在，元祐时期实际上曾恢复施行，现在可以很容易地定义并重新实施这些法规政策。这些政策一度推动了北宋与邻近政权的和平共处，使民众生活富足，保持了国家和私人利益的平衡与繁荣。陈公辅总结道，要恢复这些政策，只需废除运行中的新法，并在简要回顾后，重建1067年以前的制度。[12]

几个新崛起的中层官员支持杨时的呼吁，即修改法典和教育政策，以符合祖宗之法，这些人后来都在南宋初期政坛发挥了领导作用。李光认真考虑了这个问题，他肯定了祖宗"故事"作为制度改革基础指导方针的中心地位，呼吁三省、枢密院的大臣们"遴选宿儒，精加讨论"，来完成这项任务。[13] 1126年六月初七日，钦宗颁布诏令，指出这些措施没有取得任何进展。钦宗手诏再次将这两个问题归咎于蔡京，并用"中兴"一词来描述两个问题解决后将推动的政治进程。[14]一个月后，当时在北方督战的李纲也支持这些努力以实现"中兴"。[15]

### 罗从彦的《遵尧录》

无论宋政府在恢复祖宗旧制方面取得了怎样的进展，随着女真人在1126年冬天返回开封，一切都戛然而止了。但是，杨时的门人弟子罗从彦在他的家乡福建南剑州以私人学者的身份承担起这项任务，编撰了《圣宋遵尧录》。该书的序系于1126年十月，这部现存作品记录了北宋最后的日子里元祐追随者的努力，他们试图构建起内容翔实的历史叙事，将新法妖魔化，并证明用祖宗之法取代新法是正当合理的。罗从彦的作品总结了仁宗之治的母题并有所发展，同时也期待着史学的进一步拓展和完善。

王应麟将《遵尧录》描述为"采祖宗故实可垂法后世者，纂录辨释"。[16]罗从彦显然深受老师杨时和二程影响，他的《遵尧录》

序以"心"和"道"的概念为基础，确立了自己的历史论证。罗从彦将 1067 年以前宋朝制度的淳善归功于宋朝前四位君主的精神和心术，他将他们比作古代的圣王。《遵尧录》序认为太宗和仁宗忠实继承了太祖的政治遗产。而王安石破坏了这一政治遗产，导致女真人进犯。现在，尽管新皇帝打算尊崇祖宗"故事"，王安石的追随者仍然把持着朝政。因此，罗从彦以吴兢（670—749 年）的《贞观政要》和石介的《三朝圣政录》为范本，编撰了这部作品。在《遵尧录》序的修辞中，罗从彦引用了《后汉书》对光武帝（25—57 年在位）的评语以及《孟子》，强化了他这部作品的概念，即该书是君臣恢复祖宗仁政并"卒归于道"的指南。[17]

传世的《遵尧录》中有 268 个历史事件，罗从彦没有给出这些事件的史料原文。[18]《遵尧录》全书共 8 卷，北宋前四朝皇帝（太祖，事件 1—49；太宗，事件 50—90；真宗，事件 91—132；仁宗，事件 133—177）每人各占一卷；卷 5 涉及李沆（事件 178—185）、寇准（事件 186—191）、王旦（事件 192—203）和王曾（事件 204—211）；[①] 卷 6 涉及杜衍（事件 213—218）、韩琦（事件 219—230）、范仲淹（事件 231—236）和富弼（事件 237—243）；卷 7 涉及司马光（事件 244—251）和程颢（事件 252—268）。别录（末卷）一卷，载有司马光弹劾王安石的奏章和陈瓘弹劾蔡京的奏章。罗从彦在《遵尧录》序中解释道，书中对于事件缺乏评注，表明他

---

① 按，梁天锡《遵尧录史事疏证》中事件编号从 211 直接到卷 6 的 213，中间并无事件 212。

认为"故事"与当今时代具有显而易见的相关性。与"故事"同时存在的还有 32 条"释"（通常是正面的），罗从彦担心这些"故事"的意义可能不会立即显现出来。附带"辨微"的 24 个事件，总结了关于北宋皇帝的 4 卷，并包含了罗从彦对其认为"以今准古，有少不合者"行为的纠正意见。《遵尧录》目前的形式符合陈振孙在他 1250 年的书目中对这本书的描述。[19]

罗从彦写道，他在 1126 年二月到十月写作此书，这段时间正好处于女真人两次围攻开封的间隙，但他无法将手稿进呈朝廷。《遵尧录》传世本并没有严格遵循以吴兢和石介著作为模板的写作格式，但确实很符合杨时及其政治盟友提出的回顾和恢复祖宗"故事"的迫切要求。《遵尧录》是为钦宗新一届政府编写的一本政治行为手册，该书以二程阐述的儒家原则为基础，通过对北宋历史事件的选择和评论来表达思想。在《遵尧录》写作过程中，既产生了一组引人注目的"故事"，也产生了一系列正面和负面的政治角色。罗从彦激进的儒家理论基础将宋朝统治者的道家起源边缘化，从而净化了宋朝开国者与古代圣王之间的联系。与此同时，罗从彦的史学修改运动也试图削弱王安石对"三代"作为新法权威之合法来源的诉求。

因为人们现在对罗从彦选择的"事"已经耳熟能详，他的理论原则现在听起来就像传统儒家的陈词滥调，所以大多数现代学者忽视了他的这部作品。[20] 然而，《遵尧录》的重要性既不在于它作为史料的独特性，也不在于其理论的熠熠发光，而在于它为阐明这些原则而突出的一系列特定的历史选择。这些选择，以及由此产生的

"北宋"历史的叙事,在1126年都是崭新的。梁天锡阅读了《遵尧录》的大部分条目,说明了"仁政"的四种必要条件:(1)修己敬圣;(2)恤民惠民;(3)知人善任;(4)求贤纳谏。[21]

例如,罗从彦从石介《三朝圣政录》中选择了太祖如何下令改造大内的故事:太祖使大内宫殿各门"皆端直开豁无有壅蔽者"——"此如我心,小有邪曲,人皆见之耳。"然而,与石介不同的是,罗从彦的评论将这一轶事与《中庸》理论联系起来,即君心经过适当的培养和调整,是政治秩序的最终源头。[22]《遵尧录》中的第一则评论解释了960年的一个故事:太祖不顾其他人的反对,同意沈伦(909—987年)的建议,将多余的军粮分发给扬州和泗州的饥民。罗从彦引用《尚书》和《孟子》中的话来解释人口充裕与国家稳定之间的关系:因为粮食来自民众的辛勤劳作,军队消耗粮食来维持秩序,多余的粮食应该用来确保这些地区人口的生存。[23]

罗从彦还着重强调"贤"和"德"重于"才",而且是任命高官的基本要求和标准。君主在任命官员时,区分前者和后者是首要责任。[24]君主的最终责任是纳谏,保持政府台谏的开放,知人善任,以及维持制度健全。[25]这四个主题都源于反对新法的元祐话语,并很快成为分析南宋政治和经济问题的重要概念框架。

**新政权的新历史**

罗从彦在遥远的福建为宋朝中兴埋头撰写《遵尧录》时,1127

年五月初一日开封的陷落和高宗的继位改变了中兴的特性，也极大改变了中兴的定义。但是，1126年争论造成的裂痕依然存在，且裂痕越来越大，因为中兴已经演变成严酷的政治现实而不是抽象的智力练习。在开封最后时日的内讧中出现的仁宗之治历史视域有了新的重要性，因为高宗这位年轻的皇帝正在努力寻找政治支持和历史叙事，以使他能够合法继承其兄长（仍然在位）的皇位。

在登基后的第二天，高宗下令修订编修于11世纪90年代的《神宗实录》，以清除其中对高皇后的诬蔑指控：神宗驾崩，高皇后曾阴谋阻挠未来的哲宗继位，并支持自己的儿子称帝。[26]高宗命令的背后，至少隐含着两个相关的议题。第一，为数不多未被女真人俘囚的宋朝"皇室"之一是孟皇后（1077—1135年），她和高皇后一样都反对新法。1096年，孟皇后遭废黜，1100年恢复"元祐皇后"头衔，然后在1102年被贬入道。1126年四月，叛降女真人的张邦昌再次恢复了她的名誉，并封她为皇太后，以使自己的傀儡政权合法化。不过，孟皇后马上支持高宗应该即位称帝。[27]孟皇后的支持为高宗本人称帝的合法性提供了重要支撑，也为他与宋朝过往的历史联系提供了重要支持，这种联系方便他绕过新法及其父兄的尴尬失败（以及目前的窘境）。因此，孟皇后与未来的高宗之间的政治关系，需要一段审视元祐政治遗产的历史。第二，现存的神宗、哲宗实录是蔡卞以及其他倡导新法的人编修的，他们不仅"诽谤"高皇后，而且将元祐主政者定罪。要让足够多的元祐党人的后代返回政府为官，使高宗的中兴合法化，需要历史叙事来扭转现有的历史判决，即把他们的父兄从罪人变成英雄。

然而，不断恶化的军事局势很快就取代了这些考虑。1129年四月，高宗南下杭州，平定苗刘兵变后，高宗又颁布赦令。赦令重述了中兴的理论基础，将仁宗之治、元祐政府以及替换现行徽宗时代法典的必要性联系起来。其中，赦令授权"元祐臣僚"的后代可以申请恢复其父的职位。此外，考虑到仁宗在位时间最久，赦令要求恢复嘉祐时期的法典。[28]不过，随着这一工作的逐步展开，很快就出现了将仁宗之治作为法律现实而非历史启示的困难。

赦令提供了法典修订的一些一般准则。例如，嘉祐法典和现行1111年的政和法典在处罚轻重上存在差异，高宗采用了处罚程度较轻的规定。但是，嘉祐法典编修于新法之前，许多新法在南宋初仍然有效；另外，嘉祐法典也早于1082年的元丰改制，所以缺乏一些内容，如缺乏管理六部的法规。因此，1130年，朝廷授权刑部对嘉祐法典中缺失的所有现行法典的法规进行修订补充。[29]根据编修组成员王洋（1087—1153年）的说法，高宗的赦令要求更新嘉祐法典，以体现"祖宗之法"的精神。[30]然而，一旦编修官获准引用政和法典，具体编修细节就交给精通法典的书吏，他们便一字不差地照抄政和法典中的内容。王洋的结论是，新法典并没有重振仁宗时代"故事"的精神，只是延续了蔡京当权的迟暮新法天下。[31] 1131年八月初四日，作为嘉祐法典和政和法典的混合物，这部完成的作品被冠以"绍兴"法典之名，以与刚刚开始的新皇帝的统治相适应。[32]

修订后的绍兴法典未能恢复仁宗之治所认定的法律基础，这可以被视为南宋初期政治困境的一种隐喻。1125—1129年，将开封陷落归咎于王安石亵渎祖宗之法的叙事已经根深蒂固。[33]尽管有历史"回归"的华丽修辞，也有对仁宗时代和元祐官员的吹捧，但从1127年王朝崩溃中幸存下来的政治体制——其制度、法律和个性——都是徽宗时代的产物。随着新的高宗政府面临的军事和财政压力与日俱增，政治分歧沿着1125年十二月徽宗退位造成的裂痕继续扩大。

登基四天后，高宗选择李纲作为他的第一任宰相。李纲于1126年在军事上和谈判中都对女真人采取了强硬态度，如今他继续主张这样的政策，包括将高宗朝廷迁至襄阳，以便更好地协调留在北方的宋军。但在李纲到达高宗朝廷之前，黄潜善（卒于1129年，高宗登基时，他幸运地站在高宗一边）已经说服高宗采取向东南前往今日南京的防御行动。李纲及其政治网络与正在浮出水面的黄潜善政治网络之间的政治紧张关系，是南宋新政府上台头几个月的特点，这种紧张关系在1127年八月李纲被免相时达到白热化程度。两个月后，高宗朝廷向东南迁往扬州。[34]

**胡安国的"中兴策"与秦桧归来**

在1129—1130年的动荡岁月里，黄潜善［后来与汪伯彦（1069—1141年）联合执政］的相位被交给更有能力的人，如朱胜非、吕颐浩和范宗尹。这些人都是经验丰富的徽宗时代的官员，他们在1127年的政治更迭中幸存下来，其政治网络基本完好无损。1130年十月，秦桧从北方归来，他发现新皇帝已陷入根深蒂固的政治联盟包围圈，他自己则被排除在这个政治联盟之外。秦桧在1126年对女真人采取的不妥协态度为他赢得了李纲支持者的尊重。一年之内，秦桧就构建了一个由家族成员、年轻官员和元祐官员后代组成的暂时的政治网络：元祐官员在1126年前被禁止从政，现在他们成为政治上的自由代理人。这个政治群体的首领是胡安国（1074—1133年），他是研究《春秋》的学者，也是程颐学说的支持者。1131年八月，秦桧成为宰相，胡安国最终成为秦桧的左右手。[35]

1129年，胡安国将他的一组十四篇文章，简单冠以"中兴策"之名。这一系列文章发展成为胡安国关于中兴的政治和思想原则的成熟声明。胡安国似乎在1131年晚些时候到达朝廷，他一到达朝廷，就进呈了针对具体政治问题的文章。1132年七月，胡安国完成了21篇《时政论》，共分为十二个部分，以作为正式讨论的基础，随后被采纳为"国是。"[36]该系列文章先回顾了中兴所面临的军事和经济困难，讨论了将行都建康作为收复北方之中兴基地的战略考虑，并详细描述了地方上存在的贪腐和各种统治弊病。然后，胡安国谈到中央政府的组织和程序问题，并总结为五个部分，直接涉及高宗的心态和个人决心。第六部分《立政》和第七部分《核实》，包含了胡安国的政府结构和政治进程思想的核心。我们关注的是他在这些部分中对历史的运用及其与1131—1132年政治之间的关系。这两个部分呼吁回归仁宗时代的政府，同时对秦桧的政敌吕颐浩、朱胜非、范宗尹进行攻讦。

《时政论》第六部分的标题"立政"取自《尚书》中的一篇，

在这一篇中，周公认为君主对三公的选择将决定其统治的成败。这些精心挑选的公卿大臣转而选择自己的下属官员，并将权力下放给他们，从而"立政"。[37] 胡安国认为，高宗手下的宰相不同于三省六部制下的宰相，尽管1129年高宗重组政府，合并了三省，但没有公正地任官并将权力下放给六部。宰相忽视了人事管理的首要职责，把时间浪费在了琐碎的诉讼和税收问题上。胡安国请求高宗批准将日常事务交由六部处理（1086年，由司马光首次提出），从而简化宰相的工作并强化其职责。[38] 胡安国随后在政治上谴责了那些对这些失败负有责任的人，他把黄潜善及其盟友与卖国贼张邦昌的政府、保卫开封不力的人以及那些支持苗刘兵变的人联系在一起。胡安国把张邦昌比作华父督（卒于公元前682年）：华父督是春秋时宋国的大臣，他弑君并杀害同僚大臣，宋国很快陷入政治混乱；然后，他贿赂邻国，以使其接受他的种种胡作非为。[39] 胡安国由此暗示，高宗未能惩治张邦昌的同党，同样削弱了皇权，并危及中兴。

第七部分《核实》，将仁宗之治的形象与李纲在近期历史上的角色联系起来，并暗示了秦桧与政敌之间的斗争。这一部分比较了仁宗时期台谏功能的勃勃生机与目前台谏功能的软弱无力。在谈到1129年四月的赦令时，胡安国强调仁宗治国的卓越之处在于宰相与台谏官之间的权力平衡。这种平衡保证了行政决策，特别是人事任免是基于"事实"而不是"文致之语"。行政决策的过程是公开公正的，因此公众接受了惩罚像丁谓这样的恶人，并成功驳斥了加诸寇准、范仲淹、欧阳修身上的不公正的诽谤之词。胡安国反过来回顾了南宋新中兴的前三位宰相李纲、黄潜善和汪伯彦的政治命运。李纲遭郑毂（1118年进士）弹劾而被免相远贬，郑毂获得提拔。曾公开批评黄潜善、汪伯彦的马伸（卒于1129年），却立即遭到汪、黄二人的惩处。黄潜善和汪伯彦随后"杜塞言路"，并贬斥了像许翰（卒于1133年）、杨时、吴给和许景衡（1072—1128年）这样的批评者。胡安国的结论是，这种违反"公议"的行为必须通过积极寻找真相、清除诽谤者、为受害者及其后代恢复名誉来加以纠正。只有这样，才能"上追仁宗审核之政"。[40]

13世纪的历史学家将"核实"与1131年八月从范宗尹到秦桧的相位转换联系在一起。秦桧任相五天后，朝廷恢复了李纲、许翰及另一个秦桧支持者①的学士头衔，李纲的宦业也有过短暂的复苏。[41]总之，胡安国谴责范宗尹政府及其前任政府，试图将范宗尹与叛国者张邦昌联系起来。他坚持认为，高宗要维护中兴，就必须清除这些因素。而胡安国的这些提议，都是为了给秦桧的新政府创造政治空间——胡安国认为李纲及其政治网络将在其中发挥作用。[42]

通过强调其"公议"的生命力，胡安国的文章深化了仁宗之治的主题。这一时期的历史人物开始在道德上被贴上"正"和"邪"的标签，他们将在随后的历史中一直带着这些标签。更重要的是，这些文章展示了南宋初年的政治二分法如何产生了一种历史观点，即将诸如杨时、马伸、吴给和许景衡等李纲的支持者回溯到元祐时期这些人所谓的道学源头，从而将其与仁宗之治联系起来。[43]另外，

---

① 即中大夫、提举临安府洞霄宫官李郛。

李纲的对手黄潜善、吕颐浩、朱胜非和范宗尹则被诬称为蔡京的继承人和秦桧专权的先驱。秦桧第一次任相以被罢免告终,他很快就改变了策略。但是,胡安国为秦桧的政治目的创造的当代政策、知识取向和历史视野的一致性将会持续下去,并很快会被其他人所采用。

**赵鼎、范冲与元祐遗产**

1129年四月高宗颁布赦令几个月后,从北方流亡而来的官员赵鼎进呈了一系列奏疏,将1067年以前的仁宗之治与当前进行了对比。赵鼎对北宋历史的回顾强调了高皇后的重要性,因为她"所行者仁宗之法,所用者仁宗之人"。赵鼎继续道,不幸的是,蔡京劝徽宗"孝悌",恢复了新法。赵鼎进一步指出,蔡京和王黼政治网络的残余势力成功地"敷衍枝蔓"了钦宗1126年扭转新法的命令。他断言,"公议"要求采取更广泛的措施来削弱这些网络,主张加大对蔡京家人的制裁力度,并取消王安石配享神宗的地位。赵鼎还表示,虽然赦令的重点很恰当地放在仁宗之治上,但仁宗的成就是建立并延续了"太祖之武"。王朝中兴要求在这两方面保持平衡,赵鼎建议高宗"法乎太祖之武"。[44]我们将在第九章中看到,高宗是多么迅速地接受了赵鼎的这个建议,并且如何真正地接受了这个建议。

1129—1130年,高宗流亡海上,赵鼎是少数随侍高宗左右的官员之一,这段经历使两人之间建立起牢固的关系。返回陆地后,赵鼎定居衢州，他的姻亲范冲则刚刚结束知州任期。范冲的儿子范仲雄娶了赵鼎的女儿，这桩婚事将赵鼎与元祐政府联系在一起，因为范冲是范祖禹的儿子，而范祖禹是1091年第一版《神宗实录》的主要作者，也是司马光《资治通鉴》的合作者。范冲的另一个儿子范仲彪娶了司马光的孙女，因为此女的父兄都早已亡故，她便是司马光唯一在世的直系后嗣。范冲因此得到了司马光的文稿，并承担起照顾司马光幸存直系家属的责任。

在任知州期间，范冲已经开始刊刻《资治通鉴》，但他的继任者在1129年三月停止了这项工作，理由是司马光是一个"奸人"，《资治通鉴》这部书构成"邪说"。[45]①朝廷罢免了这位官员，《资治通鉴》的刊刻工作在1133年完成。这一事件揭示了赵鼎抱怨的敌对政治力量的性质和实力。尽管如此，朝廷公开认可"仁"，以及随之而来的史学需求，使范冲处于司马光和范祖禹手稿遗产接受者这一令人羡慕的地位。1130年七月，谢克家（卒于1134年）要求范冲将他父亲范祖禹的《仁皇训典》抄录进呈，该作品在1093年开启了仁宗之治的主题。[46]在《仁皇训典》尚存的序中，范祖禹把仁宗的"仁"归到宋朝开国者太祖身上。他首先利用了公认的道教辞令，称太祖"神武"。[47]不过，对于这一点，他加入了另外两个主题：（1）因为太祖"至仁如天"，他能够"不杀"而得天下；（2）因为太祖舍己子，将皇位传给了弟弟，也就是未来的太宗，"尧舜传贤，不过是也"。尧没有把权力传给自己的儿子，而是传给

---

① 继任者是直龙图阁、两浙转运副使王琮。

了圣人伙伴舜。由此,"洪惟本朝祖宗,以圣继圣,其治尚仁,而仁宗得其粹焉"。[48]

1133年年底,南宋与金朝的傀儡政权伪齐之间爆发了战争。北方伪齐的进攻提高了赵鼎的政治地位,他支持下的宋军比在朱胜非主政时更积极地进行反击。因此,1134年年中,高宗开始提拔赵鼎担任领导职务。随着宋军将领们成功击退了伪齐的进攻,赵鼎最终在1134年九月取代朱胜非任相。南宋现在有了一个信奉仁宗之治历史概念并认为仁宗之治在元祐时期继续存在的政府,这在南宋历史上是第一次。赵鼎动用了充分的政治和历史资源,将这一观点载入官方记录。他还试图利用范冲独家占有的原始元祐文本,建立起能加强自己政治网络的知识基础。吕颐浩和朱胜非现有的政治网络是基于王安石的学问,与其不同,赵鼎寻求采用范冲定义的"元祐学问"。我们将从以下三个方面考察范冲在1134—1136年作为赵鼎文化和政治上代表的角色:(1)他修订官方的《神宗实录》和《哲宗实录》;(2)1136年,他刊印了司马光的《涑水记闻》;(3)他在政治上使用二程著作。

尽管孟皇后一再恳求,高宗还是没有兑现他最初的承诺,从实录中删除诽谤高皇后的不实之词。[49]赵鼎的政治优势改变了朝廷对这一问题所持的政治立场,1134年五月,高宗任命范冲为史官。当时还是宰相的朱胜非,对此项任命提出了两点反对意见。朱胜非质疑范冲在修史时能否做到客观公正。蔡京兄弟将第一版《神宗实录》中存在的问题归罪于范冲的父亲,然后根据他们自己的需要改写了《神宗实录》。朱胜非怀疑范冲能否推出第三版《神宗实录》,让蔡京兄弟的政治继承人满意。另外，范冲与赵鼎有姻亲关系，这使他在技术层面不符合担任史官这个职位的要求。高宗否决了朱胜非的这两点质疑，特许范冲任史官，并命常同（卒于1149年）予以协助。常同的父亲曾因反对章惇和蔡京而被流放二十年，常同之前任御史时，曾攻击吕颐浩政治网络中的主要成员，因为他们此前与蔡京和王黼有着千丝万缕的联系。[50] 皇帝坚持要求范冲和常同修订《神宗实录》，这表明他决心以亲元祐的视角来创作历史叙事。[51]

事实上，高宗和范冲各有修订历史记录的个人动机。任命范冲为史官后不久，皇帝问他计划怎么做。范冲首先提出"祖宗之法"不可变，不过到仁宗时期，制度上出现了一些缺陷。吕夷简倾向于微小调整，但范仲淹想要彻底改弦更张。尽管两人在政策上有分歧，吕夷简还是认可范仲淹的大公无私，而范仲淹最终也意识到他之前的想法不切实际。[52] 但是，王安石蒙蔽神宗，诽谤并攻击先帝，彻底改变了祖宗之法。范冲强调："天下之乱，实兆于安石，此皆非神祖之意。"元祐主政者曾试图"复古"。对此，高宗回答道："极是，朕最爱元祐。"[53]

范冲强调父亲在《神宗实录》中详细记述了新法的失败，意图把这些失败的责任全部推到王安石身上，从而突出神宗统治的真正成就。范冲同样为哲宗开脱，解释说"绍述"不是哲宗延续神宗的政策，而是蔡京延续王安石的政策。范冲承认他从未见过《哲宗实录》，但范冲和高宗一致认为该文本"尽出奸臣私意"。[54] 他同意辩白加诸高皇后身上的诽谤之词，高宗称"本朝母后皆贤，前世莫及"。范冲甚至试图免除徽宗迫害元祐官员的责任，引用了徽宗暗示蔡京应该对元祐官员轻轻揭过的诗句"回首不须惊"。高宗不痛不痒地批评自己的父亲,他说,徽宗写诗不起任何作用,不如直接下达诏令,任用几个元祐旧臣,"则其事遂正"。

高宗君臣一致认为,此次修订《神宗实录》使赵宋皇室免于承担北宋灭亡的责任,皇帝和历史学家于是转向了同时代的政治考量。高宗不明白为什么还会有那么多官员仍然信任王安石并积极推行新法。作为回应,范冲引用了他从程颐那里听到的一个观点:新法不是王安石政治遗产中危害最大的,因为皇帝可以轻易改变新法。毋宁说王安石"心术不正,为害最大","顺其利欲之心,使人迷其常性"的恶毒阴谋已经感染了整个国家,成为王朝的常态。作为证据,范冲引用了王安石所写的《明妃曲》中的一句诗。在《明妃曲》中,王安石用同情的笔调描绘了王昭君对胡人家庭的感情。① 范冲使用王昭君进行类比,将王安石思想的利欲动机与那些叛逃至伪齐的宋朝官员的不忠联系起来,而程颐也由此预言了高宗面临的最棘手问题。

从范冲初次赴任到这次谈话发生的 1134 年八月,其间岳飞已经夺回了襄阳,南宋朝廷仍在继续加强对刘豫的政治宣传攻势和军事攻势,直到 1134 年年末,其结果仍然不确定。[55] 这些修订《神宗实录》的指南,因此体现了高宗与刚刚发展起来的赵鼎政治网络之间在一个特定历史时刻达成的协商。第一,通过使之前的宋朝皇帝摆脱新法共谋的责任,新的历史将支持高宗作为一个毫无瑕疵的宋

---

① 王安石《明妃曲》其二:"汉恩自浅胡恩深,人生乐在相知心。"

帝国政治遗产继承人，从而增强他的合法性，以对抗敌对政权伪齐。由此，经过修改的、现在是负面的王安石和蔡京的政治遗产，与昔日的皇帝支持者脱离，可以被自由地附于高宗的政治对手刘豫及其支持者。[56]第二，通过推翻对元祐官员的法律判决，提高二程学说的地位，贬低诸如章惇、蔡京等新法"绍述者"的政治事业，新历史将增加赵鼎新政府的政治资本，他将很快接替朱胜非任相。从本质上讲，修订后的历史将使赵鼎政治网络中的下属在历史和政治上合法化，从而贬低竞争对手吕颐浩和朱胜非政治网络中的那些人。如果高宗真的"最爱元祐"，他会需要更多熟悉程颐学说的官员。下面我们将会看到，赵鼎和范冲打算在1135年，通过三年一度的进士考试来向高宗提供这样的官员。

正如范冲在与高宗的对话中开始分析仁宗统治时期时所暗示的那样，重新评估元祐政治遗产的新历史，暗示了两个时代之间的连续性，从而在官方历史中载入了仁宗之治的概念。尽管仁宗时期的现存历史没有遭到修改，但仁宗之后时期的新历史塑造了对早期历史的解释，并创造了庆历—元祐轴线，为宏寓奠定了基础。1136年正月，范冲完成了《神宗实录》修订版，他很快起草了修订《哲宗实录》的计划，并于1138年六月完成修订。[57]尽管1137年和1138年的政治动荡引发了再次修订这些历史的意图，但再次修订的计划还是被放弃了。秦桧在1138年再度任相时，他的政治事业和政策都不需要史学修改运动。范冲的实录版本在时间上作为1067—1100年神宗和哲宗统治时期的最终记述被"雪藏"，然后，就像我们在第二章中所见的，这一记述后来传到了李焘手中，并最终进入《宋史》。

作为赵鼎的历史和文化的委任者，范冲也重申了司马光在历史和政治上的重要性。然后，他利用司马光残存的手稿精心编纂了《涑水记闻》来支持这一评价。如我们在第二章中所见，李焘在《长编》中广泛借鉴了司马光的这部笔记以渲染其叙事。自然，这伴随着历史对王安石的评价在1126年以后日趋负面，对司马光的评价则日趋正面。范冲立即在南方刊印了《资治通鉴》，修订了《神宗实录》（司马光在神宗朝反对新法），他整理的《涑水记闻》深刻影响了司马光的历史形象，并使司马光的政治观点在新出现的北宋历史叙事中占据主导地位。简而言之，范冲将司马光（范冲儿媳的祖父）在历史上定位为影响王朝延续的重要士大夫，在政治上将其亲家赵鼎定位为最能影响王朝延续的当代领导人。

今天所谓的《涑水记闻》，最初是司马光关于当代事务的笔记集——一本记录个人经历、政治事件和八卦的日常记录。李焘曾见过几页司马光日记，并在自己手稿的天头处写道，司马光和刘恕（1032—1078年）打算在未完成的"长编"续作中使用这些材料，将《资治通鉴》的历史叙事延伸到宋代。李焘指出，除日记外，司马光还有《涑水记闻》和另一部名为《朔记》的作品，但这些作品在当时流传的都是一些只言片语。虽然司马光的子孙在受迫害期间把这些原稿小心地保存在祖庙里，但1126年以后，这些原稿就散佚了。李焘说，他看到的司马光日记的散页包括三种类型的笔记：（1）司马光亲身经历的事件；（2）司马光从当事人那里听到的事件；（3）司马光从第三方那里听到的事件。其中一些事件与正史的记载存在差异，李焘认为，司马光保存这些材料是为了最终用

"文正'长编'法"将其与正史资料进行比较。[58]

这些材料从司马光的原稿到今本《涑水记闻》的流传过程复杂且富有争议。[59]1804 年,修正派历史学家蔡上翔(1717—1810 年)断言,《涑水记闻》并非司马光的作品,而是后来书写者蓄意诽谤王安石的作品。[60]《涑水记闻》的早期版本没有保存下来,现代版本来自明清抄本,这些抄本至少代表了三种不同的分卷"系统",每一种都可能来自不同的南宋本。尽管没有宋本保存下来,《涑水记闻》这部作品在南宋仍然很受欢迎。三种 12 世纪的作品分别引用了《涑水记闻》整理本(邓广铭等整理,总共 496 条)中四分之一以上的条目。[61]不过,许多南宋学者怀疑是否所有这些材料都来自司马光的原稿。具体来说,吕本中(1084—1145 年)指责范冲捏造了许多条目,包括一些使其祖先吕夷简给人留下不佳印象的条目。[62]在 12 世纪,人们普遍认为《涑水记闻》中的许多条目并非出自司马光之手。[63]例如,李大性在列举有问题的"野史"时写道:"《涑水记闻》虽出于司马光而多所增益。"[64]

由于司马光成为北宋新史学修改运动的核心,高宗得知司马光有作品存世,便命赵鼎通知范冲将这些材料编辑整理出来。1136 年八月,范冲向高宗解释了司马光原稿的流传历史,其用语与李焘的跋相一致:司马光的原稿所剩无几,这些原稿笔记既不成熟又不完整,司马光的子孙从未向任何人展示过它们,但一些材料还是外散并传播开来。因此,范冲告诫称,很难编制出此书的最终版,在编辑司马光剩余原稿的过程中,他会尽可能地不加改动,因为"要之此书,虽不可尽信,其有补治道亦多矣"。范冲将这些材料整理成

10卷，并进呈给朝廷。李心传说："其书今行于世。"[65]

同样（现在仍然）存在争议的是司马光身后遗稿与第一版《神宗实录》（范祖禹在1091年完成的所谓"墨本"）之间的关系。王明清指出，"墨本"的编者为了粉饰他们对新法的负面评价，吸纳了《涑水记闻》中的许多材料。因此，蔡京、蔡卞在随后的"朱本"中删除了这些内容，并插入王安石《日录》中的一些材料。邓广铭曾试图驳斥王明清的说法，但他忽略了司马光的儿子司马康（1050—1090年）曾与范祖禹一同参与编修"墨本"《神宗实录》，并且司马康在大多数事情上遵从范祖禹的意见。[66] 1100年，徐勣（1046—1124年）直接称，由于"墨本"《神宗实录》"多主司马光记事"，又因为蔡氏兄弟使用了王安石的《日录》，所以，"今史臣修正史，谓宜悉取当时辅相之家记录以参较得失"。[67]

如果（看起来很有可能）范祖禹和司马康确实将司马光身后遗稿中的材料羼入第一版《神宗实录》，如果其中一些材料后来作为《涑水记闻》流传，那么我们就可以理解为什么高宗、赵鼎和范冲急于确认《涑水记闻》不会与刚刚修订的官方历史相冲突。在考虑所有证据后，正如邓广铭所重构的，对今本《涑水记闻》最准确的解读就是大多数12世纪学者所认为的那样：为了满足高宗和赵鼎网络的政治需要，范冲在12世纪30年代中期大幅扩充了司马光的笔记草稿。[68]范冲在进呈他编辑的《涑水记闻》一周后，推荐勾涛（卒于1141年）为官。作为读者，皇帝和勾涛一致认为，"今日首行嘉祐之法，次举元祐之政"，这两个时期正是司马光在政府中最活跃的时期，因此范冲在其编修的实录版本中对这两个时期加以浓墨重彩的讨论。[69]

虽然我们无法确定通行的《涑水记闻》中有多少内容是司马光所写，多少内容出自范冲的手笔，但整部作品的汇编和组织都符合1126年以后史学修改运动的主题。该书强烈的反王安石特点，支持了行政实践中太祖—嘉祐—元祐轴线的观点。《涑水记闻》中的许多条目提供了制度主义治国原则的正面或负面例子，如君臣之间的得体关系或强有力的台谏功能的中心地位。基于这样的原则，这部作品书写了一群正面人物（寇准、范仲淹、韩琦、司马光），以及一群负面高官（王钦若、丁谓、王安石），这与后来的评价非常吻合。

范冲推荐勾涛，可以说明他在赵鼎政治网络中角色的第三个维度——作为历史学家，担任政治谱系评判人。范冲的史学修改运动，与他在强硬政治网络的创建、维持和冲突中的角色密切相关。1126年，朝廷向元祐倾斜，开始逐渐解除对原先元祐官员及其后代的制裁，并对他们的历史对手及其后代进行相应的限制。高宗统治下第一次这样的人事任免发生在1127年七月，当时李积中被任命知襄阳府。李积中在1125年四月因作为"元符党人"（在1098—1100年元符年间上书批评朝廷政策的官员，1102年被列入黑名单）而受到制裁。[70]1130年和1131年加速了这一人事任免进程。[71]例如，秦桧于1131年八月任相后，他立即恢复了苏轼的学士头衔，并免除了章惇三个孙子在行都临安的官职。[72]徽宗初年的政治审查，产生了元祐同情者名单，其中包括"元符党人"以及1104年"元祐党籍碑"上面的309个名字。由于这份名单文件已不复存在，1131

年十月，高宗朝廷要求元祐党人后裔自我上奏，以获得任命。[73]①不过，由于没有名单文件，吏部难以核实这些人的说法。此外，蔡京当初将许多与元祐政策无关的自己的对头和政敌列入黑名单，这些人的后代因此无权对当前任职提出要求。[74]

赵鼎于1134年九月成为宰相，他采取措施加强自己的政治网络，并削弱对手的政治网络。例如，在1135年六月，曾与范冲合作编修《神宗实录》的刘大中（1109年进士），拒绝草拟邓襄为其父亲邓洵仁（卒于1135年）申请的赠官文书。刘大中反对称，整个邓家都是王安石和蔡京的狂热支持者且贪赃枉法，因此，封赠邓洵仁与当前推重元祐党人及其价值观的政策相左。赵鼎于是说服皇帝禁止任何在1102—1125年担任过高官之人的后人提出赠官这样的要求，并审查所有公卿大臣自1067年以后的仕宦生涯。[75]张浚（与赵鼎并相，他们是不太稳定的合作伙伴）告诫道，提拔政策基于官员祖上或一个时期比另一个时期更高的所谓政治纯洁性，并非理想的管理办法。[76]

尽管如此，在1135年，元祐党人后裔的政治前景一片光明，要求元祐地位的人数急剧上升。由于没有一份明确的有资格作为元祐党人被优先任用之人员的名单，高宗在1136年四月最终任命两位著名元祐官员的儿子，即范冲和任申先（卒于1138年）来审查元祐党人身份。[77]显然，皇帝认为范冲掌握了历史资料，包括他目前

---

① 元祐党籍碑现存两块，均位于广西，其中桂林七星岩碑刻为南宋重刻，融水苗族自治县真仙岩碑刻为明代重刻。

编修的官方实录，以及他接触到的元祐党人手稿的私人收藏，让他能够在那些元祐党人对优先任官权的要求中，区分出合法要求和虚假要求。在这一时期，范冲根据元祐党人身份，举荐了大量官员，其中就有吕公著和司马光的后代。[78]

据政敌朱胜非的日记记载，除了这些任命，范冲还试图把1135年的进士考试变成赵鼎政治网络成员的招募工具。朱胜非解释道，范冲声称继承了程颐的手稿，并将这些小册子作为"颐学"刊印出来分发给潜在的政治盟友。但朱胜非认为，这些"浅陋乖僻之说"是范冲及其同伙写的。最后的殿试在决定举子的最终排名时，在策论中显示出自己精通"颐学"的人将名列前茅。[79]在这次科举考试中，汪应辰拔得头筹，他现存的殿试策论确实呈现出"颐学"的内容。[80]我们在第二章中看到，汪应辰后来在12世纪60年代的士人政治中扮演了领导角色，他是李焘的主要支持者。

然而，到了1136年后期，域内外政治开始削弱赵鼎的宰相地位。随着赵鼎与张浚之间关系恶化，赵鼎于1136年十二月离任。几周后，在当时的独相张浚的支持下，陈公辅弹劾赵鼎片面宣传"颐学"。他的谴责扩大了朱胜非日记中隐晦的内容，即赵鼎和范冲推动将程颐的学说作为建立他们自己朋党网络的方法。值得注意的是，陈公辅将这一谴责置于范冲本人倡导的仁宗之治主题的历史背景下。他认为，1067年以前的朝廷采用了一种公正的行政风格，这种风格推动了公开辩论的发展，遏制了朋党，并促进了官员之间的和谐。相反，一旦朝廷采纳了王安石的"私意"，朋党政治就破坏了行政效率。陈公辅以一种非教条主义的方式来解读经典著作，不从任何单一的角度来进行片面的解释，他将赵鼎对程颐学说的支持视为蔡京时代朋党政治的复兴，称如果不加以遏制，这种倾向将会破坏高宗"复祖宗之时"的努力。[81]由此，陈公辅的奏议为将赵鼎政治网络中的成员赶下台奠定了思想基础。

尽管赵鼎在 1137 年九月至 1138 年十月短暂地再度任相，但在 1138 年三月秦桧重新任相后不久，包括范冲在内的赵鼎政治网络中最后的仅剩之人都离开了行都临安。[82]金朝在 1137 年十一月解散了宋金之间的缓冲政权伪齐，准备与南宋和谈。秦桧被任命为宰相来进行和谈，他一直任相到 1155 年卒于相位。秦桧早就放弃了早年对程学的信奉，他自己的政治主张此时避开了任何学说上的"偏袒"，而且他无情地使用赵鼎和张浚的学说来反对他们。尽管他的个人教育和偏好都倾向于王安石，但秦桧公开支持"公正"的教育政策，否认王安石或程颐学问的优先权，这提升了君主制的权威。[83]正如陈公辅的奏议所表明的那样，这种公正性在历史上很容易被描绘成仁宗之治的延续。尽管秦桧在 1147 年将赵鼎迫害致死，他和高宗都没有意识到有必要放弃由 12 世纪 30 年代中期被抛弃的政治所提供的新历史。宋金和议达成后，秦桧和高宗一致认为，应结束数十年的治国学说之争，"遵先王之法""以复庆历、嘉祐之治"。[84]

作为王安石的追随者，秦桧对史学几乎不起任何作用。虽然他对范冲编修《哲宗实录》持保留态度，但他和高宗都满足于让这些修订存在。[85]与此同时，如我们在导论和第一章、第三章中所见，秦桧严格限制史馆的活动，禁私史。这一禁令是为了阻止赵鼎政治网络继续对北宋历史进行修正（甚至非正式的修订），也是为了防止可用来反对宋金和议政策之历史观点的传播。[86]对高宗来说,和议确认了他作为中兴君主的合法性,纠正了对高皇后的诽谤,历史修正的时代已经结束。[87]史馆将在很大程度上处于休眠状态,直到12世纪60年代孝宗继位和李焘到来。

因此,1126—1136年,仁宗之治概念的出现,几乎完全是北宋灭亡、靖康之难的责任确定和早期中兴政治的副产品。在这一时期,中兴的主题主要是劝诫性的——鼓励按照想象中1067年以前的治国黄金时代重新建立宋朝政体。因为,如果说北宋的覆亡呈现出一场治国上的大溃败,那么高宗的继位则提供了一个重新开始的机会。从对新法的批评开始,演变成要求重塑宋政权的原貌。但是,高宗和秦桧对仁宗时代治国的热情只是政治表演,正如高宗所指出的,许多官员公开主张回归新法。[88]高宗和秦桧都是在蔡京当权岁月中长大成人的,秦桧时代的政治结构与蔡京时代的政治结构十分相似。

作为王朝的宣传话语,仁宗之治的修辞在孝宗时期延续下来。1174年的诏令称赞仁宗时代史无前例地培养出了15名制科中第者——相比之下,孝宗在位12年,中制科者很少(实际上只有2名)——并指出很难复制仁宗时代的辉煌。[89]然而,正如这道诏令所暗示的那样,仁宗之治的主题已经再次呈现出一种批评甚至讽刺的语气,以作为一种修辞手段来攻击人们所认为的治国弊病。例如,1165年,陈俊卿引用仁宗时代的治国模式来攻击代理宰相钱端礼(1109—1177年)的政府。陈俊卿指责钱端礼依靠皇帝外戚的关系来统领百官,违反了仁宗完善且基于道德的人事管理体系——

这一体系在蔡京和秦桧当权期间已经千疮百孔。[90]在宋朝剩余的时间里，特别是道学于 12 世纪六七十年代在政治上崛起之后，持不同政见者和批评家们会将仁宗之治的形象与当前的现实进行讽刺性的对比。[91]

1194 年，宁宗即位，他的新宰相赵汝愚带着长久以来的希望和实施制度主义改革的计划上台。新年号"庆元"结合了"庆历"和"元祐"的第一个字。陈傅良所写的即位诏书反映了这一选择的两个方面：中兴建立在庆历和元祐时期的政策基础之上，这些政策现在使"中外乂宁"。然而，陈傅良对这些政策的内容总结——"亲君子、远小人""省刑罚、薄税敛"——呼应了过去三十年来政府批评者的优先事项。[92]两个月后，赵汝愚被罢相，然后在一年内去世。但是，韩侂胄的新政府在接下来的六年里一直沿用庆元年号。到 12 世纪末时，仁宗之治的主题和随后的庆历—元祐的政治价值轴心在南宋政体中已经根深蒂固，甚至那些被指责持反对意见的人也接受将其修辞立场作为历史现实。

## 注　释

1. 陈师锡：《上徽宗论任贤去邪在于果断》，见：赵汝愚《宋朝诸臣奏议》卷 17，第 159—160 页；《全宋文》第 93 册，卷 2031，第 253—254 页。赵汝愚将这篇奏议系于 1100 年五月。不过，今本《宋朝诸臣奏议》中有"宋兴一百五十余载"之语，换算下来或许应该是 1110 年，曹家齐《赵宋当朝盛世说之造就及其影响——宋朝"祖宗家法"与"嘉祐之治"新论》第 79 页接受赵汝愚对该奏议的系时。

2.《要录》卷 1，第 28 页；丁特起：《靖康纪闻》，第 17—18 页。朱熹还从司马光的孙女婿范仲彪那里得到了金军保护司马光在洛阳的宅邸及其中幸存手稿的相关信息，这些手稿后来被范家继承，见《朱熹集》卷 81《书张氏所刻潜虚图序》，第 4176—4178 页。

3. 佚名：《靖康小录》，引自《会编》卷 96，第 4 页 a；《东都事略》卷 108，第 6 页 b—第 7 页 a。关于女真人在进犯期间对宋朝政治的看法，详细且依然有用的研究，见外山军治『靖康の變に於ける新舊両法黨の勢力關係』。

4.《靖康要录》卷 2，第 251 页；《宋会要辑稿·仪制一二》，第 18 页 b。

5. 相关例子，见《靖康要录》卷 2，第 322 页。

6.《靖康要录》卷 2，第 302 页；《全宋文》第 191 册，卷 4215《遵用祖宗旧制罢蠹国害民之事诏》，第 243—244 页；《宋史》卷 23《钦宗纪》，第 425 页。类似的更具体的行动发生在 1126 年二月二十九日，见《靖康要录》卷 3，第 418—419 页。

7.《宋史》卷 428《杨时传》，第 12739 页；《全宋文》第 124 册，卷 2677《面对上徽宗疏》，第 121 页。(《杨时传》："熙宁之初，大臣文六艺之言以行其私，祖宗之法纷更殆尽。元祐继之，尽复祖宗之旧，熙宁之法一切废革。至绍圣、崇宁抑又甚焉，凡元祐之政事著在令甲，皆焚之以灭其迹。自是分为二党，缙绅之祸至今未殄。臣愿明诏有司，条具祖宗之法，著为纲目，有宜于今者举而行之，当损益者损益之，元祐、熙、丰姑置勿问，一趋于中而已。"——译者注)

8. Chu, *The Politics of Higher Education*, pp. 197-199.

9. 关于 1126 年五月初十日和五月十三日的冯澥奏议，见《靖康要录》卷 6，第 754—756 页，卷 7，第 782—784 页；另见洪迈《容斋随笔》之《续笔》

卷 2，第 229 页。

10.《全宋文》第 128 册，卷 2779《论王氏及元祐之学奏》，第 321—324 页。南宋史料普遍引用崔鷃的两篇奏议来反驳冯澥的奏议；见《长编拾补》卷 54，第 1718—1723 页。

11. 李光反对官方接受王安石和司马光之学问的类似历史论点，见他的奏议，《全宋文》第 154 册，卷 3306《论王氏及元祐之学》，第 60—61 页，以及《宋史》卷 363《李光传》，第 11336 页。《靖康要录》卷 7 第 803—810 页包含了带有精彩评论的关于这场争论的补充资料。赵汝愚《宋朝诸臣奏议》卷 83 第 899—901 页照例引用了杨时、崔鷃和李光的代表性奏议。

12.《宋会要辑稿·职官五》，第 19 页 a—第 20 页 a。

13.《全宋文》第 154 册，卷 3311《乞讨论祖宗故事札子》，第 139 页。

14.《靖康要录》卷 8，第 833 页；《全宋文》第 191 册，卷 4219《修复祖宗故事手诏》，第 302 页；《宋史》卷 23《钦宗纪》，第 429 页。

15.《全宋文》第 169 册，卷 3692《乞深考祖宗之法札子》，第 193 页。

16.《玉海》卷 58，第 39 页 a。

17. 罗从彦：《遵尧录》，第 105—106 页；《全宋文》第 142 册，卷 3060《遵尧录序》，第 157—158 页。

18. 梁天锡《遵尧录史事疏证》对每个事件进行编号，列出文本异文，收集同时期的相关史料，并提供有益的评论。后文使用的事件编号系统来自梁天锡。

19.《直斋书录解题》卷 5，第 167 页。陈振孙看到了 1214 年由当时的知南剑州刘允济（1178 年进士）刊刻的《遵尧录》版本。刘允济向朝廷进呈了他获得的《遵尧录》，奏请研究罗从彦的生平事迹，并赐他谥号。刘允济的行为，显然是地方官府为当地人在当时正在形成的北宋道学模范的万贤祠中获得一席之地的部分努力。此时另一种这样的努力，见 Hartman and Li, "The

Rehabilitation of Chen Dong," pp. 106-112。1246 年，刘允济再次奏请，最终在 1247 年获批。见：罗从彦《豫章文集》卷 15，第 1 页 a—第 9 页 a；《玉海》卷 58，第 39 页。刘允济在 1214 年的奏请中称罗从彦的手稿从未流传过。作为 12 世纪消息最灵通的历史学家，李焘在他的《长编》注文中并没有引用这部作品。此外，尽管罗从彦现在在道学诸贤中稳稳占据一个位置，作为从程颐到朱熹（程颐、杨时、罗从彦、李侗、朱熹）之"道"的传承者，但这种地位很大程度上似乎是 13 世纪的产物。《宋史》卷 428《道学传二·罗从彦传》第 12743—12745 页除了《遵尧录》中的片段外，几乎没有其他内容。朱熹知道罗从彦是杨时和自己父亲的同事，但没有把他包括在《伊洛渊源录》（见：《朱熹集》卷 37《与范直阁》，第 1616 页，卷 97《皇考左承议郎守尚书吏部员外郎兼史馆校勘累赠通议大夫朱公行状》，第 4972 页、第 4984—4985 页、第 4988 页；《朱子语类》卷 102《杨氏门人》，第 2596—2597 页）中。因此，仍有可能是刘允济改动了罗从彦的手稿，以符合 13 世纪初的史学基调。

20. 梁天锡《从〈遵尧录〉观宋初四朝之军事与政治》以及常建华《从〈遵尧录〉看罗从彦的政治思想》对《遵尧录》的内容做了有益概述。

21. 梁天锡：《从〈遵尧录〉观宋初四朝之军事与政治》，第 203—206 页。

22.《遵尧录》卷 1，第 116—117 页；梁天锡：《遵尧录史事疏证》，第 70 页（# 39）。又见：《遵尧录》卷 4，第 154 页；梁天锡《遵尧录史事疏证》，第 102 页（#154），向进士分发《中庸》抄本的习惯始自仁宗。（《遵尧录》卷 1："臣从彦释曰：人君者，天下之表。若自心正，则天下正矣；自心邪曲，何以正天下？"——译者注）

23.《遵尧录》卷 1，第 109—110 页；梁天锡：《遵尧录史事疏证》，第 60 页（#9）。（《遵尧录》卷 1："臣从彦释曰：人君之所以有天下者，以有其民也。民之所恃以为养者，以有食也。所恃以为安者，以有兵也……故有民而后有食，有食而后有兵……太祖建隆初扬、泗饥民多死者，沈伦请发军储以贷

之,此最知本者也,况军储又出于民乎?"——译者注)

24.《遵尧录》卷5,第168页,卷6,第189—190页;梁天锡:《遵尧录史事疏证》,第113—114页、第133页(#189,243)。

25. 例如,见:梁天锡《从〈遵尧录〉观宋初四朝之军事与政治》,第205—206页;常建华《从〈遵尧录〉看罗从彦的政治思想》,第35—36页。

26.《要录》卷5,第132—133页;周辉:《清波杂志校注》卷2,第39—41页。

27.《要录》卷4,第120—121页。

28. 这次大赦的文本仅存片段,这可能是秦桧时代篡改历史记录的结果。《全宋文》第201册卷4450《大赦天下制》第273—274页转载了《会编》卷3第35—36页这一最长的赦文片段,并添加了其他较短的赦文片段。与此处讨论直接相关的是陆游在《中兴圣政草》(1164年)——保存于《永乐大典》卷12929,第5页a——中引用的一段话。《全宋文》编者忽略了《宋会要辑稿·刑法一》第33页b—第34页a的重要文字摘录,该摘录为法典的更新提供了指导。

29.《宋会要辑稿·刑法一》,第33页b—第34页a;《要录》卷22,第549页。

30. 王洋的描述与李心传描述的"修回仁宗前例,敬取嘉祐法"相吻合,见《朝野杂记》乙集卷5《炎兴以来敕局废置》,第592页。

31.《全宋文》第177册,卷3871《初论修法之意札》,第105—106页;《宋会要辑稿·刑法一》,第34页b—第35页a;《要录》卷36,第809页。

32.《宋会要辑稿·刑法一》,第35页a;《要录》卷46,第975页。

33. 例如,见1129年佚名的《靖康小录》(引自《会编》卷96,第1页a—第5页a)中关于开封陷落(作为失败新法的高潮)令人心碎的描述。

34. 细节见:Hartman and Li, "The Rehabilitation of Chen Dong," pp. 84-90;

以及蔡涵墨、李卓颖《平反陈东》，《文史》总第119辑（2017年第2辑），第161—162页。

35. 详细讨论，见：Li and Hartman, "A Newly Discovered Inscription," pp. 433-441；以及李卓颖、蔡涵墨《新近面世之秦桧碑记及其在宋代道学史中的意义》，收入《历史的严妆：解读道学阴影下的南宋史学》，第142—151页（新版第147—156页）。另见高纪春《秦桧与洛学》。

36.《全宋文》第146册，卷3146《时政论》，第107—130页；《玉海》卷62，第19页b—第20页a；《要录》卷56，第1138—1139页。陈均在其南宋史评注部分，插入了来自胡安国著作的大段文字；见《中兴纲目》卷1，第25—26页，卷2，第63—65页、第73—74页，卷3，第111页，卷4，第159—162页。

37.《全宋文》第146册，卷3146《时政论·立政》，第120—122页；Legge, The Shoo King, pp. 508-522。

38. 司马光的奏议，见赵汝愚《宋朝诸臣奏议》卷58《上哲宗乞六曹长官专达》，第641—642页。

39. Legge, The Ch'un Ts'ew, pp. 37-40.

40.《全宋文》第146册，卷3146《时政论·核实》，第122—124页。

41.《要录》卷46，第980—981页。

42. 1132年八月二十七日，在秦桧罢相前几周，胡安国推荐李纲出任要职；见《要录》卷57，第1149—1150页。胡安国攻击吕颐浩和朱胜非，见《要录》卷57，第1153页。

43. 有关该过程的文献，见：李心传《道命录》卷3，第22—23页、第27—30页；《永乐大典》卷8164，第8页b—第9页b、第11页b—第14页b。

44.《要录》卷24，第575页；《全宋文》第174册，卷3806《论时政得失疏》，第230—235页。

45.《要录》卷26，第606页。

46.《宋会要辑稿·崇儒五》，第30页a。谢克家是谢良佐之子，而谢良佐在12世纪30年代被认为是二程的三大弟子之一。见：Li and Hartman, "A Newly Discovered Inscription," p. 440；以及李卓颖、蔡涵墨《新近面世之秦桧碑记及其在宋代道学史中的意义》，收入《历史的严妆：解读道学阴影下的南宋史学》，第150页（新版第155页）。

47."神武"一词源于《周易》（见Wilhelm, *The I Ching*, p. 317），早期与太祖有关，并成为他尊号的一部分。见《长编》卷1，第28页，卷9，第207页，卷16，第344页。

48.《范太史集》卷36《仁皇训典》，第10页a—第12页a；《全宋文》第98册，卷2145，第258—259页。南宋史料普遍引用《仁皇训典》的序，见：吕祖谦《宋文鉴》卷91，第1286—1287页；陈均《皇朝编年纲目》卷23，第574页。

49.《要录》卷40，第881页；《宋史》卷243《后妃传·哲宗昭慈圣献孟皇后》，第8637页，卷382《勾涛传》，第11772页。相关史料，见许沛藻《宋高宗与神哲实录》。

50.《要录》卷73，第1395—1396页；《宋史》卷376《常同传》，第11625—11626页。

51.《要录》卷76，第1440页，卷77，第1460—1461页，卷79，第1497—1498页；蔡崇榜：《宋代修史制度研究》，第88—92页。正如李心传在他对这些修订的描述中指出的那样，开封的陷落使南宋初年朝廷没机会获得所有国史的官方抄本。此外，南宋朝廷在最初岁月里迁徙不定，也阻碍了在南方寻找国史抄本的努力；见《朝野杂记》甲集卷7《神宗哲宗新实录》，第109页。重建朝廷历史档案的认真努力似乎在1133年才开始，见《宋会要辑稿·崇儒四》，第22页b—第23页b。

52. 这种对庆历改革以及吕夷简与范仲淹之间关系的描述，与 12 世纪后期的观点差异极大，后者丑化吕夷简，而把范仲淹神圣化。这种后来的观点将北宋晚期的道德和政治二分法投射回仁宗时期。范冲的分析则保留了仁宗之治的观念，以及从太祖到仁宗的祖宗之法的延续性。

53. 《要录》卷 79，第 1487—1488 页；《宋史全文》卷 19 上，第 1355—1356 页。有意思的是，《宋史全文》遗漏了"朕最爱元祐"一句。

54. 史馆直到 1135 年五月才获得《哲宗实录》的抄本，而 1092 年最后几个月和 1093 年全年（高皇后被指在这段时间阴谋阻挠哲宗即位）的《实录》文本，直到 1136 年五月范冲专门为这部分材料发声呼吁，仍然下落不明。见《宋会要辑稿·崇儒四》，第 24 页 b。

55. 详见 Li and Hartman, "Primary Sources for Song History," pp. 323-333。

56. 1135 年五月胡寅的奏议，将对伪齐和金朝的绥靖政策与王安石和蔡京的政治遗产相提并论，见《要录》卷 89，第 1720—1722 页。

57. 《要录》卷 97，第 1854 页，卷 105，第 1973 页，卷 120，第 2234 页；蔡崇榜：《宋代修史制度研究》，第 98—101 页。

58. 《文献通考》卷 197，第 5683 页；《全宋文》第 210 册，卷 4665《温公日记跋》，第 238—239 页。

59. 1989 年，邓广铭和张希清在中华书局出版现代整理本《涑水记闻》，邓广铭的整理本序试图反驳 12 世纪对《涑水记闻》文本的保守意见，并捍卫司马光是《涑水记闻》作者的观点。有关这些保守意见的详细考察，见余嘉锡《四库提要辩证》，第 892—895 页。

60. 蔡上翔：《王荆公年谱考略》序，第 2 页。

61 邓广铭《涑水记闻》序第 11—12 页的汇总如下：江少虞《宋朝事实类苑》（1145 年）引用 196 条；李焘《长编》（1183 年）引用 212 条，朱熹"名臣言行录"系列引用 128 条。

62. 朱熹：《五朝名臣言行录》卷9，第282—283页；王德毅：《吕夷简与范仲淹》，第182页注释31。

63. 例如，见：吴曾《能改斋漫录》卷4，第86—87页；陈振孙《直斋书录解题》卷5，第150页。

64. 《文献通考》卷200，第5755页；《全宋文》第259册，卷5828《典故辨疑自序》，第170—171页。

65. 《要录》卷104，第1954—1955页。邓广铭《涑水记闻》序第3页忽略了李心传对引文的这句评论。

66. 邓广铭：《涑水记闻》序，第14—17页；蔡崇榜：《宋代修史制度研究》，第82—84页。

67. 《东都事略》卷105《徐勣传》，第1页a；《长编拾补》卷16，第603—604页；《宋史》卷348《徐勣传》，第11025页。邓广铭《涑水记闻》序第16—17页驳斥了这句引文的相关性，因为它没有明确地将《涑水记闻》列为"司马光家藏记事"之一。

68. 这一观点与余嘉锡的观点大体一致，见本章注释59。邓广铭的整理本存在一定程度的循环，鉴于宋本缺失，他通过12世纪后期许多作品的引文重构了《涑水记闻》中许多段落的文本，但12世纪的观察者们怀疑这些段落并非出自司马光之手。例子之一，见 Xiao-bin Ji, *Politics and Conservativism in Northern Song China*, pp. 208, 209 n. 34。

69. 《要录》卷104，第1958页。

70. 《要录》卷7，第197页；《宋史》卷23《钦宗纪》，第429页；《宋会要辑稿·职官六九》，第17页a—b；高纪春：《宋高宗朝初年的批判与洛学之兴》，第142页。

71. 《要录》卷35，第799—800页，卷41，第889页。

72. 《要录》卷46，第966页、第978页。

73.《要录》卷 48，第 1004 页。

74.《要录》卷 67，第 1315 页，卷 73，第 1400 页。

75.《要录》卷 90，第 1743—1744 页；《朝野杂记》甲集卷 5《褒录元祐党籍》，第 120—121 页。

76.《全宋文》第 187 册，卷 4124《陈时政七弊疏》，第 355—358 页。

77.《要录》卷 97，第 1848 页，卷 100，第 1898 页；《朝野杂记》甲集卷 5《褒录元祐党籍》，第 120 页。

78.《要录》卷 103，第 1942 页，卷 104，第 1954—1955 页。

79. 李心传在《要录》卷 88 第 1708—1709 页注文中引用了朱胜非《秀水闲居录》中的这段文字。亦见：Li and Hartman, "A Newly Discovered Inscription," p. 439；以及李卓颖、蔡涵墨《新近面世之秦桧碑记及其在宋代道学史中的意义》，收入《历史的严妆：解读道学阴影下的南宋史学》，第 149 页（新版第 154 页）。

80. 关于 1135 年科举，见傅璇琮主编《宋登科记考》，第 702—721 页。

81.《要录》卷 107，第 2019—2020 页；《道命录》卷 3，第 24—25 页；《永乐大典》卷 8164，第 9 页 a—第 10 页 b。陈公辅于 1126 年支持李纲，1136 年六月获得范冲推荐，1136 年七月攻击王安石的学问。因此，陈公辅攻击程颐，尤其是张浚对陈公辅的支持，在朱熹确立程颐为道学之源后，成为一个严肃的史学问题。李心传《道命录》的注文认为，在赵鼎和张浚之间关系破裂、高宗对程学热情减弱的背景下，陈公辅攻击程颐是为了巩固自己的政治地位。朱熹撰写的张浚行状省略了他支持陈公辅攻击程颐的内容，见《朱熹集》卷 95 上《少师保信军节度使魏国公致仕赠太保张公行状》，第 4845 页。陈均《中兴纲目》卷 7 第 11 页 a—第 12 页 a 无情地删节了这篇奏议，只留下对程颐学说及其知名度的重复，并完全省略了关于张浚的内容。

82.《要录》卷 119，第 2216 页，卷 124，第 2333 页。

83. Li and Hartman, "A Newly Discovered Inscription," pp. 410-419；李卓颖、蔡涵墨：《新近面世之秦桧碑记及其在宋代道学史中的意义》，收入《历史的严妆：解读道学阴影下的南宋史学》，第119—122页（新版第124—127页）。

84.《要录》卷152，第2872页、第2873页。

85.《要录》卷162，第3065页。

86. Hartman, "The Making of a Villain," pp. 86-105；蔡涵墨：《一个邪恶形象的塑造：秦桧与道学》，收入《历史的严妆：解读道学阴影下的南宋史学》，第30—50页（新版第31—52页）。

87.《要录》卷112，第2098页。

88.《要录》卷152，第2872页。

89.《宋会要辑稿·选举一一》，第32页a—b。

90.《朱熹集》卷96《少师观文殿大学士致仕魏国公赠太师谥正献陈公行状》，第4916—4917页。亦见杨万里《诚斋集》卷123《丞相太保魏国正献陈公墓志铭》，第7页b—第8页a。

91. 例如，见李华瑞《略论南宋政治上的"法祖宗"倾向》，第213—220页。

92.《宋会要辑稿·礼五四》，第18页a；陈傅良：《止斋集》卷10《庆元改元诏》，第1页a—b；《朝野杂记》甲集卷3《年号》，第92页。（《庆元改元诏》："夫亲君子、远小人，庆历、元祐之所以尊朝廷也；省刑罚、薄税敛，庆历、元祐之所以惠天下也。是彝是训，历年弥长。肆于中兴，举偏补敝，皆于此乎取法。克至今日，中外乂宁。朕幸蒙遗业，绳祖武而敢一日忘此乎？"——译者注）

第九章

# 从士兵到圣君：神化太祖

960年正月初三日，赵匡胤（927—976年）建立了宋朝。这一成就的定义以及他作为"太祖"的形象，都在宋朝后续的发展中不断演变。这些变化与宋朝政体对其自身性质和所面临挑战的看法，以及针对这些挑战拟议的解决方案的不断变化息息相关。简而言之，太祖的形象折射出宋朝对自身的认识。赵匡胤兼具武将和军事领袖身份，是10世纪的残酷战争和政治暴力的胜利者之一。两百年后，他成为圣君：他的思想成为本体论的首要原则，这一原则构成了"祖宗之法"的精髓，也成为宋朝后来治国中一切杰出之处的基础和标准。要全面描绘这一转变的过程，需要另外一本书来完成。后面的讨论仅限于概述这一过程的历史，它与仁宗之治的关系，以及它在宏寓中的中心地位。

我们在第二章中看到，1184年李焘去世，他在去世前，曾致信孝宗："愿陛下经远以艺祖为师，用人以昭陵为法。"[1] 不过，李焘并没有建立起太祖与孝宗这两位君主之间的联系。对太祖、仁宗"仁"这一原则的特殊认同，源于同样形成了仁宗之治主题的南宋初年政治。这一过程使"仁"从仁宗的个人特征转变为整个宋朝的立国原则。卫泾（1160—1226年）在1184年拔得头筹的科举策论就是这种联系的缩影。卫泾描绘了一幅高度乌托邦式的宋朝建国画面。由于太祖的仁，"大抵兵以不杀为武，刑以不用为威，财以不费为饶，人以不作聪明为贤。此其立国之本意，而列圣守之，以为家法者也"。卫泾继续解释道，庆历时期的新政奠定了嘉祐之治的基础，"振古无及"。卫泾总结道，这些原则必须作为改善当前治国的基础。[2]

在很大程度上，宋朝开国时的史学真空使得历代决策者能够创造并操纵宋朝开国者的连续形象。虽然在太祖统治下，后周史馆继续运行，但其档案职责被忽视了，因为它的重点是通过完成前朝正史来确立宋朝的正统性。相应地，直到10世纪90年代，即第二位皇帝太宗统治的后期，史馆的历史编纂机制才完全发挥作用，以记录和保存当代行政记录。扈蒙（915—986年）从10世纪50年代开始在后周的史馆任职，一直工作到10世纪80年代，他在974年十月哀叹道，史馆存储当代文件的功能已经随着960年宋朝的建立而消失。宋朝史馆既没有编修日历，也没有接收时政记。相反，枢密院每季度只提交一份敷衍了事的"内廷日历"。这种日历所记，"不过对见辞谢而已，帝王言动，莫得而书"。[3]987年九月，也就是太祖驾崩十多年后，历史学家胡旦（955—1034年）尖锐地批评960—987年朝廷编修的日历和实录质量较差。他断言，不可能在如此贫乏的档案基础上编修成国史。他写道，日历只根据作为官员们"报纸"的"报状"书写。胡旦提出了一项雄心勃勃的计划，以恢复必要的文件，并计划撰写宋朝的第一部"国史"，但这项计划很快就被搁置了。[4]

因此，太祖朝文献的匮乏，实际上造成了一片空白，人们可以在上面任意涂鸦。此外，太祖和太宗是手足兄弟，在太祖于976年突然驾崩后，太宗继承了皇位，太祖的两个儿子都在太宗朝英年早逝（这很可疑）。许多历史学家现在认为太宗实际上篡夺了皇位，有些人甚至认为太宗为了夺得皇位而谋杀了他的兄长。[5] 更确定的是，980年首次完成的《太祖实录》（在太宗及其儿子真宗统治时期又经过四十多年的反复修订），掩盖了两兄弟之间的不和，强调了太宗在宋朝建国中所起的作用，并使太祖—太宗的皇权授受合法化。"新"《太祖实录》于999年问世，1007年，朝廷正式召回旧本《太祖实录》。1016年，《两朝国史》完成，该稿本后来于1030年被收入《三朝国史》。980年的"（太祖）旧录"很快变得罕见，而999年的修订版"（太祖）新录"和1030年的国史则成为记载宋朝建国历史的官方版本。[6]

这种对宋朝早期历史记录的篡改，是李焘和后来所有宋朝历史学家面临的主要问题，同时支撑起宋朝早期历史的核心问题——谁才是真正的宋朝开国者，太祖抑或太宗？前者的支持者认为，太祖是宋初巩固统治和加强集权的关键政策的创新者。他们认为，现存的太宗和真宗统治时期的历史记录，高度弱化了太祖的这些成就。后者的支持者则认为，太祖只是个平庸的傀儡。他们认为，不考虑976年皇位传承的情况如何，太宗和宰相赵普都是主要的"开国者"，祖宗之法尽管可能是在太祖时期制定的，却在太宗统治时期开花结果。折中观点（现在普遍为人们所接受）认为，宋朝独特政体的建立是一个漫长的过程，这个过程深源自五代，直到真宗统治时期才得以完成，而太祖和太宗都为之做出了重大贡献。[7]

宋朝官方的《三朝国史》（1030年），成为宋初三朝的权威历史。这部作品以完整的国史形式（本纪、志、列传），涵盖了太祖、太宗、真宗时期。尽管该书已亡佚，但它确实将宋朝头三位君主定位为一个累积过程的连续贡献者，而这个过程创造了独特的宋朝统治。在1038年《三朝圣政录》的序中，石介提出了宋朝开国者们对治国持续做出贡献的综合观点，并将宋朝的"太平"与尧舜时代进行比较。在接下来的一百年里，这种观点仍然是为人们普遍接受的解释范式。[8]正如第六章所示，尽管太祖为太平时代的建立奠定了基础，但1044年的《太平典故》将太平时代作为太祖的继任者维持并进一步拓展的一项政治成就。[9]范祖禹的《仁皇训典》（1093年）没有挑战这一模式，只是简单地将仁宗加入这一序列，并将至高无上的卓越标准从"太平"改为"仁"。

太祖、太宗的尊号中都有"仁"字。963年，太祖的尊号中有"仁圣"，968年的尊号中改为"仁孝"。太宗的尊号中最初没有"仁"字，但在984年，他的尊号中有了"仁德"。989年缩短的尊号中去掉了"仁"字，但在992年的尊号中又恢复为"仁孝"。[10]不过在1008年，真宗修改了这两位皇帝的尊号，太祖的尊号中去掉了"仁"字，而太宗的新尊号以"至仁"开始。[11]这些变化表明，"仁"在两位君主的一生评价中都被认为是一个正式组成部分，但后来，他们的尊号根据真宗改写的历史记录而调整。直到11世纪30年代晚期庆历改革派和"宝训"体书写的出现，人们才将太祖及其所谓的行政风格与作为儒家统治理念的"仁"联系在一起。孟子的"仁政"一词首次出现在《长编》1029年的记事中，但在1042年以后才被宋人普遍使用。[12]现存的《太平典故》中富弼对太祖的评价——无疑考虑到了即将施行的庆历新政以及仁宗——总结了太祖的优点：爱民使太祖变得"仁"，有错即改，在行政上心怀警惕，保持严格的军事纪律。例如，富弼将太祖对在巩固王朝统一之战争中被杀的无辜者的同情描述为"推是仁心而临天下"的表现。[13]

然而，北宋后期的发展，特别是新法的出现，削弱了宋初诸位皇帝共同奠定宋朝治国基础的官方叙事范式。王安石最初将新法作为自己纠正当前行政缺陷的计划。但在1076年王安石罢相之后，神宗亲自指导改革，寻求将新法及其本人1082年的元丰改制政府重新定义为对"祖宗之法"的肯定。[14]作为这一重新定义的反映，神宗在1080年下令重建景灵宫（1082年十一月完工）。景灵宫之前供奉宋朝的道教先祖，现在则是"颂扬宋朝及其历史"的祭祀场所。[15]

1085年神宗驾崩，这引发了以下问题：他自己的神主将置于现已完工的景灵宫中何处？如何在宋朝历史中安置新法？1100年徽宗即位后，他立即下令建造景灵西宫以解决这些问题，同时巩固他自己的正统性。当时的宰相曾布之子曾纡（1073—1135年）撰写了《景灵西宫记》，记文没有提及王安石，而是将新法作为神宗自身内在完善的表现和对"祖宗之法"的实现。曾纡的文本创造了一系列复杂的历史对比，继位的君主完善了祖宗之法——周成王完善了父亲周武王的工作，太宗完善了太祖的工作，并暗示新皇帝徽宗将完善父亲神宗的新法。[16]这些联系在北宋灭亡后不复存在，但太祖优于其他宋朝统治者的说法很快成为南宋皇帝所用修辞的主要内容，并为高宗的中兴提供了理由。

北宋晚期的其他发展，如程颐敌意满满的儒家思想的出现和徽宗大力支持道教，也削弱了宋朝建立时期的累积性、整合性的早期形象。罗从彦撰写的《遵尧录》（1126年）已经显现出这一结果。罗从彦批评真宗支持道教（毫无疑问也隐含着对徽宗领导下的国家大力支持道教的批评），继续着削弱真宗"祖宗"地位（与两位先帝不相上下）的过程。[17]因此，仁宗之治主题的兴起、真宗地位的降低以及太祖地位的提高，两两相互作用，动摇了北宋头四位君主发挥大致相同比例的历史价值的旧范式。

在新皇帝高宗的统治时期，从极为现实的考虑出发，朝廷迅速提升了太祖的地位，这远远超出罗从彦的想象。与从真宗开始的所有北宋皇帝一样，高宗是太宗一脉的后裔。太祖的后裔虽是宗室，但在11世纪太宗一脉做皇帝时，他们在宗室事务中逐渐被边缘化。此外，蔡京的宗室政策似乎偏向太宗一脉，允许其成员留在开封，而将太祖一脉的后人限制在都城以外的敦宗院生活。[18]因此，当高宗的独子于1129年夭折，他面临着没有子嗣继承皇位的可能性时，高宗开始了一个皇位绵延的计划，他选择将太祖的一些第七代男性后裔养在皇宫中，并最终选择其中一个男孩作为他的皇位继承人，从而将皇位归还太祖一脉。[19]

高宗谨慎调整计划，将实用性、宣传性和史学修改运动等纳入其中。1131年六月，地方官员娄寅亮在奏章中，谴责蔡京让太祖一脉陷入穷困之境。娄寅亮认为，宋朝失去北方是上天对宋朝糟蹋太祖尚武精神的报复，尚武精神活力的减弱，导致王朝武力不振。娄寅亮将太祖与尧进行类比，太祖将皇位传给弟弟太宗而不是他自己的儿子，就像传说中的尧将王位传给贤明的女婿舜而不是他自己顽劣的儿子一样。早在11世纪中期，田况（1005—1063年）就已经做过这样的比较，而娄寅亮借鉴了宋朝开国者与古代典范尧舜之间长期存在的普遍类比。[20]但是，南宋中兴的政治背景又激起了人们对旧有类比的兴趣：娄寅亮的奏章建议重复这个类比以及历史——这次是把高宗比作尧，把他未来的太祖一脉的继承人比作舜。难怪史书称："上读之，大为叹寤！"[21]

随后朝廷上的讨论强化了这些类比，并将该计划与当前的政策相结合，以效仿仁宗时代的行政。参知政事张守（1084—1145年）评论道，太祖的儿子确实配得上皇位，而尧的儿子能力欠缺，所以太祖无私地把皇位传给能力更强的弟弟，实际上超越了尧的做法。同知枢密院事李回（卒于1133年）补充说，太祖的传位决定出于"至诚"，他微妙地指出，高宗重复太祖的行为，实际上是为了再次确认上天对赵宋皇室的最初授权。高宗称，他将"取法仁宗"，仁宗自己没有子嗣，而把几个年轻的宗室成员，包括未来的皇位继承人英宗，带进宫中培养。[22]对高宗正统性至关重要的孟皇后，也赞同这个计划。此外，通过确立皇位继承人，高宗信奉太祖，掩盖了自己出生于父亲徽宗实行新法的时代，并直接利用了所谓的大宋起源。最后，通过这种方式，高宗巩固自己的正统性，以应对来自北方伪齐刘豫和至少三个太祖一脉成员的挑战,这些人当时都宣称自己有权继承宋朝大统。[23]

高宗收养太祖一脉的后人作为皇位继承人的政治举动,加强了他的正统性,但同时也需要在思想上和历史上都拔高太祖。出于前文解释的原因,官方历史对此几乎不起任何作用。高宗的政治和文化顾问(先是在秦桧掌权期间,然后在赵鼎掌权期间)因此把目光转向研习元祐学问的学者,后者从1126年开始便批判新法,并对政治理论和历史进行必要的调整。如前文所述,早在1130年七月,程颐一位重要弟子的儿子就曾要求范冲进呈他父亲的《仁皇训典》,该书将仁宗的"仁"回溯到太祖身上,并将尧—舜与太祖—太宗的继承联系在一起。[24]①

一年后,朝廷在正式讨论选择太祖一脉哪一支的成员继承皇位时,恢复了程颐的官职,并将他的学问描述为深得《大学》的精髓——"正心诚意"。与此同时,这一原初道学学问被高宗推崇为恢复皇权的关键。[25]如第八章所述,胡安国在《时政论》的第九篇《正心》中对"正心诚意"做了极为充分的阐述。胡安国解释说,"至诚"的帝王思想是善治的源泉,他敦促高宗将这一原则应用于中兴时期。[26]李回认为,正是这种精神上的"至诚",促使太祖决定效仿尧。高宗文化上的谋臣们采用了程颐学派的术语,注重将个人修养和成功治国联系在一起的"《大学》观",以此来构建并支持收养太祖后人作为皇位继承人的政治举措。从本质上讲,"至诚"

---

① 这位程颐重要弟子的儿子是谢克家,谢克家是二程三大弟子之一谢良佐的儿子。

是与高宗、太祖、尧联系在一起并最终等同起来的一种重要的帝王价值。

罗从彦在1126年评论关于太祖"正"宫门的轶事时引用了《大学》,从而将太祖的思想与尧舜治国联系起来。[27]北宋晚期出现的"道统"概念被应用于宋朝君主,这是又一个与此相关的类比。就在罗从彦编撰《遵尧录》的同时,1126年,学士李若水(1093—1127年)敦促宰相何㮚(1089—1126年)继续打压鼓吹新法的人。李若水写给何㮚书信中的史学修改运动——吹捧仁宗与反对王安石的修辞——是1126年女真人两次围攻开封期间其他文献的典型特征。不过,李若水也将太祖视为"道统"(一种完美的治国方法,源于尧,自周朝中期以后基本上消亡了)的继承人。"道统"这一概念后来被强调"正心诚意"的程颐学派进一步完善,打造了尧—太祖—高宗的身份认同;再后来,"道统"一词出现在秦桧1155年题撰的碑记中,它将高宗与作为"道"之源头的尧联系起来,并使尧亦帝亦师的身份合法化。[28]

虽然高宗和秦桧在短暂信奉程学后很快便放弃了这一学说,但程学术语、政治上的类比,尤其是《大学》对"道"的强调,仍然是君主政治修辞的核心。1162年,高宗禅位给未来的孝宗,当时召开了一次御前会议,以确定太上皇合适的尊号。高宗最终的尊号中有"光尧"两个字,意思是高宗的实际成就超过了尧圣,这一含义已经体现在秦桧的碑记中。汪应辰反对说,没有人能"光尧",但朝廷还是决定采用这个词。[29]1171年,高宗的尊号中又增加了"体道"二字,进一步强化了尧—太祖—高宗与"道"的身份认同。[30]

高宗作为"太上皇帝"的崇高地位,允许在历史和政策中运用这种修辞关系。这个过程马上便开始了。在记录高宗于1127年五月初一日登基后,陆游为《中兴圣政草》所作的第一篇评论草稿如下:

> 尧、舜所以独高百王者,以其得天下及其传天下而知之。汤有惭德,武未尽善,况于后世乎?汉高帝、唐太宗号为"盛主",然其得天下也,以争,其传天下也,几以致乱。大哉!太祖皇帝之受命与太上皇帝之中兴也!讴歌狱讼,归而不释,则不得已而履大位。及夫为天下得人,则举业授焉,不询群臣,不谋卜筮,惟视天意所在而已。自尧舜以来,数千载始有太祖及我太上皇帝,岂非希阔甚盛之际哉![31]

陆游于1164年进呈了《中兴圣政草》。这段文字被逐字逐句记录在1166年完成的《太上皇圣政》中,并成为南宋中兴正式修辞的一部分。[32]这段文字引用的儒家经典是《孟子》(5.A.5)。孟子解释道,选择舜为继承人的,实际上不是尧,而是天。"讴歌"赞颂舜的行为,"狱讼"向舜而不是向尧的亲生儿子寻求解决诉讼,暗示了上天的选择。这些引文支持了这段文字的中心论点,即太祖和高宗不是通过暴力而是通过民意登基为帝的,正如《孟子》引用的《尚书》中结论性的一句话:"天视自我民视。"[33]陆游将两宋之建立的特点描述为:960年,士兵自发地支持太祖在陈桥登基为帝;

1127年，一群流离失所的宋朝官员聚集在高宗周围，在应天中兴宋朝。陆游的这段文字也奉承了孝宗，认为他也是天选之人；是高宗个人选定了孝宗，"不询群臣，不谋卜筮"。

《东都事略·太祖纪》中对太祖做出总结的历史学家的"赞"，大概可以追溯到12世纪80年代中期，强调了太祖的"正"：

> 臣称曰：乌乎！自三代以上，莫不得天下以正也。尧舜传之贤而禹传之子，汤武虽以仁易暴，而汤有惭德。孔子谓武未尽善，则是汤武尚处圣人之不幸也。太祖皇帝聪明齐圣，由揖逊而有天下如尧与舜。至于天禄之传，不归之子而归之弟，则贤于禹远矣，况汤武乎？乌乎！得天下以仁，弃天下如脱屣，数千百载之间，继尧舜之正者，唯太祖为不可及也已。[34]

陆游与王称的"赞"之间的互文性——尤其是对汤、武的负面描述——表明1166年《太上皇圣政》中对太祖和高宗的综合叙述影响了王称对太祖的单独评价。他的评价似乎考虑到了高宗以及他禅位给孝宗。强调"正"，在这里指的是《大学》中的"正心"，反映了12世纪30年代以后一直在发展的南宋皇权修辞的延续。

作为政治宣传，这种修辞范式赞美了宋朝君权的非暴力以及由此而来的"仁"的本质，这与尧舜的统治一般无二。陆游和王称的评论都褒扬历史，但同样的修辞很容易转化为劝诫性的鼓吹或直接批评。12世纪70年代中期，史浩进呈了一系列"故事"，敦促孝宗培养"仁"而不是"利"，将细务委派给他手下的宰相，自己则专注于皇帝要务。和早先的胡安国一样，史浩将皇帝的职责定义为《大学》中的"正心诚意"。然而，与胡安国不同的是，史浩将这一学问直接置于"道"之传播的背景下。"道"始于尧，传于孟子，然后在宋朝继续传播。在秦桧碑记对圣德的宣传中，宋朝皇帝又恢复了"道"；在正在兴起的程朱道学传统中，私人学者程颢恢复了"道"。史浩的"故事"，采用帝王修辞学的模式，称太祖接受了从尧到孟子的"道"积累的美德。因此，太祖建立宋朝，恢复了始于尧的"道"的至善。高宗现在恢复了这一"道"，并把它传给了孝宗。综上所述，史浩认为孝宗可以改进这一传统；因为正如孔子在《论语》中所说，仁者"博施济众之事……尧舜其犹病诸"。[35]

朱熹在他1188年的著名奏议中，引用了太祖打开对齐的新修宫殿之门的轶事来隐喻其思想的"正"和"直"。朱熹向孝宗强调，太祖获得这种品质，不是通过普通的学习，而是通过尧、舜的直接传播，"如合符节"。朱熹再一次强调了《大学》与君主之心以及治国之道间的联系："一心克正而远近莫敢不一于正矣。"在这种情况下，朱熹不是在谈论哲学：他的双重否定强调了其旨意，即皇帝只有通过个人正直的政治实践，才可以限制其私人侍从"近习"的活动，从而消弭政府中的"私利"。这句话的明显含义是，孝宗未能达到宋朝开国者设计的开放性——无论是他的心、他的宫殿，还是他的国家。[36]

到宋末，道学的兴起完成了对太祖作为道学之君形象的描绘——太祖在宋朝实现了尧舜之心。吕中评论道，太祖重修了宫殿，虽然统治者的身体可能隐于宫殿里，但其"心"的品质将明显体现在治国的素质中。吕中提到朱熹的《中庸序》将《尚书》著名的"十六字心传"①确定为尧舜通过"道统"向后世传递的"道心"。吕中再次引用朱熹的话作结,宋朝的建国成就甚至超过伟大的汉朝,因为太祖"正心符印,密契三圣之传于数千载之上"。[37]到了13世纪,道学用语"道理最大"开始被理解为"十六字心传"的简略表达方式,并被用来描述太祖的思想。到宋朝末年,"道理最大"已成为朝廷治国的精髓,从尧经过道统再到太祖,然后从太祖到后来的宋朝历代皇帝。[38]

综上所述,北宋时期出现了神化宋朝开国者的关键要素和主题。早在11世纪30年代,历史学家就已经将赵家与圣君尧舜联系在一起。11世纪40年代的庆历改革派认为,赵宋的统治特点是"仁"。到1068年,钱觊已经将太祖重新对齐宫殿大门的轶事与《大学》中的"正心"联系起来。[39]到1093年,范祖禹将这些主题结合在一起,强化了太祖"仁"的性格和行为。虽然徽宗在1100年试图让太祖与神宗平起平坐,但所有这些主题仍然是互不相干、互不关联的,并没有合并成对历史的修订。只要太宗的继承人控制皇权,就没有提升太祖地位并使其超越太宗的政治动力。1081年,神宗本人下令,命曾巩将两部现存的国史合并为一部统一的王朝历史,当曾巩想借此机会将太祖的地位提升至凌驾于所有后继皇帝之上时,神宗拒绝了这个想法,并取消了这个项目。[40]此外,由于王安石寻求改变政策(王安石的对手从历史上将这些政策视作祖宗之法

---

① 指"人心惟危,道心惟微,惟精惟一,允执厥中"。

的延续），所以他在思想上把新法构建为对虚构的"三代"的诉求，而不是对宋朝开国者行为的诉求。只要新法仍然有效，就没有理由将太祖置于其他宋朝开国者之上，也没有理由设计一种哲学机制，将作为宋朝开国者的太祖，与"道"之政治传统的创始人——更具体地说，是指尧——联系在一起。

就像仁宗之治的主题一样，女真人兵临城下、新法的衰落以及元祐学问的解严，使"新太祖"的诞生成为可能。虽然高宗不育可能是他将皇位转移到太祖一脉的直接动力，但经过历史重塑的太祖或许还是会出现，这一出现的催化剂是12世纪30年代初两种独立发展之思想的交汇。第一种思想是，二程将《大学》与《中庸》解读为一种"心"与"道"（源于尧）的并置。第二种思想是，年轻的高宗需要政治正统性和新的宣传路线来推进中兴。现存文献显示，高宗的宰辅们引用尧传位于舜作为类比，以证明他将皇位转移到太祖一脉是正当的。他们很可能还策划了这次皇位传承的转移，并将其作为把高宗和中兴王朝与尧的道德正统性联系起来的宣传路线的基础。这不仅需要一位"正心"的太祖，还要求对宋朝早期历史进行某些修订，以突出这种"心"如何反过来"正"国。

君主、史官、私人史家以及士大夫，每个人都参与了这一修订过程，每个人也都有自己的任务。新时代需要新的历史。南宋初年的政策倾向于借鉴北宋"故事"——越早越好——这重塑了王朝的历史，并将宏寓的主要元素留给子孙后代。正如我们在导论、第一章、第二章中所见，在12世纪30年代，1067年之后的历史仍在变动，但关于1067年以前的实录和国史是长期编修而成的官方史书，不能改变。有两种方法可以解决这个问题。第一，通过从现有的官方记录中选择事件并重新安排这些事件，历史学家可以重新调整现有叙事的重点，或者创造新的叙事。第二，历史学家可以突出或"升级"某件轶事——通常不见于现有的官方历史中——并用它来创造新的语境，使现有的官方叙述可以在此基础上被重新阅读。下面几节将考察两个重要事件——陈桥兵变立国和所谓的"杯酒释兵权"，这两个事件塑造了太祖在宏寓中的角色。陈桥兵变的故事阐明了第一种方法，"释兵权"阐明了第二种方法，并显示了历史学家如何使用轶事来塑造历史，以适应当代政策的需要。

**陈桥兵变**

如果历史学家出现在 960 年正月初一日宋朝建立的现场，他对此事件的记录可能不会流传下来。[41] 宋朝的一切历史都始于陈桥兵变，所有人都强调宋朝的建立标志着中国历史进入一个新时代，因为从后周到宋朝的王朝鼎革在两个方面都是非暴力的。一方面，因为上天选了太祖，人民（尤其是太祖手下的士兵）支持太祖：太祖称帝是天命所归，这几乎是人们的普遍共识。另一方面，太祖个人倾向于采用非暴力方式：以前的五代诸王朝政权更迭时，新皇帝的部下会习惯性地劫掠都城，太祖称帝后下达的第一道命令是禁止手下的部队这样做。不过，陈桥兵变时究竟是谁下达了这一禁止士兵掳掠的命令从而应获得称赞，关于宋朝建国的两种最早说法在这个问题上存在分歧。

司马光《涑水记闻》中的叙事将这一切归功于太祖，他是陈桥兵变"戏剧"中唯一的演员。然而，李焘《长编》中的叙事将宋朝的建立认定为一桩涉及太祖、太祖的弟弟（后来的太宗）和赵普三人的共同事务。认为太祖是宋朝真正开国者的现代学者接受了司马光的叙述，他们认为李焘过于依赖太宗篡改过的、用来强化自己在宋朝建立过程中所发挥作用的官方历史。本节不打算解决这一问题，而是将这两个对立的版本与它们渊源所自的两个时期的政治结合起来进行分析。《涑水记闻》中关于陈桥兵变的叙事材料很可能来源于司马光本人，不过正如第八章所解释的，今本《涑水记闻》的文本源于范冲在1136年为高宗准备的版本。因此，《涑水记闻》开篇最重要的陈桥兵变叙事，可以在南宋中兴的宣传和12世纪30年代皇位转移到太祖一脉的政治背景下，得到有益的阅读与解读。《长编》的太祖部分于1163年首次进呈，但李焘在1168年对1067年以前的材料进行了修订并再次进呈，目前的陈桥兵变文本就是来自这次修订。

虽然严格来说《东都事略》是一部私人作品，但它呈现了12世纪中期对北宋历史的半官方看法。《东都事略》中关于陈桥兵变的叙事与《涑水记闻》中的相关叙事有诸多相似之处，是比较分析不同叙事版本的最佳切入点：

七年春正月辛丑朔，镇、定驰驿上言太原刘承钧结契丹入寇，乃命太祖统大军北伐。癸卯，出师，遣宣徽使昝居润饯于郊。时京师多飞语云策点检为天子。次陈桥驿，军中共议推戴。戌夜，军士聚于驿门。俄而列校毕集，曰："我辈出万死，冒白刃为国家破敌，天子幼，不如先策点检为天子，然后北伐。"于时太祖以饮饯宣劝，至醉卧阁中不之省。迟明，军士控弦露刃直扣寝门，相与扶太祖出听事，被以黄袍。诸校列拜曰："诸军无主，愿策点检为天子。"传呼万岁，声闻数十里。太祖叱之不退，即共拥太祖就马南归。太祖乃勒骑谓将校曰："吾受命北征，为汝辈推戴。吾有号令，汝能禀乎？"皆曰："唯命。"太祖曰："太后、主上，吾北面事之；朝廷大臣，吾之比肩也，汝等不得惊犯宫闱，侵陵朝贵。近世帝王初举兵入京城，皆纵兵夺市，汝等不得夺市及犯府库。从吾令，当厚赉汝；违吾令，则连营孥戮。"诸校再拜禀令，乃肃部伍，自仁和门入。[42]

这一紧凑、精雕细琢的叙事展现了太祖的独角戏，他个人将"夺市"的五代变成了"肃部伍"的宋朝。《东都事略》还独家提到了践行宴会——其他记述都没有包含这个细节——既解释了太祖醉酒，又强调了他对于士兵阴谋反对后周幼主并不知情。其他史料中也有独家内容，《东都事略》没有提到太宗或赵普。《东都事略》只关注太祖，关注他的个人抗议以及随后与部队达成的协议。在马背上的太祖与其将官之间的对话中，这个醉醺醺的毫不知情的政变工具人，很快就变成了他们毋庸置疑的领袖和威严的君主。太祖与部队的个人约定是不洗劫都城，这将一场潜在的流血战争变成了一次井然有序的行军，他们穿过仁和门进入都城，在那里，正如叙事继续描述的那样,发生了后周向新建立的宋朝的非暴力"禅位"。

《涑水记闻》与《东都事略》的叙述高度一致。不过,《涑水记闻》没有提到践行宴会,因此也没有太祖醉酒的内容。士兵并没有强行进入太祖的寝帐,而太宗在叙事中只是以使者的身份出现,他将部队的意图传达给熟睡中的太祖。这些差异为司马光/范冲的叙事增添了一层严肃的气氛。关于部队进入都城后发生的事,司马光/范冲的文本补充道:"市里皆安堵,无所惊扰,不终日而帝业成焉。"在这一正文叙事之后,司马光补充了自己的父亲在1033年对他说过的一番话:国家能够统一海内和持续繁荣昌盛的原因是太祖"以仁义"取得天下。[43]

《东都事略》和《涑水记闻》都强调太祖作为陈桥兵变唯一的主角,是通过非暴力和"仁"取得皇位的。虽然这一强调可能源于司马光希望将太祖提升为反对新法之"祖宗之法"的合法来源,但这种唯一主角的叙事同样适用于本书第八章概述的12世纪30年代的尧—太祖—高宗的宣传。当高宗决定将皇位转移到太祖一脉时,陈桥兵变的叙事也许就萦绕在他的脑海里。1132年正月,高宗路过杭州,得知杭州有一个仁和县,他非常高兴。开封城门的名字与杭州仁和县名字之间的巧合,使他产生了把杭州作为自己行都的想法。[44]此外,范冲还亲自参与了对太祖一脉年轻皇储(未来的孝宗)的教育。1135年五月,在宰相赵鼎的敦促下,朝廷重建资善堂,以教育年轻的皇储,范冲被任命为皇储导师之一,当时年仅七岁的皇储是他的学生。高宗亲笔书写了范冲的任职诏书,他注意到范冲的祖父曾在嘉祐时期担任谏官,范冲的父亲也曾因与元祐党人的关系而受到牵连。这种出身背景，再加上范冲的学识和史官之职，使他特别适合担任太祖一脉皇储的导师。诏书暗示，迫害元祐主政者与打压太祖一脉之间存在相似之处，这是基于对宋代历史的修订，在宋代历史中，帝王的正统性是从太祖到仁宗再到高宗，而学术的正统性则是从太祖，通过嘉祐和元祐主政者再到赵鼎的政治网络。[45] 一年后，当范冲在朝廷的影响力臻至顶峰之时，他奉高宗之命，编辑《涑水记闻》。

在现存的记述中，李焘对陈桥兵变的叙述最为详尽，但这些细节构成了一幅极为不同的建国画面。在《长编》中，于都城出现的太阳预兆和兵变流言，都预示着即将到来的政权更迭。① 太宗和赵普在陈桥兵变中扮演着积极的角色，将官们一到陈桥驿，就告诉太宗，他们打算拥戴他的兄长为皇帝。太宗立即与赵普私下商议，但将官们打断了他们的商议。在随后的长时间对峙中，两人坚持认为，鉴于太祖忠于后周，他坚决不会同意称帝。士兵则坚持他们的主张，并威胁要造反。太宗和赵普意识到士兵不会让步，他们便达成了协议：如果将官们遵守纪律，不洗劫京城，两人就会容忍他们的兵变计划。为了巩固协议，他们派遣一名使者去通知都城开封的主要盟友。第二天清晨，太宗和赵普来到太祖的寝帐，告诉太祖时局的变化情况，但将官们直接推开帐门并声称："诸军无主，愿奉太尉为天子。"李焘接下来的叙述与《东都事略》一样，但有一个

---

① 《长编》卷1："（建隆元年正月）癸卯，大军出爱景门，纪律严甚，众心稍安。军校河中苗训者号知天文，见日下复有一日，黑光久相磨荡，指谓太祖亲吏宋城楚昭辅曰：'此天命也。'"

重要的例外。当军队即将南下时，太宗站在太祖的马前，请求太祖下令不要洗劫开封城。太祖与部队之间的对话是在太宗的建议下进行的，而太宗在前一天已经和将官们达成了同样的协议。因此，李焘在维护太祖清白的同时，将不劫掠开封城的协议归功于太宗和赵普，以及他们前一天与将官们的谈判。《涑水记闻》和《东都事略》把陈桥兵变的功劳都归于太祖——这是独角戏的版本，李焘则把宋朝的建立描绘成一个共同事件——一部涉及太祖、太宗和赵普的戏剧。[46]

司马光的陈桥兵变版本出现于 12 世纪中期，当时李焘在编撰《长编》，他的陈桥兵变版本是对始于司马光的独角戏版本的挑战。要理解李焘为何不肯接受司马光关于陈桥兵变的叙事，我们需要看一眼他作品的开篇，来了解李焘对史料的解读方式以及他对《长编》的整体看法。我们在第二章中看到，李焘对他的史料持保守立场，尽可能忠实于实录和国史的文本，他认为只有在错误明显且始终有文献支持的情况下，才应该对其进行修订。[47]通过仔细阅读《长编》中关于宋初历史编纂的条目，我们得知，李焘发现朝廷后来修订 980 年《太祖实录》背后存在可疑的动机。李焘为《长编》中陈桥兵变叙事作注，揭示了他意识到官方史料记载间有出入。通过这些注文，李焘有意质疑了自己的正文叙事。他的注表明：（1）980 年的"（太祖）旧录"记载了太祖与士兵的协议，即不洗劫都城，这完全是太祖的主动行为；（2）999 年的"（太祖）新录"将这一想法归于太宗；（3）1030 年的《三朝国史》详细记载了太宗和赵普了解士兵支持太祖称帝的计划。

人们可以将陈桥兵变的任何叙事看作文本片段的集合，每一个片段都传达出关于这一事件的特定事实。980年的"（太祖）旧录"首度阐述了陈桥兵变这一事件，此后关于这一事件的最终官方版本《三朝国史》中添加了新的片段。后来的书写者不仅重新排列这些片段，还有增有删，以获得符合他们当前需要的陈桥兵变的叙事版本。司马光/范冲版本的《涑水记闻》本身很可能就是累积的成果，其中可能包含了早在1033年司马光与他父亲的对话以及1136年范冲版本中的内容。无论这个版本何时出现，又是如何形成的，它都与官方历史《三朝国史》的记载相悖，因此必然是有意省略了太宗的角色。12世纪30年代对太祖的新关注，使他在王朝建立过程中扮演新的角色。

范冲为皇权和赵鼎的政治利益行事，他比司马光更有权威和动力来进行这些改变。从本质上说，高宗准许范冲使用司马光的轶事以避开君主自己的官方历史。范冲以司马光元祐典范地位的提升为依托，使用《涑水记闻》的稿本来宣传陈桥兵变的独角戏版本，从而削弱了从999年"（太祖）新录"到1030年《三朝国史》的官方记载，由此产生的今本《涑水记闻》不仅在陈桥兵变一事上，而且在整本书中都强调了太祖而不是太宗所起的作用。其结果是一场极端的历史修订，认为政治价值观从太祖经由庆历和元祐，直接传承到高宗和中兴时期。

李焘基本上同意政治价值观的这一轨迹，但在实证论和史料质量管理方面，作为历史学家，他比范冲更保守，但更优秀。如第二章解释的那样，总的来说，李焘在《长编》中利用自己的正文叙事与注文之间的张力,对其史料中存在冲突的那些叙事要点提出了质疑。《涑水记闻》是《长编》的主要史料,《长编》的注文引用了近三百次《涑水记闻》,所以李焘很了解这部书,并经常使用它。但是,李焘的陈桥兵变叙事完全忽略了司马光的版本。通读起来,他的叙事和注文批评了当前的太祖独角戏的情况,认为这是对现存所有史料心怀偏见的表现。因此,李焘虽然知道陈桥兵变的太祖-太宗-赵普的共同事件版源于"(太祖)旧录"的后来修订本,但他不愿意像太祖独角戏版那样,放弃"(太祖)新录"和《三朝国史》。相反,他力求呈现一种不矛盾的叙事版本,从现有的官方史料中尽可能多地纳入各种因素。总而言之,正如人们在12世纪中期所理解的那样,李焘对陈桥兵变的描述,在宋朝建国的主要问题上呈现出一种理性的、历史性的妥协。

例如,有轶事证据表明,尽管官方美化并称颂宋朝建立,但许多宋朝士人确实相信——正如赵宋皇室对这个问题很敏感所表明的那样——陈桥兵变是太祖参与其中的有目的的政变。[48]与这些普遍怀疑相一致的是,在李焘的陈桥兵变版本中,太宗和赵普扮演了积极的角色,再加上对兵变前谣言和预兆的强调——这些元素来自修订后的"(太祖)新录"和《三朝国史》中的史料——都暗示着这是一场有预谋的行动。但是,李焘坚持太祖始终忠于后周,以及他对即将到来的政权更迭毫不知情。尽管士兵坚持要太祖称帝是推动陈桥兵变叙事的动力,可李焘笔下两个太阳的预兆清楚地表明上天已经批准了这一行动。不过,在李焘笔下,上天将皇位授予赵家,体现在太祖、太宗、赵普这"三驾马车"上;而在司马光、范冲笔下，则体现在太祖一人身上。

1162年六月，高宗禅位给孝宗，将政治权力转移到太祖一脉。由于高宗退位后在政治上依然很活跃，君主政体在当时比以往任何时候都更像一个联合体。在帝王宣传的修辞中，尧（高宗）和舜（孝宗）现在共治天下。这种共治的新政治现实，让人们对太祖和太宗这对时间更早的尧舜组合产生新的关注，也让他们得到新的正统性。在任史官期间，李焘一直困扰于退位的高宗和在位的孝宗这种二元君主制错综复杂且含糊不清的问题。作为政治家，李焘与汪应辰、陈俊卿等人结盟，这些人在12世纪60年代将自己定位为政治价值观的继承者，高宗认可的、范冲引领下的赵鼎和12世纪30年代的史学修改主义者将这种政治价值观与太祖联系在一起。但作为更冷静的历史学家，李焘知道太宗对"祖宗之法"的贡献的重要性。作为朝臣，他与孝宗的关系是其史官职责的核心，这是极为重要的，不能因为不明智地坚持陈桥兵变的太祖独角戏模式而危及这一关系。在李焘的陈桥兵变版本中，宋朝通过禅让建国，不仅反映了他最佳的历史判断，也反映了他所处时代的政治现实。

这些现实绝佳地反映在一系列现存的画作中，这些画作描绘了六位宋朝开国者在开心地玩蹴鞠游戏。这些画作的作者包括从12世纪中期的苏汉臣（卒于1163年以后）到宋末元初时期的钱选（1235？—1301年以后）等南宋学院派画家，画作以绘画的所有主要形式——手卷、扇子，也许还有挂轴——保存至今。通过元人的文集，我们了解到他们至少看到过六种不同版本的这些画作，这个数字证明了太祖蹴鞠形象的流行。上海博物馆收藏的钱选的一幅手卷（见图9.1）上有一篇跋语，钱选在其中解释道，他临摹了宋朝秘书省收藏的原作，并识别出了画中的这六个人物。[49]画中右方正在蹴鞠的人物是太祖，中下方的人物是赵普。左上方的人物大概是太宗，位于中上方的人物一般被认为是石守信（928—984年）。太祖后面右上方的人物是将领党进，而赵普身后远远的左方人物，是楚昭辅（914—982/983年）。[50]

图9.1 钱选《蹴鞠图》，上海博物馆

元朝学者吴澄（1249—1333年）认为，画作中的这一蹴鞠场景描绘的是960年宋朝建立之前的一群人。[51]由于蹴鞠是一种军事训练和备军的形式，所以跋语书写者把这幅画解读为讴歌一种目标一致的团体精神，据说正是这种精神使太祖得以建立宋朝。无论是谁最初绘制了这幅画，他将赵宋建国构想成文武并治的结合：画中两个人物，赵普和楚昭辅戴的是幞头，而不是四名军人戴的头巾。简而言之，这幅画颂扬了宋朝建国是众人通力合作的成果，如果这幅画的构思确实来自皇家画院，那么它可能展现了 12 世纪晚期李焘《长编》描述的宋朝建国的画面。

宋朝建国的两种叙事版本，在宋朝之后的岁月里一直处于紧张的并存状态。这两种叙事一直延续到现代，分别为那些认为太祖是杰出开国者的学者和那些认为太宗是宋朝开国最终策划者的人提供了证据。陈均在他的《皇朝编年纲目备要》（1229 年）中精炼了李焘的《长编》文本，但扩充了太宗在太祖马前的讲话，并插入了不见于《长编》以及其他文本的内容。《皇朝编年纲目备要》中新插入的文字段落写道：

匡义叩马请曰："夫济天下者，当使百姓戴若君父。京师天下根本，愿号令诸将，禁戢攘夺。"上曰："甚善。"[52]

在这段文字中，"叩马"一词引自《史记·伯夷列传》，在传记中，圣贤伯夷和叔齐"叩马"周武王，告诫他在为建立周朝而战时不要使用暴力。[53]在此事发生近 2000 年后，陈均将这一文学典故插入宋朝建国前夕太宗的话语，凸显了陈桥兵变叙事的持续流动性。

相对地，晚宋最狂热的道学史家吕中保留了司马光和朱熹支持的太祖独角戏版本，这是他与陈均少见的意见相左之处。吕中的评论重复了孟子对非暴力的关注与太祖下令禁止手下士兵洗劫京城的变革性特征之间的联系：沛县父老一度聚集到汉高祖那里恳求他称帝，太祖手下的士兵也聚集在他周围，请他称帝。这种忠心耿耿使太祖结束了五代武人专权，减轻了民众遭受的痛苦。[54]

鉴于元朝的《宋史》编者坚定地以道学为本，他们记述陈桥兵变和评价太祖均以独角戏叙事为主导。从这个意义上说，他们对宋朝建国的处理遵循了从范冲经朱熹到吕中的道学路线。我们在第五章中看到，元朝史官或许明智地拒绝了重新审视宋朝之建国的建议。他们在《宋史·太祖纪》开篇对陈桥兵变的叙事较为粗疏，避开了大部分存在争议的细节，反过来，他们的"赞"将太祖的文才和武德结合起来，两者又与古代圣君（文：尧、舜；武：汤、武）联系在一起。太祖长达十七年的统治结束了五代的军事混乱局面，为宋朝建立起"道德仁义"的统治模式。[55]

## 杯酒释兵权

### — 宋朝的军事问题 —

宋朝的画院画中，王朝开国者们在玩蹴鞠，这可能描绘了太祖（宋朝独特的军事管理制度的创始人）的另一种宏寓：如何在中央（朝廷、都城）以及必须行使军事权力的地方（边地和地方州府）之间最佳地平衡兵权分配，这在整个宋朝一直是悬而未决的问题。这一问题涉及的远不止朝廷与地方之间的政治关系，考虑到宋朝的军费开支占国家财政收入的80%，军费问题也影响了宋朝的财政、货币和税收政策。宋代历史的宏寓，把太祖设定为"强干弱枝"和"重文轻武"两项政策的发起者，这两项政策定义了宋朝解决这些问题的最初方案，而且根据宏寓，这两项政策被认为是永久不变的：（1）太祖倡导在都城集中军事和经济资源，这一政策通常被简称为"强干弱枝"；（2）太祖提倡重用文官而非武官，这通常被简称为"重文轻武"。现代学术界早已摈弃了这些陈词滥调，人们现在认识到，在长达一个世纪的社会和经济变革过程中，宋朝出现了独特的治国方式，宋朝的第一位皇帝在这一过程中扮演了重要但最终是配角的角色。[56]

不过，"杯酒释兵权"这个戏剧性的故事绝佳地诠释了太祖在宏寓中扮演的关键角色。杯酒释兵权这个片段——甚至比陈桥兵变这一宋朝建国本身的故事还要重要——定义了宋初独特性的精髓，并将这一精髓与太祖本人的人格特点联系在一起，尤其是与他"仁"的名声联系在一起：太祖结束了五代的黩武精神，为宋朝的仁治奠定了基础——他在宴会上做到了这一点。李焘略显犹豫地总结道，杯酒释兵权这件事发生在961年七月，学者们仍在争论这场著名的盛宴是否真实发生过。[57]但是，不管杯酒释兵权的历史意义如何，这个故事作为宋朝轶事的演变发展，可以被重构，它的文本历史可以被解读为人们对这个故事所体现出来的政治和财政问题之态度转变的晴雨表。然而，在开始讨论杯酒释兵权之前，我们回顾一下宋朝的军事问题可能会有所裨益。

宋朝军事史通常会区分禁兵和各种民兵——从当地人口中招募的兼职士兵（非职业兵）。太祖和太宗的职业生涯始于禁兵军官，禁兵可以追溯到晚唐的雇佣军。五代时期，这些军队的统帅有时会摇身一变成为皇帝，就像960年太祖在陈桥兵变中所做的那样。军队的俸禄直接来自朝廷的钱财，而这些钱财是作为君主的军事领袖从民众那里收取的一般性税收。在真宗时代成熟的宋朝体制下，禁兵部队分为"三衙"①，一半驻扎在开封保卫都城，另一半驻扎在北方边地和全国各地。

为了防止发生军事政变，朝廷在开封和地方之间轮换军事指挥官和驻兵，通常每三年轮换一次。禁兵使宋朝君主能够在军事上和政治上完全控制住百万军队，因此在王朝的前一百年中一直是首选兵种模式。不过，禁兵更成体制通常以牺牲军备为代价，耗费了大量资源。军事指挥官和部队之间的有意脱节降低了作战效率，使其难以保持战备状态。最后，禁兵是几种可供选择的士兵类型中费钱最多的。到1065年，禁兵消耗了国家83%的现钱收入，政府首次出现了全面财政赤字。[58]

因此，在11世纪70年代早期，神宗为了降低军事成本并最终取代禁兵，决定发展"保甲"，并将其作为新法的一部分。被设想为"民兵"的保甲很快就变成了一个复杂的地方民兵组织网络，其组织等级反映了他们所在社区的社会结构：较穷的农民变成了普通的民兵，地方地主和富豪则成为他们的军官。保甲这个新组织的职责，很快就从一般性的维护地方治安和防止盗贼，扩大到包括征税在内的其他事务。批评者告诫道，如此大规模的人口军事化潜藏着

---

① "三衙"指殿前司、侍卫马军司和侍卫步军司。

重重危机。司马光于 1085 年任相时下令在五天内废除保甲,这一举措立即让地方官僚陷入混乱。[59]

1094 年朝廷恢复新法后,保甲制得以恢复,并一直延续到北宋灭亡。按照人们对这一时期的通常理解,保甲的发展削弱了禁兵,再加上保甲政务的腐败,使禁兵和保甲这两个组织在 1125 年女真人进犯时都丧失了战斗力。[60]经过多年的社会动荡和现实考验,高宗在 1141 年恢复了禁兵制。新法下的保甲制,是朝廷唯一一次提倡全国性的民兵组织。"兵民合一"的观念被奉为儒家圭臬,在南宋往往出现在儒家实践中。唐朝府兵制的成功实践激发了王安石的灵感,对于那些反对为养活禁兵而强制征收重税的士人来说,府兵仍然是一个有吸引力但又难以捉摸的模式。民间士人经常在自己的家乡地区和任职的辖区内尝试建立地方民兵组织。[61]许多士人,尤其是那些与道学运动有关的士人,经常以牺牲正规军为代价,鼓励成立地方民兵组织,而正规军的领导者自然反对发展民兵组织。[62]

事实上,最成功的那些南宋作战部队是地方民兵或地方军队的变体。12 世纪 30 年代,许多所谓的"家军"(高宗、秦桧等人在 1141 年以后将其转变为禁兵),是由北宋末年的保甲单位演变而来的。井然有序的民兵组织得益于将领与士兵之间的紧密联系,更适合执行地方治安任务,而且消耗的费用通常远低于禁兵。例如,1168 年,王炎(1115—1178 年)估计一名荆南"义勇"的费用仅为一名正规军士兵费用的 5%。[63]尽管有如此诱人的成本节约,但君主怀疑任何游离于枢密院控制之外的民兵活动,野心勃勃的民兵领导者可能会利用地方力量来形成地区军事和政治权力的替代中心——太祖已经将各种节度使制归入历史——这种危险一直存在，尤其是在1127年之后。

太祖废除了继承自唐、五代的节度使制。但事实上，类似的区域军事控制机制贯穿整个宋朝，成为第三种军事组织形式。除了保甲民兵，神宗还在禁兵中制定了"将兵法"，结束了早期的部队轮换制度。为了加强指挥官和部队之间的联系，并改善军事训练效果，整个国家被划分为大约150个地方军区，每个军区都有指定的"系将禁兵"。[64]

从概念上讲，节度使可以被看作禁兵和民兵系统之特征的结合。节度使是职业军人，他们指挥着禁兵。节度使不轮换，通常长期待在一个固定的位置上。在此期间，他们收取地方税收，这些收入成为他们薪俸的主要来源。节度使的人事管理权并不局限于自己的军队，他们还经常管理地方官僚机构的人员。尽管节度使对当地民众的管理可能很严苛，但因为这些军队士气高涨，通常在战斗中被证明骁勇善战，所以从君主制的角度来看，节度使制的成本介于其他两种制度之间。对君主政体来说，因为朝廷丧失了对节度使控制地区的直接监督，节度使的忠诚度自然是重中之重。

宋朝廷只有在受到极端威胁的情况下才会诉诸第三种选择。1125年金人进犯和宋朝军队的溃败，彻底抹除了宋初中央与地方、指挥官与部队之间军事平衡理论和实践的最后痕迹。1127年之后，剩下的是不同的地方部队和民兵部队，它们都在当地各自作战，没有统一的指挥结构。同时，北宋的经验也为南宋的军事改组留下了丰富的概念和结构。从1127年到1141年宋朝军队的复杂历史来看，人们不断试图从这些碎片中重建新的军事结构，这将实现两个目标：（1）集结分散的部队并壮大其力量，使之成为一支有效的战斗力量；（2）在军事上重申前神宗时代皇权完全控制军队。[65]

— 中兴语境 —

随着1127年五月高宗即位，胡舜陟（1083—1143年）和李纲建议高宗在北方任命节度使，此举将在南宋新皇帝与当时拥有势力的地方强人之间建立起直接的政治关系，并让后者与金人作战。胡舜陟引用了太祖的政策作为"故事"，即任命郭进（922—979年）和李汉超（卒于977年）等值得信赖的将领长期驻守边地，肩负起防御之职，并允许他们保留地方税收和管理地方。[66]随着高宗朝廷南撤，这一提议被搁置一边，但在朝廷从海上返回陆地后，1130年五月有人再次提出这一建议。女真人在1129年南下后北撤，在长江流域和河南北部边地留下了大量的盗匪和不法之徒。宰相范宗尹建议朝廷在这些地区任命39名"镇抚使"，并赋予他们广泛的地方自治权。他们可以保留辖区内的所有地租，不过榷盐和榷酒的收入仍然要直接交给朝廷。他们可以任命地方官员，州府官员的任命则需要得到朝廷批准。他们可以自主统军，在没有事先得到朝廷授权的情况下自行采取军事行动。在回应对该计划的批评时，范宗尹回复说，既然朝廷本来就没能控制住这些地区，那么与在这些地区实际行使控制权的人建立起政治关系也不会有什么损失——这些人是地方豪强、将领和盗匪的混合体。最初任命的镇抚使中，只有5名官员是由朝廷派往这些地区的。[67]

然而，范宗尹并没有引用胡舜陟之前提到的"故事"作为这一举措的"故事"。相反，他对太祖的军事政策提出了不同的看法：因为太祖及其宰相赵普夺回了节度使手中的权力，宋朝得以享有150年的和平局面。但范宗尹认为，面对金人的进犯，太祖的政策也导致了目前宋朝军事能力的削弱，眼下应该对其加以修改。拟议中的镇抚使将在南宋朝廷和金朝之间充当防御缓冲。范宗尹所指的太祖政策，显然是"杯酒释兵权"，可现在，为了证明他本人推翻这一政策是合理的，范宗尹的表述让人对这一神圣庄严政策的政治遗产心生怀疑。总之，南宋初年朝廷对军事政策的这些讨论，揭示了人们对太祖关于朝廷与地方间权力平衡之思想的两种对立解读：(1) 太祖长期任用信赖的将帅，延续了晚唐节度使制的诸多特点；(2) 太祖结束了这种节度使制。

范宗尹在朝廷未能控制的地区设立了镇抚使，一个月后，他成立了"神武军"来维护枢密院对所谓"家军"的虚拟统一指挥。[68] 12世纪30年代中期，由吴玠、岳飞、韩世忠、刘光世（1089—1142年）和张俊（1086—1154年）率领的五支家军通过吸收小股部队，实力稳步发展壮大，成为南宋的主要作战力量。正如岳飞的传记描述的那样，这些军事统帅在12世纪20年代末30年代初的混乱局势中脱颖而出，接管了大批军队，而这些军队中的下级军官都在个人层面上忠于他们的军事统帅。现代名词"家军"，暗指这些军队是最高军事统帅之"家"的延伸这一流行概念。家军与宋朝早期将领同部队脱节的基本前提相悖。在这一时期，由于缺乏有效的朝廷监管，家军建立起自治行政，并在其辖区内收税。

南宋朝廷在 1130 年六月的军事重组中采用"神武"番号，这一词语源自《周易》中古代圣贤们是"神武而不杀者"一句。[69]"神武"一词最早与太祖联系在一起，并很快成为他尊号的一部分。[70]将南宋军队重新命名为"神武军"，是南宋朝廷试图用宋朝开国者的修辞来掩饰王朝中兴的又一次尝试。1130 年下半年，高宗下令重审朝廷的军事政策，当时的枢密院编修官王铚（1083？—1140 年）编撰了一部 200 卷的文件选集，该书现存的序概述了他的发现成果。[71]①王铚把太祖设定为宋朝军事组织的个人创造者，这个组织完美地平衡了中央和地方的关系，并通过环环相扣的财政和作战控制体系进行完美的管理——这是宋朝初期理想化的禁兵。但是，王铚在处理民兵问题时十分谨慎，他没有直接指责民兵，而是提供了三个例子，其中有保甲——皇帝下令停招民兵，因为他们使民众的财政负担过重。王铚的结论将他的研究直接置于当时正在形成的尧—太祖—高宗的修辞语境中。王铚反驳了人们认为尧是一位勤俭节约君主的刻板印象。相反，王铚引用了《尚书》中的一段话，将尧的成功归因于他的圣、神、文、武。王铚总结道，"祖宗"也体现了这四种品质，并将它们结合在一起，"悉本于兵"：这种结合的本质不见于他提出的历史"痕迹"，而是在"圣心"中。

王铚这一政治上微妙的结论，把解决军事问题的任务完全交给皇帝。许多人告诫高宗要警惕镇抚使和家军的危险性。1131 年二

---

① 王铚的这部书叫作《枢廷备检》。

月，汪藻（1079—1154年）在奏议中写道，根据"祖宗"的指导方针，重新确立皇权控制兵权，并重新平衡兵权，这对朝廷的长治久安和高宗个人的皇位稳定至关重要。汪藻提出一项策略，即通过诱使有能力且心有不甘的下级将领接受皇帝对小股部队的指挥来削弱将领的军权，这些小股部队可以逐渐摆脱大部队的控制。随着时间推移，就逐渐形成了一支新的"御前"军。十年后，这个计划的一种变体，成为把将领们的家军转变为高宗"家"军的基础。[72]

皇帝及其幕僚如果不是将太祖视为解决他们面临的各种问题实际的"故事"来源，那么肯定是作为最终解决方案的修辞来源。1132年十二月，高宗和宰相吕颐浩讨论修改进士考试的形式。吕颐浩建议，个人能力也许比考试形式更重要。他当时读了一些关于太祖及其宰相赵普如何为王朝建立秩序和制定标准的轶事，他们希望这些秩序和标准（如果被遵守）能确保王朝长治久安。高宗回答道，根据"杯酒释兵权"轶事的暗示，赵普确实出力解决了宋初的节度使，在这方面，他是一个模范宰相。[73]这段对话的潜台词，显然是主张皇权控制宋朝的兵权，皇帝和宰相都认为，现在的将领与宋初的节度使相似。因此，在确立了他们所处的历史环境与太祖和赵普当年情况的相似性之后，对话者将自己定位为与太祖和赵普相似的人物。人们因此可以将这次君臣交流理解为高宗授权吕颐浩，让他采取策略，复制那场著名宴会的结果，从而成功削夺将领兵权，这也会让吕颐浩在宋代历史上处于与赵普相似的地位。

事实上，尽管想法很多，但12世纪30年代的每一位宰相都认为，中兴成功的关键在于重新确立皇权控制军队。早在1130年五月，赵鼎就主张恢复宋初的"三衙"作为"复祖宗之政"的一部分。赵鼎坚持认为，高宗改革禁卫制度并恢复禁卫是恢复"三衙"的第一步。"三衙"是太祖和赵普设计的军事组织，为王朝的安全提供了持久的结构保障。[74] 1135年十二月，赵鼎、张浚并相时，在恢复"三衙"体制和统制官效忠于高宗方面都取得了重大进展。[75]

— 重提司马光 —

1136年，范冲奉高宗之命，根据他拥有的笔记原稿来编辑司马光的《涑水记闻》，范冲脑海中此时可能会有很多问题。我们在第八章中考察过的这项工作眼下再次变得富有价值。《涑水记闻》中关于"杯酒释兵权"的条目记载，后来成为宏寓开创性场景之一的主导叙事。李焘在开始为《长编》中的杯酒释兵权条目做注时，慨叹正史和实录都没有提到这件事。他承认自己因此不得不"追书"这一事件，也就是说，由于缺乏同时代的文献资料，李焘从事后的回忆中重构了这次事件。除了司马光的叙事，李焘还拥有另外两种史料：王曾（978—1038年）和丁谓的轶事集。王曾和丁谓都曾在11世纪初的真宗朝任相。《涑水记闻》中的杯酒释兵权叙事，比之前任何一则相关轶事的篇幅都要长得多：

太祖既得天下，诛李筠、李重进，召赵普问曰："天下自唐季以来，数十年间，帝王凡易十姓，兵革不息，苍生涂地，其故何也？吾欲息天下之兵，为国家建长久之计，其道何如？"

普曰："陛下之言及此，天地人神之福也。唐季以来，战斗不息，国家不安者，其故非他，节度使太重，君弱臣强而已矣。今所以治之，无他奇巧也，惟稍夺其权，制其钱谷，收其精兵，则天下自安矣。"语未毕，上曰："卿勿复言，吾已喻矣。"

顷之，上因晚朝，与故人石守信、王审琦等饮酒，酒酣，上屏左右谓曰："我非尔曹之力不得至此，念尔之德无有穷已。然为天子亦大艰难，殊不若为节度使之乐，吾今终夕未尝敢安枕而卧也。"

守信等皆曰："何故？"

上曰："是不难知之，居此位者，谁不欲为之？"

守信等皆惶恐起，顿首曰："陛下何为出此言？今天命已定，谁敢复有异心？"

上曰："不然。汝曹虽无心，其如汝麾下之人欲富贵者何！一旦以黄袍加汝之身，汝虽欲不为，不可得也。"

皆顿首涕泣曰："臣等愚不及此，唯陛下哀怜，指示以可生之涂。"

上曰："人生如白驹之过隙，所谓好富贵者，不过欲多积金银，厚自娱乐，使子孙无贫之耳。汝曹何不释去兵权，择便好田宅市之，为子孙立永久之业；多置歌儿舞女，日饮酒相欢，以终其天年。君臣之间，两无猜嫌，上下相安，不亦善乎！"

皆再拜谢曰："陛下念臣及此，所谓生死而肉骨也。"

第九章　从士兵到圣君：神化太祖　473

明日，皆称疾，请解军权。上许之，皆以散官就第，所以慰抚赐赉之甚厚，与结婚姻，更置易制者，使主亲军。

其后，又置转运使、通判，使主诸道钱谷，收选天下精兵以备宿卫，而诸功臣亦以善终，子孙富贵，迄今不绝。

向非赵韩王谋虑深长，太祖聪明果断，天下何以治平？至今班白之老不睹干戈，圣贤之见何其远哉！普为人阴刻，当其用事时，以睚眦中伤人甚多，然其子孙至今享福禄，国初大臣鲜能及者，得非安天下之谋，其功大乎！[76]

这一戏剧性的叙事巧妙地结合了许多主题，这些主题超越了军事组织的直接议题。第一，引文将杯酒释兵权置于太祖和赵普作为君臣关系典范的背景下。引文开头的对话展现了这种关系。太祖发现了问题，并向他的谋臣寻求一劳永逸的解决方案。赵普通过历史分析，提出了当机立断的策略。太祖有慈悲之心却很果决，赵普善于分析但又很实际。他们二人互有短长，在彼此信任的氛围中通力合作。在引文的末尾，两人都被冠以"圣贤"之名，在士人治国的结构性动力中发挥着各自应起的作用。虽然"贤"这个字有时并不讨喜，但赵普与太祖的关系同太祖这位新统治者与其之前袍泽的关系形成了鲜明对比。尽管太祖昔日的袍泽在过去和现在都忠心耿耿，但他们对太祖新得到的皇位构成了潜在威胁，这可能会破坏他们与太祖之间的关系。引文开头提到的李筠（卒于960年）和李重进（卒于960年）就暗示了这种威胁，因为他们身为将领，却拒绝认可新建立的宋王朝。太祖最后对昔日袍泽讲的话，标志着杯酒释兵权叙事的戏剧性高潮："君臣之间，两无猜嫌，上下相安。"这句话同样绝佳地描述了他目前与赵普的关系，以及如果将领们接受了他的建议，他将来与他们之间的关系。事实上，这句话浓缩了司马光最基本的士人治国原则。[7] 从最抽象的层面来解读，这一叙事描述了皇帝及其宰相通过和平手段，将那些拥有军事权力之人纳入王朝统治的等级结构。

第二，太祖和赵普合力设计了一个方案，既结束了节度使的军阀统治，又制订了一个基于皇权控制军队的王朝稳定计划。恢复并集中皇帝权力的具体方案，是从赵普"君弱臣强"的初步分析发展而来的。合宜等级关系的这种倒置，导致了穷兵黩武、政治分裂和民众的苦难。赵普"稍夺其权，制其钱谷，收其精兵"的计划，以及最终派遣朝廷官员监督地方财政，使这种反常的倒置恢复正常。中央控制军事力量的结果自然是天下太平。这一叙事强调了在引文倡导的中央集权和分级治国模式中，所有接受自己地位的人都会获得物质利益。事实上，不难理解为何这一主要由参与者之间生动直接的对话组成的叙事，会成为儒家士人治国标志性的试金石。

尽管这则轶事引人注目且富有理论吸引力，但李焘指出其中存在基本矛盾：赵普的分析及其行动计划针对的是节度使，但石守信和王审琦（925—974年）并非节度使，而是"三衙"高官。虽然引文第一段文字猛烈抨击节度使，但其余部分的文字显示太祖说服他的袍泽接受同样的节度使之职。李焘得出结论认为：司马光把两次宴会合二为一，一次宴会发生在961年，将领交出了他们的"三衙"职位；另一次宴会发生在969年，一些节度使被解除了军事指挥权。[78]许多现代学者在讨论李焘关于杯酒释兵权的条目时，发展了李焘的启发性想法，将第一段文字与其他文字分隔开，或直接省略第一段文字。[79]李焘确实修改了司马光的文本，但保留了第一段文字，从而在正文和注文之间形成了一种典型的《长编》张力。要理解李焘的选择，有必要首先考察他删除的其他史料。其中时间最早的一则史料可能来源于丁谓：

> 在相府，或一日奏太祖曰："石守信、王审琦皆不可令主兵。"上曰："此二人岂肯作罪过？"赵曰："然。此二人必不肯为过，臣熟观其非才，但虑不能制伏于下。既不能制伏于下，其间军伍忽有作孽者，临时不自由耳。"太祖又谓曰："此二人受国家如此擢用，岂负得朕？"赵曰："只如陛下，岂负得世宗？"太祖方悟而从之。[80]

丁谓对太祖与赵普之间关系的描写，与司马光的描写差异极大。在丁谓笔下，赵普发起了对话，并积极地将问题推给优柔寡断甚至有些固执的太祖。这则故事没有提及宴会，将领们均"非才"，故事的结论则直接暗示太祖本人篡夺了后周皇位。故事的重点是赵普本人忠于太祖，以及他有能力说服皇帝采取艰难但必要的行动。这段文字原见于《丁晋公谈录》，是六则轶事中的最后一则，这些轶事突出了赵普的领导能力、执政能力以及他与太祖的关系等方面。这些文字表明，赵普既能顶住太祖的压力，又能灵活地适应皇帝的多种情绪。这段篇幅更长的文字强调的是太祖与赵普之间的

"化学反应",而不是他们合作制定政策的制度能力。这段文字也没有表现出君臣对军事平衡的更大关注,而且没有提到节度使。丁谓唯一关注的是赵普保护太祖免受潜在军事政变的威胁。

1022 年,丁谓被流放到南方,一直待到 1037 年去世。宋朝目录学家称,丁谓的侄子在丁谓流放期间将《丁晋公谈录》整合成一部书,因为书中提到了 1025 年王钦若去世。[81]《四库全书》编者强烈谴责《丁晋公谈录》这部作品偏袒丁谓及其政策,带有党同伐异的性质。[82]在这种情况下,该书对太祖与赵普关系的正面刻画,可以被解读为对丁谓与真宗昔日关系的历史和类型化辩护:在丁谓看来,他和真宗延续了太祖与赵普之间的典范关系。当然,这一更大的背景并不会影响轶事中个别细节的真实性,但这些细节所起的作用与司马光《涑水记闻》中篇幅更长、时间更晚的叙事版本的作用大不相同。简而言之,我们不能将李焘关于杯酒释兵权的三种史料简单按照时间顺序排列,然后将它们作为同一叙事的累积放大来阅读。

李焘的第三则史料是来自丁谓的政治对手、宰相王曾的轶事,这则轶事展现了王曾对杯酒释兵权的另一种看法:

> 太祖创业,在位历年,石守信、王审琦等犹分典禁兵如故。相国赵(普)屡以为言,上力保庇之。普又密启请授以他任,于是不得已,召守信等曲宴道旧相乐,因谕之曰:"朕与公等昔常比肩,义同骨肉,岂有他哉?而言事者进说不已,今莫若自择善地,各守外藩,勿议除替,赋租之入,足以自奉,

优游卒岁,不亦乐乎?朕后宫中有诸女,当约婚以示无间,庶几异日无累公等。"守信等咸顿首称谢。由是高石王魏之族俱蒙选尚,寻各归镇,几二十年,贵盛赫奕,始终如一。前称光武能保全功臣,不是过也。[83]

这则轶事还描述了赵普如何针对勉为其难的皇帝,主动发起话题,但没有详述君臣之间的关系。轶事文本描述了将领们被调离"三衙"职位,着重描写了太祖对这些忠诚支持者的慷慨大度。在这一叙事中,宴会象征着太祖及其将领们之间的深情厚谊。因为赵普对将领们之批评的性质不明确,轶事没有直接提到军事政变或叛乱。将领们被任命在都城外担任节度使,这在轶事中被描述为对其劳苦功高和忠心耿耿的适当奖励。轶事结尾部分将太祖允诺他本人会通过联姻与将领们保持良好的关系,与光武帝的类似政策进行了比较——光武帝通过联姻奖励他早年的支持者。[84]这种修辞上的类比,强化了这段文字的主要重点,即忠心为官的报酬与王朝稳定联系在一起——"始终如一"。

因此,李焘面对着三个与杯酒释兵权事件本身并不同时代的史料文本,每一个文本都带有不同的目的并从不同视角进行书写。在"重构"过程中,李焘采用了王曾叙事的重点,但实际使用的语言大部分来自《涑水记闻》。因为他相信赵普对政变的担忧可能是有根据的,他还融入了丁谓的这一部分对话。不过,尽管李焘没有一味遵循《涑水记闻》的记载,他还是保留了《涑水记闻》第一段文字与司马光文本中其余部分之间的矛盾。由于司马光本人不太可能犯这样基础性的历史错误，李焘在注文中指出了这一矛盾之处，在正文中保留了司马光的第一段文字，这在《长编》的正文和注文之间制造了张力，这一张力提醒读者去思考可能的解决方案。

如前文所述，与王曾关注太祖及其将领们不同，《涑水记闻》的第一段文字——实际上是整个杯酒释兵权轶事——突出了太祖和赵普在制度上的君臣关系，但它并没有解决司马光一生中遇到的核心军事问题——正规军与保甲民兵之间的对立。不过，《涑水记闻》第一段文字的精神和旨意与宋朝廷在整个12世纪30年代重新确立皇权控制家军的努力完全一致。赵普夺回军权的方略，正是张浚、赵鼎以及最终秦桧对家军所采取的政策和策略。

考虑到《涑水记闻》的编撰历史，我们无法得知究竟是谁把现存"司马光"的杯酒释兵权叙事拼接在一起。司马光可能确实曾亲笔写下整段文字，更有可能的是，正如李焘表明的那样，第一段文字是作为序添加的，以构建主要的叙事，这种拼接很可能发生在12世纪30年代中期的某个时候。例如，罗从彦1126年的《遵尧录》，始于太祖派遣他信任的将领守卫边地，这与胡舜陟1127年五月奏议的开篇是同样的"故事"，但罗从彦的《遵尧录》里尽管有近50个太祖时期的轶事，却没有包含成熟的杯酒释兵权叙事版本。[85] 司马光关于杯酒释兵权的叙事在《涑水记闻》之外第一次被接受，见于《邵氏闻见录》。[86]

《邵氏闻见录》的作者邵伯温是洛阳人邵雍（1011—1077年）之子，司马光的好友。更重要的是，邵伯温还是赵鼎早年的老师，他的儿子邵博（卒于1158年）是赵鼎政治网络中的一员。[87] 邵伯温的序写于 1132 年十二月，但邵博时间稍晚的序称，他对父亲的稿本进行挑选、分类、整理，形成现在的 20 卷。这篇序的结论，将《邵氏闻见录》的贡献定位为持续地努力修正 1067 年以后的历史记录。[88]正如第八章所回顾的，范冲在 1134 年开始负责朝廷的历史修订工程，并在 1136 年编辑了《涑水记闻》。1138 年十月，经宰相赵鼎推荐，高宗赐邵博进士出身，然后邵博在秘书省和史馆任职。[89]

《邵氏闻见录》强烈宣扬洛阳人物和元祐政治，攻击王安石和蔡京，认为他们是开封沦陷的罪魁祸首，还称赞太祖的美德远远高于其他宋朝君主——所有这些都与 12 世纪 30 年代的（尤其是范冲为高宗和赵鼎打造的）文化政治相契合。《邵氏闻见录》前 5 卷是关于北宋政治的一系列纪事，提供了太祖—庆历—元祐政治价值轴心的早期表述。《邵氏闻见录》没有单独提到太宗，关于真宗只有一则负面轶事。对于《邵氏闻见录》来说，北宋的政治价值历史直接从太祖跳到仁宗，然后衰落，即便是元祐政治家已尽了最大的努力来对抗王安石。

因此，现存最早的"司马光"杯酒释兵权叙事的文本史，可以追溯到《邵氏闻见录》和《涑水记闻》，但我们不可能搞清楚哪一个叙事先出现。所有的作者和编者——邵伯温、邵博和范冲——都能直接接触到司马光的手稿，尽管范冲可能接触得更充分。两部作品产生于相同的思想环境，并阐述了共同的政治史。它们还对中兴政策有着共同的看法，认为这是对当时正在兴起的北宋史学修改运动的正面教训的实践。李焘将这两本书作为史料，但始终保持谨慎。考虑到邵博、范冲和李焘之间广泛的个人联系，以及《邵氏闻见录》和《涑水记闻》两部作品之间广泛的互文性，我们不可能知道是谁首先将司马光的两种文本拼接在一起的。不过，范冲在1136 年发现的今本《涑水记闻》是非常有用的叙述，它既为遏制家军提供了古老的"故事"，也为在司马光模式下太祖和赵普作为制度建设者提供了讨喜的形象。正如吕颐浩在 1132 年十二月使用的故事，范冲现在可以将赵鼎和高宗定位为与赵普和太祖一样奉行令人尊敬的政策——重新平衡兵权的分布，并将其所有元素纳入文官治国的结构。

众所周知，1141 年四月发生了同样的事情，高宗和秦桧说服将领韩世忠、张俊和岳飞参加西湖宴会，庆祝他们取得的军事胜利并嘉奖其功勋。宴会的真正目的是说服他们交出自己家军的权力以换取枢密院中的职位。最终，韩世忠和张俊同意了。岳飞没有同意，便被处决了。现代历史学家认为，太祖巩固兵权的举措与高宗在 1141 年的行动有相似之处（也有许多不同之处）。但是，根据当时修辞的解释，高宗及其宰相秦桧以一种正式和直观的方式实行了"祖宗之法"，这表明他们中兴了太祖和赵普在宋朝建立之初所取得的成就。[90]

太祖现在已经被确立为宋朝中兴的核心形象，李焘别无选择，只能调整司马光的叙事以适应《长编》。但是，孝宗时期的政治以及道学的兴起，迫使人们逐渐重新评价秦桧和岳飞所起的历史作用。[91]与此同时，总领所的出现（以协调军费和补给）迅速将皇帝亲军转变为宋朝政府核心中的一个臃肿毒瘤，也使 1141 年收兵权的辉煌成就黯然失色。这些趋势迫使杯酒释兵权叙事脱离了 12 世纪30年代政治的原始背景，这个故事最终获得了全新的诠释。一如既往，朱熹将赵普在杯酒释兵权事件中对太祖的帮助描述为"仁者之功"，奠定了新诠释的基础。[92] 12世纪80年代初，刘光祖（1142—1222年）将另外两则太祖轶事加入杯酒释兵权的叙事，以证明这位开国者阻止了拥有权势的侍从单方面行使军事权力，阻止了外戚参与政治，以及阻止了内侍参与决策——所有这些都是孝宗时代末期的核心问题。[93] 关于太祖仁心是王朝稳定之源泉的更广泛叙事，现在已经包含了关于太祖如何夺回兵权的轶事。

吕中在13世纪中期对杯酒释兵权叙事的评论，反映了这一发展：太祖能够如此迅速地确立对军队的控制，这是其内在伟大权威的外在表现——太祖能够正己、齐家和治国。吕中提供了一系列历史例子来证明，统治者如果不能通过治内来控制那些近亲、外戚、后妃、内侍和朝廷中的非士人，就不能控制兵权并展示国力。在吕中的讲述里，唐朝节度使的灾难，始于杨贵妃（719—756年）受宠以及腐朽的唐朝廷招致安禄山叛乱；这个灾难在腐化的宦官招致朱温的凶残杀戮之时臻至顶峰。作为他的最后一个例子，吕中引用了唐朝宰相裴度（765—839年）的话。在裴度为唐宪宗降服了9世纪初的节度使之后，皇帝在818年任命两名与宦官勾结的财务官员为宰相。裴度因为此事辞职，并告诫皇帝，这样的任命可能会破坏朝廷的军事整顿："处置得宜，有以服其心。"[94]

杯酒释兵权叙事的这一晚宋框架，将宏寓的全部三个主题结合在一起——宋朝统治"仁"的特点，"仁"缘起于开国之君太祖，以及败坏了这些王朝基础的奸邪权相的谱系。因为，宏寓最后一部分的中心前提是来自《大学》的劝告,即统治者必须先"齐家",然后才能有希望"治国"。如果皇帝做不到这一点,皇权(无论是在皇帝同意还是默认的情况下)就会被移交给代替皇帝行使权力的权臣。随着南宋政体经历了一个又一个权臣专权时期,这一思想在道学运动内部的尖锐声音中被放大,形成了宏大叙事的最后一部分,将过去事件里不和谐的碎片,以及事实和轶事一并扫入宋代历史的宏寓。

## 注　释

1. 周必大:《文忠集》卷66《敷文阁学士李文简公焘神道碑》,第21页a;《全宋文》第232册,卷5183《敷文阁学士李文简公焘神道碑》,第404页;《宋史》卷388《李焘传》,第11919页。

2. 卫泾:《后乐集》卷9《集英殿问对》,第15页a—b;《全宋文》第291册,卷6625《敷文阁学士李文简公焘神道碑》,第231—232页。

3. 《长编》卷15,第326页;《宋会要辑稿·职官六》,第30页a。

4. 见程俱《麟台故事》,第313—315页。《玉海》卷168第13页a则收录了一份相当简略的文本。无论是《长编》还是《宋会要辑稿》,都没有包含胡旦的奏议。全面考察,见Kurz, "The Consolidation of Official Historiography during the Early Northern Song Dynasty"。

5. 关于这些问题,有大量的二手文献,它们实际上已经成为宋史研究的一个分支学科。最近的综合性研究,见顾宏义《宋初政治研究——以皇位授受为中心》,该书第9—59页描述了历史编纂的背景。关于更早的中文学术成果目录，见方建新《二十世纪宋史研究论著目录》，第 18—19 页。许振兴《宋纪受终考研究》第 45—91 页包含了对主要二手文献的有用评论。英语学界的研究成果，见 Curtis Chung Chang, "Inheritance Problems in the First Two Reigns of the Sung Dynasty" and Wayne Alan Ten Harmsel, "Oath of the Golden Casket: The Role of Chao P'u in the Imperial Succession of the Early Sung"。Peter Lorge, *The Reunification of China: Peace through War under the Song Dynasty* 回顾了在军事和政治统一背景下两位宋朝开国者之间的紧张关系。司马光对宋初史学的看法，见 Peter Lorge, "Sima Guang on Song Taizong: Politics, History, and Historiography"。

6. 蔡崇榜：《宋代修史制度研究》，第 64—76 页。

7. Worthy, "The Founding of Sung China"；邓小南：《祖宗之法：北宋前期政治述略》，第 184—280 页；Lau and Huang, "Founding and Consolidation of the Sung Dynasty," pp. 206-278，尤其是 pp. 242-247。

8. 石介：《徂徕石先生文集》卷 18，第 209—210 页。曹家齐《赵宋当朝盛世说之造就及其影响——宋朝"祖宗家法"与"嘉祐之治""新论"》第 70—76 页引用了其他例子。吕夷简将宋朝头三位君主管理内廷人员方面的综合"德行"，与尧舜等量齐观，见《宋史全文》卷 2，第 87 页。

9.《长编》卷 143，第 3455—3456 页。

10. 王明清：《挥麈后录》卷 1，第 47—48 页。

11.《长编》卷 69，第 1553 页。

12.《长编》卷 107，第 2506 页。在 962 年正月的条目中，沈伦建议太祖发放军粮来赈济东南饥民，"国家方行仁政，自宜感召和气，立致丰稔？"但是，李焘插入《长编》的这一条目来自《三朝宝训》和《太平故事》，两书都是庆历时期的文本，见《长编》卷 3，第 60 页，以及佚名《太平宝训政事纪年》，第 9—10 页。前文讨论过的罗从彦《遵尧录》中关于这些事件的后来版本并没有提到"仁"。见第八章注释 23。

13. 佚名：《太平宝训政事纪年》，第 29—30 页；《宋史全文》卷 2，第 89 页。(《宋史全文》卷 2："富弼曰：太祖之爱民深矣。王师平一方而不为喜，盖念民无定主，当乱世，则为强者所胁。及中国之盛，反以兵取之，致有横遭锋刃者，遂至于感泣也。推是仁心而临天下，宜乎致太平之速。"——译者注）

14. 邓小南：《祖宗之法：北宋前期政治述略》，第 437—438 页；方诚峰：《论北宋熙丰、元祐年间的中枢体制变动（1068—1093）》，第 113—116 页。

15. Ebrey, "Portrait Sculptures in Imperial Ancestral Rites," p. 66.

16. 曾纡的记文，见：李攸《宋朝事实》卷 6，第 17 页 b—第 22 页 a；《全宋文》第 143 册，卷 3084《景灵西宫记》，第 212—215 页。曾纡作为该文的作者，见陈振孙《直斋书录解题》卷 18，第 525 页。感谢四川大学的赵跃提醒我注意曾纡的记文，并与我分享他对该文本的解读。

17. 《遵尧录》卷 3，第 147—148 页。早在 1085 年，司马光就呼吁回归祖宗之法，明确称祖宗只是太祖和太宗；《司马光集》卷 47《请更张新法札子》，第 1007 页。

18. Chaffee, *Branches of Heaven*, pp. 95-103.

19. Chaffee, *Branches of Heaven*, pp. 179-181.

20. 田况：《儒林公议》卷 1，第 1 页 a—b。

21. 《要录》卷 45，第 956—957 页；《朝野杂记》乙集卷 1《壬午内禅志》，第 496 页；周煇：《清波杂志》卷 1，第 11—14 页。清代史学家王夫之（1619—1692 年）推测（或许是对的），高宗已经决定将皇位传给太祖一脉之人，并通过当时的宰相范宗尹安排娄寅亮进呈了这篇奏章，见《宋论》卷 10，第 186 页。否则，很难想象娄寅亮这样一个在其他方面无足轻重的人，能进呈关于这样一个敏感话题的奏章。我们在第五章中已经看到，《宋史》卷 399《娄寅亮传》第 12132—12133 页只是用于记录他这篇被写入国史之奏章的载体。高宗认可娄寅亮的奏章，这在南宋广为人所知，见《朱子语类》卷 127《本朝一》,第 3053 页。

22.《要录》卷 45,第 959—960 页。

23. Chaffee, *Branches of Heaven*, pp. 127-129;顾宏义:《宋初政治研究》,第 353—357 页;Lau, "The Absolutist Reign," pp. 8-10。

24. 今本《旧五代史》中有一道后周孩童皇帝周恭帝正式禅位"今上"的诏书,见陈尚君《旧五代史新辑会证》卷 10,第 3751—3752 页。这道诏书中有这样一句话:"讴谣狱讼,附于至仁,应天顺民,法尧禅舜。"《东都事略》卷 1 第 4 页 a 和《宋史全文》卷 1 第 5 页都抄录了这道禅位诏书。然而,周必大质疑其完整性,指出郑向《五代开皇纪》(1021 年)中的周恭帝禅位诏书原文与《太祖实录》(《文忠集》卷 180《二老堂杂志》,第 1 页 a—b)中的记载"无一字同",李焘《长编》中也没有收录这些禅位诏书。《旧五代史》中的这道诏书及其与太祖、仁以及尧舜之间的联系,很可能是 11 世纪时捏造出来的。

25.《要录》卷 44,第 939 页,卷 46,第 980—981 页,卷 48,第 1008 页。

26.《全宋文》第 146 册,卷 3146《时政论·正心》,第 126 页;Li and Hartman, "A Newly Discovered Inscription," p. 437;李卓颖、蔡涵墨:《新近面世之秦桧碑记及其在宋代道学史中的意义》,收入《历史的严妆:解读道学阴影下的南宋史学》,第 146—147 页(新版第 151—152 页)。

27.《遵尧录》卷 1,第 116—117 页;见本书第八章。

28.《全宋文》第 185 册,卷 4066《上何右丞书》,第 183—185 页;Li and Hartman, "A Newly Discovered Inscription," pp. 432-441;李卓颖、蔡涵墨:《新近面世之秦桧碑记及其在宋代道学史中的意义》,收入《历史的严妆:解读道学阴影下的南宋史学》,第 142—151 页(新版第 147—156 页)。罗从彦在《遵尧录别录》(《别录》是《遵尧录》的附录,包含司马光谴责王安石以及陈瓘攻击蔡京的主要著作)的序中,将这一从尧传至孟子的学问传统称为"道学",此处是宋朝最早使用"道学"一词的情形之一。罗从彦认为,这种学问受到墨子和扬朱的学说、六朝隋唐的佛道，以及宋朝的王安石和蔡京的遮蔽。孔子著《春秋》是因为"惧人之溺于禽兽也，惧夷狄之乱于中国也"，见：《遵尧录别录》，第204页；《全宋文》第142册，卷3060《遵尧录别录序》，第158—159页。秦桧的碑记重现了所有这些主题。

29. 关于审议的冗长概要，见：《朝野杂记》甲集卷2《光尧庙号议》，第71—72页；《宋史》卷387《汪应辰传》，第11879页；Lau Nap-yin, "The Absolutist Reign," pp. 36-37。高宗正式退位仪式的文本宣称他"高蹈尧、舜之举"，见《宋史》卷110《礼十三·高宗内禅仪》，第2642页。

30. 《宋史全文》卷25下，第2108页。

31. 《永乐大典》卷12929，第1页a；孔学：《陆游及〈高宗圣政草〉》，第34页。对这一作品的详细研究，见蔡涵墨《陆游〈中兴圣政草〉考》。

32. 《中兴圣政》卷1，第3页b—第4页a；亦见《要录》卷5第131页伪注中的引文。关于奏进《太上皇圣政》的描述，见陈骙《南宋馆阁录》卷4，第35—37页。孝宗为《太上皇圣政》所写的序，以及宰相蒋芾的奏进记录，直接呼应了陆游《中兴圣政草》文本的修辞：高宗是尧，孝宗是舜，《太上皇圣政》是《尚书》。见：潜说友《咸淳临安志》卷7，第2页a—第4页b；《全宋文》第210册，卷4670《光尧太上皇帝圣政序书后》，第334页，第236册，卷5279《光尧太上皇帝圣政序》，第291页。一本佚名的南宋政治修辞手册也引用了陆游的《中兴圣政草》文本，见《翰苑新书·后集上》卷2，第2页b。

33. 《尚书·泰誓》："天视自我民视，天听自我民听，此之谓也。"

34. 《东都事略》卷2《太祖纪二》，第7页b。王称于1186年进呈这部作品，该书的大部分内容抄自国史，见：Hartman, "The Reluctant Historian," pp. 109-111；以及蔡涵墨《无奈的史家：孙觌、朱熹与北宋灭亡的历史》，收入《历史的严妆：解读道学阴影下的南宋史学》，第225—228页（新版第231—234页）。不过，这篇带有王称名字的赞，很可能是在接近进呈该书时所写。

35. 史浩：《鄮峰真隐漫录》卷11《进呈故事》，第7页b—第10页a；《全宋文》第200册，卷4415，第47—48页；Lau, *Analects*, p. 85。

36. 《朱熹集》卷11《戊申封事》，第467页。

37. 吕中：《皇朝大事记讲义》卷3《太祖皇帝》，第67—68页；《宋史全文》卷2，第60页。朱熹的序与"十六字心传"，见：《四书章句集注》，第14—16页；Legge, *The Shoo King*, pp. 61-62; de Bary and Bloom, *Sources of Chinese Tradition*, pp. 731-734 将其译为英文并加以讨论。

38. 见：黄应龙《论学与道疏》，收入黄淮、杨士奇编《历代名臣奏议》卷9，第37页a—第39页b；《全宋文》第347册，卷8025，第240—243页；邓小南《祖宗之法：北宋前期政治述略》，第498—518页。

39. 钱觊1068年十月的《要务十事奏》反对新法。十事中的每一事都以宝训中的祖宗轶事作结，见：赵汝愚《宋朝诸臣奏议》卷2《要务十事奏》，第11—13页；《全宋文》第48册，卷1053，第351—355页。

40. 《长编》卷317，第7669—7670页，卷318，第7696页，卷325，第7830页；《曾巩集》卷10，第170—175页；蔡崇榜：《宋代修史制度研究》，第123—127页。

41. 清朝的学者认为，现存的作者题为赵普（陈桥兵变的参与者之一）的《龙飞记》是后人伪造的，见纪昀《四库全书总目》卷52，第723页。事实上，知道该书的李焘并没有引用今本《龙飞记》中的任何内容，见：《长编》卷1，第4页；《宋会要辑稿·礼五四》，第1页a；《宋会要辑稿·崇儒七》，第69页。顾宏义《宋初政治研究：以皇权授受为中心》第40—43页试图将《龙飞记》恢复为最早的关于陈桥兵变的记述，他认为《龙飞记》文本是基于之前960年草稿的981年修订本。

42. 《东都事略》卷1《太祖纪一》，第3页a—第4页a。

43.《涑水记闻》卷1，第1—2页。

44. 刘一清：《钱塘遗事》卷1，第4页a。关于系时，见Tao, "The Move to the South and the Reign of Kao-tsung," pp. 660-661。

45.《要录》卷89，第1727—1728页；《宋会要辑稿·方舆三》，第23页b—第25页a；《玉海》卷161，第25页a—第26页b。范冲使用李公麟的《孝经图》来教育孝宗，见《要录》卷90，第1736页。

46.《长编》卷1，第1—3页。

47. 裴汝诚、许沛藻：《续资治通鉴长编考略》，第39—72页，尤其是第56页。亦见：Hartman, "A Textual History of Cai Jing's Biography in the *Songshi*," pp. 523-525；以及蔡涵墨《〈宋史·蔡京传〉的文本史》，收入《历史的严妆：解读道学阴影下的南宋史学》，第168—170页（新版第173—175页）。

48. 例如，见：张舜民《画墁录》，第16页b；袁文《瓮牖闲评》卷8，第76。在同一则轶事的这两个版本中，太祖在离京率军北上之前的宴会上，拒绝接受陶谷的公开叩拜，陶谷此举意味着承认他是未来的皇帝。

49. 吴澄：《吴文正集》卷92《题蹴鞠图》，第17页a—b；舒頔：《贞素斋集》卷5《六人蹴鞠图》，第12页a—b。关于这幅画，见段书安编《中国古代书画图目索引》第2册，第70页，图1-0144。（《题蹴鞠图》："钱舜举云：青巾白衣赵太祖，对蹴鞠者赵光普也，衣浅褐者太宗，衣黄乃石守信，衣白而乌巾垂于项乃党进，高帽年少者楚昭辅也。"——译者注）

50. 其他跋语，可能描述了另一幅画面，描述的人物是太祖、太宗、赵普，再加上道士和侍从。见：吴澄《吴文正集》卷92《题太祖太宗蹴鞠图有陈希夷、赵韩王及二待诏》，第1页a；王筠《秋涧集》卷32《宋太祖蹴鞠图》，第11页b。绘在团扇上的这幅画，现藏于台北故宫博物院，见Cahill, *An Index of Early Chinese Painters and Paintings*, p. 175。

51.《吴文正集》卷92《题太祖太宗蹴鞠图有陈希夷、赵韩王及二待诏》，第 1 页 a，卷 92《题蹴踘图》，第 17 页 a—b。

52.《皇朝编年纲目备要》卷 1，第 1—2 页。

53. 司马迁：《史记》卷 61《伯夷列传》，第 2123 页。

54.《皇朝大事记讲义》卷 2《太祖皇帝》，第 48—49 页。这段文字引用了苏辙的话，朱熹在评价孟子时，也采用过苏辙的话，见《四书章句集注》，第 207 页。(《太祖皇帝》："颍滨谓孟子不嗜杀人之言，至是又验矣。"——译者注)

55.《宋史》卷 1《太祖纪一》，第 34 页，卷 3《太祖纪三》，第 50—51 页。

56. Wang Gungwu, *The Structure of Power in North China during the Five Dynasties*, pp. 1-6; Worthy, "The Founding of Sung China," pp. 1-11; 黄宽重：《两宋政策与士风的变化》; Lorge, *The Reunification of China*, pp. 1-21; Lau and Huang, "Founding and Consolidation of the Sung Dynasty," pp. 215-220; 最近的研究，见柳立言《北宋评价武人标准再认识——重文轻武之另一面》。

57. 广泛的学术研究成果，见方建新《二十世纪宋史研究论著目录》，第 18 页。

58. 王曾瑜：《宋朝军制初探》，第 1—79 页，关于仁宗朝的兵额数据，见《宋朝军制初探》，第 43—67 页。关于财政赤字，见 Smith, "Shen-tsung's Reign," p. 349。

59. Smith, "Shen-tsung's Reign," pp. 407-414, 427-429, 445-446; Levine, "Che-tsung's Reign," pp. 494-496; 王曾瑜：《宋朝军制初探》，第 153—157 页。

60.《宋史》卷 187《兵志一》，第 4582 页；王曾瑜：《宋朝军制初探》，第 157 页。

61. Lo, *The Life and Thought of Yeh Shih*, pp. 105-110.

62. 黄宽重：《南宋地方武力》。关于宋代主要民兵组织及其与正规军和朝廷关系的绝佳条目，见《朝野杂记》甲集卷 18，第 407—424 页；亦见王曾瑜《宋朝军制初探》，第 237—240 页。

63. 《中兴圣政》卷47，第1页a；王曾瑜：《宋朝军制初探》，第93页。

64. 王曾瑜：《宋朝军制初探》，第114—129页。

65. Tao, "The Move to the South and the Reign of Kao-tsung," pp. 662-671 简要总结了南宋初期的军事问题。

66. 《要录》卷5，第136页；《玉海》卷18，第34页b。

67. 《要录》卷33，第755—756页。权威研究成果，见：黄宽重《南宋地方武力》，第145—202页；王曾瑜《宋朝军制初探》，第162—163页。大多数镇抚使由于被杀、降金、晋升或者被吸收进其他部队，很快就消失了，但有些人直到1135年仍在原地任镇抚使。

68. 《要录》卷34，第780页；王曾瑜：《宋朝军制初探》，第164—170页。

69. Wilhelm, *The I Ching*, p. 317.

70. 《长编》卷1，第28页，卷9，第207页，卷16，第344页，卷43，第923页，卷46，第995页。

71. 《要录》卷35，第805—806页；王明清《挥麈录·余话》卷1第281—286页表明这篇序是他父亲王铚的作品。这篇序的正文也见于陈傅良《历代兵制》卷8，而学者们没有质疑陈傅良的作者身份。但是，将该文本作为1130年太祖/中兴修辞的一部分，比作为12世纪后期话语的阅读效果更佳。通过对该文两个版本的仔细比较，我们可以发现，陈傅良出于自己的目的，改写了王铚最初的结论。许多学者也将此文本作为宋初军事组织的重要史料，然而，它代表了南宋初对太祖军事成就的乌托邦式再现。

72. 《会编》卷3，第197—202页。汪藻的奏议在南宋历史中被广泛引用和节录：在更早的史料中，《中兴圣政》卷9第4页a—第5页a和《中兴小历》卷10第123页都只是泛泛引用；更晚的史料《皇朝中兴纪事本末》卷16第3页b—第6页a以及《要录》卷42第908—909页和《中兴两朝纲目》卷3第

20 页 a—第 21 页 a 则引用了更长篇幅的奏议并重点讲述军事腐败。汪藻奏议全文，见《全宋文》第 157 册，卷 3378《行在越州条具时政》，第 120—125 页。以刘光世为首的将领们回击了汪藻对他们忠诚度和能力的攻击。他们安排了回应，将北宋崩溃完全归咎于文官。蔡京、王黼是文官；女真人进犯时，当政的文官导致开封沦陷，他们弃官而逃。最糟糕的是，两个敌对政权的冒牌皇帝张邦昌和刘豫都是宋朝的文官。见：《会编》卷 3，第 202—203 页；《要录》卷 42，第 910 页；邓小南《祖宗之法：北宋前期政治述略》，第 460—464 页。

73. 《要录》卷 61，第 1211 页；《中兴圣政》卷 12，第 24 页 b。

74. 《要录》卷 33，第 765 页；《中兴小历》卷 8，第 101 页。

75. 《要录》卷 96，第 1831 页；《朝野杂记》甲集卷 18《三衙废复》，第 401—402 页。

76. 司马光：《涑水记闻》卷 1，第 11—13 页。在《左传》中，"生死肉骨"描述了给新任命的上卿的建议，即他应该解雇他的私人侍从，这些侍从可能威胁到君主，从而破坏他的地位；见 Legge, *The Ch'un Ts'ew*, pp. 494-496。

77. 司马光关于理想型君臣关系的理念，见 Ji, *Politics and Conservatism in Northern Song China*, pp. 35-49。

78. 《长编》卷 2，第 50 页，卷 10，第 233—234 页。

79. 聂崇岐：《论宋太祖收兵权》；邓小南：《祖宗之法：北宋前期政治述略》，第 200—201 页；Worthy, "The Founding of Sung China," pp. 174-175; Lorge, "The Entrance and Exit of the Song Founders," pp. 60-61。

80. 《丁晋公谈录》，第 262 页。

81. 陈振孙：《直斋书录解题》卷 7，第 206 页；晁公武：《郡斋读书志校证》卷 6，第 254—255 页。

82. 纪昀编《钦定四库全书总目》卷 143，第 1889 页。

83. 《王文正公笔录》，第 267—268 页。

84. Twitchett and Loewe, *Cambridge History of China*, Volume 1, pp. 275-276.

85.《遵尧录》卷1，第107页。《遵尧录》卷1第116页包含对969年宴会的简要介绍。见梁天锡《遵尧录史事疏证》，第15页（#38）。

86.《邵氏闻见录》卷1，第2—3页。

87.《宋史》卷433《邵伯温传》，第12853页。

88.《邵氏闻见录》，第231—232页；《全宋文》第184册，卷4055《河南邵氏闻见录序》，第391—392页。

89.《要录》卷122，第2276页；《朝野杂记》甲集卷9《非进士除内外制台谏经筵史馆事始》，第180页。

90.《要录》卷140，第2633—2634页；黄宽重：《郦琼兵变与南宋初期的政局》，第88页；邓小南：《祖宗之法：北宋前期政治述略》，第464—465页。

91. Hartman, "The Making of a Villain," pp. 117-143；蔡涵墨：《一个邪恶形象的塑造：秦桧与道学》，收入《历史的严妆：解读道学阴影下的南宋史学》，第66—95页（新版第68—98页）。

92.《宋史全文》卷1，第20页。

93.《全宋文》第279册，卷6314《进两朝圣范札子·圣范十》，第30—31页。

94.《皇朝大事记讲义》卷2《太祖皇帝》，第50—51页；《宋史全文》卷1，第20页。宋初史料关于裴度的评论，见：司马光《资治通鉴》卷240，第7752—7753页；范祖禹《唐鉴》卷18，第10页a—第11页a。背景见Twitchett, *Cambridge History of China*, Volume 3, pp. 632-633。

第十章

## 奸邪谱系："仁"遭到破坏

　　我们在第五章中对《宋史》的回顾表明，欧阳修和宋祁首次设计了一个名为"奸臣"的传记群，并将其插入他们于1060年完成的《新唐书》。不过，他们并没有定义"奸臣"这一新的传记范畴，这项任务落在元朝《宋史》编者欧阳玄身上。欧阳玄延续了把历史上被给予否定评价的高官之传记放在一起的先例，在《宋史》中清晰地呈现出从北宋到元朝的几个世纪里，人们是如何定义"奸臣"的，以及这一群体应该包括哪些人。欧阳玄为4卷《宋史·奸臣传》作序，乍看似乎是一种例行的儒家说教。但是，如果我们正确解读，就会发现欧阳玄的这篇短文既呈现出一种普遍的治国理论，也浓缩了晚宋道学的政治观点，而这些内容，可以从欧阳玄本人服膺道学以及同时代的元朝议题中看出：

　　《易》曰："阳卦多阴，阴卦多阳。"君子虽多，小人用事，其象为阴；小人虽多，君子用事，其象为阳。宋初，五星聚奎，占者以为人才众多之兆。然终宋之世，贤哲不乏，奸邪亦多。方其盛时，君子秉政，小人听命，为患亦鲜。及其衰也，小人得志，逞其狡谋，壅阏上听，变易国是，贼虐忠直，屏弃善良，君子在野，无救祸乱。有国家者，正邪之辨，可不慎乎！作奸臣传。[1]

《宋史·奸臣传》开篇引用《周易》及其传统注释，这一完整语境解释了欧阳玄的引述：虽然每个阳卦只有一阳爻和两阴爻，但因为三条线的数值之和是奇数（奇数是阳，偶数是阴），所以是阳卦。由于阳爻代表君王和君子，于是阳卦"象"一君王/君子（一阳）对两臣/小人（两阴）。反之则是阴卦，它是两阳对一阴。[2]

因为阳和阴象征着两组相互关联的词语（君与臣、君子与小人），上述引文可从两方面来解读。一方面，正如《宋史·奸臣传》序中欧阳玄所解释的那样，阳卦代表着宋朝历史上君子（尽管人数不多，三爻中仅占其一）制约小人（三爻中占其二）的历史时期。而阴卦则代表了虽然君子多于小人（二比一），小人却占支配地位的历史时期。由于变化是永恒的，这种情况无可避免，是君王无法"辨正邪"的结果。所以，《宋史·奸臣传》的目的是协助"有国家者"——君王——去辨明小人，将趋向阳卦的状态扭转，由此使王朝进入盛世。[3]

另一方面，引文开头《周易》的引语，其潜在的解释为奸臣（其传记见后文）没有维持他们如同臣（阴）之于君（阳）那样合适的从属地位，反而篡夺了君王的权力，以至于这样的国家（卦）有二主（两阳），他们竞相争取一臣（阴）的效忠拥护。尽管隐藏在《周易》的数术符号中，这一政治谴责几乎是《宋史·奸臣传》

中主要人物（蔡京、秦桧、韩侂胄、贾似道）传记的精准摘要，这些人构成了篡夺君王合法权威的奸邪权相谱系。[4]

因此，欧阳玄的《宋史·奸臣传》序呈现出一种宋史理论和一种治国理论。我们在这里将重点放在第一个问题上，并考虑这种奸邪谱系得以构建的历史环境，以及那些将其塑造成宋代历史宏寓中第三个也是最后一个主题的力量。尽管最后对"道"加以表述是在元代，但"道"这个概念本身是在12—13世纪人们为了将道学纳入王朝的正统政治学说而进行的斗争中发展起来的。简而言之，如果宏寓的第一个和第二个主题——宋朝的"仁"及其起源于开国之君宋太祖——源自1125年以后反对新法的政治斗争，那么完整形成的第三个主题发展得更晚，具体来说，是在1207年韩侂胄遇刺身亡后重新实施士人治国的努力中。诚然，鉴于中国历史学家倾向于将世界视为阴阳两极的互动，就像欧阳玄所做的那样，完整的宏寓需要负面叙事（一阴）来平衡前两个压倒性的（以及时序更早的）"阳"叙事。

当然，元朝史官应为《宋史·奸臣传》中的具体传记负责。例如，学者们早就认识到，由于贾似道抵抗蒙古人对南宋的进攻，元朝史官把他塑造成一个"糟糕的王朝末代要臣"，并把他的传记置于《宋史·奸臣传》的末尾，作为对宋朝奸邪谱系的恰当总结。[5]正如《宋史·奸臣传》序所暗示的那样，这意味着神宗选择王安石，为宋朝在1127年和1279年两次灭亡埋下了伏笔。事实上，1125年的政治推翻了朝廷对王安石的定论，恢复了元祐主政者历史上的名誉，让其在政治上获得了新生，也催生了相应的"奸邪"谱系。正如我们在第八章中所见，这种逆转最终导致了一种史学修改运动，并将责任推给了王安石的一系列"追随者"，如吕惠卿、章惇和蔡京等人。在 1125 年十二月二十四日钦宗登基后仅三天，这一过程就开始了。当时的太学生陈东（1086—1127 年）进呈了三篇奏章，其中第一篇奏章不仅要求以"六贼"的罪名处决蔡京及其同伙，还包含了对他们的政策的历史批判，认为他们应对女真人进犯负责。[6] 尽管这种史学修改运动带有一种历史演进的意味，但它随后的重点主要还是在于编制一份政治上有罪之人及其后代的名单，就像蔡京在徽宗初年对元符上书者和元祐主政者所做的那样。1125 年以后，那些原来是"阴"的人变成了"阳"，原来是"阳"的人变成了"阴"。

奸邪谱系的真正起源，在于两个史学项目的同时进行，一个是官方项目，另一个是非官方项目。至于第一个项目，直到修完所有的实录、李焘于 1168 年接手史馆，史馆才在编修 1067—1127 年的官方国史方面取得进展。1186 年，《四朝国史》（包括神宗朝、哲宗朝、徽宗朝、钦宗朝）最终完成。[7] 虽然这部作品并未存世，但实录中北宋四大"奸臣"蔡确、吕惠卿、章惇、曾布的传记保存下来；将其与《东都事略》（1187 年）中这些人的传记相比较，我们会发现《东都事略·奸臣传》与亡佚的《四朝国史》（1186 年）中的那些人物传记密切相关。早期实录中的传记叙事相对中立，但《东都事略·奸臣传》已经显示出对相关文本的大幅改动，以增强这些人"奸"的特征，其中几人的传记与《宋史》中的相关传记内容基本相同。这表明，这些传记——以及《蔡京传》——最初的

"渲染"发生在 1168—1186 年,很可能是在李焘监修国史时进行的。[8]因此,尽管 1125 年元祐主政者获得最初平反,开始了最终决定这些新法权要负面政治角色的过程,但从文本上看,这些人被确定为负面历史角色——这将成为奸邪谱系的第一步——与孝宗时期道学的兴起是同步的。

在同一时期,朱熹开始了一场高度非官方的,但最终成功的运动,以塑造秦桧的历史遗产。1165 年六月,秦桧死后仅十年,朱熹为《戊午谠议》写序。在该书中,朱熹的密友魏掞之(1116—1173 年)整理了和议(秦桧在 1138 年和 1141 年与金朝签订)反对者撰写的文献。1147 年,赵鼎的家人觉得必须销毁赵鼎的个人文件,不让秦桧获得这些文件并利用它们来进一步处置赵鼎的关系网,当时魏掞之就在现场。1161 年金朝攻宋,此举违背了宋金和议,并为过去和现在的和议反对者打开了政治大门,魏掞之很可能有意将《戊午谠议》作为对金人南下的回应。经过几场零星和无关痛痒的交战,南宋朝廷通过谈判与金人达成了新的和议,其条款于 1165 年春天宣布,仅在朱熹为《戊午谠议》写序的短短数月前。

朱熹哀叹 1138 年"谠议"喷涌与官员们对 12 世纪 60 年代早期危机不温不火的反应之间的反差:1163 年廷议期间,只有两名官员,即张阐(1091—1164 年)和胡铨(1102—1180 年)主张继续抵抗,而不是接受与金人再次和议。朱熹将这种对和议的默许解释为国家道德上的失败,并将历史责任直接推到秦桧身上——秦桧达成早期宋金和议的阴谋蒙蔽了高宗,摧毁了宋朝官场进行抵抗的道德决心:

呜呼！秦桧之罪，所以上通于天，万死而不足以赎者，正以其始则唱邪谋以误国，终则挟虏势以要君，使人伦不明，人心不正。

为了支持这一过于笼统的谴责，朱熹描摹的中兴历史充满了想象且极为夸张：在秦桧于1131年从北方归来之前，高宗不仅领导着一支致力于收复北方失地的团结的官僚队伍，还统帅着一支对敌作战屡创佳绩的军队。此时，王朝中兴已经"十八九成矣"。作为金朝的代理人，秦桧破坏了高宗君臣上下一心，收复北方失地的机会就这样白白丧失了。[9]

在这些事件发生后不到三十年，朱熹写作此文，他可能没有期望很多人会接受这样一个令人难以置信的中兴历史版本。朱熹的序是写给一小撮志趣相投的读者的，他知道这些人会赞同他的观点。随着个人仕途的发展，朱熹对秦桧所起的历史作用及其给南宋社会带来负面影响的立场变得日趋尖锐和公开。1182年八月，朱熹在永嘉县学公开拆除了秦桧的祠堂，并在移文中为自己的行为辩护，还重复了他之前对秦桧的谴责。[10]朱熹为遭受秦桧迫害之人撰写墓志铭并为他们的作品写序，生动详细地描述了受害者所遭受的迫害。《朱子语类》中有许多段落揭示了朱熹对秦桧负面形象的渲染，而且朱熹在对话人进行尖锐质疑时做了自我辩护。《朱子语类》中的这些对话表明，朱熹对秦桧的看法比当时人们对秦桧的共识要负面得多。他多次含沙射影地称秦桧要谋害高宗以谋朝篡位。例如，高宗在靴子里藏着一把匕首，以防备秦桧可能的暗杀企图，《朱子语类》就是这个故事的文本来源。最后,《朱子语类》卷 131 中关于秦桧的最后一个条目正式称他为"小人"。[11] 在 1188 年(高宗驾崩后一年,孝宗退位前一年)的著名觐见中,朱熹谴责秦桧任用顺从且贪腐的"吏",这些人不仅对他篡夺皇权无动于衷,还告发那些反抗秦桧的人。朱熹暗示,这种治国风格一直延续到当下。[12]

现存史料表明,朱熹塑造秦桧历史形象的努力在 12 世纪 90 年代初开始影响到官方史学。有学者认为,现存的两种高宗早期史书《中兴小历》和新近发现的《皇朝中兴纪事本末》是熊克同一著作的不同版本。不过,最近的学术研究表明,这两部著作并不相同:前者确实是由熊克在 12 世纪 80 年代后期编撰的,而后者则是由学士院编撰的,以供光宗(1189—1194 年在位)在经筵上使用。前者更详尽地描述了秦桧与高宗的交流内容,后者则经常删节这方面的内容。例如,1142 年七月,高宗详细评论了地方长官进呈的各种法律问题。秦桧回答道,高宗重视这些细节,确保了中兴的成功。[13] 后来,史学家们以秦桧之子秦熺在《日历》中插入的这些文字不过是空洞的阿谀奉承之语为由,将其删除。官方记录后来删除了这些文字,改变了高宗和秦桧作为中兴合伙人的历史形象,把中兴成功的全部功劳都归于高宗,而让秦桧背负起失败的全部责任。

最近的研究成果表明,道学辞令侵蚀了宋朝君主政体现行的皇家辞令,并最终将其抛弃。[14] 李心传通过在《要录》中大幅删减官方文献,掩饰了朝廷推崇秦桧的辞令。例如,在 1139 年七月的廷议中,高宗评论道,如果朝廷能够区分君子和小人,那么"治道无不成矣"。秦桧等人都"窃叹"高宗的计划"切见立政用人为帝王之先务"。他们说："盖尧、舜、禹、汤、文、武之治何以出此？"熊克的《中兴小历》详细记录了这次君臣之间的交流，《皇朝中兴纪事本末》删除了"高宗的计划"之后的所有内容，而李心传的《要录》则只保留高宗的评论，完全删除了秦桧对高宗的人事政策与尧舜的人事政策的类比。[15]这些例子充分证明，道学的发展如何使人们不得不重新评价秦桧的历史角色。这一转变发生在1187年高宗驾崩与1208年史弥远上台主持新政的二十年间。最后，我们在第三章中看到了在这一时期结束时，李心传是如何利用非官方史料来强化《要录》中秦桧的负面特征的。

从《宋史·秦桧传》的演变过程中，我们能搜集到的仅有信息也强调了这个时期是他形成"奸臣"这一终极历史形象的转折点。第一部秦桧官方传记应该见于《高宗日历》（完成于1176年）。如第三章所述，这一传记肯定正面描绘了秦桧，而且在1202年的《高宗实录》中可能几乎没有任何改变。不过，在1195—1200年进呈给朝廷的《中兴遗史》和《中兴姓氏录》等私人编撰的著作中都有秦桧的负面传记，后者甚至可能已经把秦桧划入"奸邪"人物之列。[16]众所周知，《中兴四朝国史》的传记部分从未完成，因而也从未正式进呈朝廷。[17]然而，现存的出自《国史·秦桧传》的至少两段引文（一段来自1241年，另一段来自1246年）表明，李心传和其他13世纪史官已经开始在秦桧的官方传记草稿里加入这些私史中的负面材料。[18]

尽管朱熹在妖魔化秦桧方面做了很多工作，但促成奸邪谱系建构的关键事件是1194年皇位继承带来的政治余波——奸相继任，其传记构成了《宋史·奸臣传》的一部分。众所周知,宰相赵汝愚是士人治国的关键倡导者,是1180年《总类国朝会要》的发起人,1186年时他编纂了《皇朝诸臣奏议》。1194年,赵汝愚与外戚韩侂胄通力合作,左右了宁宗的继位。随后的分歧导致赵汝愚在1195年二月被罢相,次年赵汝愚去世,韩侂胄的地位随之上升,直到1207年遭刺杀,韩侂胄一直是事实上的独相。从1196年八月开始,韩侂胄政府对赵汝愚政治上的盟友实施了党禁,史称"庆元党禁"。党禁一直持续到1202年二月,[19]在此期间,共有59名官员被禁止为官。[20]

虽然被冠以打击"伪学"之名,但党禁针对的是那些攻击过韩侂胄及其政治盟友的官员。他们中的许多人(尽管不是全部)是道学的支持者,而赵汝愚曾在1194年试图将道学引入新政府。新皇帝的年号"庆元",将庆历和元祐的第一个字合在一起,从而宣告了他们想要恢复北宋这时代的政治价值。因此,韩侂胄的党禁加强了庆元党人追溯其政治根源到北宋这些时期的倾向,并把他们自己在韩侂胄手下遭受的党禁迫害,视为徽宗朝早期蔡京当权期间对元祐主政者实行党禁的循环重复。

从12世纪90年代初开始,地方官员纷纷仿刻臭名昭著的"元祐党籍"碑(蔡京于1104年立的石碑,上刻与元祐政府有关的309名官员的名字,这些人被禁止为官)。位于广西的两块南宋党籍碑幸存至今,宋代史料还提到了另外至少两块未能存世的石碑。[21] 1198年,在庆元党禁最严酷时,静江司理饶祖尧在桂林仿刻了1104年党籍碑。饶祖尧这样做是应府钤辖梁律之请,梁律打算以此来纪念他的祖先梁焘（1034—1097年），梁焘曾是重要的元祐主政者。1211年，时任权知融州的沈暐在融水县另立了一方仿刻的元祐党籍碑，他的曾祖父沈千也见于元祐党人名单。这两块石碑都包含为徽宗开脱以及颂扬高宗追忆元祐主政者的跋。两块碑都吹捧了"公议"的力量，通过历史来澄清谁的行为在道德上是正确的。沈暐写道："有国史在，有公议在。"蔡京将元祐主政者诽谤为小人，这次重刻309名被诽谤者的名字，逆转了这些错误的判断，并且可能像饶祖尧希望的那样，能够推进善政的事业。[22]

不难看出，1198年的桂林石刻直接针对韩侂胄和庆元党禁。[23]但是，这些党籍碑的仿品在时间和地理上的广泛分布表明，这是一场规模更大的运动：个人将自己及祖先与这一时期（尤其是在韩侂胄死后）出现的新历史叙事联系在一起。我们在第一章和第三章已经看到，1208年的政治剧变如何影响李心传的《要录》和新《总类国朝会要》的编撰。[24]新一届史弥远政府立即采取措施，改写了1194—1207年的官方历史，从官方历史的主要史料中删除了亲韩侂胄的内容。这些修订不仅意味着正式给韩侂胄的支持者们冠以"奸党"之名，而且通过从历史记录中删除对他们之前行动的正面叙述，使他们今后想要恢复政治地位的呼吁变得越发困难。[25]正如仿刻元祐党籍碑庆祝了对元祐主政者的历史评判从原先的"小人"转变为"君子"一样，在政治上和历史上对韩侂胄支持者做出新的评判，将他们从"君子"变成了"小人"。

当那些批评韩侂胄政策的人回到朝廷时，他们发现自己在韩侂胄专权时遭受党禁的经历，与那些在之前时期遭受权臣迫害之人的经历有相似之处，这些对比强化了将秦桧等同于韩侂胄的辞令倾向。例如，由于徐邦宪（1154—1210 年）一贯反对开禧北伐，韩侂胄在 1206 年将徐邦宪调任宫观官。韩侂胄死后，徐邦宪回到朝廷，他告诉宁宗，将现在的情况与 1155 年秦桧之死相提并论实际上并不准确。徐邦宪断言，1155 年以后有可能恢复政治秩序，但韩侂胄的专权"败坏尽矣"，阻绝了当时任何类似的恢复政治秩序的可能性。[26]

正如将秦桧与韩侂胄相提并论的辞令所暗示的那样，1208 年的政治逆转，不仅需要修订近期历史，还需要重新调整早期历史。用儒家的说法，就像韩侂胄在庆元党禁时所做的那样，专权压制了"公议"。因此，这一时期的史学修改运动将当下的政府与之前的政府联系起来，在新兴的道学版本的宋代历史中，之前的政府也以类似方式行事。1210 年，真德秀将这一经典理论推广到韩侂胄身上。他的奏札以引用知名元祐官员刘安世（1048—1125 年）的观点开始，即"公议"代表了存在于"人心"中的"天道"。所以，"公议"就像天一样是永恒的。不过，两者都可能因遭受暂时的压制而黯然失色，而且为此总要付出政治代价。真德秀使用这一理论将王安石、秦桧、韩侂胄联系在一起。他解释道，尽管反对新法的"公议"从未停止过，但新法的强制推行削弱了民众的经济活力。同样，秦桧也不顾"公议"，与金朝讲和，这一违反"公议"之举反而增强了敌人的力量。真德秀用这些相似之处来证明除掉韩侂胄是正确的，并敦请宁宗警惕韩侂胄的支持者们卷土重来。[27]

真德秀因而将"公议"想象成一种持久不变的历史力量，他的想法与仿刻的元祐党籍碑的跋的作者之立场有诸多相通之处。简而言之，历史的功能之一就是记录"公议"，从而防止它被永远压制。李心传在《道命录》中也采取了类似的立场，将这种"公议"理论与道学史相融合。李心传将"道学"解释为"道"（天道在人间的政治表现形式）和"学"（个人对"道"的理解）的结合。道学官员为官时，执行道；道学官员卸任后，他掌握的"道"的知识为其最终重新掌权提供了支撑和力量。如第三章解释的那样，《道命录》将道学史分为三个时期，每个时期都有相似的政治动态。反对"公议"的派系迫害反映"公议"的派系：章惇、蔡京反对司马光，秦桧反对赵鼎，韩侂胄反对赵汝愚。然而，"道"是不可压制的，坚持这种辞令的人断言，"道"的真正倡导者——"公议"的诚实声音——将永远占据上风，即使当下无法在政治上获得优势，最终也必将在历史上发挥主导作用。[28]

这一嘉定初年史学修改运动的态势，也解释了公认的宋代历史宏大叙事中的一个最大难题：为什么宏寓将 12 世纪 30 年代支持对女真人采取军事行动的官员称为英雄般的"君子"，而将那些在 1206 年支持对女真人采取军事行动的官员称为懦弱的"小人"？答案取决于这两个时期不同的地缘政治环境，以及宋朝政体内部各种因素之间变动的联盟。简而言之，高宗和秦桧成功地将 1142 年的宋金和议表达成政治上的胜利，但 1206 年灾难性的北伐立即导致南宋军事和政治上的失败。12 世纪 30 年代晚期，原初道学人物如李纲、赵鼎和张浚在与女真人的战争中支持家军的领导人。因此，正如我们在第九章中所见，秦桧在高宗的支持下，通过与女真人谈判，同时掌控了家军和那些同样支持对金朝持续作战的士大夫，在

1142年实现了宋金和议。由此带来的和平被认为是中兴的成功,尽管有12世纪60年代初宋金短暂交锋带来的不快,但在12世纪余下的时间里,和议继续作为"国策"。

不过,有两个因素逐渐对这种现状发起挑战。一个因素是,1142年之后,家军合并,军事控制权从半独立的将领如韩世忠和岳飞手中被交还给君王。这种转移导致出现了一个臃肿腐败的军事官僚机构,这个机构越来越多地被掌控在君主制下的外戚和"近习"手中。另一个因素是孝宗时期道学的兴起,道学运动反对君主制下的这些势力,并反对他们控制国家资源,而道学通过道学运动在政治上获得了强大的力量。1194年,赵汝愚与韩侂胄之间的政治斗争不是一时的人格冲突,而是三十年来宋朝政体中这两种因素之间紧张关系的高潮——赵汝愚是道学治国的完美实践者,而韩侂胄是首要的外戚。[29]

尽管可能言过其实且惺惺作态,在这种背景下,1206年韩侂胄北伐是禁兵(以及孝宗)长期以来支持全面中兴的顶峰。但是,1206年的军队并不是12世纪30年代的军队。许多历史学家认为,韩侂胄在1202年放松庆元党禁,是为了获得士大夫对其北伐计划的支持。最终,许多士大夫,如李壁(李焘之子)、叶适和章颖(1140—1217年)支持北伐。[30]韩侂胄被刺杀后,这些同盟者立即寻求政治上的庇护,努力撇清与这场军事溃败的关系。因此,嘉定初年的史学将1206年的战败和庆元党禁归罪于韩侂胄及其直接同伙,并对自己参与韩侂胄政府加以粉饰。由此产生的新历史叙事,回避了以往在和战问题上的立场,转而把重点放在权相谱系压制政治异见人士（无论其支持还是反对与金朝开战）之上。由此，1142年成功的宋金和议变成了政治和道德上的失败，成功的和议者秦桧成了"小人"和卖国贼，韩侂胄成为秦桧的化身，曾经支持韩侂胄的官员们现在把自己重新塑造成反对秦桧的英勇"君子"们历史上的后继者。

随着这一概念的逐渐形成，新史学的构建者们越来越关注那些如今成为道德英雄和政治英雄的北宋人物留下的痕迹。与此同时，与其迥异的反面政治人物的痕迹即使没有被彻底抹除，也遭到了贬斥。这一时期，宋人，尤其是那些与道学运动有关的官员，在手稿、拓片和艺术品上撰文题跋的现象盛行。[31]这项活动不仅是研究古董，还是煞费苦心寻找并诠释文物，以此来支持新兴的历史叙事。仿刻元祐党籍碑就是这种趋势的例子之一。

另一个例子是写于1222—1259年的一组精彩跋文（38篇），这是为太学生陈东在1127年进呈给高宗的亲笔奏章所作。如我们在本章前文所见，陈东在1125年和1126年年初所写的三篇奏章中，最早将蔡京及其家人和同党都称作奸臣。1127年，陈东再次以代表"公议"的名义攻击高宗最早任命的宰相黄潜善和汪伯彦。陈东认为，黄潜善和汪伯彦应该对金人进犯后朝廷做出的从北方撤退的决定负责。1127年八月十五日，陈东被公开处决，此举违背了太祖要求后嗣皇帝"不杀文官"的誓言。

尽管朝廷在1129年和1134年两次向陈东的后人致歉，但在整个12世纪，陈东的牺牲在很大程度上仍不为人知，他的历史地位悬而未决。不过，1199年，镇江府学为陈东（他来自附近的丹阳）

建祠。1204 年，当地重要的道学学者刘宰为陈东祠庙撰写记文，将他塑造成一场政治善恶之间斗争中的英雄。在刘宰的历史类比中，陈东直言不讳却又忠心耿耿，最终在道德和历史意义上战胜了那些不忠且自私自利的宰相。刘宰使用的辞令结构暗示了陈东与他本人（以及刘宰的道学读者）之间，以及高宗手下的奸相与韩侂胄之间的一种未言明的类比。总之，陈东成为被韩侂胄迫害的那些官员的典型，黄潜善和汪伯彦则成为韩侂胄等迫害成性的权臣的代表。刘宰的讽喻叙事暗示，韩侂胄将遭受与压迫陈东的人相同的历史命运。[32]

1222 年，陈东的曾孙将其祖先的奏章抄录在一幅手卷上装裱好，并向人征求题记。第一个撰写题记的书写者是刘宰。在接下来的 37 年里，有许多当地学者和官员（有些是知名之士，但大多数寂寂无闻）以及外地官员，他们在镇江地区任职时查看了手卷，并题写下他们的反应和想法。这一系列文字提供了一个值得注意的视角，即在宋代历史至关重要的阶段，地方对全国性事件的看法。更具体地说，题记揭示了道学史学在地方层面的渗透，这种渗透既影响了对行都临安政治发展的解读，同时也日益明晰地定义了奸臣的历史特征。

1222 年的早期题记，将陈东的奏章置于 1094 年到 1134 年赵鼎任相的四十年间打压元祐主政者的背景下。这种强制性的历史建构（实际上在 1125 年，朝廷取消了对元祐主政者的禁令），将陈东被处死含蓄地与蔡京和秦桧联系在一起。题记作者谴责他的同时代人不像陈东，他们太过冷漠和懦弱，尽管理宗公开表示纳谏，他们仍然不愿意坦诚地进谏。这一谴责含蓄地将现任宰相史弥远置于始自章惇、蔡京和秦桧的奸臣谱系，因为如果皇帝想纳谏却无人进谏，那么宰相自然难辞其咎。1233 年史弥远去世后，1234 年北伐失败，1237 年史嵩之时代到来，题记书写者们越来越多地将杀害陈东的刽子手与史嵩之政府联系在一起。1240 年的一则题记直接将秦桧、史弥远和史嵩之进行类比。相对的，到了 1246 年，陈东已经被提升到道学圣人的地位。13 世纪四五十年代，南宋治国陷入了一场旷日持久的斗争，斗争的一方是把自己想象成受迫害的元祐政治遗产实践者的士人，另一方是诸如史嵩之、丁大全和贾似道等权相。随着政治斗争的深入，道学史学鲜明的道德二分法越来越受到人们的关注。1259 年的最后一些题记没有给这个系列引入新的主题，它们只是强化了一个永无休止的奸邪谱系，赞扬了历史为陈东伸张正义，并最终有能力为他们自己伸张正义。[33]

陈东奏章手卷的题记记录了道学历史的广泛传播，尤其是与奸邪谱系有关的主题——这些主题渗透进 13 世纪的地方文化。镇江是一个大都市军事要塞，一个几乎不以道学学术著称的地方。除了刘宰等少数人，很少有题记作者有为人所知的道学传承，大多数人几乎不可能通晓错综复杂的道学哲学。然而，这些当地作者轻车熟路地使用着关于陈东和南宋初年历史的道学叙述，并将其辞令及道德训诫应用于他们自己的政治世界。其他更标准的史料记录了这种辞令的强度不断升级，以及这种辞令在同时期的明确意义。我们在第七章中已经看到，真德秀在 1229 年为陈均《皇朝编年纲目备要》撰写的序中，包含了一个从章惇延伸到童贯的奸邪谱系的早期版本。到 1241 年，谢采伯（1202 年进士）设想了王安石—蔡京—秦桧的奸邪谱系，并增加了王安石和汉代王莽之间、蔡京和东汉外戚之间、秦桧和唐朝宰相李林甫（683—752 年）之间的历史相似点。在谢采伯看来，王安石、蔡京和秦桧是罔顾宋朝统治者的"仁"和"正"从而危害国家的三个"小人"。[34]

1246 年，秘书少监刘克庄拒绝草拟正在丁忧的史嵩之任学士职的制书。刘克庄担心，这一任命可能会成为史嵩之最终重返相位的踏板。他进呈"故事"，提醒理宗昔日高宗与秦桧的经历。根据刘克庄的说法，高宗了解秦桧的性格，并在 1132 年亲自起草了罢免秦桧的制书，因此，没有人会想到秦桧还能再次任相。但刘克庄提醒理宗，"奸臣"的本性就是图谋自己重掌大权。高宗犯了给秦桧东山再起机会的错误，秦桧开始密谋对付他的政敌。刘克庄认为，相比于秦桧，赵鼎和张浚最终会与金人达成对南宋更有利的协议。但是，在他们被罢相后，高宗别无选择，只能把这一权力交给秦桧，秦桧签订了一个对自己比对高宗和南宋更有利的协议。只要秦桧还活着，高宗就不可能重振君纲，他一直担心自己的生命安全，并在靴子里藏着一把匕首。刘克庄总结道，如果理宗允许史嵩之重返朝廷，他自己也将面临与高宗相同的命运。[35]

刘克庄的"故事"不仅在形式上将秦桧与史嵩之进行了比较，而且在对秦桧与高宗之关系如何密切的论述上，不但开创了《宋史·秦桧传》叙事的先河，也开创了对这一时期"奸臣"标准的当代解读。到了 13 世纪 50 年代，正如陈东奏章手卷题记所表明的那样，奸邪谱系及其成员的设想，已经成为历史和政治辞令的既定元素。例如，1256年，姚勉（1216—1262年）反对朝廷镇压太学生的抗议活动，他援引了蔡京、秦桧、韩侂胄和史弥远的事迹，这些人作为宰相都采取过类似的行动，压制批评意见并限制合法的抗议。[36]

一系列奸臣压制"公议"、为害国家这一充分发展的隐喻，是吕中《皇朝中兴大事记讲义》（本书第四章考察过）的核心内容。吕中关于南宋的介绍性论说文，将奸邪谱系作为宋代历史的推动力。例如，《皇朝中兴大事记讲义》开篇文章的结语，试图解释韩侂胄和史弥远收复北方、完成中兴之失败。吕中没有将他们的失败归因于军事上的误判，而是归因于他们个人注重政治上的私利，不顾"仁义"的祖宗之法。吕中将好战的"开禧权臣之心"追溯至章惇、蔡京、王黼的拓展主义，将史弥远亲和议的"嘉定权臣之心"追溯至黄潜善、汪伯彦、秦桧和汤思退的迁都政策。尽管他们对和战的态度截然相反，但吕中认为，所有这些宰相都将自己的政治网络建设置于国家的更大利益之上。无论是采取军事行动还是政治上的不作为，都是他们出于自身利益的考虑，而不是对反映在"公议"中的政策做出的反应。[37]

吕中《皇朝中兴大事记讲义》开篇的第二篇文章解释了这些宰相追求政治利益如何从内部腐蚀了祖宗的制度结构。他将这种倾向追溯到王安石将机构权力转移到实际上的宰相手中的变化，这是"私"朝廷的举措：宰相不是以宰相身份统率相互关联的政府机构网络，而是主持一个私人政治网络。其结果是结束了中书和枢密院之间的分离，皇帝"侍从"的范围缩小，御史台受到束缚，任命武将时任人唯亲且借机收受贿赂。王安石之后的宰相秦桧、韩侂胄、史弥远等都采用了这种治国模式。[38]

众所周知,《宋史》中的奸臣谱系截止到贾似道。这种建构当然是元朝史官的工作,也建立在晚宋对贾似道的批判之上。例如,在1269年的一篇文章中,李心传的门人弟子高斯得将贾似道与蔡京、秦桧和史弥远做了比较。他指出,早期的奸臣,如蔡京、秦桧、史弥远,在建立权臣政府的过程中满足于保持低调,但贾似道在这样做的同时,试图维持自己正直的声誉。[39]到宋元鼎革时期,流行的奸臣谱系概念包括了贾似道等其他晚宋宰相。一部宋末元初的临安轶事集引用了吕中的一篇佚文,将南宋的奸臣谱系确定为秦桧—韩侂胄—史弥远。作者补充说,吕中的奸臣名单应该扩大到包括史嵩之、丁大全和贾似道在内。[40]

毫无疑问,元朝史官决定了谁的传记将被列入《宋史·奸臣传》。很明显,他们利用了晚宋确立的奸臣名单,但有两个重要的例外——王安石和史弥远。正如我们所见,真德秀、谢采伯和吕中都将王安石表述为奸臣谱系的起始人。这一传统可以回溯到李焘《长编》对王安石的最早批判,认为王安石破坏了祖宗之法。然而,尽管有这样的批评,王安石在孔庙中的陪祀地位一直保持到1241年,人们继续研究学习他的作品,并在科举考试中加以引用。更重要的是,包括朱熹在内的主要道学人士,都尊重王安石的儒学精神和政治才华。[41]

在奸臣谱系中排除史弥远,这与晚宋近乎共识的士人观点背道而驰,反映了元代《宋史》编者的道学敏感性。与许多奸臣不同,史弥远是一个享有盛誉的累世士人家族的成员，他的父亲曾在孝宗朝任相，且受人尊敬。1208 年，早期的史弥远政府重新任用了许多曾被韩侂胄迫害的信奉道学价值观的官员。尽管史弥远越来越专权，并与真德秀、魏了翁等道学政治家保持距离，但他从未像蔡京、秦桧或韩侂胄那样正式地取缔道学。最后，1241 年，在史嵩之当权期间，朝廷承认道学学说为正统，并最终将王安石逐出孔庙。对于元朝史官来说，他们本身就是朝廷接受道学的受益者，这一事实本身排除了将史氏家族的任何成员与"奸臣"谱系联系在一起的可能性。

### 注　释

1.《宋史》卷 471《奸臣传一》，第 13697 页。

2. 王弼：《周易正义》卷 12，第 12 页 b—第 13 页 a；Wilhelm, *The I Ching*, pp. 337–338。

3. 北宋讨论《周易》以及朋党政治，见：Hon, *The Yijingand Chinese Politics*; Levine, *Divided by a Common Language*, pp. 32–34。

4.《宋史》卷 471—474 包含 22 个人的传记：蔡确、吴处厚、邢恕、吕惠卿、章惇、曾布、安惇（卷 471）；蔡京及其家人蔡卞、蔡攸、蔡翛、蔡脩、赵良嗣、张觉、郭药师（卷 472）；黄潜善、汪伯彦、秦桧（卷 473）；万俟卨、韩侂胄、丁大全、贾似道（卷 474）。

5. Franke, "Chia Ssu-tao." 近期对这一过程的详细叙述，见毛钦《论贾似道奸臣形象的塑造》。

6. 陈东奏章的文本，见《长编拾补》卷51，第1594—1599页，卷52，第1615页、第1633—1634页；对陈东奏章的详细讨论，见蔡涵墨、李卓颖《平反陈东》，《文史》总第119辑（2017年第2辑），第161—162页。

7. 蔡崇榜：《宋代修史制度研究》，第126—138页。

8. Hartman, "A Textual History of Cai Jing's Biography in the *Songshi*," pp. 533-536；蔡涵墨：《〈宋史·蔡京传〉的文本史》，收入《历史的严妆：解读道学阴影下的南宋史学》，第175—176页（新版第180—181页）。Levine, "A House in Darkness," pp. 204-308, 597-638.

9. 《朱熹集》卷75《戊午谠议序》，第3929—3932页。

10. 《朱熹集》卷99《除秦桧祠移文》，第5090—5091页。

11. 《朱子语类》卷131《本朝五》，第3153—3163页。

12. 《朱熹集》卷11《戊申封事》，第472—473页；Darrobers, *Zhu Xi: Mémoire scellé*, pp. 33-34。关于朱熹建构秦桧形象的详细研究，见：Hartman, "The Making of a Villain," pp. 126-134；以及蔡涵墨《一个邪恶形象的塑造：秦桧与道学》，收入《历史的严妆：解读道学阴影下的南宋史学》，第77—86页（新版第79—89页）。

13. 见《中兴小历》卷30，第362—363页，以及《皇朝中兴纪事本末》卷60，第2页a，后者略去了秦桧的话。其他例子，见周立志《〈皇朝中兴纪事本末〉与〈中兴小历〉之关系》，第110—111页。《要录》卷146第2747页采用了删节版。除了周立志引用的区分这两部作品的证据，我们还可以补充说，陈均在编写《皇朝编年纲目备要》（1229年）时，在"引用诸书"中将这两本书分别作为单独的条目，见《皇朝编年纲目备要》，第15—16页。

14. Li and Hartman, "A Newly Discovered Inscription," pp. 441-446；以及李卓颖、蔡涵墨：《新近面世之秦桧碑记及其在宋代道学史中的意义》，收入《历史的严妆：解读道学阴影下的南宋史学》，第151—154页（新版第156—159页）。

15.《中兴小历》卷27，第316页；《皇朝中兴纪事本末》卷49，第2页a；《要录》卷130，第2443页。更多例子及精彩讨论，见燕永成《南宋史学研究》，第240—247页。

16. 陈乐素：《三朝北盟会编考》，第284页。

17. 蔡崇榜：《宋代修史制度研究》，第138—144页。

18. 谢采伯《密斋笔记》卷1第8页引用了1139年范如圭写给秦桧的信。这段文字现收录于《宋史·范如圭传》，不见于《宋史·秦桧传》，见《宋史》卷381，第11730页。1246年刘克庄进呈"故事"时也引用了《秦桧传》，见《刘克庄集笺校》卷86《丙午十二月初六日》，第3703—3704页。此段文字的一个版本确实见于《宋史·秦桧传》，见《宋史》卷473，第13751页，涉及高宗对秦桧宣称的"南人归南，北人归北"的回应，以及1132年八月，皇帝参与起草秦桧罢相制书。此段文字的引文见于徐自明《宋宰辅编年录》卷15第982—983页，书中引用了《中兴遗史》作为史料。李心传对这些事件的叙述很大程度上也依靠《中兴遗史》，见《要录》卷57，第1160—1161页。

19. 关于这些事件，见 Davis, "The Reigns of Kuang-tsung (1189–1194) and Ning-tsung (1194–1224)," pp. 766–789。

20. 人员名单，见《朝野杂记》甲集卷6《学党五十九人姓名》，第139—140页。根据晚宋的史料，早期的学术研究把对伪学的取缔主要解释为反对朱熹的知识运动。谢康伦（Schirokauer）1975年的文章"Neo-Confucians under Attack"开启了对党禁政治方面的分析。更近的学术研究，张维玲的《从南宋中期反近习政争看道学型士大夫对"恢复"态度的转变（1163–1207）》第134—148页将赵汝愚与韩侂胄之间的冲突（包括禁伪学），作为宋政府自12世纪60年代初以后士人与非士人之间固有政治冲突的高潮。

21. 现存党籍碑，见：陈乐素《桂林石刻〈元祐党籍〉》，第68—71页；王明清《挥麈录》卷1第64页提到在扬州有一块元祐党籍碑仿品；郑瑶《景定严州续志》卷6第10页a提到了严州淳安县的另一块元祐党籍碑仿品。

22.《全宋文》第293册，卷6663《元祐党籍跋》，第353页，第304册，卷6945《元祐党籍碑题识》，第198—199页。

23. 事实上，陈乐素提出，桂林的偏远地理位置使得对碑刻的这种解释成为可能，见陈乐素《桂林石刻〈元祐党籍〉》，第69页。

24. 如果估计杨仲良将原本《长编》改写为《长编纪事本末》大概是在1210年，那么我们或许可以把《长编》也包括在内。见：Hartman, "Bibliographic Notes on Sung Historical Works：Topical Narratives from the Long Draft," p.197；以及蔡涵墨《论〈续资治通鉴长编纪事本末〉与十三世纪前期的史学编纂与出版》，收入《历史的严妆：解读道学阴影下的南宋史学》，第290—291页（新版第297—299页）。

25. 见真德秀1209年的奏议，《全宋文》第312册，卷7143《己巳四月上殿奏札》，第173—176页。对这一时期史学修改运动的叙述，见：Hartman and Li, "The Rehabilitation of Chen Dong," p.118；以及蔡涵墨、李卓颖《平反陈东》，《文史》总第119辑（2017年第2辑），第179页。

26.《宋史》卷404《徐邦宪传》，第12231—12232页。

27.《全宋文》第312册，卷7144《奏札》，第178—179页。刘克庄在真德秀的行状中，以及魏了翁在真德秀的神道碑中都引用了这一奏札，见《全宋文》第330册，卷7609《西山真文忠公行状》，第384—385页，第311册，卷7110《参知政事资政殿学士致仕真公神道碑》，第69页。

28. 值得注意的是，真德秀在1210年的观点与1212年楼钥对《长编》的评价非常相似。见本书第三章注释48。

29. 张维玲：《从南宋中期反近习政争看道学型士大夫对"恢复"态度的转变（1163-1207）》，第149—152页。

30. 章颖在改写汉代行政史中发挥了重要作用，见蔡涵墨、李卓颖《平反陈东》,《文史》总第 119 辑（2017 年第 2 辑），第 178—179 页。

31. 蔡涵墨、李卓颖：《平反陈东》,《文史》总第 119 辑（2017 年第 2 辑），第 160 页。

32. 蔡涵墨、李卓颖：《平反陈东》,《文史》总第 119 辑（2017 年第 2 辑），第 174—175 页。

33. 蔡涵墨、李卓颖：《平反陈东》,《文史》总第 119 辑（2017 年第 2 辑），第 181—197 页。

34. 《密斋笔记》卷 1，第 16 页 b。谢采伯的父亲谢深甫（1166 年进士）支持韩侂胄，是庆元党禁运动的倡导者。尽管如此，他的儿子当时仍然可以援引王安石—蔡京—秦桧的谱系，而其他人则把韩侂胄作为这一谱系的延伸，这表明，从北宋到南宋，历史上奸邪谱系的概念无处不在，而且颇具影响力。

35. 《刘克庄集笺校》卷 84《进故事》，第 3703—3705 页；《全宋文》第 330 册，卷 7594，第 148—149 页。1251 年，刘克庄再次针对史嵩之提出了类似的论点，林希逸在刘克庄的行状中引用了他的奏议；《全宋文》第 336 册卷 7739《宋龙图阁学士赠银青光禄大夫侍读尚书后村刘公状》第 37—38 页引用了 1246 年和 1251 年的奏议文本。程章灿《刘克庄年谱》第 217—218 页、第 254—255 页提供了关于这两次上奏更完整的背景。

36. 《全宋文》第 351 册，卷 8126《丙辰封事》，第 296—302 页。

37. 吕中：《皇朝中兴大事记讲义》卷 1《中兴规模论》，第 435—436 页。

38. 吕中：《皇朝中兴大事记讲义》卷 1《中兴制度论》，第 440—443 页。吕中对个别条目的评论经常涉及奸邪谱系。例如，在评论 1154 年秦桧罢免洪兴祖（1090—1155 年）时，吕中称，当时有王安石、章惇、蔡京、王黼、秦桧五位专权的宰相，为祸一次比一次严重。他总结道，韩侂胄、史弥远"袭秦桧之迹"。见《皇朝中兴大事记讲义》卷 13《高宗皇帝》，第 641—642 页。

39. 《耻堂存稿》卷 5《书咸淳五年事》，第 2 页 b。

40. 李友:《古杭杂记》卷47下,第32页b—第33页a。这段文字,亦见黄慧娴《吕中与〈皇朝大事记〉新探》,第906页。

41. 关于这最后一点,见余英时《朱熹的历史世界》,上册第314—317页,下册第164页。

第十一章

## 宋代历史的节奏

随着宋朝走向灭亡，奸邪谱系附带的修辞力量，使宋朝历史给人留下了这样一种起伏不定的印象：先是政治昌盛，然后是消沉和衰退时期。这种正邪之间展开永无休止且极为重要的斗争的设想，符合中国人在时间上感知周期性模式的倾向，例如，元朝史官为《宋史·奸臣传》所作的序中就有所体现。[1]随着三组宏寓的就位，周期性隐喻被用来解释具体问题，并在宋朝濒临灭亡时构建起整个王朝历史的全面总结。例如，13世纪30年代的商业道学类书中有一篇题为"庆历人材"的文章。文章作者察觉到导致庆历之治的朝廷人事政策的历史波动，并将这些历史波动映射到六十四卦的循环变动中。在作者的类比中，"坤"卦，即描述循环波谷的六阴爻，对应着五代时期统治者没有培养士人人才。而宋初通过科举制扩大人才选任，这构成了"孚"，即波谷的阴爻变成了阳爻，从而开始了最终循环并回到"乾"卦，六阳爻代表循环的波峰。作者因此将庆历时代政治人才辈出与这个循环中的"乾"卦波峰对应。当然，没有任何波峰是永恒不变的，这篇文章接着将反对庆历改革的观点认定为北宋政治和道德滑坡的开始,并最终导致了新法的出台,随后又出现了元祐时期的另一轮周期性逆转。[2]

随着宋朝的灭亡,这种解释周期性的方案变得越发详细且全面。朱子后学中的重要人物黄震(1213—1280年),在他的《名臣言行录》阅读笔记中描绘了另一幅晚宋王朝历史的画面,即正负力量的循环波动,这一画面结合了宏寓的全部三大主题元素。在《黄氏日抄》中,黄震的宋代历史笔记分为4卷,包括了从司马迁的《史记》到五代正史的阅读笔记,这样的安排赋予了朱熹著作与正史同等的地位。在对具体人物之评价的末尾处,黄震附加了关于北宋历史的宏大总结,这是他从经验教训(黄震认为朱熹已经将这些经验教训融入传记)中总结得出的。黄震将北宋历史分为九个时期,他认为每个时期都是重要的政治转折点:

(1)释藩镇兵权而天下定。

(2)取幽燕、纳李继捧而狄患启。[3]

(3)李文靖镇以清静而民生安。[4]

(4)寇莱公决策亲往而边好久。[5]

(5)王文正苟且顺从,天书祷祠之妄作而国力几弊。[6]

(6)王沂公相仁宗初年,韩魏公保佑英宗、神宗初年而主少国危之日安若泰山。

(7)王安石行新法、开边隙而天下几危。

(8)宣仁圣烈太后相司马公而天下再安。

(9)范纯仁兼用小人,致章子厚、蔡京辈绍述安石,而国家遂有南迁之祸。[7]

黄震得出结论，这个总结"盛衰大要不出此数者皆可考见"，朱熹的传记因此"阴寓本朝之史"。现代宋史学者对这些事件和分期都耳熟能详，但黄震的重点是历史事件的周期性。事件1、3、4、6、8是正面的，2、5、7、9是负面的。这些正负价值，依次来自宏寓的史学原则。太祖解除了藩镇兵权，实行文官治国，由此产生的仁政在仁宗朝臻至顶峰，而奸邪谱系始于王安石和新法。事实上，黄震将奸邪谱系置于宋朝更早的时候，因为相对于正面榜样李沆、寇准、王曾和韩琦等人，他在这里使用负面词语来描述真宗朝的宰相王旦。[8] 同样值得注意的是军事拓展必然导致国力衰退的主题。这一主题源于太祖的宋朝立国原则是收兵权的基本思想。于是，就像神宗时代的拓边西北一样，太宗收复燕云十六州的努力被视为负面力量。早在司马光时期，反穷兵黩武就是士人运动的一个重要因素，而且随着孝宗时期的道学运动日益与技术官僚的军事利益相抵触，反穷兵黩武运动也在加速发展，1206年和1234年北伐的失败，使更多人关注这一主题。

这种解释性场景，强化了儒家士人将他们自身所处的历史置于模式不断变化的背景中的倾向。和黄震一样，他们将自己的政治成功时期视作波动周期的波峰，但最终因对手的卷土重来而受挫。例如，我们在第三章中看到，李心传的《道命录》把道学史设想为三个盛衰周期，他在《道命录》序中总结道，受打压之人必须坚持熬过严酷寒冬，以期待随之而来的复兴曙光。这种对宋代历史的看法在王朝末年变得司空见惯。例如，刘克庄认为，儒家政治改革的漫长历史，随着对这些改革努力的一系列压制措施而兴衰波动。他确定了四个周期:打压庆历改革派,1094年以后迫害元祐主政者,秦桧时代(1138—1155年)和韩侂胄时代(1194—1207年)——后三个周期与李心传描述的周期相吻合。[9]

我们在前文中也看到,活跃的史学酝酿时期(其间私人史学开始塑造并改变官方记录),出现在这些政治高压、权相当政时期的周期性交替间。简而言之,它们处于政治高压前后周期的高点。史学酝酿时期是庆历、元祐与南宋绍兴初(1131—1138年,秦桧专权之前)和嘉定年间(1208—1224年)。所有这些时期都经历了防御性或进攻性的战争,战争引发了国内的政治动荡,这些政治冲突随后引发了史学修改运动。其结果是出现了一种从太祖到庆历和元祐的积极的政治价值叙事。这种所谓的北宋价值观和结构的叙事,形成于12世纪30年代中期元祐主政者后裔当权时,之后在1138—1155年秦桧专权时期受到压制,在李焘的《长编》(其编撰历经40多年,从12世纪40年代至1183年)中有了明确的形式。然后,陈均在1229年的《纲目》中使这一叙事更加明朗,并予以普及。从本质上说,我们所接受的北宋历史叙事源于中兴时期的政治斗争。后来,南宋历史学家通过将中兴时期的事件回溯到他们的前辈为北宋创建的早期模型,从而书写了自己的历史。用宋朝儒士史家的语言来说,宏寓的精髓可能如下所示:

> 念斯民之福,皇天眷佑,我宋太祖,创业垂统,寻复古之仁政;时武臣擅权,乱势既成,我宋诸帝,欲消其恶,遂立尚文之治。太祖、太宗,继统诸君,觅君子以秉朝政,察民需以

致公益。然终宋之世,君子不乏,小人亦多。外戚、宦官、骄横军人、易节君子,皆为私利所惑,务反祖宗之法。是以正邪竞逐,冲突愈激,皇皇我宋,国势日削,泰半疆土,沦落夷手。威压逼迫,达数十载,国力日衰,变坏几尽。纵任君子执政,亦只偏安中兴。奸臣得志,小人听命,变大宋国是,背祖宗仁法。虽君子力阻,祸乱已起。忠直之臣,推尊祖宗,邪佞之辈,判离仁旨。二党相争,致乱国政,循环不已,无可消停。[10]

所有研究宋朝的现代历史学家都会认同,这个道德故事是对宋朝历史的传统(或许有些陈腐)概述。尽管学者们早已放弃了许多类似母题,但如果把这一宏寓翻译成现代历史学家的语言,我们就得到了大多数宋史学者认可的宏大叙事:

太祖渴望终结五代的穷兵黩武,建立起一个中央集权的、文官治国的统一国家。太祖及其后的宋朝皇帝们选任了大量文官,他们在仁宗朝追求一种以儒家为基础的仁政。然而,1067年以后,为了提高每年的财政收入,以最终击败位于北方的辽朝,神宗与王安石推行了新法。新法侵蚀了祖宗的治国基础,其造成的群臣纷争导致了大臣之间永久性的党同伐异。王安石思想的继承人,特别是蔡京,其政治地位的提升刺激了军事拓展主义的勃兴,这进一步削弱了国家实力,且导致1125年女真人进犯。高宗领导下的中兴,尽管在修辞上公开弃绝新法,却继续使用新法的许多规定。于是，王安石政敌之传人的抗争，加上来自北方未曾消停的军事威胁，导致了南宋持续不断的政治分裂。由此，秦桧、韩侂胄与史弥远的专权统治时期，与更倾向于仁政、赞同道学的政府，两者轮流出现。1233年史弥远死后，理宗治下的政府，始终处于两者僵持的困境之中。

最后一个问题出现了：如果这一宏寓，无论是其原始儒家版本还是现代版本，都是源于宋朝政治斗争的史学建构，那么它的形式、修辞和轮廓，能告诉我们关于这些斗争的什么信息？在本书的导论以及其他章节中，我反复提到了两种宋朝治国理念，一种被我称为儒家士人或制度主义者治国，另一种是技术官僚治国。我已经表明，宏寓是前者的产物，而且我认为，宏寓产生于主要针对后者的政治话语。对这一宏寓叙事的天真解读，会使人们产生宋代是"儒家统治的时代"的看法。[11]然而，对它的解构表明，宋代是这样一个时代：在宋朝政体中，有大量非儒家和/或非士人角色，通常是君主本人，甚至士人阶层本身，拒绝接受儒家制度主义的理论和实践，并积极反对其影响。宏寓起伏不定的史学周期，反映的不是儒家善恶之间的道德斗争，而是这两种宋朝治国理念之间真正的历史斗争。

简而言之，本书研究的史料中的大量事实和文献，一旦脱离了宏寓的框架，就可能会再次被人们解读，以讲述另一种叙事的故事，即两种宋朝治国模式之间的冲突。第二卷是关于宋代治国的结构，将定义这两种治国模式，探索它们的历史起源和理论基础，并描述它们的人员及正式机构。第二卷还会提出一种理解宋朝政府之统治的新模式：间或成功，但经常并不成功的两种治国模式的共生。

## 注　释

1. 周期性作为中国史学的一般特征及其在宋代的具体表现，见：Hartman and DeBlasi, "Growth of Historical Method in Tang China," pp. 19-20；以及本书第七章中更详细的讨论。

2. 林駧：《古今源流至论》前集卷3《庆历人材》，第12页b—第17页a；对该书的详细研究，见 De Weerdt, *Competition over Content*, pp. 271-279。

3. 见 Lau and Huang, "Founding and Consolidation," pp. 251-252。

4. 《长编》卷34，第758页，卷36，第797页。

5. Lau and Huang, "Founding and Consolidation," pp. 262-270.

6. Lau and Huang, "Founding and Consolidation," pp. 270-273.

7. 黄震：《黄氏日抄》卷50《读史·名臣言行录》，第42页a—b。亦见王德毅《朱熹五朝及三朝名臣言行录的史料价值》，第66页。

8. 将王旦描述为第一位权相，见 Olsson, "The Structure of Power," pp. 206-208。

9. 《刘克庄集笺校》卷101《跋山谷书范滂传》，第4253—4255页；《全宋文》第329册，卷7576，第253—254页。刘克庄在关于黄庭坚书写的范滂传记的题记中阐明了这一框架，范滂是东汉时期因反对宦官而被处死的文人。

10. 《宋史》的许多赞、序在某些方面支持这一叙事；特别明显的段落，见:《宋史》卷3《太祖纪三》,第50—51页(太祖赞);卷12《仁宗纪四》,第250—251页(仁宗赞);卷16《神宗纪三》,第315页(神宗赞);卷439《文苑传一》,第12997—12998页(文苑传序);卷471《奸臣传一》,第13697页(奸臣传序)。(据查,这段文字应是作者依据宋代相关史料仿写的。——译者注)

11. 如Kuhn, *The Age of Confucian Rule*。

# 参考文献

## 史料缩写

*Changbian*—Li Tao (1115-1184). *Xu zizhi tongjian changbian* [The long draft continuation of the comprehensive mirror that aids administration]. Second edition. 20 vols. Beijing: Zhonghua shuju, 2004. 李焘:《续资治通鉴长编》,北京:中华书局,2004。

*Changbian shibu*—Huang Yizhou (1828-1899) et. al. *Xu zizhi tongjian changbian shibu* [Supplements to the long draft continuation of the comprehensive mirror that aids administration]. Edited by Gu Jichen. 4 vols. Beijing: Zhonghua shuju, 2004. 黄以周:《续资治通鉴长编拾补》,顾吉辰等点校,北京:中华书局,2004。

*Chaoye zaji*—Li Xinchuan (1167-1244). *Jianyan yilai chaoye zaji* [Miscellaneous notes on court and province since 1127]. Edited by Xu Gui. 2 vols. Beijing: Zhonghua shuju, 2000. 李心传:《建炎以来朝野杂记》,徐规点校,北京:中华书局,2000。

*Dongdu shilüe*—Wang Cheng. *Dongdu shilüeh* [Eastern capital miscellany]. 1186 edition. Reprinted 4 vols. Taibei: Wenhai chubanshe, 1979. 王称:《东都事略》,台北:文海出版社,1979。

*Huangchao dashiji Zhongxing dashiji*—Lü Zhong (fl. 1250). In Lü Zhong. *Leibian Huangchao dashi ji jiangyi. Leibian Huangchao zhongxing dashi ji jiangyi* [Classified lectures on major events of our August dynasty. Classified lectures on major events of the Restoration of our august dynasty]. Edited by Zhang Qifan and Bai

Xiaoxia. Shanghai: Shanghai renmin chubanshe, 2014. 吕中:《类编皇朝大事记讲义 类编皇朝中兴大事记讲义》,张其凡、白晓霞整理,上海人民出版社,2014。

*Huangchao gangmu*—Chen Jun (1174 - 1244). *Huangchao biannian gangmu beiyao* [Chronically arranged complete essentials in outline and detail of the august court]. Edited by Xu Peizao et. al. 2 vols. Beijing: Zhonghua shuju, 2006. 陈均:《皇朝编年纲目备要》,许沛藻等点校,北京:中华书局,2006。

*Huangchao zhongxing jishi benmo*—Anonymous. *Huangchao zhongxing jishi benmo* [Topical narratives from the august courts of the Restoration]. Song editon. Reprinted as Xiong Ke, *Huangchao zhongxing jishi benmo*. 2 vols. Beijing: Beijing tushuguan chubanshe, 2005. 熊克:《皇朝中兴纪事本末》,北京图书馆出版社,2005。

*Huibian*—Xu Mengxin. *Sanchao beimeng huibian* [A compendium on treaties with the north at three courts]. 4 vols. Taibei: Dahua shuju, 1979. 徐梦莘:《三朝北盟会编》,台北:大化书局,1979。

*Jingkang yaolu*—Wang Zao (1079 - 1154). *Jingkang yaolu jianzhu* [The chronological record of the Jingkang period, with annotations]. Annotated by Wang Zhiyong. 3 vols. Chengdu: Sichuan daxue chubanshe, 2008. 汪藻:《靖康要录笺注》,王智勇笺注,成都:四川大学出版社,2008。

*QSW*—*Quan Song wen* [Complete prose of the Song dynasty]. Edited by Zeng Zaozhuang and Liu Lin. 360 vols. Shanghai: Shanghai cishu chubanshe; Hefei: Anhui jiaoyu chubanshe, 2006. 曾枣庄、刘琳编《全宋文》,上海辞书出版社,合肥:安徽教育出版社,2006。

*QYW*—*Quan Yuan wen* [Complete prose of the Yuan dynasty]. Edited by Li Xiusheng. 60 vols. Nanjing: Jiangsu guji chubanshe, 2004. 李修生编《全元文》,南京:江苏古籍出版社,2004。

SHY—Xu Song (1781-1848) compiler. *Song huiyao jigao* [The recovered draft of the collected essential documents of Song]. Edited by Liu Lin et al. 16 vols. Shanghai: Shanghai guji chubanshe, 2014. Originally published Beijing: Guoli Beiping tushuguan, 1936. 徐松：《宋会要辑稿》，刘琳等点校，上海古籍出版社，2014。初版为北京：国立北平图书馆，1936。

SS—Toghto. *Songshi* [History of the Song dynasty]. 40 vols. Beijing: Zhonghua shuju, 1977. 脱脱：《宋史》，北京：中华书局，1977。

*Songshi quanwen*—Anonymous. *Songshi quanwen* [Complete texts of Song history]. Edited by Wang Shengduo. 9 vols. Beijing: Zhonghua shuju, 2016. 佚名：《宋史全文》，汪圣铎点校，北京：中华书局，2016。

*Wenxian tongkao*—Ma Duanlin (1254-1325). *Wenxian tongkao* [Comprehensive studies of historical documents]. 14 vols. Beijing: Zhonghua shuju, 2011. 马端临：《文献通考》，上海师范大学古籍研究所、华东师范大学古籍研究所点校，北京：中华书局，2011。

*Xubian* — Anonymous. *Xubian liangchao gangmu beiyao* [Complete essentials in outline and detail of the two courts, continued]. Edited by Ru Qihe. Beijing: Zhonghua shuju, 1995. 佚名：《续编两朝纲目备要》，汝企和点校，北京：中华书局，1995。

*Yaolu* — Li Xinchuan (1167-1244). *Jianyan yilai xinian yaolu* [Chronological record of important events since 1127]. Edited by Hu Kun. 8 vols. Beijing: Zhonghua shuju, 2013. 李心传：《建炎以来系年要录》，胡坤点校，北京：中华书局，2013。

*Yongle dadian* — Xie Jin (1369-1415) and Yao Guangxiao (1335-1419). *Yongle dadian* [Yongle encyclopedia]. 10 vols. Beijing: Zhonghua shuju, 1986. 解缙、姚广孝等编《永乐大典》，北京：中华书局，1986。

YS — Song Lian (1310-1381). *Yuanshi* [History of the Yuan dynasty]. 15 vols. Beijing: Zhonghua shuju, 1976. 宋濂：《元史》，北京：中华书局，1976。

*Yuhai* — Wang Yinglin (1223–1296). *Yuhai* [The ocean of jade]. 1883 edition. 8 vols. Shanghai: Jiangsu guji chubanshe, Shanghai shudian, 1988. 王应麟：《玉海》，上海书店，南京：江苏古籍出版社，1988。

*Zhongxing gangmu* — Chen Jun (1174–1244). *Zhongxing liangchao biannian gangmu* [Chronically arranged outline and details of the two Restoration courts]. Edited by Yan Yongcheng. Nanjing: Fenghuang chubanshe, 2018. 陈均：《中兴两朝编年纲目》，燕永成点校，南京：凤凰出版社，2018。

*Zhongxing shengzheng*—Anonymous. *Huangsong zhongxing liangchao shengzheng* [Sagacious administration from the two restoration courts of the august Song]. *Wanwei biezang* edition. Reprinted, 4 vols. Taibei: Wenhai chubanshe, 1967. 佚名：《皇宋中兴两朝圣政》，宛委别藏本，台北：文海出版社，1967。

*Zhongxing xiaoli*—Xiong Ke (1157 *jinshi*). *Zhongxing xiaoli* [Minor calendar of the Restoration]. Reprinted as Xiong Ke, *Zhongxing xiaoji*. Edited by Gu Jichen and Guo Qunyi. Fuzhou: Fujian renmin chubanshe, 1984. 熊克：《中兴小纪》（原名《中兴小历》），顾吉辰、郭群一点校，福州：福建人民出版社，1984。

## 丛书缩写

*CSJC* — *Congshu jicheng* 丛书集成 [Complete collection of assembled books]. 3467 vols. Shanghai: Shanghai yinshuguan, 1936–1940. Reprinted *Congshu jicheng xinbian* 丛书集成新编. 120 vols. Taibei: Xinwenfeng chuban gongsi, 1985.

*Quan Song biji* — Shanghai shifan daxue. Guji zhengli yanjiusuo, ed. *Quan Song biji* 全宋笔记 [Complete Song *biji*]. Zhengzhou: Daxiang chubanshe, 2003–2018.

*SBCK* — *Sibu congkan* 四部丛刊 [Assembled printings from the four divisions]. Reprinted 100 vols. Taibei: Taiwan shangwu yinshuguan, 1979.

*SKQS* — *Yingyin Wenyuange Siku quanshu* 影印文渊阁四库全书 [Photofacsimile reprint of the Wenyuan Pavilion copy of the *Complete Books in the Four Treasuries*]. 1500 vols. Taibei: Taiwan shangwu yinshuguan, 1983–1986.

## 一手资料

Anonymous. *Hanyuan xinshu* [New writings from the Hanlin garden] (*SKQS* edition). 佚名：《翰苑新书》，文渊阁四库全书本。

Anonymous, *Nan Song guan'ge xulu*, in Chen Kui. *Nan Song guan'ge lu*, *xu lu* [An account of Southern Song academic institutions, and a supplemental account]. Edited by Zhang Fuxiang. Beijing: Zhonghua shuju, 1998. 陈骙：《南宋馆阁录 续录》，张富祥点校，北京：中华书局，1998。

Anonymous. *Song da zhaoling ji* [Collection of major Song edicts]. Beijing: Zhonghua shuju, 1962. 佚名：《宋大诏令集》，北京：中华书局，1962。

Anonymous. *Songji sanchao zhengyao jianzheng* [Administrative essentials from the last three courts of the Song, annotated]. Edited by Wang Ruilai. Beijing: Zhonghua shuju, 2010. 佚名：《宋季三朝政要笺证》，王瑞来笺证，北京：中华书局，2010。

Anonymous. *Taiping baoxun zhengshi jinian* [Administrative policies year-by-year from the *Precious Instructions from the Era of Great Peace*]. Taibei: Wenhai chubanshe, 1980. 佚名：《太平宝训政事纪年》，台北：文海出版社，1980。

Cai Tao. *Tiewei shan congtan* [Collected conversations from the iron encircling mountain]. Beijing: Zhonghua shuju, 1983. 蔡絛：《铁围山丛谈》，北京：中华书局，1983。

Chao Gongwu. *Junzhai dushuzhi jiaozheng* [A collated edition of *Notes on Reading Books in a Provincial Studio*]. Edited by Sun Meng. Shanghai: Shanghai guji chubanshe, 1990. 晁公武：《郡斋读书志校证》，孙猛校证，上海古籍出版

社，1990。

Chen Fuliang. *Zhizhai ji* [Collected works of Chen Fuliang]. (*SKQS* edition). 陈傅良：《止斋集》，文渊阁四库全书本。

Chen Shanjun. *Jiu wudai shi xinji huizheng* [*The Old History of the Five Dynasties*, newly compiled with collected annotation]. 12 vols. Shanghai: Fudan daxue chubanshe, 2005. 陈尚君：《旧五代史新辑汇证》，上海：复旦大学出版社，2005。

Chen Yuyi. *Jianzhai ji* [Collected works of Chen Yuyi] (*SKQS* edition). 陈与义：《简斋集》，文渊阁四库全书本。

Chen Zhensun. *Zhizhai shulu jieti* [Notes and comments on the books in my library]. Shanghai: Shanghai guji chubanshe, 1987. 陈振孙：《直斋书录解题》，上海古籍出版社，1987。

Cheng Ju. *Beishan ji* [Collected works of Cheng Yuyi] (*SKQS* edition). 程俱：《北山集》，文渊阁四库全书本。

———. *Lintai gushi jiaozheng* [A collated edition of *Precedents from the Imperial Library*]. Collated by Zhang Fuxiang. Beijing: Zhonghua shuju, 2000. 程俱：《麟台故事校证》，张富祥校证，北京：中华书局，2000。

Ding Teqi. *Jingkang jiwen* [Records of the Jingkang period] (*CSJC* edition). 丁特起：《靖康纪闻》，丛书集成初编本。

Ding Wei. *Ding Jingong tanlu* [Conversations of Ding Wei]. *Quan Song biji* edition. 丁谓：《丁晋公谈录》，全宋笔记本。

Du Yu. *Chunqiu Zuozhuan zhushu* (*SKQS* edition). 杜预：《春秋左传注疏》，文渊阁四库全书本。

Du Zheng. *Xingshan tang gao* [Collected works of Du Zheng] (*SKQS* edition). 度正：《堂性善稿》，文渊阁四库全书本。

Fan Zuyu. *Fan Taishi ji* [Collected works of Fan Zuyu] (*SKQS* edition). 范祖

禹:《范太史集》,文渊阁四库全书本。

——. *Tangjian* [A mirror of Tang dynasty history] (*SKQS* edition). 范祖禹:《唐鉴》,文渊阁四库全书本。

Fu Zengxiang. *Songdai Shuwen jicun* [Surviving writings from Song period Sichuan]. 1943 ed. Reprinted, 7 vols. Beijing: Beijing tushuguan chubanshe, 2005. 傅增湘:《宋代蜀文辑存》,北京图书馆出版社,2005。

——. *Songdai Shuwen jicun jiaobu* [Surviving writings from Song period Sichuan, edited with supplements]. Edited by Wu Hongze 6 vols. Chongqing: Chongqing daxue chubanshe, 2014. 傅增湘:《宋代蜀文辑存校补》,吴洪泽补辑,重庆:重庆大学出版社,2014。

Gao Side. *Chitang cungao* [Collected works of Gao Side] (*SKQS* edition). 高斯得:《耻堂存稿》,文渊阁四库全书本。

Han Biao. *Jianquan riji* [Diaries of Han Biao] (*SKQS* edition). 韩淲:《涧泉日记》,文渊阁四库全书本。

Han Yuanji. *Nanjian jiayi gao* [First and second drafts from South Gully] (*SKQS* edition). 韩元吉:《南涧甲乙稿》,文渊阁四库全书本。

He Xiu. *Chunqiu Gongyang zhuan zhushu* [Annotations on the Gongyang commentary to the *Spring and Autumn Annals*] (*SKQS* edition). 何休:《春秋公羊传注疏》,文渊阁四库全书本。

Hong Mai. *Rongzhai suibi* [Random notes of Hong Mai]. 2 vols. Shanghai: Shanghai guji chubanshe, 1978. 洪迈:《容斋随笔》,上海古籍出版社,1978。

Huang Huai and Yang Shiqi, compilers. *Lidai mingchen zouyi* [Memorials of illustrious ministers through the ages]. 6 vols. Taibei: Taiwan xuesheng shuju, 1964. 黄淮、杨士奇编《历代名臣奏议》,台北:台湾学生书局,1964。

Huang Jin. *Wenxian ji* [Collected works of Huang Jin] (*SKQS* edition). 黄溍:

《文献集》，文渊阁四库全书本。

Huang Zhen. *Huangshi richao* [The diaries of Master Huang] (*SKQS* edition). 黄震：《黄氏日钞》，文渊阁四库全书本。

Huang Zongxi. *Song Yuan xue'an* [Scholars of the Song and Yuan]. Edited by Chen Jinsheng and Liang Yunhua. 6 vols. Taibei: Huashi chubanshe, 1987. 黄宗羲：《宋元学案》，陈金生、梁运华点校，台北：华世出版社，1987。

Ji Yun et al. *Qinding siku quanshu zongmu* [A general catalogue of the complete books in the four categories]. 2 vols. Beijing: Zhonghua shuju, 1997. 纪昀：《钦定四库全书总目》，北京：中华书局，1997。

Li Gang. *Li Gang quanji* [Collected works of Li Gang]. Edited by Wang Ruiming. 3 vols. Changsha: Yuelu chubanshe, 2004. 李纲：《李纲全集》，王瑞明点校，长沙：岳麓书社，2004。

Li Jingde. *Zhuzi yulei* [Conversations of Zhu Xi]. 8 vols. Beijing: Zhonghua shuju, 1994. 黎靖德编《朱子语类》，北京：中华书局，1994。

Li Xiaolong. *Cui Qingxian gong yanxing lu* [Record of the words and deeds of Cui Yuzhi] (*CSJC* edition). 李肖龙编《崔清献公言行录》，丛书集成初编本。

Li Xinchuan. *Daoming lu* [A record of the way and its destiny] (*CSJC* edition). 李心传：《道命录》，丛书集成初编本。

——. *Jianyan yilai xinian yaolu* [A chronological record of important events since 1127] (*SKQS* edition). 李心传：《建炎以来系年要录》，文渊阁四库全书本。

——. *Jiuwen zhengwu* [Correcting errors in old accounts]. In Zhang Shinan [and] Li Xinchuan. *Youhuan jiwen* [and] *Jiuwen zhengwu*. Beijing: Zhonghua shuju, 1981. 李心传：《旧闻证误》，收入张世南《游宦纪闻》，北京：中华书局，1981。

Li You. *Songchao shishi* [True events of the Song court]. Taibei: Wenhai chubanshe, 1967. 李攸：《宋朝事实》，台北：文海出版社，1967。

Li You. *Gu Hang zaji* [Diverse accounts of old Hangzhou]. In Tao Zongyi, comp., *Shuofu* (*SKQS* edition). 李有:《古杭杂记》,收入陶宗仪编《说郛》,文渊阁四库全书本。

Li Yumin, editor. *Sima Guang Riji jiaozhu* [Sima Guang's diary, collated with commentary]. Beijing: Zhongguo shehui kexue chubanshe, 1994. 李裕民:《司马光日记校注》,北京:中国社会科学出版社,1994。

——. *Songren shengzu xingnian kao* [Researches on the birth and death dates of Song persons]. Beijing: Zhonghua shuju, 2010. 李裕民:《宋人生卒行年考》,北京:中华书局,2010。

Lin Jiong. *Gujin yuanliu zhilun* [Ultimate essays as origins and developments from the past to the present] (*SKQS* edition). 林駧:《古今源流至论》,文渊阁四库全书本。

Liu Kezhuang. *Liu Kezhuang ji jianjiao* [The collected works of Liu Kezhuang with commentary]. Edited with commentary by Xin Gengru. 16 vols. Beijing: Zhonghua shuju, 2011. 刘克庄:《刘克庄集笺校》,辛更儒笺校,北京:中华书局,2011。

Liu Shiju. *Xu Song biannian zizhi tongjian* [Continuation of the Song chronological comprehensive mirror for administration] (*CSJC* edition). 刘时举:《续宋编年资治通鉴》,丛书集成初编本。

Liu Yiqing. *Qiantang yishi* [Surving stories from Hangzhou] (*SKQS* edition). 刘一清:《钱塘遗事》,文渊阁四库全书本。

Liu Zai. *Mantang ji* [Collected works of Liu Zai] (*SKQS* edition). 刘宰:《漫塘集》,文渊阁四库全书本。

Lou Yue. *Gongkui ji* [Collected works of Lou Yue] (*SKQS* edition). 楼钥:《攻愧集》,文渊阁四库全书本。

Lü Wu. *Zuoshi jiancao* [Draft remonstrance from the historian of the left] (*SKQS* edition). 吕午:《左史谏草》,文渊阁四库全书本。

Lü Zuqian. *Donglai ji* [Collected works of Lü Zuqian] (*SKQS* edition). 吕祖谦:《东莱集》,文渊阁四库全书本。

——. *Song wenjian* [The mirror of Song prose]. Edited by Qi Zhiping. 3 vols. Beijing: Zhonghua shuju, 1992. 吕祖谦:《宋文鉴》,齐治平点校,北京:中华书局,1992。

Luo Congyan. *Yuzhang wenji* [Collected works of Luo Congyan] (*SKQS* edition). 罗从彦:《豫章文集》,文渊阁四库全书本。

——. *Zun Yao lu* [Record of revering Emperor Yao]. *Quan Song biji* edition. 罗从彦:《遵尧录》,全宋笔记本。

Mei Yaochen. *Biyun xia* [The blue cloud stallion] (*CSJC* edition). 梅尧臣:《碧云騢》,丛书集成初编本。

Ouyang Xiu. *Ouyang Xiu quanji* [Collected works of Ouyang Xiu]. Edited by Li Yi'an. 6 vols. Beijing: Zhonghua shuju, 2001. 欧阳修:《欧阳修全集》,李逸安点校,北京:中华书局,2001。

——. *Ouyang wenzhong gong ji* [Collected works of Ouyang Xiu] (*SBCK* edition). 欧阳修:《欧阳文忠公文集》,四部丛刊初编本。

——. *Xin Tang shu* [New Tang history]. 20 vols. Beijing: Zhonghua shuju, 1975. 欧阳修:《新唐书》,北京:中华书局,1975。

Peng Baichuan. *Taiping zhiji tonglei* [Comprehensively classified governance of Great Peace]. 3 vols. Taibei: Chengwen chubanshe, 1966. 彭百川:《太平治迹统类》,台北:成文出版社,1966。

Qi Chongli. *Beihai ji.* [Collected works of Qi Chongli] (*SKQS* edition). 綦崇礼:《北海集》,文渊阁四库全书本。

Qian Ruoshui. *Song Taizong shilu* [The veritable records of the Song emperor Taizong]. Edited by Yan Yongcheng. Lanzhou: Gansu renmin chubanshe, 2005. 钱若水：《宋太宗实录》，燕永成点校，兰州：甘肃人民出版社，2005。

Qian Yueyou. *Xianchun Lin'an zhi* [Xianchun period gazetteer of Lin'an]. 1830 edition, reprinted in *Song Yuan difangzhi congshu*, vol. 7, pp. 3855–4826. Taibei: Dahua shuju, 1990. 潜说友：《咸淳临安志》，收入《宋元地方志丛书》，台北：大化书局，1990。

Quan Heng. *Gengshen waishi jianzheng* [Notes on the *External History of the Gengshen Period*]. Annotated by Ren Chongyue. Zhengzhou: Zhongzhou guji chubanshe, 1991. 权衡：《庚申外史笺证》，任崇岳笺证，郑州：中州古籍出版社，1991。

Shao Bowen. *Shaoshi wenjian lu* [A record of things heard and seen by the Shao family]. Beijing: Zhonghua shuju, 1983. 邵伯温：《邵氏闻见录》，北京：中华书局，1983。

Shi Hao. *Maofeng zhenyin manlu* [Collected works of Shi Hao] (*SKQS* edition). 史浩：《鄮峰真隐漫录》，文渊阁四库全书本。

Shi Jie. *Culai Shi xiansheng wenji* [Collected works of Shi Jie]. Edited by Chen Zhi'e. Beijing: Zhonghua shuju, 1984. 石介：《徂徕石先生文集》，陈植锷点校，北京：中华书局，1984。

Shu Di. *Zhensuzhai ji* [Collected works of Shu Di] (*SKQS* edition). 舒頔：《真素斋集》，文渊阁四库全书本。

Sima Guang. *Jigu lu dianjiao ben* [A collated edition of the *Record of Investigating Antiquity*]. Edited by Wang Yiling. Beijing: Zhongguo youyi chuban gongsi, 1987. 司马光：《稽古录》，王亦令点校，北京：中国友谊出版公司，1987。

———. *Shuyi* [Protocols for writing] (*SKQS* edition). 司马光:《书仪》,文渊阁四库全书本。

———. *Sima Guang ji* [The collected writings of Sima Guang]. Edited by Li Wenze and Xia Shaohui. 3 vols. Chengdu: Sichuan daxue chubanshe, 2010. 司马光:《司马光集》,李文泽、霞绍晖点校,成都:四川大学出版社,2010。

———. *Sushui jiwen* [A record of things heard by Su River]. Edited by Deng Guangming and Zhang Xiqing. Beijing: Zhonghua shuju, 1989. 司马光:《涑水记闻》,邓广铭、张希清点校,北京:中华书局,1989。

———. *Zizhi tongjian* [The comprehensive mirror for aid in governance]. Beijing: Guji chubanshe, 1956. 司马光:《资治通鉴》,北京:古籍出版社,1956。

Sima Qian. *Shiji* [The Grand Scribe's Records]. Beijing: Zhonghua shuju, 1959. 司马迁:《史记》,北京:中华书局,1959。

Song Lian. *Wenxian ji* [Collected works of Song Lian] (*SKQS* edition). 宋濂:《文宪集》,文渊阁四库全书本。

Su Shi. *Su Shi wenji* [Collected prose of Su Shi]. Edited by Kong Fanli. 6 vols. Beijing: Zhonghua shuju, 1986. 苏轼:《苏轼文集》,孔凡礼点校,北京:中华书局,1986。

Su Tianjue. *Ziqi wen gao* [Collected works of Su Tianjue] (*SKQS* edition). 苏天爵:《滋溪文稿》,文渊阁四库全书本。

Su Zhe. *Longchuan lüe zhi. Longchuan bie zhi* [A brief record from Longchuan. Another record from Longchuan]. Beijing: Zhonghua shuju, 1982. 苏辙:《龙川略志 龙川别志》,北京:中华书局,1982。

Sun Yirang. *Zhouli zhengyi* [Correct meanings in the *Rituals of Zhou*]. Edited by Xu Jialu. 10 vols. Beijing: Zhonghua shuju, 2015. 孙诒让:《周礼正义》,汪少华整理,收入许嘉璐主编《孙诒让全集》,北京:中华书局,2015。

Sun Yuanxiang. *Tianzhenge ji*. Reprinted in Qingdai shiwen ji huibian bianzuan weiyuanhui. *Qingdai shiwen ji huibian*, vol. 464. Shanghai: Shanghai guji chubanshe, 2010. 孙原湘：《天真阁集》，收入《清代诗文集汇编》，上海古籍出版社，2010。

Tian Kuang. *Rulin gongyi* [Public discourse from the Confucian forest] (*SKQS* edition). 田况：《儒林公议》，文渊阁四库全书本。

Toghto. *Liaoshi* [History of the Liao dynasty]. 5 vols. Beijing: Zhonghua shuju, 1974. 脱脱：《辽史》，北京：中华书局，1974。

Wang Bi. *Zhouyi zhushu* [The Chou dynasty Changes with commentary and subcommentary] (*SKQS* edition). 王弼：《周易注疏》，文渊阁四库全书本。

Wang Fuzhi. *Song lun* [A discourse on the Song dynasty]. Beijing: Zhonghua, 1964. 王夫之：《宋论》，北京：中华书局，1964。

Wang Gui. *Huayang ji* [Collected works of Wang Gui] (*SKQS* edition). 王珪：《华阳集》，文渊阁四库全书本。

Wang Mingqing. *Huizhu lu* [Records while waving the duster]. Beijing: Zhonghua shuju, 1961. 王明清：《挥麈录》，北京：中华书局，1961。

——. *Touxia lu*, *Yuzhao xinzhi* [Notebooks by Wang Mingqing]. Edited by Wang Xinsen and Zhu Juru. Shanghai: Shanghai guji chubanshe, 1991. 王明清：《投辖录 玉照新志》，汪新森、朱菊如校点，上海古籍出版社，1991。

Wang Pizhi. *Shengshui yantan lu* [A record of leisurely conversations by the Sheng River]. Edited by Lü Youren. In Wang Pizhi, Shengshui yantan lu [and] Ouyang Xiu, Guitian lu. Beijing: Zhonghuashuju, 1981. 王辟之：《渑水燕谈录》，吕友仁点校，北京：中华书局，1981。

Wang Yingchen. *Wending ji* [Collected works of Wang Yingchen] (*SKQS* edition). 汪应辰：《文定集》，文渊阁四库全书本。

Wang Yinglin. *Kunxue jiwen* [Notes on things learned from arduous study]. Edited by Luan Baoqun et. al. 3 vols. Shanghai: Shanghai guji chubanshe, 2008. 王应麟:《困学纪闻》, 栾保群等校点, 上海古籍出版社, 2008。

Wang Zeng. *Wang Wenzheng gong bilu* [Notes and records of Wang Zeng]. *Quan Song biji* edition. 王曾:《王文正公笔录》, 全宋笔记本。

Wang Yun. *Qiujian ji* [Collected works of Wang Yun] (*SKQS* edition). 王恽:《秋涧集》, 文渊阁四库全书本。

Wei Liaoweng. *Heshan xiansheng daquan wenji* [Collected works of Wei Liaoweng] (*SKQS* edition). 魏了翁:《鹤山先生大全文集》, 文渊阁四库全书本。

*Wenyuange Siku quanshu, dianziban* [*Wenyuange Siku quanshu*, electronic edition]. Hong Kong: Dizhi wenhua chuban youxian gongsi, 1999. 文渊阁四库全书电子版, 香港: 迪志文化出版有限公司, 1999。

Wu Cheng. *Wu Wenzheng ji* [Collected works of Wu Cheng] (*SKQS* edition). 吴澄:《吴文正集》, 文渊阁四库全书本。

Wu Yong. *Helin ji*. [Collected works of Wu Yong] (*SKQS* edition). 吴泳:《鹤林集》, 文渊阁四库全书本。

Wu Zeng. *Nenggaizhai manlu* [Records from the Nenggai studio]. 2 vols. Shanghai: Shanghai guji chubanshe, 1960. 吴曾:《能改斋漫录》, 上海古籍出版社, 1960。

Xia Liangsheng. *Zhongyong yanyi* [Extended ideas about the *Doctrine of the Mean*] (*SKQS* edition). 夏良胜:《中庸衍义》, 文渊阁四库全书本。

Xie Caibo. *Mizhai biji* [Notes from the secret studio] (*CSJC* edition). 谢采伯:《密斋笔记》, 丛书集成初编本。

Xie Shenfu. *Qingyuan tiaofa shilei* [Classified regulations of the Qingyuan period]. Taibei: Xinwenfeng chuban gongsi, 1976. 谢深甫:《庆元条法事类》, 台

北：新文丰出版公司，1976。

Xu Ziming. *Song zaifu biannian lu jiaobu* [Chronological records of Song chief and assisting councilors, edited and supplemented]. Edited by Wang Ruilai. 4 vols. Beijing: Zhonghua shuju, 1986. 徐自明：《宋宰辅编年录校补》，王瑞来校补，北京：中华书局，1986。

Yang Shiqi. *Wenyuange shumu* [Catalogue of the imperial library] (*SKQS* edition). 杨士奇：《文渊阁书目》，文渊阁四库全书本。

Yang Wanli. *Chengzhai ji* [Collected works of Yang Wanli] (*SKQS* edition). 杨万里：《诚斋集》，文渊阁四库全书本。

Ye Mengde. *Shilin yanyu* [Shilin's table talk]. Edited by Yuwen Shaoyi and Hou Zhongyi. Beijing: Zhonghua shuju, 1984. 叶梦得撰，宇文绍奕考：《石林燕语》，侯忠义点校，北京：中华书局，1984。

Ye Shaoweng. *Sichao wenjian lu* [A record of things seen and heard at four courts]. Edited by Shen Xilin and Feng Huimin. Beijing: Zhonghua shuju, 1989. 叶绍翁：《四朝闻见录》，沈锡麟、冯惠民点校，北京：中华书局，1989。

Ye Shi. *Ye Shi ji* [Collected works of Ye Shi]. 3 vols. Beijing: Zhonghua shuju, 1961. 叶适：《叶适集》，北京：中华书局，1961。

——. *Xixue jiyan* [Notes and ideas from repeated study] (*SKQS* edition). 叶适：《习学记言》，文渊阁四库全书本。

Ye Ziqi. *Caomuzi* [(Notes from) The master of plants and trees] (*SKQS* edition). 叶子奇：《草木子》，文渊阁四库全书本。

You Mao. *Suichutang shumu* [Bibliography of the Suichu Hall] (*SKQS* edition). 尤袤：《遂初堂书目》，文渊阁四库全书本。

Yuan Jue. *Qingrong jushi ji* [Collcted works of Yuan Jue] (*SBCK* edition). 袁桷：《清容居士集》，四部丛刊初编本。

Yuan Wen. *Wengyu xianping* [Leisurely comments by the small window] (*CSJC* edition). 袁文:《瓮牖闲评》, 丛书集成初编本。

Zeng Gong. *Longping ji* [The Longping collection] (*SKQS* edition). 曾巩:《隆平集》, 文渊阁四库全书本。

——. *Zeng Gong ji* [Collected works of Zeng Gong]. Edited by Chen Xingzhen and Chao Jizhou. 2 vols. Beijing: Zhonghua shuju, 1984. 曾巩:《曾巩集》, 陈杏珍、晁继周点校, 北京: 中华书局, 1984。

Zeng Zao. *Leishuo* [Classified discourses] (*SKQS* edition). 曾慥:《类说》, 文渊阁四库全书本。

Zhang Duanyi. *Gui'er ji*. Beijing: Zhonghua shuju, 1958. 张端义:《贵耳集》, 北京: 中华书局, 1958。

Zhang Gang. *Huayang ji* [Collected works of Zhang Gang] (*SKQS* edition). 张纲:《华阳集》, 文渊阁四库全书本。

Zhang Jun. *Mengzi zhuan* (*SKQS* edition). 张浚:《孟子传》, 文渊阁四库全书本。

Zhang Ruyu. *Qunshu kaosuo* [A critical compilation of all my books] (*SKQS* edition). 章如愚:《群书考索》, 文渊阁四库全书本。

Zhang Shunmin. *Huaman lu* [Record of worthless scribbles] (*SKQS* edition). 张舜民:《画墁录》, 文渊阁四库全书本。

Zhao Ruyu. *Songchao zhuchen zouyi* [The ministers' memorials of the Song court]. 2 vols. Shanghai: Shanghai guji chubanshe, 1999. 赵汝愚:《宋朝诸臣奏议》, 上海古籍出版社, 1999。

Zhen Dexiu. *Daxue yanyi* [Extended ideas about the *Great Learning*] (*SKQS* edition). 真德秀:《大学衍义》, 文渊阁四库全书本。

——. *Xishan wenji* [Collected works of Zhen Dexiu] (*SKQS* edition). 真德秀:

《西山文集》，文渊阁四库全书本。

Zheng Yao. *Jingding Yanzhou xuzhi* [The Jingding period continuation of the Yanzhou gazetteer]. In *Song Yuan difangzhi congshu*, vol. 11, pp. 6991 – 7056. Taibei: Dahua shuju, 1990. 郑瑶：《景定延州续志》，收入《宋元地方志丛书》，台北：大化书局，1990。

Zhou Bida. *Wenzhong ji* [Collected writings of Zhou Bida] (*SKQS* edition). 周必大：《文忠集》，文渊阁四库全书本。

——. *Yutang zaji* [Miscellaneous notes form the jade hall] (*Shuofu* edition). 周必大：《玉堂杂记》，说郛本。

Zhou Hui. *Qingbo zazhi jiaozhu* [Annotated edition of the *Various Accounts from the Qingbo Gate*]. Edited by Liu Yongxian. Beijing: Zhonghua shuju, 1994. 周煇：《清波杂志校注》，刘永翔校注，北京：中华书局，1994。

Zhou Mi. *Guixin zashi* [Random notes from the Guixin quarter]. Edited by Wu Qiming. Beijing: Zhonghua shuju, 1988. 周密：《癸辛杂识》，吴企明点校，北京：中华书局，1988。

——. *Qidong yeyu jiaozhu* [An annotated edition of *Rustic Conversations from Eastern Qi*]. Edited by Zhu Juru et. al. Shanghai: Huadong shifan daxue chubanshe, 1987. 周密：《齐东野语校注》，朱菊如校注，上海：华东师范大学出版社，1987。

Zhu Xi. *Chuci jizhu* [Collected annotations on the *Songs of the South*] (*SKQS* edition). 朱熹：《楚辞集注》，文渊阁四库全书本。

——. *Sishu zhangju jizhu* [Collected commentaries on the chapters and verses of the *Four Books*]. Beijing: Zhonghua shuju, 1983. 朱熹：《四书章句集注》，北京：中华书局，1983。

——. *Wuchao mingchen yanxing lu* [Records of the words and deeds of illustrious ministers at five courts] (*SBCK* edition). 朱熹：《五朝名臣言行录》，四部丛刊初

编本。

———. *Zhu Xi ji* [The collected works of Zhu Xi]. Edited by Guo Qi and Yin Bo. 10 vols. Chengdu: Sichuan jiaoyu chubanshe, 1996. 朱熹：《朱熹集》，郭齐、尹波点校，成都：四川教育出版社，1996。

Zhu Xi and Lü Zuqian. *Jinsi lu* [Reflections on things at hand] (*SKQS* edition). 朱熹、吕祖谦：《近思录》，文渊阁四库全书本。

Zhuang Chuo. *Jile bian* [Chicken rib notes]. Beijing: Zhonghua shuju, 1983. 庄绰：《鸡肋编》，北京：中华书局，1983。

*Zuo Tradition. Zuozhuan* 左传. *Commentary on the "Spring and Autumn Annals."* Translated and introduced by Stephen Durrant, Wai-yee Li, and David Schaberg. 3 vols. Seattle and London: University of Washington Press, 2016.

## 二手资料

Aoyama Sadao 青山定雄. *Sōkaiyō kenkyū biyō: Mokuroku* 宋会要研究备要：目录 [Research essentials for the *Song huiyao*: Index]. Tokyo: Tōyō bunko Sōdai kenkyū iinkai, 1970.

Balazs, Étienne. "L'histore comme guide de la pratique bureaucratique (les monographies, les encyclopédies, les recueils de statuts)." In *Historians of China and Japan*, edited by W. G. Beasley and E. G. Pulleyblank, pp. 78–94. London: School of Oriental and African Studies, 1961.

Balazs, Étienne and Hervouet, Yves. *A Sung Bibliography*. Hong Kong: The Chinese University Press, 1978.

Biot, Edouard, trans. *Le Tcheou-li, ou Rites des Tcheou*. 3 vols. Paris: Imprimerie nationale, 1851.

Bol, Peter K. "Neo-Confucianism and Local Society, Twelfth to Sixteenth

Century: A Case Study." In *The Song-Yuan-Ming Transition in Chinese History*, edited by Paul Jakov Smith and Richard von Glahn, pp. 241-283. Cambridge, MA: Harvard University Asia Center, 2003.

——. "*This Culture of Ours*": *Intellectual Transitions in T'ang and Sung China*. Stanford: Stanford University Press, 1992. (包弼德:《斯文: 唐宋思想的转型》, 刘宁译, 南京: 江苏人民出版社, 2017。——译者注)

Butterfield, Herbert. *The Whig Interpretation of History*. London: G. Bell and Sons, 1931; reprinted 1959. (赫伯特·巴特菲尔德:《历史的辉格解释》, 张岳明、刘北成译, 北京: 商务印书馆, 2012。——译者注)

Cahill, James. *An Index of Early Chinese Painters and Paintings: T'ang, Sung, and Yüan*. Berkeley: University of California Press, 1980.

Cahill, Suzanne E. "Taoism at the Sung Court: The Heavenly Text Affair of 1008." *Bulletin of Sung-Yüan Studies* 16 (1980): 23-44.

Cai Chongbang. *Songdai xiushi zhidu yanjiu* [Researches into the Song period institutions for the compilation of history]. Taibei: Wenjin chubanshe, 1993. 蔡崇榜:《宋代修史制度研究》, 台北: 文津出版社, 1993。

Cai Shangxiang. *Wang Jinggong nianpu kaolüe* [A chronological biography of Wang Anshi]. Shanghai: Shanghai renmin chubanshe, 1959. 蔡上翔:《王荆公年谱考略》, 上海人民出版社, 1959。

Cao Jiaqi. "Zhao Song dangchao shengshi shuo zhi zaojiu ji qi yingxiang — Songchao 'zuzong jiafa' yu 'Jiayou zhi zhi' xinlun" [Emergence of the idea of the 'Golden Age' in the Song dynasty and its impact: A new study on the 'Ancestors' Instructions' and the 'Age of Jiayou' in the Song dynasty]. *Zhongguoshi yanjiu* (2007.4): 69-89. 曹家齐:《赵宋当朝盛世说之造就及其影响——宋朝"祖宗家法"与"嘉祐之治"新论》,《中国史研究》2007 年第 4 期, 第 69—89 页。

Chaffee, John W. *Branches of Heaven: A History of the Imperial Clan of Sung China*. Cambridge, MA: Harvard University Asia Center, 1999. (贾志扬：《天潢贵胄：宋代宗室史》，赵冬梅译，南京：江苏人民出版社，2023。——译者注)

——. "Chao Ju-yü, Spurious Leaning, and Southern Sung Political Culture." *Journal of Song-Yuan Studies* 22 (1990–1992): 23–61.

——. "The Historian as Critic: Li Hsin-ch'uan and the Dilemmas of Statecraft in Southern Sung China." In *Ordering the World: Approaches to State and Society in Sung Dynasty China*, edited by Robert P. Hymes and Conrad Schirokauer, pp. 309–335. Berkeley: University of California Press, 1993. (贾志扬：《作为批评者的历史学家：李心传与南宋治国之道的困境》，收入谢康伦、韩明士编《为世界排序：宋代的国家与社会》，刘云军译，北京：九州出版社，2022。——译者注)

——. "*Sung Biographies*, Supplementary Biography No. 2, Li Hsin-ch'üan (1167–1244)." *Journal of Song-Yuan Studies* 24 (1994): 205–215.

——. *Thorny Gates of Learning in Sung China*. New Edition. Albany: State University of New York Press, 1995. (贾志扬：《棘闱：宋代科举与社会》，南京：江苏人民出版社，2022。——译者注)

Chaffee, John W. and Denis Twitchett, editors. *The Cambridge History of China. Volume 5. Part Two: Sung China, 960–1279*. Cambridge: Cambridge University Press, 2015.

Chan, Hok-lam. "Chinese Official Historiography at the Yüan Court: The Composition of the Liao, Chin, and Sung Histories." In *China under Mongol Rule*, edited by John D. Langlois, Jr., pp. 56–106. Princeton: Princeton University Press, 1981.

——. *The Historiography of the Chin Dynasty: Three Studies*. Wiesbaden: Franz Steiner Verlag, 1970.

——. *Legitimation in Imperial China: Discussions under the Jurchen Chin Dynasty*. Seattle: University of Washington Press, 1984.

Chan, Wing-tsit, trans. *Reflections on Things at Hand: The Neo-Confucian Anthology compiled by Chu Hsi and Lü Tsu-ch'ien*. New York: Columbia University Press, 1967.

Chang Bide, Wang Deyi, et al. *Songren zhuanji ziliao suoyin* [Index to bibliographical materials of Song figures]. 6 vols. Taibei: Dingwen shuju, 1976. 昌彼德、王德毅:《宋人传记资料索引》,台北:鼎文书局,1976。

Chang, Curtis Chung. "Inheritance Problems in the First Two Reigns of the Sung Dynasty," *Chinese Culture* 9.4 (Dec. 1968): 10-44.

Chang Wei-ling. *Cong Nan Song zhongqi fan jinxi zhengzheng kan daoxue xing shidafu dui "huifu" taidu de zhuanbian (1163-1207)* [The changing attitude toward "recovery" among *daoxue* style officials viewed from the perspective of their political struggles against the close during the middle period of the Southern Song]. *Gudai lishi wenhua yanjiu jikan*. Third series, vol. 17. Taibei: Huamulan wenhua chubanshe, 2010. 张维玲:《从南宋中期反近习政争看道学型士大夫对"恢复"态度的转变(1163—1207)》,《古代历史文化研究辑刊》第17册,台北:花木兰文化出版社,2010。

Chavannes, Édouard. *Les mémoires historique de Si-ma Tsien*. 5 vols. Paris: Adrien-Maisonneuve, 1967.

Chen Guangsheng. "Lü Zuqian yu *Song wenjian*." *Shixueshi yanjiu* (1996.4): 54-59. 陈广胜:《吕祖谦与〈宋文鉴〉》,《史学史研究》1996年第4期,第54—59页。

Chen Jian and Ma Wenda. *Song Yuan banke tushi* [Song and Yuan woodbook prints, illustrated with explanations]. 4 vols. Beijing: Xueyuan chubanshe, 2000. 陈坚、马文大:《宋元版刻图释》,北京:学苑出版社,2000。

Chen Lai. *Zhuzi shuxin biannian kaozheng* [A verified chronology of Zhu Xi's letters]. Revised edition. Beijing: Shenghuo, dushu, xinzhi sanlian shudian, 2011. 陈来:《朱子书信编年考证》,北京:生活·读书·新知三联书店,2011。

Chen Lesu. "Guilin shike *Yuanyou dangji*" [The Yuanyou party registers engraved on stone at Guilin]. *Xueshu yanjiu* (1983.6): 63-71. 陈乐素:《桂林石刻〈元祐党籍〉》,《学术研究》1983年第6期,第63—71页。

———. "*Sanchao beimeng huibian* kao" [A study of the *Collected Documents Concerning Northern Treaties at Three Courts*]. *Lishi yuyan yanjiusuo jikan* 6.2 (1936): 193-341. 陈乐素:《三朝北盟会编考》,《历史语言研究所集刊》第6本第2分册(1936),第193—341页。

———. *Songshi yiwenzhi kaozheng* [A textual commentary on the monograph on bibliography in the *Song History*]. Guangzhou: Guangdong renmin chubanshe, 2002. 陈乐素:《宋史艺文志考证》,广州:广东人民出版社,2002。

Chen Yinke. *Chen Yinke xiansheng lunwenji* [Collected essays of Chen Yinke]. 2 vols. Taibei: Sanrenxing chubanshe yinhang, 1974. 陈寅恪:《陈寅恪先生论文集》,台北:三人行出版社印行,1974。

Chen Zhichao. *Jiekai* Song huiyao *zhi mi* [Unlocking the secrets of the *Song huiyao*]. Beijing: Shehui kexue wenxian chubanshe, 1995. 陈智超:《解开〈宋会要〉之谜》,北京:社会科学文献出版社,1995。

———. "Song shi shiliao" [Historical sources for Song history]. In Chen Zhichao, *Song shi shi'er jiang* [Twelve lectures on Song history], pp. 335-379. Beijing: Qinghua daxue chubanshe, 2010. 陈智超:《宋史史料》,收入氏著《宋史十二讲》,北京:清华大学出版社,2010,第335—379页。

———. "Songdai renkou de zengchang yu renkou fenbu de bianhua" [Increases in Song period population and changes in the population distribution]. In Chen Zhichao,

*Song shi shi'er jiang*, pp. 205-234. Beijing: Qinghua daxue chubanshe, 2010. 陈智超：《宋代人口的增长与人口分布的变化》，收入氏著《宋史十二讲》，北京：清华大学出版社，2010，第205—234页。

Cheng Zhangcan. *Liu Kezhuang nianpu* [A chronological biography of Liu Kezhuang]. Guiyang: Guizhou renmin chubanshe, 1993. 程章灿：《刘克庄年谱》，贵阳：贵州人民出版社，1993。

Chen Zhi'e. *Beisong wenhuashi shulun* [Studies on Northern Song cultural history]. Beijing: Zhongguo shehui kexue chubanshe, 1992. 陈植锷：《北宋文化史述论》，北京：中国社会科学出版社，1992。

Chia, Lucille. *Printing for Profit: The Commercial Publishers of Jianyang, Fujian (11th-17th Century)*. Cambridge, MA: Harvard University Asia Center, 2002. （贾晋珠：《谋利而印：11至17世纪福建建阳的商业出版者》，邱葵、邹秀英、柳颖、刘倩、李国庆译，福州：福建人民出版社，2019。——译者注）

Choi Sung-hei. "Li Tao (1115-1184) *Liuchao tongjian boyi yanjiu*" [A study of Li Tao's *Extensive Discussions on the Six Dynasties Comprehensive Mirror*]. MA thesis, The University of Hong Kong, 2004. 蔡崇禧：《李焘（1115—1184）〈六朝通鉴博议〉研究》，香港大学硕士学位论文，2004。

Chu Ming-kin. *The Politics of Higher Education: The Imperial University in Song China*. Hong Kong: Hong Kong University Press, 2020.

Dardess, John W. *Conquerors and Confucians: Aspects of Political Change in Late Yüan China*. New York: Columbia University Press, 1973.

——. "Shun-ti and the End of Yüan Rule in China." In *Cambridge History of China. Volume 6. Alien Regimes and Border States, 907-1368*, edited by Herbert Franke and Denis Twitchett, pp. 561-586. Cambridge: Cambridge University Press, 1994.

Darrobers, Roger. *Zhu Xi: Mémoire scellé sur la situation de l'empire*. Paris: Les Belles Lettres, 2013.

Davis, Richard L. *Court and Family in Sung China, 960-1279: Bueaurcratic Success and Kinship Fortunes for the Shih of Ming-chou*. Durham, NC: Duke University Press, 1986. （戴仁柱：《丞相世家：南宋四明史氏家族研究》，刘广丰、惠冬译，北京：中华书局，2014。——译者注）

——. "Historiography as Politics and Yang Wei-chen's 'Polemic on Legitimate Succession'," *T'oung Pao* 59 (1983): 33-72.

——. "The Reigns of Kuang-tsung (1189 – 1194) and Ning-tsung (1194 – 1224)." In *The Cambridge History of China. Volume 5. Part One: The Sung Dynasty and Its Precursors, 907 – 1279*, edited by Denis Twitchett and Paul Jakov Smith, pp. 756–838. Cambridge: Cambridge University Press, 2009.

de Bary, Wm. Theodore and Irene Bloom, eds. *Sources of Chinese Tradition. Volume 1*. Second Edition. New York: Columbia University Press, 1999.

De Weerdt, Hilde. *Competition over Content: Negotiating Standards for the Civil Service Examinations in Imperial China (1127 – 1279)*. Cambridge, MA: Harvard University Asia Center, 2007. （魏希德：《义旨之争：南宋科举规范之折冲》，胡永光译，杭州：浙江大学出版社，2015。——译者注）

Deng Guangming. "Dui youguan *Taiping zhiji tonglei* zhu wenti de xin kaosuo" [A new study on all questions relating to the *Administrative Records from the Period of Great Peace, Fully Classified*]. In *Ji Xianlin jiaoshou bashi huadan jinian lunwenji*, edited by Li Zheng and Jiang Zhongxin, pp. 253 – 272. Nanchang: Jiangxi renmin chubanshe, 1991. 邓广铭：《对有关〈太平治迹统类〉诸问题的新考索》，收入李铮、蒋忠新主编《季羡林教授八十华诞纪念论文集》，南昌：江西人民出版社，1991。

Deng Xiaonan. "Zouxiang 'huo' de zhidushi — yi Songdai guanliao zhengzhi zhidushi yanjiu wei li de diandi sikao" [Towards a "living" institutional history: A few thoughts on the study of Song bureaucratic government institutions as an example]. In *Songdai zhidushi yanjiu bainian (1900-2000)*, edited by Bao Weimin, pp. 10-19. Beijing: Shangwu yinshuguan, 2004. 邓小南：《走向"活"的制度史——以宋代官僚政治制度史研究为例的点滴思考》，收入包伟民主编《宋代制度史研究百年（1900-2000）》，北京：商务印书馆，2004。

——. *Zuzong zhi fa: bei Song qianqi zhengzhi shulüe* [The policies of the ancestors and early Northern Song politics]. Beijing: Shenghuo, dushu, xinzhi sanlian shudian, 2006. 邓小南：《祖宗之法：北宋前期政治述略》，北京：生活·读书·新知三联书店，2006。

Du Haijun. *Lü Zuqian nianpu* [Chronological biography of Lü Zuqian]. Beijing: Zhonghua shuju, 2007. 杜海军：《吕祖谦年谱》，北京：中华书局，2007。

Duan Shu'an. *Zhongguo gudai shuhua tumu* [Index to illustrated catalogue of selected works of ancient Chinese painting and calligraphy]. 24 vols. Beijing: Wenwu chubanshe, 1986-2001. 段书安：《中国古代书画图目》，北京：文物出版社，1986—2001。

Ebrey, Patricia Buckley. *Emperor Huizong*. Cambridge, MA: Harvard University Press, 2014.（伊沛霞：《宋徽宗：天下一人》，韩华译，桂林：广西师范大学出版社，2018。——译者注）

——. "Portrait Sculptures in Imperial Ancestral Rites in Song China." *T'oung Pao* 83 (1997): 42-92.

Fan Wenlan. *Zhengshi kaolüe* [Brief studies on the dynastic histories]. 1931; reprint Shanghai: Shanghai shudian, 1989. 范文澜：《正史考略》，上海书店，1989。

Fang Chengfeng. "Lun bei Song Xifeng Yuanyou nianjian de zhongshu tizhi biandong"［Changes in the policy-making system of the Northern Song between 1068 and 1093］. *Hanxue yanjiu* 28. 4（December 2010）：107-138. 方诚峰：《论北宋熙丰、元祐年间的中枢体制变动（1068—1093）》，《汉学研究》第 28 卷第 4 期，第 107—138 页。

Fang Jianxin. *Ershi shiji Song shi yanjiu lunzhu mulu*［An index to twentieth-century scholarship on Song history］. Beijing：Beijing tushuguan chubanshe, 2006. 方建新：《二十世纪宋史研究论著目录》，北京图书馆出版社，2006。

Franke, Herbert. "Chia Ssu-tao（1213-1275）：A 'Bad Last Minister'?" In *Confucian Personalities*, edited by Arthur F. Wright and Denis Twitchett, pp. 217-234. Stanford：Stanford University Press, 1962.

——. *Sung Biographies*. 3 vols. Wiesbaden：Franz Steiner Verlag, 1976.

Fu Xuancong. *Song dengkeji kao*［A study of those who passed the *jinshi* examinations in the Song dynasty］. 2 vols. Nanjing：Jiangsu jiaoyu chubanshe, 2005. 傅璇琮主编，龚延明、祖慧编《宋登科记考》，南京：江苏教育出版社，2005。

Gao Jichun. "Qin Hui yu Luoxue"［Qin Gui and Cheng learning］. *Zhongguoshi yanjiu*（2002. 1）：97-108. 高纪春：《秦桧与洛学》，《中国史研究》2002 年第 1 期，第 97—108 页。

——. "Song Gaozong chao chunian de Wang Anshi pipan yu Luoxue zhi xing"［Criticism of Wang Anshi during the early years of Song Gaozong's reign and the rise of Luo school learning］. *Zhongzhou xuekan*（1996. 1）：140-145. 高纪春：《宋高宗朝初年的王安石批判与洛学之兴》，《中州学刊》1996 年第 1 期，第 140—145 页。

——. *Songshi "benji" kaozheng*［Textual criticism of the annals sections of the *Song History*］. Baoding：Hebei daxue chubanshe, 2000. 高纪春：《〈宋史本纪〉考证》，保定：河北大学出版社，2000。

Ge Zhaoguang. "Cong *Tongjian* dao *Gangmu*"［From the *Comprehensive Mirror* to the *Outline and Details*]. *Hangzhou shiyuan xuebao* (1992.3): 154-158, 171. 葛兆光：《从〈通鉴〉到〈纲目〉》，《杭州师院学报》1992 年第 3 期，第 154—158 页、第 171 页。

——. "Song guanxiu guoshi kao" [A study of official state histories in Song]. *Shixueshi yanjiu* (1982.1): 47-54. 葛兆光：《宋官修国史考》，《史学史研究》1982 年第 1 期，第 47—54 页。

Gong Wei Ai [Jiang Weiai 江伟爱]. "The Reign of Hsiao-tsung (1162-1189)." In *Cambridge History of China. Volume 5. Part One: The Sung Dynasty and Its Precursors, 907-1279*, edited by Denis Twitchett and Paul Jakov Smith, pp. 710-755. Cambridge: Cambridge University Press, 2009.

Gong Yanming. *Songdai guanzhi cidian* [Dictionary of the Song-period bureaucratic system]. Beijing: Zhonghua shuju, 1997. 龚延明：《宋代官制辞典》，北京：中华书局，1997。

——. *Songshi zhiguanzhi buzheng* [Corrections to the *Song History* monograph on officials]. Revised edition. 2 vols. Beijing: Zhonghua shuju, 2009. 龚延明：《宋史职官志补正》，北京：中华书局，2009。

Gu Hongyi. *Songchu zhengzhi yanjiu — yi huangwei shoushou wei zhongxin* [Studies in early Song government, with a focus on the imperial transition]. Shanghai: Huadong shifan daxue chubanshe, 2010. 顾宏义：《宋初政治研究——以皇位授受为中心》，上海：华东师范大学出版社，2010。

顾宏义：《〈续资治通鉴长编〉南宋抄刊本考述》，《文史》2021 年第 3 辑。

Gu Jichen. *Songshi bishi zhiyi* [Queries concerning parallel passages in the *Song History*]. Beijing: Shumu wenxian chubanshe, 1987. 顾吉辰：《〈宋史〉比事质疑》，北京：书目文献出版社，1987。

——. *Songshi kaozheng* [Textual criticism of the *Song History*]. Shanghai:

Huadong ligong daxue chubanshe, 1994. 顾吉辰:《〈宋史〉考证》, 上海: 华东理工大学出版社, 1994。

Gui Qipeng. *Yuandai jinshi yanjiu* [Researchs on Yuan period *jinshi*]. Lanzhou: Lanzhou daxue chubanshe, 2001. 桂栖鹏:《元代进士研究》, 兰州: 兰州大学出版社, 2001。

Guo Zhengzhong. "Nan Song zhongyang caizheng huobi suishou kaobian" [An examination of the annual currency receipts of the central financial administration in Southern Song]. In *Song Liao Jin shi luncong*, edited by Zhongguo shehui kexueyuan lishi yanjiusuo Song Liao Jin Yuan shi yanjiushi, pp. 168–191. Beijing: Zhonghua shuju, 1985. 郭正忠:《南宋中央财政货币岁收考辨》, 收入《宋辽金史论丛》第一辑, 北京: 中华书局, 1985, 第168—191页。

Hartman, Charles. "Bibliographic Notes on Sung Historical Works: The Original *Record of the Way and its Destiny* (*Tao-ming lu*) by Li Hsin-ch'uan." *Journal of Song-Yuan Studies* 30 (2000): 1–61.

——. "Bibliographic Notes on Sung Historical Works: *Topical Narratives from the Long Draft Continuation of the Comprehensive Mirror that Aids Administration* (*Hsü tzu-chih t'ung-chien ch'ang-pien chi-shih ben-mo* 续资治通鉴纪事本末) by Yang Chung-liang 杨仲良 and Related Texts." *Journal of Song-Yuan Studies* 28 (1998): 177–200.

——. "Chen Jun's *Outline and Details*: Printing and Politics in Thirteenth-Century Pedagogical Histories." In *Knowledge and Text Production in an Age of Print: China, 900–1400*, edited by Lucille Chi and Hilde De Weerdt, pp. 273–315. Leiden: Brill, 2011.

——. "Chinese Historiography in the Age of Maturity, 960–1368." In *The Oxtord History of Historical Writing. Volume 2: 400–1400*, edited by Sarah Foot and Chase F. Robinson, pp. 37–57. Oxford: Oxford University Press, 2012.

——. "Li Hsin-ch'uan and the Historical Image of Late Sung *Tao-hsüeh*." *Harvard Journal of Asiatic Studies* 61. 2 (December 2001): 317-358.

——. [Cai Hanmo]. *Lishi de yanzhuang: jiedu daoxue yinying xia de nan Song shixue* [The make-up of history: understanding Southern Song historiography in the shadow of the "learning of the Way" movement]. Beijing: Zhonghua shuju, 2016. 蔡涵墨:《历史的严妆: 解读道学阴影下的南宋史学》, 北京: 中华书局, 2016 (新版: 北京: 中华书局, 2024)。

——. [Cai Hanmo]. "Lu You *Zhongxing shengzheng cao kao*" [A study of the *Draft Entries for the Sagacious Policies of the Restoration* by Lu You]. *Lishi wenxian yanjiu* 36 (2016): 137-152. 蔡涵墨:《陆游〈中兴圣政草〉考》,《历史文献研究》总第36辑, 第137—152页。

——. "The Making of a Villain: Ch'in Kuei and *Tao-hsüeh*." *Harvard Journal of Asiatic Studies* 58. 1 (June 1998): 59-146.

——. "The Reluctant Historian: Sun Ti, Chu Hsi, and the Fall of Northern Sung." *T'oung Pao* 89 (2003): 100-148.

——. "*Song History* Narratives as Grand Allegory." *Journal of Chinese History* 3. 1 (2019): 35-57.

——. "Sung Government and Politics." In *The Cambridge History of China. Volume 5. Part Two: Sung China, 960-1279*, edited by John. W. Chaffee and Denis Twitchett, pp. 19-138. Cambridge: Cambridge University Press, 2015.

——. "The Tang Poet Du Fu and the Song Dynasty Literati." *Chinese Literature: Essays, Articles, Reviews* 30 (2008): 43-74.

——. "A Textual History of Cai Jing's Biography in the *Songshi*." In *Emperor Huizong and Late Northern Song China: The Politics of Culture and the Culture of Politics*, edited by Patricia Buckley Ebrey and Maggie Bickford, pp. 517 – 564.

Cambridge, MA: Harvard University Asia Center, 2006.

Hartman, Charles and DeBlasi, Anthony. "The Growth of Historical Method in Tang China." In *The Oxford History of Historical Writing. Volume 2: 400–1400*, edited by Sarah Foot and Chase F. Robinson, pp. 17–36. Oxford: Oxford University Press, 2012.

Hartman, Charles and Cho-ying Li. "The Rehabilitation of Chen Dong." *Harvard Journal of Asiatic Studies* 75. 1 (2015): 77–159.

Hartwell, Robert W. "Historical Analogism, Public Policy, and Social Science in Eleventh- and Twelfth-Century China." *American Historical Review* 76. 3 (1971): 690–727.

He Yuhong. "Nan Song chuanshan zhanqu junfei de xiaohao yu chouji" [The raising and consumption of military expenses for the Sichuan and Shaanxi war zones during Southern Song]. *Zhongguo shehui jingjishi yanjiu* (2009. 1): 31–39. 何玉红:《南宋川陕战区军费的消耗与筹集》,《中国社会经济史研究》2009 年第 1 期,第 31—39 页。

Hirata Shigeki 平田茂树. "Sōdai no nikki shiryō kara mita seiji kōzō" 宋代の日記史料から見た政治構造 [The political structure of the Song period as perceived from diaries]. In *Sōdai shakai no kūkan to komyunikēshon*, edited by Hirata Shigeki, Takatoshi Endō, and Motoshi Oka, pp. 29–67 (Tokyo: Kyūko Shoin), 2006.

Hoang, P. *Concordance des chronologies néoméniques chinoise et européenne*. Shanghai: Imprimerie de la Mission Catholique, 1910.

Hon, Tze-ki. *The Yijing and Chinese Politics: Classical Commentary and Literati Activism in the Northern Song Period, 960–1127*. Albany, NY: State University of New York Press, 2005.

Hsiao Ch'i-ch'ing. "Mid-Yüan Politics." In *Cambridge History of China. Volume*

*6: Alien Regimes and Border States*, *907-1368*, edited by Herbert Franke and Denis Twitchett, pp. 490-560. Cambridge: Cambridge University Press, 1994.

——. *The Military Establishment of the Yüan Dynasty*. Cambridge, MA: Harvard University Press, 1978.

Huang Chün-chieh. "Chu Hsi as a Teacher of History." In *Zhongxi shixueshi yantaohui lunwenji* (*di'er jie*), edited by Guoli Zhongxing daxue lishixi, pp. 307-366. Taibei: Jiuyang chubanshe, 1987.

Huang Huixian. "Lü Zhong yu *Huangchao dashiji* xintan" [A new study of Lü Zhong and the *Record of Major Events at the August Courts*]. In Lü Zhong, *Leibian Huangchao dashiji jiangyi. Leibian Huangchao zhongxing dashiji jiangyi*, pp. 898-924. Shanghai: Shanghai renmin chubanshe, 2014. 黄慧娴：《吕中与〈皇朝大事记〉新探》，收入《类编皇朝大事记讲义 类编皇朝中兴大事记讲义》，上海人民出版社，2014，第898—924页。

Huang Kuanchong. "Li Qiong bingbian yu nan Song chuqi de zhengju" [The rebellion of Li Qiong and the politics of the early Southern Song]. In Huang Kuanzhong, *Nan Song junzheng yu wenxian tansuo*, pp. 51-89. 黄宽重：《郦琼兵变与南宋初期的政局》，收入氏著《南宋军政与文献探索》，第51—89页。

——. "Liang Song zhengce yu shifeng de bianhua" [Song government policy and changes in literati sentiment]. In *Jidiao yu bianzou: Qi zhi ershi shiji de Zhongguo*, edited by Huang Kuanzhong, pp. 202-225. Taibei: Guoli Zhengzhi daxue lishi xuexi, 2008. 黄宽重：《两宋政策与士风的变化》，收入黄宽重编《基调与变奏：七至二十世纪的中国》，台北：台湾政治大学历史学系，2008，第202—225页。

——. *Nan Song difang wuli: difang jun yu minjian ziwei wuli de tantao* [Southern Song regional military forces: studies of regional armies and self-defense forces]. Taibei: Dongda tushu gongsi, 2002. 黄宽重：《南宋地方武力：地方军与

民间自卫武力的探讨》，台北：东大图书公司，2002。

———. *Nan Song junzheng yu wenxian tansuo* [Studies in Southern Song military affairs and in primary documentation]. Taibei: Xinwenfeng chupan gongsi, 1990. 黄宽重：《南宋军政与文献探索》，台北：新文丰出版公司，1990。

Hung, C. F. "The Tung Brothers: Tung Wen-ping (1217–1278), Tung Wen-yung (1224–1297), Tung Wen-chung (1230–1281)." In *In the Service of the Khan: Eminent Personalities of the Early Mongol-yüan Period (1200–1300)*, edited by Igor de Rachewiltz, pp. 620–645. Wiesbaden: Harrassowitz, 1993.

Jay, Jennifer W. *A Change in Dynasties: Loyalism in Thirteenth-Century China*. Bellingham, WA: Western Washington University, Center for East Asian Studies, 1991.

Ji Xiao-bin. *Politics and Conservatism in Northern Song China: The Career and Thought of Sima Guang (A. D. 1019–1086)*. Hong Kong: The Chinese University Press, 2005.

Kaplan, Edward Harold. "Yueh Fei and the Founding of the Southern Sung (Volumes I and II)." PhD dissertation, University of Iowa, 1970.

Kohn, Livia, ed. *Daoism Handbook*. Leiden: Brill, 2000.

Kong Fanmin. "Wei Su yu *Songshi* de zuanxiu" [Wei Su and the composition of the *Song History*]. *Yanjing xuebao*, new series 2 (1996): 105–117. [Luo Bingliang, ed., *Songshi yanjiu*, pp. 160–175]. 孔繁敏：《危素与〈宋史〉的纂修》，《燕京学报》1996年第2期，第105—117页，收入罗炳良主编《宋史研究》，北京：中国大百科全书出版社，2009，第160—175页。

Kong Xue. "*Jianyan yilai xinianyaolu* qucai kao" [An investigation of the sources for the *Chronological Record*]. *Shixueshi yanjiu* (1995.2): 43–55. 孔学：《〈建炎以来系年要录〉取材考》，《史学史研究》1995年第2期，第43—

55 页。

——. "*Jianyan yilai xinian yaolu* zhushu shijian kao" [A study of the time of composition of the *Chronological Record*]. *Henan daxue xuebao* 36. 1 (January 1996): 53-56. 孔学:《〈建炎以来系年要录〉著述时间考》,《河南大学学报》1996 年第 1 期, 第 53—56 页。

——. "*Jianyan yilai xinian yaolu* zhuwen bianxi" [Differentiating the commentarial notes to the *Chronological Record*]. *Shixueshi yanjiu* (1998. 1): 46-55. 孔学:《〈建炎以来系年要录〉注文辨析》,《史学史研究》1998 年第 1 期, 第 46—55 页。

——. "Lu You ji *Gaozong shengzheng cao*" [Lu You and his *Draft Entries for the Gaozong Sagacious Administration*]. *Shixue yuekan* (1996. 4): 32-38. 孔学:《陆游及〈高宗圣政草〉》,《史学月刊》1996 年第 4 期, 第 32—38 页。

——. "Songdai 'baoxun' zuanxiu kao" [A study of the composition of "precious instructions" in the Song]. *Shixueshi yanjiu* (1994. 3): 56-64. 孔学:《宋代〈宝训〉纂修考》,《史学史研究》1994 年第 3 期, 第 56—64 页。

Kuhn, Dieter. *The Age of Confucian Rule: The Song Transformation of China*. Cambridge, MA: The Belknap Press of Harvard University Press, 2009.

Kurz, Johannes L. "The Consolidation of Official Historiography during the Early Northern Song Dynasty." *Journal of Asian History* 46. 1 (2012): 13-45.

Lafleur, Robert André. "A Rhetoric of Remonstrance: History, Commentary, and Historical Imagination in Sima Guang's *Zizhi tongjian*." PhD dissertation, University of Chicago, 1996.

Lai Kehong. *Li Xinchuan shiji zhuzuo biannian* [A chronological study of Li Xinchuan's life and works]. Chengdu: Ba Shu shushe, 1990. 来可泓:《李心传事迹著作编年》, 成都: 巴蜀书社, 1990。

Lamouroux, Christian. *Fiscalité, comptes publics et politiques financières dans le Chine de Song: Le chapitre 179 du* Songshi. Paris: Collège de France. Institut des hautes études chinoises, 2003.

——. "Song Renzong's Court Landscape: Historical Writing and the Creation of a New Political Sphere (1022-1042)." *Journal of Song-Yuan Studies* 42 (2012): 45-93. (蓝克利:《宋仁宗时期的朝廷形势——历史书写与新政治领域的创造(1022—1042)》,《中外论坛》2022年第2期,第131—167页。——译者注)

Lamouroux, Christian and Deng Xiaonan. "The 'Ancestors' Family Instructions': Authority and Sovereignty in Medieval China." *Journal of Song-Yuan Studies* 35 (2005): 69-97.

Langlois, John D., Jr. "Political Thought in Chin-hua under Mongol Rule." In *China under Mongol Rule*, edited by John D. Langlois, pp. 137-185. Princeton: Princeton University Press, 1981.

Lau, D. C. *The Analects*. Translated with an Introduction by D. C. Lau. Harmondsworth: Penguin Books, 1979.

Lau, D. C. *Mencius*. Translated with an Introduction by D. C. Lau. Harmondsworth: Penguin Books, 1970.

Lau Nap-yin [Liu Liyan 柳立言]. "The Absolutist Reign of Sung Hsiao-tsung (r. 1163-1189)." PhD dissertation, Princeton University, 1986.

——. "Bei Song pingjia wuren biaozhun zai renshi — zhongwen qingwu zhi ling yimian" [Revisiting the criteria for evaluating military officials in the Northern Song: another side to "stressing the civil over the military"]. *Lishi yanjiu* (2018.2): 35-58. 柳立言:《北宋评价武人标准再认识——重文轻武之另一面》,《历史研究》2018年第2期,第35—58页。

Lau Nap-yin and Huang K'uan-chung. "Founding and Consolidation of the Sung

Dynasty under T'ai-tsu (960-976), T'ai-tsung (976-997), and Chen-tsung (997-1022)." In *The Cambridge History of China. Volume 5. Part One: The Sung Dynasty and its Precursors, 907-1279*, edited by Denis Twitchett and Paul Jakov Smith, pp. 206-278. Cambridge: Cambridge University Press, 2009.

Lee Tsong-han. "Different Mirrors of the Past: Southern Song Historiography." PhD dissertation, Harvard University, 2008.

——. "Making Moral Decisions: Zhu Xi's *Outline and Details of the Comprehensive Mirror for Aid in Government.*" *Journal of Song-Yuan Studies* 39 (2009): 43-84.

Legge, James, trans. *The Chinese Classics. Volume 1: Confucian Analects, The Great Learning, and the Doctrine of the Mean*. Reprinted Hong Kong: Hong Kong University Press, 1960.

——. *The Chinese Classics. Volume 2: The Works of Mencius*. Reprinted Hong Kong: Hong Kong University Press, 1960.

——. *The Chinese Classics. Volume 3: The Shoo King*. Reprinted Hong Kong: Hong Kong University Press, 1960.

——. *The Chinese Classics. Volume 4: The She King*. Reprinted Hong Kong: Hong Kong University Press, 1960.

——. *The Chinese Classics. Volume 5: The Ch'un Ts'ew with the Tso Chuen*. Reprinted Hong Kong: Hong Kong University Press, 1960.

Levine, Ari Daniel. "Che-tsung Reign (1085-1100) and the Age of Faction." In *The Cambridge History of China. Volume 5. Part One: The Sung Dynasty and Its Precursors, 907-1279*, edited by Denis Twitchett and Paul Jakov Smith, pp. 484-555. Cambridge: Cambridge University Press, 2009.

——. *Divided by a Common Language: Factional Conflict in Late Northern Song*

*China*. Honolulu: University of Hawai'i Press, 2008.

——. "A House in Darkness: The Politics of History and the Language of Politics in the Late Northern Song, 1068 - 1104. " PhD dissertation, Columbia University, 2002.

——. "A Performance of Transparency: Discourses and Practices of Veracity and Verification in Li Tao's *Long Draft*. " In *Powerful Arguments: Standards of Validity in Late Imperial China*, edited by Martin Hofmann, Joachim Kurtz, and Ari Levine, pp. 90-134. Leiden: Brill, 2020.

Li Cho-ying and Charles Hartman, "A Newly Discovered Inscription by Qin Gui: Its Implications for the History of Song *Daoxue*. " *Harvard Journal of Asiatic Studies* 70.2 (2010): 387-448.

——. "Primary Sources for Song History in the Collected Works of Wu Ne. " *Journal of Song-Yuan Studies* 41 (2011): 295-341.

Li Huarui. "Lüelun Nan Song zhengzhi shang de 'fa zuzong' qingxiang" [A brief discussion of the trend to "take the founders as a model" in Southern Song politics]. In *Song shi yanjiu luncong*, edited by Jiang Xidong, pp. 199-226. Baoding: Hebei daxue chubanshe, 2005. 李华瑞:《略论南宋政治上的"法祖宗"倾向》,姜锡东主编《宋史研究论丛》第 6 辑,保定:河北大学出版社,2005,第 199—226 页。

——. "*Songshi* lunzan pingxi" [An analysis of the evaluations in the *Song History*]. In *Song shi yanjiu lunwen ji (Dishiyi ji)* [Collected research papers in *Song History*. (Volume 11)]. Edited by Zhu Ruixi, Wang Zengyu, and Cai Dongzhou. Chengdu: Bashu shushe, 2006. 李华瑞:《〈宋史〉论赞评析》,收入朱瑞熙、王曾瑜、蔡东洲编《宋史研究论文集(第十一辑)》,成都:巴蜀书社,2006。

——. *Wang Anshi bianfa yanjiushi* [A history of the study of Wang Anshi's New

Policies]. Beijing: Renmin chubanshi, 2004. 李华瑞:《王安石变法研究史》,北京: 人民出版社, 2004。

Li Li. "Songdai zhengzhi zhidushi yanjiu fangfa zhi fansi" [A reconsideration of the research methodology for the history of Song political institutions]. In *Songdai zhidushi yanjiu bainian (1900-2000)*, edited by Bao Weiming, pp. 20-39. Beijing: Shangwu yinshuguan, 2004. 李立:《宋代政治制度史研究方法之反思》,收入包伟民编《宋代制度史研究百年 (1900-2000)》,北京: 商务印书馆, 2004, 第20—39 页。

Li Shaoping. "Song Liao Jin san shi de shiji zhubian Ouyang Xuan" [Ouyang Xuan, the real editor of the three histories of Song, Liao, and Jin]. *Hunan shifan daxue shehui kexue xuebao* 20. 1 (Jan. 1991): 72-76. [Luo Bingliang, ed., *Songshi yanjiu*, pp. 149-159]. 李绍平:《宋辽金三史的实际主编欧阳玄》,《湖南师范大学学报(社会科学版)》1991 年第 1 期,第 72—76 页,收入罗炳良主编《宋史研究》,第 149—159 页。

Liang Taiji. "*Jianyan yilai xinianyaolu* qucai kao" [An investigation of the sources for the *Chronological Record*]. In Liang Taiji, *Tang Song lishi wenxian yanjiu conggao*, pp. 155-170. Shanghai: Shanghai guji chubanshe, 2004. 梁太济:《〈建炎以来系年要录〉取材考》,收入氏著《唐宋历史文献研究丛考》,上海古籍出版社, 2004, 第 155—170 页。

——. "*Shengzheng* jinben fei yuanben zhi jiu xiangbian" [A demonstration that the present edition of the *Sagacious Governance* is not the original version]. In Liang Taiji, *Tang Song lishi wenxian yanjiu conggao*, pp. 311-341. Shanghai: Shanghai guji chubanshe, 2004. 梁太济:《〈圣政〉今本非原本之旧详辨》,收入氏著《唐宋历史文献研究丛考》,第 311—341 页。

——. "*Xinian yaolu*, *Chaoye zaji* de qiyi jishu ji qi chengyin" [Differences in the accounts between the *Chronological Record* and the *Miscellaneous Notes* and their causes]. In Liang Taiji, *Tang Song lishi wenxian yanjiu conggao*, pp. 171 – 205. Shanghai: Shanghai guji chubanshe, 2004. 梁太济:《〈系年要录〉〈朝野杂记〉的歧异记述及其成因》,收入氏著《唐宋历史文献研究丛考》,第171—205页。

——. "*Yaolu* zizhu de neirong fanwei ji qi suo jieshi de xiuzuan tili" [ The content and scope of the *Chronological Record*'s self-commentary and what it reveals about the work's compilation system]. In Liang Taiji, *Tang Song lishi wenxian yanjiu conggao*, pp. 206-247. Shanghai: Shanghai guji chubanshe, 2004. 梁太济:《〈要录〉自注的内容范围及其所揭示的修纂体例》,收入氏著《唐宋历史文献研究丛考》,第206—247页。

Liang Tianxi. "Cong *Zun Yao lu* kan Songchu sichao zhi junshi yu zhengzhi" [Viewing the military and administrative policies of the first four Song courts from the vantage point of the *Record of Revering Yao*]. *Dalu zazhi* 31.6 (September 30, 1965): 202-207. 梁天锡:《从〈遵尧录〉看宋初四朝之军事与政治》,《大陆杂志》1965年第6期,第202—207页。

——. *Song Shumi yuan zhidu* [The Bureau of Military Affairs institution in Song]. 2 vols. Taibei: Liming wenhua shiye gongsi, 1981. 梁天锡:《宋枢密院制度》,台北:黎明文化事业公司,1981。

——. "*Zun Yao lu* shishi shuzheng" [A commentary on the historical events in the *Record of Revering Yao*]. *Xinya shuyuan xueshu niankan* 7 (1965): 55-144. 梁天锡:《〈遵尧录〉史事疏证》,《新亚书院学术年刊》1965年第7期,第55—144页。

Lin Tianwei. *Songdai shishi zhiyi* [Doubts on Song period historical events]. Taibei: Taiwan shangwu yinshuguan, 1987. 林天蔚:《宋代史事质疑》,台北:台湾商务印书馆,1987。

Liu Fengzhu and Li Xihou. "Yuan xiu Song, Liao, Jin san shi zai pingjia" [A reconsidered evaluation of the three histories of Song, Liao, and Jin composed in the Yuan dynasty]. *Shehui kexue jikan* (1981.3): 94-98. [Luo Bingliang, ed. *Songshi yanjiu*, pp. 83-92]. 刘凤翥、李锡厚：《元修宋、辽、金三史的再评价》，《社会科学辑刊》1981 年第 3 期，第 94—98 页，收入罗炳良主编《宋史研究》，第 83—92 页。

Liu, James J. Y. [Liu Zijian 刘子健]. "The Sung Emperors and the Ming-t'ang or Hall of Enlightenment." In *Études Song, in Memorian Étienne Balazs*, edited by Françoise Aubin, pp. 45-58. Paris: Mouton & Co., 1973.

Liu Yonghai. *Su Tianjue yanjiu* [Research on Su Tianjue]. Beijing: Renmin chubanshe, 2015. 刘永海：《苏天爵研究》，北京：人民出版社，2015。

Liu Yunjun. *Songshi zaifu liezhuan buzheng* [Additions and corrections to the biographies of state councillors in the *Song History*]. Baoding: Hebei daxue chubanshe, 2016. 刘云军：《〈宋史〉宰辅列传补正》，保定：河北大学出版社，2016。

Lo, Winston W. *An Introduction to the Civil Service of Sung China, with Emphasis on Its Personnel Administration*. Honolulu: University of Hawaii Press, 1987.

——. *The Life and Thought of Yeh Shih*. Gainesville, FL: University Presses of Florida, 1974.

——. *Szechwan in Sung China: A Case Study in the Political Integration of the Chinese Empire*. Taibei: University of Chinese Culture Press, 1982.

Loewe, Michael. *A Biographical Dictionary of the Qin, Former Han and Xin Periods (221 BC-AD 24)*. Leiden: Brill, 2000.

Lorge, Peter. "The Entrance and Exit of the Song Founders." *Journal of Song-Yuan Studies* 29 (1999): 43-62.

——. *The Reunification of China: Peace through War under the Song Dynasty*. Cambridge: Cambridge University Press, 2015. （龙沛：《重归一统：宋初的战与和》，康海源译，北京：九州出版社，2021。——译者注）

——. "Sima Guang on Song Taizong: Politics, History, and Historiography." *Journal of Song-Yuan Studies* 42 (2010): 5-43.

Lu Zhongfeng. "Yuandai lixue yu *Songshi* 'daoxue liezhuan' de xueshushi tese" [Yuan period Neo-Confucianism and the special character of the history of scholarship in the *daoxue* biographical chapters of the *Song History*]. *Shixueshi yanjiu* (1990.3): 26-31, 52. [Luo Bingliang, ed. *Songshi yanjiu*, pp. 136-148]. 卢钟锋：《元代理学与〈宋史·道学列传〉的学术史特色》，《史学史研究》1990年第3期，第26—31页、第52页，收入罗炳良主编《宋史研究》，第136—148页。

Luo Bingliang, ed. *Songshi yanjiu* [Researches on the *Song History*]. Beijing: Zhongguo dabaike quanshu chubanshe, 2009. 罗炳良主编《宋史研究》，北京：中国大百科全书出版社，2009。

Mao Qin. "Lun Jia Sidao jianchen xingxiang de suzao" [On the construction of the image of Jia Sidao as a nefarious minister]. *Tianzhong xuekan* 30.6 (December 2015): 121-126. 毛钦：《论贾似道奸臣形象的塑造》，《天中学刊》2015年第6期，第121—126页。

Miao Shumei. "Songdai zongshi, waiqi yu huanguan renyong zhidu shulun" [On the employment system for imperial relatives, in-laws, and eunuchs in the Song period]. *Shixue yuekan* (1995.2): 32-38. 苗书梅：《宋代宗室外戚与宦官任用制度述论》，《史学月刊》1995年第2期，第32—38页。

Neskar, Ellen G. "The Cult of Worthies: A Study of Shrines Honoring Local Confucian Worthies in the Sung Dynasty (960-1279)." PhD dissertation, Columbia University, 1993.

Nie Chongqi. "Lun Song Taizu shou bingquan" [On Emperor Song Taizu taking back military power]. In *Songshi congkao* [Collected studies on Song history], pp. 263-282. Beijing: Zhonghua shuju, 1980. 聂崇岐:《论宋太祖收兵权》, 收入氏著《宋史丛考》, 北京: 中华书局, 1980, 第263—282页。

——. "Songdai zhiju kaolüeh" [A survey of the Song period decree examinations]. In *Songshi congkao*, pp. 171-203. 聂崇岐:《宋代制举考略》, 收入氏著《宋史丛考》, 第171—203页。

——. *Songshi congkao* [Collected studies on Song history]. Beijing: Zhonghua shuju, 1980. 聂崇岐:《宋史丛考》, 北京: 中华书局, 1980。

Nie Lehe. "*Jianyan yilai xinian yaolu* yanjiu" [Studies in the *Chronological Record of Important Events since 1127*]. MA thesis, Beijing shifan daxue, 1987. 聂乐和:《〈建炎以来系年要录〉研究》, 北京师范大学硕士学位论文, 1987。

Nienhauser, William H, editor. *The Grand Scribe's Records*. 8 vols. to date. Bloomington, IN: Indiana University Press, 1994-.

Olsson, Karl Frederick. "The Structure of Power under the Third Emperor of Sung China: The Shifting Balance after the Peace of Shan-yuan." PhD dissertation, University of Chicago, 1974.

Partner, Nancy. "Making Up Lost Time: Writing on the Writing of History." *Speculum* 61.1 (1986): 90-117.

Pei Rucheng, "Lüeping *Songshi* 'chong daode er chu kongli' de xiuzhuan yuanze" [A brief critique of the compositional principle of "lauding the Way and its virtue and condemning merit and profit" in the *Song History*]. In Pei Rucheng, *Bansu ji*, pp. 1-12. Baoding: Hebei daxue chubanshe, 2000. 裴汝诚:《略评〈宋史〉"崇道德而黜功利"的修撰原则》, 收入氏著《半粟集》, 保定: 河北大学出版社, 2000, 第1—12页。

———. "Songdai shiliao zhenshixing chuyi" [Doubts on the validity of Song historical sources]. In Deng Guangming and Qi Xia, eds., *Guoji Song shi yantaohui lunwen xuanji*, pp. 235-254. Baoding: Hebei daxue chubanshe, 1992. 裴汝诚:《宋代史料真实性刍议》,收入邓广铭、漆侠编《国际宋史研讨会论文选集》,保定:河北大学出版社,1992,第235—254页。

Pei Rucheng and Xu Peizao. *Xu zizhi tongjian changbian kaolüe* [A study of the *Long Draft*]. Beijing: Zhonghua shuju, 1985. 裴汝诚、许沛藻:《续资治通鉴长编考略》,北京:中华书局,1985。

Poon, Ming-sun. "Books and Printing in Sung China (960-1279)." 2 vols. PhD dissertation, The University of Chicago, 1979.

Qian Daxin. *Nian'er shi kaoyi* [An investigation of differences in the twenty-two dynastic histories]. Edited by Fang Shiming and Zhou Dianjie. 2 vols. Shanghai: Shanghai guji chubanshe, 2004. 钱大昕:《廿二史考异》,方诗铭、周殿杰点校,上海古籍出版社,2004。

Qian Mu. *Zhuzi xin xue'an* [New studies on Zhu Xi]. 5 vols. Taibei: Sanmin shuju, 1971. 钱穆:《朱子新学案》,台北:三民书局,1971。

Qian Zhongshu. *Guanzhui bian* [Pipe Awl Chapters]. 4 vols. Beijing: Zhonghua shuju, 1979. 钱锺书:《管锥编》,北京:中华书局,1979。

Qiu Shusen. "Tuoto he Liao, Jin, Song san shi" [Tuotuo and the three histories of Liao, Jin, and Song]. In Luo Bingliang, ed., *Songshi yanjiu*, pp. 93-115. Beijing: Zhongguo dabaike quanshu chubanshe, 2009. 邱树森:《脱脱和辽、金、宋三史》,收入罗炳良主编《宋史研究》,北京:中国大百科全书出版社,2009,第93—115页。

Rachewiltz, Igor de, editor. *In the Service of the Khan: Eminent Personalities of the Early Mongol-Yüan Period (1200-1300)*. Wiesbaden: Harrassowitz, 1993.

Rossabi, Morris. "The Reign of Khubilai Khan." In *Cambridge History of China. Volume 6: Alien Regimes and Border States*, *907-1368*, edited by Herbert Franke and Denis Twitchett, pp. 414-489. Cambridge: Cambridge University Press, 1994.

Schirokauer, Conrad M. "Neo-Confucians under Attack: The Condemnation of *Wei-hsüeh*." In *Crisis and Prosperity in Sung China*, edited by John Winthrop Haeger, pp. 163-198. Tuscon: The University of Arizona Press, 1975.

Schulte-Uffelage, Helmut. *Das Keng-shen wai-shih. Eine Quelle zur späten Mongolenzeit*. Berlin: Akademie-Verlag, 1963.

Shu Renhui. *Dongdu shilüe yu Songshi bijiao yanjiu* [A comparative study of the *Eastern Capital Miscellany* and the *Song History*]. Beijing: Shangwu yinshuguan, 2007. 舒仁辉:《〈东都事略〉与〈宋史〉比较研究》,北京: 商务印书馆, 2007。

Smith, Paul Jakov. "Shen-tsung's Reign and the Policies of Wang An-shih, 1067-1085." In *The Cambridge History of China. Volume 5. Part One: The Sung Dynasty and Its Precursors*, *907-1279*, edited by Denis Twitchett and Paul Jakov Smith, pp. 347-483. Cambridge: Cambridge University Press, 2009.

——. *Taxing Heaven's Storehouse: Horses, Bureaucrats, and the Destruction of the Sichuan Tea Industry*, *1074-1224*. Cambridge, MA: Council on East Asian Studies, Harvard University, 1991.

Song Limin. *Songdai shiguan zhidu yanjiu* [Studies in the historiographical institutions of the Song period]. Changchun: Jilin renmin chubanshe, 1999. 宋立民:《宋代史官制度研究》, 长春: 吉林人民出版社, 1999。

Sudō Yoshiyuki 周藤吉之. "Nan-Sō no Ri Tou to *Zoku shiji tsugan chōhen* no seiritsu" 南宋の李燾と續資治通鑑長編の成立 [Li Tao and the creation of the *Long Draft Continuation of the Comprehensive Mirror that Aids Administration*]. In Sudō Yoshiyuki, *Sōdai shi kenkyū* 宋代史研究, pp. 469-512. Tokyo: Tōyō bunko, 1969.

Sun Jianmin. "Qushe zhi ji jian jingshen — lüelun *Jianyan yilai xinian yaolu* de qucai"〔Revealing the essence through textual adoption and rejection: a brief discussion of the sources of the *Chronological Record of Events since 1127*〕. *Shanghai shifan daxue xuebao*（1996.3）: 82-88. 孙建民:《取舍之际见精神——略论〈建炎以来系年要录〉的取材》,《上海师范大学学报》1996 年第 3 期, 第 82—88 页。

Sun Kekuan. *Yuandai Han wenhua zhi huodong*〔Chinese cultural activity during the Yuan period〕. Taibei: Taiwan Zhonghua shuju, 1968. 孙克宽:《元代汉文化之活动》, 台北: 台湾中华书局, 1968。

——. *Yuandai Jinhua xueshu*〔Jinhua scholarship in the Yuan period〕. Taizhong: Sili Donghai daxue, 1975. 孙克宽:《元代金华学述》, 台中: 私立东海大学, 1975。

Sung Chia-fu. "Between *Tortoise* and *Mirror*: Historians and Historiography in Eleventh-Century China." PhD dissertation, Harvard University, 2010.

——. "Cong *Cefu yuangui* lun Beisong chuqi leishushi lishi shuxie caozuo de dianfan yiyi"〔The significance of the *Cefu yuangui* as an example of the operation of encyclopedia-style historical writing in early Song〕. *Xinshixue* 25.4（December 2014）: 43-104. 宋家复:《从〈册府元龟〉论北宋初期类书式历史书写操作的典范意义》,《新史学》2014 年第 4 期, 第 43—104 页。

——. "The Official Historiographical Operation of the Song Dynasty." *Journal of Song-Yuan Studies* 45（2015）: 175-206.

Tang Jianghao. "Li Tao zhuanjin *Xu Zizhi tongjian changbian* zhi shi, ci, juan, ce xianyi"〔Doubts concerning the dates, numbers of chapters, and numbers of volumes in Li Tao's submissions of the *Long Draft*〕. *Lishi wenxian yanjiu* 24（2005）: 200-212. 汤江浩:《李焘撰进〈续资治通鉴长编〉之时、次、卷、册献疑》,

《历史文献研究》总第 24 辑,第 200—212 页。

——. "Li Tao zhuanjin *Xu Zizhi tongjian changbian* zhi shi, ci, juan, ce xutan" [On the dates, numbers of chapters, and numbers of volumes in Li Tao's submissions of the *Long Draft*, continued]. *Lishi wenxian yanjiu* 26 (2007): 157-170. 汤江浩:《李焘撰进〈续资治通鉴长编〉之时、次、卷、册续探》,《历史文献研究》总第 26 辑,第 157—170 页。

Tang Kaijian and Chen Wenyuan. "*Shantang kaosuo* zhong baoliu de *Changbian* yiwen" [Fragments from the *Long Draft* preserved in *Shantang's Investigations*]. *Songshi yanjiu tongxun* 15.2 (1989): 1-24. 汤开建、陈文源:《〈山堂考索〉中保留的〈长编〉佚文》,《宋史研究通讯》1989 年第 2 期,第 1—24 页。(亦见《历史文献与传统文化》第三辑,广州:广东人民出版社,1994,第 188—189 页。——译者注)

Tao Jing-shen. "The Move to the South and the Reign of Kao-tsung (1127-1162)." In *Cambridge History of China. Volume 5. Part One: The Sung Dynasty and Its Precursors, 907-1279*, edited by Denis Twitchett and Paul Jakov Smith, pp. 644-709. Cambridge: Cambridge University Press, 2009.

Ten Harmsel, Wayne Alan. "Oath of the Golden Casket: The Role of Chao P'u in the Imperial Succession of the Early Sung." MA thesis, University of Arizona, 1980.

Teraji Jun 寺地遵. "Kan Takuchū senken no seiritsu" 韓侂冑専權の成立 [The establishment of Han Tuozhou's autocratic power]. *Shigaku kenkyū* 247 (2005): 20-47.

——. *Nan-Sō shoki seijishi kenkyū* [Researches into early Southern Song political history]. Hiroshima: Keisuisha, 1988. (寺地遵:《南宋初期政治史研究》,刘静贞、李今芸译,台北:稻禾出版社,1995。——译者注)

Tillman, Hoyt Cleveland. "The Rise of the *Tao-Hsüeh* Confucian Fellowship in

Southern Sung." In *The Cambridge History of China. Volume 5. Part Two: Sung China*, *960-1279*, edited by John W. Chaffee and Denis Twitchett, pp. 727-790. Cambridge: Cambridge University Press, 2015.

Toyama Gunji 外山軍治. "Seikō no hen ni okeru shinkyū ryōhōtō no seiryoku kankei" 靖康の變に於ける新舊両法黨の勢力關係 [Antagonism between the conservatives and the progressives at the time of the downfall of Northern Sung in 1126]. In *Haneda Hakushi shōju kinen tōyō shi ronsō*, pp. 663-687. Kyoto: Tōyōshi Kenkyūkai, 1950.

Twitchett, Denis, editor. *The Cambridge History of China. Volume 3: Sui and T'ang China*, *589-906*, *Part I*. Cambridge: Cambridge University Press, 1979. (崔瑞德、费正清、鲁惟一主编《剑桥中国隋唐史（589—906 年）》，北京：中国社会科学出版社，1990。——译者注)

——. *The Writing of Official History Under the T'ang*. Cambridge: Cambridge University Press, 1992. (杜希德：《唐代官修史籍考》，黄宝华译，上海古籍出版社，2010。——译者注)

Twitchett, Denis and Michael Loewe, editors. *The Cambridge History of China. Volume I: The Ch'in and Han Empires*, *221 B.C.-A.D. 220*. Cambridge: Cambridge University Press, 1986. (崔瑞德、鲁惟一主编《剑桥中国秦汉史》，北京：中国社会科学出版社，1992。——译者注)

Twitchett, Denis and Paul Jakov Smith, editors. *The Cambridge History of China. Volume 5. Part One: The Sung Dynasty and Its Precursors*, *907-1279*. Cambridge: Cambridge University Press, 2009. (崔瑞德、史乐民主编《剑桥中国宋代史（上）：907—1279 年》，宋燕鹏等译，北京：中国社会科学出版社，2020。——译者注)

Umehara Kaoru 梅原郁. *Sōkaiyō shūkō hennen sakuin* 宋會要輯稿編年索引

[Chronological index to the *Songhui yao jigao*]. Kyōto: Kyōto daigaku jinbun kagaku kenkyūjo, 1995.

Veyne, Paul. *Writing History: Essay on Epistemology*. Middletown, CN: Wesleyan University Press, 1984.

Von Glahn, Richard. "The Origins of Paper Money in China." In *The Origins of Value: The Financial Innovations that Created Modern Capital Markets*, edited by William N. Goetzmann and K. Geert Rouwenhorst, pp. 65-85. Oxford and New York: Oxford University Press, 2005.

Wada Sei 和田清 and Nakajima Satoshi 中嶋敏. *Sōshi shokkashi yakuchū* 宋史食貨志譯註 [An annotated translation of the *Song History* monograph on fiscal administration]. 6 vols. Tokyo: Tōyō Bunko, 1960-2006.

Walton, Linda. *Academies and Society in Southern Sung China*. Honolulu: University of Hawaii Press, 1999.

——. "Family Fortunes in the Song-Yuan Transition: Academies and Chinese Elite Strategies for Success." *T'oung Pao* 97 (2011): 37-103.

Wang Chenglüe and Yang Jinxian. *Li Tao xuexing shiwen jikao* [A collection of Li Tao's writing and documents relating to his life and scholarship]. Shanghai: Shanghai guji chubanshe, 2004. 王承略、杨锦先:《李焘学行诗文辑考》,上海古籍出版社,2004。

Wang Deyi. "Bei Song jiuchao shilu zuanxiu kao" [An investigation of the composition of veritable records for the nine Northern Song emperors]. In Wang Deyi, *Song shi yanjiu lunji: Di er ji*, pp. 71-117. Taibei: Dingwen shuju, 1972. 王德毅:《北宋九朝实录纂修考》,收入氏著《宋史研究论集》第二辑,台北:鼎文书局,1972,第71—117页。

——. *Li Tao fuzi nianpu* [A chronological biography of Li Tao and his sons].

Taibei: Zhongguo xueshu zhuzuo jiangzhu weiyuanhui, 1963. 王德毅:《李焘父子年谱》,台北:中国学术著作奖助委员会,1963。

——. "Li Xinchuan zhushu kao" [A study of Li Xinchuan's writings]. Appended to Li Xinchuan, *Jianyan yilai xinian yaolu*, pp. 6771 – 6788. Taibei: Wenhai chubanshe, 1980. 王德毅:《李心传著述考》,附于李心传《建炎以来系年要录》,台北:文海出版社,1980,第6771—6788页。

——. "Li Xiuyan xiansheng nianpu" [A chronological biography of Li Xinchuan]. Appended to Li Xinchuan, *Jianyan yilai xinian yaolu*, pp. 6695 – 6769. Taibei: Wenhai chubanshe, 1980. 王德毅:《李秀岩先生年谱》,附于李心传《建炎以来系年要录》,台北:文海出版社,1980,第6695—6769页。

——. "Lü Yijian yu Fan Zhongyan" [Lü Yijian and Fan Zhongyan]. In Wang Deyi, *Song shi yanjiu lunji: Di er ji*, pp. 119-184. Taibei: Dingwen shuju, 1972. 王德毅:《吕夷简与范仲淹》,收入氏著《宋史研究论集》第二辑,台北:鼎文书局,1972,第119—184页。

——. "Songdai de shengzheng he baoxun zhi yanjiu" [Studies on the Song period "sagacious administration" and "precious instruction" genres]. In *Song shi yanjiu ji*, no. 30, pp. 1-26. Taibei: Bianyi guan, 2000. 王德毅:《宋代的圣政和宝训之研究》,收入《宋史研究集》第30辑,台北:编译馆,2000,第1—26页。

——. "Songdai Fujian de shixue" [The study of history in Fujian during the Song period]. *Wenshizhe* 52 (2000.6): 143-174. 王德毅:《宋代福建的史学》,《文史哲》2000年第6期,第143—174页。

——. "Zhu Xi *Wuchao ji Sanchao mingchen yanxing lu* de shiliao jiazhi" [The value of the source materials in Zhu Xi's *Records of the Words and Deeds of Illustrious Servitors in the Five Courts and Three Courts*]. In Wang Deyi, *Song shi yanjiu lunji: Di er ji*, pp. 65-70. Taibei: Dingwen shuju, 1972. 王德毅:《朱熹五朝及三朝名臣言行录的史料价值》,收入氏著《宋史研究论集》第二辑,台北:鼎文书局,1972,第65—70页。

Wang Deyi and Nie Chongqi. *Songdai xianliang fangzheng ke ji cike kao* [Studies of advanced examinations in the Song period]. Hong Kong: Chongwen shudian, 1971. 王德毅、聂崇歧:《宋代贤良方正科及词科考》,香港:中文书店,1971。

Wang Fengyang. *Gu ci bian* [Old expressions explained]. Changchun: Jilin wenshi chubanshe, 1993. 王凤阳:《古辞辨》,长春:吉林文史出版社,1993。

Wang Gungwu. *The Structure of Power in North China during the Five Dynasties*. Kuala Lumpur: University of Malaya Press, 1963.(王赓武:《五代时期北方中国的权力结构》,胡耀飞、尹承译,上海:中西书局,2014。——译者注)

Wang Mingsun. *Yuandai de shiren yu zhengzhi* [Yuan period literati and government]. Taibei: Xuesheng shuju, 1992. 王明荪:《元代的士人与政治》,台北:学生书局,1992。

Wang Shengduo. *Liang Song caizheng shi* [A history financial administration in the Song dynasty]. 2 vols. Beijing: Zhonghua shuju, 1995. 汪圣铎:《两宋财政史》,北京:中华书局,1995。

——. "Songdai caizheng yu shangpin jingji fazhan" [Song period financial administration and the development of the commodity economy]. In Wang Shengduo, *Songdai shehui shenghuo yanjiu*, pp. 457-483. Beijing: Renmin chubanshe, 2007. 汪圣铎:《宋代财政与商品经济发展》,收入氏著《宋代社会生活研究》,北京:人民出版社,2007,第457—483页。

Wang Shengduo and Chen Chaoyang. "*Songshi quanwen* chayin shilun wenxian yanjiu" [Research on the citations of works of historical commentary in the *Songshi quanwen*]. In *Songshi yanjiu luncong* 15, pp. 452-497 (Baoding: Hebei daxue chubanshi, 2014); reprinted in *Songshi quanwen*, pp. 2959 – 3013 (Beijing: Zhonghua shuju, 2016). 汪圣铎、陈朝阳：《〈宋史全文〉插引史论文献研究》, 收入《宋史研究论丛》第 15 辑, 保定：河北大学出版社, 2014, 第 452—497 页。亦见《宋史全文》, 北京：中华书局, 2016, 第 2959—3013 页。

Wang Sheng'en. *Songdai guanfang shixue yanjiu* [Studies in the official historiography of the Song period]. Beijing: Renmin chubanshe, 2008. 王盛恩：《宋代官方史学研究》, 北京：人民出版社, 2008。

Wang Yunhai. *Song huiyao jigao kaoxiao* [Investigations into the *Recovered Draft of the Song Compendium*]. Shanghai: Shanghai guji chubanshe, 1986. 王云海：《宋会要辑稿考校》, 上海古籍出版社, 1986。

——. *Wang Yunhai wenji* [Collected works of Wang Yunhai]. Kaifeng: Henan daxue chubanshe, 2006. 王云海：《王云海文集》, 开封：河南大学出版社, 2006。

Wang Zengyu. *Songchao junzhi chutan (zengding ben)* [A preliminary inquiry into the military system of the Song dynasty. Revised edition]. Beijing: Zhonghua shuju, 2011. 王曾瑜：《宋朝军制初探（增订本）》, 北京：中华书局, 2011。

Watson, Burton. *The Complete Works of Chuang Tzu*. New York: Columbia University Press, 1968.

——. *Records of the Grand Historian of China: Translated from the Shih chi of Ssu-ma Ch'ien*. 2 vols. New York: Columbia University Press, 1961.

White, Hayden. *The Content of the Form: Narrative Discourse and Historical Representation*. Baltimore and London: The Johns Hopkins University Press, 1987. (海登·怀特：《形式的内容：叙事话语与历史再现》, 董立河译, 北京：文津出版社, 2005。——译者注)

——. "Rhetoric and History." In *Theories of History: Papers Read at the Clark Library Seminar, March 6, 1976*, edited by Hayden White and Frank E. Manuel, pp. 1-25. Los Angeles: William Andrews Clark Memorial Library, 1978.

———. *Tropics of Discourse: Essays in Cultural Criticism*. Baltimore and London: The Johns Hopkins University Press, 1978. (海登·怀特:《话语的转义:文化批评文集》,董立河译,郑州:大象出版社,2011。——译者注)

Wilhelm, Richard. *The I Ching, or Book of Changes: The Richard Wilhelm Translation Rendered into English by Cary F. Baynes*. Third edition. Princeton: Princeton University Press, 1967.

Winkelman, John W. *The Imperial Library in Southern Sung China, 1127-1279: A Study of the Organization and Operation of the Scholarly Agencies of the Central Government*. Philadelphia: American Philosophical Society, 1974.

Worthy, Edmund Henry. "The Founding of Sung China, 950-1000: Integrative Changes in Military and Political Institutions." Ph.D. dissertation, Princeton University, 1975.

Wu Man. *Mingdai Songshixue yanjiu* [Research on the study of Song history during the Ming period]. Beijing: Renmin chubanshe, 2012. 吴漫:《明代宋史学研究》,北京:人民出版社,2012。

Xiong Bin and Huang Bo. "Yi shi lun zheng: Songdai Sichuan shijia de qianchaoshi yanjiu: yi Fan Zuyu, Li Tao wei zhuxian de kaocha" [Using history for policy discussion: Song period Sichuan historians' research on the history of previous dynasties, with a focus on Fan Zuyu and Li Tao]. *Jilin shifan daxue xuebao* (2011.1): 60-63. 熊斌、黄博:《以史论政:宋代四川史家的前朝史研究——以范祖禹、李焘为主线的考察》,《吉林师范大学学报》2011年第1期,第60—63页。

Xu Gui. "Li Tao nianbiao" [A chronological biography of Li Tao]. In Li Tao, *Xu Zizhi tongjian changbian*, Vol. 1, pp. 35-102. Beijing: Zhonghua shuju, 1995. 徐

规：《李焘年表》，收入李焘《续资治通鉴长编》第 1 册，北京：中华书局，1995，第 35—102 页。

——. "Nan Song Shaoxing shinian qianhou 'neiwai dajun' renshu kao" [A study of troup numbers in central military units about 1140]. In Xu Gui, *Yangsu ji*, pp. 473-475. Hangzhou: Hangzhou daxue chubanshe, 1999. 徐规：《南宋绍兴十年前后"内外大军"人数考》，收入氏著《仰素集》，杭州：杭州大学出版社，1999，第 473—475 页。

Xu Peizao. "Song Gaozong yu *Shen Zhe shilu*" [Song Gaozong and the veritable records of Shenzong and Zhezong]. In *Qingzhu Deng Guangming jiaoshou jiushi huadan lunwenji*, pp. 625-632. Shijiazhuang: Hebei jiaoyu chubanshe, 1997. 许沛藻：《宋高宗与神哲实录》，收入田余庆主编《庆祝邓广铭教授九十华诞论文集》，石家庄：河北教育出版社，1997，第 625—632 页。

Xu Zhenxing. "*Gujin yuanliu zhilun* zhong de Songdai *baoxun* yiwen" [Passages from Song period "precious instructions" in the *Gujin yuanliu zhilun*]. *Guji zhengli yanjiu xuekan* 86 (2000.4): 53-60. 许振兴：《〈古今源流至论〉中的宋代〈宝训〉佚文》，《古籍整理研究学刊》2000 年第 4 期，第 53—60 页。

——. *Songji shouzhong kao yanjiu* [Research on the *Songji shouzhong kao*]. Hong Kong: Ruirong qiye, 2005. 许振兴：《宋纪受终考研究》，香港：瑞荣企业，2005。

Yamauchi Masahirō 山内正博. "Ken'en irai keinen yōroku chūkòin hemmoku sakuin hika" 建炎以來繫年要録注據引篇目索引控 [Notes for an index to citations in the commentary to the *Chronological Record*]. *Miyazaki daigaku kyōiku gakubu kiyō* 22 (1967.10): 43-58.

——. "*Sappu genki to Sō kaiyō*: sono kijutsu keishiki to keishō no igi" 冊府元龜と宋會要：その記述形式と繼承の意義 [The *Cefu yuangu* and the *Song huiyao*:

their descriptive form and the significance of their succession]. *Shigaku kenkyū* 103. 5 (May 1968): 20-39.

Yan Yongcheng. *Nan Song shixue yanjiu* [Research on Southern Song historical studies]. Lanzhou: Gansu renmin chubanshe, 2007. 燕永成:《南宋史学研究》,兰州:甘肃人民出版社,2007。

——. "Jin qichaoben *Xu zizhi tongjian changbian* tanyuan" [The origin of the modern seven-court edition of the *Long Draft*]. *Guji zhengli yanjiu xuekan* 51 (1994.5): 8-12. 燕永成:《今七朝本〈续资治通鉴长编〉探源》,《古籍整理研究学刊》1994年第5期,第8—12页。

——. "*Xu zizhi tongjian changbian* Shenzong chao qucai kao" [An investigation into the sources of the Shenzong section of the *Long Draft*]. *Shixueshi yanjiu* (1996.1): 61-67. 燕永成:《〈续资治通鉴长编〉神宗朝取材考》,《史学史研究》1996年第1期,第61—67页。

Yu Jiaxi. *Siku tiyao bianzheng* [Corrections to the evaluations in the Four Treasures]. 1937 edition. Reprinted 2 vols. Kunming: Yunnan renmin chubanshe, 2004. 余嘉锡:《四库提要辨证》,昆明:云南人民出版社,2004。

Yu Yingshi. *Zhu Xi de lishi shijie: Songdai shidafu zhengzhi wenhua de yanjiu* [Zhu Xi's historical world: a study of literati political culture in the Song period]. 2 vols. Taibei: Yunchen wenhua, 2003. 余英时:《朱熹的历史世界:宋代士大夫政治文化的研究》,台北:允晨文化,2003。

Zhang Jianhua. "Cong *Zun Yao lu* kan Luo Congyan de zhengzhi sixiang" [Luo Congyan's political thought as viewed from the *Record of Revering Yao*]. *Tianjin shifan daxue xuebao* 196 (2008.1): 33-37. 张建华:《从〈遵尧录〉看罗从彦的政治思想》,《天津师范大学学报》2008年第1期,第33—37页。

张良:《南宋官藏本〈续资治通鉴长编〉传续考》,《文史》2021年第

2 辑。

Zhang Qifan. "*Dashiji jiangyi* chutan" [A preliminary study of the *Lectures on Major Events*]. *Jinan xuebao* 21. 2 (March 1999): 59-64. 张其凡:《〈大事记讲义〉初探》,《暨南学报(社会科学版)》1999 年第 2 期, 第 59—64 页。

Zhang Yuan. "Tan Song shi jiaoxue zhong de shiliao fenxi" [A discussion of the analysis of historical sources in the teaching of Song history]. In Zhao Yashu ed., *Song shi jiaoxue yantaohui lunwenji*, pp. 141-153. Taibei: Taiwan daxue lishixuexi, 1993. 张元:《谈宋史教学中的史料分析》, 收入赵雅书编《宋史教学研讨会论文集》, 台北:台湾大学历史学系, 1993, 第 141—153 页。

Zhao Yi. *Nian'er shi zhaji jiaozheng* [Notes on the twenty-two dynastic histories]. Edited by Wang Shumin. 2 vols. Beijing: Zhonghua shuju, 1984. 赵翼:《廿二史札记校证》, 王树民校证, 北京:中华书局, 1984。

Zhou Lizhi. "*Huangchao zhongxing jishi benmo* yu *Zhongxing xiaoli* zhi guanxi" [On the relationship between the *Topical Details of the Restoration of Our August Court* and the *Minor Calendar of the Restoration*]. *Wenxian* (2010. 3): 104-112. 周立志:《〈皇朝中兴纪事本末〉与〈中兴小历〉之关系》,《文献》2010 年第 3 期, 第 104—112 页。

Zhou Shengchun. "Guanyu Liao, Jin, Song san shi bianzhuan de jige wenti" [Regarding several questions concerning the compilation of the three histories of Liao, Jin, and Song]. *Lishi wenxian yanjiu*, new series 1 (1990): 179-189. [Luo Bingliang ed., *Songshi yanjiu*, pp. 124-135]. 周生春:《关于辽、金、宋三史编撰的几个问题》,《历史文献研究》1990 年第 1 期, 第 179—189 页, 收入罗炳良主编《宋史研究》, 第 124—135 页。

Zhuge Yibing. "Lun Songdai houfei yu chaozheng" [On imperial consorts and court governance in the Song period]. In Zhuge Yibing, *Songdai wenshi kaolun*, pp. 231-242. Beijing: Zhonghua shuju, 2002. 诸葛忆兵:《论宋代后妃与朝政》,收入氏著《宋代文史考论》,北京:中华书局,2002,第231—242页。

Zou Zhiyong. "Zhengshi yu shuobu zhi huzheng: Li Xinchuan kaoju shixue bianxi" [Mutual verification of official and non-official sources: an analysis of Li Xinchuan's historiography of textual research]. *Shanxi shida xuebao* 30.4 (October 2003): 21-25. 邹志勇:《正史与说部之互证:李心传考据史学辨析》,《山西师大学报》2003年第4期,第21—25页。

# 索 引

abdication 禅位 40, 59, 382, 445, 447, 454, 459, 485

*Account of the Western Frontier from 1201through 1221, An*《西陲泰定录》 158, 159, 197

*Administrative Records from the Period of Great Tranquility, Fully Classified*《太平治迹统类》 133, 338

administrative structure (*zhiti*) 治体 103, 104, 210, 238—240, 257, 301, 311

affinal kinsmen 姻亲 122, 131, 133, 413, 415

affines 外戚 12, 195, 196, 208, 239, 240, 242, 261, 287, 288, 292—294, 324, 336, 341, 342, 356, 383, 386, 425, 481, 501, 505, 509, 522

Aḥmad 阿合马 306, 311, 328

*Analects*《论语》 21, 200, 448

anticipative origin (*zhangben*) 张本 182, 192

Arughtu 朵儿只 312, 313, 330

audit records (*kuiji lu*) 会计录 338, 339

autocracy 专权 12, 61, 70, 171, 194, 199—201, 207, 240, 302, 312, 382, 386, 412, 462, 482, 502, 503, 512, 516, 521, 523

Autocommentary 自注 14, 178, 181—187, 189, 190, 211, 213, 251

autocratic minister (*quanchen*) 权臣 82, 240—242, 284, 306, 309, 312, 328, 482, 502, 507, 510, 511

Ayurbawada 爱育黎拔力八达 307

Baiji 拜住　265

Balazs, Étienne 白乐日　4

Ban Gu 班固　266，367

banquet narrative (*beijiu shi bingquan*) 杯酒释兵权　18，383，451，462，463，468，470，471，473，475—481

Bao Zheng 包拯　232

Bayan/Bayan the Merkid 伯颜　269，270，302，303，306—310，312—314，328—330

benevolent governance (*renzheng*) 仁政　18，236，239—241，249，342，343，376，380—383，388，395，397，403，405，441，483，520—523

benevolent intent (*renyi*) 仁意　239—241，245

Berke Buqa 别儿怯不花　313，314，330

Biographies 列传　129，207，266，268，273，283，285，286，288，294，296，298，314，324，327，336，362，378，440，461，489

body of the state (*guoti*) 国体　23，169，171，194，196，208，227，238

*Book of Changes*《周易》　373，376，393，432，469，494，512

*Book of Documents*《尚书》　20，21，219，281，322，344，345，367，373，378，405，409，446，449，469，486

Bunyan, John 约翰·班扬　379

Bureau of Military Affairs 枢密院　4，37，99，120，121，165，166，195，207，343，344，402，438，443，465，468，469，480，510

Butterfield, Herbert 巴特菲尔德　366


cadastral surveys (*jingjie fa*) 经界法　297

Cai Bian 蔡卞　123，124，406，420，512

Cai Jing 蔡京  18, 19, 26, 39, 65, 123, 124, 199, 201, 202, 230, 242, 281, 301, 304, 312, 315, 325, 326, 345, 377, 386, 390, 396, 398—403, 407, 412, 414—417, 420, 422, 424—426, 433, 442, 443, 479, 485, 486, 488, 491, 495, 496, 501, 502, 504, 506—513, 516, 519, 522

Cai Que 蔡确  386, 496, 512

Cai Shangxiang 蔡上翔  419, 433

Cai You 蔡攸  39, 40, 46, 512

Caishi battle 采石之战  189, 213

Cao Cao 曹操  137, 241

Cao Yanyue 曹彦约  159, 204

Censorate 台谏  86, 89, 199, 235, 241, 298, 344, 398, 405, 410, 421, 492

Chaffee, John 贾志扬  164, 191, 195

Chang Tong 常同  415, 432

Chaozhou 潮州  312

Chen Bridge narrative 陈桥兵变  18, 136, 267, 276, 320, 382, 383, 451, 452, 454—459, 461—464, 487

Chen Dong 陈东  322, 323, 325, 396, 431, 496, 506—509, 513, 515, 516

Chen Fuliang 陈傅良  147, 244, 349, 426, 436, 490

Chen Gongfu 陈公辅  401, 423, 424, 435

Chen Guan 陈瓘  126, 403, 485

Chen Jia 陈贾  199, 350

Chen Jun 陈均  11, 12, 15, 20, 25, 130, 135, 150, 152, 216, 218, 222—225, 227—232, 235, 237, 244—249, 252, 253, 256—258, 261, 275, 278, 320, 321, 338, 359, 364, 365, 379, 390, 391, 394, 395, 431, 432, 435, 461, 508, 513, 521

Chen Junqing 陈俊卿　12，20，40，44，59，88，90，91，94，98，99，101，122，130，132，143，144，146，223—225，227，246，425，459

Chen Kangbo 陈康伯　40

Chen Liang 陈亮　297

Chen Lü 陈旅　308，328

Chen Mi 陈宓　223，224，227，229

Chen Shixi 陈师锡　395，397，398，426

Chen Yaosou 陈尧叟　166

Chen Yinke 陈寅恪　1，2，23

Chen Zhensun 陈振孙　49—51，65，67，151，173，191，204，338，339，355—357，393，404，428，434，484，491

Cheng brothers 二程　146，160，162，252，308，312，329，346，402，404，414，417，432，450

Cheng Hao 程颢　349，403，448

Cheng Ju 程俱　26，34，356，482

Cheng Rongxiu 程荣秀　198，312，313

Cheng Yi 程颐　198—200，217，219，252，312，349，400，409，416，417，423，424，429，435，442，444，445

Chengdu 成都　48，50，67，73—76，78，83，89，133，157，158，192，197，213

chronological coverage 时间范围　248，364

*Chronological Record*《要录》　12—15，48，52，65，134，135，139—143，155—159，163，164，168—175，177—185，187—192，198，199，201，203，208—214，216—218，222，243，251，257，296，325，326，357，359，364，365，393，395，427，430—436，484—486，488，490—492，

499，500，502，513，514

*Chronological Charts*《历年图》 83，85

*Chronologically Arranged Complete Essentials in Outline and Details of the August Courts*《皇朝编年纲目备要》，另见 *Outline and Details* 11，27，150，216，222，224，227，228，247，256—258，321，359，379，394，395，461，489，508，513

Chu Zhaofu 楚昭辅 460，488

Classics Mat tutor 经筵官 17，160，199

*Classified Collection of Literary Texts*《艺文类聚》 33

*Collection of Major Song Edicts*《宋大诏令集》 339

*Collection to Venerate Yao*《尊尧集》 126

*Compendium of Northern Treaties*《三朝北盟会编》 178，212，268

*Complete Texts of Song History*（*Songshiquanwen*）《宋史全文》 67，144，146，206，243，244，249，257，258，338，359，394，433，483—487，492

*Comprehensive Mirror*《资治通鉴》 21，83，85，94，98，108—110，112，113，115，116，119，123，127—129，150，151，220，222，317，376，378，399，413，418，492

*Comprehensive State Compendium*《总类国朝会要》 11，13，48，49，51，54，57，58，61，62，170，501，502

Confucian literati 儒士 9，21—23，272，291，301，303，307—309，313，314，368，382，384，521

Confucianism 儒学 20，219，244，257，272，284，287，291，303，306—310，312，367，388，391，511

Confucian general 儒将 99

*Continuation of the Song Chronological Comprehensive Mirror for Administration*（*Xu*

*Song biannian zizhi tongjian*)《续宋编年资治通鉴》 243, 257

*Continuation of the Tables to the Hundred Officials and Senior Court Officials, as origins of*《续百官公卿表》 84, 85

*Continued Four Courts Compendium*《续四朝会要》 41, 46, 47, 49, 58, 93

*Conversations of Ding Wei* (*Ding Jingong tanlu*)《丁晋公谈录》 475, 476, 491

*Conversations of Zhu Xi*《朱子语类》 132, 139, 220, 252, 321, 327, 365, 390, 393, 429, 484, 498, 499, 513

*Corrected Doubts about Precedents* (*Diangu bianyi*)《典故辨疑》 349

*Corrections of Errors in Old Accounts*《旧闻证误》 157, 163—168, 174, 181, 203, 206, 207

Court Gazette (*baozhuang*) 报状 438

court historiography 朝廷史学 7, 8, 10, 11, 25, 55, 176, 193

Cui Dunshi 崔敦诗 346, 357

Cui Yan 崔鶠 400, 401, 428

Cui Yuzhi 崔与之 159, 161

Cultured Tranquility Academy 文靖书院 272

Cyclicality 周期性 299, 300, 372, 373, 388, 518—521, 524

*Daily Calendar since 1127* (*Jianyan yilai rili*)《建炎以来日历》 176, 210

Dang Jin 党进 460, 488

Danleng 丹棱 73

Dante Alighieri 但丁 379

Danyang 丹阳 506

Daoism 道教 357, 382, 413, 441, 442

*daoxue* historians 道学史家 14, 15, 17, 216, 217, 219, 221, 223, 225,

227, 229, 231, 233, 235, 237, 239, 241, 243—247, 249, 251, 253, 255, 257, 262, 275, 278, 293, 365, 377, 383, 385, 461

daoxue historiography 道学史学　14, 15, 150, 172, 202, 216, 218, 219, 222, 225, 231, 234, 236, 238, 243—245, 247, 294, 300, 302, 319, 365, 507, 508

daoxue masters 道学大师　160, 244, 271, 272, 283, 291, 298, 302, 305, 306, 308

daoxue philosophy 道学哲学　508

Dardess, John 窦德士　270, 313, 328

decree examination 制举　75, 80, 81, 104, 141

defense commissioners (zhenfu shi) 镇抚使　467—469, 490

Deng Guangming 邓广铭　153, 419, 420, 433, 434

Deng Shaomi 邓绍密　183, 184

Deng Xiang 邓襄　422

Deng Xiaonan 邓小南　1, 23, 26, 27, 342, 355—357, 359, 384, 391, 395, 396, 483, 484, 487, 491, 492

Deng Xunren 邓洵仁　422

Diary of Activity and Repose 起居注　5, 8

Ding Daquan 丁大全　232, 233, 285, 387, 508, 511, 512

Ding Si 丁禩　185—187

Ding Wei 丁谓　299, 317, 349, 410, 421, 471, 475—477

Directorate of Education 国子监　50, 67, 129, 130, 158, 232, 400

dispel disorder and return to orthodoxy (boluan fanzheng) 拨乱反正　282

Diverse Notes《朝野杂记》　140, 141, 144, 146, 147, 151, 157—159, 163, 164, 169, 170, 172, 190—197, 199—202, 204, 206, 207, 211—216,

251, 323, 357, 358, 430, 432, 435, 436, 484, 486, 490—492, 514

divine justice 天道，另见 Way of Heaven  169, 201, 207, 221, 503, 504

Divinely Martial Army (*Shenwu jun*) 神武军  468, 469

*Doctrine of the Mean*《中庸》  405, 429, 450

Dong Hui 董槐  233

Dong Songchen 董宋臣  232

Dong Wenbing 董文炳  263, 264, 316

Du Chong 杜充  188

Du Fan 杜范  163, 205

Du Fu 杜甫  37, 64

Du Yan 杜衍  398, 403

Du Zheng 度正  160, 328

Duanping administration 端平政府  50, 161, 200, 224, 229, 233, 234, 258, 352, 381

*Eastern Capital Miscellany*《东都事略》  26, 129, 169, 275, 278—281, 285—293, 302, 310, 320—322, 324, 325, 327, 427, 434, 452—456, 485, 486, 488, 496

embodies the Way (*tidao*) "体道"  445

*Emperor Ren's Instructions and Statutes* (*Renhuang xundian*)《仁皇训典》  342, 383, 413, 432, 440, 444

Empress Bulukhan 皇后卜鲁罕  309

Empress Cao 曹皇后  294

Empress Chabi 察必皇后  309, 310

Empress Dowager Budashiri 皇太后卜答失里  269, 310

索 引 589

Empress Dowager Targi 皇太后答己 310

Empress Du 杜皇后 294, 310, 320, 329

Empress Gao 高皇后 294, 401, 406, 412, 414, 415, 425, 433

Empress Li 李皇后 294, 311

Empress Liu 刘皇后 293, 294

Empress Meng 孟皇后 294, 406, 414, 432, 443

Empress Wu 吴皇后 194, 196, 208, 294, 329, 351

Empress Xie 谢皇后 232, 316

Empress Yang 杨皇后 294

*Enlarged and Revised State Compendium*《增修国朝会要》 38, 39, 41—43, 45—47, 49, 57, 58

Eunuchs 宦者 287, 288, 292, 293, 325, 329

eunuchs 内侍 8, 12, 25, 91, 104, 167, 195, 232, 242, 261, 281, 292, 293, 336, 337, 341, 352, 353, 355, 358, 359, 375, 383, 386, 399, 481

evidential scholarship (*kaozheng*) 考证 314, 357

exemplar historiography 模范史学 17, 22

*Extensive Discussions on the Six Dynasties Comprehensive Mirror*《六朝通鉴博议》 72, 99, 100, 137, 139

facilitated degrees (*teshouming*) 特奏名 97, 98, 102, 138, 145

false learning (*weixue*) 伪学 169, 285, 501, 514

Fan Bailu 范百禄 348

Fan Chong 范冲 123, 124, 246, 247, 344, 345, 383, 393, 412—424, 433, 435, 444, 452, 454, 455, 457—459, 462, 471, 479, 480, 488

Fan Chuncui 范纯粹 348

Fan Chunren 范纯仁  281, 348, 519

Fan Qiong 范琼  183—185, 212

Fan Wenlan 范文澜  310, 319, 329

Fan Zhen 范镇  125, 348

Fan Zhixu 范致虚  299

Fan Zhongbiao 范仲彪  413, 427

Fan Zhongyan 范仲淹  37, 102, 122, 242, 257, 289, 342, 348, 374, 375, 393, 398, 399, 401, 403, 410, 415, 421, 433, 434

Fan Zongyin 范宗尹  299, 408, 409, 411, 412, 467, 468, 484

Fan Zuyu 范祖禹  110, 123, 145, 219, 335, 342, 345, 348, 355, 356, 376, 381, 383, 393—395, 397, 413, 420, 440, 449, 492

Fang Hui 方回  232, 254

Feng Xie 冯澥  400, 427, 428

Finance Commission 三司  121, 255

*First Occurrence of Dynastic Events*《本朝事始》  85

fiscal stability 财政稳定  188, 189

*Five Dynasties Compendium*《五代会要》  33

forest of Confucians 儒林  287, 290, 291, 484

*Forthright Opinions of 1138* (*Wuwu dangyi*)《戊午说议》  497

*Four Books* 四书  285, 487, 489

*Four Courts State History*《四朝国史》  11, 95, 106, 129, 162, 163, 267, 496

Four Masters of Jinhua 金华四先生  272, 319

*Four Restoration Courts State History*《中兴四朝国史》  161, 500

Fu Bi 富弼  37, 58, 64, 105, 122, 294, 321, 339, 342—344, 349, 370, 380, 398, 403, 441, 484

Fu Xingzhong 符行中　86，143

Fu Zengxiang 傅增湘　72，138，203，205

fubing militia 府兵制　465


Gao Dingzi 高定子　162，163

Gao Qiu 高俅　242

Gao Side 高斯得　50，67，133—135，153，161—163，205，206，209，511

*Chronological Record of the Gaozong Reign in Outline and Details*《高宗系年要录纲目》135

*Gaozong Daily Calendar*《高宗日历》　10，11，44，58，102，172，175—180，500

*Gaozong Sagacious Administration*《高宗圣政》　59，170，217，353，375

*Gaozong Veritable Records*《高宗实录》　44，170，172，177，210，500

Ge Bi 葛邲　350

Ge Zhaoguang 葛兆光　253，260，315，394

Genghis Khan 成吉思汗　197

Gentlemen（*Junzi*）君子　19，232，235，236，238，245，246，255，280，283，299，302，303，323，379，380，385，386，388，426，436，493，494，499，502，504，506，521，522

Golden Box narrative 金匮之盟叙事　276

Gong Fu 龚釜　186，187

Gong Maoliang 龚茂良　101，102，104，105，146，147

Gong Wu 龚鉴　185—187

Gong Yizheng 龚颐正　184

Gou Tao 勾涛　420，421，432

Governance 治国　9，12，20—23，33，97，98，100，101，103，117，119—

121, 126—128, 130, 136—138, 164, 193, 202, 217, 224, 235, 238—240, 242, 247, 270, 276, 280, 284, 285, 290, 292, 293, 295, 296, 298, 301—303, 306, 311, 336, 340, 341, 346—348, 352, 353, 357, 376, 380—384, 386, 387, 398, 410, 421, 424, 425, 437, 438, 440, 441, 444, 445, 448, 449, 463, 473, 474, 480—482, 493, 495, 499, 501, 505, 508, 511, 520, 522—524

grand allegory 宏寓　11, 16, 17, 21—23, 26, 203, 223, 225, 243, 259, 261, 267, 289, 295, 304, 307, 361—363, 365, 367, 369, 371—375, 377—381, 383—389, 391, 393, 395, 417, 437, 450, 451, 462, 463, 471, 481, 482, 495, 504, 518—523

*Grand Scribe's Records*《史记》　84, 159, 168, 201, 207, 289, 367, 369, 391, 489, 519

*Great Learning*《大学》　20, 294, 301, 444, 445, 447—450, 482

*Great Peace Imperial Reader*（*Taipingyulan*）《太平御览》　33

Guan Zhong 管仲　305

*Guangzong Compendium*《光宗会要》　46, 48, 50, 68

Guilin 桂林　501, 502, 514, 515

Guo Jin 郭进　467

Hall of Light（*mingtang*）明堂　100, 101, 146

Han Emperor Wudi 汉武帝　107

Han Qi 韩琦　58, 122, 294, 300, 329, 348, 398, 403, 421, 520

Han Shizhong 韩世忠　131, 178, 179, 189, 468, 480, 505

Han Tuozhou 韩侂胄　12, 19, 47, 48, 61, 72, 158, 169—172, 196, 197, 199—202, 208, 229, 284, 293, 304, 312, 341, 342, 351, 356, 357,

386，387，426，495，501—507，510—512，514，516，521

Han Yangu 韩彦古　130，131，152

Han Yanzhi 韩彦直　131，152

Han Yu 韩愈　290，324

Han Yuanji 韩元吉　336—338，355

Han Zhongyan 韩忠彦　348

Hanlin and History Academy (*Hanlin guoshi yuan*) 翰林国史院　265，268

He Dan 何澹　350

He Fu 何俌　218

He Ji 何基　272

He Weiyi 贺惟一　270

historical development 史学发展　2，165，216，218

historical revisionism 史学修改运动　200，351，404，417，419，421，442，445，479，496，503，504，515，521

historiographical principles 史学原则　15，520

Hong Hao 洪皓　178，179

Hong Mai 洪迈　39，65，92，129，350，427

Hong Tianxi 洪天锡　232

Hong Zikui 洪咨夔　351—353，359，375，376，393

house armies 家军　77，78，137，465，468—470，478，480，504，505

Household Administration of the Empress Dowager (*Huizheng yuan*) 徽政院　310

Hu Anguo 胡安国　327，408—412，431，444，448

Hu Dan 胡旦　438，482

Hu Meng 扈蒙　206，438

Hu Quan 胡铨　497

Hu Shunzhi 胡舜陟  467，468，478

Hu Yigui 胡一桂  278

Huang Gan 黃榦  272，291

Huang Qianshan 黃潛善  408，410—412，506，507，510，512

Huayang county 华阳县  74

*Huizong Veritable Records*《徽宗实录》  95，96，98，102—104，138，146，346

*Huizong-era Long Draft*《徽宗长编》  134

Huzhou 湖州  162，163

*Imperial Book Treasury as Grand Tortoise*《册府元龟》  33，34，63

imperial clan 宗室  79，141，163，193—195，280，286，356，442，443

imperial favorites 近习  12，97，100，101，103，104，107，138，147，305，336，346，347，358，448，505，514，515

Imperial Library 秘书省  8，10，11，25，41，44，45，47—49，65，67，70，74，75，80，87，90，91，93，96，101，102，104，106，109，129，130，133，134，156，159，161，168，176，177，180，233，264，338，339，399，460，479

imperial troops (*jinbing*) 禁兵  463—466，469，476，505

imperial tutor 侍讲  20，75，102，106，217，317

Inner Treasury 内库  107，196

Institute of Historiography 史学机制  95

institutional system (*jigang*) 纪纲  46，127，239—242，343

interlinear commentary 夹注  94，109，115，180

investigation of differences 考异  89，108—110，115，181，221，315，329

Ji An 汲黯　107, 108, 147

Jia Sidao 贾似道　19, 217, 251, 285, 386, 495, 508, 511, 512

Jiang Fu 蒋芾　90, 91, 94, 95, 122, 486

Jiankang 建康　185—187, 409

Jiayou period 嘉祐时期　407, 454

Jie Xisi 揭傒斯　272, 319

Jiezhou 解州　311

*Jin History*《金史》　260, 313

Jin Lüxiang 金履祥　272

Jingim 真金　308

Jingkang period 靖康时期　288, 289

Jinhua 金华　129, 154, 270, 272, 318, 319

Jinjiang 晋江　232

*junzi/xiaoren* dichotomy 君子-小人二分法　255, 283, 386

Jurchen invasion 女真人进犯　9, 353, 375, 398, 403, 465, 491, 496, 522

Kaifeng 开封　8, 9, 71, 76, 114, 188, 230, 249, 258, 267, 353, 375, 398—402, 404, 406, 407, 410, 430, 432, 442, 445, 454—456, 464, 479, 491

Kaixi war 开禧之战　12

*Kesigden* 怯薛　269

Khaisan 海山　265

Khitan 契丹　120, 168, 267, 279, 321, 322, 339, 345, 452

Khubilai 忽必烈　263, 269, 304, 306—309

kickball 蹴鞠　459, 460, 462

Kong Pingzhong 孔平仲  82, 83

Kou Zhun 寇准  317, 349, 403, 410, 421, 520

LaFleur, Robert 罗伯特·拉弗勒  119

*Lectures on Major Events of the August Courts* (*Huangchao dashiji jiangyi*)《皇朝大事记讲义》, 另见 *Lectures on Song History*  27, 150, 231, 233—235, 237, 238, 247, 248, 255—257, 320, 321, 359, 396, 487, 489, 492

*Lectures on Major Events of the August Courts of the Restoration* (*Huangchao zhongxing dashiji jiangyi*)《皇朝中兴大事记讲义》, 另见 *Lectures on Song History*  69, 231, 235, 237, 238, 249, 254—257, 382, 395, 510, 516

*Lectures on Song History*《讲义》  231, 234, 236, 237, 243, 244, 256, 257

Lee Tsong-han 李宗翰  127, 150

Left Reserve Treasury (*zuozang ku*) 左藏库  196

Li Bi 李壁  73, 80, 134, 136, 139, 505

Li Bing 李邴  296, 325

Li Chengjin 李承进  352, 359

Li Chongjin 李重进  471, 473

Li Dai 李迨  77, 140, 190

Li Daochuan 李道传  158, 160, 167, 169, 170, 204, 208, 390

Li Daxing 李大性  349, 358, 419

Li Fan 李燔  160, 205

Li Fang 李昉  120, 121

Li Gang 李纲  114, 115, 178, 230, 254, 283, 294—296, 299, 325, 359, 402, 408—411, 431, 435, 467, 504

Li Guang 李光  207, 400, 402, 428

Li Hanchao 李汉超 467

Li Hang 李沆 167, 168, 207, 279, 299, 403, 520

Li Hou 李昈 80—83, 104, 105

Li Huarui 李华瑞 125, 126, 151, 315, 324, 326, 327, 378, 394, 436

Li Hui 李回 443, 444

Li Linfu 李林甫 509

Li Shunchen 李舜臣 157, 158, 204, 213

Li Tao 李焘 2, 11—15, 17, 32, 41—47, 49, 52, 58, 59, 70—156, 161, 166—168, 177, 180, 181, 183, 189, 198, 202, 216, 220—225, 229, 230, 245, 247—249, 264, 267, 274, 277, 279, 295, 321, 322, 333, 335, 337—339, 344, 348—351, 355, 359, 364, 365, 381, 384, 388, 396, 397, 417—419, 423, 425, 429, 433, 437, 439, 452, 455—459, 461, 463, 471, 474—480, 482, 483, 485, 487, 496, 497, 505, 511, 521

Li Xinchuan 李心传 3, 12—15, 24, 32, 48—52, 57, 58, 61, 67, 77, 79, 85, 133—135, 141, 146, 147, 155—175, 177—217, 221—224, 243, 245—247, 256, 279, 286, 295, 296, 312, 329, 330, 339, 357—359, 364, 365, 390, 393—395, 420, 430—432, 434, 435, 499, 500, 502, 504, 511, 514, 520, 521

historiographical goals 史学目标 223

Li Xingchuan 李性传 158, 204

Li Yun 李筠 471, 473

Liang Ji 梁冀 311, 330

Liang Lü 梁律 501

Liang Shi 梁适 167

Liang Shicheng 梁师成 293

Liang Taiji 梁太济 179, 182, 204, 208, 211, 213, 251

Liang Tao 梁焘 502

Liang Tianxi 梁天锡 207, 405, 428—430, 492

*Liao History*《辽史》 260, 279, 313, 318

Lin Jie 林岊 224

Lin Xi 林希 126

Lin Xun 林勋 296, 297, 326

lineage of evil 奸邪谱系 19, 200, 283, 380, 386, 493, 495—497, 499—501, 503, 505, 507—511, 513, 515—518, 520

lineage of nefarious ministers 奸相谱系 387

literary figures 文学人物 290

literati governance 士人治国 12, 20, 117, 119, 120, 127, 130, 136—138, 202, 224, 247, 270, 284, 292, 293, 295, 296, 298, 302, 303, 347, 376, 380, 381, 383, 473, 474, 495, 501

*Literary Mirror of the August Courts*《皇朝文鉴》 346, 347, 350, 357, 358

literati officials (*wenshi*) 文士 290

Liu Anshi 刘安世 503

Liu Caishao 刘才邵 40

Liu Chenggan 刘承干 53

Liu Dazhong 刘大中 422

Liu Gong 刘珙 91

Liu Guangshi 刘光世 468, 491

Liu Guangzu 刘光祖 66, 359, 481

Liu Hanbi 刘汉弼 161

Liu Kezhuang 刘克庄 353, 354, 509, 514—516, 520, 524

Liu Shu 刘恕 418

Liu Xiang 刘向 107, 108

Liu Yu 刘豫 79, 416, 417, 444, 491

Liu Zai 刘宰 167, 207, 507, 508

Liu Zheng 留正 78, 140, 217, 310, 329, 334, 335, 339, 355

Liu Zhiji 刘知幾 144, 266

Living historiography 活的史学 1, 8, 12

living institutional history 活的制度史 1

Lizhou 利州 76

Lizong 理宗 45, 156, 159, 163, 204, 205, 264, 266, 284, 285, 302, 323, 352, 353, 376, 387, 507, 509, 523

Long Dayuan 龙大渊 59

*Long Draft* 《长编》 11, 13—15, 17, 25—27, 42, 43, 52, 58, 64, 70, 71, 73—75, 79, 81—86, 88, 89, 91—96, 98, 101—104, 106—122, 124—139, 141, 146, 148—156, 165—169, 180, 181, 188, 189, 191, 198, 201, 203, 207—209, 216, 217, 220, 222, 223, 225, 229, 230, 237, 247, 248, 251, 253, 254, 256, 257, 264, 267, 268, 277, 279, 317, 320, 321, 328, 335, 348, 350, 351, 355, 356, 359, 364, 365, 381, 384, 388, 396, 418, 429, 432, 433, 441, 452, 455—458, 461, 471, 475, 478, 480, 482, 483, 485, 487, 488, 490, 491, 511, 515, 521, 524

Longzhou 隆州 157, 158, 172

Lou Yinliang 娄寅亮 297, 298, 326, 443, 484

Lou Yue 楼钥 147, 168, 169, 201, 204, 515

loyalty and tolerance (*zhonghou*) 忠厚 103, 147, 242, 278, 280, 305

Lü Benzhong 吕本中 419

Lü Gongzhu 吕公著  348，423

Lü Hui 吕晦  349

Lü Huiqing 吕惠卿  386，496，512

Lu Jiuyuan 陆九渊  291

Lü Mengzheng 吕蒙正  336，355

Lü Wu 吕午  232，254

Lü Yihao 吕颐浩  296，299，325，345，408，409，412，414，415，417，431，470，480

Lü Yijian 吕夷简  348，415，419，433，434，483

Lu You 陆游  26，69，251，353，359，393，430，446，447，486

Lü Yuan 吕源  344

Lü Zhong 吕中  3，15，20，69，150，218，231—249，254—257，261，275，278，320，321，338，359，364，382，384，390，395，396，448，449，461，462，481，487，510，511，516，517

Lü Zuqian 吕祖谦  96，103，104，106，138，146，252，291，328，346—348，350，357，358，365，393，395，432

Luo Chuyue 罗处约  121

Luo Congyan 罗从彦  20，27，150，321，337，338，344，357，359，402—405，428—430，442，445，478，483，485，486


Ma Shen 马伸  411

magnanimity and reward for devotion (*kuanda zhonghou*) 宽大忠厚  103，147

Marchmount Hill Academy 岳麓书院  271

matters offensive to the state body (*shi gan guoti*) 事干国体  169，171，194，196，227

索 引

Mei Yaochen 梅尧臣　167，207

Meishan 眉山　75，133，324

Meizhou 眉州　73，75，86

Mencius 孟子　21，162，200，240，292，301，305，327—329，403，405，441，446，448，461，485，489

mental disposition (*xinshu*) 心术　271，301，403，416

merit and profit (*gongli*) 功利　290，305，306，314，327，329，394

metanarrative 元叙事　16，17，364，365

Miao Lie 缪烈　233

Miao-Liu mutiny 苗刘兵变　185，407，410

military governors (*jiedu shi*) 节度使　137，145，194，195，214，435，466—468，470，472，474，476，477，481

militias (*baojia*) 保甲　464—466，469，478

*Ministers Memorials from the August Courts*《皇朝名臣奏议》　47，346，347

Ministry of Personnel 吏部　241，326，422，429

Ministry of Revenue 户部　107，185，187，190

*Minor Calendar of the Restoration*《中兴小历》　178，180，212，213，357，359，490，491，499，500，513，514

minor Yuanyou 小元祐　352

Miu Quansun 缪荃孙　52，53

Mo Zichun 莫子纯　194

Monarchy 君主制　12，21，22，194，261，309，424，459，466，505

Mongol nativism 蒙古本位主义　263，269，329

Mongol political factions 元代政治党争　311

Mongol politics 蒙古政治　263

*Monthly Notes*（*Shuoji*）《朔记》 418

Mou Zicai 牟子才 50, 67, 161, 205

narrative construction 叙事建构 164

narrative creation 叙事创造 18, 174

nefarious ministers (*jianchen*) 奸臣 241, 283, 285, 287, 288, 293, 298, 299, 304, 306, 310, 311, 326, 330, 345, 386, 415, 493—496, 500, 501, 506—512, 518, 522, 525

New Policies 新法 9, 18, 38, 39, 41, 43, 44, 49, 57, 58, 62, 101, 106—108, 113, 117, 123—126, 128, 135—138, 190, 230, 235, 241—243, 245, 248, 249, 255, 261, 274, 280, 282, 290, 295, 300—305, 311, 342, 348, 376, 380, 381, 385, 386, 397—402, 404—407, 412, 415—418, 420, 425, 430, 441—445, 450, 454, 464, 465, 484, 487, 495, 497, 503, 519, 520, 522, 523

熊克 169, 180, 183, 189, 211, 499, 500

*New Tang History*《新唐书》 144, 290, 493

Nie Lehe 聂乐和 178, 179, 206, 212, 214

*Ningzong Compendium*《宁宗会要》 46, 50, 68

*Ningzong Veritable Records*《宁宗实录》 163

non-literati political actors 非士人角色 523

northern invasion 北伐 99, 171, 197, 452, 453, 503—505, 508, 520

note (*ji*) genre "记" 191

notebook (*biji*) genre "笔记" 116, 157

Office of the State History 国史馆 32, 36

official state historiography 官方国史 496

*Outline and Details* (by Chen Jun)《纲目》 216, 229, 230, 235, 237, 248, 253, 521

outline-and-details (*gangmu*) format "纲目"体 135, 229, 234, 368, 378

*Outline and Details of the Comprehensive Mirror*《资治通鉴纲目》 219, 220, 222, 225—227, 229, 233, 244, 377

Ouyang Long sheng 欧阳龙生 271, 319

Ouyang Shoudao 欧阳守道 271, 319

Ouyang Xin 欧阳新 271, 319

Ouyang Xiu 欧阳修 2, 8, 14, 58, 64, 102, 111, 113, 122, 144, 148, 289, 290, 324, 349, 367, 380, 389, 410, 493

Ouyang Xuan 欧阳玄 262, 265, 270—273, 304, 305, 311, 312, 315, 318—320, 493—495

Palace Provisions Commission (*Xuanhui yuan*) 宣徽院 310

Pang Ji 庞籍 343, 356

paper currency 纸币 76, 77

pedagogic history 说教史 222

Pei Du 裴度 481, 492

Peng Baichuan 彭百川 133, 134, 136, 338

Peng Guinian 彭龟年 129, 130, 341, 349

peoples' army (*minbing*) 民兵 78, 193, 196, 463—466, 469, 478, 489

petty men (*xiaoren*) 小人 19, 126, 235, 236, 245, 246, 255, 283, 299, 301, 303, 312, 313, 379, 380, 385, 386, 426, 436, 493, 494, 499, 502, 504, 506, 509, 519, 522

Plan for the Restoration (*Zhongxing ce*) 中兴策 408, 409

policies of the ancestors (*zuzong zhi fa*) 祖宗之法 17, 19, 26, 27, 41, 92, 101, 104, 124, 126, 130, 137, 138, 229, 294, 307, 340—343, 345, 348, 354—357, 359, 382, 384, 391, 395, 396, 399—402, 407, 408, 415, 427, 428, 433, 437, 439, 441, 449, 454, 459, 480, 483, 484, 487, 491, 492, 510, 511, 522

political discourse 政治话语 16, 18—20, 187, 333, 362, 368, 374, 375, 380, 385, 386, 398, 523

Postern Office 阁门 195

Postmodernism 后现代 3, 4, 361, 362, 367, 372

precedent events (*gushi*) "故事" 17, 18, 32—35, 37—39, 45, 58, 61, 85—87, 90, 94, 95, 99, 130, 135, 166, 194, 291, 333—345, 347—357, 359, 368, 370, 374, 375, 382, 384, 385, 388, 400, 402—404, 407, 447, 448, 450, 467, 468, 470, 478, 480, 509, 514

*Precedents from the Era of Great Peace*《太平故事》 37, 64, 343, 344, 370, 380, 483

Precious Instructions (*Baoxun*) 宝训 16, 17, 26, 64, 87, 121, 150, 321, 336—338, 348, 351, 356, 357, 368, 384, 440, 483, 484, 487

*Precious Instructions from the Three Courts*《三朝宝训》 16, 17, 150, 336, 483

*Preface to Decree Examination Topics*《制科题目编序》 81

presented precedents (*jin gushi*) 进故事 26, 150, 334—336, 340, 355, 516

presentism 现代主义 361, 367

Prince Jia 嘉王 334

principle first (*daoli zui da*) 道理最大 449

pseudocommentary 伪注 148, 178, 181, 217, 218, 243, 486

public opinion 公议  411, 412, 484, 502—504, 506, 510

public opinion (*gonglun*) 公论  23, 186, 311

Qi Chongli 綦崇礼  354, 360

Qi Fang 戚方  91, 92, 137

Qian Daxin 钱大昕  260, 310, 315, 329

Qian Liangchen 钱良臣  105

Qian Shi 钱时  161, 205

Qian Xuan 钱选  459, 460

*Qiandao Compendium*《乾道会要》 45, 47, 58, 59

Qigou Pass 岐沟关  120, 121

Qin Gui 秦桧  9—12, 19, 22, 24, 40, 55, 57, 61, 70, 80, 83, 86—89, 95, 117, 137, 138, 141, 143, 170—173, 176, 180, 185—187, 189, 194, 199, 201, 202, 205, 207, 208, 210, 211, 215, 220, 229, 251, 252, 254, 282, 295, 296, 298, 304, 312, 323, 325—327, 345, 349, 357, 361, 362, 376, 377, 386—389, 393, 395, 408—412, 417, 421, 424—426, 430—432, 435, 436, 444, 445, 448, 465, 478, 480, 485, 486, 492, 495, 497—500, 503, 504, 506—514, 516, 521, 523

Qin Xi 秦熺  10, 11, 176, 499

Qingli period 庆历时期  58, 113, 117, 118, 230, 246, 248, 348, 388, 438, 483

Qingli reform movement 庆历改革运动  122

Qingyuan period 庆元时期  47

Qingyuan proscription 庆元党禁  72, 501—503, 505, 516

*Qinzong Veritable Records*《钦宗实录》 25, 95, 115

Quan Heng 权衡　306, 318, 328, 329

Quanzhou 泉州　227, 232

Quzhou 衢州　413

Rao Zuyao 饶祖尧　501, 502

*Record of Restoration Personalities* (*Zhongxing xingshi lu*)《中兴姓氏录》　500

*Record of Revering Yao*《遵尧录》　27, 321, 337, 338, 357, 359, 402—405, 428—430, 442, 445, 478, 483—485, 492

*Record of the Origins of the [Teaching of the] Two Chengs* (*Yi Luo yuanyuan lu*)《伊洛渊源录》　291, 429

*Record of the Way*《道命录》　2, 146, 157, 160, 164, 197—202, 205, 206, 215, 246, 251, 312, 329, 358, 431, 435, 504, 520

*Record of Things Heard and Seen in the Shao Family* (*Shaoshi wenjian lu*)《邵氏闻见录》　478, 479, 492

*Record of Zhenguan Government* (*Zhenguan zhengyao*)《贞观政要》　403

records of current administration 时政记　5, 7, 8, 165, 166, 187, 264, 438

*Records of Sagacious Administration from the Three Courts*《三朝圣政录》　20, 320, 337, 368, 403, 405, 440

*Record of Surveying the Past*《稽古录》　84, 142

*Records of the Restoration Loyal and Righteous* (*Zhongxing zhongyi lu*)《中兴忠义录》　184

*Records of the Words and Deeds of Illustrious Ministers at Five [Song] Courts* (*Wuchao mingchen yanxing lu*)《五朝名臣言行录》　220, 434

Recovered Draft 今本《长编》　109, 110, 125, 150, 209, 217

rectified mind (*zhengxin*) 正心　20, 236, 277, 278, 285, 294, 301, 327,

396, 444, 445, 447—450, 485

rectifying the mind and cultivating the body (*zhengxin xiushen*) 正心修身 236, 396

Red Cliff 赤壁 137

regulations and precedents (*diangu*) 典故 64, 73, 89, 105, 146, 294, 334, 338, 339, 344, 349, 350, 355, 356, 358, 434, 440, 441, 461

*Remnant History of the Restoration*《中兴遗史》 178, 179, 184, 212, 500, 514

remonstrance function 劝谏功能 83

Ren Shenxian 任申先 422

renewal (*genghua*) 更化 227, 270—272, 275, 302, 303, 318

Renzong florescence 仁宗之治 334, 381, 397—400, 402, 406, 407, 410—414, 417, 423—426, 433, 437, 442, 450

*Renzong Veritable Records*《仁宗实录》 122

Research Center for Digital Humanities 数位人文研究中心 32, 54, 63

Restoration (*Zhongxing*) 南宋中兴 59, 79, 164, 173, 282, 382, 383, 385, 388, 443, 446, 452

*Restoration Compendium*《中兴会要》 44, 46, 47, 58, 59, 67, 249

Restoring Orthodoxy 反正议 79

Rhetoric 辞令 78, 171, 413, 499, 503, 504, 507—509

Rongshui county 融水县 502

Rongzhou 融州 502

*Sagacious Administration from the Two Restoration Courts of the August Song*《皇宋中兴两朝圣政》 243, 338

*Sagacious Administration from the Two Restoration Courts of the August Song Augmented with Lectures by Famous Confucians* (*Zengru mingru jiangyi huang Song zhongxing liangchao shengzheng*)《增入名儒讲义皇宋中兴两朝圣政》 217

*Sagaciouis Administration of the Restoration*《中兴圣政草》 430,446,486

*Sagacious Administration of the Supreme Emperor*(*Taishang huang shengzheng*)《太上皇圣政》 446,447,486

*Sage's Mirror for Inner Cultivation*《内治圣鉴》 130

Sangha 桑哥 311

School for the Heir Apparent (*Zishan tang*) 资善堂 454

Secretariat 中书门下 4,37

sectoral command measures (*jiangbingfa*) 将兵法 466

*Selected Essentials of the Long Draft*《长编举要》 109,130

Shang Yang 商鞅 305

Shao Bo 邵博 478,479

Shao Bowen 邵伯温 126,478,479,492

Shao Wenbing 邵文炳 45

Shao Yong 邵雍 160,478

Shaoxing period 绍兴年间 375

Shen Qian 沈千 502

Shen Wei 沈晬 502

Shen Yuqiu 沈与求 345

*Shenzong Daily Calendar*《神宗日历》 7

*Shenzong Veritable Records*《神宗实录》 7—9,93,95,123—126,151,357,406,413—418,420,422

Shi Hao 史浩 147,223,227,447,448,487

Shi Jie 石介 20,277,320,337,338,342,355,368,380,394,403—405,440,483

Shi Miyuan 史弥远 12, 19, 48—50, 160, 163, 170—172, 200, 201, 204, 223, 225, 227, 229, 234, 284, 351, 382, 387, 500, 502, 508, 510—512, 516, 523

Shi Shouxin 石守信 460, 472, 474—476, 488

Shi Songzhi 史嵩之 46, 160—163, 200, 205, 229, 233, 387, 508, 509, 511, 512, 516

Shu Yuexiang 舒岳祥 268

Sichuan 四川 11, 14, 15, 48—50, 67, 70, 73—79, 86—91, 98, 99, 101, 105—107, 132—137, 140, 145, 155—161, 163, 165, 166, 170, 171, 173, 190, 196—198, 201—203, 213, 215—217, 221—223, 247, 249, 256, 348, 484

Sichuan General Command Office 总领四川财赋 86

Sichuan literati 四川士人 348

Sima Guang 司马光 2, 14, 21, 24, 27, 58, 83—85, 98—100, 102, 107—110, 112, 113, 115, 119, 123—125, 127, 129, 142, 146, 147, 155, 156, 160, 167, 181, 183, 199, 202, 207, 219—222, 245—247, 277—279, 295, 298, 302, 303, 305, 309, 313, 314, 317, 320—322, 327, 333, 337—339, 342, 349, 355, 356, 367, 376—378, 382, 384, 385, 395, 397, 399, 401, 403, 410, 413, 414, 418—421, 423, 427, 428, 431, 433, 434, 451, 452, 454, 456—458, 461, 465, 471, 474—480, 483—485, 491, 492, 504, 520

Sima Kang 司马康 420

Sima Pu 司马朴 399

Sima Qian 司马迁 84, 110, 159, 168, 169, 201, 207, 266, 289, 367, 391, 489, 519

Sixteen Prefectures 燕云十六州　120，520

*Some Questions about the Three Histories*《三史质疑》　265，266，315—317

Song exceptionalism 宋人例外论　240

*Song History*《宋史》　5，12，15，16，26，27，65，67，139—141，143—147，150，152，153，167，191，203—206，208，211—213，223，243，244，254，259—262，265—268，270—276，278—280，282，283，285—288，290—305，307—311，313—330，337—342，355，358，362，364，365，378，379，383，384，386，390，393，395，396，417，427—429，432，434，462，482，484，486，489，492，493，496，511，512，514，515，524，525

Song Lian 宋濂　270，318

Song military 宋朝军事　188，189，288，463，468，469

Song Qi 宋祁　493

*Song State Compendium*《宋会要》　13，31—34，36，51—54，62，63，68，153，364

Spenser, Edmund 埃德蒙·斯宾塞　379

*Spring and Autumn Annals*《春秋》　79，84，110，219，221，225，245，252，323，367—369，378，391，409，486

statecraft thinker 经世思想家　164

State Finance Office 国用司　91，122，144

Stone Canal Pavilion 金匮之盟　276，294，320

strengthen the root and weaken the branches (*qianggan ruozhi*) 强干弱枝　463

Su Hanchen 苏汉臣　459

*Su River Records*《涑水记闻》　27，112，125，167，168，207，246，277，279，320，321，337，339，355，356，384，395，414，418—421，433，434，

452, 454—458, 471, 476—480, 488, 491

Su Shi 苏轼　75, 102, 146, 290, 295, 305, 324, 325, 328, 329, 421

Su Tianjue 苏天爵　260, 264—268, 306, 307, 317, 328

Su Xun 苏洵　75, 105

Su Zhe 苏辙　75, 126, 279, 295, 321, 325, 489

Suining 遂宁　105, 106, 129, 130, 137

Sun Di 孙觌　25, 88, 139, 143, 149, 151, 252, 254, 325, 486

Sun Quan 孙权　137, 154

Sun Yuanxiang 孙原湘　136, 154, 155


*Taizu Veritable Records*《太祖实录》　8, 26, 439, 456, 485

Taizu-Qingli-Yuanyou axis 太祖—庆历—元祐轴线　248, 249, 335

*Tang Compendium*《唐会要》　33, 36, 63

Tang Emperor Taizong 唐太宗　106, 336, 446

*Tang Mirror* (*Tangjian*)《唐鉴》　219, 376, 381, 393, 492

Tang Situi 汤思退　40, 89, 95, 510

Tanzhou 潭州　271, 272

tax covenants 科约　87

technocratic governance 技术官僚治国　22, 137, 138, 303, 306, 523

Temple of Spectacular Numina (*Jingling gong*) 景灵宫　441

Temüder 铁木迭儿　310

Temür Tash 元仁宗　307—310

Teraji Jun 寺地遵　88, 143, 359

textual archaeology 文本考古　13, 26

three commands (*Sanya*) 三衙　464, 471, 474, 477, 491

*Three Courts State History*《三朝国史》 9, 19, 36, 37, 275, 317, 382, 384, 439, 440, 456—458

Tian Kuang 田况 443, 484

Tian Xi 田锡 335

Tingzhou 汀州 232

Toghto 脱脱 259—261, 263, 265, 268—272, 292, 302—304, 307—309, 313, 314, 318, 319, 329, 330

Tong Guan 童贯 242, 267, 281, 293, 508

*Topical Details of the Restoration of Our August Court* (*Huangchao zhongxing jishi benmo*)《皇朝中兴纪事本末》 357, 491, 499, 500, 513, 514

topical narratives (*jishi benmo*) 纪事本末 2, 23, 133, 134, 153, 234, 357, 390, 491, 499, 500, 513—515

*Topical Narratives from the Long Draft Continuation of the Comprehensive Mirror That Aids Administration*《续资治通鉴长编纪事本末》 133

*Tortoise and Mirror of the Restoration* (*Zhongxing guijian*)《中兴龟鉴》 218, 251

transmission of the Way (*daotong*) 道统 217, 292, 445, 449

treasures Yuanyou 爱元祐 302, 415, 417, 433

Tu Ji 屠寄 52

Tugh Temür 元文宗 265, 310, 312

*Two Courts State History*《两朝国史》 9, 36, 286, 439

Typology 类型学 371, 373, 374


*Veritable Records*《实录》 148, 433


*Waiving the Duster*《挥麈录》 168, 178, 514

索　引　613

Wang Anshi 王安石　82，83，102，103，106，107，117，123—126，151，162，225，229，241，242，245，255，257，274，280，285，290，298，300—303，305，306，309，312—314，324，326，327，342，345，348，349，377，381，382，385，386，399—401，403，404，408，412，414—424，428，433，435，441，445，449，465，479，485，486，495，496，503，509—512，516，519，520，522，523

*Wang Anshi's diary*《日录》125，420

Wang Boyan 汪伯彦　408，411，506，507，510，512

Wang Cheng 王称　129，169，281，286，447，486，487

Wang Dan 王旦　167，168，207，279，294，299，403，520，524

Wang Dayou 汪大猷　40，41

Wang Deyi 王德毅　25，26，139，141，149，151，165，203—206，215，252，255，434，524

Wang Fu 王黼　39，65，412，415，491，510，516

Wang Gangzhong 王刚中　87，88，137，143

Wang Gui 王珪　34，35，38，39，41—43，46，47，49，57，58，64，65，106，349

Wang Huai 王淮　46，106，107，129，180，211，350

Wang Ji'en 王继恩　337

Wang Jie 王结　308

Wang Mang 王莽　241，294，509

Wang Mingqing 王明清　25，168，170，208，210，359，420，483，490，514

Wang Qinruo 王钦若　166，279，299，317，421，476

Wang Shengduo 汪圣铎　140，214，243，244，251，254，255，257，357

Wang Shenqi 王审琦　472，474—476

Wang Yan 王炎　465

Wang Yang 王洋　407, 430

Wang Yansou 王岩叟　349

Wang Yingchen 汪应辰　47, 88—91, 143, 423, 445, 459, 486

Wang Yinglin 王应麟　39, 268, 317, 347, 357, 402

Wang Zao 汪藻　470, 490, 491

Wang Zeng 王曾　403, 471, 476—478, 520

Wang Zhaojun 王昭君　416

Wang Zhi 王铚　469, 490

Wang Zhu 王洙　32, 37, 38, 43, 46, 64, 344

war heroes 战争英雄　288

warfare 战争　78, 89, 91, 120, 136, 162, 173, 188, 189, 288, 289, 344, 345, 387, 414, 437, 441, 453, 504, 521

*Water-Heart Mirror* (*Shuixin jing*)《水心镜》　131, 152

Way of Heaven (*tiandao*) 天道　169, 201, 207, 221, 503, 504

Wei Jing 卫泾　438, 482

Wei Liaoweng 魏了翁　48, 50, 66, 159, 170, 204, 209, 233, 234, 512, 515

Wei Qi 魏杞　90, 91, 94, 97

Wei Su 危素　296, 297, 318—320, 326

Wei Tai 魏泰　126

"weight the civil and lighten the military" (*zhongwen qingwu*) 重文轻武　463, 489

Wen Yanbo 文彦博　22, 342, 374, 375, 393

White Tiger Hall 白虎观　128

White, Hayden 海登·怀特　333, 387

*Writings on the Root of Governance* (*Ben zheng shu*)《本政书》　297

索 引 615

Wu Cheng 吴澄 460, 488

Wu family 吴家 87

Wu Ji 吴给 411

Wu Jie 吴玠 76, 77, 140, 468

Wu Jing 吴兢 403, 404

Wu Lin 吴璘 87, 91, 99

Wu Xi rebellion 吴曦叛乱 159

Wu Yong 吴泳 354, 360

Wu Zhifang 吴直方 270, 272

Wuzhou 婺州 272


Xia Song 夏竦 299, 317, 349

Xiangyang 襄阳 408, 416, 421

*Xiaozong Compendium*《孝宗会要》 46, 48, 50, 61, 68

*Xiaozong Sagacious Administration*《孝宗圣政》 217

Xie Caibo 谢采伯 509, 511, 514, 516

Xie Kejia 谢克家 413, 432

Xikun style of writing 西昆体 290

Xining period 熙宁时期 118

Xiong Ke 熊克 169, 180, 183, 189, 211, 499, 500

Xu Bangxian 徐邦宪 503, 515

Xu Du 徐度 7, 176, 210

Xu Fan 徐范 306

Xu Han 许翰 411

Xu Heng 许衡 307, 308, 328

Xu Jingheng 许景衡 411

Xu Qian 许谦 272

Xu Qingsou 徐清叟 233, 234, 246

Xu Song 徐松 52, 53, 393

Xu Yi 许奕 48, 66, 159, 170, 174

Xu Youren 许有壬 311

Xu Yuanjie 徐元杰 161, 205

Xu Zongyue 徐宗说 185—187

Yang Fu 杨辅 170, 208

Yang Guifei 杨贵妃 481

Yang Shi 杨时 217, 349, 400, 402, 404, 411, 427—429

*yang* trigrams 阳卦 493, 494

Yang Wanli 杨万里 144, 145, 349, 436

Yang Zhongliang 杨仲良 133, 134, 136, 390, 515

Yangzhou 扬州 217, 394, 405, 408, 514

Yao Mian 姚勉 510

Yao Pingzhong 姚平仲 114

Ye Mengde 叶梦得 165, 206

Ye Shi 叶适 82, 83, 109—111, 130, 148, 152, 244, 329, 347, 358, 505

Ye Weiqing 叶渭清 53

Ye Yong 叶颙 90—92, 94, 97, 137, 144

Ye Ziqi 叶子奇 306

Ye Zuqia 叶祖洽 300

*yin* trigrams 阴卦 493, 494

*Yongle Encyclopedia*《永乐大典》 31, 51—53, 68, 109, 131, 132, 134, 139, 165, 181, 198, 209, 215, 217, 218, 257, 358, 359, 430, 431, 435, 486

You Mou 尤袤 106, 356

Yu Yunwen 虞允文 77, 78, 88, 89, 98, 99, 101, 145, 189, 212, 213, 319

Yuan historians 元朝史官 15, 20, 243, 260, 261, 264, 274, 275, 278—286, 288—298, 300, 301, 304, 306, 307, 309, 311, 324, 365, 462, 495, 511, 512, 518

Yuan Jue 袁桷 260, 264—268, 276, 307, 317

Yuanfu submitters 元符党 421

Yuanyou learning 元祐学问 414, 444, 450

Yuanyou period 元祐时期 50, 118, 119, 125, 126, 229, 230, 246, 248, 302, 303, 346, 348, 376, 381, 387, 400, 401, 411, 414, 426, 519

Yue Fei 岳飞 131, 179, 283, 294, 325, 416, 468, 480, 505

Zeng Bu 曾布 348, 386, 441, 496, 512

Zeng Di 曾觌 59, 97, 98, 104, 105, 131, 138, 147, 346

Zeng Gong 曾巩 64, 290, 324, 359, 449, 487

Zeng Shu 曾纡 441, 484

Zhang Bangchang 张邦昌 399, 406, 410, 411, 491

Zhang Chan 张阐 497

Zhang Congzu 张从祖 48—51, 57, 58, 61, 66, 68, 170

Zhang Dun 章惇 126, 199, 242, 386, 397—399, 401, 415, 417, 421, 496, 504, 508, 510, 512, 516

Zhang Fangping 张方平 105, 334, 335, 349

Zhang Jun 张浚　86, 89, 171, 178, 283, 294, 299, 301, 325, 327, 328, 422—424, 435, 471, 478, 504, 509

Zhang Junn 张俊　468, 480

Zhang Qifan 张其凡　231, 254, 257

Zhang Qiyan 张起岩　270, 271, 273, 308, 318, 319

Zhang Ruyu 章如愚　5, 153, 154

Zhang Shi 张栻　291, 346

Zhang Shou 张守　325, 443

Zhang Tang 张汤　107, 147

Zhang Tao 张焘　83

Zhang Ying 章颖　505, 515

Zhang Yue 张说　59, 122, 293, 336

Zhang Zai 张载　160, 162

Zhang Zhiyuan 张致远　190

Zhao Ding 赵鼎　173, 178, 190, 199, 202, 283, 299, 311, 312, 344, 345, 381, 412—424, 435, 444, 454, 455, 457, 459, 471, 478—480, 497, 504, 507, 509

Zhao Kuangyin 赵匡胤, 另见 Taizu　437

Zhao Pu 赵普　121, 236, 267, 294, 320, 439, 452, 453, 455, 456, 458, 460, 468, 470, 471, 473—478, 480, 481, 487, 488

Zhao Ruteng 赵汝腾　161

Zhao Ruyu 赵汝愚　2, 11, 12, 27, 47—49, 51, 58, 59, 61, 66, 78, 199, 202, 246, 247, 299, 311, 321, 329, 333, 335, 343, 346—350, 354—356, 358, 365, 394, 395, 397, 426—428, 431, 487, 501, 504, 505, 514

Zhao Xibian 赵希弁　132, 192, 213

Zhao Xiong 赵雄  147, 157, 178

Zhao Yunweng 赵箕翁  311

Zhaoqing 肇庆  232, 233

Zhen Dexiu 真德秀  45, 48, 50, 224, 225, 227, 229, 234, 246, 328, 365, 379, 397, 503, 508, 511, 512, 515

Zheng Gu 郑毅  411

Zheng Xingzhi 郑性之  224, 227, 229

Zhenjiang 镇江  91, 189, 506—508

Zhenzong 真宗  38, 55, 57, 64, 99, 112, 118, 120, 167, 168, 230, 241, 242, 248, 249, 255, 275, 278, 279, 321, 322, 334, 335, 345, 357, 381, 382, 384, 403, 439, 440, 442, 464, 471, 476, 479, 520

*Zhezong Veritable Records*《哲宗实录》  8, 93, 95, 414, 415, 417, 424, 433

Zhong Shiming 钟世明  185—187, 212

Zhou Bida 周必大  47, 59, 72, 73, 79, 85, 86, 97, 98, 101, 102, 104—108, 110—112, 129, 130, 132, 136, 139, 143—146, 148, 149, 346, 353, 359, 365, 374, 375, 393, 482, 485

Zhou Dunyi 周敦颐  160, 162, 232, 236

Zhou Mi 周密  130, 152, 203, 393

Zhu Shengfei 朱胜非  299, 345, 408, 409, 412, 414, 415, 417, 423, 431, 435

Zhu Wen 朱温  241, 481

Zhu Xi 朱熹  12, 15, 19, 25, 27, 66, 88, 109, 132—135, 139, 143, 144, 149, 151, 160, 162, 178, 198, 200, 205, 216, 218—223, 225—227, 229, 233, 234, 236, 244—247, 252, 254, 260—262, 268, 271, 272, 277—279, 283, 285, 291, 292, 295—297, 300, 301, 305, 312, 320, 325, 326, 328, 346, 358, 364, 365, 377, 378, 383, 384, 386, 390,

393，394，427，429，433—436，448，449，461，462，481，486，487，489，497—500，511，513，514，517，519，520，524

*Zhuangzi*《庄子》 353

Zong Ze 宗泽 188，283，299

# 译后记

蔡涵墨教授是蜚声海内外的唐宋史研究学者，大学就读于美国印第安纳大学，主修东亚语言与文化，并以中文为方向。他于1975年获印第安纳大学东亚语言文化系博士学位（指导老师是柳无忌），学位论文讨论唐代韩愈的诗歌（博士论文后来以 *Han Yü and the T'ang Search for Unity* 为题于1986年由普林斯顿大学出版社出版，2014年推出新版）。蔡涵墨教授曾任教于台湾大学外文系、美国威斯康星大学麦迪逊分校东亚系，1980年转入纽约州立大学奥尔巴尼分校并任教至退休。

蔡涵墨教授长期从事唐宋史研究，有数篇学术论文被翻译成中文介绍给国内的读者。2016年，中华书局出版蔡涵墨教授的论文集《历史的严妆：解读道学阴影下的南宋史学》，引起了国内宋史学界的关注，有多篇书评讨论该书的价值，分析他的研究方法等。

*The Making of Song Dynasty History: Sources and Narratives, 960–1279 CE* 是蔡涵墨教授2020年出版的英文著作，该书是其计划中的两卷本著作中的第一卷（第二卷：*Structures of Governance in Song Dynasty China, 960–1279 CE*, Cambridge University Press, 2023）。该书甫一出版，便被社会科学文献出版社的甲骨文丛书确定引进推出中文本，足见蔡涵墨教授已经得到国内出版社的重视。

我最早知道蔡涵墨教授的大名是通过阅读他的文章。读研究生时，我在特价书店购买过一本《宋代思想史论》（田浩编，杨立华、吴艳红等译，北京：社会科学文献出版社，2003），里面收录了蔡涵墨教授的一篇文章——《一个邪恶形象的塑造：秦桧与道学》。读完该文后我颇感意外，没想到竟然可以这样研究秦桧，从此便记住了蔡涵墨教授的大名。

2014年6月，我前往美国参加哈佛大学费正清研究中心主办的"九至十五世纪的中国"学术研讨会（Conference on Middle Period China, 800-1400），会议间隙，无意中见到了蔡涵墨教授，便主动上前与他打招呼，这是我俩的第一次见面。自我介绍之后，我正在考虑该如何打开话题，蔡涵墨教授主动告诉我他看过我写的《吕颐浩年谱》（保定：河北大学出版社，2011），这让我颇为诧异。《吕颐浩年谱》是我的第一本学术著作，由于写得比较仓促，加上能力不足，这本小书比较粗疏，留有不少遗憾。再加上此书印数不多，国内学界同人可能都不一定会关注。有了这个引子，我俩便攀谈起来。我英语口语很烂，他的中文口语也不灵光，于是我们两个人便通过磕磕绊绊的口语夹杂着纸上书写连猜带想地进行交流，没想到竟然聊得也很开心；包弼德（Peter K. Bol）教授出于好奇，还特意走过来询问我们聊啥话题那么投入。在谈到各自正在进行的研究计划时，我说自己正在写《〈宋史〉宰辅列传补正》，他觉得这个选题挺有价值。他还告诉我他正准备写一部关于宋代史学方面的书，计划对《宋会要》《宋史》《长编》等几部重要史书进行讨论。我对他这部未来的著作很感兴趣，便分享了一些个人了解到的相关知识。总之，虽然聊天时间很短，但我个人感觉收获颇丰。

2020 年 6 月，我从网上看到 The Making of Song Dynasty History 一书出版。在看过网上提供的目录后，我觉得这应该就是当年蔡涵墨教授提到的那本书。我便发邮件给蔡涵墨教授，一来向他祝贺新作出版，二来表达自己想要翻译该书的想法。蔡涵墨教授很快给我回信，他还记得 2014 年哈佛大学那次会议上我们俩的聊天，还说看过我写的《〈宋史〉宰辅列传补正》（保定：河北大学出版社，2016），觉得这是一本"very substantial and useful book"。可能因为之前的关系，蔡涵墨教授不仅很爽快地答应让我翻译该书，还贴心地发给我书稿的 word 版（里面有他标注的一些史料原文和中文术语），让我翻译时做参考。此后在翻译过程中，蔡涵墨教授一直通过邮件往来与我保持沟通交流，他不仅细心地校订译文，还特意撰写了中译本序言，为本书增色不少。

需要向读者说明的是，英文版第七章相对其他各章，篇幅明显较短。考虑到第七章是对全书核心概念"宏寓"的讨论，为了让国内读者更好地理解这个概念，我放弃了原书中的这一章，转而翻译了作者发表于 Journal of Chinese History 上的文章，这篇文章可以被看作第七章的"繁本"。蔡涵墨教授对我的处理虽然感到有些意外，但他还是欣然接受，认为这样可以让中国读者更好地理解他写作时思考的一些理论问题。当然，在修改这一章的译文时，他删除了其中与其他章节的重复之处。此外，我在中译本里还用"译者注"的形式补充了一些英文版中语焉不详的史料原文，并根据需要做了若干条注释，方便读者阅读。这种处理方法，同样得到了蔡涵墨教授的认可。另外，对于目前已经有中译本的英文文献，我在各章注释和参考文献的相应位置添加了中译本信息，便于感兴趣的读者查询阅读。

在翻译过程中，我充分领略到蔡涵墨教授严谨认真的治学态度。在译稿即将交付出版社前，有一天蔡涵墨教授突然给我发邮件，说他刚刚看到两篇中文论文，与他书中讨论的问题相关，他需要在认真研读后决定是否在书中回应一下，让我暂时先不要将译稿交给出版社编辑。过了一段时间，蔡涵墨教授发给我一份文档，里面是对本书第二章做的一些增订修改，针对的便是那两篇中文论文。

在审定译文的过程中，蔡涵墨教授根据自己的思考，又直接对译文做了一些微调。可以说，经过这一番改动，《塑造宋代历史：史料与叙事》可以算作英文版的修订版。

2022 年 10 月，蔡涵墨教授告诉我，他计划中的两卷本著作的第二卷 *Structures of Governance in Song Dynasty China, 960–1279 CE* 即将完成并准备出版，询问我有没有兴趣继续翻译此书。身为译者，能够得到作者的认同是莫大的荣幸，我毫不犹豫地答应下来。接下来，我会抓紧时间认真翻译，争取早日让蔡涵墨教授的这两本作品以合璧的形式呈现在国内读者面前。

本书的翻译基本上是在疫情期间完成的。在那段时间里，翻译本书让我缓解了焦虑感。感谢内子艳丽和女儿玥彤，她们一直默默陪在我身边，给我莫大的支持与鼓励，让我有信心继续前进。

感谢社会科学文献出版社的张金勇、王敬两位编辑老师，他们为本书的出版费心劳力。如今本书的翻译工作已经完成，限于个人能力，译文中可能还有需要改进的地方，欢迎广大读者对译文不吝赐正。我的邮箱：liuyunjun1978@126.com。

刘云军
2023 年 9 月 27 日于河北大学第一生活区

## 图书在版编目（CIP）数据

塑造宋代历史：史料与叙事／（美）蔡涵墨（Charles Hartman）著；刘云军译.--北京：社会科学文献出版社，2025.1

书名原文：The Making of Song Dynasty History: Sources and Narratives, 960-1279 CE

ISBN 978-7-5228-3296-8

Ⅰ.①塑… Ⅱ.①蔡… ②刘… Ⅲ.①中国历史-史料-宋代 Ⅳ.①K244.066

中国国家版本馆CIP数据核字（2024）第072095号

## 塑造宋代历史：史料与叙事

著　　者／〔美〕蔡涵墨（Charles Hartman）
译　　者／刘云军

出 版 人／冀祥德
组稿编辑／董风云
责任编辑／张金勇　王　敬
责任印制／王京美

出　　版／社会科学文献出版社·甲骨文工作室（分社）（010）59366527
　　　　　地址：北京市北三环中路甲29号院华龙大厦　邮编：100029
　　　　　网址：www.ssap.com.cn
发　　行／社会科学文献出版社（010）59367028
印　　装／三河市东方印刷有限公司

规　　格／开　本：889mm×1194mm　1/32
　　　　　印　张：20.125　字　数：444千字
版　　次／2025年1月第1版　2025年1月第1次印刷
书　　号／ISBN 978-7-5228-3296-8
著作权合同登记号／图字01-2021-1249号
定　　价／119.00元

读者服务电话：4008918866

版权所有 翻印必究